20世紀
美國人與中國、俄國的關係

Distorted Mirrors : Americans and their
relations with Russia and China in the
Twentieth Century

誤讀異邦

Donald E. Davis、Eugene P. Trani

唐納德‧戴維斯、尤金‧特蘭尼／著
馬建標、金瑩、秦岭、盧曉璐／譯
金光耀／校閱

前言
Foreword

湯瑪斯・R・皮克林

（Thomas R. Pickering）

1975年末，我正在敘利亞北部的阿勒頗（Aleppo）。阿勒頗是一座偉大的古城，此地曾留下許多旅遊者和入侵者的足跡。而我則是以前者的身份訪問阿勒頗。好友理查・墨菲（Richard Murphy）擔任我的導遊，他時任美國駐敘利亞大使，是我的外交同行。當時我是美國駐約旦大使。墨菲夫婦與我們一起順幼發拉底河而下，野營旅遊。墨菲曾任美國駐阿勒頗領事，但在1967年的六天戰爭中，以色列佔領了戈蘭高地，阿勒頗美國領事館因被燒而關閉。墨菲對這一地區非常熟悉，他認識許多阿勒頗人。

從那時起，我對兩件偶遇仍然記憶猶新。在阿勒頗的一天傍晚，我們在俯瞰阿勒頗城的高地上參加了敘利亞人的聚會，與當地幾家人共進晚餐。一家人自稱是馬卡波利（Macarpoli），這是13世紀著名的威尼斯旅行家、探險家馬可・波羅（Marco Polo）名字的希臘化稱呼。

隨後，我們訪問了比利時領事。他在一家貨棧（Khan）的二樓生活辦公，這家貨棧的歷史可以追溯到馬可・波羅時代。對於那些不熟悉中東名詞和歷史的人來說，需要解釋的是，貨棧的一樓是倉庫和供駱駝休息的場所，二樓是旅館、居所和辦公室。貨棧的四周環繞著一個巨大的有拱廊的院子。這種貨棧在中東和中亞地區的商隊沿線以及大城市隨處可見。阿勒頗有十二處貨棧，其中很多歷史悠久。在從地中海沿岸通往中國以及俄國的商業要道上，這些貨棧擔負著提供給養的作用。那天晚上我們訪問的比利時領事以及受到熱情招待的這家貨棧，與西方及法蘭克人有著歷史悠久的往來。據

說，這位比利時領事是13世紀初來到這裡的第一代威尼斯領事的直系後人。

上述這一切與從18世紀晚期到冷戰結束的晚近的美中關係以及美俄關係有何關聯呢？阿勒頗在許多方面都是《誤讀異邦》一書的象徵。阿勒頗除了是牢固的東西方交通要道之外，還是歐洲與中亞地區貿易的中心樞紐，對中世紀和文藝復興時期的中國、俄國和西伯利亞而言，也是如此。馬可・波羅和威尼斯商人都來過這裡。在歷史上可以與其媲美的，是七、八個世紀以後發生的事情，即美國、中國以及俄國之間開始的交往。11世紀歐洲東進的主要特徵與美國的東進或西進具有很大的相似之處，當然這取決於你對中俄兩國的看法。

許多歷史人物非常重要地影響了一代代美國人的思想與行為。我們對於這些人在莫斯科和北京的影響知之甚少。但我們知道馬可・波羅對他那個時代的中國留下了一些影響，儘管關於馬可・波羅的記憶被更大規模的帝國政治、戰爭和變遷所掩蓋。同樣，不可否認馬可・波羅以及他的遊記對歐洲產生了更大的影響，因為他使歐洲人在經歷漫長的中世紀的沉睡之後，開啟了他們的集體視野和觀察方式。因此，歷史人物的重要性不可忽視。從老肯南、來華傳教士到20世紀30年代和40年代的中國通、波倫和湯普森諸人身上，我們發現他們深刻地影響了美國政府和民眾對沙皇帝國、蘇聯和19世紀與20世紀之交的晚清帝國及軍閥割據的認識。

同樣，商業與貿易也是一個重要的影響因素——像威尼斯和熱那亞這樣的商業中心，通常是最具競爭力的，在12世紀至18世紀期間，這兩座城市因其與中俄兩國有著特殊的陸路商業交往，從而在阿拉伯穆斯林地區以及土耳其奧斯曼帝國疆域內享有顯著的優勢地位。在大半個19世紀以及20世紀中，美國發展成一個新的商業強國。也許，與俄國相比，中國憑藉其優質的產品以及神話般的巨大市場對美國更具吸引力。在這方面，俄國就沒有那麼重要了，因為美國也擁有豐富的原材料。然而，美蘇兩國在20世紀後半期日益複雜的關係，受到早期到俄國的美國探險家的巨大影響，而這些探險家的動機是尋求商業貿易機會。這一切在其演進過程中通過中俄兩國形象的扭曲而折射出來。

比較研究的意義，在於能夠揭示基本的趨勢和活動。歷史總會重演，長期以來，探險與貿易都是激發人類活動的重要因素，並開啟具有某種特質的交往關係，這種關係不僅持久，而且難以在短時期內改變。

還有一個重要經驗是，當時機出現時，變更的機會和環境最容易發揮作用。馬可・波羅的後人從中亞地區的沙漠地帶深入到中國內地，為歐洲和中國提供了這種接觸機會。無論這種陸路貿易多麼脆弱，歐洲人自馬可・波羅之後進一步明白了這些商品來自何方，由誰製造，也許還懂得如何使貿易更有價值，更加頻繁。同樣，中國也從中受益匪淺。威尼斯和熱那亞使東西方交往實現制度化，它們很早就在貿易區域內設立了可以保障貿易進行的外交和貿易機構，並在通商過程中找到能夠控制──如果不是壟斷的話──豐厚的貿易利潤的辦法。美國在19世紀也採用了同樣辦法。隨著商業貿易的開始，外交關係隨之而來。

現在，有哪些教訓可以為21世紀的前半期提供借鑑？其中，有些教訓是相同的，有些也許是完全不同的。

就外交關係的發展及其影響因素而言，當事人是很重要的，而且歷來都是關鍵因素。如從前一樣，探險依舊在發揮作用。不是因為那裡的人民和地理環境是陌生的，需要去認知，而是因為其他方面的因素比以前變化得更快，這就需要具有歷史感的能人洞察身邊每天發生的事件的意義，這些事件是由不斷變化的經濟政治形勢所導致的。也需要能人確保兩國的互利關係能夠繁榮發展下去。

卓有成效的外交工作是無可替代的。13世紀初期阿勒頗那位孤單的威尼斯領事，與全球化時代具備各種先進技術手段的現代外交是不可同日而語的。然而，古今外交都是一脈相承的，它們都需要英明的領導者、能幹的執行者以及明確的外交政策，這才能確保外交的成功與延續。

當我們放眼未來幾十年時，在美國與俄國、中國的關係，以及它們兩國之間的相互關係中，有許多問題是顯而易見的。現在可以確定的是，未來不會是一個單極世界。我也十分懷疑過去存在過一個單極世界。有太多重要的事情必須得到其他國家的合作才能成功──合作勢在必行，單靠我們自己是不行的。中國、俄國、印度、

日本，以及以不同形式出現的歐盟都將是新的主要力量，也許還應包括像巴西這樣的新興國家。這不會是真正的「多極化」，因為所有國家在經濟和軍事方面的影響力並不相等。雖然在未來某些時候，美國會因其經濟和軍事優勢而享有巨大的利益，但這不會讓美國在大多數時間裡對許多重大問題當然地擁有獨斷的話語權。新的多極化或稱多層化時代，需要出色的外交手段來維繫諸大國之間的雙邊關係，同時要使大國之間的關係有更好的制度化基礎，從而使諸大國在重大問題上能夠達成共識。

全球化進程勢不可擋，因此國家之間的各種交往需求會更加強烈。隨著國際關係日趨複雜，國家之間會更加相互依賴。各領域的科學技術會日益成為促進世界發展與穩定的關鍵因素。但是，世界各國、特別是諸大國仍需要通過國際合作作出巨大努力，以避免科學技術在影響國際穩定與安全的領域中走向誤區。這些領域不僅包括傳統軍事力量和正常的法律秩序問題，還涉及經濟領域及其以外的問題。通訊和資訊、奈米技術、生物學以及相關學科的新發展等，只不過是科學技術變化、發展，甚至是挑戰的一些預兆而已。

在這種新環境下，我們該如何與中國、俄國以及其他國家交往？《誤讀異邦》一書所揭示的教訓，以及美國與中國、俄國交往的歷史經驗，為將來提供了有益的借鑑。

其中有一點是清楚的。國家關係能夠健康發展，關鍵是要有共同利益的存在。如果沒有一個合理的規劃，我們更多的精力只會消耗在國家之間的相互指責上，其結果將導致國際關係的惡化。富蘭克林‧羅斯福深諳此道，所以他在1933年與蘇聯建交，希望把美蘇關係納入正軌。同樣，尼克森和基辛格認識到發展美中兩國的共同利益是必要的、有價值的，因此在1971和1972年美中兩國交換對於世界的看法。在過去15年內，那些對美中和美蘇關係的發展起到重要作用的因素，是對國際關係歷史本質的認識、能夠促成談判的正反因素、個人外交的重要性以及對影響國際關係相關因素的分析。

展望未來，我們需要太多的國際合作，而非斤斤計較我們與蘇聯、中國的雙邊利益和共同目標何在。在這方面，美國享有得天獨厚的優勢。在過去的歲月裡，前蘇聯和當今的俄國已經認識到雙方合作的利益所在，諸如美俄兩國領導國際社會對各種重大問題的

處理，其中包括太空問題、核裁軍問題、防止核擴散問題等。至於美中關係，類似大國合作的經歷就不是太多。不過，在中美建交之初，周恩來總理與基辛格對許多國際問題就有共識，其中包括他們一致擔心蘇聯對兩國造成的威脅，結果，雙方認識到有必要合作，共同抵制蘇聯的威脅。

一方面雙方認識到彼此的共同利益所在，這種認識非常有助於鞏固和強化兩國關係，另一方面雙方在共同利益領域取得的合作成就也增強了雙方繼續合作的信心，最重要的是還促使雙邊關係中總是存在的負面問題的解決。我們知道美國在與任何國家交往的過程中，負面因素都不會全部消失。我們的歷史背景、觀點，尤其是我們的地緣戰略位置是如此不同，以致我們從來不認為國際關係中沒有要解決的負面問題。重要的是，我們應當抱著積極的態度，憑藉謹慎的外交手段來解決這些負面的因素，無論它們是人權問題、經濟差異，或相關國家生活中的民主發展狀況。

在強化美國與俄國、中國的雙邊關係方面，還有一個不可忽視的因素。在這裡，領導人因素依然突出。從美國與中國、俄國的交往歷史看，一個強有力的國家領導人在處理雙邊關係方面發揮了重要作用。羅斯福本人起了重大作用，在一定程度上，如《誤讀異邦》一書所揭示的那樣，他與史達林配合默契。至於中美關係，我們必須看到基辛格與周恩來是主角，而毛澤東與尼克森站在前列。

在過去十年中，戈爾—切爾諾梅爾金委員會（The Gore Chernomyrdin Commission）在美俄關係上也扮演類似角色。該委員會負責在美俄之間的許多合作領域上制訂一個積極的合作框架，其中包括太空問題、衛生問題、農業問題以及共同削減殺傷性武器。這種合作關係的價值是，它能夠動員雙方內閣層面的參與，並確保有一個高水準的權威與責任機構來推行合作工作的實現。當合作陷入困境時，兩國領導人可以經常干預並達成必要的妥協方案。同樣，在解決像前蘇聯核武器撤出烏克蘭這樣的重大問題時，兩國可以共同努力來實現這一目標。

布希政府與中國政府至少在一個重要方面——經濟合作上達成類似的協定。財政部長亨利・保爾森（Henry Paulson）與中國同行們為華盛頓與北京在經濟政策領域實現更密切的合作付出了相當努力。

　　如下三大因素——彼此之間的共同利益、合作計畫以及首腦外交——對於我們與中國、俄國在未來幾十年內的雙邊關係更成功地開展將發揮重要作用。而牢固的雙邊關係也是多邊合作能否成功的關鍵因素。它們是多邊合作關係的基石。對此我有清醒的認識：在1990年第一次海灣戰爭初期，我們在聯合國安理會能夠獲得中國與俄國始終如一的支援，是因為我們在老布希總統和國務卿詹姆斯·貝克（James Baker）的領導下共同構築我們與中國、俄國的雙邊關係。那就意味著面對危機與挑戰，我們在聯合國和其他地方有較好的多邊合作基礎。

　　在今後20年，我們需要投入更多的精力去重組一些多邊合作組織。八國集團（G8）已經取得不同程度的成功，這種成功取決於涉及的問題以及八國之間的關係狀況。然而，有一點是清楚的，即八國集團儘管不是萬能的，還是能發揮重大作用；而比以往更為明確的是，如果八國集團想繼續獲得成功，它就必須吸納印度和中國加入。

　　我們不敢確定的是，擴大後的八國集團能否處理所有問題，特別是那些值得大國關注的經濟、政治問題。此外，我們還需要努力使這種多邊合作性質的世界共同體具有更廣泛的代表性，以使那些弱小的發展中國家不致被完全拋棄。也許，除了曾經提議過的十六國或二十國，我們需要採納更為廣泛多樣的合作形式。並非所有的國家都需要如它們所願望的那樣參與所有問題的解決。因此，對於那些非常狹義的重要經濟問題，也許三大國或四大國更適合協商問題的解決辦法，如果需要的話，其他國家隨後可以參與進來。

　　歷史有助於我們理解今天，也便於我們避免重犯過去的錯誤。美國與中國、俄國過去兩個世紀迷人的交往史可提供豐厚的借鑑。歷史也是我們通向未來的指路明燈。《誤讀異邦》很好地揭示了我們在與中國、俄國的交往中曾經有過的成敗得失。如果說有兩種國家關係對於我們的地球及其在本世紀今後幾十年的生存有重大意義的話，則非美中關係與美俄關係莫屬。

注：皮克林先生從事外交工作40年。他是波登學院（Bowdoin College）學士，塔夫茨大學（Tufts University）碩士，曾先後在約旦、尼日利亞、薩爾瓦多、以色列、印度和俄國擔任過大使。此外，他曾擔任國務卿威廉·P·羅傑斯（William P.Rogers）和亨利·基辛格的特別助理。他在1997至2001年間擔任負責政治事務的副國務卿。皮克林先生曾被授予職業大使勳章，這是美國外交界的最高榮譽。退休之後，他主持美國外交學院。美國國務院外交獎學金被重新命名為「湯瑪斯·R·皮克林外交獎學金」。

序言
Preface

　　關於美國人對待中俄兩國的態度和政策問題，已經有相關研究論著問世。[1]這些論著根據挑選的某些問題與事件考察了美國人那些關於俄國和中國根深蒂固的態度、某些時期的輿論觀點以及政策。歷史學家彼得・法林（Peter Filene）在談到他本人的著作時，試圖「透過那些短暫的且常常是非典型的表面跡象，尋求潛在的思想動機過程」。他又解釋說：「通過選擇一個長時段研究，我希望避免誤解有關美國人態度的輿論，藉以發現隱藏在短暫的爭論潮流背後的思想動力。」[2]

　　對我們而言，像蓋洛普（Gallup）這樣的民意調查者所使用的調查方法是不夠滿意的。這是因為蓋洛普一直到1935年才進行這種調查，而他的調查問卷只涉及短期問題。如另一位作者所言，「公眾輿論調查不是我們認識公眾輿論的萬靈丹，它對於人們理解輿論背後的真實態度和信仰體系是遠遠不夠的」。[3]

　　我們發現我們正在處理的是對中俄兩國的深刻的文化好惡問題，類似於種族與性別方面的成見。這種文化成見基本上是原始的。在美國歷史發展的某個階段，它們變得根深蒂固，因而無法擺脫。許多問題或事件，甚至是重大事件也很難對這種固有的文化情感造成影響。相反的，它們依附在更深層次的思想趨勢的表面。法林認為美國人對俄國的感知，我們不妨把中國也涵蓋在內，只不過是「一個更加普遍的美國態度的徵兆」。他認為，歷史學家是在從事一項「探查或闡釋語言文字表面含義的精密工作，以便獲得潛藏其背後的實際態度」。[4]

　　我們認為本書所選取的許多典型案例真實反映了美國文化發展過程中某一刻出現的潛在趨勢——在此階段美國從相對孤立的北美

大陸誕生後，便開始謀求她的國際地位。那時，美國人的固執偏見形成了，儘管他們隨後仍在不知不覺地構建著。[5]美國人對中俄兩國態度形成的關鍵十年是在19世紀90年代。

本書著眼於20世紀的美國人與俄國和中國的關係，在這個世紀裡，19世紀90年代的「西伯利亞」喬治·肯南（"Siberian" George Kennan）和外交官柔克義（William Woodville Rockhill）最初對俄國和中國形象的扭曲變成了美國社會中根深蒂固、廣泛傳播的偏見。其中包括美國人對俄國的不信任和對中國的信賴，但二戰期間的蘇聯和毛澤東建立新中國是兩個重大的例外。在美國親華反俄的情感演變過程中，20世紀顯得尤為重要。從我們的立場出發，探討俄國和中國的國家形象被扭曲的意義在於瞭解它們對21世紀的潛在影響。如果任由美國在20世紀對俄國和中國形成的偏見在21世紀再度出現，對美國而言將可能導致危險的後果。中俄聯合反美或許將最為令人坐立難安。例如，在美中貿易逐漸縮水的同時，俄國對中國產品以及中國對俄國原材料的相互需求將可能導致削弱美國在全球的霸權地位。為了便於討論，讓我們挑選歐威爾式的2084年作為這一場景的高潮年份。到那時，美國將自1919年以來第一次跟著她在20世紀的兩大競爭對手後面亦步亦趨。這使我們想起了保羅·甘迺迪（Paul Kennedy）對西班牙美洲帝國失敗原因的解釋——其原因之一是，直到1756年波旁王朝締結和約，西班牙仍無法與英國、法國建立夥伴關係。[6]現在，我們讓讀者自己去想像和討論那些關於美國的不愉快的話題，而我們將時常回到這個主題上來。

我們關於20世紀俄、中兩國的國家形象被扭曲的敘述由一系列精彩場景組成，而精心挑選的演員使這一敘述栩栩如生。雖然還可以選擇其他一些人，但我們挑選的這群人鮮明地展示了主要的形勢和衝突。在我們的分析方法中，國際關係的結構或文化的衝突相對次要。相反，我們讓演員們通過他們自己的故事展現根深蒂固的發展趨勢。接下來的兩個段落，我們將介紹本書的寫作思路。

學者撒母耳·哈珀（Samuel Harper）對俄國的觀感陷入了進退兩難的窘境，他既迷戀沙皇俄國，但又從一開始拒絕承認蘇俄。羅伯特·凱利（Robert F.Kelley）在20世紀20年代培養的外交官們解決了這一困境，取而代之的是重新恢復「西伯利亞」喬治·肯

南對俄國的憎惡感。當記者尤金・萊昂斯（Eugene Lyons）以與哈珀相反的立場拋棄自己的社會主義傾向轉而憎恨蘇俄時，他延續了這一負面傾向。另一個類似的反轉角色是美國大使威廉・C・蒲立德（William C.Bullitt），他經歷了對蘇聯烏托邦的幻滅。羅斯福（Franklin D.Roosevelt）總統試圖讓第二任駐莫斯科大使約瑟夫・大衛斯（Joseph Davies）將俄國納入美國的勢力範圍，但史達林（Joseph V.Stalin）選擇了希特勒（Hitler）。在德國入侵蘇聯後，大衛斯鼓吹與史達林結盟能帶來勝利。達到戲劇性高潮的雅爾達會議，同樣標誌著一直困擾美俄關係的不信任情緒的回歸，之後年輕的外交官喬治・F・肯南（George F.Kennan）提出的遏制理論開始流行，冷戰興起——不管後者該由誰承擔。直到羅奈爾得・雷根（Ronald Reagan）總統重新運用羅斯福的策略，並承認米哈伊爾・戈巴契夫（Mikhail Gorbachev）統治下的俄國不再是「邪惡帝國」。

　　至於中國方面，伍德羅・威爾遜（Woodrow Wilson）總統和哲學家約翰・杜威（John Dewey）將美國的進步主義帶到了徘徊於傳統與變革中的中國。愛德格・斯諾（Edgar Snow）和白修德（Teddy White）等新聞記者和小說家賽珍珠（Pearl Buck）為更現實地理解中國而不懈努力著，但並未成功地教育那些將中國視為亂世香格里拉的美國人。二戰讓羅斯福、史達林、邱吉爾（Churchill）、蔣介石、「醋性子」喬・史迪威（"Vinegar" Joe Stilwell）將軍和國務院的中國通們參與到這出戲劇中。他們既沒能重建國民黨中國，也沒有讓美國與毛結盟。像雷根對俄國一樣，理查・尼克森（Richard Nixon）總統和他的國家安全顧問亨利・基辛格（Henry Kissinger）要重修中美關係。美國是他們這一工作的受惠者：與俄國調整關係，與中國重歸舊好。考慮到20世紀歷史中的俄國和中國被扭曲的國家形象，我們能在21世紀繼續保持美國與俄國、中國的平衡關係嗎？以下是本書各章的摘要，我們將梳理出一條揭示20世紀俄中兩國扭曲形象的謎一般的線索，並說明當代世界某種固有的威脅。

　　隨後各章按照大致的時間順序排列，本書作者將說明美國人關於俄中兩國形象的認知起源，演變過程，及其如何經常促使美國採取一種相似的外交政策，即一般而言對俄消極而對華積極。我們

想明白某些個別的美國人如何成為上述美國觀念和外交政策的始作俑者，是因為他們的所見所聞——還是因為他們想像中的所見所聞——是白菜，還是國王，抑或會飛的豬。我們在本書導言一節中探討了上述問題賴以存在的思想淵源，重點考察了老「西伯利亞」喬治‧肯南（the Elder George "Siberian" Kennan）與「中國通」柔克義的思想與行為，這兩個美國人確立了20世紀美國與中俄兩國的外交關係基礎。在上編「俄國部分」，我們分七章討論美俄關係問題，第一章「『蘇維埃薩姆』與流亡者」分析了美國最早的一位斯拉夫語專家撒母耳‧哈珀以及其他俄國流亡學者的職業生涯。在第二章「來自里加的俄國通」，我們討論了羅伯特‧F‧凱利在國務院的任職情況以及20世紀20年代俄國專家團在里加和拉脫維亞的培訓情形。第三章是向美國大眾宣傳俄國是一個「邪惡帝國」，我們考察了尤金‧萊昂斯以及其他新聞記者的新聞工作，他們對俄國持批評態度。第四章「度蜜月者」論述20世紀30年代首批出使俄國的美國外交官。緊接著，我們討論第五章「合作夥伴」，美國總統羅斯福與史達林在二戰期間一段不尋常的友誼。在第六章中，我們探討凱利的一位被保護人喬治‧F‧肯南的發跡過程以及他的遏制政策。第七章「幕後操縱者」，講述肯南遏制理論的執行者、強硬的「擊退」政策創始人保羅‧尼采（Paul Nitze）的故事。

下編中國部分也有七章。從第八章「傳教士外交」開始，概述了20世紀初美國幾任總統，尤其是伍德羅‧威爾遜總統的對華政策，以及美國在華傳教士的作為。第九章「實用主義者在中國」，我們重點分析約翰‧杜威在中國的兩年講學經歷，及其對中國教育的影響。第十章，「紅星照耀中國」，探討熱愛紅色中國的美國記者愛德格‧斯諾的生平與時代。第十一章，「小說家與大使」，分析賽珍珠的文學作品以及納爾遜‧T‧詹森（Nelson T. Johnson）大使的外交活動。二戰期間，特別是在戰時開羅會議上，羅斯福總統試圖制訂一項與蔣介石合作的遠東政策。這是第十二章「總統與委員長」的主要內容。在此期間，白修德為亨利‧盧斯（Henry Luce）和《時代》週刊報導中國事務，是為第十三章「盧斯在重慶的手下」所探討的問題。1949年共產黨奪取政權之後，美國與紅色中國即斷絕關係，一直到尼克森總統和他的國家安全顧問基辛格時

代才重新與中華人民共和國建交，第十四章「領袖們」對此有專門敘述。從1949到1969年，特別是朝鮮戰爭與越南戰爭的爆發，儘管進一步加深了美國人對中華人民共和國的憤怒，卻沒有從心底消除美國人對中國的好感，尼克森總統與他的國家安全顧問基辛格也因此能夠將其重新點燃，從而便利卡特總統（Jimmy Carter）推行承認中國政策的實現。

在本書結語部分，我們分析雷根總統通過重新運用羅斯福總統的「妥協」政策，實現了按照他的意願遏制蘇聯的成功政策。我們還談到布希總統（George H.W.Bush）和他的國家安全顧問布倫特・斯考克羅夫特（Brent Scowcroft）將軍如何得以避免因1989年的「北京政治風波」而可能導致的不接觸。布希總統派遣斯考克羅夫特和助理國務卿勞倫斯・伊格爾伯格（Lawrence Eagleburger）前往北京。他們向中國領導人承諾，美國將繼續採取對華友好政策，儘管公眾情緒對中國充滿敵意。在「跋」裡，我們提出美國當前的公眾態度與外交政策是何種境況。並且，我們全文引用了特蘭尼博士為《國際先驅論壇報》（International Herald Tribune）撰寫的評論文章。結語和跋是對本書所闡述內容的必要補充。

1984年，本書作者之一尤金・P・特蘭尼在中國訪問五個星期之後，接受了中國著名報紙《參考消息》的採訪，該報在1984年5月20日刊登了上述訪談的內容。這次訪談促使他在1984年7月8日為《坎薩斯城星報》（Kansas City Star）寫了一篇專稿。[7]在這篇名為《中國朋友對俄國敵人：相異的國家印象影響外交政策的形成》的文章中，他第一次闡明了本書的主旨。22年後，他又為《國際先驅論壇報》寫了一篇專稿，此時他的觀點依然如故。[8]這兩篇文章構成了本書的基礎。上述第一篇文章全文照錄如下：

> 我的一位同事在完成他在蘇聯的教學任務之後，立即寄來一張明信片，上面寫到他離開莫斯科之際心中只想到馬丁・路德・金的一句名言：「終於自由了，終於自由了。」
> 這位同事的體驗以及我最近在中蘇兩國的訪問經歷，令人再次回想起美國人中關於世界上兩個共產主義大國的迴

然不同的觀感——蘇維埃社會主義共和國聯盟與中華人民共和國。

當美國人訪問蘇聯時，他們通常會對東道主產生深深的懷疑。蘇聯侍者、職員、海關官員、服務人員、政府官員確實給我們的蘇聯之行留下深刻的印象，但一般情況下都不是正面的感受。蘇聯為數眾多的穿制服的人員如警察與軍人也令美國訪客感到不快。

相反，訪問中國的美國人通常對他們所受到的盛情歡迎大加讚賞。中國東道主與服務人員能使來訪者獲得賓至如歸的真切感受。許多美國人離開蘇聯時感覺如釋重負；實際上，當飛機離開莫斯科或列寧格勒的機場時，美國乘客經常自發地歡呼起來。

相比之下，美國人離開中國時總懷著傷感，常常會感到他們與中國人締結的新友誼將持續許多年。關鍵在於生活方式與民族傳統致使大多數遊客對中國懷有積極的樂觀的印象，而對蘇聯產生懷疑的消極的觀感。

這兩種印象都不是完全精確的。美國人習慣於誇大蘇聯以及美蘇關係中的問題，而低估中國以及中美關係中的問題。這種流行的國家印象部分地說明美國與世界上兩個共產主義大國的關係為何如此不同。

對大多數美國人而言，雷根總統的北京與上海之行是再自然不過的，而且是改善中美兩國關係的應有舉措。而考慮到當時美蘇兩國關係的狀況，若雷根總統同樣訪問莫斯科與列寧格勒將被許多美國人認為是完全不可能的。

一般而言，美國人似乎對中國人有好感，儘管他們對共產主義國家懷有根深蒂固的偏見，但對中國的領導層抱有相當的同情與興趣。同樣是這些美國人對蘇聯人的印象卻很差，而且對來自克里姆林宮的任何東西產生自然而然的不信任。

對此，人們必然要問個究竟。因為美國人對中蘇兩國的印象必然在美國的外交政策中有所反映，因此這個問題尤為重要。

就歷史而言，美國人通常對中國看好而對俄國印象不佳：部分原因是中美兩國的交往源遠流長，全面廣泛，而美俄兩國的接觸屈指可數。即使在致使中俄兩國的共產黨掌握政權的革命發生之前——1917年的俄國革命與1949年的中國革命——訪問中國的美國人數量遠遠超過那些到俄國的美國人。

美國商人、傳教士、教育家與慈善家在革命前的中國組成了一個規模雖小卻不容忽視的社會網路。自1784年美中兩國交往以來，那些來華的美國人就不斷地向國內傳遞有關中國良好印象的資訊。長期以來，這些對中國友好的報導促使有關中國人以及中國為題材的大量文學作品如雨後春筍般湧現。

相反，很少有美國人在1917年之前訪問俄國，而那些到過俄國的美國人也很難有能使他們對俄國產生同情的經歷。可以認為，在19世紀，俄國的強大足以阻止外國人介入內政，而當時的中國由於軟弱，致使外國人可以隨意地進行干預。

不管事實如何，19世紀建立起來的有關中俄兩國的文本形象延續至20世紀。像賽珍珠（《大地》一書的作者）這樣的暢銷書作家激起難以估量的對中國人的好感，在她的筆下中國人被描繪成淳樸的、快樂的樣子。大多數關於俄國的文學作品一直是消極的。即使在20世紀30年代，當時雖有許多美國知識份子沉湎於對蘇聯的「紅色浪漫」（Red Romance），美國人關於蘇聯的主流觀點仍然是一個遭受貧困與失去個人自由的不愉快國家。

美國人對中俄兩國的不同印象的形成原因，還可以從旅居美國的中國人與俄羅斯人對他們各自國家的態度上找到答案。那些在19世紀移居美國的中國人雖然形成了華人社區，但對他們的祖國卻沒有任何惡感，實際上他們對祖國取得的成就感到驕傲。

與此同時，在俄國革命爆發前後來到美國的俄國人普遍認為他們是俄國宗教偏見、政治煽動以及某種無法預測的勢力的犧牲者。這種國家態度延續至今。甚至到今天，美籍華人一般會為中國的進步與發展振奮不已。

新近從俄國來到美國的猶太人群體是蘇聯政府及其價值觀的嚴厲批評者，他們對美國政府採取的任何一個對他們出生的故土的強硬政策拍手稱快。

美國大學裡有關中俄兩國的學術研究取向也促進了美國人關於中俄兩國認知觀念的形成。有關中國文化的學術研究計畫主要由那些在中國有過愉快經歷的美國人來主持，這使他們只提供同情中國的解釋。另一方面，俄國研究從一開始就由一批俄國移民所主導，他們對蘇聯的發展持批評態度。

多年以來，費正清（John K. Fairbank）一直擔任哈佛大學中國史教授，他被視為美國中國學研究的「泰斗」。他因同情中國以及能夠以中國人的視角研究中國事務而聞名遐邇。與此同時，哈佛大學俄國史教授是米哈伊爾·卡爾波維奇（Michael Karpovich），他是俄國最後一個非布爾什維克政府駐華盛頓大使館的流亡者。卡爾波維奇先生的反布爾什維克信念見之於其有關俄國生活與歷史的評論中。

因此，哈佛大學的學生聽到的是親華的中國史與反俄的俄國史。有關中國史與俄國史的研究隊伍在美國其他重點大學裡也是如此相行不悖地發展著。比如，芮沃壽（Arthur Wright）多年執教中國史，而格奧爾基·維爾納特斯基（George Vernadsky）則講授俄國史。當學生們在他們老師的薰陶下畢業後，進入學術界、政界和外交界工作，他們會繼續強化美國的親華與反俄態度。

當然，二戰期間中蘇兩國的領導人也影響了他們國家的形象。俄國的史達林儘管熱衷於消滅法西斯敵人，仍被許多美國人視為一個只顧處死政敵的「嗜血獨裁者」。當同盟國發現他們無法在1945年之後尋求一個可行的和平解決方案時，史達林的形象變得更糟，並使蘇聯在美國人心中的形象進一步惡化。

相反，蔣介石的獨裁在某些方面不亞於史達林，卻在西方被看做一個民主主義者和致力於中國現代化的推動者。蔣介石的形象（只有少數人懷疑他瀆職，缺乏實施改革的能力）很容易被歸結為全中國的形象。

　　顯然，有一個非常重要的因素歷史性地影響了美國人關於俄國和蘇聯的消極印象，那就是俄國根深蒂固的反猶主義。這種影響因素在中美關係中是不存在的。

　　鑑於美國與中蘇兩國關係的重要性，各行各業的美國人都需要明白上述感知以及影響這種感知的因素，從而竭盡全力地使我們對待中蘇兩國的態度趨於平衡。看起來，中國人與俄國人也迷上這種感知的鏡像，即大多數中國人傾向於接近美國，而許多俄國人則對美國非常不信任。

註釋：

[1] 蘇聯方面論著，參見Peter G.Filene, *Americans and the Soviet Experiment, 1917-1933* and Ralph B.Levering, *American Opinion and the Russian Alliance, 1939-1945*。中國方面論著參見T.Christopher Jespersen, *American Images of China, 1931-1949* and Patricia Neils, *China Images in the Life and Times of Henr Luce*。史學編纂情況參見參考書目的起始段落（英文本的參考書目未譯）。

[2] Filene, *Americans and the Soviet Experiment*, 2, 4.

[3] Levering, American Opinion and the Russian Alliance, 6. Alec M.Gallup, Jr., *The Gallup Poll Cumulative Index:Public Opinion, 1935-1997* (for Russia see pp.468-74, for China, pp.91-93).參見http://brain.gallup.com；在其中的「蘇聯」標題下，有1601個條目，中國的則有536條。再如，1967年3月8日，一篇有趣的文章與我們的分析更接近，題目是「公眾對蘇聯的觀點趨於和緩」。蓋洛普指出美國人「今天對蘇聯的態度沒有十年前那樣敵視了，因為他們對紅色中國的態度發生了巨大變化」。自從1957年以來，原來非常不友好的民意態度現在已經從71%下降到48%。到了1967年，美國人認為紅色中國是更嚴重的威脅。在1961年，美國民意反蘇比率是5比3，同時期，只有32%的美國人認為中國是更大的威脅；美國人的反華率到了1967年上升到71%。The Gallup Report（March 8, 1967）或者登陸http://brain.gallup.com，搜尋「蘇聯」，查看March 8, 1967.

[4] Filene, *Americans and the Soviet Experiment*, 5, 2.

[5] 關於美國人的俄國觀，參見Eugene Anschel, ed., *The American Image of Russia, 1775-1917*。中國問題參見Arthur H.Smith, *Chinese Characteristics*。

[6] Paul Kennedy, T*he Rise and Fall of the Great Powers:Economic and Military Conflict from 1500-2000*, 41-70.

[7] 原文參見，《參考消息》（中國，北京），1984年5月20日；專欄文章參見Eugene P.Trani, "China the friend vs. Russia the foe," Kansas City Star, July 8, 1984.

[8] 《國際論壇先驅報》的專欄文章，參見Eugene P.Trani, "Criticize, but don't exclude," *International Herald Tribune*, September 15, 2006.

導言

Introduction

　　兩位美國探險家到陌生的國度旅行。每一個人都通過書籍、文章和演說的方式來宣傳各自的旅行見聞。他們講述的來自神祕國家的故事令美國公眾神魂顛倒。每一個人都勸服政治家們按照他的印象創建一個映像世界。這兩位著名的探險家就是「西伯利亞」喬治・肯南，他使俄國成為「壓迫」的代名詞，另一位是「老中國通」柔克義，柔氏使得中國等同於「喇嘛之國」。由於機緣的巧合：這兩位徒步旅行家都出版了他們傑出的著作——肯南的《西伯利亞與流放制度》（*Siberia and the Exile System*）以及柔克義的《喇嘛之國》（*The Land of the Lamas*）——均由世紀公司（Century Company）於1891年出版發行。

　　在1865-1867年間，喬治・肯南加入俄美電報公司探險隊，第一次遠赴西伯利亞東北部考察，其目的是為了接通從白令海海底過來的電報線，並使之貫通歐亞大陸。雖然這一工程因故擱淺，但肯南由此迷戀上了俄國，他學習俄語，並開始了一系列演講，他的探險奇遇令美國聽眾如醉如癡。當他對西伯利亞和沙皇制度充滿同情的講述遭到格蘭特總統（Ulysses Grant）任期內的領事館巡視員威廉・阿姆斯壯（William Armstrong）的指責後，肯南決定回到俄國深入研究流放制度。

　　肯南的書影響了美國人的看法，使他們原本對俄國的同情或中立完全轉向負面。肯南從親俄分子變成反俄人士。為寫書而在西伯利亞度過兩年後，現在，這位冒險家開始蔑視沙皇專制，並認為普通俄國人是無辜的。他指責沙皇專制的殘忍，因其設立和維護非人道的、不公正的監禁地；那簡直就是但丁筆下地獄的俄國版。西伯

利亞流放制度敗壞了整個俄國的形象。

肯南嶄新的詮釋引起了美國公眾對美國對俄外交的關注。由此造成的第一個後果就是希歐多爾‧羅斯福總統（Theodore Roosevelt）在調停1905年日俄戰爭的朴茨茅斯會議上，採取反俄外交。肯南的偏見改變了俄國在美國人心中的形象，即由一個形象良好的國家變成一個不值得尊敬的國家。[1]

肯南的研究工作於1885年開始，兩年後在西伯利亞城市秋明（Tiumen）結束。令人壓抑的資料以及見證人的陳述使他對沙皇專制的殘忍和不公正堅信不疑。秋明監獄收留的囚犯人數是其監獄設計容納能力的四倍，致使監獄衛生狀況非常惡劣。醫院設施也糟糕透頂。「我從未見過如此蒼白的面龐，囚犯們形容枯槁，有氣無力地躺在醫院病房的灰色枕頭上」。俄國官方也承認秋明監獄條件糟糕。犯人的平均死亡率維持在30%左右，這種高死亡率在俄國之外的文明世界是找不到的。駁船裡塞滿囚犯，衛生條件可想而知。在秋明，肯南給史密斯寫了幾封信，彙報西伯利亞的情況。他在其中一封信裡講述了他從俄國政府及其流放制度的辯護士到批評者的轉變過程：「我坦白地說，（這是）我所見到的最糟糕的監獄，如果西伯利亞的監獄重鎮像這裡的一樣惡劣，我一定要把曾經談到或寫過的與流放制度有關的東西帶回來一些給你看。就我所看到的而言，秋明模範監獄簡直就是人間地獄。」[2]肯南從沙皇俄國的樂觀派向悲觀主義者的轉變，是從秋明開始的。

1885年7月4日，肯南和他的藝術攝影家朋友喬治‧弗羅斯特（George Frost）抵達鄂木斯克（Omsk），又旅行到謝米帕拉金斯克（Semipalatinsk）。在謝米帕拉金斯克，肯南和弗羅斯特第一次瞥見了政治流放犯。這些政治犯粉碎了他從前的看法——在1865-1867年間旅行得出的觀點。他原先於19世紀60年代關於「虛無主義者」（nihilist）的觀念——對所有持不同政見者的稱呼——並不符合他在19世紀80年代調查所得的現實。他們非常通情達理，受過良好教育，毫不狂熱，而且他們的性情比想像的還要豐富多彩。[3]一位犯人說：「我想，如果沙皇同意俄國實行立憲政府，並准許自由演說，出版自由，不得任意逮捕、關押和流放人民的話，任何一個流放犯都會放下武器。」[4]

　　離開阿爾泰山區時，肯南宣稱：「我沒有為《世紀》週刊（*The Century*）的差事節省費用，也沒有偷懶。雖然還沒有完成一半任務，不過我現在有把握對你保證能夠完成對西伯利亞及那裡的流放犯生活的最精確最可靠的報導，一直為此筆耕不輟——至少是用我們的語言。」他成功兌現了這一承諾。至於鼓吹是另外一回事。阿勒泰是政治犯們享有自由最多的地方，而且他們「為我敞開了所有『虛無主義者』和政治流放犯的世界」。肯南摘錄了犯人們寫給他人的書信內容，還獲得了700餘份犯人履歷。「憑著這些介紹信以及上述名單，我迫使俄國政府無法阻止我徹底研究政治犯的生活以及俄國革命運動的全部內在歷史」。甚至在他離開托姆斯克（Tomsk）前往東西伯利亞之前，他「原先長期堅持的關於虛無主義者和流放制度的觀點已經被徹底推翻」。[5]

　　在恐怖的伊爾庫茨克（Irkutsk）礦區，那裡生活著罪行最嚴重的罪犯，肯南的調查工作達到高峰。囚徒們拒絕效忠沙皇，因此沙皇將他們的監禁期限增加十年，以示懲戒。在前往卡拉（Kara）的路上，肯南遇見了葉卡捷琳娜·布列斯科夫斯卡婭（Ekaterina Breshkovskaia），1917年俄國革命的未來「小祖母」。她告訴肯南，即使流放犯們及其子女都死在那裡，也並不能算作失敗。他說：「與這些政治犯的交談以及我在貝加爾湖區（Trans Baikal）所見到的那些政治犯——對我而言是最好不過的精神養分。」即使一位俄國官員也承認，上烏金斯克（Verkhni Udinsk）的囚室狀況糟糕得連狗窩都不如。[6]

　　史密斯寫信給肯南說：「如果此次考察的花費超過我們的預算，這也說明其重要性超出我們的想像——很高興地告訴你，世紀公司的繁榮一如既往，而且我們要確保《世紀》雜誌的這種稿源一定能夠繼續獲得最大發行量，保證你的考察報告擁有最廣大的讀者群。」如果還不滿意，吉爾德說：「看來，你正本著最徹底最客觀的態度從事當下的考察工作，我們絕對相信你的考察結果不僅是有趣味的，而且是有利於世界的。《世紀》雜誌有幾項非常重要的計畫，只是尚未公佈於眾。你的工作是最有價值的。」[7]《世紀》雜誌指望他追求轟動效應；肯南沒有讓其失望。

　　現在，研究政治犯的勞役拘禁成為肯南的特別目標。為了提防

看守的檢查，肯南只好祕密工作。在卡拉，他遇見一個先前認識的罪犯阿爾姆弗爾德（Nathalie Armfeldt），她服了14年徒刑，被剝奪公民權，然後被永遠發配到西伯利亞。她告訴肯南「許多駭人的故事，諸如虐待、痛苦、精神錯亂和自殺……」監獄長發現了這次採訪行動。當被他盤問時，肯南假裝不知道獄中規定，唯承認對其規定有所耳聞。由於擔心犯人們託他帶回的家信被查出來，肯南把它們全部銷毀。他寫道：「保留犯人的家信要擔當太大的風險，因此必須銷毀。」他把寫在筆記本裡的犯人名字塗抹掉，或者將其翻譯成密碼。「要是我不為名所累，或不被搜查，也許我能把這些書信安全地送回目的地，就如同我此後所做的那樣」。[8]

從基亞奇（Kiatcha）往北前進，肯南到謝連金斯克（Selenginsk）停下來，在那裡遇見更多的政治犯，其中有被驅逐的，也有被判刑的。警察認為他們是最危險的反叛者，因此他們被軍事法庭判刑。[9]肯南的思想發生了無可逆轉的改變。肯南思考著沙皇改革計畫的缺陷，在這個計畫中人民與委員會無事可幹：如果你辯解，你就被調查；如果你去內務部，你在帝國會議上申辯，如果你鼓動特別委員會，結果只是一些空洞的改革新方案。整個政府的噩夢緩慢地反覆再現，直到使改革徹底失敗為止。[10]肯南徹底覺醒了。唯一的希望就是推翻沙皇專制統治。最終回到秋明後，肯南與弗羅斯特在那裡休整了一個星期。史密斯祝賀他說：「你已經完成一件最英勇的壯舉，你的信件將向世界展現這點，如果你授權我們以自己的方式經常發表你的信件，就像發表你的雜誌文章那樣。這也是對本雜誌文章的一種宣傳，因為沒有人能夠沉著地……坐下來寫。」[11]

肯南的著作駁斥了反政府黨人皆是同黨的說法，即他們是「一夥頑固不化的反叛者，充滿幻想的狂熱分子和瘋狂的刺客，這群人在任何文明國家也必然被監禁；相反，俄國的政治犯卻值得我們的同情……」肯南言之有據，因為他親自採訪過500多名流放犯，大量政府官員，並閱讀了相關文獻。此書剛一問世，就大受歡迎，旋即成為經典之作。無政府主義並不能等同於反政府黨人。從自由主義者到恐怖分子之中，都有左派人士。無政府主義是一種稱呼，用來誣衊「所有不滿現存秩序的人們……」這個詞語可以稱呼謝爾

蓋‧涅海耶夫（Sergei Nechaiev）那樣的弒君者，他不僅想刺死沙皇一家，還要殺害所有官僚。然而，肯南主張把謝爾蓋‧涅海耶夫連同其他人關押到俄國的歐洲部分，而不是放逐到西伯利亞。俄國的西伯利亞流放制度必須被廢除。[12]

　　儘管其他旅行者注意到俄國民眾的無知或宗教熱情、幽默與好客，但他們和美國公眾一樣不加批評地接受肯南重新描繪的俄國形象。《芝加哥論壇報》（*The Chicago Tribune*）寫道：「《世紀》雜誌呈現越來越多一個評論者的特性。於是，我們時代的歷史得到更加公平的報導，這是其他任何雜誌所不能比擬的。《世紀》發表的肯南關於俄國的文章正在引起文明世界的關注……」如果有人批評，肯南則回答說：「我對流亡制度的瞭解超過俄國監獄部門的任何人……如果我有權在法庭上傳喚或保護證人的話，我將能提供令俄國政府在文明世界面前感到羞恥的證據，並使亞歷山大三世自愧難當！」[13]

　　美國人也被俄國激怒了。肯南基本上是單槍匹馬地扭曲了俄國人的形象。這個形象原來描繪的是一隻容易馴服的俄國熊。在肯南之後，形象裡反映的是一頭危險的西伯利亞猛虎。俄國是專制的，固守著一套殘酷的監獄制度。沙皇專制應該被自由的民主革命所推翻。肯南有過兩年的俄國考察經歷，他有資格這樣說。他可以自由地傳播他的觀點，但是否應該為他本人宣稱的俄國病人開具藥方呢？肯南的同胞柔克義也將為他的中國病人開具藥方。

　　威廉‧柔克義，探險家、東方學家和外交家，在1888年12月從北京開始了他深入中國的第一次探險之旅。[14]不同於肯南，他對政策制定產生的影響要比民間形象的塑造深遠得多。到1889年2月，柔克義已經離開內地，進入青藏高原，朝西藏進發。在要求進入西藏被拒之後，他意識到只能祕密地潛入拉薩。他換上中國人的服裝，希望被誤認為某個中國少數民族。柔克義頭戴蒙古皮帽，身披長袍，剃去頭髮和臉上鬍鬚，混跡於鴉片窯，「無聊的妓女」和「亡命」罪犯之間。「終於在離開北京的6個月之後，到達了距離拉薩不到400英里的地方，柔克義卻十分沮喪，因為他沒有足夠的川資繼續前往拉薩」。之後，他再次前往西藏，這次到達距離拉薩

110英里之內的地方，但遭到懷有敵意的藏民的攔阻。沿途，他一直被警告，如果再接近拉薩，他們一行人將有性命之虞。拉薩宛如紫禁城，是佛教的香格里拉。他已經深入到這塊禁地的腹地。柔克義的探險故事為他從英國皇家地理學會（the Royal Geographical Society）那裡贏得了一枚金質獎章。[15]

1891年，柔克義完成了《喇嘛之國》（*Land of the Lamas*）一書，和肯南一樣，他也為《世紀》雜誌寫稿。這些作品對那些專家、冒險家和好奇者而言都是很感興趣的。他給在中國海關任職的好友賀璧理（Alfred E.Hippisley）寫信說：「我一直在忙於檢查旅行筆記。《世紀》雜誌的吉爾德邀我寫三四篇稿件，儘管我非常討厭為雜誌讀者寫文章，但是他給我的豐厚稿酬迫使我必須接受，我現在必須賺夠旅費。」他想再次進入國務院，之前他曾擔任美國駐中國和朝鮮的使館官員，哪怕被分配到朝鮮也行，「如願的話，對我來說，在中國或朝鮮生活一段時間勝過在美國五十年。」[16]但1893年，柔克義就任國務院祕書長，後來又出任駐希臘公使。

柔克義從探險家變成外交官。在國務院，柔克義作為「門戶開放」的設計者發揮了巨大影響力。適值海約翰（John Hay）在1898年底擔任國務卿。由於海約翰沒有遠東顧問，他把時任希臘公使的好友柔克義召回華盛頓。次年春，柔克義抵達華盛頓，即開始重新檢討中國事務。柔克義的朋友賀璧理也在那裡。他向柔克義建議，「美國應該聯合其他歐洲列強，使其承諾他們絕不干涉各自勢力範圍之內的條約口岸（即晚清海關稅務司建有其機構的口岸），並保證對進入各自勢力範圍之內的所有商品徵收相同的中國關稅」。[17]柔克義為這一建議所打動，進而向海約翰推薦，海約翰回信說，「甚合我意」。柔克義依據賀璧理的備忘錄起草了一份文件。這份文件得到麥金利（William H.McKinley）總統的批准。由柔克義起草並經海約翰發表的一系列照會，闡明了美國的「門戶開放」政策：任何列強不得干預中國各條約口岸、既定利益或勢力範圍；中國關稅適用於所有商品；港口與鐵路費用也一律平等。

1900年，海約翰再次提出「門戶開放」政策，此次照會與第一次在內容上大不相同。海約翰的照會由柔克義倡議和精心策劃。照會主張維持「中國領土與行政完整」，反對進一步瓜分中國。「保

持中國領土與行政完整這一主張在本質上是一項具有相當雄心的外交政策。在客觀上等於承認維護中國主權的觀念」。[18]

柔克義一生的兩大身份——作家與外交官——確定了美國對中國的長期同情，凸顯了中國的神祕與潛力。[19]這位文雅的遠東外交家以及中國形象的製造者不應被低估。柔克義通過海約翰塑造了美國持久的中國觀，正如肯南對美國人的俄國觀所造成的影響一樣深遠。[20]為了傳播他對中國的看法以及推行美國對華政策，柔克義——還有希歐多爾·羅斯福和他的幕僚團——與日本聯手成為中國的監護人，以及維護美中利益反對帝國主義的擁護者。

柔克義「門戶開放」政策的暫時妥協以及他給海約翰外交照會定下的基本原則是顯示他影響力的長久明證。如同肯南的外交貢獻一樣，他對美國外交的影響也是永久性的。40歲時，他已經是美國首席東方學家和亞洲內陸的探險家。到了50歲，他已經是希歐多爾·羅斯福總統「網球內閣」極受尊敬的成員。他在61歲突然去世時，希歐多爾·羅斯福總統寫信給他的遺孀：「您丈夫是那些對國家做出重大貢獻的英雄人士之一，其貢獻是如此非同凡響，令美國人民永遠感激不盡。」[21]這番讚揚使我們有必要對柔克義的外交生涯作更為詳盡的解讀。

對肯南和他的信徒們而言，俄國始終是一個邪惡帝國。對柔克義和他的後繼者而言，中國是一個無私利益的對象，是美國善良意圖的香格里拉。至於俄國與中國都不會要求或希望美國的這種恩賜態度，那是無關緊要的。肯南爭執著俄國的形象問題。柔克義通過他在波士頓上流社會的朋友們得以見到希歐多爾·羅斯福，並使他們全都相信美國的亞洲使命。比如，在19世紀90年代中期某天，亨利·亞當斯（Henry Adams）捎信給柔克義：「羅斯福要在星期五的十二點之前與我共進早餐，希望你也樂意參加。不妨擱置外交事務來談論一小時。」當柔克義從第三助理國務卿提升到第一助理國務卿時，希歐多爾·羅斯福說：「除非你出任駐華公使，否則我不希望看到你離開國務院。」[22]到了1906年，希歐多爾·羅斯福的話變成現實。希歐多爾·羅斯福在寫給柔克義的信中說，他和幾位同事已經決定請他繼續擔任第一助理國務卿，因為他是一位「只有不明智的人才會打算放棄的」人。希歐多爾·羅斯福擔心共和黨的勝

選將導致柔克義免職，因為柔氏曾經在民主黨人克利夫蘭政府中任職。在共和黨獲勝之後，儘管柔克義試圖出任駐華公使，但他的支持者失敗了。相反，康格（E.H. Conger）成為駐華公使，而柔克義則離開國務院，先後出使希臘、羅馬尼亞和塞爾維亞。[23]

1898年夏，麥金利總統任命海約翰為國務卿，革去原國務卿約翰・謝爾曼（John Sherman）的臨時繼任者威廉・R・戴（William R.Day）的職務。亨利・亞當斯對柔克義坦白說：「海約翰非常需要幫助。他無人可以依靠，而據我所知他在內閣負擔太重。我想沒有任何外交政策能夠令所有人都滿意，但這是唯一的困難。他現在是舉步維艱，儘管我相信他能夠克服困難，我仍然不知道還有多少朋友可以幫他渡過難關。」海約翰從倫敦返回家，也許與威廉・R・戴以及他的美西戰爭和平委員會的委員們去馬德里的路上擦肩而過，「對他的處境懵懂不知。誰在華盛頓主宰政府事務是一個謎……國務院可能像陸軍部一樣混亂不堪，群龍無首」。海約翰向柔克義求助：「我有很多話要對你說，想聽聽你的意見，只是行色匆匆，無暇一聊。」海約翰當時正離開倫敦，返回華盛頓就任新職務。事實上，國務院的爛攤子恰是柔克義的機遇所在。希歐多爾・羅斯福寫到：「國家離不開他，然而這個國家是如此的盲目，所以不明白他的用武之地所在。」[24]

1899年8月，柔克義參與討論「門戶開放」政策；這個8月意義重大。他提出了大膽的主張，將「門戶開放」問題的討論提升到一個新臺階，並為次年7月海約翰發表「門戶開放」照會奠定基礎。[25]柔克義說他已經對勢力範圍做了再三考慮，並且與賀璧理以及海約翰持相同見解，而海約翰「前幾天（8月7日）寫信給我說，他完全明白你與我對他所說的重要性，因此他正準備付諸行動，『只是部分參議員以及其他人的愚蠢偏見迫使我必須謹慎從事』」。於是，柔克義的大膽主張如下：「然而，我認為在現階段美國堅持所有列強在華勢力範圍應當對美國商品全部一視同仁是不夠的。我們必須做進一步要求。在我看來，我們必須採取行動，使英國、俄國與其他列強關於願意維持和確保中華帝國完整的含混保證，以非常明確的措辭表達出來，而且要有具體的形式。」柔克義反駁了其他關於「門戶開放」問題的不同觀點，因為他們「對中國的認識非常膚

淺，而且根本不瞭解中國的民族與政府特性」。柔克義的探險經歷，對漢語的精通，以及他關於中國的著作，使他像肯南一樣確保他對中國的認識毋庸置疑。「他們關於中國的情報有十分之九是第二手的；然而，儘管這樣，他們畢竟是國內舉足輕重的人物」。他和賀璧理都必須「堅持下去，（而他）已經把你的兩封信內容寫在給國務院的備忘錄裡了，但願能發揮作用」。柔克義把賀璧理信件的摘要寄給了助理國務卿阿爾文・艾迪（Alvin Adee）。[26]

　　1899年8月24日，海約翰承認柔克義對賀璧理建議案的重要補充，並寫信給柔氏：「我當然認為——你應該來華盛頓——這樣你就有足夠的時間來幫助我們。」艾迪將柔克義的信連同賀璧理的信件摘要一併寄給國務卿海約翰。柔克義寫信給賀璧理，商討為《論壇》（*Forum*）或《北美評論》（*North American Review*）寫一篇文章之事。他已經讀過約翰・巴雷特（John Barrett）的文章，看上去巴氏的文章與他們的主張相近。這似乎是唯一可行的辦法，因為「在我看來，這是目前我們所能做的最好不過的事情，因為在華盛頓我們找不到交談的對象，而公眾輿論必須被鼓動起來」。如果文章發表了，他預備就改革寫第二篇文章。他寫道：「中國現在是，將來也是引人關注的對象……」[27]8月27日，柔克義寫完備忘錄，並署上8月28日的日期，然後寄給海約翰。

　　根據柔克義的這一備忘錄，海約翰起草了「門戶開放」照會，然後在1899年9月6日寄發出去——先是德國、俄國和英國，然後是日本、義大利和法國。柔克義向賀璧理解釋時，談到了華盛頓的迅速變化，特別是海約翰樂意接受一項有限的方案——即三點建議（不干涉勢力範圍、中國關稅對於所有外國商品一律平等、港口與鐵路運輸費用一視同仁），並允許柔克義保留他的觀點以待來日。這要等到1900年7月3日。柔克義說道：「我的計畫是將我們關於美國對華政策的觀點發表出來，但該計畫一直被阻止在萌芽狀態，因為國務卿要求我遞交計畫，告訴他美國政府應該立即採取何種步驟來確保我們的商業利益。我已經把你的主要觀點寫進備忘錄了。」[28]

　　由於這份備忘錄要交給總統，它就必須出自柔克義以避免過多的解釋。柔克義寫道：「無論何時，我都應該再次表明我只是你的傳話人。」[29]在特定意義上，柔克義是代言人。然而，他促使美國

進行了看似無私的努力來保護中國的領土完整。他認為，美國的道義保護將能挽救中國。

柔克義沒有直接鼓吹中國要通過民主化或革命來洗刷她的東方性腐敗，就像肯南要求俄國的那樣。他也沒有建議美國用武力捍衛「門戶開放」政策。日本會扮演這一關鍵角色。肯南也認為日本能夠擔當抵制俄國野心的使命。然而，肯南與柔克義都扭曲了俄國與中國在美國人心中的形象：俄國是一個邪惡帝國，一個需要自由民主改革的帝國；中國是一個香格里拉，她只需要美國人的好感。

由於這兩個大人物帶來的不同影響，一小部分有影響力的學者、作家、記者、外交家和政治家的觀點和政策就確定了美國在20世紀對俄國和中國的長期傾向。至於俄國方面，撒母耳·哈珀是其中的一位先行者。

註釋：

[1] 參見Donald E.Davis and Eugene P, Trani, "Roosevelt and the U.S.Role Perception Makes Policy"，從中我們能夠看出公共輿論和肯南對希歐多爾‧羅斯福的影響。

[2] George Kennan（以下簡稱GK）to R.Smith, June 16/28, 1885, GK Papers, box 6, Library of Congress（以下簡稱LC）.

[3] Kennan, *Siberia and the Exile System*, I:74-83,95, and 160.

[4] Ibid., 187.

[5] Ibid., 288, 348-49.

[6] Ibid., 8, 16, 19, 20, 25, 122, 125, and quote on 17.

[7] Smith to GK, October 9, 1885 and R.W.Gilder to GK, October 15, 1885, GK Papers, box 1, LC.

[8] Kennan, Siberia, II:168ff, 184, 194fn, and quotes from 189, 199, 200.

[9] GK to Smith, October 26, 1885, GK Papers, box 6, LC.

[10] Kennan, Siberia, 2:372-74.

[11] Ibid., 420, 422, 424, 428-29;R.Smith to GK, March 26, 1886, GK Papers, box 1, LC for quote.

[12] Kennan, Siberia, 430, 431.

[13] GK to Gilder, November 3, 1888, Century Company Papers, box 53, New York Public Library.關於Isabel Hapgood對肯南的批評，參見Anna M.Babey, *Americans in Russia, 1776-1917:A Study of the American Travelers in Russia from the American Revolution to the Russian Revolution*, 20;and Norman E.Saul, *Concord and Conflict:The United States and Russia, 1867-1914*, 290.一個有趣的觀點參見Martin E.Malia, *Russia under Western Eyes:From the Bronze Horseman to the Lenin Mausoleum*。

[14] 除一些熟知的姓名用威妥瑪——翟理斯式拼音（Wade Giles）外，我們在此使用拼音，均會在第一次使用時提及。

[15] Peter Hopkirk, *Trespassers on the Roof of the World:The Secret Exploration of Tibet*, 74-75.

[16] William Woodville Rockhill（以下簡稱WWR）to Alfred E.Hippisley, December 17, 1889, Series I, item 2086, William Woodville Rockhill Papers, Houghton Library, Harvard University（以下簡稱WWRP, HLHU）.

[17] George F.Kennan, American Diplomacy, 1900-1950, 31.

[18] 門戶開放照會的詳細內容參見：Robert H.Ferrell, American Diplomacy:A History, 224-27（quote on 227）。對這一領域的敘述，還可參見Warren I.Cohen, ed., *Pacific Passage:The Study of American East Asian Relations on the Eve of the Twenty first Century*。

[19] 關於柔克義的經歷簡介，參見the Dictionary of American Biography and Paul A.Varg, *Open Door Diplomat:The Life of W.W.Rockhill*。最新的簡介參見Peter Stanley, "The Making of an American Sinologist:W.Rockhill and the Open Door"。

[20] A.Whitney Griswold, *Far Eastern Policy of the United States*, 74.「柔克義是門戶開放照會的實際起草者，他後來盡了很大努力促使美國採取新的對華政策」（82）。

21 Theodore Roosevelt to Mrs.Rockhill, January 15, 1915, item number 2284, WWRP, HLHU.

22 Henry Adams to WWR, March 10, 1896, Series I,item 19, WWRP, HLHU;TR to WWR, February 12, 1896, Series I, item 2270, WWRP, HLHU.

23 TR to WWR, February 17,1896, Series I, item 2271, WWRP, HLHU;WWR to C.W.Campbell, April 3, 1896, and to Gen.James H.Wilson, October 24, 1896, WWR Letterbook, vol.2, WWRP, HLHU.

24 Adams to WWR, August 24, 1898, Series I, item 24, WWPP, HLHU;September 15, 1898, Series I, item 25, WWRP, HLHU;John Hay to WWR, August 31, 1898, Series I, item 1051, WWRP, HLHU;TR to Charles McCauley, March 9, 1899, Series I, item 2272, WWRP, HLHU.

25 WWR to Hay, August 3, 1899, Letterbook, vol.4, WWRP, HLHU.

26 Hay to WWR, August 7, 1899, Series I, item 1054, WWRP, HLHU;WWR to Hippisley, August 18, 1899, Series I, item 2105, WWRP, HLHU （斜體字是作者注）;WWR to Alvey A.Adee, August 19, 1899, Letterbook 4, WWRP, HLHU.

27 John Hay to WWR, August 24, 1899, Series I, item 1005, WWRP, HLHU;WWR to Alvey A.Adee, August 19, 1899, Letterbook 4, WWRP, HLHU;WWR to Hippisley, August 26, 1899, Series I, item 2106, WWRP, HLHU.

28 WWR to Hippisley, August 28, 1899, Series I, item 2109, A., WWRP, HLHU.

29 WWR to Hippisley, August 29, 1899, Series I, item 2108, B., WWRP, HLHU.

目次
Contents

Russia

▌上卷　俄國

　　在我們的描述中，從「西伯利亞」喬治・肯南到威廉・C・蒲立德大使，提供了一條幾乎連續的美國人對俄國印象消極的線索。在這條主軸中僅有的積極因素來自於威爾遜總統對俄國臨時政府的接納，撒母耳・哈珀（Samuel Harper）對布爾什維主義（Bolshevism）的調解，以及蒲立德最初對美蘇合作的熱情。也有一些本研究未涉及的人士為承認蘇聯而抗爭著──如前紅十字會幹事雷・羅賓斯（Ray Robins）和商人亞歷山大・岡伯格（Alexander Gumberg）等眾所周知的主要人物。雖然他們在參議院內得到了威廉・E・博拉（William E.Borah，共和黨人，愛達荷州）強有力的支持，但他們的事業仍少有人問津。在美國，對俄國的不信任和明顯的敵意占了上風。直到1926年美蘇和解前，哈珀一直處於痛苦中，之後，薩姆（「撒母耳・哈珀」的暱稱──譯按）成了「蘇維埃薩姆」。國務院俄國專家羅伯特・F・凱利無情地反對蘇聯。他將這一觀點慢慢灌輸給他的學生們──洛伊・亨德森（Loy Henderson）、喬治・F・肯南、查理斯・「土豆條」・波倫（Charles "Chip" Bohlen）──在拉脫維亞的里加接受過他訓練的人。除了沃爾特・杜蘭蒂（Walter Duranty）這樣的例外，直到20世

紀20年代末蘇聯解禁前，新聞記者們被禁止進入莫斯科。在這群記者中，尤金・萊昂斯利用他的社會主義傾向成功地進入莫斯科。他甚至設法對史達林進行了一次重要的採訪。不過，他開始發現工人的天堂並非那麼理想。

　　羅斯福在1933年推動正式承認了蘇聯。然而引起我們興趣的卻是對被稱為「里加原則」的政策的堅持，這一原則由凱利和他的學生們創造。無論羅斯福成功達成了何種妥協，特別是在二戰期間他所謂的「雅爾達原則」，但抵制仍然存在。羅斯福對國務院的清洗毫無作用。羅斯福總統去世後，美國對俄國的恐懼和不信任重新抬頭。喬治・F・肯南和美國冷戰的教主保羅・H・尼采正是它的宣導者。羅斯福達成的所有妥協都失敗了。當然，這並非意指史達林和他的繼任者不需要對此負責。但這確實揭示了美國公眾輿論中一直存在著根深蒂固的反蘇傾向。從冷戰結束到今日，里加原則和雅爾達原則的擁護者仍然在爭論。真正的問題在於20世紀的主流觀點在21世紀是否仍然佔有優勢。

Chapter 1
「蘇維埃薩姆」與流亡者
"Soviet Sam" and the Émigrés

　　1900年，芝加哥工業家查理斯・克蘭（Charles Crane）帶領薩姆・哈珀的父親、芝加哥大學校長去了一趟俄國。克蘭向芝加哥大學的俄羅斯研究所捐贈了一筆基金，他們二人還在芝加哥大學開設了俄語課程。1902年，捷克斯洛伐克的未來領袖湯瑪斯・馬薩里克（Thomas Masaryk）曾在該校講演。薩姆・哈珀寫道：「很少有美國大學研究維也納一線以東發生的歷史事件或當代問題。」克蘭力勸哈珀學習俄語，而他本人也在1902-1904年間到巴黎東方語言學院師從保羅・博耶（Paul Boyer）教授學習俄語。哈珀指出，俄國當時被認為「是一個充滿爆炸、哥薩克皮鞭、大屠殺等恐怖事件的國家」。[1]這是由廣為人知的「肯南主義者」（Kennanitis）的宣傳造成的結果。不過，以薩姆・哈珀為代表的新一代斯拉夫語言文化專家已經開始崛起。美國的俄國研究正走向學術化和專業化。像肯南和柔克義一樣，哈珀以兩種方式產生影響：其一，通過他的著作和演講；其二，得益於他和國務院的緊密聯繫。

　　1904年2月，哈珀第一次到俄國旅行。[2]第一次世界大戰爆發後，美國人對俄國的研究再次升溫。在1915-1918年間，哈珀有三次俄國之行，第一次是在1915年，第二次是1916年作為大衛・R・法蘭西斯（David R.Francis）大使的顧問，第三次是以魯特使團的顧問身份前往。1917年，伍德羅・威爾遜總統派遣以參議員伊萊休・魯特（Elihu Root）為首的特使團赴俄，敦促俄國繼續參戰。[3]1916年，哈珀報告俄國興起反猶主義。俄國人歡迎「態度友好」的美國人。哈珀談到原密蘇里州州長法蘭西斯：「最近幾周，我經常

見到州長。他精力過人，處事敏銳，而且對俄國人態度友好，俄國人頗有感觸，對他很感激。」[4]1915年，哈珀都在觀察俄國的戰況，研究俄國的村社、市政委員會及軍工和合作委員會等民眾組織。1917年3月，在二月革命成功之後，記者密爾頓·布勞納（Milton Browner）採訪了克蘭與薩姆·哈珀。他報告說學術界認為二月革命是「一場政治革命，而非社會革命」，而俄國人民希望國家堅決支持俄軍贏得這場戰爭。克蘭評論說：「就整體而言，俄國人民組成了世界上最純粹的民主政治。」布勞納反問道：「但是，你從一個無知的、沒有受過教育的農民國家那裡究竟能期待到什麼呢？」哈珀回答說：「這又是一個錯誤的看法……多年以來，俄國村社連同中央政府一直在普及民眾教育工作。」這種誤解——即俄國農民是某種天生的民主主義者——是由於哈珀受到了肯南的影響。[5]布勞納的質疑被克蘭和哈珀忽略掉了，也被其他人忽視了。

哈珀與俄國的自由主義者一樣歡欣鼓舞，他開始為俄國臨時政府鼓吹，1917年4月美國參戰以後，他更是樂此不疲。美國國務院要求他起草一份關於俄國革命的備忘錄，並評價俄國新政府的領導班子情況。哈珀報告說，俄國革命者主張非暴力。新政府的部長們個個出類拔萃。他作為一個受歡迎的演說家，將上述評論四處宣揚。在這些演說中，他還認為，俄國政治發展的最後階段已經來臨，協約國對同盟國的勝利也是指日可待。[6]

哈珀的講課大受學生的歡迎。請他去談論俄國問題的邀請函多如雪片。他收到各色人等的來信，擔憂的都是俄國新政府能否參戰到底。哈珀對此毫不懷疑。他為俄國二月革命搖旗吶喊。1917年3月28日，哈珀在芝加哥向美俄商會發表了一次演說，表示他完全相信俄國政府有能力團結起來支持自由主義者。[7]他認為政治變革才是關鍵，社會變革尚在其次。唯一的問題是沙皇專制。現在，沙皇專制已經被推翻，民主政治很快就能實現。[8]在給查理斯·R·克蘭的信中，他對批評意見進行了反駁：「俄國一切進展順利……這是一次成功的政變。」《紐約時報》（New York Times）的蒙哥馬利·斯凱勒（Montgomery Schuyler）對俄國臨時政府表示懷疑。「斯凱勒沒有參與1916年的莫斯科之行，也就不能與李沃夫親王談話……由於他不願意接近杜馬，因此嘲笑我對俄國自由事業的熱情」。這

種懷疑態度是沒有任何正當理由的。社會主義者不會對臨時政府構成威脅，而俄國社會上下都是友好相處。在給《芝加哥論壇報》詹姆斯・基利（James Keeley）的信中，哈珀對該報警告社會主義反對派的悲觀社論表示不滿。哈珀認為蘇維埃——自發的工人組織——會與臨時政府合作，並能擔當起一個忠誠的反對派角色。[9]

哈珀認為，此次二月革命創造了一個「新」俄國。比如，以自由派立憲民主黨領袖保爾・米留可夫（Paul Miliukov）為代表的溫和派分子將實現他們的改革願望。[10]哈珀寫給外長米留可夫的書信明確地表達了他的想法。「現在，我發現許多美國人終於明白了你幾年前對他們明白解釋的那些話，也就是，我們會竭盡全力地支持俄國政府，這真是太有趣了」。哈珀的自由主義偏見影響了伍德羅・威爾遜總統和國務卿藍辛（Robert Lansing）。在助理國務卿理查・克蘭的建議下，藍辛向哈珀以及理查的父親查理斯徵求意見。他們都預言俄國臨時政府會強大起來，並繼續對德作戰。藍辛後來回憶說：「我向查理斯・R・克蘭以及撒母耳・N・哈珀教授等幾位俄國專家諮詢過……我發現他們對立憲民主黨人的成功以及他們控制局勢的能力很樂觀……」[11]

儘管美國媒體盛傳關於俄國政府的各種負面謠言，哈珀的態度仍然很樂觀。他寫信給法國駐美大使簡・朱利斯・朱瑟朗（Jean Jules Jusserand）說：「我現在對俄國局勢更加樂觀。」他根本不擔心那些受德國影響的俄國激進分子。當德國允許布爾什維克領導人列寧返回彼得格勒時，他甚至為此高興。[12]毫不誇張地說，從1917年3月到5月，哈珀幾乎沒有注意到，在沙皇尼古拉二世退位後，在混亂之中自發成立的彼得格勒蘇維埃政府與俄國臨時政府之間存在的實際分歧：「新政府的計畫根本沒有談到參戰問題，只是沒有必要提及，因為把戰爭堅決進行到底是想當然的事情——該政策一直是此次俄國革命的主要原因之一，對俄國自由主義者和溫和派社會主義者也是如此。」[13]

在1917年3月20日承認俄國臨時政府之後，伍德羅・威爾遜總統派遣魯特使團到俄國考察俄國對德作戰的軍需狀況。威爾遜總統曾經考慮派遣哈珀，但藍辛認為他的政治影響力不足。哈珀認為他作為使團非官方人員或許更有用。1917年6月，魯特使團抵達彼得

格勒之後，哈珀也隨後趕到。[14]哈珀在給朋友的信中寫道：「沒有加入魯特使團，我反而更能發揮作用。因而，我可以從朋友那裡搜集到各種材料，如果我擔任使團祕書的話，他們就不能對我隨便說話。」[15]他估計他會擔任「美國駐俄大使的首席政治顧問，而且我現在似乎是臨時政府首腦最信任的人」。[16]

1917年11月，布爾什維克奪取了政權。在痛苦地回顧那段日子時，他認為「我們美國人總是愛打如意算盤，習慣於只見樹木不見森林……」甚至查理斯·克蘭也認為是「竹籃打水一場空」。[17]哈珀希望，「（親王喬治·E·）李沃夫（Prince George E.Lvov）、米留可夫以及（亞歷山大·）古契可夫（Alexander Guchkov）能夠再次捲土重來」。[18]

不久以後，哈珀在一篇名為《俄國革命的精神》的文章中總結了他對1917年俄國革命的評價。布爾什維克黨人掌權是最壞的結果，因為他們打德國牌，並在1918年3月締結了布列斯特——里托夫斯克和平協定。他將布爾什維克黨人的犬儒主義和忠貞與過去最糟糕的貴族品行作了對比。另外一個消極結果是某些自由主義者被從俄國政府中驅逐出來。二月革命就是俄國為何繼續參戰的所有原因。沙皇政權也許會放棄，並加入德國方面。俄國證明「極端社會主義並非民主派，而某些集團的國際主義不過是德國的又一個陰謀……」[19]

哈珀認為布爾什維克革命不過是俄國向民主政府發展過程中的一個暫時的挫折。「此刻我很灰心，儘管我對像米留可夫這樣的人能夠再次掌權並沒喪失信心」。他在給國務院威廉·菲力浦斯（William Phillips）的信中寫道：「幾周以來，俄國局勢一直令人非常沮喪……我已經看透了……此次試驗的結果何時才能大白於天下？只有當民眾親身品嘗到革命的苦果時，他們才能明白。那時，『覺醒』的民眾才會接受像米留可夫這樣的領導人物。」哈珀擱置了他的教職，然後待在華盛頓幫助國務院分析蘇維埃俄國形勢。在哈珀看來，布爾什維克黨人是一夥陰謀家，典型的國際主義者，他們破壞了一個在失敗之後有望重新掌權的政府。他認為布爾什維克黨人都是聰明之士，他們喜歡的是非官方關係，而對此美國也許能夠「智勝他們」。[20]

　　1918年3月3日，蘇俄與德國簽署《布列斯特──里托夫斯克和平協定》之後，美國對俄國的興趣達到最高點。美國國務院成立俄國司，而哈珀則被委任為特別專員，這一兼職一直持續到1922年。在翻譯和解讀俄國官方文件之外，哈珀還支持威爾遜總統的不承認政策。[21]

　　在1919至1920年間，哈珀為國務院撰寫了一系列備忘錄，對布爾什維克進行了特別的關注。備忘錄開頭即定下基調。他認為蘇維埃政府是少數人的統治，其政策是通過內戰和集體恐怖來摧毀舊秩序。布爾什維克黨人應該對俄國的經濟崩潰負責：他們沒有建設性的政策；他們只想進行世界革命；選舉被共產黨員非法操縱；反對黨是非法的；反革命分子被處死；階級制度決定食物配給；軍隊不過是鎮壓的工具；只有無產階級文化才能存在；紙幣成為制止經濟危機的權宜之計。哈珀報告說行政機構癱瘓，工業衰退以及普遍貧困。他指出共產國際的種種危險。他認為布爾什維主義是不能實現的、沒有希望的。他確信蘇維埃政府將會垮臺。[22]在另一份備忘錄裡，哈珀清楚地指出布爾什維克「多次揚言要推翻美國政府」。[23]哈珀的上述言論聽起來與肯南從前對沙皇專制的消極論斷何其相似。

　　哈珀主要關心的是美國人如何看待布爾什維主義。像肯南一樣，他也是一位反對布爾什維克的鬥士。他試圖影響美國公眾輿論以及國家政策。他與許多團體約定了演講計畫，如美俄協會（the American Russian League）、聯盟俱樂部軍事委員會（War Committee of the Union Club）以及新中歐美國友人會（American Friends of a New Middle Europe）。哈珀與J·愛德格·胡佛（J.Edgar Hoover）密切合作，還參與猶他州共和黨參議員威廉·金（William King,）負責的參議院調查事項。上述努力助長了美國的反俄情緒。[24]哈珀對美俄兩國的外交關係或貿易往來持否定態度。如他所言，「1930年，當我在莫斯科與（外交人民委員）李維諾夫（Litvinov）進行初次會談時……我指出，除非美俄兩國能夠相互尊重並且有著共同利益，否則正式承認對雙方沒有任何好處」。[25]

　　到了1922年，國務卿查理斯·埃文斯·休斯（Charles Evans Hughes）與商業部長赫伯特·胡佛（Herbert Hoover）打算派遣

一個技術專家團到俄國考察經濟形勢。儘管沃倫・哈丁（Warren Harding）總統表示同意，但有些人認為這項計畫只會增強布爾什維克的野心，因此美國政府心灰意冷，休斯更是如此。[26]哈珀注意到，許多重要人物紛紛前來向他請教，而這位「大智囊」也樂於「把他的無比權威觀點告訴他人」。[27]哈珀在1919到1920年間斷言與布爾什維克交往是不可能的。他認為俄國的士氣消沉會通過每一個行動來吞噬自我，對此蘇維埃政權無法阻止。如果布爾什維主義失敗了，俄國就能回歸常態。「如果不依靠軍事武力，蘇維埃制度註定要因內部的暴亂而滅亡，布爾什維克公然違背了無情的經濟生活規律，這將導致其滅亡的命運不可避免。」[28]

哈珀滿懷自信地寫信給佩爾斯（Pares）：「布爾什維克幾乎已經走投無路，但最使我頭疼的是還看不到有任何一個強大的建設性的政黨能夠接替他們。」[29]無奈之下，他在1921年重執教鞭。到了1921年5月，由於哈丁政府上臺，國務院進行一次大改組。[30]哈珀則宣佈休假，目的是為了「躲避新政府上臺初期的政治糾紛」。[31]

哈珀仍然積極地反對布爾什維克。然而，到了1922年，他準備前往柏林、里加和莫斯科。這並不意味著他已經投敵，相反「俄國的局勢到那時已經發生如此大的轉變，從而有利於去訪問，假如我總能確信可以再次逃離的話」。[32]此次旅行計畫無法確定下來。國務院俄國司司長德威特・克林頓・普爾（Dewitt Clinton Poole）問哈珀是否願意給予不定期的非正式幫助，並保留政府職務以便可以閱讀政府檔案。哈珀同意了。他對前俄國臨時政府駐美大使伯里斯・貝克赫米特夫（Boris Bakhmetev）說，他「近來過得很愜意」，因為他卸掉了閱讀負擔。到了1923年4月，哈珀對一個朋友解釋說：「近日來，要引起美國人對俄國局勢的關注簡直是不可能的，除非是援助饑民……美國人會對你說他們十分討厭俄國政治、布爾什維主義，反布爾什維主義以及所有關於俄國的事情。」由於同時擔任教學和華盛頓政府事務，以及「研究完全破壞性的蘇維埃運動，並對此問題抱有消極態度」，致使哈珀勞累過度，他當時正從「神經衰弱」中恢復過來。他如實告訴佩爾斯，但仍然認為俄國的「重建」是可能的，假如依附其上的「細菌」不能強大的話。[33]他成為一名俄國觀察家，因為除非政府換屆，否則政策就不會改

變。他與國務院的關係比以前更加密切，因此能夠瞭解「內部祕聞」。[34]

　　哈珀在1921至1925年間一直處於等待和困惑的狀態中。然而，從1925年開始，一位大學同事請他研究蘇維埃俄國的公民問題。[35] 自1917年首次訪問俄國以來，他本人對蘇俄的嚴厲批評從此開始轉向溫和。哈珀逐漸被視為布爾什維主義的辯護者；他最終在他的學生中間獲得「蘇維埃薩姆」的綽號。[36]從1926年7月中旬到10月底，哈珀進入俄國，廣泛瞭解那裡的局勢。在結束調查工作後，他前往柏林整理調查資料，寫出備忘錄《旅俄之三月》。[37]哈珀把這份文件定為祕密文件，只供他的朋友和同事們參閱，一直到多年以後，這份文件的部分內容才在他的自傳裡出現。這份備忘錄代表了哈珀對蘇聯生活的個人觀感，並與他日後對蘇聯公民培訓問題的專門研究形成對比。

　　哈珀首先著手於與他最相關的問題，即評論外國遊客在蘇聯的待遇。他注意到俄國革命前後的若干相似之處以及許多重要區別。他的調查活動沒有遭到限制，他知道連續調查很重要。他發現共產黨官員願意給予幫助卻過於拘謹。每一個官員只限於他所在的特定部門。因此，哈珀的調查進展緩慢，因為蘇聯官員不願意把他的詢問轉達給其他機構。哈珀認真地對待他所面對的採訪任務。他發現蘇聯公民訓練需要教育公民如何貫徹馬克思列寧主義，這是一項系統工作。他通過採訪工人俱樂部、青年團體以及紅軍，藉以考察公民訓練背後的工作原則及其實踐情況。哈珀的大量採訪是在莫斯科進行的，儘管他曾深入到鄉村調查俄國農民。在那裡，他的調查活動和區域選擇也沒有受到限制。[38]

　　關於生活條件，哈珀發現比預料之中好得多。對外國遊客而言，膳宿條件還過得去，儘管莫斯科最好的旅館只對黨員們開放。日常伙食枯燥乏味，但飯量很足。不久，哈珀被介紹到一些飯食和酒水更具大陸風格且風味不錯的飯店就餐。當地記者帶領哈珀熟悉了這些半合法的飯店和小酒館。他們告訴哈珀，俄國政府容忍這些酒店存在，大概是為了得到硬通貨。

　　對普通俄國人而言，日子很難過。大城市普遍住房緊張，市場上都排著長隊。商店櫥窗裡擺滿奢侈品，但很少有人買得起。哈珀

發現，俄國的公共交通很先進，儘管莫斯科沒有一輛私家車。一般人乘坐有軌電車，而共產黨官員則端坐政府豪華轎車橫衝直撞。儘管生活似乎很艱難，但他發現大多數俄國人認為20世紀20年代與最黑暗的內戰時期相比繁榮多了。哈珀相信，那些沒有經歷過貧困的人是無法容忍現在的生活的。

哈珀避免拜訪他的俄國老朋友，除非他確信拜訪不會給他們帶來不幸。原來的自由主義知識份子現在已經所剩無幾。雖然他們在蘇維埃政府常身居高位，但卻遭到嚴密的監視。他們明白，一旦他們的專業特長傳授給值得信任的官員以後，他們的位置也就不保了。哈珀發現在他的朋友中間經濟學家遭遇的苦難最大；而那些從事戲劇和藝術的朋友苦難最輕。但這是1926年，正是新經濟政策的全盛時代。

共產黨員不得隨便討論國事，除非是談論報紙上刊登的官方聲明。非共產黨員歡迎共產黨分裂。他們希望共產黨的分裂能削弱共產黨政權。起初，新反對派激起布爾什維克黨人採取了輕微的鎮壓政策。於是，非共產黨人轉而支持史達林。他們認為史達林更具有國家主義色彩，並且不太相信世界革命。哈珀承認，他也有這種想法，並主觀地在朋友們中間為史達林辯護過幾次。[39] 在祕密警察即「契卡」頭子捷爾任斯基（Felix Dzerzhinsky）葬禮的記者席上，哈珀和他的記者朋友們察覺到位於平臺上的托洛茨基（Lev Trotsky）、季諾維也夫（Gregory Zinoviev）、加米涅夫（Lev Kamenev）以及列寧的遺孀克魯普斯卡婭（Nadezhda Krupskaya）等布爾什維克高層領導人中間的緊張氣氛，而史達林、莫洛托夫（Vyacheslav Molotov）以及其他史達林派人士都在平臺上方觀看葬禮的進行。[40]

哈珀同情「青年共產黨人」去除托洛茨基為首的老衛兵的政治努力。他認為這些俄國革命的老英雄只會製造宣傳。他還認為一幫無恥之徒破壞了史達林集團的計畫。哈珀偏袒他們的一個重要理由是，他發現新一代青年共產黨人在建立國際關係特別是美蘇關係上，願意作出讓步。托洛茨基集團的失敗使得多數派可以在國有化、拒付債務和國際革命等問題上退讓。從而為蘇俄外交關係和國際貿易創造一個更加有利的環境。

　　在結束調查之後，哈珀返回柏林，途中俄國邊防官員對他進行了簡單的檢查。他答應把研究成果複件分別寄送給蘇俄政府各個部門。抵達柏林之後，哈珀應邀出席在蘇俄大使館舉行的十月革命九周年紀念會。在離開蘇俄前夕，他間接地獲悉他在蘇俄的行為被認為非常的謹慎。在離開俄國前，哈珀也隱約流露出日後能獲准返回蘇俄的願望。[41]

　　哈珀對蘇俄的新看法開始引起急切渴望對美貿易的工商界關注。當時，只有少數美國人認為對蘇政策應該與共和黨政府在20世紀20年代的對蘇政策有所不同。比如，參議員威廉・E・博拉就支持承認蘇俄，他認為美國對蘇俄的政治敵視違反了承認標準。在哈珀看來，蘇俄的穩定提出了承認問題，因為蘇維埃已經存在了十多年。他知道蘇俄拒絕承擔債務以及沒收外國財產是雙方無法克服的難題。反共產主義者對博拉和哈珀反駁說，美國沒有義務承認一個宣稱要推翻美國政府和否認債務的國家。[42]

　　英法兩國承認蘇聯後出乎預料的經歷給美國的立場提供了正當理由。如國務卿弗蘭克・B・凱洛格（Frank B.Kellogg）（1925-1929）所言，「承認蘇聯政府不但沒有阻止布爾什維克領導人干涉其他建交國家的內政，也沒有迫使他們接受其他基本的國際義務」。[43]蘇聯通過經濟上的讓步來尋求外國的善意支持。布爾什維克黨人願意就債務償還和財產損失賠償問題進行談判。蘇聯要求新的更大規模的貸款。[44]然而，美國人拒絕支持蘇聯政府。美蘇妥協似乎不可能，因為許多國會議員不相信蘇聯願意公平競爭。畢竟，他們知道，俄國仍在使用強迫勞動。這些事實導致一批國會議員及其選民要求財政部抵制任何蘇聯出口商品。儘管上述倡議失敗了，但對蘇聯的不信任依然存在。[45]

　　美國人對共產黨的貿易和勞工政策的擔心擴展到對布爾什維主義的恐懼與擔憂，以及對蘇聯整體上的不信任。美國人拒絕布爾什維克的善意，因為他們認為共產黨不值得信任。助理國務卿威廉・卡斯爾（William Castle）懷疑布爾什維克是否遵守外交協定。華爾街投資人法蘭西斯・沃爾什（Francis Walsh）反對與「卑鄙」的國家談判。商人羅伯特・德拉姆（Robert Durham）認為俄國人對商業

貿易沒有任何道德誠信可言。[46]

　　蘇共的宣傳試圖破壞資本主義以及推廣蘇聯式的繁榮，但卻強化了美國人的敵意。蘇聯的宣傳威脅了美國在世界範圍內的利益。蘇聯報紙刊登的都是敗壞美國信譽的報導，並無端地指責美國煽動日俄戰爭。[47]他們還高估美國的失業率：「當美國的失業人數在20世紀30年代初期是300萬時，莫斯科無線電報則稱是600萬，如果實際失業人數上升到600萬時，莫斯科的公開估計高達1200萬。」[48]這種宣傳是誤導蘇聯人民相信他們的生活水準要高於美國人。有些蘇聯人甚至相信美國工人正在忍饑挨餓。[49]

　　儘管布爾什維克答應在獲得承認之後就停止宣傳[50]，但哈珀在芝加哥大學的同事弗雷德里克・舒曼（Frederick Schuman）認為，他們「既不願意也不能放棄他們的目標，俄國多年的監禁、流放與折磨制度已經使其目標成為一個核心的信仰特徵，這好像宗教啟示充斥他們的靈魂一樣」。他還認為，布爾什維克黨人「就像中世紀的十字軍戰士一樣是聖戰鬥士，他們誇張的言辭不僅僅是『大吵大鬧』，毫無意義；而且是他們最推崇的觀念的流露」。[51]因此，國務院認為如果美國承認蘇聯，也只是因為「我們感到美國在政治上迫切需要與蘇聯合作，或者蘇聯人使我們的公眾輿論相信蘇聯政府與反對美國政府的赤裸裸宣傳之間不再有任何實際關係」。[52]

　　紐約州的共和黨眾議員漢密爾頓・菲什（Hamilton Fish）領導了一個國會委員會專門調查美國的共產主義。菲什委員會千方百計地清除美國的共產主義，要求繼續執行威爾遜的封鎖政策。他們認為共產主義活動甚至包括「通過各種惡習來腐蝕年幼兒童的心靈，以及引誘學生與教師墮落」。[53]作為證據，菲什委員會援引美國共產黨主席威廉・福斯特（William Foster）的例子，福斯特承認該黨反對私刑，同意跨種族婚姻，還相信暴力是推翻美國資本主義和建立共產主義的必要手段。菲什委員會得出的結論是共產主義的陰謀就是摧毀美國。[54]委員會建議制訂驅逐外僑共產黨人法。那些待在美國的外僑會繼續從事反美宣傳，他們很危險，因此必須被驅逐出境。不過，一份持不同意見的少數派報告則認為：沒有必要如此恐懼，因為共產主義會遭受「經濟與社會正義」的審判。[55]

　　從歐洲回國以後，哈珀開始他日常的教學與研究。此外，他增加了一份重要的差事——重新開始他的公開演講計畫。他認為對俄國的親身觀察是一次寶貴的經歷，值得告訴美國人。哈珀對蘇聯的長期研究經歷使人懷疑，他所傳遞的是否能超越個人的有限觀感，因為他在蘇聯的活動遭到蘇聯政府的監視。哈珀演講的內容與形式表明他對蘇聯的態度確實與他早先在國務院工作的時候大不相同。他堅持至少一小時的時間以供提問和答覆，他認為不這樣就無法充分說明蘇聯的真實情景。在這段時間中，他經常遇到的問題是糾正聽眾關於蘇聯問題的錯誤觀念。他拒絕參加「正反兩方」都在場的辯論會。他對這些辯論邀請的答覆是，他只是一名學者，不是黨人。在俄國革命及以後的幾年期間，哈珀是反對布爾什維克的，現在他的態度發生了變化。

　　關於對蘇聯看法的改變，哈珀解釋說他首先是並且始終只是一名研究俄國及其人民和制度的學者。這是他的職業和畢生的工作。他說布爾什維主義出現在俄國，這屬於他的研究範圍之內。在布爾什維主義出現之前，他已經去過俄國，既然這已經成為現實，他就必須研究。[56]現在，哈珀研究和宣傳蘇聯的方式就是盡可能客觀地呈現蘇聯自己闡述的目標、計畫和成就。然而，聽眾和同事們反應都很消極。哈珀的美國聽眾期待的是他對蘇聯的評價。布爾什維克是天使還是魔鬼？蘇聯制度是成功的還是失敗的？哈珀不願意發表是非評價。

　　由於他對蘇聯的新態度，一些同事認為他對共產主義已經「軟化」。哈珀昔日在國務院的同事們仍然支持美國官方的對蘇政策，堅持反對布爾什維克，他們注意到哈珀對蘇態度的變化。俄國司已經被東歐司（Eastern European Division）取代，一位在那裡工作的同事指責哈珀是別有用心的機會主義者。普勒斯頓‧孔勒（Preston Kumler）認為哈珀不批評蘇聯政權只是為了獲得簽證優待的一種手段。[57]哈珀認為這種指控毫無根據，他只是試圖避免感情用事。他還說，他並不知道如何取悅或冒犯蘇聯人。他的目的就是為了理解蘇聯，而不是評論。孔勒修正了他對哈珀的指控，認為哈珀對蘇聯政權有一種潛意識的關懷。於是，哈珀與孔勒停止書信往來。[58]他繼續堅持他對蘇聯的研究態度，並密切關注蘇聯形勢。

隨後發生的事件也削弱了哈珀曾經堅持的反布爾什維克傾向。他過去一直認為在蘇聯領導人中間，托洛茨基是最激進最多變的，而史達林則是最務實的。根據哈珀的判斷，1928年托洛茨基被公開審判以及流放是理所當然的事情。幾乎在同時，史達林宣佈的第一個五年計劃引起了哈珀的關注。令哈珀更為安心的是，蘇聯集中於國內建設而不是國際宣傳。凡是致力於建設新蘇聯的計畫都會得到他的支援。

哈珀1926年蘇聯之行的研究目標就是撰寫一本關於蘇聯公民訓練的著作，這項研究計畫進展不順，一直到1929年才出版。儘管該書編輯催促他早日完稿，但哈珀希望避免他所謂的「籠統印象的陷阱。」[59]他繼續研究蘇聯出版物，以便充實他的實地調查並確保研究內容與時俱進。在前言裡，哈珀強調說蘇聯的全部制度都具有革命色彩。他的研究對象是關於一個當代的而且正在不斷變化的國家制度。公民訓練和教育在蘇聯受到高度重視。他們是蘇聯革命第三條戰線的一部分。前兩條戰線是軍事和政治方面的，完成於1921年。現在，建設重心轉移到第三條戰線。[60]

根據《公民形成之研究》（*Studies in the Making of Citizens*）一書的研究主旨，哈珀開始分析蘇聯公民情況。他根據經濟標準把蘇聯人民分為：工人與農民，其中農民又分貧農、中農和富農；工人黨員或勤奮的知識份子；以及「資產階級殘餘分子」。他們都屬於蘇聯公民，但被剝奪政治權利的富農和資產階級除外。最終，他們會從「小居民」的受鄙視的處境發展成為「堅定的革命的共產主義戰士」。

為了總結蘇聯的公民研究，在探討公民訓練之前，尚有必要瞭解蘇聯制度，包括對蘇聯制度的討論。當時哈珀的研究尚是一個全新的領域。該書從公民訓練的角度，對蘇聯的制度、組織和媒體進行了多方面的研究。第二次世界大戰以後，許多蘇聯問題專家將沿著他開拓的學術道路前進。[61]

哈珀開篇之章研究的就是蘇聯最重要的制度即共產黨組織。他在訪蘇期間沒能夠對蘇共進行深入的調查研究。他為蘇共組織的基本原則下了三個定義：團結統一、民主集中和鐵的紀律。在簡略地回顧蘇共歷史之後，哈珀提到了他的研究主旨：監護指導權。他指

出，這是指共產黨對公民的領導權及由黨來負責公民培訓。控制是蘇聯的基本事實。哈珀在闡述上述問題時小心翼翼。哈珀強調說列寧作為黨的創始人以及革命導師的崇拜對象具有重要意義。列寧的陵墓就是這種崇拜的象徵。哈珀描述了即使對於一個外國人而言，參觀列寧陵墓和列寧同志的防腐遺體之後產生的印象與效果。

在20世紀20年代後期，蘇聯政府的組織與運作就像上述共產黨組織一樣，對西方人來說都是很陌生的。因此，哈珀闢有專章來論述蘇聯政府。他認為官僚制度從來沒有消除，而政府權力的運作仍然牢牢地掌握在組織嚴密的黨手裡。毫無疑問，民眾在蘇聯政府的領導下正變得熱情高漲起來。在分析完蘇聯政府及其黨組織的性質之後，哈珀開始探討蘇聯公民訓練的方式和手段。哈珀首先分析蘇聯的各種出版物如《真理報》（*Pravda*）和《消息報》（*Izvestiia*），接著又研究蘇聯的博物館、旅行生活、公民慶典活動、文學、藝術、戲劇、廣播、電影、音樂和普通政治教育。

哈珀的分析方法是特徵描述式的，而不是技術性的比較方法。他列舉了蘇聯政府提倡的一系列基本的公民活動：投票、納稅、購買公債、獻身於國防，以及遵守政府法律。他補充說，蘇聯政府依然在進行革命。更大規模的公民參政得到政府鼓勵。蘇聯公民的首要責任就是為建設社會主義秩序添磚加瓦。蘇共領導人為公民的基本義務確定了明確目標和方向。哈珀強調了蘇聯政治活動中一貫的階級劃分方法，以及在經濟領域中司空見慣的集體化傾向。他注意到蘇聯政府在管理上具有很大的靈活性。蘇聯官員為了達到預期目標，不惜改弦更張。他們清楚蘇聯公民訓練像他們整個國家機器一樣，是一場大規模的激進試驗。哈珀指出蘇聯官員會不假思索地使用各種鼓動和宣傳手段，並沒有官員願意反對這些赤裸裸的動員方式。

由於清楚革命的持續性，哈珀指出蘇聯的「製造公民」計畫，經過持續不斷的認真安排，將需要留待來日的觀察，隨著蘇聯新生代介入積極的政治生活以後，方能對年輕一代「工農政府」做出評價。哈珀還探討了他早年念念不忘的大問題，即蘇維埃運動的國際性。在這裡，他把具有國際主義色彩的布爾什維克早期主張與蘇聯當前流行的強烈的民族主義情緒做了比較。他認為這種似是而非的

矛盾是公民訓練造成的。在理論上，蘇聯公民被期待成為國際主義者，但在現實中國際主義觀念卻具有鮮明的民主主義色彩。他解釋說，解決上述矛盾的方法就是使蘇聯成為全世界勞動者的國家。這種態度可以為蘇聯的民族主義政策提供正當性，即使蘇聯成為值得捍衛的世界革命堡壘。蘇聯對其他國家革命的支持有利於蘇聯體制自身的安全。[62]

《公民形成之研究》一書受到蘇聯人的青睞。巴甫洛夫（I.M. Pavlov）在《消息報》發表了該書的書評。他首先介紹哈珀是芝加哥大學教授，主講俄語和蘇聯制度。他解釋說，美國人知道在大學裡設立上述教職是有必要的。接著，他以恭維的口吻概括了哈珀的經歷，其中談到他的俄語知識以及在俄國的多次旅行。這篇書評提到哈珀對蘇聯的研究是「嚴肅的，客觀的，立足於個人經歷的，以大量資料為依據，根本沒有個人好惡和偏見」。[63]儘管有一些批評的言論——主要認為哈珀是一名來自資產階級國家的資本家代表——但哈珀在蘇聯被視為一名嚴肅的蘇聯研究學者。反過來，哈珀也不諱言他利用《消息報》的這篇評論作為他日後到蘇聯旅行的通行證。[64]在20世紀30年代，哈珀先後五次訪問蘇聯。

自從1926年首次訪蘇以來，哈珀又分別在1930、1932、1934、1936和1939年訪問蘇聯。像過去一樣，他繼續在芝加哥大學任教，並發表公開演講。幾年過去以後，他逐漸被當作親蘇派。在他看來，他不過是在講述事實，不過他沒有隱藏自己日益強烈的感受，即蘇聯的試驗會成功。他的立場使他在面對莫斯科公開審判和《蘇德互不侵犯條約》時遭遇嚴重困難。哈珀指出他在蘇聯遭遇的最嚴峻的局勢是在1930和1932年。他認為第一個五年計劃是一次有創新的激動人心的改革試驗，儘管他感到這使蘇聯人民精疲力竭。在發表個人評論時，他認為他是在客觀地理解蘇聯事件的全部意義。他承認有時候會為蘇聯共產黨聲稱的進步所左右，有時他又對蘇聯的手段和取得的成就嗤之以鼻。哈珀需要正確的視角。[65]

1930年，哈珀發表了一場關於布爾什維主義的演說，這一演說與他早期對共產主義和革命的態度形成有趣的對比。他首先列舉俄國人民不得不遭受的幾種類型的苦難：沙皇俄國的獨裁政治；目不識丁的痛苦；窮鄉僻壤荒無人煙；嚴酷天氣的折磨。[66]他解釋說，

俄國人民已經受夠了這些苦難，但他們所處的環境使他們容易傾聽任何有希望的福音。俄國人民對待1917年革命，特別是十月革命就是這種態度。他說，這次革命是在物質和精神上飽受戰爭蹂躪的俄國人民的一次集體抗議。蘇維埃作為俄國工農的民選機構是二月革命的產物，也是通向十月革命的管道。一個團體為等待這一機會準備了好幾年，並領導了這次革命。它給群眾運動指明了方向，它的領袖就是列寧。在闡述布爾什維克黨人延續十三年的革命經歷時，哈珀指出他們是優秀的心理學家和世界上最好的宣傳家。布爾什維克革命確實產生了苦難、審判和死刑，但是，就總體而言，哈珀認為革命給俄國人民帶來了信心和熱情，引領他們為國富民強而奮鬥。[67]

蘇聯1936年憲法得到哈珀的歡迎，他認為這標誌著蘇聯的進步，是對其他國家友好的象徵。實際上，蘇聯一黨專制下的選舉制度令許多西方人很困惑。而更惡毒的和誤解的說法是「蘇聯式民主主義」。哈珀認為，對蘇聯而言，民主主義就是參與。選舉的目的就是拉近黨和群眾之間的距離。這些選舉是認可，而不是競爭。根據蘇聯的解釋，他們展示了蘇聯人民在精神上和政治上的團結一致。[68]實際上這些年間哈珀關於蘇聯的大多數言論只是陳述了蘇聯的觀點，雖然將之等同於他的認同是錯誤的。

哈珀稱布爾什維克的政治大清洗為鬥爭，是用傳統的布爾什維克方法來消除黨內不同意見。共產黨員入黨時宣佈遵守黨的鐵的紀律，他們正是被如此對待的。他們知道共產黨內部是不容許反對意見存在的。在此條件下，蘇維埃有理由認為大清洗是正當的，而向黨坦白認罪也是理所當然的。持不同意見就是叛黨。然而，哈珀同情那些「老布爾什維克」，當他們成為雙重受害者時：大清洗的受害者和「墨西哥的可憐人」（托洛茨基）陰謀（指托洛茨基1940年在墨西哥被暗殺——譯按）的替罪羊。哈珀在回憶錄裡進一步指責托洛茨基在1917年勾結德國反對克倫斯基；並可能在1937年與希特勒密謀反對史達林。[69]此外，「老布爾什維克」反對史達林的圖謀，是因為他們認為他對革命的背叛將間接地有利於法西斯侵略主義。而這正是托洛茨基所扮演的角色。因為哈珀這樣推測，所以在他看來，史達林成為列寧主義的堅決捍衛者。他使蘇聯共產黨免遭

托洛茨基主義的危害，為蘇共帶來新生命。黨內反對者被清除。[70]
所有這些大多數都是推測而非信念，在巡迴演說外，哈珀私下認為
大清洗的好壞將由隨後的生產資料來決定分曉。[71]

在對大清洗的深入分析中，哈珀把大清洗過程分成幾個階段。
首先是清除同謀者和蓄意破壞者；然後輪到一般非政治性詐騙犯；
繼而波及無辜的旁觀者，最後反過來對清洗者進行清洗。哈珀承認
肅清「老布爾什維克」對史達林個人大有好處，這使得對列寧主義
的解釋只剩下唯一的代言人。大清洗過程演變成為大規模的屠殺，
這令哈珀很困惑。他最不滿意的是他不能就近觀察大清洗事件，
只能依靠蘇聯媒體和零星的報導。當時，他的困惑是很明顯的，比
如他常用不同的方式描述大清洗過程。他認為大清洗是一個複雜事
件，其內幕是西方人無法明白的。然後，他又稱大清洗只是對老樹
的一次修剪而已。後來，他又指責蘇聯大清洗是一次血腥報復。[72]

哈珀在1937至1938年間注意到許多美國人對蘇聯的不滿緣於無
法擴展貿易和史達林的大清洗運動。他繼續發表公開演說，努力解
釋蘇聯在內外關係上的所作所為。「蘇維埃薩姆」越來越被視為蘇
聯共產黨立場的辯護士。[73]哈珀的困境由他一直以客觀的觀察者的
身份來闡述俄國立場這一事實造成。哈珀陷入了席捲美國的反蘇浪
潮中。起初，他認為他呈現一個真實畫面的原則並不就是贊同蘇聯
的政策。這種解釋無濟於事。後來，當迫使他譴責蘇聯人的壓力毫
不退讓時，哈珀轉變成為一名反宣傳者。除了上述壓力，他的雙眼
又患上白內障，由此導致他再次心理崩潰和離群索居。

哈珀被視作親蘇分子使他陷入麻煩之中。他認為波蘭被瓜分
不過是貫徹蘇聯的主張，即侵略軍應該被阻止在別國的領土上。[74]
他說，蘇聯入侵波羅的海國家和芬蘭是集體安全體系中間接行動條
款的實際運用。他認為，如果需要的話，一些美國人也會贊同在拉
丁美洲執行同樣的政策。後來，他指出冬季戰爭——蘇聯侵略芬蘭
——是「史達林的錯誤」，並懷疑他可能受到希特勒的懲惡。然
而，哈珀認為，蘇聯承認波羅的海國家一直是基於這樣的假想，即
他們有能力抵抗任何威脅到蘇聯安全的國家。

在哈珀看來，蘇德互不侵犯條約也就如其字面所表達的那樣。
根本不存在所謂聯盟，也談不上共同行動與合作。瓜分波蘭一直

是兩個獨立的行動。他堅信蘇德戰爭不可避免，因此認為蘇德條約以及此後蘇聯所有行動的主要原因是蘇聯政府和人民為即將發生的蘇德戰爭做準備。1941年6月，在哈珀所謂的被打入「冷宮」兩年後，他感到有必要支持蘇聯反對納粹入侵。[75]

1943年1月中旬，正當他的祖國和他所研究的國家的合作處於高潮期間，薩姆・哈珀去世了，享年61歲。將近兩周以後，第二次世界大戰的轉捩點出現了——德軍在斯大林格勒投降。哈珀憑藉他的洞察力和重生的樂觀主義，早已預見了俄國的勝利。他沒能活到勝利的這一天，不過他去世時已經確定蘇聯人民必然獲得偉大勝利。終其一生，他與俄國流亡學者都保持著密切關係。他們共同承擔著教育美國人瞭解俄國的任務，其意義不容忽略。

美國學術界一直對俄國和蘇聯不懷好感。無論哈珀如何努力使自己接受史達林時代的蘇聯，這些消極情感在他及同事中間依然存在。其他學者甚至發展成惡感。在1920年至1933年美蘇重建條約關係期間，俄國流亡者中的知識份子開始對美國人的俄國觀造成顯著影響。也許那些促使美國的俄國史研究成為一個專業研究領域的學者最為重要；正是通過他們的學術團體、教學與寫作在美國領導人心目中確立了有關俄國的嶄新而持久的形象。隨著第二次世界大戰的爆發，與蘇合作已是大勢所趨，而美國人對蘇聯的樂觀主義態度也壓倒了以往的消極看法。在美國的俄國流亡學者比例異乎尋常地高，而歷史學者成為其中引人注目的一個群體。根據1927年的一項統計，在歐美至少有75名流亡學者自1921年以來用9種文字出版了大約500種歷史論著。其中大多數是論文（長篇大論不受歡迎，因為這些作者都不能獲得第一手材料），大多數學者也選擇在歐洲大學裡任教。[76]然而，這些流亡歷史學家在確立美國的俄國研究方面起到重要作用；實際上，他們控制了這一研究領域。

美國大學很晚才將歷史尤其是非美國歷史納入高等教育的核心部分。比如，在1880年，哈佛大學只有三位歷史學者，普林斯頓大學和達特默斯大學各有一名歷史學者。美國的俄國研究奠基人是阿奇博爾德・卡里・庫利奇（Archibald Cary Coolidge），他是哈佛大學畢業生，去過很多地方，是一位通曉多種語言的波士頓名流，

他在母校從事史學研究。經過七年的歐洲研究之後，庫利奇認為俄國的「東方」遺產（指拜占庭文化）是理解俄國社會變化的關鍵。1894年，庫利奇在哈佛大學第一次開設歷史課程，包括講述俄國史內容。1895年，他在美國歷史學會年會上提交了第一篇有關俄國史的論文。此外，他在1896年說服哈佛大學聘用了美國大學第一位俄國語言文學講師。[77]不久，克蘭和哈珀進入這一領域。

在第一次世界大戰之前，有幾位美國本土學者也對俄國感興趣，最有名的就是前文提到的芝加哥大學的撒母耳・哈珀。哈珀是芝加哥大學校長的兒子，他獲得了親俄分子查理斯・克蘭資助的一個職位，每年輪流在芝加哥大學教書及在俄國從事研究。此外，阿奇博爾德・庫利奇雖然熱愛俄國，但他認為1917年之後的俄國政府是「恐怖的骯髒的」——與哈珀一樣——1925年在美國講授俄國和東歐歷史的學者中有一半是他培養的學生。這些早期的俄國研究專家與先驅在本國幾乎沒有什麼可以利用的資源。直到1926年，唯一的英文版俄國史教材是根據法國艾爾弗雷德・朗博（Alfred Rambaud）在45年前出版的《俄國史：從起源到當代》一書節譯而成。[78]

在20世紀20年代，美國的課程改革和日益增加的大學生的知識興趣為俄國流亡學者創造了就業機會。[79]尤其是三位俄國裔美國學者——哈佛大學的米哈伊爾・卡爾波維奇，哥倫比亞大學的米哈伊爾・弗洛林斯基（Michael Florinsky），以及耶魯大學的格奧爾基・維爾納特斯基——確立了俄國研究的基調，並培養了一代大學畢業生，而他們又把他們導師們的俄國觀灌輸給受過良好教育的美國人。這種俄國觀是反對獨裁的和反對布爾什維克的。他們認為俄國人民豐富的人道和民主精神一直遭到壓制，先是受到傲慢的反動右派分子的抵制，然後遭到左派革命分子的僵化學說的排斥。傳達給美國學生的明確資訊是，就社會和政治發展而言，俄國根本不值得熱愛。

1918年，阿奇博爾德・庫利奇說明米哈伊爾・卡爾波維奇（1888-1959）找到在大學教書的工作，當時這位俄國格魯吉亞人剛好失去俄國臨時政府駐美大使伯里斯・貝克赫米特夫的機要祕書職務。隨後到1927年，庫利奇幫助卡爾波維奇在哈佛大學謀得正式

教職，由此使哈佛的俄國研究首次有了重要學者。卡爾波維奇指導了30多篇俄國史方面的博士論文。主要是通過他的學生如（只舉數位）理查・派普斯（Richard Pipes）、唐納德・特雷德戈爾德（Donald Treadgold）、喬治・費希爾（George Fischer）、羅伯特・丹尼爾斯（Robert Daniels）、漢斯・羅格（Hans Rogger），以及羅伯特・保羅・布勞德（Robert Paul Browder）等人，他影響了美國有教養群體的俄國觀。在青年時代，卡爾波維奇曾是一名社會革命黨人，並蹲過短期監獄。後來，他加入了比較保守的立憲民主黨人陣營。據說，他拒絕公開宣佈反共產主義的立場，因為他認為堅持意識形態立場會歪曲史學研究。同時，他從不掩飾說共產主義的勝利是一場災難，如果可以的話，他不願意發表關於蘇維埃時代的演說，他說這是為了防止立場的不客觀。[80]當回顧在研究生時代的學習情況時，一位卡爾波維奇的學生肯定地說，在他的導師心目中「亞歷山大一世和尼古拉斯一世統治時期的貴族世界，儘管存在所有專制統治和農奴制的缺點……仍不愧為俄羅斯文明史上的黃金時代，（因為這段時期）代表了所謂的俄國人道主義的第一個巨大成就……」學生馬丁・瑪麗婭（Martin Malia）回憶說，這是一個卡爾波維奇對之「多少有點傷感」的時代。而談到蘇維埃時期，談到俄羅斯人道主義傳統的沒落，令卡爾波維奇不堪回首。[81]

第一次世界大戰前米哈伊爾・卡爾波維奇還是莫斯科大學的一名研究生時，他與格奧爾基・維爾納特斯基（1887-1973）已經是好朋友了。1920年，維爾納特斯基離開俄國，在歐洲度過七年的流亡生活，並於1927年任教於耶魯大學。阿奇博爾德・庫利奇最先考慮把維爾納特斯基招聘到哈佛大學，由於聽說他的英語很差，才放棄掉。[82]也許，維爾納特斯基對美國的最大影響是通過他的作品，特別是他編寫的《俄國史》教材。該書初版於1929年，後來又再版五次，在他去世多年以後，仍在銷售。維爾納特斯基從《古代俄國》（Ancient Russia）開始的一系列專題研究開創了西方學者研究俄國史的學術範式。[83]像卡爾波維奇一樣，維爾納特斯基講授的俄國近代史通常是一部走入歧途的歷史，其中善良的男女很少有善終。

米哈伊爾・弗洛林斯基（1895-1981）在布爾什維克革命之後就離開俄國，戰後幾年在倫敦度過，期間擔任帕維爾・維諾格拉多

夫（Paul Vinogradov）爵士所負責的12卷本戰時俄國研究叢書的副主編，該叢書是卡耐基國際和平基金會項目。這個研究專案雄心勃勃，旨在「描述，如果可能的話，評估一戰造成的經濟損失，以及戰爭在俄國文明發展過程中所帶來的變遷」。1925年，維諾格拉多夫去世後，弗洛林斯基來到美國與耶魯大學出版社以及卡內基基金會的總編詹姆斯・T・肖特韋爾（James T.Shotwell）合作，繼續完成上述研究項目。[84]這位自稱「蘇維埃制度的直言不諱的批評者」在完成他在哥倫比亞大學的博士學位之後，留校任教，最終寫出2卷本的《俄國：歷史與分析》專著，該書被稱讚為「第一本全面的簡明的俄國通史，而不是所謂的教材」。當他在1981年去世時，該書已經再版10次。[85]直到今天，他關於歐洲統一前途的研究以及他關於極權主義國家社會經濟政策的著作仍在熱銷中。

弗洛林斯基堅決認為俄國革命組織（社會民主黨和社會革命黨）與沙皇政權的滅亡「實際上沒有多大關係」。他寫道，儘管他們進行了革命宣傳，但「如果認為革命組織在推翻沙皇帝國方面起到重要作用將是完全不切實際的。當時，所有革命領袖都不在首都。列寧在瑞士，史達林在遙遠的西伯利亞。托洛茨基則把時間消磨在紐約市的聯合廣場（Union Square）與他在布朗克斯區（Bronx）公寓的路途上。沙皇政權並不是被推翻的：它的垮臺是由於自身的軟弱和腐敗無能」。他說，布爾什維克能夠生存下來，是由於列寧答應把土地分給農民，即縱容農民去「搶奪曾經被奪走的東西」。弗洛林斯基認為蘇維埃政府是「自12世紀以來就形成的歷史傳統的延續」。[86]

至於弗洛林斯基在學術上的深遠影響，似乎是沒有疑問的。1985年，一個美國的蘇聯研究協會對美國初高中教材中包含的俄國歷史內容進行調查，他們感到惱怒的是有幾個作者甚至無法寫對蘇維埃政府創始人的正確名字。然而，這幾位綜合了各種觀點的作者顯然借鑑了弗洛林斯基的觀點，他多年來都認為弗拉基米爾・伊里奇・烏里揚諾夫（Vladimir Ilich Ulianov）的化名就是「尼古拉斯」（Nicholas）・列寧。其餘調查者也同意，由美國作者撰寫的學童教材中有關俄國——蘇聯歷史的內容，「大都或明或暗地存在著對俄國或蘇聯的一種負面情緒」。[87]

這三位流亡學者都與前大使伯里斯・貝克赫米特夫保持良好關係。在臨時政府垮臺以後，貝克赫米特夫仍以私人身份待在美國，繼續控制著美國貸給臨時政府的剩餘款項，一直持續到蘇共當政的第三年為止。一直到20世紀20年代中期，他還致力於引導和影響美國對俄國的觀念以及對馬克思主義政府的政策。他向美國外交官大量灌輸這種觀念，即「沒有人幻想俄國有可能維持……一個以發達社會主義理論為基礎的制度」，鑑於「布爾什維克政權失敗的必然性」，現在要對任何與蘇聯有關的國際問題達成最終協定將是錯誤的。他認為美國應該本著「道德託管制」的精神來捍衛俄羅斯的利益，從而只達成「可以重新考慮和修改的暫時協定，以待俄羅斯回歸」。[88]

貝克赫米特夫成為哥倫比亞大學的工學教授後，通過他所設立並掌管的人文科學基金會（the Humanities Fund）來影響學術。卡爾波維奇是基金會董事會成員。該基金會規定其資助「不告知外部黨派」，它給耶魯大學出版社提供經費出版維爾納特斯基的歷史著作集。到了1942年，貝克赫米特夫鼓勵卡爾波維奇和維爾納特斯基聯手合作，準備12到15年（在人文科學基金會的支持下）寫一套10卷本的俄國史鉅著。儘管這一計畫沒有完全實現，貝克赫米特夫支持學術研究，並挑選其他俄國學者關注一些共同的問題，其中最重要的就是研究俄國的國家特性。他們從戰前著名的學者並短暫擔任過臨時政府外交部長的保爾・米留可夫那裡獲得研究主題。他們認為值得注意的是，從長遠的觀點看，俄國的總體特徵是屬於歐洲的，但又有所不同，這是因為俄國的落後，發展緩慢以及在疆域擴張和國防方面的獨特性。[89]

無論美國早期的俄國研究者中間關於民族國家的演變，君主立憲或共和政府的功效，或各種政策的優劣存在何種分歧，他們都認為布爾什維克摧毀了俄國走向美好生活的可能性。因為這些學者指導學生從事蘇聯歷史的研究，他們也是所謂的英美研究蘇聯問題中極權主義學派（the Anglo-American totalitarian school of Sovietology）的先驅。至於從20世紀40年代末一直延續到20世紀60年代的正統觀點，則認為布爾什維克黨人是天生的極權主義者，他們「脫胎於極權主義胚胎之後，就發展成為徹底的極權主義」。[90]

斯蒂芬・F・科恩（Stephen F.Cohen）寫道，歷史學家們一貫熱衷於關注蘇聯政府如何把她「天生的極權主義邏輯」施加在已經精疲力竭而且被剝削殆盡的俄國社會上——所有這一切都是為了「改變與共產主義作對的自由世界的行為方式」。在此過程中，英美極權主義學派忽略或排斥個體差異、階級衝突、制度需要、集團利益、代際差異等許多因素，這些因素才是歷史研究的真正素材。瘋狂反對布爾什維主義——這是美國國家主義派歷史學家和不滿的俄國流亡學者的共同立場——以及在20世紀40年代和20世紀50年代的冷戰期間歷史研究進一步政治化的思想後果現在更加明顯。其中最突出的問題是對大多數或所有俄國問題堅持消極態度。科恩敏銳地指出，當大多數研究中國的學者傾心於研究它的歷史，文化和人民時，「另一方面，許多蘇聯問題研究專家似乎討厭或憎恨他們的研究對象」。[91]人們可以想像這種情緒，如果不是它的表現形式的話，會令那些開創俄國——蘇聯問題研究的學者們多麼高興。在20年代和30年代，這些先驅得到越來越多來自國務院專家的援助，他們時常分享他們的觀點。羅伯特・R・凱利是他們的領袖。他和他的學生們創造了被稱為「里加原則」（Riga Axioms）的對俄政策。這種政策顯著的特徵在於對俄國深刻的不信任，甚至有時懷疑俄國人本身的品性。儘管有許多像博拉和羅斯福這樣持相反意見的人反對，它仍主宰了20世紀美國人的俄國觀。即使羅奈爾德・雷根總統的轉變，做出宣佈「邪惡帝國」不再存在的妥協，也無法改變這一觀念。

註釋：

1　Samuel N.Harper（以下簡稱SNH），*The Russia I Believe In:The Memoirs of Samuel N.Harper, 1902-1941*, 6-9 and quote on 9 and 10.

2　William R.Harper to SNH, January 16, 1904, box 1, f.6, Samuel Harper Papers, Special Collections, University of Chicago.所有的SNH信件均藏於此，除非另行注釋。

3　SNH, Russia I Believe In, 67-90.

4　SNH to Charles Crane, June 21, 1916, box 3, f.5.

5　Milton Browner, "Crane and Harper Tell Why New Russia Will Succeed," March 22, 1917, Box 3, f.12.

6　其態度，可參閱"Address to the National Geographic Society," March 30, 1917, box 32, f.44 or SNH to Nicholas Murray Butler, April 19, 1917, box 3, f.16.

7　SNH MSS, "Address to American Russian Chamber of Commerce, Chicago, Illinois," March 28, 1917, box 32, f.44.

8　SNH MSS, "1914-1917,"box 34, f.36.

9　SNH to Crane, March 18, 1917, box 3, f.12;SNH to James Keeley, April 18, 1917, box 3, f.16;也可參閱SNH to Nicholas M.Butler, April 19, 1917, box 3, f.16.

10　SNH, "Address to National Geographic Society," March 30, 1917, box 32, f.44.

11　SNH to Paul Milyoukov, April 12, 1917, box 3, f.15;Robert Lansing, War Memoirs of Robert Lansing, Secretary of State, 351.

12　SNH to Jean Jules Jusserand, April 21, 1917, box 4, f.1.

13　SNH MSS, "February Revolution," box 32, f.49.

14　Donald E.Davis and Eugene P.Trani, *The First Cold War:The Legacy of Woodrow Wilson in U.S. Soviet Relations*, 37;SNH, Russia I Believe In, 99.

15　SNH to Roger H.Williams, (April 1917), box 3, f.13.

16　SNH, Russia I Believe In, 100-101.

17　SNH, Russia I Believe In, 107-8.有趣的是，最遲在5月初，哈珀已批評那些在彼得格勒的美國記者們所散佈的「瘋狂謠言」，他「根本不相信他們『危言聳聽』的評論」。參見SNH to Richard Crane, May 1, 1917, box 4, f.3。

18　SNH to Richard Crane, July 23, 1917, box 4, f.9.

19　Draft for "The Spirit of the Russian Revolution," box 60, f.23. "Lenin and his ideas," Harper said, "are discredited." 參見SNH to Eugene Prince, July 12, 1917, box 4, f.9。

20　SNH to Harry Pratt Judson, December 14, 1917, box 4, f.15;SNH to William Phillips, December 14, 1917, box 4, f.15;SNH to Walter Lippmann, January 18, 1918, box 4, f.18.

21　SNH, Russia I Believe In, 126-31.

22　U.S.Senate Documents, vol.4, A Memorandum on Certain Aspects of the Bolshevist Movement in Russia, 66th Cong., 2d sess., 1920.

23　"Memo on the Discipline of the Russian Communist Party," 1920, box 23, f.13.

24　"Introduction to the Harper Papers," 11,10; "Selected Materials for Memoirs," box 77, f.2.

25　SNH, Russia I Believe In, 131.

26　Ibid., 197-98.

[27] SNH to Chapin Huntington, October 4, 1918, box 6, f.1;另見William Appleman Williams, *American Russian Relation, 1781-1947*,152-53,其中談到Batolin與Harper 對此問題的關注。

[28] 關於蘇維埃的衰敗，參見SNH to Breckinridge Long, March 22,1920,box 7, f.20 and for the quote see SNH to Breckinridge Long, April 10, 1920, box 7, f.21.

[29] SNH to Pares, May 6, 1920, box 7, f.24.

[30] 哈珀離開國務院的詳情，參見SNH to Allen J.Carter, April 17, 1921, box 9, f.8;關 於國務院的重組，參見Carter to SNH, May 8, 1921, box 9, f.10.

[31] SNH to Richard Crane, May 1, 1921, box 9, f.10.

[32] SNH to W.C.Huntington, April 24, 1922, box 10, f.1.

[33] SNH to Poole, October 10, 1922, box 10, f.7;SNH to Bakhmetev, November 11, 1920, box 10, f.8;SNH to Ariadna Tyrkova Williams, April 14, 1923, box 10, f.21;SNH to Pares, April 14, 1923, box 10, f.21;and SNH to Pares, January 14, 1924, box 11, f.6.

[34] SNH to Bakhmetev, October 2, 1924, and SNH to Don Brodie, October 2, 1924, both in box 11, f.23.

[35] See his letters to Mikhail Karpovich, December 15, 1925, and to Don Brodie, December 26, 1925, both in box 12, f.13.

[36] "Introduction to the Harper Papers," 14.

[37] SNH, "Three Months in the Soviet Union," box 60, f.1.

[38] Ibid., 1.

[39] Ibid., 6.

[40] SNH, Russia I Believe In, 6.

[41] SNH, "Three Months in the Soviet Union," 12.

[42] George S.Moyer, *The Attitude of the United States Towards the Recognition of Russia*, 150-51.

[43] "Secretary of State Kellogg's Declaration of Policy of April 14,1928," New York Times, April 15, 1928, in Frederick Schuman, *American Policy Towards Russia Since 1917:A Study of Diplomatic History, International Law, and Public Opinion*, 352.

[44] Assistant Secretary of State William R.Castle to Mr.Carter, March 13, 1931, Records of the State Department（以下簡稱SD）, Record Group（以下簡稱RG）, 59, roll 1, coll.T1241, 1-2, National Archieves（以下簡稱NA）.

[45] Editorial, New Republic, vol.70 (March 30, 1932), 165;Jerome Davis, "Capitalism and Communism," 68.

[46] Castle to Mr.Carter, March 30, 1932, SD, RG 59, roll 1, NA;Francis R.Walsh to Franklin Roosevelt, October 28, 1933, SD, RG 59, roll 1, NA;Robert Durham t Robert F.Kelley, December 4, 1933, SD, RG 59, roll 1, NA.

[47] Felix Cole to the Secretary of State（以下簡稱SS）, November 27, 1931, SD, RG 59, roll 1, NA.

[48] Charles C.Hart to SS, September 20, 1933, SD, RG 59, roll 1, NA.

[49] Cole to SS, June 5, 1931, SD, RG 59, roll 1, coll.T1241, 2, NA.

[50] Castle to Carter, March 13, 1931, SD, RG 59, roll 1, NA.

[51] Schuman, American Policy, 290.

[52] Marriner to Castle, February 13, 1931, SD, RG 59, roll 1, NA.

53 Hollace Ransdell, "Mr.Fish Down South," New Republic, vol.67 (May 20, 1931), 30; Conrad Seiler, "The Redmongers Go West," New Republic, vol.64 (November 12, 1930), 347.

54 Edmund Wilson, "Foster and Fish," New Republic, vol.65 (December 24,1930), 162.

55 Hamilton Fish, "The Menace of Communism," 58;關於少數派報告，參見 "Outlawing of Reds:A National Menace," New York Times, January 18, 1933, 1.

56 SNH, Russia I Believe In, 158.

57 Preston Kumler to Harper, January 28, 1928, box 13, f.15.

58 Preston Kumler to SNH, January 30, 1928, HP, SCUC;SNH to Preston Kumler, February 2, 1928.

59 SNH, Russia I Believe In, 156.

60 SNH, Civic Training in Soviet Russia, xi-xii.

61 其中最著名的蘇聯專家，是哈佛大學的Merle Fainsod教授以及哥倫比亞大學的 John Hazard 教授。

62 Ibid., xvii, 15, 33, 39, 366, 381.

63 Translation of Pavlov's review from Izvestiia, November 14, 1929, box 14, f.27.

64 SNH, Russia I Believe In, 156.

65 SNH to Prince Mirsky, October 11, 1928, box 13, f.33.

66 Ibid., and "Lecture on Bolshevism," c.1930, box 31, f.5.

67 "Lecture on Bolshevism."

68 SNH, Russia I Believe In, 242.

69 Ibid., 245.

70 SNH, "Selected Notes, 1937-41," box 76, f.20.

71 Ibid., and "Selected Notes for Press Release," April 19, 938, ox 20, f.20.

72 SNH,Russia I Believe In, 246-48.

73 "Introduction" to Harper Papers, 14.

74 SNH, Russia I Believe In, 268.

75 SNH, Memo, "American Soviet Relations," box 76, f.4.

76 Ant.Florovsky, "The Work of Russian migr's in History (1921-27)."

77 Harold H.Fisher,ed., *American Research on Russia* (Bloomington:Indiana University Press, 1959), 23-25;Robert F.Byrnes, *Awakening American Education to the World:The Role of Archibald Cary Coolidge, 1866-1928* (Notre Dame:University of Notre Dame Press, 1982), 8, 53, 143.

78 Byrnes, Awakening American Education, 43, 67, 139.

79 美國大學生人數不僅增加了，而且學生群體的構成也發生了變化。猶太人學生熱衷於探討他們的先輩在俄國的歷史，這些猶太人學生占哥倫比亞大學全體學生的40%，占哈佛大學全部學生的20% (Stephen Steinberg, *The Academic Melting Pot:Catholics and Jews in American Higher Education*, 9).

80 Martin E.Malia, "Michael Karpovich, 1888-1959," 60-71;Byrnes, *Awakening American Education*, 108.

81 Malia, "Mikhail Karpovich," 1888-1959, 63.

82 Byrnes, *Awakening American Education*, 108.

83 B.Bakhmetev to G.Vernadsky, May 23, 1939, Boris Bakhmetev Papers, Bakhmetev Archive of Russian and East European History and Culture, Columbia University [以下簡稱BP, CU].

84 "Editor's Preface" in Michael Florinsky, *The End of the Russian Empire*, vii.

85 New York Times, January 311940;September 20, 1953;October 14, 1981.

86 Michael Florinsky, *Toward an Understanding of the USSR:A Study in Government, Politics and Economic Planning*, 70, 232.

87 US/USSR Textbook Study, Project:Interim Report, June 1981, Howard D.Mehlinger, Director (Bloomington).這篇報告的蘇聯籍學者所寫的那部分指出，在對包括從7年級到11年級在內的25個班級地理、世界史和美國史教科書的檢查中，「大多數……把V.I.Lenin稱作『Nickolai Lenin』」。在1939年出版的《認識蘇聯》（Toward an Understanding of the USSR）一書中，Florinsky 把列寧稱「Nicholas」（1939年版，第84頁）。但在該書1951年的版本中，又改稱列寧為「Vladimir」（1951年版，第9頁）。客觀地說，Florinsky在提到列寧時很少使用他的教名；他在提到列寧時，一般都先引用首字母N來指代列寧。關於美國教科書中對蘇聯的看法，參見Marvin Hershel Berman, *The Treatment of the Soviet Union and Communism in Selected World History Textbooks*, 1920-1970, 153-54.

88 Bakhmetev to Edward M.House, March 11, 1919, Bakhmetev to DeWitt Clinton Poole, April 23, 1923, BP, CU.Bakhmetev建議美國在與蘇聯建交之前，應該堅持下列條件：1.蘇聯政府必須放棄在國外的革命宣傳；2.蘇軍必須復員；3.蘇聯政府必須表明她獲得了人民的信任與支持；4.蘇聯政府務必承諾不締結任何會干涉蘇聯「自由發展」的政治經濟條約（Bakhmetev to Poole, February 13, 1922. BP, CU）。

89 Bakhmetev to George Vernadsky, October 14, 1937, Bakhmetev to Mikhail Karpovich, October 27, 1942, BP, CU;Arthur P.Mendel, ed., Political Memoirs, 1905-1917, vi-vii.

90 Stephen F.Cohen, *Rethinking the Soviet Experience:Politics and History Since 1917*, 6 (Merle Fainsod quote) (see also 150n7).

91 Ibid., 11-12,161n22;and Fisher, *American Research*, 2;Cyril E.Black and John M.Thompson, eds., *American Teaching About Russia*, 13, 52.

Chapter 2
來自里加的俄國通
The boys from Riga

　　20世紀20年代對俄美關係而言是尷尬的。美國不承認蘇聯，並且要求布爾什維克賠償被沒收的美國國家和私人財產。貿易繼續進行，但風險各自承擔。由於沒有設立大使館或領事館，因此美國通常是經過間接的曲折的管道來獲得有關共產黨俄國在內政外交方面的活動情報。美國獲得蘇聯情報的主要管道是1919年在拉脫維亞首都里加率先成立的一個非正式的「情報所」，該機構成員是來自已經不存在的彼得格勒美國大使館的「老俄國通」們。里加「情報所」對美國的俄國觀以及美國對蘇政策都產生了影響，我們從如下幾方面對它進行分析：美國對新經濟政策以及20世紀20和30年代史達林時代蘇聯的認知情況；對里加「情報所」自身工作階段的分析——從最初1919-1928年的搜集資料階段，到1928-1933年進行分析的成熟階段；最後到1933-1939年情報所進行專業化報告的階段，這也是新成立的莫斯科美國大使館研究現狀的時期。

　　里加俄國通的故事從1920年威爾遜總統的不承認蘇俄政策起，一直延伸到1939年第二次世界大戰爆發因形勢所迫里加使館關閉為止。在此期間，美國的對蘇政策一波三折，經歷了威爾遜總統任內的司法部長A·米切爾·帕爾默（A.Mitchell Palmer）的紅色警告；查理斯·埃文斯·休斯的「自擔商業風險」；赫伯特·胡佛通過美國救濟署（ARA）開展的饑荒援助；由文化名流馬雅可夫斯基（Vladimir Mayakovsky）和希歐多爾·德萊塞（Theodore Dreiser）領導的美蘇文化交流；1933年，參議員威廉·博拉長期堅持的承認蘇聯主張；以及1936至1938年約瑟夫·E·大衛斯大使（Joseph

E.Davies）尋求和解的嘗試。

重要的是，美蘇兩國文化因為「共生互利關係」出現了「融合」。一位著名的歷史學家指出，這種文化交流的結果就是共同發現了由美國現代女舞蹈家伊莎朵拉·鄧肯（Isadora Duncan）所代表的新的文化方向。鄧肯與俄國1917年革命的兩個黨派都有來往。1921年，鄧肯重返莫斯科，她告訴文化人民委員盧納察爾斯基（Anatoly Lunacharsky）說，她「討厭資產階級分子和商業性的藝術」。鄧肯與農民詩人葉賽甯（Sergei Esenin）的羅曼史引起軒然大波。他們在1922年結婚，一年後又離婚。像這樣的文化融合活動還有很多。比如，當尼基塔·巴里耶夫（Nikita Balieff）和他的「蝙蝠」劇團（Chauve Souris）移到巴黎和紐約後，即成為當地夜生活的一道亮麗風景線。1922年，斯坦尼斯拉夫斯基（Konstantin Stanislavsky）帶著他的莫斯科大劇院（Moscow Art Theater）來到紐約市，在波士頓時他又簽約出版他的自傳。當斯坦尼斯拉夫斯基第二次來美國巡演時，喀爾文·柯立芝（Calvin Coolidge）總統在白宮接待了他。這些文化交流是由代表俄羅斯新聞署的伯里斯·斯克文斯基（Boris Skvirsky）和在莫斯科的全俄對外文化交流協會會長奧爾加·卡梅涅娃（Olga Kameneva）所推動的。他們是芭蕾舞劇《美國主義》（amerikanizm）的官方贊助人，該劇是蘇聯爭取美國外交承認的文化進攻策略。他們的努力得到了基督教青年會幹事舍伍德·艾迪（Sherwood Eddy）的支持，艾迪自1926年開始每年舉行一次蘇聯研究討論會。美國對蘇文化交流協會的副會長、哲學家約翰·杜威也參與進來。杜威會見並襄助了蘇聯天才爵士音樂家和作曲家約瑟夫·席林格（Joseph Schillinger）。許多黑人爵士音樂家則到蘇聯去，包括薩姆·伍丁（Sam Wooding）和「巧克力小孩」（Chocolate Kiddies）。肖斯塔科維奇（Dmitri Shostakovich）的《美國主義》就採用了這些美國黑人元素，他還創作了芭蕾舞劇《塔西提傳說》（Tahiti Trot）和《黃金時代》（Golden Age）。

美國商人阿曼德·哈默（Armand Hammer）代表著美國商界最初的努力。他在與列寧交談後不久，就在1921年10月28日簽署了一項石棉合同。他還把蘇聯的皮毛和魚子醬販賣到美國，並成立了美國聯合公司（Allied American Corporation），這家公司於1924年被

蘇美貿易公司（American Trade Corporation）取代。他在1925年生產鉛筆，到了1928年則經營被沒收的藝術品。1925年，亨利・福特（Henry Ford）賣給蘇聯一萬輛「福特桑」牌卡車。1924年，艾夫里爾・哈里曼（Averell Harriman）與蘇聯簽署的錳礦石合同成效不大，合同在1928年終止。在20世紀20年代，美蘇兩國的投機分子非常熱衷這類貿易，特別是亞歷山大・岡伯格以及借助俄羅斯新聞署和俄美商會的伯里斯・斯克文斯基。

隨著斯拉夫研究的專業化和美國記者紛紛前往莫斯科，美國人對蘇聯的好奇在20世紀30年代達到高峰。去蘇聯的記者有沃爾特・杜蘭蒂、威廉・亨利・錢伯林（William Henry Chamberlin）、路易士・費希爾（Louis Fischer）以及尤金・萊昂斯等著名記者。兩國文化交往最著名的事件有蘇聯詩人馬雅可夫斯基在1922-1923年間訪問美國，以及美國小說家希歐多爾・德萊賽1927-1928年的俄國之行。甚至美國黑人作家蘭斯頓・休斯（Langston Hughes）也去了莫斯科，儘管他的訪問並無成果。其他一些美國人則逗留在俄國，一直等到史達林的社會主義現實主義和恐怖的大肅反冷卻了美國人對蘇聯的熱情為止。[1]美國人大多錯過了這次寶貴的跨文化「融合」，原因是美國的不承認政策，而隨後發生的大肅反更嚇跑了他們。而直到1931年美蘇建交以及1934年美國在蘇聯設立大使館，美國政府自身也主要依靠里加的情報所來獲取有關蘇聯的資訊。里加報告繼續對俄國持消極成見。

能拋棄成見的人是繼「西伯利亞」肯南和「蘇維埃薩姆」哈珀之後的第三代美國的俄羅斯專家。其代表人物是羅伯特・凱利，他在1926年擔任新成立的國務院東歐司司長。這批人先在巴黎、柏林或布拉格獲得俄羅斯研究的專業知識，然後到里加得到實際訓練。凱利的自我小傳回顧了自己的經歷：哈佛大學的學士和碩士；在巴黎東方語言學院師從保羅・博耶（Paul Boyer）教授學習一年；1917-1922年間在波羅的海地區擔任陸軍軍官；1923年在加爾各答領事館任職；1925年被重新調到東歐司擔任第一助理，1926-1936年擔任該司司長。他描述了東歐司的職責：「在避免官方承認蘇聯政權的同時，東歐司還試圖發展美蘇兩國的關係，其原則是鼓勵蘇聯境內那些與世界革命目標和共產主義專政相對立的社會勢力與趨

勢的發展。」他繼續指出：「為了滿足未來對俄羅斯專家的需要，東歐司為那些被選中的外交官開辦了一個專門語言培訓課程。」他的同事洛伊・亨德森（Loy W.Henderson）補充說：「在20世紀20年代後期，凱利在培養精通蘇聯問題的年輕外交人才方面，起了突出作用。」亨德森強調說，由於這些人才的培養，「我們在莫斯科的大使館才可能立即擁有許多熟悉俄語、俄國歷史，以及瞭解蘇聯政治經濟狀況的年輕外交官」。在給一位年輕學者的信中，亨德森評論說：「他為人真誠，既是學者，又是外交官，這令我非常欽佩。」[2]

　　除了上述讚揚之外，還有更多應歸功於凱利。學者丹尼爾・耶爾金（Daniel Yergin）宣稱凱利是「里加原則」之父。耶爾金認為「里加原則」體現了他們對蘇聯式極權主義的極度悲觀：第一，蘇聯被認為是一個世界革命國家，她的外交政策根源於意識形態，而不是俄羅斯民族的或大國的利益；第二，蘇聯的極權主義外交政策植根於其國內體制，通常被稱作「慕尼克同黨」，因為這種極權主義類似希特勒的極權主義，它也有一個時間表，並制定了最終消滅西方的大計畫；第三，鑑於上述兩條，美國必須格外慎重和警惕，並盡量避免與蘇聯談判，因為與蘇聯和解通常是沒有意義的，其結果與綏靖政策無異；第四，蘇聯被視為一個「世界流氓」，也就是說，即使蘇聯的外交政策以意識形態做偽裝，其實質仍然是赤裸裸的權力角逐；第五，蘇聯有一個長遠的計畫，而且有許多具體目標，其計畫來源於其意識形態。[3]

　　另一個評論家認為凱利是國務院對蘇強硬政策的首倡者。從1926年擔任東歐司司長開始，他就發起培訓政策分析人才的計畫，選送人員到巴黎東方語言學院學習──這裡曾經是他與哈珀的就學之地。凱利在波羅的海地區擔任了三年的武官，他不同尋常地相信「共產主義在俄國的統治既是一個徹底的不幸，也是一個長期的現實」。國務院需要既能說一口流利的俄語也通曉俄國歷史和布爾什維克背景的外交官。作為東歐司的司長，凱利說服國務院同意他的計畫，即每年選派兩名外交官作為俄羅斯專家的培養對象，首先接受培訓的是「西伯利亞」肯南的遠房表親喬治・F・肯南。國務卿休斯和他的繼任者如弗蘭克・凱洛格（Frank Kellogg）以及亨利・L・史汀生（Henry L.Stimson）都支持凱利的這項計畫。很久

以後，凱利回憶說：「我認為這個計畫是非常成功的，不僅是成功的，而且對於我們早些年對蘇關係的發展以及瞭解和研究美蘇關係的趨勢都是必不可少的。」[4]

關於學習的內容，肯南記得，他起初想集中於蘇聯時期，但凱利回答說：「不可以，我不想讓你學習這些課程。我想讓你學習比較系統的俄國歷史，文化和語言，就像一個俄國人在十月革命之前沙皇時代的大學裡需要學習的課程內容一樣。」關於這一點，肯南評論說：「這是給我的最好建議，它顯示了鮑勃‧凱利以怎樣的識見和智慧來推進這門語言訓練課程。」50年之後，也就是在1975年，凱利對蘇聯的看法仍然和20世紀20年代時的觀點一樣。他認為，從過去到現在，蘇聯的三大目標仍是「使蘇聯成為強國，獲得超越美國的軍事優勢，盡可能地把蘇聯的權力與影響推廣到全世界……」[5]

也有人不這樣認為。1928年，當國務卿弗蘭克‧凱洛格邀請世界各國簽署《非戰公約》時，蘇聯立即加入進來，以致美國國務院解釋說，蘇聯的這一行為絕不意味著美國對其承認。當新國務卿亨利‧史汀生有對蘇和解的意向時，凱利告訴哈珀，不承認政策絕不能改變。助理國務卿威廉‧R‧卡斯爾也表示同意。支持承認蘇聯者如亞歷山大‧岡伯格則認為凱利是國務院內影響承認對蘇政策的絆腳石。[6]

在1926至1936年間，凱利挑了7人接受俄語培訓，前6人是按照2人一組進行的。喬治‧F‧肯南和威廉‧格溫（William Gwynn）是一組；肯南去了柏林，格溫則到巴黎學習。諾里斯‧B‧奇普曼（Norris B.Chipman）和埃里克‧庫尼霍爾姆（Eric Kuniholm）在巴黎學習；查理斯‧波倫和愛德華‧佩奇（Edward Page）也去了巴黎。法蘭西斯‧B‧斯蒂文斯（Francis B.Stevens）是最後一個，也是唯一一個在布拉格學習的。通常經過兩年集中的語言學習之後，他們在里加使館實習一年。一位作者認為：「對這些外交官的俄語培訓只是給他們提供了一個觀察俄國的視角，即強調布爾什維主義的消極文化因素和社會影響，教導他們用近乎不承認政策的方式來解讀蘇聯的政策和行為。」另一位作者更是大膽地寫道：「凱利在1933年之前的主要職責就是找到不承認蘇聯的各種理由。」[7]

無論怎麼評價他，對性格孤僻，沉默寡言的凱利而言，他實際上培養了國務院首批老練的、傑出的蘇聯政策研究專家——「蘇維埃薩姆」哈珀是他們的前輩，而「西伯利亞」肯南要比他們早兩代。凱利對俄羅斯扭曲的形象以及觀察俄羅斯的鏡子究竟做了多少，可能是一個謎。但洛伊‧亨德森就沒有什麼神祕可言了。亨德森與凱利一起創建了國務院的蘇聯科（Soviet Service），他一直被視為「這個組織鬆散卻頗具影響力的（里加俄國通）群體的領導者」。[8]

雖說凱利是「里加俄國通」的開創者，洛伊‧亨德森是他們的領導，但他們二人從來沒有這樣認為。不過，亨德森在其漫長而卓越的職業生涯結束時對蘇聯有清楚的認識：「我可以補充說，就冷戰而言，我認為冷戰應始於1917年11月7日，並以不同的形式，毫不減弱地延續到此刻。」這一刻是1971年9月；他死於1986年。[9]

亨德森小時候一隻胳膊受過傷，因此他在1917年參軍時被拒。次年，他被美國紅十字會錄用，先安排到法國，繼而去柏林，再後來去東歐。到1919年8月，他們安排亨德森到里加工作。在里加，他第一次見到凱利，當時局勢混亂，那裡還有一支由德國人、波羅的海人和前俄國戰俘組成的「自由軍團」。他們聯合起來與愛沙尼亞人、拉脫維亞人和立陶宛人作戰。在里加，他開始救濟工作以及遣返戰俘回國事宜，為此他會見了拉脫維亞第一任總理卡里斯‧烏曼尼斯（Karlis Ulmanis），並在利巴耶（Libau）會見了卡利登伯爵及其在突尼斯的兄弟亞歷山大勳爵。愛德華‧里安（Edward Ryan）上校邀請他加入一個委員會，該會負責照料和遣返俄國在波羅的海的戰俘。他後來寫道：「我接受上校的邀請成為我人生的轉捩點。自那以後40餘年裡，我的工作都是在國外。」[10]

亨德森抵達里加時，正值阿維洛夫‧別爾盟德（Aveloff Bermondt）親王的鐵軍準備攻擊這座城市。然而，前列托步兵軍團（ex Lettish Rifles）在英法海軍艦隊大炮的保護下擊退了他們。亨德森見證了這支鐵軍的潰敗。他還前往米陶（Mittau）和考納斯（Kaunas），為當地提供簡易醫院。1920年1月，他返回里加，然後去納爾瓦（Narva）參與那裡的斑疹傷寒症防治運動。1920年4月

2日，亨德森第一次見到了蘇俄外交官。到了1921年9月，他已返回
美國，在俄國司司長、前駐里加使館專員埃文‧揚（Evan Young）
的建議下，參加並通過了領事人員考試。他先是擔任都柏林副領
事，1924年12月又被安排到國務院東歐司。[11]

　　亨德森熟悉所有俄國文獻，還把印製好的材料從里加寄回
美國，經過東歐司的認真整理和分類，合編為《俄國政策彙編》
（*Russian Policy Book*）。國務院決定在美國派駐俄屬波羅的海諸
省的專員辦公室成立一個蘇俄問題研究中心。自1919年以來，該中
心已經非正式地運作了。1922年3月，中心又增加了一批人員。中
心成為美國瞭解蘇俄的視窗──「一個負責搜集和整理所有收到資
訊的資料處理中心」。1922年7月5日，美國承認拉脫維亞之後，以
公使取代了原來的專員，並在公使館內單獨成立一個俄國處，由原
領事現一等祕書大衛‧B‧麥克高恩（David B.Macgowan）、原職
業副領事現三等祕書厄爾‧L‧派克（Earl L.Packer）以及專門助
理休‧S‧馬丁（Hugh S.Martin）負責情報工作。因此，公使館分
成兩個部門：其一負責波羅的海事務，其二負責搜集蘇俄情報。起
初，人們認為該中心不過是暫時的，因為布爾什維主義不久就會滅
亡。「自1917年俄國革命以來，他們三人就一直在俄國為美國政府
效力，因此，他們對共產主義有所瞭解，並且都說俄語」。[12]

　　俄國處在1923年前9個月的工作表顯示出他們巨大的工作量：
「這份表格顯示麥克高恩負責起草了317份公文，共計4035頁，派
克負責142份公文，計達1509頁，馬丁負責147份公文，共計819
頁。」其中，大多數為翻譯文件。就情報主題而言，政治類的占首
位，其次是經濟類，隨後是宗教迫害類。[13]

　　從1922到1939年，蘇聯情報處正式存在了17年，歷經三個階
段：1922到1928年是起始階段，主要任務是通過翻譯，報告事情
真相；1928到1933年是高潮階段，該階段以有傾向性的分析評論為
主，尤其以單一問題為重點。（在此階段，大衛‧麥克高恩擔任主
管，助手是洛伊‧亨德森和約翰‧A‧萊斯（John A.Lehrs））。
最後，從1933到1939年為第三階段，其負責人是「俄國通」菲力克
斯‧科爾（Felix Cole）。萊斯是一位美國商人，他在1919年離開俄
國，旋即擔任美國救濟署顧問，然後成為里加情報所的早期成員。

由於俄語流利，他起初處理俄國戰俘遣返事宜。在1931-1933年間，喬治‧F‧肯南從萊斯手裡接管了經濟事務。「到1933年，蘇聯情報處已經發展成熟，並成為一家嚴肅的學術機構」。1933年美國承認蘇聯及美國駐莫斯科大使館在1934年初成立後，莫斯科美國大使館關注時勢要聞，里加公使館則進行具體研究，這兩家機構保持密切往來。1939年，歐洲戰爭的爆發促使美國政府關閉蘇聯情報處。普羅帕斯（Propas）寫道，「整個夏季，這些語言官員們在政治分析上還受到洛伊‧W‧亨德森和凱利的指導，凱利是埃文‧揚於20世紀20年代早期在國務院蘇聯研究中心招募和培訓的首批專家之一」。據說，這些語言官員「個個都是仇視蘇聯的觀察家」。[14]

　　肯南和波倫是兩位最著名的「里加俄國通」，對於里加歲月和作為凱利、亨德森團隊成員受訓的經歷，他們留下了有趣的評論。肯南記得，他在1928年被安排到里加，在那裡花了12到18個月學習有關俄國和俄語的實用知識，又到柏林進行了2到3年的研究生學習。在他的印象中，里加的「文化生活是多元化的，高度世界性的」。1929年夏天，他返回柏林。在里加和柏林時，他的私人俄語老師都是俄國流亡者。肯南放棄了第三年的學習，也沒有去塔林（Tallin），而是到里加的俄國處工作。他記得凱利是一個「沉默寡言的、非常嚴肅的單身漢，他畢業於哈佛和巴黎大學」。他是「具有奉獻精神的天生的學者」。即使蘇聯外交人民委員李維諾夫也認為凱利手頭的文件要比莫斯科外交部的還好。[15]

　　波倫也回憶說，凱利個子很高，寡言少語，但他絕不是「一個反蘇鬥士」。這種評價很不尋常，因為大多數人都認為他是反蘇分子。因為凱利對蘇聯的研究很徹底，他認為應該避免感情用事，要言之有據和保持客觀。波倫指出，「從莫斯科的立場看，這種態度是反對蘇聯的，但從美國人的角度看，卻是有價值的訓練方式」。至於波倫的培訓，他只是在進入國務院時才決定研究俄國，儘管他在哈佛時對此幾乎毫無準備。他被派到布拉格進行一般外交工作的實習，在1931年轉到巴黎國立東方語言學院。肯南去了柏林，因為他的德語比法語說得好；波倫去了巴黎，因為他一向擅長法語。他和肯南一起被美國第一任駐蘇大使威廉‧C‧蒲立德選中，在莫斯科協助籌建新設立的美國大使館。[16]

　　與此同時，亨德森對美國對蘇政策的研究得出結論，哈丁——柯立芝政府的對蘇政策與威爾遜總統的對蘇政策大致相同。他們對布爾什維克有著共同的看法，認為列寧靠欺騙奪取了政權；其統治沒有得到被統治者的同意；有系統地干預美國內政；拒絕承認前俄國政府應該分擔的責任；以及不加補償地沒收美國資產。美國不能承認蘇聯，除非蘇聯停止在美國搞革命活動，償還美國被充公的公私財產，以及還清前俄國政府所欠美國政府、商界和私人的債務。自然，蘇聯拒絕了美國的第一個要求，卻願意就第二個要求進行互惠談判，並且願意努力「做一切符合蘇聯政府尊嚴和利益的事情」，從而有保留地與美國重建友好關係。蘇聯試圖拉攏美國商界並培養同情者，如參議院外交委員會主席威廉・E・博拉參議員，並成功地通過他在1923年5月提出一項議案：議決參議院贊同承認蘇聯。1924年1月，參議院開始舉行聽證會，凱利被派到參議院，為國務院的對蘇政策做辯護。亨德森回憶說，凱利是「挑戰參議院哥利亞（Goliath）的大衛」。博拉爭辯說，斷交與不承認蘇聯是一回事。凱利指出，不是這樣的。亨德森回憶說：「博拉明顯沒有意識到，承認一個政府就是賦予該政府在國際法和國內法上的合法地位，這種合法地位不會因斷絕外交關係而失去。」凱利還證明，蘇聯大規模地干預了美國內政。[17]博拉的提案失敗了。

　　至於兩國貿易，國務卿查理斯・埃文斯・休斯認為蘇聯需要長期貸款，儘管蘇聯拒絕對沒收的財產給予賠償而失去了信譽。美國公司可以與蘇聯自由貿易，但風險自擔。亨德森認為美國對蘇政策的矛頭不是指向蘇聯或蘇聯人民，而是指向一夥「組織良好，殘忍的陰謀家」。美國支持一個完整的俄羅斯，但不包括亞美尼亞，波蘭和波羅的海國家——後者於1922年7月得到美國承認。俄國司改稱為東歐司，而德威特・C・普爾等「俄國通」也被埃文・揚的手下取代——他們是凱利、派克和亨德森。[18]

　　東歐司的工作逐漸以商業為主，儘管它也搜集情報，調查蘇方的各種主張，法律訴訟，共產國際的活動以及蘇聯政策的變化是否構成承認的理由等。為了確保美國不干涉蘇聯事務，也不承認蘇聯，東歐司制訂了一個原則：「就我們迄今尚未承認的一國政府而言，美國的行動不得被理解為對該國政府的承認，除非這項行動具

有明顯的承認意圖。」在給共和黨全國委員會主席巴特勒參議員的聲明書中，國務卿弗蘭克・B・凱洛格概括了美國的對蘇政策。他解釋說：「只要布爾什維克領導人仍堅持他們在國際關係中的目標與行為，以致無法根據主導國際關係的公認原則建立國家關係，那麼美國與蘇聯建交就是徒勞無益的和不明智的。」[19]

美國駐里加公使館是促進上述目標的最重要的情報來源之一。公使館的圖書館「在蘇聯境外幾乎無可匹敵」。它訂購了50多份蘇聯報紙、雜誌，大部分在幾日之內就能收到。外交官、遊客、記者、商人和各種技術人員都經過里加。亨德森的大部分時間用來關注共產國際的活動，其餘時間則研究蘇聯簽署的各種條約與協定。到20世紀20年代中期，亨德森的上述研究使他確信「蘇聯正在推行的政策就是力圖使西歐國家自相殘殺，而在德國軍國主義者的幫助下，蘇聯這種政策最終會成功」。他認為，蘇共決心在外部世界製造混亂和革命，以便「他們能夠實現以莫斯科為中心的共產主義世界的終極目標」。當然，這就是基本的里加原則。既然如此認為，就有必要制訂計畫，培養一批訓練有素的蘇聯專家。為此，1927年5月12日凱利把亨德森派到里加；亨德森在里加公使館擔任三等祕書。凱利作為計畫制訂者，並不屬於老「俄國通」，他本人就是第一位「里加俄國通」。[20]

亨德森接到的部分指示是他需要研究俄羅斯問題，並為將來的俄國工作做準備，尤其是語言工作。但是，這一切都取決於里加公使館的判斷，果不其然，公使館迫切的行政事務成為首要任務，使得亨德森只能在有時間的情況下才從事俄語工作。大衛・麥克高恩和約翰・萊斯繼續從事俄語工作，亨德森擔當他們的助手。他很失望，但他明白只有年輕而無職銜的官員才被安排正式的實習任務。級別較高的官員「需要具備專家的應有資格，才能被安排到東歐事務的崗位或到東歐司工作。」在20世紀20年代後期，改善俄國處工作條件的呼聲很高，得到的答覆卻是「沒有資金」。儘管人手不夠，俄國處特別是在麥克高恩的主持下，在翻譯和報導上做了大量工作。[21]

由於強調蘇聯的缺點和抨擊蘇共取得的成績，發自里加的報告經常遭到批評，但他們確也揭露了蘇聯誇大其詞的虛報。美國專

家和記者都明白，如果他們想返回蘇聯的話，他們將因批評蘇聯而遭到檢查或限制。亨德森的報告集中於經濟發展，特別是貿易和外國特許權。按照要求，他準備的報告還涉及蘇聯的目標、世界革命和紅軍。1928年秋，凱利的門生暫時被委派到俄國處。亨德森將在俄國處從事全職工作，不久肯南和蘭德雷思‧哈里森（Landreth Harrison）也加入進來。1928年，胡佛成為美國總統，亨利‧史汀生擔任國務卿。在俄國，史達林在1929年實現了獨裁統治。亨德森設立了一個專門的「史達林」文檔，他還仔細追蹤蘇聯集體化問題。亨德森請求給予一年的假期，好專門學習俄語，但遭到拒絕，因為只有像蘭德雷思‧哈里森、諾里斯‧奇普曼和伯納德‧加夫勒（Bernard Gafler）等低層級官員才有條件申請。當亨德森與一個拉脫維亞女子結婚後，國務院把他召回華盛頓，於1931年1月再次安排他在東歐司工作。[22]

國務卿史汀生是參議員博拉的朋友，他想安排凱利與博拉做一次長談。亨德森說，新國務卿真心相信「如果有人把布爾什維克當作值得信任的紳士，那麼布爾什維克也會以紳士之態度回應。」亨德森反對這種看法，而史汀生則專注於遠東問題。在史汀生的領導下，亨德森繼續從事他之前的工作，儘管要求承認蘇聯的壓力越來越大，致使東歐司要準備贊成和反對兩方面的材料。亨德森尤其感興趣的是蘇聯如何看待她早先的條約義務。他還調查蘇聯如何干預美國內政，如何償付她的國際債務，如何處理國有化和被充公的財產，蘇聯對美國的主張是什麼，即對那些屬於前俄國政府的資產持何種態度，在蘇聯的外交官的權利有哪些，以及影響在蘇聯的外國僑民的法定程序。還有其他問題，諸如在蘇聯的生活和工作環境，與蘇聯人民的接觸情況，藥品，醫療設施，交通，以及拘留和間諜活動的危險性等。[23]

里加情報所寄給美國國務卿最早的一份情報是在1920年3月。俄屬波羅的海省區的美國專員埃文‧揚負責蘇俄情報。他根據與一位俄國流亡政客格里戈里‧阿列辛斯基（Gregory Alexinsky）的談話，寫了一份報告。他認為，布爾什維克革命使資本主義更加強大，因為這次革命把俄國農民和工人都變成小地主和店主──「共

產主義不過是其外衣」。要與一個革命政府保持外交關係是不可能
的，因為革命政府不會遵守條約義務，也不能獲得民眾的同情。列
寧通過暴力進行統治。一旦俄國人民得勢，他就將被趕下臺。[24]這
種觀點一直是里加公使館存在期間的主流看法。1920年3月，前美
國駐莫斯科領事德威特‧克林頓‧普爾總結了里加公使館對蘇聯的
認識。他認為，「要瞭解蘇聯形勢，特別是她在國際關係方面的情
況……」，必須揭露其實情。實情是一個中央集權的政黨及其領導
人控制了蘇維埃和共產國際的主要崗位：「在理論上，三者（共產
黨、蘇維埃和共產國際）也許是各不相同的，但在實際上，他們都
代表了同一個運動，（其目標）是進行世界範圍內的革命。」他最
後說：「所以，當蘇維埃政府同意放棄在國外的破壞性宣傳時，俄
共和第三國際卻不會因此受到束縛。」[25]

　　里加公使館報告的主要內容是社會經濟和政治問題，大部分譯
自蘇俄的資料。最初，里加公使館重點關注蘇聯的國內情況和共產
國際的威脅。不久，公使館關注的重心轉移到蘇聯對獲得美國承認
和美蘇貿易的廣泛興趣方面。里加公使館翻譯了蘇共黨代會和其他
會議的文件，編輯了蘇聯官員人名錄，並附有官員的職位與傳記。
這些翻譯內容通常安排在里加公使館的月度和年度報告裡，涉及的
主題涵蓋公民、外交、法庭記錄與犯罪、公共健康、特許權、外國
貸款、黨內的不同政見與權力鬥爭，以及美國遊客等等。

　　所有這些報告，內容非常廣泛，每一篇報告開始都有一位公使
館人員寫的簡評，到1927年第一個時期結束為止，已形成一個數量巨
大的卷宗。這些文檔按照年月順序以事件為中心進行編排，並附有人
名索引，在1927年6月15日，由東歐司交給國務院。報告的導論解釋
說，報告「收錄了許多蘇聯政府的照會、電報，蘇維埃機構的各種決
議，蘇聯官員的聲明，以及其他關於蘇聯政府對美態度的文件」。
報告宣稱囊括了「國務院現有的關於對蘇問題的最重要文件」。直
到此時，凱利一直在訓練的「里加俄國通」就是為了讓他們減輕或
增加里加公使館中獨立的俄國處的工作量。凱利寫這份總結報告
時，里加情報機構即將進入第二個工作階段，即從1928年到1933年
美國承認蘇聯，而第三個工作階段的終止日期是1939年。他為東歐
司印了五份總結報告，另外統計局一份，里加公使館一份。[26]

　　凱利引申了揚與普爾提到的情報主題。他首先談到1917年11月8日的布爾什維克法令，認為它終結了第一次世界大戰和祕密外交。然而，里加公使館第一階段的情報工作，引人注意的是從1920年到1927年。1920年1月，蘇俄駐美國的貿易代表魯德維格‧A‧馬耳堅斯（Ludwig A.Martens）以敵僑身份被捕。儘管美蘇兩國沒有開戰，蘇聯對美國也沒有「不良圖謀」，但貿易問題仍是主要的。李維諾夫宣稱，為了報復蘇聯僑民在美國遭到的迫害，必須限制在蘇聯旅行的美國人。到了1920年2月，蘇聯外交人民委員齊切林（Georgii Chicherin）宣稱，「蘇聯方面無意干涉美國內政」。他呼籲召開美蘇會議來協調兩國分歧，對被美國驅逐出境表示反對的馬耳堅斯也為其吶喊助威。馬耳堅斯認為，美國參議院聽證會的文件是偽造的。1920年4月3日，《消息報》宣稱，「美國人對蘇聯的態度發生了激烈的變化」。[27]

　　1920年5月，李維諾夫暗示，蘇聯想要美國承擔她的「財政負擔」，美國最終也會得到償還。蘇聯只願意選擇一個債權國，而不是多個。蘇聯可以用各種原材料和經營特許權作為貸款擔保。但是，美國官方認為蘇聯的承諾是靠不住的。至於馬耳堅斯，他宣稱他在美國被驅逐是由於他的使命深得人心。儘管有國務卿斑布里奇‧科爾比（Bainbridge Colby）的照會，蘇聯仍願意與美國保持實際的貿易關係。蘇聯認為科爾比很有意思。科爾比的友好意味著美國控制蘇聯，而不是地方蘇維埃。蘇聯抗議關於「蘇聯政府違背自己承諾的指責」。儘管兩國在政治和社會結構上存在各種分歧，但正當的、和平的與正常的外交關係還是能建立的。最終，這也是富蘭克林‧羅斯福總統承認蘇聯的理由。到了1920年10月，蘇聯宣佈美國商人弗蘭克‧范德利普（Frank Vanderlip）在堪察加（Kamchatka）獲得的特許權是與美國資本家一個成功的、「互利」的合作典型。蘇聯人指責馬耳堅斯被美國驅逐是「思想恐慌的結果」。思想恐慌的是美國政府，而非人民。蘇聯相信，美蘇兩國能夠恢復正常關係。1921年1月，當馬耳堅斯離開美國時，他宣稱蘇聯始終準備與美國恢復正常邦交。至於科爾比照會，蘇聯不信任「威爾遜空洞的理想主義話語，但是我們相信我們可以與像范德利普這樣現實的美國商人合作」。他們認為，哈丁總統更具有合作精

神。李維諾夫要求重開談判，但是美國認為布爾什維克正在回歸資本主義，政治家們建議美國等待時機。列奧尼德‧科拉辛（Lenoid Krasin）不理會國務卿休斯的「不妥協態度，（蘇聯政府）會繼續尋求與美國重建外交關係」。[28]

　　蘇聯對未被邀請參加1921年7月召開的華盛頓海軍會議表示抗議。不過，美國救濟署在1921年8月20日獲准進入蘇聯。到了10月，莫斯科黨負責人加米涅夫稱讚了美國救濟署的工作，儘管美國「在商業上和政治上與我們普遍斷絕關係，卻仍然是第一個給我們大量援助的國家」。同年10月，蘇聯倡議舉行一次國際會議，來解決蘇聯的債務和索賠問題。11月，科拉辛認為美國的商業合作對於蘇俄的重建是至關重要的，而事實證明也是必要的。華盛頓會議的召開繼續讓蘇聯擔心遭到各國的聯合圍攻。1921年11月28日，列寧再次請求美國「接管俄國所欠其他國家的債務，並把其他國家所欠美國的同等數額的貸款一筆勾銷」。這樣，美國將成為蘇俄唯一的債權國。事實確實如此，因為美國是當時僅存的世界強國，因此蘇聯必須要與美國合作。此前，美國對蘇聯的多次拒絕是由於無知，但是「美國人會暸解情況的，他們的態度也會改變」。1922年1月，科拉辛拜訪了美國駐倫敦領事，請求完全承認蘇聯。然而，在他看來，因為美國已經對蘇開戰，蘇聯的反索賠也必須加以考慮。齊切林認識到美國對蘇聯的饑荒救助與美國政府的不妥協態度是存在矛盾的。他還清楚，「迄今為止，美國方面關於我們的錯誤情報已經對美國政界造成了強烈影響」。希望記者們能夠突破這道資訊屏障。通過使用胡蘿蔔與棍棒政策，齊切林提出可以開發西伯利亞，而且他反覆強調美國人是如何嚴重地受到資訊誤導。談到蘇聯的諾言，齊切林堅持說：「蘇聯人一向遵守諾言，並且永遠如此。」

　　1922年8月，美國駐柏林大使與科拉辛和齊切林兩人討論了派遣一個技術委員會到俄國考察經濟狀況的可能性問題。這導致了1922年8月28日齊切林的信，表示歡迎與美國政府進行貿易談判，並願意兩國派遣貿易代表團進行互訪。美國的拒絕就像「中學生」一樣任性，於是他打算親自到美國去「弄清美國人誤解蘇聯事務的真相」。但遭到美國的拒絕，齊切林對此十分遺憾。按理，美國應該接受互派貿易代表團的建議。然而，大批的美國商人受到蘇聯的

歡迎，不過是互惠性的。這進一步表明美蘇經濟關係是可以保持的，前提是美國需明白，她不能採取「隨心所欲」的對蘇政策。經濟關係對雙方同樣重要。[29]

承認蘇聯在美國參議院內獲得支持，特別是參議員威廉・博拉和羅伯特・拉福萊特（Robert La Follette）支持最有力。1923年1月，齊切林寄給美國駐洛桑使團成員朱利安・E・吉萊斯皮（Julian E.Gillespie）一份備忘錄，「齊切林指出美國的公眾輿論對蘇聯有偏見」。斯傑克洛夫（Steklov）在《消息報》上撰文攻擊國務卿休斯對美國婦女支持承認蘇聯委員會代表的講話，講話稱蘇聯經濟的落後影響美國承認蘇聯。斯傑克洛夫認為，休斯想要蘇聯的國內權力結構變成資產階級政權。斯傑克洛夫指出，政治領袖之間的分歧「不能成為美蘇斷交的理由」。[30]根據對科拉辛的訪談，他認為，如果美國願意與蘇聯談判，那麼兩國達成諒解是不成問題的。[31]美國鐵路協會（ARA）主任威廉・N・哈斯克爾（William N.Haskell）上校在莫斯科的一次宴會上被告知，蘇聯政府「將盡最大努力建立美蘇兩國的友好關係」。普遍認為，如果堅持平等互助的原則，特別是美蘇能夠在經濟上互補的話，那麼兩國就能達成諒解。[32]

1923年底，《消息報》報導說，喀爾文・柯立芝總統最近在演說中指出美國即將「與蘇聯達成一項協議」。報導還說：「美國現在開始意識到俄國市場的重要性，而美國許多強大的經濟集團也在向美國政府施加壓力，要求調整對蘇政策。」根據《消息報》對柯立芝總統的評論，影響美蘇協議的障礙不足為慮。債務問題也不足為慮。在此基礎上，齊切林寫道，柯立芝準備設定三個條件與蘇聯談判：互不干預彼此內政（相互性），願意討論一切問題，談判主張堅持互惠原則。隨後，里加公使館翻譯了《消息報》和《真理報》在1923年12月22日和25日刊登的討論國務卿休斯答覆齊切林的文章。他們指責休斯散佈蘇聯即將崩潰的謠言，拒絕向他人諮詢，並偽造據稱是齊切林的文件，該文件主張在美國進行共產主義宣傳並為此投入大筆資金。他們一再聲稱蘇聯政府與共產國際沒有任何關係。共產國際主席季諾維也夫可能向美國工人黨發佈的任何指示都與蘇聯政府無關，因為他是以共產國際領袖的身份簽發這些文件的：「有指控說蘇聯政府密謀在美國進行宣傳，以圖顛覆美國的憲

政，這是徹頭徹尾的廢話。」這一切都是休斯誣衊蘇聯的拖延戰
術，是註定要失敗的，蘇聯會拭目以待。同時，在即將舉行的美國
總統大選中，承認蘇聯將是一個重要議題，因此有必要「促進美蘇
建立貿易關係」。[33]

　　儘管美國要求蘇聯償還債務，但資金早已「被任意消耗掉」，
除了英國之外，沒有國家償還第一次戰世界大戰的債務，因此「我
們也不會償還的」。季諾維也夫宣稱美國商業部在統計被國有化
的企業之外，還估計了賠款數額。「但承認是一回事，而當前的
賠款訴訟又是一回事」。然而，貿易和賠款問題已經緊密地糾纏
在一起，不容忽視。所以，齊切林為了與美國談判承認問題，不
得不先談判債務問題。儘管美國不承認蘇聯，但兩國貿易依然增
加，只是蘇聯轉而與別國貿易的危險無時不在，儘管美蘇貿易公司
（Amtorg）和蘇聯紡織品辛迪加（the Soviet Textile Syndicate）等公
司已經做得很成功。「只要休斯仍擔任國務卿，蘇聯就必須認真考
慮與美國維持貿易關係是否明智」。[34]

　　從1925到1927年，從里加發出的報告的兩大主題一直是：承
認蘇聯和美蘇商業關係正常化。這顯示出蘇聯重視與美國和解，因
為蘇聯認為美國是世界上第一流的經濟和政治大國。在1925年春辭
去國務卿之前，休斯一直被視為堅決反對承認蘇聯的美國政治家，
休斯反對承認蘇聯，主要是由於蘇聯的債務和宣傳問題。作為主要
債權國，美國反對開創先例。蘇聯明白「美國和歐洲國家仇視蘇聯
的主要原因是蘇聯取消了沙皇時代的債務。」在美國把承認蘇聯問
題再次提上議事日程之後，助理國務卿威廉・R・卡斯爾甚至提出
了有條件地貸款給蘇聯的建議。主張承認派認為，蘇聯統治穩定，
經濟蒸蒸日上，而且蘇聯可以為美國提供商品市場。然而，反對承
認派則擔心蘇聯的農業競爭和宣傳威脅。10月，李維諾夫倡議全面
和公地討論美蘇兩國的索賠和反索賠問題。12月，史達林宣稱蘇聯
對美國的索賠無論如何要多於美國的索賠，蘇聯也不能廢除關於取
消沙皇債務的法律，但某些未確定的事項可以例外。齊切林仍「願
意」討論所有問題。[35]

　　在1926和1927年間，根據里加報告，蘇聯的立場開始改變，至
少是做了調整。1926年1月3日，蘇聯《經濟生活》（*Ekonomicheskaia*

Zhizn）社論宣稱「美國商人正在向政府施加壓力，要求承認蘇聯」。華爾街開始看到蘇聯市場和在那裡投資的機遇。但能否達成「一項明確的政治協定」，從而「強有力地推動美蘇兩國貿易的發展」，仍是很大的「疑惑」。1926年4月16日，《紐約時報》的沃爾特·杜蘭蒂引用蘇聯特許權委員會（the Concessions Commission）負責人阿道夫·越飛（Adolf Joffe）的話說：「一位擁有特許權的美國人，與享有同樣特權的蘇聯邦交國的公民在蘇聯享有同樣的安全。」不過，越飛補充說，如果該特許權人曾經是沙俄時代的物主，那麼他必須放棄向蘇聯的索賠權。1926年4月22日，李維諾夫在聯共中央執行委員會上宣稱，蘇聯願意與美國談判。然而，如果美國以蘇聯償還美國1917年貸給俄國臨時政府原總理亞歷山大·克倫斯基（Alexander Kerensky）的貸款為承認的前提，那麼美國也必須考慮蘇聯的反索賠。此外，1926年4月30日，里加公使館從美國鐵路協會的沃爾特·布朗（Walter Brown）那裡瞭解到，李維諾夫曾向他透露「蘇聯政府在償還美國債務問題上很猶豫，因為擔心此舉是『盲目行為』」。然而，到了1926年夏，杜蘭蒂先後在1926年8月4日和9月1日的《紐約時報》報導說，蘇聯願意接待蘇聯債務基金委員會（Soviet debt funding commission）。蘇聯立場出現新的微妙變化，即「蘇聯願意盡力償還債務」。10月，科拉辛甚至對《華盛頓星報》（the Washington Star）的約翰·岡特（John Gunter）說：「如果談判開始，蘇聯願意承認所欠美國的債務，並且願意放棄反索賠。」此次談話刊登在10月9日的《華盛頓星報》上。但美國仍然有不承認蘇聯的理由，因為它還沒有「認識到蘇聯政權在政治和經濟上的重要性」。只是到了富蘭克林·羅斯福總統執政時，他的政府才認識到蘇聯在制衡納粹德國和日本帝國主義方面的重要性。[36]

在1920至1927年間，羅伯特·F·凱利對情報工作作了前引的總結，並已擔任東歐司的負責人。在此期間里加發出的月度情報報告內容有趣，且主題多樣。比如，有一份典型的關於蘇聯政治局勢的報告，名為「反對派的跡象」，這份報告於1924年12月17日由美國駐里加公使館的使團負責人菲力克斯·科爾（Felix Cole）提交給美國政府。他在報告裡談到蘇聯的政治氣氛很緊張，特別提到了烏克蘭、摩達維亞（Modavia）和哈爾科夫市（Kharkov）。他

說：「莫斯科媒體有足夠的證據表明，『富農』現在變得勇敢起來，且有挑戰精神，他們甚至投票給其他人，而不是投給地方『基層組織』提名的那些人。」作為蘇維埃政策的民族主義與國際主義協調得不是很好。對莫斯科獨裁統治的反對導致一些有民族主義傾向的中央委員被捕。他補充說：「其餘民眾的思想狀況可想而知。」為了加強獨裁統治，他指出：「俄共政治局和國家政治總局（Consolidated State Political Administration）牢牢地控制著烏克蘭，蘇聯其他地方也是這樣。」人民「普遍憎恨共產黨的獨裁統治」，希望獲得解放。人民對蘇聯政府由憎恨轉向蔑視，乃至恐懼。科爾為了強化這篇報告的導論，還附加了四篇譯文。這種模式——評論者寫的導論，加上若干篇引自蘇聯報刊的譯文——是里加情報處每週報告以及月度和年度報告的典型模式。[37]

科爾經常深入研究的蘇聯問題很廣泛，諸如蘇聯政府、黨、人事安排、黨代會和其他會議、外交、軍事、司法、衛生、教育和宗教——上述問題常常是月度報告的討論要點。科爾曼寫道，「社會危險分子」要被驅逐出城市。關於黨的活動，科爾指出，中央委員會政治局控制了內政與外交方針，包括「領導共產國際及其大量分支機構，及在其他國家從事革命宣傳和共產主義運動」。科爾還要求注意蘇共內部對「持反對意見的知識份子，特別是被懷疑反對蘇共領導人的人士」的肅反行為。他把蘇聯政治局的目標與彼得大帝（Peter the Great）建設「一個可靠的官僚機器」的目標相比較。在外交方面，他說一個蘇聯代表團到倫敦後，就英國干涉主義者在1918-1921年俄國內戰期間所造成的損失，向英國政府提出80億英鎊的賠償要求。共產國際扶植外國政黨混進工會，蓄謀「武裝起義，奪權，建立蘇維埃組織以及加強無產階級專政」。[38]

1927年1月，科爾總結了一系列蘇聯報紙社論，其中有李維諾夫否認他曾吹噓蘇聯政府插手世界各地的革命運動。李維諾夫繼續強調蘇聯希望與美國建立外交關係。不過，科爾寫道：「蘇聯領導人習慣於把對他們自己的批評歸結為某個人或某個團體所為。」因此，英國勳爵寇松（Curzon）和前美國國務卿休斯都被蘇聯領導人歸類為這號人。[39]新任國務卿弗蘭克‧凱洛格繼續對里加報告保持濃厚的興趣。[40]國務卿凱洛格特別關注共產國際的活動，尤其是該

組織在英國的活動。當然，他也關注美蘇貿易問題。里加公使館能
滿足他的需求。

　　在1928年中，蘇聯貿易公司（Amtorg）負責人恩琴（S.G.
Bron）向媒體透露，儘管有反蘇宣傳，他的公司仍很成功。部分原
因是「美蘇商會的啟迪作用」。根據對恩琴訪談的翻譯，他說蘇聯
貿易公司不僅從事貿易，還要研究美國的生產制度、組織、運作和
技術。不承認政策阻礙了非常規貿易，也造成「一股強烈支持與蘇
聯直接貿易的趨勢」。蘇聯向美國貸款仍然困難，只能獲得短期貸
款，長期貸款沒有希望。與蘇聯做生意對美國非常有利，在3.3億美
元的貿易總額中，僅有3000萬美元的商品是蘇聯出口給美國的。尤
其是，美國機器價廉物美，性能要好過其他國家的同類產品。[41]

　　儘管蘇聯努力提高美蘇貿易，減少共產國際的活動或為之辯
護，里加公使館仍繼續保持敵意，並強調蘇聯生活的消極面相。這
方面最好的例證，就是科爾曼在1930年1月初所做的評論。科爾曼
引用了偉大的法國歷史學家希波利特・泰納（Hippolyte Taine）對
1789年之前法國舊制度的論述，但用「共產主義」替代了「社會契
約」，發現「蘇聯與法國歷史有某些驚人的歷史相似性。新國家要
求個人絕對的效忠；其餘的都終止了。歷史遭到毀滅和詛咒，為的
是創造新的太平盛世和新人」。法國農民與蘇聯農民也存在相似之
處。「個性泯滅，『如同任人驅使、逆來順受的羔羊，習慣於向中
心巴黎（莫斯科）看齊，等待來自那裡的命令。政治無知和順從隨
處可見』」。[42]

　　當來自美國的同路人讚美蘇聯的美德時，他們會被採訪，他
們的觀點也被記錄在案。安娜・路易士・斯特朗（Anna Louise
Strong）和路易士・費希爾（Louis Fischer）就是這樣兩位同情者。
羅伊・亨德森指出，儘管對他們的訪談「非常隱祕」，他們還是拒
絕批評蘇聯。斯特朗為蘇聯的集體化辯護，尤其在1930年3月2日史
達林《勝利衝昏頭腦》（Dizzy with Success）一文要求放慢集體化
速度之後。費希爾抱怨說，蘇聯媒體具有煽動性，而且官方文件並
不能反映蘇聯政府的真實意圖。德國外交部掌握蘇聯實情，然而最
好是去實地調查。如果在當地——里加公使館不可能是在當地——
人們就能明白在法庭上對肇事者指控的真相，沒有所謂的奴役，共

產國際也不是蘇聯政府，集體化「正有序而健康地發展著」，東歐不存在戰爭危險，戰爭恐懼是用來調動民眾熱情的藉口，是「為了經濟計畫和鞏固國防」。[43]

1933年4月，喬治·F·肯南撰寫了一份104頁的出色的備忘錄《蘇聯商約程序備忘錄》（*Notes on Russian Commercial Treaty Procedure*），標誌著里加使館的所有工作達到頂峰。肯南後來談到這份「長篇分析報告」時，指出蘇聯各種商約都沒有「確保其他國家公民在蘇聯的人身安全」。[44]肯南在報告中開門見山地表達了他即將說明的觀點。他寫道，資本主義國家擁有共同的政治、經濟和法律準則。也就是說，他們的商約程序都有典型的模式，十分相似。從這個簡單而可靠的出發點，肯南馬上得出一個驚人的假設──由此預設了他後來分析美蘇兩國相互和解的前途時所遵循的許多取向：「蘇聯立國的原則不僅與眾不同，而且與大多數國家奉行的原則截然對立。個人在蘇聯的法律地位，對經濟活動的控制，蘇聯政治經濟生活的整個根基與其他國家相比，毫無共同之處。」既然這兩種制度──資本主義與共產主義──「與眾不同」或「截然對立」，那麼「這樣一個制度與其他國家之間的關係現狀使得制訂一個有別於資本主義國家之間條約關係的條約制度就是必然的選擇」。在開篇宣稱蘇聯與資本主義國家相互對立後，他還問道，除了商約，蘇聯與其他國家還有哪些關係和程序是「與眾不同的」或「截然對立的」？與蘇聯不能建立外交關係和實現完全意義上的妥協嗎？這篇備忘錄預示著肯南對蘇聯更為廣泛的考察，如他在1946年發出的「長篇電報」或1948年署名為X的文章《蘇聯行為的根源》。[45]

在這份報告中，肯南傾心關注蘇聯制度就「普通商約程序而顯示的某些特性，並指出現有條約還沒有達到上述特性的程度」。肯南適當地把這些迥然不同之處僅僅稱作「特性」，儘管他已經把它們列為「截然對立」。在這封稍早的「長篇電報」裡，他堅持認為，它們不過是「蘇聯國家的特殊性向世界上其他國家展現出的新情況」。他繼續說，「毫無例外，它們以十分有利於蘇聯而不是其他簽約國的方式規定商約關係」。[46]在肯南完成這一報告時，所謂的「新情況」並不僅僅是「特性」，也不僅僅是「十分有利於蘇聯」。

　　蘇聯社會是以階級劃分為基礎的，而不是以個人為基礎的社會，這意味著蘇聯法律不能保護外資商人。由於國家控制一切，蘇聯貿易代表團握有壟斷權，可以憑藉外交豁免權為所欲為，無視當地的法庭；亦可以成功地運用市場交易、購買方式和政治壓力來獲取他們的絕對優勢。肯南認真分析了自蘇聯與義大利在1924年簽署第一個商約以來蘇聯簽署的各種商約，尤其考察了1925年與德國簽署的商約。他也涉及了那些與蘇聯有「特別協議」的國家。蘇聯極端的現實主義及其對武力的依賴和自私行為，並不能說明這種分歧的原因。[47]

　　肯南仔細分析了蘇聯國家的本質——蘇聯的憲法和民法。根據蘇聯的「權利擁有和保障」條款，蘇聯的商業條約給予外國人與蘇聯公民同等的權利，因為它們並不是由條約和特別法律所確定的。所以，這些權利是不夠全面的，更重要的是，也不是不能被剝奪的，而且「容易遭到赤裸裸的法律修改」。法庭「實際上是行政機構，而不是純粹的法律機關」。因此，「蘇聯公民完全受到政府權力機構的擺佈，不管行使何種公民權利，都無法得到法律的保護」。即使在條約和特別協議中有明確的規定，蘇聯法庭也沒有任何壓力來尊重它們，除非與蘇聯有外交關係的國家。舉例言之，蘇德商約的條款雖然很細緻，仍然是不夠的。對於傳統商約的三大基本原則而言，情形也是如此：最惠國待遇，國民待遇和互利互惠原則。[48]

　　蘇聯只存在階級，沒有民族歧視；總之，外國僑民與蘇聯公民一樣得到的是「政府權威」。關於互惠原則，肯南指出，「許多外國政府按照他們國家的辦法，通常是無權拒絕雇用外國人的，但蘇聯政府會毫不遲疑地這樣做」。「要在實踐中行使應該享有的法律特權，也是無望的」。當德國人聲稱，他們的同胞應該享有「特權階層成員」的同樣待遇時，蘇聯貿易代表團立即反駁說這是「不可能的」。肯南立即指出，在很多事情上，諸如人身傷害，所有權，徵收和個人財產權，乃至商品運輸等，對於在蘇聯經商的外國人而言，要在國內貿易上與蘇聯公平競爭幾乎是不可能的。[49]

　　德國的各種協會發現，只有通過各種「特別協定」來設定商品數量，固定交付期限，明確貸款規定，他們才能獲得他們已經給

予德國境內的蘇聯貿易代表們相近的條件，即外交豁免權身份，治外法權，私用密碼，神聖不可侵犯的財產權利，充分的經濟情報。然而，其中沒有一項，或者所有這一切，能夠比得上蘇聯貿易代表團的專權和壟斷。資本主義公司的功能和蘇聯貿易代表團簡直不可同日而語。蘇聯貿易代表團的運作「一般由領事和外交官們來執行……」就此而言，肯南認為，「只要資本主義國家繼續接受那些兼具政府職能和非政府職能的蘇聯政府代表團，那麼這種問題就無法得到圓滿解決」。他推測說，如果能劃清蘇聯貿易代表團的政府職能與非政府職能的界限，其他混亂因素也將能清除。經營許可權和關稅是基本的交易籌碼，而非調控手段。[50]

到了1930年，外國人，特別是外國政府已開始明白。同年，英國首相斯坦利・鮑德溫（Stanley Baldwin）在下議院演說，主張終止英蘇貿易協定：「英蘇貿易完全被蘇聯政府壟斷，他們可以有效地排斥英國貿易，他們經常的做法是避開我們，向我們的競爭對手另下訂單。」[51]對此，肯南提出借鑑拉脫維亞在嘗試運用的解決方案。他備忘錄的那部分「第七部分，直接貿易規章」被標記為「機密」。

許多民間商業協會，特別是德國的協會採取的這些措施沒有一個是完全令人滿意的——比如設定進出口商品的最小和最大數量，固定完成計畫的期限，貸款條件以及交貨條件等。肯南強調說，蘇聯只是減少了非工業產品的進口數量。總之，它們只不過是權宜之計，從來沒有足夠的保障。此外，蘇聯政府可以繞過資本主義國家而與個體商人進行更好的交易，並在他們之間製造矛盾從中漁利。對此，他認為：「必須指出，允許蘇聯政府直接與那些在自己業務的很大部分上對蘇聯有所依賴的商人團體長時間合作，等於賦予蘇聯政府干涉該資本主義國家內政的潛在權力——那些相信蘇聯對資本主義世界的態度是超級利他主義和友善的人們，絕不會承認這一權力。」[52]

對於沒有強大商業團體的國家如拉脫維亞而言，它在1927年試圖通過直接手段調控對蘇貿易：同意降低關稅，其條件就是「在條約有效期限內，兩國貿易要達到規定的數額」。如果有一方不能達標，那麼另一方有權暫停關稅折扣。里加的蘇聯貿易代表團在一份

照會中，保證拉脫維亞對蘇出口額達到條約規定的數量。正如肯南所評論的，「就從外國進口而言，蘇聯政府的行動自由完全被直接的條約義務所束縛，並且嚴格規定了這些進口貨物的價值在若干年內的最低額，這是一件破天荒的事情」。不過，這只是一個照會，而不是條約義務。實際上，蘇聯政府違背了上述協定。拉脫維亞也沒有訴諸制裁，也許因為「這次失敗是出於政治上的考慮，而不是缺乏合法理由」。肯南指出，無論如何整件事是很「荒謬的」，因為資本主義國家不存在貿易壟斷，因而不能約束私營商人買賣一定數量的商品，除非資本主義國家想通過這樣的法律來限制商業交易，而不顧市場原則。因此，資本主義國家能夠使用的唯一權力就是賦予商業條約一種制裁力量，也就是說，「如果貿易量達不到規定的最低額度，就要實施制裁」。這些制裁包括終止關稅特權，自動廢除整個條約，貿易抵制，限制貸款。肯南認為，這種安排對於商約程序中出現的所有可能性都考慮到了。肯南備忘錄的其餘部分都是關於在蘇聯境內商業航行的各種細節問題。[53]

肯南在自傳中提到過這份備忘錄，但著重點不同。他詳細探討了諸如個體商人、公司或商人團體在應付一個由國家完全壟斷的貿易方面有可能存在的困難。更確切地說，政府的各種限制務必依據原始的商業條約，這在性質上完全不同於資本主義國家之間依賴的最惠國待遇等問題。但是在37年後出版的自傳中，他關注的是這篇備忘錄的另外兩個問題，即外國僑民在蘇聯的被捕和拘留，特別是對間諜行為的指控。1925年的蘇德條約規定，對於被捕的德國僑民，德國政府會在一周之內獲得通知，並且德國領事館人員可以及時地探訪被捕的同胞。「上述條款已經是蘇聯當局願意保護外國僑民免遭蘇聯祕密警察的任意迫害或威脅所能給予承諾的極限」。[54]但是，這些條款沒有堅持要求領事可以單獨地私密地探訪被捕的僑民。事實上，蘇聯官員一般都是在場的，1928年的恰克圖市（Shakhty）審判案就是如此。[55]隨後，肯南挑到李維諾夫在1933年發表的有關何謂間諜行為的模糊聲明，李維諾夫的話被全文引用，肯南評論說，經濟間諜只能是指「探查如下各種情報，即統計資料、糧食產量、貨幣發行量、黃金產量等」。即使只接受上述情報也被歸之為經濟間諜。根據李維諾夫引用過的1925年蘇聯代表團的「諮詢意見」，

即使一個外國人碰巧得知蘇聯糧食的總產量，也可以被蘇聯法庭宣判為經濟間諜。[56]

肯南認為外國僑民在蘇聯經商時根本沒有安全保障，但蘇聯貿易代表團能夠「仔細地考察德國的市場的一般趨勢及信貸和財政狀況」。這是「現存所有對蘇商業條約中最主要的缺陷之一」。[57]在他的自傳中，肯南關注的是「外國人在蘇聯的人身安全問題」。這個問題在37年前的那份備忘錄中，卻不是肯南關注的重點。相反，肯南的自傳強調上述問題是為了指控富蘭克林·羅斯福總統不僅沒有注意條約中「無力的空話」，也是把這件事作為一個批評的典型，正如他後來所言：「美國政治家有一個無法改變的習慣性毛病——也就是，過度的自我意識和內向性，他們表面上是面向國際社會的言行實際上並不在意國際社會的影響，相反，他們只顧忌美國的輿論，首先並且最重要的就是國會的態度，那些受尊敬的政治家們對此非常在意。」政治家們非常希望獲得美國輿論的恩寵。肯南嘲笑這種「只顧討好國內政治輿論的態度」。李維諾夫的保證並不能阻止「被捕，起訴，以及種種警察迫害……他們也沒有給我們的政府提供足夠的法律空間，以確保一旦美國人被捕能夠進行干預」。[58]

從此時到1939年關閉，里加公使館的工作都保持這種分析風格，但是重要的實地觀察任務已改由1934年在莫斯科正式成立的美國大使館承擔。比如，有一份長篇報告論述了蘇聯關於債務和充公財產的政策，對此問題凱利1933年7月27日給國務卿的報告中作過歸納。[59]許多報告內容仍繼續強調共產國際的活動，特別是美國的共產主義運動。[60]派克和庫尼霍爾姆在1936至1939年間負責蘇聯情報處。當1939年9月二戰爆發時，他們負責處理情報處善後事宜，特別是保護公使館的圖書館和檔案，解雇情報處的員工——但如果他們在蘇聯控制下可能遭受嚴重的後果則安排撤退——以及財產被沒收。[61]

里加「情報處」的最後階段是從1934年莫斯科美國大使館成立到1939年第二次世界大戰爆發。在此期間，里加公使館由馬慕瑞（John Van Antwerp MacMurray）大使負責，而蘇聯情報處則被菲力克斯·科爾稱作「一幫奸徒的老巢」。一度考慮把里加情報處遷到

莫斯科，但由於缺乏活動空間和自由才作罷。儘管里加公使館負責
波羅的海三國的事務，但大多數工作仍是以搜集蘇聯情報為主。這
些情報都返回到凱利及其在國務院的東歐司，儘管凱利在1936年被
富蘭克林・羅斯福總統罷黜，並被分配到土耳其。肯南清楚地寫
道，「在一個晴朗的上午，凱利被傳喚到助理國務卿薩姆納・威爾
斯（Sumner Welles）的辦公室，獲悉東歐司要立刻撤除」。他的東
歐司被「清算」後，人員被合併到西歐司。東歐司藏書移交給國會
圖書館，它的特別檔案「將被銷毀」。肯南認為這是一次「奇怪的
清洗」，其直接原因是白宮的旨意。肯南與波倫拯救了部分藏書。
不過，莫斯科美國大使館與里加公使館仍然和睦相處，科爾、萊
斯、約翰・派特斯（John Perts）、格溫以及愛德華・佩奇在八名譯
員的協助下，繼續開展有關蘇聯的專題研究。[62]

　　肯南為里加的情報工作及在其之上的「俄國司」做了恰當的
評價，從1919年為里加公使館服務開始，到1924年為東歐司效勞，
直到1936年和1939年使命的終結：「但是這個情報處，消息靈通，
像我們所做的那樣，對蘇聯的政策和方法採取尖銳的批判態度，在
許多有分歧的問題上堅信要勇敢地抗拒克里姆林宮，儘管這樣做勢
必造成相當程度的公開爭執和不愉快，也在所不惜。」[63]這種不愉
快成為被派往工人天堂的美國記者們的焦點。尤金・萊昂斯可能
是最早，但非最後一個強調這一點的記者。直到1986年，在萊昂
斯永遠地離開蘇聯五十多年之後，尼古拉斯・達尼洛夫（Nicholas
Daniloff）——一個新聞記者以及一個1825年十二月黨人的直系後
裔在莫斯科大街上被克格勃逮捕，並作為美國間諜關押在列弗托瓦
（Lefortovo）監獄。對多數美國人而言，看上去一切並未改變，而
萊昂斯始終和其他所有的反對者站在一起。

註釋：

1　關於藝術家的交流和專有術語的使用，參見Nowman E.Saul, *Friend or Foes? The United States and Russia, 1921-41*, 105, 117-21, 136-45, 157-8, 200-04;該書第4、5兩章對跨文化交流主題的論述尤其豐富。

2　"Autobiographical Sketch," n.d., f.1, box 9, Robert F.Kelley Papers, Georgetown University; "Robert F.Kelley:Soldier Scholar Diplomat," n.d.(probably June 3, 1976, Washington Post), f.1, box 5, Loy W.Henderson Papers [以下簡稱LH], Library of Congress [以下簡稱LC];Loy W.Henderson to F.L.Propas, February 5, 1977, f.Post Retirement Materials, box 15, LH, LC.

3　Daniel Yergin, *Shattered Peace:The Origins of the Cold War and the National Security State*, 18-41;我們要感謝Daniel F.Harrington對Yergin提出的「里加原則」命題的精闢分析，參見Daniel F.Harrington的文章， "Kennan, Bohlen, and the Riga Axioms," 423-37.

4　Frederic L.Propas, "Creating a Hard Line Toward Russia:The Training of State Department Soviet Experts, 1927-1937," *Diplomatic History*, vol.8, no.3 (Summer 1984), 215;Kelley as quoted in Foy D.Kohler and Mose L.Harvey, eds., *The Soviet Union:Yesterday, Today, Tomorrow:A Colloquy of American Long Timers in Moscow*(Miami:University of Miami, 1975), 164.

5　Kohler and Harvey, Soviet Union, 167, 203.

6　Saul, *Friend or Foe?*, 255, 256;Gumberg writing to Ray Robins,March 13, 1931, as quoted by Saul.索爾認為，凱利會繼續持反對態度，即使他向對蘇妥協政策屈服。索爾評論說：「很不幸的是，凱利作為美國國務院首席蘇聯問題專家以及一位名副其實的博學之士，如果國務院有這樣的專家的話，他是當之無愧的，他對蘇聯的態度竟然是如此的敵視，如此的有偏見」（256n8）。

7　Propas, "Creating a Hard Line Toward Russia," 222;Marin Weil, *A Pretty Good Club:The Founding Fathers of the United States Foreign Service*, 53.

8　Yergin, *Shattered Peace*, 26.

9　Loy Henderson to Maurice B.ConwaySeptember 5, 1971, box 15, f.Post Retirement Correspondence, LH, LC.Charles E.Bohlen持同樣意見，參見他的著作*Witness to History*, 1929-1969, 271;and historians W.A.Williams, *American Russian Relations*, especially chap.5;and Davis and Trani, *First Cold War*, 200-206.

10　Loy W.Henderson, *A Question of Trust:The Origins of U.S. Soviet Diplomatic Relations:The Memoirs of Loy W.Henderson*, 41,4 3, and quote on 46.

11　Henderson, *Question of Trust* 50-51, 57, 60, 66, 75, 79, 117.

12　Natalie Grant, "The Russian Section:A Window on the Soviet Union," 109-111.

13　Ibid., 112.格蘭特指出，派克寫的一篇報告因為太精彩而獲得「特別讚揚」：這篇報告評論了共產國際第五屆大會，對華盛頓的決策者而言，該報告永遠會引起他們的興趣，因為他們擔心共產黨分子會干涉美國內政。

14　Ibid., quotes on 114, 115;and Propas, "Creating a Hard Line Toward Russia," quotes on 219-20 and 222;on Lehrs see Saul, Friends or Foes? 12.

15　George F.Kennan, Memoirs, 1925-1950, 83.儘管《美國外交政策文件集》（以下簡稱FRUS）中關於里加公使館的資料非常少，但僅有少數人如 Hugh Martin

的著作引用過這些資料。肯南也報導過在蘇聯的美國人情況，他重點報導了那些擁有蘇聯公民身份，後又決定返回美國，但遭到蘇聯政府拒絕的那些美國人的遭遇。對美國政府而言，他們放棄了美國公民身份。關於肯南，參見 FRUS, 1932, 2:521-26. 至於里加公使館資料，美國國家檔案館收藏的有35盒，這些資料在 National Archives, College Park, MD [以下簡稱 NARA, CP, MD]. 這些資料還未被利用。

16　Bohlen, *Witness to History*, 10-11, 13, 39.

17　Henderson, *Question of Trust*, 144, quotes on 145, 147. 關於博拉（Borah）的決議案，參見 *FRUS*, 1924, 2:683, and Committee on Foreign Relations, United States Senate, 68th Congress, 1st sess., pursuant to Senate Resolution 50, declaring that the Senate of the United States favors recognition of the present Soviet government in Russia (pt2, 159, 227ff).

18　Henderson, *Question of Trust*, 147-49, with quote on 149, 156-57. 關於貿易問題，參見 the refusal of floating German loans in the U.S. to be used to advance credits to the USSR. Check *FRUS*, 1926, 2:906-10 and *FRUS*, 1927, 3:652-53.

19　Henderson, *Question of Trust*, 159-61 with quote on 160; Secretary of State Frank B. Kellogg to Senator Butler, February 23, 1928, FRUS, 1928, 822. 國務卿凱洛格認為，美國並不反對長期貸款，假如所籌資金不包括向公眾出售有價證券，不在美國籌集資金或不使用美國信貸，即使這些貸款是貸給一個曾經對美國人民背信棄義的政權（825）。

20　Henderson, *Question of Trust*, 162-68, with quotes on 162, 165.

21　Ibid., 173-78, with quotes on 175 and 178.

22　Ibid., 181-98.

23　Ibid., 203 and Stimson to Borah, September 8, 1932, as quoted by Henderson in ibid., 204; Ibid., 213-15.

24　Even Young to SS, March 9, 1920, Record Group 84, Records of Foreign Service Posts: Latvia （以下簡稱 RFSP:L）, vol.009, "American Mission, Riga, Gade and Young," 800, 1920, NARA, CP.

25　Poole to the Undersecretary of State, March 20, 1920, Information Series C, No.49, Russia No.16, "Memorandum on the Bolshevist or Communist Party in Russia and Its Relations to the Third or Communist International and to the Russian Soviets," 3. 這個小冊子收錄於上引文。

26　參見 front piece to Robert F. Kelley's Report, "Documents Setting Forth the Attitude of the Soviet Government Towards the United States," June 15, 1927, RG84, RSFP:L, vol.218, NARA, CP.

27　Ibid., 44-47, with quote on 47.

28　Ibid., 47-49, 51, quotes on 52, 53, 55, 56-57.

29　Ibid., 59-69, quotes on 61, 64, 65, 66, and 69.

30　關於 Steklov 的評論，參見 ibid., 73 (or Pravda, March 27, 1923). 至於 Hughes 的評論，參見 FRUS, 1923, 2:755-58.

31　參見 Kelley's Report of June 15, 1927, 74 (or Pravda, May 26, 1923).

32　Ibid., 75. (or Pravda, June 19, 1923).

33　Ibid., quotes on 76, 77, 80.

34　Ibid., 80, 82, 83, 84.

35 Ibid., 87, quotes on 90, 92, and 94.

36 Ibid., 96-99.

37 引自F.W.B.Cole to SS, December 17, 1924, "Signs of Opposition," RG84, RFSP, American Legation Riga, Cole, 800R, vol.043, no.843, December 17, 1924, NARA, CP;and vol.044, no.2032, March 31, 1924 (inclusive for the month of April, in part), NARA, CP.

38 Ibid.

39 Cole to SS, January 22, 1927, no.1303, vol.074, RG84, RSFP:L (Russian) American Legation, Riga Coleman:800R Communist Party, 1927, NARA, CP.

40 SS to Amlegation [American Legation], Riga, September 19, 1928, vol.082, RG84, RSFP:L American Legation, Riga, Coleman 020R 713R, NARA, CP.

41 Cole to SS, June12, 1928 and June 25, 1928, vol.082, RG84, RSFP:L, American Legation, Riga Coleman 020R 713R,no s.5376 and 5408,NARA,CP.

42 Cole to SS, January 9, 1930, vol.110:RG84, RSFP:L, American Legation, Riga 1930, 800R, NARA, CP.

43 Henderson to SS, June 12, 1930, no.7039, vol.110, RG84, RSFP:L, American Legation, Riga, 1930, 800R;Cole to SS, December 15, 1930, no.7372, in ibid., NARA, CP.

44 Kennan, Memoirs,1925-1950, 50, 52.C.Ben Wright對這份備忘錄的意見是，在很長一段時期內，美蘇貿易被雙方認為是無利可圖的。參見他的博士論文，George F.Kennan, *Scholar Diplomat:1926-1946*, Dissertation, 32-34.

45 Kennan to SS, April 5, 1933, dispatch no.1270, p.1, vol.161, RG84, RSFP:L, American Legation, Robert Peet Skinner, 010R to 800 R, General Confidential, NARA, CP（以下引自dispatch no.1270）.請參見第六章「X先生」。

46 Ibid., 1,2.[特別強調]

47 Ibid., 4-5,10.

48 Ibid., 14, 18-19 and quotes on 15, 16.

49 Ibid., 22-24, with quotes on 21, 23.

50 Ibid., 43-66, 70-76, quotes on 66，關於肯南的評論，參見67.

51 Ibid., 79.

52 Ibid., 80-88, quote on 83.

53 Ibid., 84, 85, 86;see also 87-98.

54 Kennan, Memoirs, 1925-1950, 50.

55 大多數德國工程師被指控犯有破壞罪和間諜罪，並在1928年5月接受審判。有5人被判死刑，44人被囚禁，4人被釋放。參見Robert Conquest, *The Great Terror:Stalin's Purge of the Thirties*, 730-31.

56 *Kennan, Memoirs, 1925-1950*, 52;*FRUS*, Soviet Union, 1933-1939,34-35.

57 Kennan to SS, April 5, 1933, dispatch no.1270, 49-50.

58 Kennan, *Memoirs, 1925-1950*, 52, 53, 54, 55.

59 *FRUS*, The Soviet Union, 1933-1939, 8.

60 RG84, RSFP:L., American Legation, Riga, MacMurray, vols.186 and 187, 1935 and 1936, respectively, RSFP, NARA, CP.

61 參見vol.124.6,and especially dispatches dated October 2 and 10, 1939, John Wiley to SS, Riga, Latvia Legation and Consulate, General Records, 1936-1939, RG84, RFSP, NARA, CP.

62　分別參見Saul, *Friends or Foes?*,319-20;and Kennan, *Memoirs, 1925-1950*, 84-85, quotes on 84.

63　Kennan, *Memoirs, 1925-1950*, 84.

Chapter 3
在烏托邦的使命
Assignment in Utopia

　　若問美國人為何對俄國的看法很消極，有力的回答是，無論是在沙皇專制時代還是在蘇聯社會主義時期，俄國都用關押、流放和死刑來懲罰持不同政見者。旅遊者和學者們也大致認同這種觀點。新聞記者的看法也大體如此。比如，一位記者認為媒體如何報導蘇聯是無關緊要的，因為蘇聯在美國人心目中已經「如此邪惡」。不管事實如何，在20世紀20年代和30年代，新聞記者在報導史達林時代的蘇聯時具有獨一無二的地位，他們不僅深刻地影響了美國人的俄國觀，並由此影響了美國的對蘇政策。沃爾特・杜蘭蒂與富蘭克林・羅斯福總統共進午餐時，羅斯福總統詢問這位《紐約時報》駐莫斯科記者對於承認問題的看法。合眾社（United Press）駐莫斯科記者尤金・萊昂斯在30年代出版了一本關於蘇聯的暢銷書《在烏托邦的使命》（*Assignment in Utopia*）。後來擔任《新聞週刊》（*Newsweek*）駐莫斯科記者站主任的惠特曼・巴索（Whitman Bassow）認為，影響美國人俄國觀的主要因素是「政治家們的言論，而不是民眾自己的閱讀和觀察」。[1]但是，政治家們對俄國的瞭解主要依靠駐莫斯科的美國新聞記者。他們的內幕消息仍是認識俄國的重要工具，即使他們曾進行扭曲的報導。而如今的電視和網站則使得媒介觀點更有滲透力。

　　當撒母耳・哈珀在1904年第一次到達俄國時，他注意到俄國人很高興見到一個真正的美國人，因為他們可以說出自己的想法，來批判他們所謂的「交戰國媒體製造的惡意誹謗」。令哈珀欣慰的是，「國務卿海約翰最終公開批評了美國報人對俄國的偏見」。他也意識到美國人對俄國「有很大的偏見，而且感情用事」。他把

更加正面的稿件投給《芝加哥論壇報》，並認為《紐約太陽報》（*New York Sun*）駐俄國的記者是當時最優秀的。1906年，哈珀返回美國時，在他旅俄期間曾為之服務的《芝加哥論壇報》上讀到一篇誇張的新聞報導，標題為「聖彼德堡街道上血流成河」，這是一篇歪曲報導的典型。[2]

在第一次世界大戰期間，美國人開始意識到俄國發生的事件對他們很重要。哈珀見過合眾社駐俄代表菲力浦·西姆斯（Philip Sims），他奉命在俄國建立一個永久性的辦事處。在二月革命之後，尤其在美國於1917年4月參戰以後，美國人對俄國的自由事業變得很樂觀。沃爾特·李普曼（Walter Lippmann）和查理斯·默茨（Charles Mertz）做過一項著名的研究，他們通過對《紐約時報》關於俄國臨時政府期間即從1917年3月15日到1917年11月7日的新聞報導數量的統計，得出兩個結論：第一是細心的讀者能夠發現俄國在1917年7月前的困難，尤其是軍隊在此期間的困難，但是新聞報導的標題和要點所突出的「樂觀態度容易誤導讀者」；第二是從1917年7月到同年11月，儘管關於俄國臨時政府困難的報導佔據了更多的篇幅，但具有誤導性的樂觀主義仍然存在。美國報紙認為解決俄國問題的辦法是尋找一位「獨裁者—救世主」，並把「錯誤的希望」寄託在右翼集團身上；他們嚴重低估了1917年7月以後布爾什維克勢力的增長。[3]在布爾什維克掌權以後，美國記者報導的主要是蘇維埃的負面歷史，不過也有唱反調的，其中如著名記者約翰·里德（John Reed）在1917至1920年間的報導，以及沃爾特·杜蘭蒂在蘇聯前兩個五年計劃期間的報導。此外，還有一些人所共知的嚴厲的評論家，如二戰期間的亨利·夏皮羅（Henry Shapiro），1945至1953年間的哈里森·索爾茲伯里（Harrison Salisbury），以及此後冷戰時期的惠特曼·巴索、赫德里克·史密斯（Hedrick Smith）和尼古拉斯·達尼洛夫等人。

在革命俄國的美國記者們對於塑造美國人的俄國觀，功不可沒。《紐約世界報》（*the New York World*）的阿諾·多斯奇·弗萊羅特（Arno Dosch Fleurot）認為布爾什維克黨人與協約國的根本目標是一致的。他的觀點經常出現在《紐約世界報》上，而且有所謂

的事實做根據，也因此被公眾視為權威觀點。他根據似是而非的情報進行推論，由此造成他的最錯誤的希望和恐懼。威爾遜總統派去援助俄國臨時政府的魯特使團成員曾與他交談過，但他認為，「他們不清楚真正的俄國政府是蘇維埃。」他認為，魯特使團不過是美國政府對俄國的善意舉措，使團缺乏對俄國人的認識。[4]多斯奇‧弗萊羅特與彼得堡的其他美國人也有密切往來，其中包括後來的美國共產黨的創始人、經典著作《震撼世界的十天》（*Ten Days That Shock the World*）的作者約翰‧里德（John Reed）。

在布列斯特－里托夫斯克危機期間，多斯奇‧弗萊羅特發回美國的報導都是預言布爾什維克不會與德國簽署和平協定。這一推測事實證明是錯誤的。多斯奇‧弗萊羅特與蘇維埃外交人民委員（Commissar of Foreign Affairs）托洛茨基關係友好，後者允許協約國代表參加布列斯特－里托夫斯克談判，但遭到協約國的拒絕。多斯奇‧弗萊羅特認為，托洛茨基不希望與德國單獨媾和。在布爾什維克掌權之前，托洛茨基告訴多斯奇‧弗萊羅特，布爾什維克期待全面的和平，前提是要遵循「不割地，無賠償」的原則。托洛茨基宣稱，德國軍國主義者是不會接受這種和平條件的，如果他們拒絕和平，德國人民將推翻他們的專制政府。如果德國革命失敗了，「那麼每一個俄國士兵都會知道他在為挽救革命而戰」。[5]

1917年12月22日，布列斯特談判開始，其間談判時有中斷。彼得格勒蘇維埃從來沒有放棄抵抗德國的可能性，並一度就何謂正確的路線發生爭論。最後，列寧不惜一切贏得和平的政策占了上風。在1917年12月和次年1月期間，大多數美國人對布爾什維克黨人抱有耐心，認為他們會重新闡述參戰目的。諸如《新共和》（*New Republic*）、《民族》（*Nation*）、《紐約晚郵報》（*New York Evening Post*）、《斯普林菲爾德共和報》（*Springfield Republican*）、《費城公報》（*Philadelphia Public Register*）、《得梅因紀事報》（*Des Moines Register*）、《芝加哥每日新聞》（*Chicago Daily News*），以及《聖路易斯快郵報》（*St.Louis Post Dispatch*）等報刊雜誌紛紛認為俄國會重新考慮停戰事宜。在報導俄國新聞方面，《民族》和《新共和》週刊都是理智而謹慎的雜誌。

歷史學家克里斯多夫・拉希（Christopher Lasch）認為，在布列斯特－里托夫斯克危機期間，許多美國報紙對布爾什維克政府的好感，在一戰期間是絕無僅有的。[6]在布列斯特條約簽署之後，《紐約世界報》和其他一些報紙宣稱俄國向德國人投降了。這種輿論態度強化了越來越多的干涉主義者的立場。在布列斯特談判結束之際，美國公眾強烈的失望情緒是由《紐約世界報》等報紙的社論盲目的樂觀主義造成的。

多斯奇・弗萊羅特甚至批評說，協約國外交要對布列斯特談判的後果負責。《紐約世界報》也這樣認為，該報的新聞標題寫道，「協約國自身要對俄國的背叛負責」。[7]到了1918年7月，多斯奇・弗萊羅特已經加入干涉主義者陣營，他認為蘇維埃不再代表俄國人民。大多數干涉主義者認為，蘇維埃不再是民意代表機構，但是這並不能成為美國直接干涉俄國的理由。

赫伯特・貝阿德・斯沃普（Herbert Bayard Swope）也給《紐約世界報》撰稿。斯沃普一直是《紐約世界報》駐華盛頓記者，他與美國紅十字會赴俄代表團團長威廉・B・湯普森（William B.Thompson）上校有聯繫。斯沃普報導說，威爾遜總統的「十四點」演說為與蘇維埃達成一項可行的協定做了準備，他還預言美國駐俄大使大衛・R・法蘭西斯（David R.Francis）會被解職。在斯沃普看來，法蘭西斯大使說布爾什維克不希望單獨媾和，只想要一個不割地無賠償的全面和平，這是在誤導國務院。拉希說，斯沃普認為布爾什維克的行動計畫與威爾遜總統表達的十四點理想有相似之處。[8]

《紐約時報》的威廉・英格利希・沃林（William English Walling）以無知和消息閉塞為由解雇了斯沃普。沃林認為斯沃普的報告都是道聽塗說，來自美國在俄國的宣傳工具，即愛德格・西森（Edgar Sisson）的公共情報委員會（Committee of Public Information）。他沒有考慮到多斯奇・弗萊羅特和湯普森對斯沃普的影響。沃林還認為，斯沃普沒有看出威爾遜政府已經意識到布爾什維克正準備單獨與「德國媾和」。[9]由於缺乏見證俄國時局的親身經歷，那些製造美國輿論的新聞記者對布列斯特－里托夫斯克談判的認識有誤。

　　《芝加哥每日新聞》駐莫斯科記者路易士・愛德格・布朗（Louis Edgar Browne）也影響了美國人的俄國觀。像多斯奇・弗萊羅特一樣，他認為協約國與布爾什維克的根本目標都是一致的。他的報導也是根據他所認為的莫斯科權威來源撰寫的。布朗也是一名要求承認或支持蘇維埃政府的倡議者，他認為這樣可以促使俄國繼續參戰。[10]由於相信布爾什維克決心不再與協約國為敵，布朗認為威爾遜政府最好抓住這一事實。如果美國繼續與俄國對抗，那麼未來的美俄關係將會向不好的方向發展。

　　在1917至1918年間，以撒・唐・萊文（Isaac Don Levine）為《芝加哥論壇報》撰稿。萊文在芝加哥的辦公室能夠收到來自彼得格勒以及其他國家首府發出的大量通訊稿。對萊文而言，俄國二月革命是值得慶祝的偉大事業，他認為推翻沙皇政府是俄國民主事業的一大進步。保守的《芝加哥論壇報》希望俄國民主走美國化道路。在十月革命之前，萊文呼籲協約國重申戰爭目標，否則「俄國臨時政府與民眾之間的衝突就不可避免……很快俄國大地上就可能爆發一次新的革命。」他寫的俄國時事報導有時與《芝加哥論壇報》的保守傾向相抵觸；《芝加哥論壇報》的傾向是支援協約國的戰爭目標。萊文意識到俄國經過與同盟國的三年苦戰之後，已經無力再戰，他發現自己無法贊成《芝加哥論壇報》要求俄國「繼續戰鬥」的社論方針。[11]

　　1917年11月2日，俄國臨時政府總理亞歷山大・克倫斯基接受了美聯社的採訪，他強調說俄國已經被戰爭折磨的筋疲力盡。然而，美國國務院在第二天發佈了一個樂觀的聲明：「彼得格勒發來的電報表明，克倫斯基總理和他的政府絲毫沒有氣餒，他們仍然有堅強的決心奪取戰爭的最後勝利。」[12]

　　萊文認為，克倫斯基已經處於崩潰的邊緣。隨後發生的政變被希望是曇花一現。但萊文不能同意：「協約國最初的失誤是沒有認識到新俄國的確是全新的……她把協約國視為陌生的盟友，因為他們與過去的沙俄帝國有關係……俄國民主政府不願意接受沙皇政府簽署的國際條約……協約國沒有意識到這一點，也未能照此處理。」萊文被沃林視為「親布爾什維克者」。然而，萊文還認為：「克倫斯基政府不是被推翻的，而是自取滅亡的，就像建在沙灘上的房子自然倒塌。」[13]

1917年11月25日，俄國舉行了制憲國民代表大會（the Constituent Assembly）選舉。在3600萬選票中，只有900萬票支持布爾什維克。列寧立即取締了這次選舉大會。次年1月，萊文認真觀察了列寧的舉動，並分析了蘇維埃與布爾什維克黨的不同之處。《新共和》編輯赫伯特·克羅利（Herbert Croly）沒有刊登上述報導，不過其中部分內容後來被收入他的《在俄國的利益》（The Stakes in Russia）一文，該文主張承認蘇聯。[14]

當時，負責報導俄國新聞的還有《紐約時報》記者哈樂德·威廉斯（Harold Williams）。他對俄國很有熱情，但對其瞭解十分有限。自由主義者和保守派熱衷於討論蘇維埃與布爾什維克的不同。威廉斯認為蘇維埃是布爾什維克的一種特殊組織，他還認為兩者都是一種階級專政形式。威廉斯並不反對專政，他反對的是無產階級專政。在給撒母耳·哈珀的信中，他寫道，「我認為在俄國重建的第一階段應當實行開明的軍事專政」。在現階段實行選舉，「以民眾的思想水準，簡直就是在鼓勵為數驚人的投機者」。[15]在威廉斯看來，俄國的必經之路，是要學習民主政治。

當列寧在1918年1月解散制憲國民大會時，威廉斯驚駭不已，他宣稱這是「嚴冬裡的一場暴風雪，好像所有的黑暗勢力在席捲這座死亡之城的狂風中肆意咆哮著……」[16]李普曼和默茨都批評威廉斯前後不一。在十月革命之前，威廉斯同情俄國；之後，他是一個極端的干涉主義者和反布爾什維克者。[17]威廉斯從彼得格勒發出的報導充滿偏見。

從1917年11月，一直到次年春夏期間協約國對俄國的直接干涉，美國記者關注的一個重要問題就是布爾什維克是否能夠存在下去。大多數社論認為布爾什維克的滅亡指日可待。比如，俄國村社（Zemstvo）的一位代表亞歷山大·薩霍維斯基（Alexander Sakhovsky）等俄羅斯專家就對布爾什維克的長治久安表示懷疑。[18]鑑於俄國特殊的形勢以及沙皇遺產的影響，協約國迫使克倫斯基政府不惜一切代價讓俄國繼續參戰。

看來，唯一需要特別解決的是布爾什維克的命運問題。人們認為，布爾什維克不過是曇花一現。1918年1月，《紐約時報》提出兩點說明布爾什維克只是暫時的。[19]如果布爾什維克黨人聽命於協

約國，那麼他們或許有存在的合法性。而屈從於協約國恰恰就是布爾什維克所反對的。在布列斯特－里托夫斯克危機期間，他們一度幾乎放棄了反對協約國的立場，來獲取協約國的援助，以避免一次屈辱的和平。托洛茨基的多次談判以及對德國人的最後抗拒吸引了許多美國人，其中有美國紅十字會代表團團長、湯普森的繼任者雷蒙德・羅賓斯（Raymond Robins）。[20]一旦俄國回歸戰爭的夢想破滅，伴隨著彼得格勒蘇維埃決定立即與德國媾和，《紐約時報》上再次出現美國人要求除掉布爾什維克的呼聲。

內戰和干涉時期（1918-1920年）的新聞偏見在於美國人希望俄國人應該對一戰「有所貢獻」。美國人沒有意識到俄國已經無力幫助協約國打敗德國。三年的血戰已經毀壞了俄國的軍事機器。儘管有些蘇維埃分子表達了繼續參戰的願望，但是他們無法否認德國強大的軍事優勢。[21]總體而言，美國記者沒有強調這一鐵的事實，僅有少數在俄的美國人認識到此點；而這一事實與美國所偏愛的對俄政策是相抵觸的。[22]結果，美國公眾不清楚俄國的真實狀況。布列斯特條約簽署之後，有關俄國的新聞報導以及美國駐俄記者的態度發生了根本性的變化。俄國的戰敗和德國的西線進攻使西方恐慌起來，擔心德國徹底取得勝利。

早在1917年9月，約翰・里德就投身俄國革命的漩渦，負責為兩家社會主義雜誌《群眾》（*the Masses*）和《紐約之聲》（*the New York Call*）撰稿。他每天堅持寫日記，隨時收集他所能見到的新聞報紙。在一名翻譯的幫助下，並憑著他對布爾什維克強烈的同情心，在布爾什維克奪取政權的當晚，他獲准參加在斯莫爾尼宮舉行的第二屆全俄蘇維埃大會。他的名作《震撼世界的十天》是充滿內幕消息的長篇獨家新聞。當其他記者忙著向報社發送稿件時，「唯有約翰・里德瞭解內情，他已經採訪過革命的主要參與者，掌握了派系紛爭的複雜政治，並且明白不同派系之間的關係」。[23]他不僅僅是一名記者；他還皈依了共產主義。1920年10月17日，約翰・里德因斑疹傷寒症死於莫斯科，當時他正計畫在巴庫（Baku）發表旅行演說，他的骨灰安葬在克里姆林宮紅場墓園。到了1921年1月，所有外國記者都離開了蘇聯，並被禁止返回。他們被視為敵人和間諜。

外國記者和一些國務院實習生都聚集在里加，打探300英里之外彼得格勒的消息。其中就有《紐約時報》特派記者沃爾特・杜蘭蒂。杜蘭蒂搶先發表了一則聳人聽聞的頭版消息，即一個蘇聯信使被捕了，他準備把「煽動性的文件」交給美國共產黨，這一獨家新聞將奠定他作為《紐約時報》駐莫斯科記者的地位。後來，這一消息證明是錯誤的，也給李普曼和默茨提供了批評《紐約時報》的機會。由於大饑荒，美國救濟署獲准到蘇聯開展救濟工作，杜蘭蒂以美國救濟署的名義和其他人一起重返蘇聯。在將近三年的空缺之後，美國報紙再次刊登發自莫斯科的電訊。[24]

這一夥美國記者──杜蘭蒂、佛洛德・吉本斯（Floyd Gibbons）、喬治・塞爾德斯（George Seldes）、詹姆斯・豪（James Hotel）、法蘭西斯・麥卡洛（Francis McCullough）、珀西・諾埃爾（Percy Noel）、薩姆以及貝拉・斯皮瓦克（Bella Spewack）──住在薩沃伊飯店（Savoy Hotel）。吉本斯最先衝到薩馬拉（Samara），最先目睹了當地的饑荒，成功地寫出一篇報導。杜蘭蒂則成功地使這次使命延續到1941年，並成為《紐約時報》最「有影響或有爭議的」記者：「保守派認為他是克里姆林宮的辯護士，而自由主義者和共產主義者則認為他是反蘇的。」[25]

從新聞中心薩沃伊飯店發出有關莫斯科的報導是不容易的。這就像報導一場戰爭，因為記者們被密切監視。薩姆・斯皮瓦克（Sam Spewack）是唯一能說俄語的美國記者，而其他人則效法里德，雇用俄語翻譯。沃爾特・杜蘭蒂通過閱讀報紙來學習俄語，他的俄語還算流利。每一篇新聞稿都必須經過國際事務人民委員會（People's Commissariat for International Affairs）的審查，才能發出。康斯坦丁・烏曼斯基（Konstantin Oumansky）是主要審查官，他在1939年被任命為駐美大使。新聞稿常常通過外交郵袋偷運出去，這些新聞稿的前幾段文字都偽裝成私人信件，並且從來不署上莫斯科日期。不過，旅行一般是不受限制的。喬治・塞爾德斯獲得兩條獨家新聞，其一是通過詢問契卡（祕密警察）官員Y・K・彼得斯（Y.K.Peters），是否有170萬「反革命分子」在內戰的紅色恐怖中被殺死。當彼得斯一笑置之時，賽爾德斯趕緊追問道，「10萬」？彼得斯暗示賽爾德斯要「取其中間」。塞爾德斯用差不多同

樣的方式採訪了列寧。1922年11月列寧在發表演說時，有人問他是
否能說英語。列寧用很差的英語回答說：「我不明白你的意思，尤
其無法理解美國人，因為你憎恨Bolshevism（布爾什維主義）這個
詞——所以你使布爾什維主義成為最討厭的詞。畢竟，對卡爾‧馬
克思有很多種解釋，而布爾什維主義不過是其中之一⋯⋯我們採用
了丹尼爾‧德利昂（Daniel Deleon）在社會主義工黨內開始使用的
說法。」塞爾德斯當即大喊說：「你所說的那個人正是我父親的朋
友！」[26]1923年，塞爾德斯被驅逐出蘇聯，因為契卡特務發現他在
非法使用美國救濟署的外交郵袋把新聞稿偷運出蘇聯。

　　1930年，有六名美國記者待在莫斯科，他們代表美聯社、合
眾社、《紐約時報》、《芝加哥每日新聞》以及《基督教科學箴言
報》（the Christian Science Monitor）。國際事務人民委員會的新
聞部負責監視他們。在20世紀30年代中期，《紐約先驅論壇報》
（New York Herald Tribune）的約瑟夫‧巴恩斯（Joseph Barnes）被
派到莫斯科。按惠特曼‧巴索的話說，莫斯科究竟是「記者的噩夢
——還是理想的工作地，這要看他本人承受挫折的能耐了」。巴索
是說莫斯科有很多值得報導的東西，但是新聞檢察官決定了何種新
聞稿才能通過新聞部的審查。史達林政府決定鎮壓農民的反抗，並
在同時封鎖消息。[27]

　　沃爾特‧杜蘭蒂自認為是莫斯科外國記者中的領頭人，他因
對蘇聯的出色報導而在1932年獲得普立茲獎。哈珀還提到20世紀
30年代在莫斯科的其他美國記者：「在1926年生活在莫斯科的美
國記者中，我經常接觸的有《芝加哥每日新聞》朱尼厄斯‧B‧伍
德（Junius B.Wood），美聯社詹姆斯‧米爾斯（James Mills），
以及《基督教科學箴言報》威廉‧亨利‧錢伯林（William Henry
Chamberlin）。與大多數記者相比，伍德和米爾斯年齡較大，他們
都是閱歷比較豐富的記者，他們對蘇聯的報導駕輕就熟。」他喜歡
紐約的荷蘭人——蘿拉（Laura）和休伯特（Hubert）—— 因為他
們「思想敏銳」。他提到，到了1932年，兩位比較年輕的記者錢伯
林和尤金‧萊昂斯「開始變調」。特別是萊昂斯變得憤世嫉俗。如
哈珀所言，「他們二位都是典型代表，他們滿腔熱情並帶著既有的
想法來到蘇聯，但是他們相繼都變成對蘇聯最嚴屬的批評者——像

從前一樣，他們的批評並不總是最正確的」。[28]實際上，這種嚴厲批評是大多數美國人慣常的消極態度，而記者尤金・萊昂斯的生平最為典型。像前輩西伯利亞肯南和蘇維埃薩姆・哈珀一樣，他見得越多，對蘇聯就越厭惡。

尤金・萊昂斯在他的《在烏托邦的使命》一書中，毫不掩飾地記敘了他的幻滅經歷———個不久被稱作「上帝失靈」的綜合症。[29]對萊昂斯來說，一切似乎都是順理成章的。儘管出生在俄國，他在孩童時代就來到了美國。剛能獨立思考時，他已自認是一名社會主義者了。從「社會主義主日學校」畢業，他即加入社會主義青年團（The Young People's Socialist League）。剛上大學時，俄國革命已經成為「偉大變革的先驅」。如他寫的那樣，布爾什維克革命「以蘇維埃的名義似乎確認了八個月前誕生的新時代」。萊昂斯在退伍的當日，就為工人衛國聯盟（the Workers Defense Union）寫下第一篇稿子。他認為，「我的寫作就是為了事業。這就是年輕人強烈的自我意識，即使是以最利他的形式表現出來」。正是那種利他主義驅使他在1920年到了義大利，成為他所希望的義大利工人中間的「約翰・里德」。他堅持支持費爾南多・薩科（Fernando Sacco）和巴爾托洛梅奧・萬澤蒂（Bartolomeo Vanzetti），這兩人據稱謀殺了兩名工資記帳員而在1927年被處死。在他們被處死之後，萊昂斯從波士頓回到紐約市，與共產黨密切往來。儘管他從未加入共產黨，但他為塔斯社（TASS）工作，擔任蘇聯之友機關報及其雜誌《蘇聯畫報》（Soviet Russia Pictorial）的編輯。他與從前的社會黨友人斷絕關係，稱他們是「流氓」、「騙子」和「叛徒」。他們只是「叛逆」和「叛黨者」。[30]

1923年，根據與美國合眾社的協定，蘇聯塔斯社分社開始運營。1926年史達林派上臺後，萊昂斯的辦公室馬上成為史達林派，他本人站在勝利的一方。合眾社駐莫斯科記者需要補充人手。1926年萊昂斯沒能如願以償，但在1927年終於得到那個職位。在接任時，萊昂斯相信他將要承擔的「職務對社會主義事業有重要的戰略意義，這一工作會得到我在塔斯社的領導，因此或許還有蘇聯外交部領導的全力支持與理解」。[31]1927年12月31日，他啟程前往他的理想國，1928年2月8日抵達莫斯科。這位虔誠的信徒到了莫斯科之

後，懷著利他主義理想，想要通過他的新聞專欄來打破美國人對無產階級專政故鄉的偏見。

萊昂斯到達蘇聯時，正值新經濟政策快要結束之際。他成為非共產黨僑民群體的一員，儘管他的本性是傾向共產黨的。他的老朋友將因此排斥他。儘管有各種限制，萊昂斯結識的熟人日漸增多。遠在紐約的革命分子都認為他是一個資本主義者。從一開始，他就注意到一個重要區別：兩類不同的外國人訪問蘇聯，離開時將會對蘇聯產生「截然不同的印象」。那些自我迷惑的人使他很不痛快。即使在他的同事中間，他也發現重要的不同之處。比如，朱尼厄斯‧伍德對蘇聯冷嘲熱諷，而沃爾特‧杜蘭蒂則被當作蘇聯的支持者。起初，萊昂斯堅持發「黨派色彩強烈的」通訊稿。史達林戰勝托洛茨基並非像世人所認為的那樣就是轉向右傾。相反，史達林「打著托洛茨基的幌子」，急劇地左傾。到1925年底，「右翼反對派」向史達林挑戰。糧食供給減少，於是採取「極端手段」，即採取一切手段實現糧食徵收計畫；但此舉遭到農民的普遍反對。[32]

在努力報導糧食配給制度的缺陷時，萊昂斯感受到令人惱火的新聞審查。外國記者被分成「友好的」和「不友好的」兩類。當然，他屬於「與眾不同的，令人驕傲的『友好的』記者之一……」這是因為他仍然「屬於」俄國革命派。萊昂斯有幾篇談論美國的文章發表在蘇聯雜誌上，也收錄在他的《薩科與萬澤蒂的生與死》（*The Life and Death of Sacco and Vanzetti*）一書中，該書甚至被蘇聯出版社用俄文出版。然而，這一切都將因他對所謂的首批公審案件，即恰克圖公審的報導而發生改變，這些公審「年復一年地通過公開展示犯人坦白難以置信的罪行和樂意接受死刑來迷惑世人……」令萊昂斯惱怒的是，對犯人的指控毫無根據，調查取證不光明正大，而犯人的供詞，不論是全文還是一部分，都是事先安排好的。換句話說，被告都是不審而判。就此而言，第一個也是日後所有案件的審判樣板，即「控告法案」（Act of Accusation）詳細地記載了各種各樣的陰謀破壞、間諜行為、貪污等罪行。這些罪行都屬於推測和傳聞，所謂的國際陰謀也從未得逞。萊昂斯認為，公開審判就是大騙局，無辜還是有罪都是不重要的。萊昂斯開始懷疑他的「神祕假設」，即「革命不會犯錯，因為革命即使犯罪也會因歷

史規律的神祕授權而合法化……對於我和其他人而言，顯而易見的事實是，沒有任何約束的絕對權力就不可避免地存在濫用暴力的危險，而此暴力最無效用」。[33]

在第一個五年計劃期間的農業集體化過程中，如萊昂斯所說的「濫用暴力」達到了無以復加的地步——任何反對者或可能被認為的反對者都遭到暴力鎮壓。蘇聯的鋼鐵時代「在狂風暴雨中展開」。蘇聯政府還將重點建設「穀物工廠」，其目標是通過國有制實現社會主義化。1928年10月1日，史達林的決定標誌著他的獨裁達到頂峰。在此之前，「右派」還能被容忍，現在則成為異端。萊昂斯指出，史達林費了6年時間才打倒「左派反對者」領導人，如今只用了6個月就清算了「右傾機會主義者」領導人。隨後，開始清除一般右派人士。新經濟政策被視為資產階級倒退，而舊俄人員必須根除。所謂的技術知識份子也遭到懷疑。許多人失蹤，或淪為被剝奪公民權的人——沒有權利和合法身份。然而，萊昂斯仍然不全相信蘇聯官員的腐化。他寫道：「莫斯科的外國記者沒有一個比得上合眾社記者對蘇聯社會主義新目標的謳歌。」他的報導主題，仍然是蘇聯如何由一個落後的農業國向一個先進的工業社會過渡。通過用輝煌的未來代替惡劣的現狀，萊昂斯暫時可以解釋蘇聯政府造成的人類浩劫具有合理性。[34]

1929年4月，蘇共召開的一次會議正式奠定了史達林的領袖地位，蘇共政策開始左傾。因此，1929年被視為突變的一年。萊昂斯分析說，蘇共的路線獲得了鐵的紀律，並「毫不遲疑地使數百萬人走向了滅絕之路，千百萬人陷入非人道的悲慘境地，這一切都是蘇共神聖的使命誤導造成的」。事實上，萊昂斯用「歷史性的」代替了「神聖的」。他用六個原則來歸納這一突變，這些原則把所謂的「理想主義」、「憐憫」和「愛情」變成了污蔑性的辭彙：第一，黨是神聖不可侵犯的；第二，史達林就是神聖的化身；第三，人類生活是沒價值的，只有冰冷的歷史材料才是重要的；第四，無產階級和貧農出身獲得了至高無上的地位；第五，階級是社會進步的工具；第六，外國革命者必須接受莫斯科的領導，否則就是「社會法西斯主義者」。在國內，突擊隊員成了車間生產的標兵，老式的剝削手段再次引入：如計件工作、獎金、罰款、社會主義競賽——一

切都是為了實現分配計畫。還引入了不間斷的工作日制度，即五分之一的工人每五天可以放假一天。[35]

　　有人注意到萊昂斯的離心傾向，散佈這一消息的就是他的原雇主、塔斯社紐約分社社長肯尼斯・杜蘭特（Kenneth Durant）。由於塔斯社與合眾社就獲得美國新聞簽有協議，因此萊昂斯首先通過杜蘭特謀得合眾社駐莫斯科記者的職位。1929年夏，有「大批美國遊客入侵」蘇聯。在這些「入侵者」中間，有杜蘭特率領的紐約新聞記者團，他們都是親蘇派。這個旅行團此行的目的就是在他們即將出版的書籍和文章中告訴世人有關蘇聯的「全部真相」。他們的「自鳴得意和易受蒙蔽」甚至引起一般蘇聯人的反感。看到這夥「嘰嘰喳喳」的外國記者以及他們「過分的熱情」，萊昂斯的幻滅感更強烈了。他寫道，「對我而言，最令人厭惡的就是這群妄自尊大的外國記者在國難當頭時闖進蘇聯」。有一些好事之徒報導蘇聯的創傷，且稱之為可愛的獻祭。萊昂斯指出，只有少數記者明白他們是在「墓地上野餐」。由於萊昂斯寫了一些批評蘇聯的尖銳文章，其他人就稱他是政治叛徒。儘管他一直在努力保持政治上的一致性，而不是思想上的誠實。萊昂斯寫信給返回美國的杜蘭特，後者的答覆很尖刻：「實際上，我是一個『忘恩負義者』……」萊昂斯意識到被革出教門是很痛苦的，儘管他對蘇聯的信仰已經動搖了。萊昂斯開始加入兩位傑出前輩的行列，即喬治・「西伯利亞」・肯南和「蘇維埃薩姆」・哈珀，他們兩位對不同時期的俄國政府也曾失去信心。[36]

　　萊昂斯認為國家計劃委員會成員好像宗教神祕家，因為他們要求在計畫的第五年生產1000萬噸生鐵，但是他們又將生產目標提高到1700萬噸。實際上卻只生產了600餘萬噸。同樣，原計劃產煤量是7500萬噸，後來被抬高到9000萬噸，但結果只開採6400萬噸。像這樣的浮誇數字，不勝枚舉。再如農業集體化，起初規定到1932年全國農戶的十分之一，然後是五分之一，最後是一半要實現集體化。在國家行政當局和紅軍的驅使下，一些農村倉促實現了集體化，但是富農及其代理人卻遭到強行逼迫。

　　工業化基本上依靠農業集體化的成功。如果所謂的富農膽敢反對，那麼就會對他們採取階級鬥爭方針，也就是清算。然而，萊昂斯

寫的通訊稱讚蘇聯集體化的成功，儘管集體化依靠「赤裸裸的暴力」
已成公開的祕密。顯然，集體化已無回頭路。1929年12月27日，史
達林明確提出「消滅富農階層」的口號。萊昂斯指出：「就其在蘇
聯革命史上的暴行規模而言，這是最令人吃驚的暴行明證。」這意
味著500萬—1000萬的農民遭到「迅速的、強行的」破產和驅散。伏
爾加河中下游流域以及北高加索地區的農村到了1930年底完成了集
體化，而蘇聯其他地區到1931年底也實現了農業集體化，這使得原
住農村的人口數量已經被人遺忘。萊昂斯報告說，由於遍地的紅色
恐怖，「7萬個村莊陷入了地獄」。數量相當於瑞士或丹麥人口的
農民被剝奪一切之後，又被趕上貨車，然後被打發到任何需要勞工
的地方，如嚴寒的北方或中亞地區的荒原。到了1930年2月，蘇聯
政府宣佈50%的農村已經實現集體化，在一些重要的產糧區，集體
化程度接近100%。農民自發而悲慘地作出反應，宰殺了至少過半
的家畜。雖然針對這一行為頒佈了死刑令，但也無法阻止。「為期
65天的強制農業集體化運動所造成的經濟損失是無法估量的」。[37]

　　史達林頑固的現實主義在第一個五年計劃末期使蘇聯農民失
去半數的牛馬，三分之二的綿羊和山羊，五分之二的豬，這些大多
數都是發生在1929年12月27日至1930年3月2日的65天內。稍後，史
達林在《真理報》上發表《勝利衝昏頭腦》一文，宣佈停止恐怖行
為。在這篇文章裡，他批評地方官員集體化熱情過度。萊昂斯對這
篇文章總結說：史達林批評了「革命者」，他們認為只要「拉下教
堂的大鐘」以及通過「武力」實行社會主義化，就可以進行農業集
體化運動。用萊昂斯的話說，克里姆林宮「很偽善地拒絕承擔責
任」。大約三分之二的所謂「紙面上的集體化目標」現在垮掉了，
並從原計劃的63%降到22%。蘇聯報紙承認犯了「大錯誤」。對萊
昂斯來說，蘇聯集體化運動造成的巨大災難是一個轉捩點。「兩年
來，我一直在為蘇聯政府構建一個精緻的辯護體系。現在，我心灰
意冷了，這個辯護體系開始在我面前崩潰。」他放棄了「永不攻擊
蘇聯政府的個人承諾」。難道揭示事實就是攻擊？對集體化內幕的
公開揭露是否需要改正？是否仍然不計代價地繼續誇大勝利而否認
失敗？關於這一點，萊昂斯總結說，「大體上，我仍然堅持最好的
替代方法」。也就是無論如何我都要促進社會主義蘇聯的進步。[38]

　　現在，萊昂斯獲得了他一生中最重要的一次訪談：他採訪了史達林，這是史達林四年來第一次接受這種採訪。對史達林的採訪說來很蹊蹺。早在1929年，萊昂斯寫信給史達林，請求採訪他。萊昂斯稱，這種採訪終究是記者最想要的。因此，他試著採取「婉轉的激將方式」。根據一位朋友的建議，萊昂斯反其道而行之，批評史達林剛愎自用，而非阿諛奉承：「世界各地到處流傳著關於你的各種謬論。有些是惡意造謠，有些是出於無知，認為你是躲藏在克里姆林宮牆後面的一個沉默寡言的隱士，缺乏親和力，也幾乎沒有人情味。實際上，我看到報上有一則消息說你根本不存在，你只不過是布爾什維克臆造出來的人物。」萊昂斯問道，這些指控難道都是無中生有嗎？萊昂斯建議說，如果史達林接受採訪就能打消這些傳言。史達林回信說：

　　　　很抱歉，我現在不能答應你的採訪請求。原因有二：第一，採訪並不能消除傳言，只會造成不健康的氣圍，從而滋長新的傳聞；第二，我此刻沒有時間接受採訪。
　　　　請你原諒，遲覆為憾。現在，公務繁忙，改日有時間再答覆你。

　　敬禮

　　　　　　　　　　　　　　　　　　　　　　　　　　史達林

　　史達林的回信本身就是很有價值的新聞，但萊昂斯沒有公佈其中任何內容，他忽略了第一條理由，因為這不過是史達林「哲學化的概括」，至於第二條理由，「實際上是在承諾」日後接受採訪。萊昂斯不斷地寫信給史達林，讓他不要忘記這個承諾。[39]
　　1930年11月23日，史達林的辦公室打電話通知萊昂斯，史達林在一小時後即五點鐘時，要接見他。萊昂斯說，「這是史達林掌握領導權之後第一次接受採訪」。萊昂斯到了莫斯科老廣場，史達林的警衛和祕書們已在那裡等候，他們把萊昂斯領進了「最有權勢、最有威嚴、世界上最鮮為人知的領導人」的接待室。萊昂斯評論說，接待室佈置得「相當簡潔」，這是「史達林本人……的特

點」。史達林在辦公室門口與萊昂斯握手相見，還遞煙給萊昂斯吸，然後悠然地端坐在椅子上。萊昂斯只詢問了幾分鐘，但是卻具有「從容不迫的社交」風度。[40]

為什麼史達林接受萊昂斯的採訪？也許，萊昂斯一年多堅持給史達林寫信起了作用，但是他現在毫無準備地要進行一次相當長時間的採訪。萊昂斯要求允許引用史達林的話說他從來沒有遭到刺殺，史達林表示同意。萊昂斯不願意拾里加記者團的牙慧，他們雖遠離莫斯科新聞局的檢查，卻生活在拉脫維亞共和國內。此次訪談涉及了資產階級的新聞事業、美蘇關係、蘇聯五年計劃，和蘇聯更多的對外貿易需求，美國的經濟階層，以及一個敏感問題：「你是獨裁者嗎？」史達林回答說，「不，我不是獨裁者。那些稱我為獨裁者的人不瞭解蘇聯的政府制度和共產黨的方針。沒有人或哪個集團能夠獨裁。所有決議都是黨通過的，並由特定的組織中央委員會和政治局來執行。」然後，話題轉到史達林的個人生活——他的妻子和三個孩子。紅軍統帥伏羅希洛夫（Klement Vorshilov）也進入辦公室，參與他們的談話。最後，訪談以家庭話題為結束。史達林要求看一下採訪稿，萊昂斯於是當場將採訪稿列印出來。除了幾處小的糾正和建議外，史達林表示滿意，他在上面寫道：「總體不錯，史達林。」[41]

1930年11月24日，星期一上午，《紐約先驅論壇報》刊登了萊昂斯對史達林的訪談。《紐約先驅論壇報》刊登的這次訪談所包含的信息量超過了萊昂斯在他的書中對此事的記載，這主要是因為編輯在通篇報導中增加了大字標題和說明文字。當天，《紐約先驅論壇報》的通欄標題是：「四年來史達林第一次接受採訪，他呼籲美國與蘇聯開展貿易。」在萊昂斯專欄正上方的大標題是：「蘇共官員談論美國必須意識到這樣的優勢；勝利在望。」該標題下有一行粗體字，寫道：「否認獨裁；史達林死亡屬於無稽之談。」最後一個標題寫道：「指責資產階級陰謀推翻蘇聯，懷疑日內瓦軍事談判是否有效，否認傾銷。」然後，報導指出萊昂斯對史達林進行了一個多小時的訪談。史達林說：「如果不能與美國建立政治聯繫，蘇聯至少希望加強與美國的經濟交流。因為美國是一個強大的、富有的、技術先進的發達國家，美國一定像我們一樣意識到雙方經濟交

流這樣的優勢。」關於所欠美國的債務，史達林認為，由於美國損失最小，美國理應願意在債務問題上作出讓步。當萊昂斯指出，這牽涉到債權和私有財產神聖不可侵犯的原則，史達林反問道：「資產階級是從何時才將原則置於金錢之上的」？他還補充說，美國在獨立戰爭和南北內戰之後，也廢除了所欠債務。「我們彼此彼此。」關於傾銷問題，史達林對這種批評一笑置之。至於指控他是一個「獨裁者」，「史達林笑著否認他是蘇聯的『獨裁者』」。稱他為獨裁者的人是由於不瞭解蘇聯政府和共產黨。史達林認為獨裁者稱呼「真是荒誕至極」。當問及世界革命的前景時，史達林回答了兩個字：「前途光明。」關於日內瓦軍事會議，他說：「參加此次會議無妨。」訪談結束時，史達林「親自找到一台打字機，吩咐為萊昂斯上茶水和三明治，並抱歉說接待太遲。訪談並不易載入我本人的五年計劃」。最後，萊昂斯指出，儘管史達林是蘇聯最難採訪的領導人，結果「證明他是最容易交談的人」。史達林說話緩慢，帶有格魯吉亞口音，遵循的是「明顯的東方人禮節」。萊昂斯注意到，史達林的思想「似乎能夠自動地把各種素材組織成簡潔的、通俗易懂的話語」。末了，萊昂斯寫道：「很難理解如此溫和的史達林會被已故領導人列寧視為『殘暴的』。史達林言談儒雅，笑容可掬。」[42]

　　萊昂斯指出：「這篇採訪成為全世界的頭條新聞……是近代新聞史上最著名的『獨家新聞』之一。」萊昂斯將這次訪談與其他人的採訪做了比較，認為H・G・威爾斯和他的觀點很相近，即史達林「很有人情味，生活儉樸」。然而，從此以後，萊昂斯「被一種深深的挫折感困擾著：為何沒有向史達林提問如下問題，比如恐怖措施，鎮壓和懲罰反對意見，迫害科學家和學者，歪曲歷史，奴役工人和農民，捏造統計資料等」。由於錯過了提問機會，萊昂斯「後悔」很多年。他寫道：「我感到懊悔的是錯過了最好的提問機會。」[43]

　　當萊昂斯採訪史達林時，正值農業集體化計畫在暫停6個月之後重新啟動之際。這次集體化目標實現了，集體農莊是集體化的標準，農民在集體農莊裡可以保留住房、園地和一些家畜。那些「天真的、興高采烈的外國記者」稱讚這是「光榮的合作社」。集體農

莊「實際上，……不能算作社會主義，這與其他國家的農民為教堂或國王種地，並根據收成交租沒有任何區別：只是交租對象是蘇聯政府而已」。農民不能擁有自己的拖拉機或其他農機，必須向拖拉機站租借，租金是糧食收成的20%-30%。這些「興高采烈的外國記者」始終「幻想布爾什維主義是一個嶄新的、更加光榮的、非妥協性的、放蕩不羈的生活方式」。他們對蘇聯政府不時的暴行視而不見。《紐約時報》記者沃爾特·杜蘭蒂是蘇聯政府的鐵桿辯護者，他在說明自己的立場時說了這樣一段著名的話：「你們記者經過對蘇聯情況的十年深入研究，已經相信如果不先打破蛋，就無法煎蛋。」於是，萊昂斯評論說，無論何時有人要提到「一個不負責任的記者為當權者幫忙，他就會提到這個永恆的煎蛋理論」。甚至萊昂斯也退回到這個關於苦難與恐怖的「為未來買單的理論」，好讓他過去的信念適應蘇聯的新現實。然而，到那時，社會主義的未來已經混進了「野蠻、醜惡和非人道」的東西。[44]

　　根據萊昂斯本人的辯解，他很快也對他們的「裝腔作勢」感到羞恥。他開始認為他「多少也已經出賣了俄羅斯人民，因為他瞞報了俄羅斯人民遭受的苦難——我開始覺悟我的觀點發生變化」。他曾經沉溺於鼓吹一個更公平世界的華麗的辯護文學之中。萊昂斯將杜蘭蒂、莫里斯·欣德斯（Maurice Hindus）、安娜·斯特朗和路易士·費希爾都歸之於辯護文學的吹鼓手——他們私下承認事實，甚至為之痛苦不堪，但在他們的文章和著作中卻毫無蹤影。而蕭伯納（George Bernard Shaw）則是最著名和自以為是的辯護者。萊昂斯寫道：「偉大的蕭更加在意的是被別人發現，而不是自己去發現，在乎的是被別人聽到，而不是自己去傾聽。」萊昂斯終於明白，蕭伯納沒有受騙，而是參與了欺騙，是在欺世盜名。比如，他根據麥特羅波爾（Metropole）大酒店提供的飯菜評價蘇聯的伙食情況，根據國家行政當局控制的一個模範集體農莊來評價農業集體化，根據他周圍的克里姆林宮的應聲蟲來評價社會主義——蕭的所有報導都是「冷漠的、故意的、不真實的」。最糟糕的是，「這個快樂的老傢伙似乎代表著一群無知的、冷漠的觀光者，他們言語猥褻，拖遝冗長，耽於自身的享樂而不顧蘇聯人民的死活……」蕭在蘇聯的小丑行徑，莫過於粉飾工人烏托邦的神話。蕭在蘇聯的行徑

已經足夠使萊昂斯由一個蘇聯理想的自願宣傳者變成一個批評者。他逐漸意識到在研究與應用，計畫與現實之間存在一個「巨大的鴻溝」，並幾乎涵蓋了蘇聯生活的方方面面。[45]

萊昂斯從一個布爾什維克革命的支持者成為了嚴厲批評者，象徵這一重要轉捩點的詞語就是「實價」（valuta）。萊昂斯把這種追求「實價」的有計劃刑訊視為布爾什維主義和法西斯主義的共同標誌──「為殘忍辯護的本能」。這是一種「病態的」徵兆，因為所謂的「實驗鼠理論」（the guinea pig theory）已經征服了一切本能。他發現，這種病態的癖性在布爾什維克的話語裡獲得了尊崇，被稱之為「堅定」。「我發現這反映在外國人的半官方辯護詞中。這些外國人毫無愧疚地將龐大的集中營網路視為『工廠』企業和『教育機構』，他們甚至沒有懷疑他們的情感神經已經無可救藥地麻木了」。萊昂斯不由得想起陀思妥耶夫斯基（Dostoyevsky）所編造的拷打和謀殺一個兒童的故事，而這一切為了「創建一個具有高尚品格的人類社會」是必須和無法避免的。人們應該記得，伊凡·卡拉馬佐夫問他的兄弟阿廖沙，為了創建一個太平盛世，他是否應該殺死一個無辜的兒童。阿廖沙回答說不可以。在萊昂斯看來，「實價」「抵消了那些充斥在媒體、看板、演說和各種計畫中的所有自誇、許諾和革命藉口」。[46]

萊昂斯終於意識到「首先表明對生命不尊重的人，就是在準備犧牲他人的生命」。他稱此是為實現蘇維埃目標的「拖延之計，而非解決之道」：「我開始相信其原因深藏於蘇聯政府的各種設想中，特別是他們認為，為了實現人類的幸福，人們作出犧牲是無關緊要的；為了建設社會主義，犧牲社會主義道德也是無所謂的，以及──最重要的，對大多數俄羅斯人而言──暴力可以解決一切問題。」[47]

「1932-1933年的冬季災難」是蘇聯人民犧牲悲劇的頂峰。蘇聯農村陷入了一場浩劫，「這是現代史上最嚴重的災難」。這場災難發生在號稱農業集體化程度達到100%、富農被全部清算的地區，也就是烏克蘭和北高加索地區。辯護士們後來把這場致使數百萬人死亡的大饑荒歸罪在農民身上。[48]在回應這一指責時，萊昂斯寫道：「對蘇聯一廂情願的『朋友』和憤世嫉俗的辯護士的所有詭

辯而言，4000萬農民絕不是『無辜的』，也不是『有罪的』，而是他們無法控制的力量的產物。」由於烏克蘭和北高加索的這場「地獄之火」，萊昂斯終於停止徘徊，義無反顧地決心揭露蘇聯的現實。1933年1月，萊昂斯首次發表了一篇有關「人為的饑荒」的獨家報導，這篇報導的材料是一位歐洲記者從與他有「私交」的蘇聯領導人那裡獲得，他們提供的文件記載在庫班河（Kuban）和北高加索的三個哥薩克村莊的4萬居民被押上牲畜運輸車，然後被運到北極森林地區，這是一個活生生的例子。即使有文件依據，萊昂斯還是無法讓這篇新聞稿避過審查官的檢查，但他在一次預訂的旅行中從柏林把這篇新聞稿寄給了報社。這是一篇震驚世界的報導。然而，他寫道：「這篇庫班河報導終於公佈於世了，第一次嚴肅地揭穿了隱瞞大饑荒的陰謀。我有理由相信，蘇聯政府永遠不會寬恕我。」[49]

關於蘇聯第一個五年計劃的總體成就，萊昂斯認為，工業生產目標只完成一半，1937年的農業生產總額與1913年相比，實際下降了20%。萊昂斯分析了蘇聯社會的方方面面——工業、農業、生活水準、住房、生活花費、苦難和恐怖——「五年計劃肯定是人類歷史上最令人震驚的失敗」。[50]

目擊了1933年的麥德羅——維克爾斯審判之後，萊昂斯再次確信「在一位永遠正確的領導專政下，必然產生一個替罪羊制度」。媒體對1932-1933年大饑荒的隱瞞進一步促使萊昂斯不再為史達林辯護。最後，《紐約先驅論壇報》的拉爾夫・巴恩斯（Ralph Barnes）揭露了蘇聯饑荒，他的保守估計是一百萬人死亡。巴恩斯的報導促使其他記者，特別是《紐約時報》的杜蘭蒂也承認實情。其餘人也自告奮勇地揭露饑荒情況——如美國工程師傑克・卡爾德（Jack Calder）以及英國記者加雷斯・鐘斯（Gareth Jones）。[51]甚至杜蘭蒂最終也收回了他原先的估計。

萊昂斯「堅定不移地」反對蘇聯政府有權審訊在其境內被指責犯罪的外國記者，這一態度表明他已經與布爾什維主義徹底決裂。他不會再得到蘇聯政府的好感。他評論說：「我除去了最後一層政治束縛的面紗，目的是尋求蘇聯官話背後的事實……使我本人情感免遭傷害的藉口已經不復存在。」隨著1933年美國承認蘇聯以及萊

昂斯發表了一篇關於蘇日衝突的報導，蘇聯外交部長李維諾夫受命要求美國召回萊昂斯。1934年1月31日，萊昂斯離開莫斯科。[52]

萊昂斯的兩本書出版之後，就此時的蘇聯而言，巴索認為「美國人的俄國觀是如此根深蒂固，以至於大多數美國人不願意接受與他們對蘇聯的偏見或僵硬的看法不一致的事實」。在第二次世界大戰期間，由於軍事保密的緣故，在蘇聯的新聞記者受到嚴格限制。亨利・夏皮羅成功地獲得了關於斯大林格勒戰役的獨家新聞。有時候，關於蘇聯的新聞是篡改的、捏造的。比如，有一則新聞說，在1943年11月的德黑蘭會議上，史達林用香檳酒瓶「敲打塞姆揚・K・鐵木辛科（Semyon K.Timoshenko）元帥的光頭」——實際上，鐵木辛科元帥並沒有參加此次會議。然而，「蘇聯政府出籠的這種控制衝突新聞的制度……『是如此惡毒，以致如今那些年邁的軍事記者回想起來仍情不自禁地發抖』」。[53]

在冷戰期間，特別是在1949至1956年間，美國記者在蘇聯的工作環境是自1921年以來「最令人難受和沮喪的」。在從1946到1953年的七年期間，「美國和其他國家的讀者所能瞭解的有關蘇聯的幾乎任何消息都是來自這些人：合眾社的亨利・夏皮羅；美聯社的埃迪・吉爾摩（Eddy Gilmore）和湯瑪斯・惠特尼（Thomas Whitney）；《紐約時報》的哈里森・索爾茲伯里（Harrison Salisbury）以及格拉芙利特（Glavlit）」。吉爾摩稱此為「莫斯科的愚蠢行為」。隨著史達林在1953年的去世，蘇聯形勢開始變化，特別是赫魯雪夫在1956年蘇共二十大會議上指責史達林之後，蘇聯的形勢更是急轉直下。於是，國際媒體來到莫斯科。當時國際上非常渴望看到有關普通蘇聯人的電影。丹尼爾・肖爾（Daniel Schorr）因此「一夜」成名。1961年，赫魯雪夫廢除了新聞檢查制度。外國記者可以使用自己的電話，不需要再去蘇聯中央電報局。古巴導彈危機，U2偵察機事件，以及赫魯雪夫下臺成為頭條國際新聞和美國電視熱播節目。巴索認為，「電視對美國公眾輿論的影響」是重大的，而蘇聯人也刻意通過新聞影響輿論。[54]然而，美蘇關係的緩和仍然處於危險期，美國駐蘇記者時常遭到粗暴地對待，被驅逐，甚至被勃列日涅夫的克格勃殺害。

1986年的尼古拉斯·達尼洛夫事件就是一個典型例子。[55]1986年8月24日，他不幸被克格勃逮捕，一直到同年9月29日才從列弗托瓦監獄釋放。作為《美國新聞與世界報導》（*U.S. News and World Report*）駐莫斯科首席記者，他已經在那裡待了五年，此前他作為該雜誌的記者派駐莫斯科。由於具有俄國血統，他的俄語說得非常流利。他的俄國先祖也是很有名的人物：他是俄國十二月黨人亞歷山大·富羅洛夫（Alexander Frolov）的玄孫，富羅洛夫因反對沙皇尼古拉斯一世，在西伯利亞度過了31年的流放生活。儘管意識到他的先祖在俄國歷史上扮演過重要角色，但是直到在蘇聯的新聞工作行將結束之際，他方才認真考察自己的家族背景。在這項研究工作接近完成並準備返回美國時，他被逮捕了，並被作為中央情報局的間諜囚禁起來。達尼洛夫被關押了一個月，在此期間他的案件引起全球關注——最終上報到美國總統雷根和蘇共總書記戈巴契夫那裡。最後，美蘇兩國達成妥協：美國釋放蘇聯間諜傑納迪·扎哈洛夫（Gennadi Zakharov），以交換達尼洛夫——「他是自1949年以來第一個被蘇聯關押的美國記者，史達林在1949年時曾把美國共產黨員安娜·路易士·斯特朗關押在盧布亞卡（Lubyanka）監獄」。[56]這些都是有目共睹的事實。此外，達尼洛夫還編織了一個迷人的故事，他將自己的囚禁經歷與他的先祖的流放生活做了比較，認為沙皇政府與社會主義蘇聯都是一丘之貉。這樣的對比觸目驚心。

像先前的俄國政府一樣，蘇聯有著「複雜的制度規章，任何人如果能夠僥倖擺脫，都不會遵守的」。如同西伯利亞流放一樣，克格勃的監獄是臭名昭著的，其殘暴野蠻也是出了名的。兩者都是國中之國。達尼洛夫的祖母經常提到俄國「不僅是一個國家，更是一個精神之國」。它是「一個矛盾無法調和的國家：慷慨、好客、友善與骯髒、殘忍和愚昧並存」。達尼洛夫寫道，在蘇聯人心靈深處，像過去的俄國一樣，「面對西方世界時，有一種自卑感。蘇聯官員很容易感受到外國人的傲慢，一旦被觸犯時，他們就會用猥瑣的手段進行報復」。富羅洛夫會完全接受雷根總統所謂的「邪惡帝國」的稱號。蘇聯自誇的「我們國家一切都比其他國家好」已變成「我們國家一切都不如外國好」。蘇聯社會自身有一種內在的緊張：「蘇聯應該向東或是向西（或向內，走向孤立，就像史達林

統治末期一樣）」。達尼洛夫引用馬吉德‧屈斯蒂納（Marquis de Custine）在1839年的評論：「所有來到俄國的外國人都被視為罪犯。如此多的防範，在這裡被認為是必要的，但在其他地方是完全多餘的，這提醒我正在進入一個恐懼的帝國。」達尼洛夫接著說：「一切基本如故。蘇聯對外國人的懷疑，對邊境安全的過度擔憂，都可以從歷史中得到解答。」[57]

達尼洛夫的獄友嘲笑列弗托瓦監獄是莫斯科最高大的建築，因為「從監獄的屋頂上可以看到通向西伯利亞的所有道路」。達尼洛夫後來想像著他的先祖富羅洛夫如何沿著西伯利亞的流放道路，爬上白雪覆蓋的薩彥嶺，也就是「思想之山」，去俯瞰廣闊的西伯利亞草原，在進入西伯利亞之前，稍作沉思。達尼洛夫甚至將十二月黨人的妻子與自己的妻子露絲（Ruth）進行比較，前者自願跟隨丈夫流放到西伯利亞，後者是一個自由記者，蘇聯審訊官稱之為一個「好戰的妻子」。「我被告知尼古拉斯一世對於十二月黨人的妻子非常惱火，因為她們抗議沙皇關押了她們的丈夫。像她們一樣，露絲是蘇聯當局的眼中釘，因為她向世界揭露了蘇聯政府的野蠻」。共產主義者慶祝十二月黨人起義，是把它作為「反對沙皇專制的一次失敗革命，而不是在俄國引進西方民主制度的一次失敗嘗試」。達尼洛夫經常拿他在蘇聯的囚禁經歷與西伯利亞流放者的生活做比較。在獄中時，達尼洛夫閱讀一本關於十二月黨人的著作，他合上這本書後，寫下這段引人矚目的話：「俄國幾乎沒有發生變化。尋找沙皇專制與蘇聯制度的相似之處是我的一個消遣──只要我不被這些類似嚇倒。富羅洛夫的不幸總是使我擔心西伯利亞也將是我的命運歸宿。」[58]

達尼洛夫被審訊時，經常想起書中關於他先祖被審問的情形，特別是關於謝爾蓋‧穆拉維約夫‧阿波斯托爾（Sergei Muravyov Apostol）上校對自己拙劣的自殺方式的著名評論：「悲哀的俄國啊！我們連正常的上吊都不能！」達尼洛夫提到在列弗托瓦監獄的囚禁生活時，就像十二月黨人尼古拉‧巴薩琴（Nikolai Basargin）談到西伯利亞的流放生活一樣，他說：「你不再是這個世界的居民。」達尼洛夫甚至認為列弗托瓦監獄長佩特仁科（Petrenko）和富羅洛夫在西伯利亞的司令官列帕斯基（Leparsky）很相似──兩

者都是正派人物。當談到他的調查人謝爾蓋德耶夫（Sergadeyev）
上校時，他坦率地承認這種比較：「他一定意識到，我在將我的命
運與十二月黨人的命運做比較。像大多數蘇聯人一樣，謝爾蓋德耶
夫認為十二月黨人的鬥爭是神聖的……任何關於當代蘇聯與沙皇時
代的比較都會激怒蘇聯理論家，因為他們依然迷信1917年俄國革命
標誌著與過去的完全決裂。」[59]

　　當達尼洛夫從列弗托瓦監獄釋放時，他援引了萊蒙托夫
（Mikhail Lermontov）的名詩，來說明「愚昧無知」的俄國是一個
充滿奴隸、警察、官員、監視者和告密者的國家。有人或許像巴索
這樣認為：「在美國人心中，蘇聯竟是這樣一個邪惡國家，乃至我
們大多數人對蘇聯人有一種根深蒂固的消極印象：邪惡的，危險
的，神祕的，專橫的，反對美國的。儘管這種形象來源於現實，卻
意味著不管媒體來自莫斯科的報導究竟怎樣，蘇聯『壞傢伙』的基
本形象仍然不會改變。」[60]

　　美國外交官也對蘇聯留下同樣消極的印象，這要歸因於大量
的旅行者、學者和記者群體，其中最有代表性的人物分別是肯南、
哈珀和萊昂斯。美國前四任駐蘇大使是威廉・蒲立德、約瑟夫・
大衛斯、勞倫斯・斯坦哈特（Laurence Steinhardt）和海軍上將威
廉・H・斯坦德利（William H.Standley）。除了大衛斯之外，其餘
人都不喜歡蘇聯。羅斯福總統認為要與蘇聯和解，有必要借助他
駐莫斯科的特使——艾夫里爾・哈里曼和哈里・霍普金斯（Harry
Hopkins）——他們都支持羅斯福總統的對蘇和解政策。問題是羅斯
福面對兩國間根深蒂固的不信任，能否堅持實施積極的對蘇政策。

註釋：

1　Whitman Bassow, *The Moscow Correspondents:Reporting on Russia from the Revolution to Glasnost*, 87-88, quote on 348, and see 349.

2　SNH, *Russia I Believe In*, 16, 18, 44-45, 51.

3　Walter Lippmann and Charles Merz, "Test of the News," 2.

4　Christopher Lasch, *The American Liberals and the Russian Revolution*, 74, 43;另見 *New York World*, February 22, 1918.

5　*New York World*, November 4, 1917;Lasch, *American Liberals*, 75.

6　Lasch, *American Liberals*, 77.

7　*New York World*, February 22, 1918.

8　Lasch, *American Liberals*, 80-81.

9　George F.Kennan, *Russia Leaves the War*, 264-74.

10　Leonid I.Strakhovsky, *American Opinion about Russia, 1917-1920*, 62.

11　Isaac Don Levine, *Eyewitness to History*, 39, 44.

12　Robert Lansing to David Francis, November 2, 1917, Papers Relating to the Foreign Relations of the United States, 1918, Russia, 1:217.

13　Levine, *Eyewitness to History*, 45, 46.

14　Ibid., 49;*New Republic*, February 2, 1918.

15　Lasch, *American Liberals*, 143, quote on 144.

16　*New York Times*, January 28, 1918 as quoted in Kennan, Russia Leaves the War, 352.

17　*New Republic*, August 4, 1920, 12-13.

18　*New York Times*, January 28, 1918, 10.

19　Ibid., 11.

20　Neil V.Salzman, *Reform and Revolution:The Life and Times of Raymond Robins*.

21　Isaac Deutscher, *The Prophet Armed:Trotsky, 1879-1921*, 346-404.

22　Davis and Trani, *The First Cold War*, esp.90-99.

23　Bassow, *Moscow Correspondents*, 29.

24　Ibid.,33-40.

25　Ibid.,46;參見S.J.Taylor, *Stalin's Apologist:Walter Duranty,The New York Times's Man in Moscow*。杜蘭蒂一直在遭受攻擊，因為他在1932年掩蓋了史達林殘暴統治給蘇聯南部地區造成的大饑荒，這一年他獲得了普立茲獎。他甚至稱讚史達林是「世上最偉大的政治家」。參見Charles Leroux, "Bearing Witness," *New York Times*, June 25, 2003.經過再次考慮之後，普立茲獎委員會決定杜蘭蒂應該保留此獎（David D.Kirkpatrick, "Pulitzer Board Wont Void 32 Award to Times Writer," *New York Times*, November 22, 2003）。

26　Barrow, *Moscow Journalists*, 55-57, quote on 57.

27　Ibid., 58-60 and quote on 65.

28　SNH, *Russia I Believe In*, 233-34, 235.

29　Check R.H.S.Crossman, ed., *The God That Failed*.

30　Eugene Lyons, *Assignment in Utopia*, 8, 9, 10, 21-38.

31　Ibid., 45, quote on, 48.

32　Ibid., 79-80, quote on 93, 96-98.

33 Ibid., 110, 115-18, 120-21, 131-32, quotes on 114, 133.

34 Ibid., 169, 201, quotes on 147, 196.

35 Ibid., 203, 204-5, 208-11.

36 Ibid., 227, quotes on 228, 231.

37 Ibid., 241, 254, 275, 276, 287-88, quotes on 276, 280, 288.

38 Ibid., 288-90, 291-92.

39 Ibid., 264-65.

40 Ibid., 383-84.

41 Ibid., 385-89, quotes on 387, 388, 389.關於這次訪談的新聞報導原稿，收錄在box 6, f.21, Lyons Papers, Hoover Institute.史達林在1929年11月26日簽署的原始信件列印稿，是一封謝絕採訪信，收錄在Lyons Papers, University of Oregon Archive，由於這次採訪稿也是一個原始稿本，因此也有史達林的簽名，署名日期是1930年11月22日。

42 "Stalin Interview," *New York Telegram*, Monday, November 24, 1930, box 19, Selections from Second Scrapbook, Lyons Papers, Hoover Institute.

43 Lyons, Assignment, 391-92.

44 Ibid., 322-23, quotes on 323, 329, 338-39, 358.

45 Ibid., 423, 434-37, quotes on 418-19, 428-29.

46 Ibid., 455, 461, quotes on 461-64.For Fyodor Dostoyevsky, check his *The Brothers Karamazov* (Baltimore, MA: Penguin Books, 1958), 1:287-88.

47 Lyons, *Assignment*, quotes on 477, 478-79.

48 Ibid., 491, quotes on 485, 490.萊昂斯在一份備忘錄裡寫道，杜蘭蒂與《紐約時報》必須收回他們的前言，即「誇大蘇聯饑荒的嚴重性是一個錯誤；蘇聯人在這個冬季的饑荒嚴重程度超過他們的實際承受能力之前，已經勒緊了他們的褲腰帶」。他們必須改變原來對餓死人數的估計，至少應該是200萬人，儘管他們後來「試圖否認他們自己的死亡人數估計」（541）。如前所述，杜蘭蒂的這段經歷已經被泰勒（S.J. Taylor）寫進他的著作《史達林的辯護士》（*Stalin's Apologist*）一書中。似乎，泰勒這本書在大多數烏克蘭人中間引發了一場運動，要求撤銷杜蘭蒂在1932年獲得的普立茲獎。相關例證，參見"Bearing Witness," *Chicago Tribune*, June 25, 2003。

49 Lyons, *Assignment*, 545, quotes on 541, 542, 547.

50 Ibid., 557.

51 Ibid., 579，另見William Bassow, *The Moscow Correspondents*, 68-69.

52 Lyons, *Assignment*, 581, 606, quote on 583.

53 Bassow, *Moscow Correspondents*, 109, quotes on 350, 112, 117.

54 Ibid., 117, 121, 125, 135, 156, 159, 205, 208-09, 211, 333ff.

55 關於達尼洛夫的整個故事，參見他的著作：*Two Lives, One Russia*。

56 Ibid., 33.

57 Ibid., 34, 65-70, 81,quotes on 13, 36, 65, 70, 107, 109.也可參見Marquis de Custine, *Empire of the Czar:A Journey through Eternal Russia* (New York:Doubleday, 1989).

58 Daniloff, *Two Lives, One Russia*, 231, 70, quotes on 117, 125, 137, 191.

59 Ibid., 260 and quote on 202, 205, 266.達尼洛夫重述了他的故事，參見*Of Spies and Spokesmen: My Life as a Cold War Correspondent*。

60 Bassow, *Moscow Correspondents*, 349.

Chapter 4
度蜜月者
Honeymooners

　　富蘭克林・D・羅斯福總統尋求對蘇和解基於兩大目標。首先，承認政策將能解決美蘇之間的債務和沒收財產問題，並借此擴大美蘇商業往來，同時把蘇聯拉入反法西斯主義陣營。其次，和解將導致美蘇兩國結盟，並使蘇聯——在1940年後——加入國際組織來保衛世界和平。羅斯福總統的對蘇政策獲得了短期成效，而長期成效卻疑問重重。1939年隨著蘇德條約的簽署以及歐洲戰爭的爆發，羅斯福總統倉促承認蘇聯以達成兩大目標的政策終因失敗而告終。然而，羅斯福總統卻通過堅持不懈的努力希望與蘇聯達成長期的諒解。這至多是策略性的外交調整，也沒有真正改變威爾遜總統的遏制蘇聯政策，遏制政策在國務院對蘇聯固有的消極偏見的強化之下，已經被歷屆共和黨政府堅持了十餘年。[1]

　　1932年11月，富蘭克林・D・羅斯福當選為美國總統。他的自由主義觀點鼓勵了親蘇派，儘管他對美蘇關係很少發表評論。「他的承認立場是如此穩健，也沒有向任何一方發表錯誤的聲明，以致雙方都對他充滿希望」。[2]如果承認政策要獲得成功，那麼就有必要選舉一個有望支持承認蘇聯的總統。[3]

　　1932年5月，正當羅斯福的競選總統運動進行得熱火朝天之時，他所謂的「私人顧問班子」——後來被稱作他的「智囊團」——雷蒙德・莫利（Raymond Moley）、雷克斯福德・G・特格韋爾（Rexford G.Tugwell）、阿道夫・A・伯利（Adolf A.Berle）、撒母耳・I・小羅森曼（Jr., Samuel I.Rosenman）、「醫生」巴茲爾・奧康納（Basil "Doc" O'Connor）、休・詹森（Hugh Johnson）——

向羅斯福建議承認蘇聯有利於加強兩國貿易。[4]智囊團建議羅斯福應該認真研究承認蘇聯問題，萬不可馬虎大意。1932年夏，羅斯福邀請《紐約時報》駐莫斯科記者、普立茲獎得主沃爾特・杜蘭蒂（Walter Duranty）到他在奧爾巴尼的州長官邸，公開談論蘇聯問題。[5]在午餐時，羅斯福詢問了蘇聯的黃金產量，以及蘇聯是否能夠償還債務。[6]1932年12月，也即在當選總統之後，羅斯福再次表示對蘇聯的關注，答應對不承認政策進行檢討。[7]他非常關心美蘇貿易的可能性，以及蘇聯承諾確保世界和平，遏制像日本這樣的侵略性的極權主義國家。也許，羅斯福更關注的是國際和平以及加強美國的國際安全，而非貿易問題，不過兩者都是促使他決定承認蘇聯的重要因素。[8]在獲悉國會和公眾是否支持之前，羅斯福總統不敢貿然採取承認政策。羅斯福總統的主要傳記作者之一弗蘭克・弗雷德爾指出，承認蘇聯似乎是「恢復經濟的舉動，但實際是推行集體安全的外交行動」，借此遏制日本。弗雷德爾還認為，那時蘇聯也把美國視為「抵制日本的籌碼」[9]。重要的是，除了杜蘭蒂之外，羅斯福諮詢的對象幾乎都不擅長於蘇聯問題。在這方面，羅斯福和他的顧問都是實用主義者；所以羅斯福想通過私人之間的直接談判。1933年中，羅斯福告訴他的好朋友、日後的財政部長小亨利・摩根索，他能「全盤處理這個問題」。據摩根索宣稱，羅斯福總統認為國務院會阻撓他，因此他要避開國務院的妨礙。[10]

在20世紀20年代，羅伯特・F・凱利主管東歐司，並負責國務院俄國處的事務，他特別反對承認蘇聯，反對共產主義。他的手下，所謂的「里加俄國通」成員最引人注目的是喬治・F・肯南、查理斯・E・波倫和洛伊・W・亨德森。需要重申的是，這些俄國通制訂的「里加原則」就是根據這一前提，即蘇聯的行為以馬克思主義意識形態為指導，其目標就是征服世界，里加俄國通對蘇聯的這一立場深信不疑，因為肯南、波倫、亨德森和其他在凱利領導下的俄國處成員，他們從一開始就討厭和不信任布爾什維克。凱利的「官僚政治天賦」也強化了這一反蘇偏見。[11]在羅斯福總統準備與蘇聯開展承認談判前夕，凱利告誡副國務卿威廉・菲力浦斯（William Phillips）：「美國要掌握從蘇聯政府那裡獲得的某種最有效的武器，以此作為解決兩國之間懸而未決問題的籌碼——也就

是政府財政援助，比如通過貸款或信貸的方式，來促進美國對蘇聯的出口。」[12]助理國務卿R·沃爾頓·莫爾（R.Walton Moore）認為：「在積極地尋求並獲得承認之後，蘇聯將對自己的職責與此前相比變得更加漠不關心。」[13]事實證明，羅斯福總統忽視這些關鍵忠告是個重大失誤。

儘管國務卿科德爾·赫爾很謹慎地支持承認蘇聯，但是他希望像凱利的備忘錄一樣達成某種諒解，以書面形式預先提出三個問題——「蘇聯不得干預美國內政；美國人在蘇聯享有宗教自由；解決債務問題」——然後邀請蘇聯代表訪問華盛頓。[14]這種漫長的談判不是羅斯福所希望的。起初，在八月份，羅斯福通過摩根索與蘇美貿易公司進行接洽，但沒有人願意負責。據摩根索稱，羅斯福總統問道：「能否把整個蘇聯問題放到我們的客廳裡討論，而不是後面的廚房裡？」[15]羅斯福總統打算通過蘇聯的非官方使館、在華盛頓的蘇聯新聞處長斯克文斯基實現與蘇聯當局的溝通。現在，羅斯福總統決定委派威廉·C·蒲立德與斯克文斯基接觸，在總統的直接監督下，開展美蘇談判。[16]

蒲立德只不過是參議員亨利·卡伯特·洛奇（Henry Cabot Lodge）的傀儡，他幫助後者在參議院否決了威爾遜總統簽署的1919年凡爾賽條約，也因此招致民主黨的政治反對。蒲立德這樣做也許是出於政治洩恨，因為他在1919年與列寧的談判遭到威爾遜總統和英國首相勞合·喬治（David Lloyd George）的反對。蒲立德對威爾遜的怨恨甚至使他與西格蒙德·佛洛德（Sigmund Freud）合作寫了一本關於威爾遜負面人格的著作。然而，蒲立德很珍惜重新參與政黨政治的機會，希望能夠大幹一番。他與威爾遜總統的顧問愛德華·M·豪斯（Edward M.House）上校交往密切，希望借此與該黨內的自由民主派重建聯繫。蒲立德非常關注歐洲事務，在1932年春，他和豪斯上校一樣都感到民主黨對歐洲時勢太不瞭解，於是親自到歐洲去調查情況。當蒲立德抵達莫斯科時，豪斯和記者尤金·萊昂斯都將他看成是羅斯福總統的非官方代表。蘇聯官員不明白蒲立德此次蘇聯之行是何目的。在返回美國之後，他希望豪斯上校把他引見給羅斯福總統。但是，毫無結果。於是，蒲立德向他與羅斯福的共同朋友路易士·B·韋利（Louis B.Wehle）求助，韋利是羅

斯福總統在哈佛的老同學，紐約的著名律師，他認為蒲立德是最有
見識的歐洲專家之一。1932年10月5日，經過韋利的安排，羅斯福
總統在奧爾巴尼會見了蒲立德。蒲立德關於歐洲形勢的報告，令羅
斯福很滿意。11月初，羅斯福總統想更多地瞭解有關債務問題的情
報，因此樂意安排蒲立德以他個人的名義到歐洲去考察；羅斯福派
遣私人使者的序幕由此拉開。蒲立德開始與韋利通信，後者把這些
報告提交給羅斯福總統。蒲立德在歐洲期間，經常宴請拉姆齊・麥
克唐納（Ramsay Macdonald）、愛德華・埃里奧（Edouard Herriot）
等主張拒絕拖欠美國債務的人士，儘管歐洲公眾輿論要求取消債務
的呼聲響徹雲霄，之後蒲立德於1932年12月中旬返回美國。蒲立德
的私人外交，令羅斯福總統獲益良多。1933年1月，羅斯福在海德公
園會見了前總統胡佛的國務卿史汀生，隨後他再次安排蒲立德前往
歐洲，此行不幸因媒體曝光而功虧一匱，蒲立德也被譏諷為「偽裝
的豪斯上校」。[17]媒體宣傳幫了蒲立德的忙，他雖想擔任駐法大使，
還是讓位於梅西百貨公司總裁、羅斯福的長期支持者傑西・斯特勞
斯（Jesse Straus）。蒲立德仍然沒有官方職務，但是羅斯福「離不
開這位熱情飽滿、見多識廣的『比爾蒲立德』（Bill Bullitt）」。[18]

　　最後，還是雷蒙德・莫利（Raymond Moley）讓這位威爾遜政
府的「壞小子」成為羅斯福政府的國務卿特別助理，因此免去了參
議院批准程序。這進一步表明，起用蒲立德就是要解決承認蘇聯問
題。[19]現在，羅斯福委派蒲立德負責美蘇建交談判，首先安排他與
斯克文斯基溝通。也許，羅斯福總統意識到蘇聯人會認為由蒲立德
主持談判，是一個好兆頭。[20]由於赫爾要參加在蒙德維的亞舉行的
泛美論壇（Pan American talks），羅斯福吩咐蒲立德通過斯克文斯
基與蘇聯人接觸，讓後者向蘇聯政府傳達他本人有意開始會談。在
斯克文斯基保證如果蘇聯不同意談判，也不會公開此事之後，羅斯
福總統同意蒲立德發出會談邀請密電。莫斯科同意了。自然，美國
國務院想發出一份公開邀請函，來履行會談手續。羅斯福總統傾
向直接去信給蘇聯主席米哈伊爾・加里寧（Mikhail Kalinin）。不
過，赫爾主張與蘇聯低層官員談判，而蒲立德堅持與蘇聯高層領導
人對話。蒲立德的意見被採納，羅斯福總統在信中提出，只有外交
人民委員李維諾夫才是來華盛頓談判的合適人選。[21]

　　羅斯福認為自己有足夠的政治支持，於是在1933年10月10日與蘇聯進行正式溝通。他去信給蘇聯中央執行委員會主席加里甯，表示願意接受蘇聯代表並與他們直接商談兩國之間的所有突出問題。[22]10月17日，加里寧在給羅斯福的回信中寫道，他很樂意接受羅斯福總統的建議，即蘇聯政府派遣一名代表到美國討論兩國之間的重要問題，「蘇聯外交人民委員李維諾夫先生會在雙方都同意的某個時候訪問華盛頓」。[23]在李維諾夫訪問華盛頓期間，國務院對全國的報紙輿論做了調研。副國務卿威廉・菲力浦斯報告說：「在過去30天裡，在300份報紙中只有很少的社論談到美蘇談判。」菲力浦斯還說，美國東北部地區「似乎不支援承認蘇聯，而南部和中西部各州大多數是支持承認蘇聯的，太平洋沿岸地區對此問題有點冷漠」。[24]在1933年11月8日至11月16日期間，李維諾夫與羅斯福總統舉行了私人會談，雙方對美蘇建交達成共識，羅斯福總統也因此避免了國會批准的各種程序。

　　有份所謂「君子協定」的文件直到1945年才解密。在這份文件中，除了已經同意的赫爾─凱利三點備忘錄以及蒲立德關於追溯既往的附加說明之外，還談到了債務問題。文件裡使用的詞語「貸款」（loan）代替了原來的「信貸」（credit）。隨後，李維諾夫要求美國答應在蘇聯還清債務之前，先提供信貸。蒲立德表示反對，但沒有用。一位歷史學家就此問題評論說：「由於談判策略拙劣，美國政府在有爭議的問題上讓蘇聯抓住了現成的把柄。」[25]實際上，如助理國務卿賈奇・R・沃爾頓・莫爾所言，在談判期間，李維諾夫始終堅持「美國要無條件的承認蘇聯，然後通過談判努力解決所有難題」。[26]

　　1933年11月17日羅斯福宣佈承認蘇聯的當天，任命威廉・C・蒲立德為首任駐蘇大使。當蒲立德向加里甯遞交國書時，這位蘇聯領導人向他致敬說：「大使閣下，您本人在我們兩國恢復邦交的談判中所發揮的重要作用，對蘇聯人民而言，是有目共睹的，因而您又正好被貴國總統委任為首任駐蘇大使，在我們看來，這件事本身就是美蘇友好的象徵。」[27]蒲立德受到了王室成員般的接待，李維諾夫辦公室的代表在火車站恭候他的光臨。在他居住的莫斯科國家大飯店門口，懸掛著美國國旗。蒲立德大使與外交人民委員李

維諾夫共進私人午宴。在莫斯科大劇院，當宣佈蒲立德出場時，歡迎的掌聲經久不息。紅軍首領克利蒙‧伏羅希洛夫（Klement Voroshilov）元帥在他的克里姆林宮官邸設宴招待蒲立德，作陪者有莫洛托夫、李維諾夫以及史達林，席間史達林起身祝酒說：「為羅斯福總統乾杯，他不顧反對者的無聲壓力，毅然承認蘇聯。」[28]

在一份令人驚異的文件裡，蒲立德敘述了他在蘇聯首都莫斯科受到的隆重款待。根據這份文件的記載，他一直被嘲笑為天真的、喜歡阿諛奉承的。[29]不過，蒲立德在講述他在蘇聯最初幾天即從12月11日到21日的生活時，表明他很清楚自己不僅要言之有度，還要行之有度，不論史達林一夥人如何用甜言蜜語哄騙。蘇聯官方為討好蒲立德，竭盡各種所能。蒲立德可以在蘇聯任意旅行，甚至擁有個人專機。蒲立德可以獲得蘇聯政府關於經濟和社會統計的任何資訊。美國外交官可以根據公平的匯率兌換盧布。蘇聯需要從美國進口機床以及25萬噸鋼軌。如果需要的話，美蘇兩國之間的陸海軍人員可以交換「絕密」情報。史達林說：「我想讓你明白，如果你想見我，可以在任何時候，不論白天和黑夜，你只要通知我，我會立刻見你。」史達林問蒲立德：「在蘇聯，你還需要什麼？」蒲立德請求「把莫斯科河畔峭壁上的那塊地產」作為美國大使館的館址。史達林回答說：「你儘管用好了。」伏羅希洛夫要求美國將陸海空三軍武官派駐莫斯科。李維諾夫則拜訪蒲立德，詢問美國是否同意蘇聯加入國聯：「美國政府對於蘇聯加入國聯是否有異議？」[30]

蘇聯領導人為何如此體貼，並且看起來如此順從？其因有二，按莫洛托夫的話說，他們希望「老朋友」給予一個直接的回報：首先，在抵制日本的威脅時，他們迫切需要美國的援助；其次，他們需要大宗的長期的美國貸款。即使蒲立德也認為，「要誇大蘇聯政府包括加里甯、莫洛托夫、伏羅希洛夫和史達林在內的所有官員對我的熱情招待，是件不容易的事情」。不過，蒲立德頭腦很清醒：「我不斷向與我交談的蘇聯官員強調說，無論如何美國政府無意與日本開戰，我們對任何遠東問題的參與僅限於通過我們的道義壓力來維持和平。」即使這樣的答覆，蘇聯政府也很重視。[31]當李維諾夫向蒲立德提出簽署美蘇中日四國互不侵犯條約時，蒲立德大使「向他解釋，這種提議實行起來困難重重」。李維諾夫只好讓步，

並且承認:「不管怎樣,如果能讓日本認為美國有意與俄國合作,即使日本這種判斷是沒有事實根據的,也是有價值的。」李維諾夫又希望美國能派遣一支小艦隊,甚至只是一艘軍艦訪問符拉迪沃斯托克。但李維諾夫與蒲立德的會談再次沒有進展,蒲立德回答說:「我無法回答這個問題,但是會提交給本國政府。」[32]羅斯福的使者有如此多的事要找他的總統朋友,為蘇聯政府的請求使勁,即使這意味著羅斯福要違背公眾和國會的強烈反對意見。

也許,蘇聯意識到他們的第一個請求是有問題的。此外,承認本身已足夠說明問題,還有他們對蒲立德有如此的禮遇。關於第二個問題,也就是貸款問題,蘇聯無意讓步,不管蒲立德在「君子協定」中對該問題作何要求,君子協定建議根據蘇聯所欠美國債務及充公財產,應賠償一億五千萬美元。事實上,在李維諾夫「盛情款待」之後,蒲立德返回美國時,在華盛頓見到了蘇聯首任駐美大使亞歷山大·特洛亞諾維斯基(Alexander A.Troyanovsky)。在一次「完全非正式的談話中」,蒲立德坦言:「我告訴特洛亞諾維斯基先生,我認為蘇聯政府向美國賠償一億五千萬美元已經絕對是最低數目。我指出,美元已經貶值到原來的60%,因此一億五千萬美元按照過去的匯率只相當於九千萬美元。」[33]這一事實表明蒲立德並沒有被蘇聯的奉承輕易矇騙。相反,蒲立德在駐蘇大使任上的活動記錄表明他對蘇聯的奉承嗤之以鼻,而且不輕易相信蘇聯公平解決債務問題的承諾。[34]

3月中旬,蒲立德返回莫斯科時,他發現情況不妙。他向科德爾·赫爾解釋說,「已有一些事例表明,蘇聯政府似乎不願意遵守與美國政府達成的協議」。美使館要求按照盧布的實際購買力來確定一個公平的匯率,以保障使館「必要的最低生活支出」,但遭到李維諾夫的拒絕;蘇聯政府原來承諾美使館館址可以設在列寧山上,現在難以兌現;最重要的是,李維諾夫堅持,「他同意償還蘇聯所欠債務,前提是美國要給予無條件的直接貸款,而不是只在美國使用的商業信貸。」[35]

蒲立德認為,美蘇之間的誤解是「低效率」造成的,而不是「不良信用」所致,從現在起,「美國與蘇聯政府或蘇聯代表達成的諒解應該有書面保證,或日後由書面文件加以規定」[36]。法恩斯

沃思（Farnsworth）指出，蒲立德很樂觀。蒲立德對國務卿說，美蘇分歧可以解決：「我認為，如果我們的立場堅定，我們就能使問題的解決對我們很有利。」[37]如法恩斯沃思所言，「在隨後幾個月內，償還的方式——直接貸款還是信貸——成為爭論的焦點……」[38]李維諾夫「幾乎不贊成草案的所有條文」[39]。他認為如果蘇聯償還了美國的債務，那麼其他政府也會索要賠款，但是迄今沒有一個政府準備償付戰爭債務。蒲立德的評論表明了這次會談的基調，他說李維諾夫「強烈反對貸款利息」。他把「貸款」（loans）與「信貸」（credits）的界限劃分得很清楚。「李維諾夫的立場很令人驚訝，他不同意償付額外利息或任何信貸，只贊成美國直接貸款給蘇聯政府，而且不能限制貸款用途」。事實上，「李維諾夫還反對10%的固定額外利息」。[40]法恩斯沃思認為，除了一個措辭拙劣的協定之外，李維諾夫從未打算償還賠款，因為所有歐洲國家都在拖欠。[41]

　　然而，對蒲立德和羅斯福總統而言，1934年是希望越高、失望越大的一年。1935年也是如此，儘管蒲立德已經收到赫爾的警告，即詹森提案已於3月份在參議院通過，然後在4月份提交眾議院，並有可能在5月份通過。[42]赫爾指出，「詹森提案禁止在美國購買或出售任何欠債政府發行的債券……」[43]早在4月份，李維諾夫似乎已經同意長期信貸，不再堅持貸款。當蒲立德提出1億美元的賠款問題時，李維諾夫表示反對，他認為克倫斯基政府「幾乎沒有得到這筆貸款，該款項用於支援他們自己（指貝克赫米特夫及其司庫謝爾蓋·烏格赫特（Sergei Ughet）），以及用來發動對蘇維埃政府的幾次軍事進攻」。[44]到了4月7日，局勢已經很嚴重。蒲立德認為，國務院4月7日關於要求按每年5%償還總額為一億五千萬美元的草案，必然導致放棄在承認蘇聯之前的所有要求。據蒲立德稱，這激起他「非常惱火」的反應：「無論是現在還是日後，他都反對把國務院的草案當作討論的基礎，他宣稱這項草案完全違背了他與羅斯福總統達成的諒解。」[45]

　　蒲立德寫信給赫爾說，蘇聯想擺脫賠償問題，並暗示他們想繞過他，直接找羅斯福總統。事情似乎陷入僵局。莫爾答覆說，羅斯福總統同意蒲立德的看法，「我們應該耐心等待我方認為可行的關

於賠款的進一步建議。一旦這樣的情況出現，他會指出他可以接受的某種調整。他完全信任你，你可見機行事地暗示李維諾夫，如果協商失敗，美蘇兩國關係受到影響將是多麼不幸……」[46]特洛亞諾維斯基會見了莫爾，威脅說要「曝光」。莫爾勸他冷靜下來：「我告訴他說，我們得知李維諾夫說他已說完了該說的話，於是特洛亞諾維斯基宣稱李維諾夫致電告訴他，蒲立德也說過類似的話。隨後，他授權我通知蒲立德，李維諾夫非常樂意重啟談判……」[47]5月初，美蘇雙方成功地避免談判走向破裂。蒲立德請求在夏威夷會見羅斯福總統，但遭到羅斯福的拒絕，理由是他必須接見駐日大使約瑟夫・格魯（Joseph Grew）和駐華大使納爾遜・詹森（Nelson Johnson），希望造成要召開「遠東太平洋會議的假象，以此造成聲東擊西的效果」。他要求蒲立德「寫信給我，詳細彙報在凌晨3時與蘇聯外交當局談判的內情」，蒲立德做了回覆。他需要「知道你關於蘇聯問題的看法，而我認為你有必要從我這裡獲得第一手的報告材料。我感覺我們可以共同制訂一個解決辦法」。另外，他認為「現在所謂的債務談判是沒有希望的」。[48]

　　美蘇談判僵局一直持續到1934年8月。美方與特洛亞諾維斯基在華盛頓的談判，依然沒有結果。蒲立德試圖與李維諾夫保持友好關係，而同時如告訴羅斯福總統的，「要通過伏羅希洛夫和加拉罕（Lev Karakhan）的管道，在克里姆林宮製造內訌」。最後，他認為，「我們應該能夠挫敗李維諾夫的反抗。但我不指望立馬成功……」[49]8月16日，威利（Wiley）寫信給他的上司。他不關心究竟制訂什麼政策，因為不值得「浪費每一個人的時間，耐心和好心情……去獲得不可能實現的目標」。[50]

　　羅斯福總統要求R・沃爾頓・莫爾繼續堅持談判：「我不明白你為何要放棄……要盡力把蘇聯債務問題了結。」[51]看起來，特洛亞諾維斯基力爭接受一億五千萬美元的賠款數額以及提議可接受的信貸額，至此終於得到了羅斯福總統的回應。[52]關於確定賠償額度是沒有問題的，但是「他（指特洛亞諾維斯基）向我們要求一筆為期20年的10億美元一般信貸（open credit），實際上等於直接貸款……我們暫時只好將此問題拖延下去」。[53]蒲立德又通過卡爾・拉德克（Karl Radek）聯繫上史達林，但是問題依舊。美國國務院

認為已經做了足夠的讓步，赫爾強調說不能給蘇聯貸款或一般信貸。現在，蒲立德準備回國請示，上述問題的解決現在看來沒有希望了。至少，蒲立德是這樣認為的：「我認為，原因是蘇聯人近來取得了如此大的成功，致使他們過度自信。」前途一片光明，簽署一個東方洛迦諾公約似乎不在話下，至少法國與捷克斯洛伐克聯盟可以保護蘇聯西線免遭波蘭和德國的攻擊，如果蘇聯在東線與日本開戰的話。日本不會在春秋兩季發起進攻。到次年夏季，蘇聯紅軍已經做好戰爭準備。「因此，對而蘇聯言，與我們保持友好而密切的關係似乎已不如李維諾夫在華盛頓時那麼重要了」。除非日本似乎有可能進攻蘇聯，或者美日之間重新和好，那麼蘇聯才能「發現我們關於賠款的要求和主張是非常合理的」。[54]

在蒲立德準備回國休假之際，他親自對蘇聯做了觀察。自從1919年第一次訪蘇以來，他就對蘇聯保持樂觀，並努力展示蘇聯進步的一面。當時，許多蘇聯人民在布爾什維克狂熱分子領導下反對過去的專制制度，他們以馬克思代替摩西，列寧取代耶穌，共產主義代替基督教：「1934年的蘇聯與沙皇時代相比，仍然沒有多大自由。統治蘇聯的這些狂熱分子為了他們的共產主義宗教理想，甘願犧牲他們自己和其他人。」[55]

在蒲立德回國期間，他的顧問兼副手約翰・威利（John Wiley）在關鍵的1934至1935年期間負責莫斯科美國大使館。蒲立德與羅斯福總統商妥，他可以自己挑選使館人員。韋利曾經在1933年的倫敦貨幣經濟會議上協助過蒲立德。到那時為止，威利已經在11個駐外崗位上工作過，其中包括華沙和柏林。因此，他對美蘇談判的破裂有充分準備。1935年1月31日，美蘇債務談判正式破裂。國務卿赫爾在他的辦公室當著莫爾、凱利、蒲立德和特洛亞諾維斯基的面說「他非常失望」。美國已經到了她所能給予讓步的極限。因為蘇聯政府的這種立場，美蘇談判似乎已經終止。特洛亞諾維斯基表示同意，只好說他也「沒辦法」。2月6日，赫爾宣佈撤退美國駐蘇海軍和空軍武官，撤銷總領事，縮減莫斯科美國大使館人員編制。[56]

當1935年美蘇外交關係陷入僵局時，羅斯福總統仍然稱蒲立德是他的「比爾佛陀」（Bill Buddha），他希望蒲立德不會被莫斯

科的新聞發佈者驅逐。[57]但到1936年3月，蒲立德已是叫苦不迭。他把康斯坦丁・烏曼斯基稱作「卑鄙無恥的小人」。康斯坦丁・烏曼斯基在1931-1936年間擔任蘇聯國際事務人民委員會（People's Commissariat of International Affairs）新聞處處長，1936-1939年間任蘇聯駐美大使館顧問，1939至1941年任駐美大使。1936年4月，蒲立德獲得美國駐法大使的新任命。[58]蒲立德對蘇聯的臨別評論都保存在1935年中到1936年春的一系列精彩的電文裡。這些文件記錄了他對史達林政府的最後看法。上述文件不僅揭示了蒲立德對蘇聯的失望，還是精闢的分析報告，體現了里加原則以及未來從杜魯門到雷根時期歷任美國總統的冷戰思維。它們在某些地方亦表現出與「西伯利亞」肯南和「里加俄國通」類似的曲解。著名的美國親蘇記者路易士・費希爾曾故意向蒲立德透露蘇聯要採取的行動，但是被他識破。費希爾告訴他，「第三國際將在7月底或8月初在莫斯科召開全會」。費希爾問道，這難道「不是違背了李維諾夫關於不從事共產主義宣傳的承諾」？蒲立德沒有回答這種假設問題，而是徵詢國務卿赫爾的意見，赫爾回答說李維諾夫背叛了自己的諾言。於是，蒲立德質問李維諾夫，後者宣稱他和史達林都不知道共產國際準備在莫斯科開會。蒲立德反駁說，「你必須再把這話告訴其他人。你不能指望我會相信史達林竟然對第三國際的活動一無所知」。李維諾夫回答：「確實不知道，我向你保證」。蒲立德強調「我們的關係將嚴重受損，其後果難以預料」。李維諾夫繼續矢口否認：「我確實不知道」。蒲立德告誡赫爾要準備應付任何不測事件。此外，蒲立德繼續關注「蘇聯當前和將來的政策走向」。[59]

　　1935年7月19日蒲立德的第一通電報堪稱喬治・F・肯南根據「里加原則」分析蘇聯外交政策的「長篇電報」的先聲。蒲立德宣稱，蘇聯政府的總體目標就是「發動世界革命」。蘇聯與友邦的外交關係不過是暫時休戰，絕不是最終和平。這只是「歡快的緩刑」，一旦蘇聯佔據優勢，戰事就會重起。蘇聯外交部的任務就是「在蘇聯國力強大到無堅不摧和進退自如之前維持各處的和平，並做好干涉他國內政的準備——如果史達林想這樣做的話」。蘇聯會「四處染指」，並努力防止歐洲諸國結盟。蘇聯認為歐洲戰爭不可避免，甚至是唯恐天下不亂。那時，紅軍已經非常強大，足以保護

那些弱小的共產主義國家。蘇聯希望美日交戰，以防止自身東西兩線同遭攻擊。如果太平洋戰爭爆發，那麼蘇聯就避免結盟，等待日本被打敗後，好趁機奪取滿洲，並把中國蘇維埃化。[60]

1935年8月21日，蒲立德在第二通電報裡建議美國給予有限的回擊——此乃日後冷戰鬥士們的行動典範——以此遏制蘇聯的挑釁：第七屆共產國際大會在莫斯科召開，與會者中有著名的美國代表團團長美國共產黨總書記白勞德（Earl Russell Browder）、共青團主席吉爾・格林（Gil Green）、美國共產黨主席威廉・福斯特（William Foster）——他們隨後全部入選共產國際執行委員會。蒲立德認為美國政府「在法律上和道義上」都有理由與蘇聯斷交；但是他反對這樣做。儘管斷交無可厚非，但是兩國要恢復邦交「非常困難」。美國有必要在蘇聯保留一個官方觀察處，以便獲取蘇聯情報，保護美國僑民，因為，「在這十年期間，蘇聯要麼成為來自歐洲和遠東的攻擊對象，要麼迅速發展成為世界上最強大的國家之一」。美國不應當與蘇聯斷絕關係。也不應該發表書面或口頭抗議。美國政府應該把蘇聯的目標向美國人民解釋清楚，嚴格限制給蘇聯公民的簽證，吊銷蘇聯領事證書——承認蘇聯駐美領事的合法憑證。蒲立德建議，羅斯福總統應該重申美國承認蘇聯的原始協議的基本精神，以便揭露共產國際的特洛伊木馬詭計是上述承認協議嚴格禁止的。蒲立德反對撤退駐蘇軍事武官以及縮減大使館人員。他告誡羅斯福總統要提防：「蘇聯有可能實施某種瘋狂的報復。」這是在建議避免與蘇聯衝突。羅斯福總統還是發表了一份抗議照會，警告蘇聯如果再有違背協議行為，後果自負。蘇聯的回答是他們沒有任何違約行為。蒲立德再次強調：「蘇聯政府和共產國際只不過是反映史達林思想和意志的不同機構而已。」羅斯福命令赫爾向媒體發佈聲明，重申美國政府立場，這場風波方才平息。[61]

蒲立德最後兩通電報——1936年3月4日和4月20日——詳細分析了俄國各種官僚制度的本質——包括沙皇專制和蘇維埃人民委員會制度——他的看法與「西伯利亞」肯南早期的評價極為相似。蒲立德詳盡闡述了美國人應該如何對待這個從沙皇專制的灰燼中再生的蘇維埃鳳凰。儘管蒲立德認為這是「對1936年蘇聯生活的真實描述」，但他的觀點實際上與尼爾・S・布朗（Neil S.Brown）公使

在1851至1853年間對俄國的評論相差無幾，布朗的評論被蒲立德一字不差地引用，如他所言，除了「無關緊要的話被省略外，實際上『帝國』一詞三次被替換成『國家』，『公使』一詞有一次被替換稱『大使』」。[62]蒲立德聲稱，這樣不加修改地撰寫正是他能夠並且也願意做的。

　　布朗曾經列舉了俄國官僚制度的種種缺陷：愛掩飾，思想多疑，特別是「政府官員」只注重官樣文章，不幹實事，很多事情不了了之。俄國有一套嚴厲的警察制度，思想封閉，審查制度超級嚴格，政府反覆無常，封鎖財政情報，禁止公眾討論軍事和政治問題。只有很少的外國人才允許進入俄國。這是因為俄國政府擔心其民眾會受到外國的影響，也是排外集團密謀的結果。俄國人沒有任何機械發明，只能依靠外資；甚至俄國藝術品，也要模仿外國藝術家的。沒有國家像俄國那樣更需要外國人了，然而俄國還是嫉妒他們。即使外國公使館要在俄國立足也不容易。外國公使們及其隨員「受到俄國間諜制度的監視」。任何值得瞭解的資訊都不得公開。炫耀就是一切。最重要的是，俄國人「妄想他們註定要征服世界」[63]。

　　蒲立德的最後一通電報對史達林做了分析。蒲立德認為，「獨裁者」史達林支持民主政治，不過是安置特洛伊木馬的一種手段。如果特洛伊人掌權，他們原來的民主黨友人就會被處死。蒲立德重申了「里加原則」的基本含義：「因此，與蘇聯政府的關係只是一個次要問題，主要問題是共產主義作為一種好戰的信仰致力於發起世界革命以及『清算』（也就是謀殺）所有的非共產主義信徒。」他們的手段就是大規模謀殺，他們的信仰就是「信仰哈里發」（the Caliph of that faith）。他們是外國政府的代言人，致力於消滅自由，在此過程中數百萬美國人要被殺死，如果需要的話。蘇聯的經濟力量已經快速增長到能夠自給的地步。城鎮狀況已經改善，但鄉村依舊。所有這一切都只能依靠警察國家來維持：「俄國一直是一個警察國家。現在也是一個警察國家。」克里姆林宮的權威由軍隊、龐大的祕密警察組織和狂熱的共產黨信徒來維持。日本仍然是蘇聯最大的威脅，因為德國仍然需要更充分的準備。在戰爭壓力之下，蘇聯的官僚機器可能會崩潰。蘇聯人都是糟糕的官僚主義者；

共產黨國家需要特殊的官僚。[64]沙皇專制和布爾什維克俄國的相似之處如此明顯，因此，扭曲的形象也助長了美國對一個政權的不信任轉向另一個政權。

與蘇聯這樣的國家永遠不能建立友好關係。但是，美蘇兩國必須維持邦交關係，因為蘇聯是一個大國，其在歐洲與遠東的戰略地位不容忽視。美國只有在蘇聯境內設立代表機構，才能獲得蘇聯有價值的情報。美國的政策應該是防止戰爭爆發，如果蘇聯有一天戰勝了日本，中國就會實行社會主義。如果蘇聯被日本打敗，中國就會被日本控制。如果戰爭爆發，美國只好妥協，因此誰也不能成為贏家。在歐洲，法國與德國的敵對狀態應該會化解。美國與蘇聯的貿易值得鼓勵發展，但需要直接的討價還價。美蘇貿易隨時可能會中斷，因此美國不應該給蘇聯人貸款或長期信貸。蘇聯的原材料競爭力會更強，特別是石油或糧食，但是蘇聯的機器製造業還有待改進。美國政府需要深化對美國共產黨的認識，也就是，美國共產黨與蘇聯代表之間是何種關係。美國對付蘇聯的關鍵是要有耐心。蒲立德告誡說，蘇聯仍然是潛在的威脅，因此美國不應期望太高，也不應該太失望。美國要謹慎對待蘇聯，唯有始終讓蘇聯感受到美國的壓力，但絕不是威脅。他最後指出，「最重要的是，我們應該捍衛美國人的名聲，諸如有效率、誠實和坦率」。誠實，而非進行間諜活動，才是對蘇聯的最好政策。這樣可以消除蘇聯人的疑慮，尤其是因為他們不知道何謂誠實。[65]不管蒲立德如何指責李維諾夫要對美蘇之間的誤解負責，以及如何努力挫敗他，結果都沒有用。1936年6月，蒲立德離開了莫斯科，再也沒有回來過。[66]

鑑於威爾遜政府造成的對布爾什維克不信任，隨後三屆共和黨政府與蘇聯斷絕外交關係長達16年，然後就是羅斯福總統倉促地承認蘇聯，因此美蘇雙方和解的可能性不大是不足為怪的。由於債務問題始終是美蘇兩國關注的焦點，因此該問題成為爭議對象是很自然的。蘇聯債務問題無法解決，不僅表明羅斯福總統首先輕信史達林等人，還顯示羅斯福不願無端懷疑史達林，試圖以此獲取今後的成功。蒲立德指出，與史達林的交往和與諾福克公爵（the Duke of Norfolk）的關係是兩回事。[67]畢竟，債務問題不像德日問題那樣具有戰略意義。如果從這種角度考慮，就不難明白為何羅斯福總統與

蒲立德最終會鬧翻，為何羅斯福另選約瑟夫‧大衛斯為駐蘇大使，儘管使館的蘇聯問題專家們認為大衛斯如何「不稱職」。[68]要說明這些蘇聯問題專家為何很快就支持蒲立德，而對他的繼任者大衛斯不滿，也不是三言兩語能說清的。

　　喬治‧F‧肯南對此很清楚。他說，蒲立德對蘇聯的態度「很惱火」，不久他就贊同「對蘇聯採取強硬路線，在莫斯科的美國使館，我們中大多數人都全力支持該路線，但是羅斯福總統卻無意採取任何行動，也幾乎不關注相關的特別問題」。[69]羅斯福責怪蒲立德致使美蘇關係惡化。就羅斯福總統本人而言，他「根本不知道，或不關心我們在莫斯科為籌建美國大使館所做的一切努力……」實際上，肯南開始相信莫斯科美國大使職務，對羅斯福總統而言，不過是「用來酬謝為他競選總統作出貢獻者的一份美差」。[70]

　　新近的研究成果表明，在對蘇採取強硬路線問題上，蒲立德反對任何不能獲得全面外交勝利的舉措，而不願屈尊討好國務院。[71]蒲立德已經對蘇聯產生強烈的反感，他支持國務院東歐司及其領軍者羅伯特‧F‧凱利。凱利手下的「里加俄國通」洛伊‧亨德森、喬治‧F‧肯南、查理斯‧波倫等人影響了蒲立德對蘇聯產生消極的看法。更重要的是，他們影響了國務卿科德爾‧赫爾及其副手賈奇‧R‧沃爾頓‧莫爾。蒲立德的觀點日益成為全面消極的美國人的俄國觀的一部分。

　　現在，羅斯福總統決定撤銷國務院東歐司。充當馬前卒的是羅斯福和第一夫人的心腹薩姆納‧威爾斯（Sumner Welles）。赫爾討厭威爾斯，對埃莉諾‧羅斯福（Eleanor Roosevelt）的干涉也很反感，但這是新政擁護者使國務院自由化的一次機會。威爾斯對蘇聯的看法更接近凱利，而不是羅斯福。在蘇聯問題上，美國政府本身也分裂成兩大敵對派系。一派是凱利和他的「里加俄國通」；對立的一派是大衛斯、威爾斯、埃莉諾以及其他新政左派。後者認為里加俄國通是「反動的蓄意破壞者」，而里加俄國通則認為第一夫人及其同夥是天真的外行。兩派之間的鬥爭在1937年春達到高潮，同年6月，威爾斯最終撤銷了東歐司。「他召見凱利，告訴他國務院不再設立東歐司，要停止他的工作，然後把他分配到土耳其」。[72]威爾斯的這一決定令大衛斯很高興，他當時正準備努力討好克里姆

林宮的精英。自然，殘留下來的里加俄國通主要代表亨德森卻因此焦慮不安。

1937年1月19日，羅斯福委派的第二任駐蘇大使約瑟夫・大衛斯在蒲立德離開蘇聯的六個多月之後，抵達莫斯科。大衛斯是一位成功的企業律師，他是羅斯福總統的老朋友，其妻馬喬里・波斯特・赫頓（Marjorie Post Hutton）是世界上最富有的女子之一。很少有例外，外交家和歷史學家通常都認為大衛斯作為大使是一個失敗者，而作為人是一個笨蛋、流氓，或許更壞。持另外觀點者慎重地認為，大衛斯是羅斯福政府所主張的政策的執行者：債務問題的解決對蘇聯的重要性超過美國，因此，重開談判取決於蘇聯；沒有可能阻止共產國際的活動；年度商約可以談判；最後，大衛斯大使要承擔評價蘇聯國力，尤其是軍事、經濟和政治力量的責任。[73]在擔任駐莫斯科大使之後，大衛斯發揮了重要作用，這體現在他促使羅斯福總統相信蘇聯紅軍能夠在1941年抵擋住納粹國防軍，而美國的租借條約將能幫助史達林戰勝希特勒。在歷史文獻中，大衛斯在莫斯科大使期間的作為被醜化成一個天真的美國人：他被蘇聯的阿諛奉承矇騙；被蘇聯廉價的藝術品收買；被蘇聯的恐怖、肅反和公開審判欺騙。儘管這些指控在某種程度上是真實的，但並沒有在他的著作《出使莫斯科》（Mission in Moscow）中出現。「羅斯福總統想知道一旦西方民主國家與法西斯國家之間發生戰爭，莫斯科將支持哪一方」。[74]為何美國公眾和羅斯福總統都給予大衛斯積極的評價？羅斯福總統在大衛斯書稿的封面上「寫下四個草字」：「傳世之作」（This book will last.）。[75]這是因為自「西伯利亞」肯南的時代以來，與美國主流思想相抵觸的對蘇和解觀念，現在似乎有實現的可能了。

在莫斯科美國大使館工作的三位國務院蘇聯問題專家對大衛斯大使的評價很刻薄：他們是三等參贊喬治・F・肯南和查理斯・E・波倫，以及大使館二等參贊洛伊・W・亨德森。肯南認為，大衛斯「從一開始就引起我們的不信任和厭惡之情……我們懷疑他的誠意，懷疑他是否像我們一樣認為美蘇關係很重要，懷疑他接受駐蘇大使一職僅是出於個人的政治追求，而絲毫沒有在意該職務本身有

何重要意義」。[76]肯南聲稱，只有莫斯科的美國記者相信大衛斯。在1937年公審卡爾‧拉德克的第二次大審判期間，肯南被迫去為大衛斯大使拿三明治，而大衛斯則只顧「與新聞界的紳士們交流有關受害者罪行的各種充滿說教式的看法，他很相信蘇聯當局對這些無辜者的荒謬指控」。[77]

查理斯‧E‧波倫對大衛斯的批評更不留情面。波倫認為，大衛斯「出使蘇聯時，甚至連蘇聯制度及其意識形態的基本現實都不瞭解」。[78]大衛斯迷信蘇聯的政策，根本不明白大清洗的真相，而且相信蘇聯政府編造的所謂反對政府的陰謀說。[79]大衛斯在大使館唯一的親信武官菲力浦‧R‧費蒙維爾（Philip R.Faymonville）上校，被波倫認為具有「親蘇偏見」。[80]當提到在第三次也是最後一次莫斯科公審大會上為大衛斯做口譯之事時，波倫評論說，「當想到他發給國務院的幾封談論莫斯科公審大會的電報時，我仍然為之汗顏」。[81]波倫清楚地記得大衛斯在1938年3月17日發給國務卿科德爾‧赫爾的電報內容：「在我看來，根據蘇聯法律，這些政治犯可謂是罪行昭著，那些被指控的罪犯也是證據確鑿，根據蘇聯政府犯罪條例對他們作出判決的正當性，是不容懷疑的。」[82]波倫宣稱，大衛斯認為莫斯科審判是莊嚴的，並且「相信被告的犯罪事實」。[83]為了證實這一判斷，波倫指出「大衛斯對被告的權利缺乏保障確實感到震驚」。[84]

到了1938年，隨著肯南的離去，波倫升為美國大使館資深俄語翻譯官，負責蘇聯政治報告。他注意到，由於大衛斯改任駐比利時大使，他的工作進行得更加順利。波倫對大衛斯進一步評價說：「他發給華盛頓的報告充滿了盲目樂觀之詞，真是無可救藥，因此誤導了我們的政府。他的通訊雖然包含大量資訊和細緻的觀察，幾乎總是膚淺的和嚴重歪曲的。」[85]最後，波倫指出1943年的蘇聯影片《出使莫斯科》（Mission to Moscow）「令人難以置信」。兩位蘇聯技師「幫助把大衛斯的著作改編成迄今為止最無聊的宣傳片」。他還說：「其宣傳手法是如此拙劣，即使全美國都同情蘇聯人民，這部電影也是一個敗筆。」[86]

大使館二等參贊洛伊‧W‧亨德森與肯南和波倫不同，他對大衛斯和菲力浦‧R‧費蒙維爾上校的評價更為公允。費蒙維爾對蒲

立德很冷淡，但對大衛斯很熱情。當然，大衛斯就任駐蘇大使之後，使館工作「發生顯著變化」。[87]大衛斯的報告本身就表明了上述變化，他和費蒙維爾都是通過「耐心的解釋和合理的行為」來消除批評意見。他們二人都很謹慎，因為他們擔心走漏消息。[88]費蒙維爾被公認「已經取得蘇聯政府的信任，而（大衛斯的朋友）也勸說大衛斯要與他密切合作」。[89]無論如何，蘇聯官員「不會放過任何機會，來暗示東歐司要對美蘇關係的惡化負主要責任」。[90]他們還認為，大衛斯不僅支援他們購買美國戰艦，還會幫助說好話。[91]亨德森認為，大衛斯清楚地知道「蘇聯政府過去的行徑，而且很謹慎地避免因蘇聯政府違背諾言而發生激烈的爭執」[92]。他認為，這是明智的選擇，對於共產國際的活動、債務、索賠和信貸問題，尤其要慎重對待。[93]

亨德森認為，蒲立德和大衛斯的個性都很樂觀，亦容易相處，他們的口才和文筆俱佳。「然而，大衛斯與蒲立德不同，他羨慕那些已經成功地積累了大量財富或權力的人」。[94]大衛斯為人現實，他不關注高層領導人之間的矛盾、更迭，以及誰被處死。亨德森認為，大衛斯關心屬下，指望他們獲得情報。他認真執行羅斯福總統的對蘇政策：「他想千方百計地讓與他交往的蘇聯領導人相信，他很羨慕他們，羨慕他們的目標，以及他們正在做的一切善舉。」[95]這是羅斯福總統對蘇和解政策的根本所在。由於這種做法，大衛斯為他本人——也許還有羅斯福總統——在美蘇兩國樹立了親蘇的名聲。

大衛斯的親蘇立場，意味著他必須解釋蘇聯的大清洗和恐怖政治。儘管他承認蘇聯政權的殘酷性，但是他對史達林很敬畏，正如他對亨德森所言：「我見過他；終於和他交談了；他的確是一位傑出的、正直的偉人。」[96]大衛斯確信他已經贏得史達林和莫洛托夫的信任。因此，他向亨德森透露：「羅斯福總統指示，他在莫斯科的主要使命就是贏得史達林的信任，能夠親自與史達林就美蘇關係問題進行坦誠的交談。自從到了莫斯科之後，他就一直在努力完成這項使命，剛好在他離開蘇聯前夕，終於獲得了成功。」[97]亨德森認為，這次會談使史達林有機會要求大衛斯幫助他向美國購買戰艦。

一批蘇聯軍官遭到審判和被處死，令大衛斯非常震驚，他不僅剛剛款待過其中很多受害者，而且還在給國務卿的報告中盛讚了他

們的業績。據亨德森稱，大衛斯「為羅斯福總統著想，一直在努力把史達林描繪成一位仁慈的理想主義者」，他很擔心史達林的上述形象將因此受損。大衛斯只好為史達林辯護：「人們普遍認為他是一位生活嚴謹、性格謙虛、專心致志的領袖，他一門心思致力於共產主義和無產階級的崇高事業。」[98]當然，大衛斯承認蘇聯的司法制度沒有保護被指控者，也沒有保護個人的權利。毫無疑問，大衛斯完全相信被告都犯了叛國罪。[99]

　　大衛斯對羅斯福總統唯命是從，他相信蘇聯會成為一個「超級大國」。他聲稱，蘇聯對美國的友好程度超過其他國家，因此他建議說：「改變美蘇關係現狀，或考慮斷絕美蘇關係，都是不明智的，除非蘇聯對美國構成了嚴重的挑釁。」最後，大衛斯指出：「毫無疑問，蘇聯對美國政府真誠和友好的程度，要明顯超過其他任何國家。」[100]1938年6月11日，大衛斯離開蘇聯，前往美國在歐洲的主要情報處比利時，擔任駐該國大使。一年多之後，大衛斯的繼任者勞倫斯・斯坦哈特才把國書交給加里寧，正式就任駐蘇大使。在駐蘇大使職務空缺期間，駐蘇大使館由代辦亞歷山大・柯克（Alexander Kirk）負責。1938年7月2日，亨德森離開蘇聯。亨德森評論說，蘇聯政府特別關注某些美國人，「但並沒有鬆弛他們的慣常做法……而且蘇聯對困擾美蘇關係的問題的態度也沒有發生根本改變」[101]。

　　亞歷山大・柯克1938年7月到莫斯科接替亨德森任駐蘇使館副長官，一直待到1939年5月。斯坦哈特上任駐蘇大使不久，柯克調到羅馬。1938年，柯克負責了每年一度的美蘇商約談判。亨德森認為，由於柯克領導有方，莫斯科大使館的工作比以前開展得更好。柯克以報告簡潔、紀律嚴明、要求嚴格而著稱。[102]柯克做了兩件重要工作：首先，在1938年11月25日，他與大使館一等參贊斯圖爾特・格魯門（Stuart Grummon）以及波倫聯合致電明確反對大衛斯以前的政策，因而實際上也是在反對政府本身的政策：「可以認為，克里姆林宮與資本主義國家維持友好關係只是一個權宜之計，絕非永久性的考量……」[103]亨德森評論說：「當時，仍然有許多身居高位的美國人以及外國人認為他們能夠說服蘇聯政府改變其對

資本主義國家的政策。」[104]還有，波倫保留了他在使館的職務，並且與莫斯科德國大使館的比滕費爾德（Hans Heinrich Herwarth von Bittenfeld）有祕密接觸，因此他早在1939年5月就獲悉蘇德要簽署互不侵犯條約。[105]

　　斯坦哈特是一位律師，羅斯福總統的熱心支持者，他曾經在六個國家的首都擔任過公使和大使，其中包括瑞典和祕魯。亨德森認為，「毫無疑問，就駐蘇大使人選而言，羅斯福總統傾向於任命經驗豐富的『政治人物』，而非職業外交官」。斯坦哈特是一位「精力充沛，機警的大使，他歷來都是果斷地向國務院建議應該採取何種對蘇政策……」[106]儘管他不懂俄語，但是他熟悉使館事務，且經常與蒲立德和大衛斯商談。他對莫斯科的職務持「友好的保留」態度，也就意味著要避免「過分的阿諛奉承」。斯坦哈特對蘇政策的核心就是堅持互惠原則。[107]幸運的是，這位新大使頗有人緣，波倫、盧埃林·湯普森（Llewellyn Thompson）、沃爾特·瑟斯頓（Walter Thurston）、查理斯·塞耶（Charles Thayer），以及安格斯·沃德（Angus Ward）都支持他——這些人除了瑟斯頓之外，都精通俄語。[108]波倫瞭解斯坦哈特「對蘇聯知之甚少」，不過是一位「老練的紐約律師」，而且「非常自負」。[109]

　　斯坦哈特到任不久，德國入侵了波蘭，蘇聯佔領了波蘭東部，斯坦哈特急需關注如下兩個問題：被困在波蘭的美國人，和被德國人在公海截獲後扣押在中立國蘇聯港口的美國船隻。斯坦哈特派沃德到利沃夫解決波蘭問題，並呼籲蘇聯政府釋放被扣押的美國商船弗林特號（City of Flint）。這兩項任務一個也沒完成。最令人震驚的是，蘇聯入侵了美國人很在意的芬蘭。1939年12月14日，國聯開除了蘇聯。反蘇情緒達到高潮，羅斯福總統對蘇聯實施有限的「道德禁運」，為此他請求美國私人企業限制對蘇貿易。此外，對蘇禁運物質還包括美國用於自身國防建設的戰略物資，諸如機床之類。烏曼斯基大使雖然反對，但是毫無作用。許多美國重要人物呼籲召回駐蘇大使，與蘇聯斷交。斯坦哈特認為這兩種辦法都是無關痛癢的舉動。由於美國的反蘇情緒日益高漲，莫斯科方面日益不安起來。為此，斯坦哈特建議對蘇聯駐美外交官實施報復，羅斯福總統設法照辦，但這還不能稱為以牙還牙。當然，羅斯福禁止向蘇聯出

口飛機、鋁、石油、技術情報等等。斯坦哈特的任務仍然是力爭把
弗林特號及其船員從蘇聯港口解救出來。他認為蘇聯政府與德國密
謀，藉以保護他們的地位以及押解船隻的德國船員。由於他的施
壓，蘇聯人最後答應釋放。[110]美國人日益強硬的對蘇立場，鼓舞了
斯坦哈特。[111]

　　1940年8月，斯坦哈特大使返回美國時，受到熱烈歡迎。美蘇
關係已經陷入低谷：蘇聯佔領了波羅的海諸國，打敗了芬蘭，攫取
了羅馬尼亞和波蘭部分領土。莫洛托夫總結了美蘇關係：「關於我
們與美國的關係，我不能做詳細說明，因為確實沒有什麼值得一提
的。」[112]美蘇關係將發生巨大變化。

　　羅斯福總統希望，美國作出少許讓步也許可以改變或分化蘇
德關係。赫爾宣稱，他曾就羅斯福的這項決定，徵詢過其他人的意
見。陸軍部長亨利‧史汀生也贊成改變對蘇策略，通過利用貸款
「誘惑蘇聯動心」。[113]威爾斯開始與烏曼斯基進行非正式協商。他
告訴這位蘇聯大使，「為了更好地維護兩國人民的利益，對雙方而
言，包括大使本人在內，更具建設性的舉措應該是不要做無謂的
爭執和抱怨……」[114]這標誌著一個重要的轉變。從1940年8月1日開
始，烏曼斯基與威爾斯舉行了一系列會談。儘管烏曼斯基繼續抱
怨，雙方會談還是有所進展。斯坦哈特對他們之間的會談很惱火，
因為這造成他的互惠政策無法實現。他稱此為「綏靖政策」。[115]斯
坦哈特如此主張，因為在他看來莫洛托夫在1940年11月的柏林之行
促使蘇德兩國更加接近。事實證明，他的判斷是錯誤的。美國國務
院搜集的情報表明，希特勒當時正準備入侵蘇聯，顯然斯坦哈特的
估計是錯誤的。國務卿赫爾特別要求「不要讓蘇聯官員對本國政府
產生不友好的感情……」[116]國務院要求斯坦哈特通知莫洛托夫，希
特勒即將進攻蘇聯，斯坦哈特拒絕這樣做，除非他收到進一步的指
示。[117]赫爾與威爾斯都尊重斯坦哈特的判斷。到了1941年春，美蘇
和談已經停頓。雙方談判沒有獲得實質進展，斯坦哈特的強硬路線
又占了上風。[118]不過，斯坦哈特的勝利是曇花一現。

　　起初，斯坦哈特一直相信蘇德條約定能長久。他後來改變上
述看法，但是仍然反對美蘇關係和解。他反對告誡蘇聯政府要防止
德國即將入侵，因為蘇聯人會認為這是英國人破壞蘇德關係的假情

報。1941年6月22日，德軍入侵蘇聯。此前邱吉爾、共產黨間諜理查·佐爾格（Richard Sorge），甚至德國大使舒倫堡（Count Werner Von der Schulenberg）伯爵曾多次警告過蘇聯。赫爾主張向蘇聯提供無限制援助。[119]斯坦哈特堅持的對蘇互惠原則被放棄了，因為羅斯福總統贊同赫爾的主張。邱吉爾答應盡力援助蘇聯。這對希特勒的敵人而言，真是天賜良機。羅斯福總統在給海軍上將威廉·萊希（William Leahy）的信中寫道：「現在德軍進攻蘇聯了。如果一切如願，這將意味著把歐洲從納粹手中解放出來——同時，我認為我們不必擔心蘇聯控制局面的可能性。」[120]

　　前駐蘇大使大衛斯宣稱，是他說服羅斯福總統大規模援助蘇聯。[121]不管大衛斯對羅斯福的影響到底如何，內政部長哈樂德·伊克斯（Harold Ickes）指出，羅斯福總統意識到需要冒險援助蘇聯的時機已經成熟。[122]於是，哈里·霍普金斯（Harry Hopkins）臨危授命。在德軍「東進」的前夕，霍普金斯看過美國駐倫敦軍事觀察員雷蒙德·E·李（Raymond E.Lee）將軍的一份報告。這位將軍認為，德軍就像火山口剛噴發的熔岩，起初勢不可擋，然後會慢慢冷卻，流速減慢，最終停止前進。華盛頓時間6月21日夜，霍普金斯通過短波收音機聽到希特勒入侵蘇聯的消息。他的第一反應是提供給英國的租借法案已經有了「回報」，終於迫使希特勒「向左轉」，而「他（指霍普金斯）必須立即面對一個新的大問題，即援助蘇聯」，以便把德國「熔岩」阻止在可控範圍之內。[123]陸軍部長史汀生以及參謀長聯席會議都認為一到三個月之內，蘇聯就會完蛋。在此喘息期，應該加強大西洋戰場，以應對德軍的新一輪進攻。英國也如此認為。德國外交部長裡賓特洛甫（Joachim von Ribbentrop）揚言：「八周之內，史達林的蘇聯就會從地圖上消失。」[124]
　　英國首相邱吉爾、供給部長威廉·麥斯威爾·比弗布魯克（William Maxwell Beaverbrook）男爵、駐蘇大使斯特拉福德·克里普斯（Strafford Cripps）爵士等少數幾人對蘇聯持謹慎的樂觀態度。他們主張「立即對蘇聯提供無條件援助」。邱吉爾向英國人重申他一貫的反共產主義立場：「面對這場正在擴大的戰爭，其他一切可以擱置一邊，（他承諾）要竭盡全力支持蘇聯人民。」[125]很多人鼓勵

羅斯福總統也支持蘇聯。《紐約世界報》編輯赫伯特‧貝阿德‧斯沃普（Herbert Bayard Swope）指出，美國反對共產主義，但需要保持團結：「我們不支持共產主義，但是，希特勒支持的，就是我們要反對的。」[126]在希特勒入侵蘇聯的兩周之後，前駐蘇大使約瑟夫‧大衛斯寄給霍普金斯一份備忘錄。他預言，即使莫斯科、白俄羅斯和烏克蘭陷落了，蘇聯對希特勒的抵抗要比軍事專家們想像的還要頑強。如果盟國及時援助，再加上蘇聯的頑強抵抗，史達林就能戰勝希特勒。大衛斯警告說，希特勒可能「誘使史達林媾和……」[127]他還說，畢竟，「史達林的思想是東方式的，冷靜現實的，而且年事日高。他甚至可能再次『陷入』希特勒的和平圈套，借此趨利避害」[128]。對史達林來說，蘇聯陷入資本主義敵人的包圍之中。如果資本主義國家在戰後不敵視蘇聯，那麼史達林願意為盟國「火中取栗」。然而，「史達林可以獲得一些保證，無論意識形態存在何種分歧，美國政府會公正無私地渴望援助他們戰勝希特勒」。[129]大衛斯認為，蘇聯無意在戰後向美國和歐洲輸出共產主義，這也是不可能的。大衛斯主張，「應該直接告訴史達林，我們的態度是『全力以赴』地擊敗希特勒，我們將一如既往地對蘇聯堅持友好政策」。[130]

　　為了調查德軍入侵蘇聯給英國造成的「喘息期」，1941年7月13日，霍普金斯啟程前往蘇格蘭的布列斯特維克（Brestwick），直接與邱吉爾討論戰爭新形勢以及安排即將召開的大西洋會議。在租借法案以及美國代表團的援助下，英國正成為反法西斯的堡壘。羅斯福總統任命霍普金斯擔任租借法案的顧問和助手，儘管他從來沒有任何行政職銜。不過，他擔任該職務一年有餘，因為國會已經通過羅斯福的任命。蘇德戰爭進行到第四周時，霍普金斯到了邱吉爾首相的鄉間別墅。蘇德兩軍在舉行拉鋸戰，邱吉爾似乎眼睛一亮，他覺得蘇聯人也許能夠挺過這個寒冬。英國與蘇聯已經簽署「一項協定，即雙方聯合行動，彼此給予對方各種援助，根據互惠協定，任何一方不得與德國單獨休戰或單獨媾和」。儘管如此，史達林似乎不太相信英國的承諾。[131]

　　在唐寧街10號召開的會議上，霍普金斯聽到詹姆斯‧E‧錢尼（James E.Chaney）提及，中東的戰爭以及德軍入侵英國的可能性都取決於「蘇聯人要多久才會被打敗」。看來，所有的估計都取決

於這個假設。[132]蘇聯對德軍的抵抗越持久，英國就越能贏得更多的時間構建防務。霍普金斯認為，計畫在八月初召開的大西洋會議需要對蘇聯形勢有詳細的認識。甚至包括在莫斯科的英國軍人在內，沒有人瞭解蘇德戰場，「因為當時對戰爭各個階段的所有謀劃，包括美國的生產和租借法案，都取決於蘇聯能堅持抵抗德軍多久，霍普金斯決定他應該立即到莫斯科考察，爭取從史達林本人那裡瞭解到問題的答案」。[133]邱吉爾表示同意。7月25日，霍普金斯致電羅斯福總統：「我想知道你是否認為有必要……瞭解蘇聯人能否長期地堅持抵抗德軍的進攻……如果史達林在此關鍵時刻能夠受到任何方式的影響的話……可否派遣一名私人特使去見他。我認為事關重大，值得一搏。那樣，史達林就能確信，我們決心給予蘇聯長期援助。」[134]他們不可能事先討論此種方式的莫斯科之行：「霍普金斯本人忽然決定到莫斯科考察，並立即付諸實踐。」[135]7月26日，羅斯福總統回電說：「我和威爾斯都非常贊同你去莫斯科，認為你近日即可啟程……我有一封信請你轉交給史達林。」[136]羅斯福總統的這封電報，「是二戰期間最重要最有價值的特使授權之一。」[137]邱吉爾說，「告訴他（指史達林），英國今天只有一個決心，一個願望——就是消滅希特勒。告訴他，我們是他堅強的後盾」。[138]羅斯福總統親自寫信給史達林：「霍普金斯先生應我要求來莫斯科與閣下當面討論……我們如何能夠以最敏捷最有效的方式向貴國提供美國的援助這個生死攸關的問題……閣下可以完全信任霍普金斯先生，就如同閣下與我當面會談一樣。」[139]

7月28日，霍普金斯乘坐PBY遠程轟炸機到阿爾漢格爾（Archangel），7月30日抵達莫斯科。當天下午6點30分，斯坦哈特帶領他拜訪史達林。霍普金斯與史達林交談了六個鐘頭，還與莫洛托夫等人進行了交談：「就蘇聯的軍事力量及蘇德戰爭前景而言，他得到的相關情報遠遠超過其他局外人。確實，史達林認真考慮了羅斯福的建議，對霍普金斯完全信任，而霍普金斯離開克里姆林宮時，對史達林的話堅信不疑。就英美兩國與蘇聯的戰時關係而言，這次談話的確具有轉折意義。」[140]

在第一次會談中，霍普金斯強調反希特勒統一聯盟的必要性，史達林則強調各國賴以共存的「最低道德標準」，由於「德國現

任領導人不懂這種最低標準，因此他們代表著當今世界的反社會力量」。[141]史達林指出，英美蘇三國所見略同。然後，霍普金斯提出給予蘇聯短期和長期援助問題，史達林強調需要防空武器、機關槍以及鋁。[142]

第二天，即7月31日，霍普金斯會見了英國駐蘇大使特拉福德‧克里普斯爵士、斯坦哈特和莫洛托夫，並在6點30分再次會見史達林。這是霍普金斯與史達林的最後一次談話，霍普金斯對此做了詳細記錄。此次談話記錄共有三部分，首先，史達林詳細分析了當前的軍事形勢，以及蘇聯的緊急需求，重點需要高射炮、用於飛機製造的鋁、步槍和機關槍。其次，從長遠來看，蘇聯需要大量武器，他提議召開各國領導人會議。第三部分是霍普金斯專門為羅斯福總統準備的，史達林「坦率地希望美國參戰，反對德國法西斯」。[143]

斯坦哈特一向對蘇聯很冷淡，他略帶吃驚地說，霍普金斯「立即受到史達林的接見，他們暢所欲言，推心置腹地縱談霍普金斯出使莫斯科的目的以及蘇聯的局勢，據我所知，這在蘇聯當代史上還是第一次」。[144]霍普金斯本人的評價是：「史達林知道他需要什麼，蘇聯需要什麼，而且他認為你也知道。」[145]羅斯福總統的講稿撰寫者、美國戰時情報局國際處處長、傳記作家兼劇作家羅伯特‧E‧舍伍德（Robert E.Sherwood）認為：「霍普金斯是蘇聯人民真誠而勇敢的朋友，他非常欽佩蘇聯為贏得戰爭勝利所作出的巨大貢獻。他看不起那些神經過敏的美國人，他們總是在各個角落裡尋找共產黨人。」[146]霍普金斯所擔心的制度是「把這種絕對權力集中在一個凡人手中」。他也懷疑「史達林的權力並沒有他最初想像的那樣大」。這是因為，霍普金斯懷疑政治局是「一個看不見的、神祕的、難以預料的權力機構，但它對史達林有重大影響，因而影響了蘇聯對盟國的長期政策」。[147]

1941年8月1日，霍普金斯離開莫斯科，次日他和邱吉爾一起出現在英國戰艦威爾士王子號上。他們二人穿越北大西洋，與羅斯福總統在布雷森莎海灣（Placentia Bay）會面，共同制訂了《大西洋憲章》。在一定意義上，史達林現在也等於參加了此次會議，而美國人開始更多地像19世紀和一戰期間那樣，用積極的眼光看待蘇

聯。現在，到了羅斯福兌現霍普金斯對史達林的承諾的時候了。更
重要的是，他看到了尋求永久和解的契機，以取代美國人對共產主
義和蘇聯普遍而又特別的恐懼感。這很冒險，但羅斯福是一個老練
的冒險家。21世紀似乎已經準備好迎接這樣一個勇敢的美國人了。

註釋：

[1]　1932年9月8日，美國國務卿史汀生致信給共和黨參議員、承認政策的長期擁護者威廉・E・博拉，史汀生，這封信簡要地總結了美國的立場：「就遠東局勢而言，美國正在打一場具有全世界意義的戰爭，這是為了捍衛國際條約義務的完整……對恪守國際承諾的忠心與崇敬……如果在這個環境下，又值此非常時期，我們承認了蘇聯，卻不顧她違背國際義務的惡劣名聲，無視我們此前對蘇聯這方面歷史的強調，那麼全世界……也許會貿然認為我們之所以承認蘇聯完全是出於政治上的考慮……」（FRUS:The Soviet Union, 1933-1939, 1-2）。

[2]　Edward M.Bennett, *Recognition of Russia:An American Foreign Policy Dilemma*, 88, and note 2，在該頁，作者大量引用了羅斯福總統的信件，說明羅斯福對此問題左右為難。

[3]　Robert Paul Browder, *The Origins of Soviet American Diplomacy*, 74-75.

[4]　Edward Bennett, *Franklin Delano Roosevelt and the Search for Security*, 6-7.

[5]　"Roosevelt Confers," *New York Times*, July 26, 1932, 1.

[6]　Walter Duranty, *I Write as I Please*, 320.另見S.J.Taylor, *Stalin's Apologist*, 184.

[7]　Bennett, Roosevelt, 7.其他友好人士也反對承認政策，其中一個典型事例，是美國愛國者協會聯盟（the American Coalition of Patriotic Societies）副主席Lowell F.Hobart夫人，她在1932年12月17日致信給羅斯福總統，信中說：「這些人正在與我們『為敵』，因此，相信我們與他們友好難道就不是錯誤嗎？尤其令人擔憂的，是我們容許他們在美國建立使館，還享有各種特權以及豁免權……蘇聯政府答應不從事宣傳活動，但是第三國際不會受此約束，因此這種許諾是沒有意義的」（Official Files[以下簡稱*OF*], box 2, f.220:Russia, 1932-1933, *FDR Library and Archive*, Hyde Park, New York[以下簡稱*FDRHP*]）。

[8]　Bennett, Roosevelt, 23.

[9]　Freidel, Roosevelt, 172.威廉・C・蒲立德的傳記作者Beatrice Farnsworth認為，羅斯福總統為何想要承認蘇聯的原因並沒有完全明瞭。她認為羅斯福總統承認蘇聯的動機有如下幾條：1、告別共和黨在20世紀20年代的對蘇政策；2、結束不正常的美蘇關係；3、羅斯福總統希望通過增強蘇聯的力量，「給德日兩國的週邊地區施加壓力，特別是阻止日本的侵略」；4、加強美蘇貿易，從而促進美國經濟的發展（William C.Bullitt and the Soviet Union, 89-90）。

[10]　Farnsworth quotes FDR from Morgenthau's Diaries (Bullitt, 92).

[11]　Yergin, Shattered Peace, 20-21;John Richman, *The United States and the Soviet Union:The Decision to Recognize*, 89.

[12]　Kelley to Phillips, September 25, 1933, in FRUS, *The Soviet Union, 1933-1939*, 14.

[13]　"Memorandum by the Assistant Secretary of State" (Moore), October 4, 1933, in Ibid., 15.

[14]　Cordell Hull, *The Memoirs of Cordell Hull* (New York:The Macmillan Company, 1948), I:297.國務卿赫爾聽從了羅伯特・凱利的建議。參見Browder, Origins, 106;and "Memorandum by the Chief of the Division of Eastern European Affairs" (Kelley), July 27, 1933, in *FRUS:The Soviet Union*, 6-11。蒲立德的附加條件中，有一條規定，美國承認蘇聯與1917年11月7日的俄國革命無關（"Memorandum by the Special Assistant to the Secretary of State"(Bullitt), October 4, 1933, in ibid., 16-17）。

[15]　As quoted in B.Farnsworth, Bullitt, 93.

16 Ibid., 93-94.

17 Quoted in ibid., 86.

18 Ibid., 87.

19 Browder, Origins, 104.

20 B.Farnsworth, Bullitt, 94.

21 Ibid., 94-95.

22 "President Roosevelt to the President of the Soviet All Union Central Executive Committee"(Kalinin), October 10, 1933, *FRUS: The Soviet Union*, 1933-1939, in 17-18.

23 "The President of the Soviet All Union Central Executive Committee (Kalinin) to President Roosevelt", October 17, 1933, *FRUS:The Soviet Union*, 1933-1939, 18.

24 William Phillips to FDR, October 10, 1933, OF, box 2:OF 218a-218b, f.Russia 1933, *FDRHP*.

25 Browder, Origins, 141.羅斯福總統與李維諾夫的11封通信收錄在白勞德著作的附錄D中，參見Origins, 227-38。至於所謂的「君子協定」，參見*FRUS: The Soviet Union*, 1933-1939, 26-27，其中不太精確地寫道：「蘇聯政府向美國政府償還克倫斯基的貸款，或者說，其總數不得少於7千5百萬美元，其利息要高於美國政府或人民所能容許的普通貸款利率……」

26 R.Walton Moore, "Memorandum as to the Russian Conversations," November 10, 1933, R.Walton Moore Papers, box 18, f.Russia, November 1933, *FDRHP*.一個月之後，莫爾在1933年12月7日寫信給菲力浦斯說：「為了制訂一個處置蘇聯債務問題的計畫，並提交給他參考，我們每天幾乎都是全力以赴，自從蒲立德先生離開以後，負責此項計畫的小組成員有梅塞斯·凱利（Messers Kelly）[原文如此]、哈克斯沃思、威利與我本人……根據對現實的認真考慮，我們希望制定出的計畫不必利用美國政府的基金或貸款，也即用最小的代價來實現這一權宜之計」（ibid.）

27 "Reply of the President of the Soviet All Union Central Executive Committee (Kalinin) to the American Ambassador in the Soviet Union (Bullitt), at Moscow", December 13, 1933, *FRUS:The Soviet Union, 1933-1939*, 50.

28 As quoted in Farnsworth, Bullitt, 110, from Bullitt to the Acting Secretary of State, January 4, 1934, *FRUS:The Soviet Union, 1933-1939*, 59.

29 B.Farnsworth, *Bullitt*, 110, 113.

30 "Bullitt to the Acting Secretary of State," January 4, 1934, *FRUS:The Soviet Union*, 1933-1939, 55-62.

31 "Bullitt to the Acting Secretary of State," December 24, 933, bid., 54.

32 "Bullitt to the Acting Secretary," January 4, 1934, ibid., 61.

33 "Bullitt to the Secretary of State," February 10, 1934, ibid., 63.

34 法恩斯沃思持相反的觀點：「蒲立德表面上接受史達林的保證，根據他給國務院的報告，似乎是為了『避免同事的嫉妒』，他與李維諾夫協商好，只讓媒體知道他在Vososhilov處，那時『史達林碰巧進來了』」（Bullitt, 114）。那些「誤會」、「基本分歧」、「模糊的貸款協議」，以及「李維諾夫對共產國際宣傳運動的保留態度」——對法恩斯沃思而言——在我們看來，似乎正表明蒲立德情願忍受蘇聯對他日益加深的敵意，而不是被蘇聯愚弄（115）。至於蒲立德是一個堅決的現實主義者，參見Michael Cassella Blackburn, *The Donkey, the Carrot, and the Club:William C.Bullitt and Soviet American Relations, 1917-1948*。

[35] 關於前兩個注釋，參見Bullitt to Hull, March 28, 1934, *FRUS: The Soviet Union, 1933-1939*, 71, 74。最後一段引文參見B.Farnsworth, Bullitt, 119。

[36] Bullitt to Hull, March 28, 1934, *FRUS: The Soviet Union, 1933-1939*, 74.

[37] Bullitt to Hull, March, 15, 1934, ibid., 67.關於法恩斯沃思的評論，參見Bullitt, 119。

[38] B.Farnsworth, Bullitt, 120.

[39] Bullitt to Hull, February 10, 1934, in *FRUS: Soviet Union, 1933-1939*, 63-65. 1934年2月10日，蒲立德與蘇聯首任駐華盛頓大使Troyanovsky進行了成功的溝通，Troyanovsky不僅堅持「君子協定」，而且對蒲立德在剛到莫斯科時，史達林等人對他的評價也是頗有領悟。此處所引用的特別文稿，收錄在the note of Hull to Bullitt, April 7, 1934, which was dated February 20, 1934 (ibid., 78-79).

[40] Bullitt to Hull, March 15, 1934, ibid., 66-67.

[41] B.Farnsworth, Bullitt, 126.

[42] Hull to Bullitt, March 19, 1934, in *FRUS, Soviet Union, 1933-1939*, 68.

[43] Ibid.

[44] Bullitt to SS, April 2, 1934, in Ibid., 76.

[45] 參見the draft proposal in SS to Ambassador, April 7, 1934 and Ambassador to SS, April 8, 1934, in ibid., 78-79.

[46] Bullitt to SS, April 28, 1934 and Moore to Bullitt, April 28, 1934, *President's Secretarial File* [以下簡稱*PSF*], box 49, f.Diplomatic: Russia, 1934-1935, *FDRHP*.

[47] Moore to FDR, May 8, 1934, Ibid.

[48] FDR to Bullitt, Mary 14, 1934 and Bullitt to FDR, May 18, 1934, PSF, box 50, f.Russia:Bullitt, William C., 1933-1936, *FDRHP*.

[49] Bullitt to FDR, August 5, 1934, PSF, box 49, f.Diplomatic:Russia, 1934-1935, *FDRHP*.

[50] John Wiley to Bullitt, August 16, 1934, Wiley Papers, box 2, f.Diplomatic Files: Russia, 1934-1935, *FDRHP*.

[51] FDR to R.Walton Moore, August 31, 1934, *FRUS, The Soviet Union, 1933-1939*, 139.

[52] Moore to FDR, August 29, 1934, in Ibid., 138.

[53] Moore to Bullitt, September 7, 1934, in Ibid., 142.

[54] Bullitt to FDR, September 8, 1934, PSF, box 50, f.Russia, Bullitt, William C., 1933-1936, *FDRHP*.

[55] "Personal Observations of Ambassador William C.Bullitt on Conditions in the Soviet Union," October 2, 1934, *PSF*, box 49: Diplomatic: Russia, 1934-1945, f.1934, *FDRHP*.

[56] Henderson, Question of Trust, 216, 351, quote on 350.

[57] FDR to Bullitt, April 21, 1935, PSF, box 50, f.Russia: Bullitt, William C.1933-1936, *FDRHP*.

[58] 關於對烏曼斯基的評論，參見Bullitt to FDR, March 4, 1936, in ibid. His new assignment is in a letter from FDR to Bullitt, April 21, 1936, also in ibid.

[59] *FRUS, The Soviet Union, 1933-1939*, for Fischer, 220;for Litvinov, 221-22;for Bullitt's conclusions, 224.

[60] Ibid., 224-25, and quotes on 224 and 227.

[61] Ibid., 244-45 on justification;246-57 on Bullitt's advice, quotes on 247-48, 253.

[62] Ibid., 289, quote on 291.

[63] Ibid., 289-91, quotes on 291.

64　Ibid., 291-93, quotes on 292, 293.

65　Ibid., 294-296, quote on 296.

66　B.Farnsworth, *Bullitt*, 126-54.

67　Ibid., 173.

68　Ibid., 175.

69　George F.Kennan, *Memoirs, 1925-1950*, 80-81.

70　Ibid., 82. 另見B.Farnsworth, Bullitt, 232-33n17.

71　Cassella Blackburn, Donkey, esp.127.

72　H.W.Brands, *Inside the Cold War:Loy Henderson and the Rise of the American Empire, 1918-1961*, 79.關於大清洗兩個較好的研究，參見Weil, Pretty Good Club, 93;and Mary E.Glantz, *FDR and the Soviet Union:The President's Battle over Foreign Policy*, 33.

73　Yergin的《被粉碎的和平》（*Shattered Peace*）一書提出兩個重要的但很謹慎的反對意見，「傳統冷戰史，像里加學派一樣，認為大衛斯是天真的、笨拙的、不誠實的──是一個危險的、愛管閒事的傻瓜。這種觀點是不準確的」（32-33）。Yergin還說，大衛斯到莫斯科不是去彙報事實，而是為了贏得史達林的信任（33）。另見David Mayers, *The Ambassadors and America's Soviet Policy*。該書觀點如下：「在很大程度上，由於他的著作的影響（電影的強調成分更大），大多數歷史學家接受了肯南與波倫對大衛斯的指控」（119）。邁耶斯（Mayers）還說，學者們對羅斯福總統進行了同樣的批評，以此作為「羅斯福總統在外交領域無能（或更糟糕的能力）的表現」（Ibid）。邁耶斯認為大衛斯對蘇聯在歐洲勢力均衡中扮演的角色有深刻的認識。

74　Thomas R.Maddux, "American Diplomats and the Soviet Experiment:The View from the Moscow Embassy, 1934-1939," 469.

75　Richard H.Ullman, "The Davies Mission and United States Soviet Relations, 1937-1941," 220 (*FDR* quote).See also Elizabeth Kimball Maclean, "Joseph E.Davies and Soviet American Relations, 1941-43."

76　George F.Kennan, *Memoirs, 1925-1950*, 82.

77　Ibid., 83.

78　Charles E.Bohlen, *Witness to History*, 44.

79　Ibid., 44-45.

80　Ibid., 45.

81　Ibid., 51.

82　Joseph E.Davies, *Mission to Moscow*, 238.

83　Bohlen, *Witness to History*, 52.

84　Ibid..

85　Ibid., 56

86　Ibid., 123.按理，這部電影無論如何可以獲得三星獎勵的，一位評論家說：「這是一部根據該書改編的出色的、表演恰當的影片」（Steven H.Scheuer, ed., Movies on TV and Videocassette, 1992-1993, 698）。

87　Henderson, Question of Trust, 321. For Faymonville's influence, see Glantz, *FDR and the Soviet Union*, 30-33.

88　Henderson, *Question of Trust*, 392.

89　Ibid., 316.

[90] Ibid., 394.

[91] Ibid., 385.

[92] Ibid., 412.

[93] Ibid., 412.

[94] Ibid., 413.

[95] Ibid., 413-14, quote on 414.

[96] Ibid., 415, and quote on 417.

[97] Ibid., 417.

[98] Ibid., 456.

[99] Ibid., 457.

[100] Ibid., quotes on 421, 422.

[101] Ibid., 473-74.

[102] Mayers, *Ambassadors*, 124.

[103] As quoted in Henderson, *Question of Trust*, 545.

[104] Ibid.

[105] 波倫在他的傳記中用一章的篇幅探討此事。參見Witness to History, 67-84.

[106] Henderson, *Question of Trust*, 520, 521.

[107] Ibid., 521.

[108] Ibid., 524;Mayers, *Ambassadors*, 126.

[109] Bohlen, *Witness to History*, 88, 89.

[110] Joseph E.O'Connor, "Laurence A.Steinhardt and American Policy toward the Soviet Union, 1939-1941," 21-66.

[111] Mayers, *Ambassadors*, 127-28.

[112] As quoted in ibid., 115.

[113] Ibid., 118.

[114] Ibid., 121.

[115] Ibid., 138.

[116] Ibid., 155.

[117] Ibid., 157-59.

[118] 參見Hull, Memoirs,2:972-73, *where he embodies reciprocity in six points.*

[119] Ibid., 967.

[120] Quoted in O'Connor, "Steinhardt and American Policy," 180-81.

[121] Ibid., 181;J.E.Davies, *Mission to Moscow*, 475-97.

[122] Harold Ickes, *The Secret Diary of Harold Ickes*, 3:593.

[123] Robert W.Sherwood, *Roosevelt and Hopkins:An Intimate History*, 294.

[124] Ibid., 296.

[125] Ibid..

[126] Ibid., 297.

[127] Ibid.

[128] Ibid., 298.

[129] Ibid..

[130] Ibid..

[131] Ibid., 300.

[132] Ibid., 306.

[133] Ibid., 307-8.
[134] Ibid., 308.
[135] Ibid., 309.
[136] Ibid..
[137] Ibid..
[138] Ibid., 311.
[139] Ibid., 311-12.
[140] Ibid., 331.
[141] Ibid., 317.
[142] Ibid., 318.
[143] Ibid., 322-331.關於報告全文以及舍伍德的引文，見前引文第330頁。
[144] Ibid., 334.
[145] Ibid., 331-32.
[146] Ibid., 333.
[147] Ibid..

Chapter 5
合作夥伴
Chums

　　有一幅著名的漫畫，上面是艾夫里爾・哈里曼與邱吉爾首相的心腹、報界巨頭比弗布魯克在1941年9月，也即德軍6月22日入侵蘇聯之後的第三個月，跳傘降落到克里姆林宮裡，當時德軍準備向莫斯科發起最後一次攻擊。這幅漫畫形象地說明了羅斯福新政擁護者與蘇聯交涉的情形。他們起初熱情高昂，繼而意志消沉。這似乎是哈里曼作為哈里曼—比弗布魯克使團首次赴蘇，任務是根據租借法案的規定，調查蘇聯的軍事需求。然而，他在20世紀20年代和30年代已經與蘇聯有過兩次商業往來。其一是他在1925至1928年與蘇聯格魯吉亞錳礦石公司（the Soviet Georgian Manganese Company）的經營合作，促使他1926年的蘇聯之行。其二是他在30年代與蘇聯金融投資公司（the Soviet Russia Finance and Construction Corporation）的往來。1941年的哈里曼—比弗布魯克使團是哈里曼與蘇聯領導人長期交往的開端，特別是在1943至1946年間，哈里曼擔任駐蘇大使。哈里曼與蘇聯的所有往來起初都相當不錯，但結局往往令他很失望：在1941年，史達林陷入危險的困境之中，而美國則有巨大的物資儲備。邱吉爾曾經對開闢第二戰場的最初提議評論說，向克里姆林宮說「不」，或沒有令史達林完全滿意的答覆，就像「把一大塊冰運到北極」。[1]哈里曼對這種前途自然是不高興的，羅斯福總統也是如此，因為他不願意擔當送冰人（iceman）的角色。正如哈里曼後來談及哈里・霍普金斯之前在7月率領的使團時所說的那樣：「當時沒有別的替代方案，而援助蘇聯也沒有吃虧，如果我們的援助結果有效的話，其收益將是巨大的。」[2]只有史達林需要和羅斯福心甘情願才能使美蘇合作成為可能。從此刻起美蘇合作成為一場互利的婚姻。

　　1941年9月28日，哈里曼和比弗布魯克在抵達莫斯科的當晚就見到史達林。原計劃由烏曼斯基擔任翻譯。在哈里曼的堅持下，改為李維諾夫擔任翻譯——因為哈里曼不喜歡這位蘇聯駐美大使，而他在1926年就見過李維諾夫，對他頗為信任。在他們與史達林的三次會見中，在場者僅有莫洛托夫、李維諾夫、比弗布魯克和哈里曼。史達林討厭美英兩國的駐蘇大使勞倫斯・A・斯坦哈特和斯特拉福德・克里普斯爵士，因此沒有邀請他們二人。由於他們倆人以及大使館成員沒有參加會談，造成了很多問題。哈里曼指出：「事實是，我們沒有邀請本國大使一同會見史達林，給我帶來一定困難，特別是一直負責海軍作戰的海軍上將威廉・斯坦德利（William Standley）感到被輕視。」[3]哈里曼回憶說，斯坦哈特大使為人熱情，儘管哈里曼對他缺乏信任，而霍普金斯也建議召回他。

　　哈里曼一心想完成任務。他意識到德軍近在咫尺，雖然如果與倫敦相比，莫斯科因轟炸遭受的損害並不嚴重。他上次訪問莫斯科是在1926年，現在莫斯科發生了很大變化。街道更加寬廣，公寓大樓也多了起來，儘管都是劣質工程，大街上現在也有汽車了。莫斯科的市容由「破舊不堪」上升到「虛有其表」，當地市民也十分乏味。

　　關於對蘇談判問題，他們認為史達林對他們很不信任，兩國大使館都認為蘇聯的戰爭差不多結束了。哈里曼為霍普金斯的樂觀主義所打動，但討厭克里普斯以及美國大使館。哈里曼評論說：「辦成事是我的分內工作，我不指望得到他們的幫助，這些人待在莫斯科，只是坐等上方的指示，他們一致認為我是在越俎代庖。」就對蘇交涉而言，普遍看法是任何人都要「付雙倍的價錢」。[4]

　　在他們抵達莫斯科的當晚九點，哈里曼與比弗布魯克直接驅車到克里姆林宮，然後直奔史達林的辦公室，房間裡懸掛著馬克思、恩格斯和列寧的畫像。史達林與他們的談話，由李維諾夫負責翻譯；莫洛托夫在一旁保持沉默。史達林非常坦誠，毫不掩飾地概述了蘇聯的軍事形勢。莫斯科必須堅守下去。史達林指出，希特勒的錯誤在於三路進軍，而不是單刀直入地進攻蘇聯的指揮中樞莫斯科。他詳細介紹了「閃電戰造成的慘重損失」。[5]史達林需要英美提供大量援助，尤其是坦克和鋼板。他需要每月4000噸的有刺鐵絲

網，以解燃眉之急。時至次日凌晨，第一次會談方才結束，雙方達成一份推進友好合作的備忘錄。如哈里曼所言，「就整個交涉過程而言，第一天晚上的會談，史達林坦誠地說出了他的處境，以及期望我們給予援助」。[6]

次日晚上舉行的第二次會談，情形完全相反：「他似乎認為我們提供援助太少，這表明我們希望蘇聯政府被希特勒消滅掉。」[7]由於史達林直言不諱，因此哈里曼也是直話直說。僅有一次，史達林對提供什麼援助物資表示興趣。當哈里曼建議提供5000輛吉普車時，史達林當場接受。哈里曼不清楚，難題在於蘇聯傳統的討價還價方式，不達目的，誓不甘休，還是由於史達林助手所說的援助物資太少的緣故。儘管談判不愉快，哈里曼還是要求舉行第三次會談。

隨後，雙方進行直奔主題的談判，這是哈里曼的拿手好戲。蘇聯方面列出一份有70個條目的需求清單，哈里曼逐個做了仔細的檢查。此外，史達林要求每月提供8000-10000輛卡車，他指出這是一場汽車戰，勝利屬於有絕對數量優勢的一方。發覺會場氣氛發生變化後，比弗布魯克問史達林是否滿意。史達林一笑答之。援助事宜解決後，雙方開始討論更大的問題。哈里曼瞭解羅斯福總統的願望，因此他建議史達林親自與羅斯福和邱吉爾聯繫。比弗布魯克建議，史達林邀請邱吉爾訪問莫斯科。當史達林提出簽署協議時，唯一的麻煩出現了。哈里曼並無授權簽署協定，但最終還是達成了一項原則協議。哈里曼樂觀地認為，「如果能與史達林維持個人關係，那麼蘇聯政府與我們兩國之間長期存在的猜疑就能根除」。[8]哈里曼指出，「個人關係能夠影響──即使不能決定──國際事務」。[9]當然，羅斯福總統也是這樣認為的。

在最後一次宴會上，哈里曼有機會深入瞭解史達林以及蘇聯政府的態度。史達林認為，張伯倫（Neville Chamberlain）對蘇聯採取的愚蠢的敵視政策釀成了蘇德條約的簽署。否則，蘇聯、法國與英國達成的三國同盟條約也許能夠阻止戰爭爆發。當哈里曼詢問當前的軍事形勢時，史達林回答說，列寧格勒能夠像克里米亞一樣阻擋德軍的進攻。烏克蘭則很危險。他就即將出現的第二條戰線嘲笑他們。[10]1941年10月3號，哈里曼與比弗布魯克返回國內。史達林的單純、直率和說話直截了當的性格給美國特使留下深刻的印象。

　　1941年10月8日，斯坦哈特與克里普斯大使隨同外交使團奉命撤離莫斯科。經再三考慮後駐蘇大使斯坦哈特被替換——實在出乎意外。海軍上將威廉·H·斯坦德利在1937年1月1日度過他的64歲生日之後不久，辭去了海軍作戰部長職務。他一度在紐約世界博覽會（the New York World's Fair）、電船公司（the Electric Boat Company），以及聯邦政府生產管理局（Office of Production Management）做事。1941年9月，他的繼任海軍作戰部長哈樂德·R·斯塔克（Harold R.Starka）海軍上將請他以公使銜身份隨同比弗布魯克—哈里曼使團前往莫斯科，與蘇聯海軍官員會談。他的工作與使團其他成員一樣，「按照哈里曼先生的話說，就是『給予，給予，還是給予，不期待任何回報，沒有任何獲得補償的想法』」。[11]1941年10月1日下午3時，哈里曼、比弗布魯克男爵以及莫洛托夫三人簽署了英美蘇三國第一個祕密協定。[12]援助物資價值10億美元，由租借法案支付，沒有任何利息，原則上在戰爭結束後第五年開始償還，償還期限十年。原駐莫斯科大使約瑟夫·大衛斯的陸軍武官菲力浦·R·費蒙維爾上校被「就地提拔」為陸軍準將，經霍普金斯的要求留在莫斯科擔任租借法案的代表。

　　到了1941年11月初，斯坦哈特辭去了駐蘇大使職務，1942年2月下旬斯坦德利接受了大使職位。新的大使帶著錯誤的樂觀情緒接受了對他的任命。[13]很快，斯坦德利見到了莫洛托夫。在等了大約12天，史達林才接見他。同時，國務院撤銷了斯坦德利在華盛頓時獲得的授權：「無論如何，關於你在離開華盛頓之前我們所討論的那些問題，你不可以與史達林元帥和莫洛托夫先生談論。如果他們提出這些問題，你要假裝對此一無所知。」[14]斯坦德利指出，這些問題就是「我所列舉的全部」——如釋放波蘭軍官，開放西伯利亞航線，交換情報，改善無線電通信，在轟炸日本之後釋放被拘留在西伯利亞的美國飛行員，加強兩國技術情報交流。斯坦德利對此表示反對。華盛頓並無回音。他不理睬國務院的指令。這又是一個不好的徵兆，因為倔強的斯坦德利大使不願意被撇在一邊。首先惱人的事情，就是羅斯福總統私下要求史達林委派莫洛托夫訪問華盛頓，如果羅斯福與史達林無法直接會見的話。其他麻煩

事，是蘇聯內務人民委員會（NKVD）的監督，以及不能接觸普通
蘇聯人。

　　最終，斯坦德利見到了史達林。一番客套之後，斯坦德利傳達
了羅斯福總統的願望，即在接下來的夏天在阿拉斯加或西伯利亞，
羅斯福要親自會晤史達林。史達林表示贊同。斯坦德利就租借法案
實施遲緩，向史達林表示歉意。他還談到美蘇進一步合作的一些障
礙：需要開闢一條從巴士拉（Basra）到莫斯科，或阿拉斯加到西伯
利亞的航線。史達林建議開闢從格陵蘭島經冰島再到摩爾曼斯克的
航線。最後，斯坦德利請求史達林應當授予在美國的蘇聯技師更大
的權力。史達林回答說，他們購買的設備有問題。技術交換計畫毫
無進展。同樣，蘇聯援助美國的對等租借法，特別是原料援助，也
沒有談成。對此，史達林反駁說，美國簽約方不想要蘇聯的訂單。
史達林還提出，美國護航不力，這話令斯坦德利很惱火。史達林抱
怨說，美國飛行員著陸在西伯利亞，將他們拘留是應該的，因為這
可以避免與日本發生衝突。斯坦德利與史達林的第一次會談，就這
樣結束了。即使如此，這還是斯坦德利最成功的一次會談。通常，
他只與莫洛托夫會談。斯坦德利希望「有一個全新的更加個人化的
外交，然而開始意識到我是多麼的天真」。[15]

　　對斯坦德利而言，羅斯福總統的個人外交是罪魁禍首。軟弱使
他與蘇聯政府打交道時無所適從，必須採取強硬態度。然而，斯坦
德利意識到，「總統特使繼達官顯貴之後來到蘇聯，他們無視我的
存在，執行羅斯福的政策——不是對抗蘇聯人，而是千方百計地滿
足他們的要求，因為他們畢竟在消滅德軍，他們在為我們而戰」。
[16]不管面臨何種困難與損失，特別是摩爾曼斯克一線巡邏的德軍飛
機和潛水艇隨時造成的危險，向蘇聯提供的物資還是源源不斷地及
時抵達，但除此之外，蘇聯最希望盟軍開闢第二戰場。為此，羅斯
福總統邀請莫洛托夫在1942年春訪問華盛頓。斯坦德利大使對此毫
不知情。他被告知，莫洛托夫赴華盛頓是為了商談租借法案的第二
期協議。莫洛托夫的真實意圖被隱瞞：即商談在1942年開闢第二戰
場。[17]斯坦德利是從英國廣播公司的播音中得知這一消息的。莫洛
托夫和蘇聯人民都沉浸在喜悅之中。

　　斯坦德利向國務院提出警告。最終，邱吉爾和哈里曼來到莫斯

科告訴史達林，「1942年，在法國無法開闢『第二戰場』」。[18]開闢第二戰場的代號為「大鎚」的行動被代號為「體操運動員」的北非作戰替代。在邱吉爾首相訪蘇的4天內，斯坦德利被完全冷落。邱吉爾解釋了作戰計畫的變化，「但史達林先生對於所有解釋都斷然反對，毫不轉彎抹角，這簡直就是侮辱」──斯坦德利對此也是知道的。到了第二天，即使令史達林起初很感興趣的最終代號為「火炬」的北非登陸計畫，也變得索然無味了。莫洛托夫稱此計畫是模稜兩可的。史達林的備忘錄表明，他本人非常失望，因為「拒絕開闢第二戰場……是對蘇聯公眾輿論的致命一擊……惡化了前線蘇聯紅軍的處境，並且破壞了蘇聯司令部的計畫」。哈里曼認為，第二天會談失敗的責任在政治局，而非史達林。作為送冰人，邱吉爾語氣強硬。最終，史達林必須接受現實。對此，他無力改變。[19]

斯坦德利和他的陸軍武官約瑟夫・蜜雪兒（Joseph Michella）上校都不能從新提升的將軍費蒙維爾那裡獲得情報，後者此時是租借物資代表，後來的美國援俄使團團長。莫斯科和華盛頓都在阻撓斯坦德利大使，因為他不贊成羅斯福安撫蘇聯人的願望。斯坦德利惱火的是，蘇聯人對美國的援助從來不領情。費蒙維爾拒絕與使館人員合作。1942年10月，斯坦德利大使回國報告，他請求伯恩斯和霍普金斯管教一下費蒙維爾。「如果我返回莫斯科繼續擔任駐蘇大使，」他說，「你們必須讓他接受我的領導。我不能容忍他像過去那樣在莫斯科任意妄為。」他總結說，「他們（伯恩斯和霍普金斯）趕緊為自己辯解，迴避了我的問題」。[20]在華盛頓期間，他直接向羅斯福總統抱怨說：「不要再扮演全能的聖誕老人了，我們要向史達林索取回報。」美蘇互惠合作是必要的。他向霍普金斯求助，批評租借法案制度，但沒有指責費蒙維爾。然後，他埋怨共和黨前總統候選人溫德爾・威爾基（Wendell Willkie）與蘇聯人的交往以及不經他的允許擅自做的所有特別交易：「威爾基常擅自行動或無視我的存在，在蘇聯重要人物面前發表批評意見，他對我的大使職務不屑一顧。」[21]羅斯福總統說，他會採取行動。霍普金斯則保持沉默。斯坦德利在華盛頓等待政府採取關鍵舉措。最後，他在12月初到霍普金斯在白宮的辦公室兼臥室訪問了霍氏。當霍普金斯請求斯坦德利返回莫斯科時，斯坦德利說：「這取決於你，哈

里。」他繼續說：「總統指示發給費蒙維爾將軍的指令應該向我彙報。我從斯退丁紐斯先生那裡得知，你是在華盛頓發佈這些指令的唯一負責人。當這樣的指令發出後，我就啟程去莫斯科。」[22]霍普金斯讓步了。但對這些指令費蒙維爾總想自搞一套。[23]

斯坦德利返回莫斯科後不久，就把美國使館從古比雪夫遷回莫斯科。那時，斯大林格勒戰役已經取勝。斯坦德利大使向記者大聲抱怨說：「蘇聯官方似乎想掩蓋他們正在獲得外界援助這一事實。顯然，他們企圖讓蘇聯人民相信紅軍是在孤軍奮戰。」他允許記者報導此番言論，於是美國記者趕緊把他的評論發回國內。隨後，在美國報界引起軒然大波。斯坦德利的評論得到美國公眾的支持。蘇聯官場和美國的親蘇派要求撤掉斯坦德利駐蘇大使的職務。斯坦德利駐蘇大使的任期為時不長了。[24]

斯坦德利曾公然違抗羅斯福總統的對蘇政策，伯恩斯將軍在1942年12月1日的備忘錄裡有清楚的記載。伯恩斯說，如果戰勝德國，那麼蘇聯將是世界三強之一。時不我待，「我們應該成為真正的朋友，在所有對外關係中，對蘇關係是除對英關係外最重要的」，在擊敗德國之後，蘇聯能夠幫助打敗日本。伯恩斯的信條反映了霍普金斯和羅斯福的心聲，就是對蘇聯要慷慨有度，真誠，給予更多的信任，並締造能「滿足蘇聯合法關注」的和平。[25]1943年4月，伯恩斯在蘇聯時沒有理會斯坦德利大使的存在，而是與費蒙維爾一起我行我素，因此斯坦德利大使辭去駐蘇大使職務。1943年4月27日，他寫信給羅斯福總統，請求在10月初之前能夠返回美國。從斯坦德利提出辭呈到實際離開蘇聯期間，大衛斯作為羅斯福總統的特使再次來到蘇聯。像威爾基一樣，大衛斯的蘇聯之行對於斯坦德利大使而言，再次令他陷入窘境。到了1943年秋，對於史達林和羅斯福而言，斯坦德利已經成為不受歡迎的人。同時，史達林召回蘇聯駐倫敦大使伊萬・麥斯基（Ivan Maisky）以及駐華盛頓大使李維諾夫。蘇聯與英美關係陷入低谷。[26]

羅斯福總統再次想讓大衛斯重新獲得駐莫斯科大使的機會。大衛斯的醫生宣稱，莫斯科的寒冬會要了他的命。赫爾推薦了哈里曼，後者最終接受了這一任命。哈里曼仍然有信心與史達林談判。他認為，蘇聯的政策是民族主義的，強調國家安全和戰後重建。此

外，他認為蘇聯的領土擴張野心可以通過兩方面進行抵消，其一是
蘇聯無力吞併東歐，其二是蘇聯需要在新形成的國際社會中獲得重
要地位。他還認為蘇聯在戰後重建上需要美國的援助。哈里曼寫信
給赫爾說：「我們不能……承擔太多。我們與蘇聯人關係的本質仍
是耐心與容忍。」[27]他認為，在下一次軍事會議上，邀請蘇聯參加
是至關重要的，但是他向羅斯福總統報告說：「一部分人對蘇聯意
圖的懷疑現在已經消除了，而且對實際存在的困難性質有了更加明
確的認識。」[28]就好的方面而言，蘇聯已經接受了四強宣言（1943
年10月，在莫斯科舉行的英美蘇外長會議通過了上述宣言，中國隨
後也加入）、大西洋憲章、歐洲顧問委員會決定的軸心國無條件投
降條款，以及奧地利與德國分離，但是波蘭和芬蘭問題依然存留。
對哈里曼而言，在他出任駐蘇大使伊始，在處置德國、蘇聯西部邊
界以及伊朗問題上，似乎已經達成一定程度的共識。國務院蘇聯司
負責人查理斯・波倫強調西方已經默許，「蘇聯單獨能夠決定與其
西部邊界接壤的鄰國關係」。蘇聯與這些鄰國的未來關係會引起很
多誤解。[29]

在上述形勢下，哈里曼在1943年10月23日向加里甯遞交了國
書。他於10月18日抵達莫斯科，同行的有他的女兒凱西（Kathy）、
赫爾以及新任陸軍武官、費蒙維爾的繼任約翰・R・迪恩（John
R.Deane）將軍。他向莫洛托夫透露說，他獲授權可以討論外交和軍
事供給問題，以便徹底解決費蒙維爾的遺留問題。[30]他告訴赫爾說，
美國應該少做承諾，並且允許駐蘇使館有廣泛的自主權。如果是斯
坦德利大使也會贊成這些新舉措。哈里曼的駐蘇大使任期是兩年零
三個月。在此期間，如他的女兒所說，「在莫斯科美國大使館的生
活節奏可謂是越來越快。父親幾乎每夜都要去克里姆林宮，最近一
次是在凌晨兩點，但是他不以為苦」。[31]

哈里曼擔任駐蘇大使的第一件工作就是協助赫爾參加1943年
10月的莫斯科外長會議，國務卿為此逗留了16天。起初，史達林計
畫把此次會議作為他與羅斯福和邱吉爾首次會晤的預備會議。赫爾
的目標是使所謂的四強協約，即《普遍安全宣言》，獲得通過和簽
署。該協約規劃了戰後和平與安全、四國聯合行動迫使敵國投降並
解除其武裝、建立聯合國以及戰後軍控。蘇聯人爽快地接受了赫爾

的提議，但是不願意中國以大國的名義作為簽約國。赫爾沒有能夠說服莫洛托夫同意的另一規定是：「除了四強宣言設定的目標之外，經過聯合磋商和同意之後，同盟國可以使用蘇聯在其他國家境內的軍隊。」莫洛托夫反對說，蘇聯不會讓同盟國干涉在東歐駐防的蘇軍。「莫洛托夫願意與盟國協商，但不需要盟國的同意」。同盟國在對待義大利問題上也是如此。由於赫爾堅持中國作為四強之一，因此莫洛托夫要求以開闢第二戰場為條件。[32]

　　哈里曼堅持讓蘇聯人全方位瞭解西方，亞洲和歐洲的所有備戰情況，包括預定在1944年強渡英吉利海峽的「霸王」計畫。此外，哈里曼的陸軍武官迪恩將軍要求實施穿梭轟炸——在蘇聯著陸、補給燃料、補充彈藥、然後返回，交換氣象資料和通訊信號，並增加運輸機。對於上述要求，蘇聯「原則上」表示同意，儘管穿梭轟炸直到2月份方才實施。當莫洛托夫稱哈里曼是一個強硬的談判對手時，哈里曼回答說：「我是作為朋友來蘇聯的。」莫洛托夫答道：「我是在稱讚你。」10月25日，赫爾與哈里曼拜訪了史達林，提出在德黑蘭舉行三巨頭會議。1943年11月10日，史達林最終接受了這一提議。哈里曼致電羅斯福總統：「計畫在德黑蘭停留36小時，以便有適當的時機召開兩次三方會談，而你也有機會單獨會見喬大叔。」羅斯福總統答覆史達林稱：「因此，我決定去德黑蘭，與閣下和邱吉爾先生的會談是至關重要的……全世界都在注視著……」[33]然而，哈里曼提醒羅斯福總統注意兩個懸而未決的問題——德國與波蘭。關於前者，蘇聯的立場非常強硬，對於戰爭賠償問題，尤其如此。至於後者，蘇聯接受1941年的邊界劃分。史達林仇視波蘭流亡政府。如果必要的話，他會採取單方面行動，他決定避免任何緩衝區域。羅斯福被事先告誡，並做好防範準備。[34]

　　哈里曼是羅斯福在海德公園府邸的鄰居和老朋友，也許羅斯福對蘇聯和史達林的看法，只有他最清楚：

> 　　現在來談羅斯福——我無法準確地告訴你，他究竟在什麼時候，又是如何認為能與蘇聯發展成一種更加友好的關係。我認為，他很清楚蘇聯人不能遵守他們與他簽署的協定，當他承認這一點時，他十分惱恨……他對美蘇雙方目標明確——

即戰爭，他一心希望盡一切努力與史達林達成諒解，消除兩國間存在的猜疑，為三大國共建世界和平奠定基礎。[35]

哈里曼對哈里‧霍普金斯的評論是，他對蘇聯人的態度是有求必應：「這是霍普金斯的解釋。因為，我認為霍普金斯堅信他寧可對蘇聯人失之慷慨，而非壓制他們的請求。我想，如果霍普金斯稍微苛刻一點的話，羅斯福的對蘇政策可能就會錯在稍微苛刻上。但是……我認為霍普金斯對此有影響，因為他堅決支持羅斯福的對蘇政策。」[36]哈里曼本人也是擁護羅斯福總統的對蘇政策的。但在羅斯福總統於1945年4月初去世後不久，甚至哈里曼也開始反思。

本著和解的精神，羅斯福總統一行人在1943年11月27日從開羅啟程前往德黑蘭，此前他與蔣介石和邱吉爾舉行了開羅會議。根據哈里曼的回憶，羅斯福與史達林的第一次會談，兩人相處「很愉快」。「這位紐約名流與格魯吉亞的布爾什維克之間的不太可能的合作關係」由此拉開了序幕。[37]波倫擔任羅斯福總統的俄語翻譯，他記錄了羅斯福說的第一句話是「我很高興見到閣下。為了此次會談，我已經付出了長期的努力」。[38]關於第一次會談的內容，波倫的記載最全面：蘇聯前線的形勢；中國問題以及史達林對蔣介石的消極看法；敘利亞與流亡當地的戴高樂臨時政府；羅斯福和史達林都敵視戴高樂將軍和法國，羅斯福建議對印度支那實行聯合國託管統治，重建的法國政府不得有曾經參與過貝當政府的法國人參加；同意不討論印度問題。最後，西方盟國要貫徹1943年夏在魁北克會議上的決定，即「1944年春季進攻法國」。羅斯福認為印度的「最好解決方法」是根據蘇聯模式，從底層開始改革。波倫對此持批評態度。他稱此為「蘇聯模式」，是「羅斯福根本不瞭解蘇聯的明顯例子。他毫不懷疑地認為布爾什維克政變就是一場真正的革命。他沒有意識到，布爾什維克只是少數派，他們趁俄國陷入混亂之際，奪取了政權。俄國革命是布爾什維克挑起的，而不是出於大多數俄國人民的意志」。[39]

儘管哈里曼沒有參加羅斯福與史達林的第一次私人會晤，他提到羅斯福總統「提出在戰爭結束後將英美兩國剩餘的部分商船交給

蘇聯的可能性」。史達林認為，這是件好事，對蘇聯和英美兩國都有利，因為西方列強可以從蘇聯那裡交換獲得大量的原料。[40]一位作者指出：「當他們兩人願意的時候他們都能顯示出非凡的魅力，史達林對羅斯福的喜歡是他與帝國主義者交往以來的真正的外交友誼。」[41]

1943年11月28日下午4時，三巨頭召開第一次全體會議。羅斯福總統主持會議，先是討論太平洋戰區問題，然後討論核心問題──即次年春季攻佔法國北部的「霸王」計畫。史達林稱讚了盟軍的戰績，並提議蘇聯紅軍可以給予援助。羅斯福總統問史達林，如果土耳其參戰的話，在愛琴海或亞得里亞海開展軍事行動是否可行。史達林回答說，「他不認為中立國土耳其會捲入戰爭」。史達林堅持說，法國是直搗德國老巢的必經之路。[42]分散盟軍力量是不明智的。羅斯福建議，由軍事參謀制訂一項攻佔法國南部的配合行動計畫。史達林抱怨說，他的軍事參謀人員除了伏羅希洛夫之外，都不在德黑蘭。邱吉爾仍然主張先從地中海出擊，但這一主張被否決。「羅斯福向史達林眨眨眼，這種笨拙的示好提升了史達林作為大聯盟主宰者的地位」[43]。旋即，三巨頭第一次會議結束。

哈里曼開始注意到，「蘇聯人樂意與西方領導人建立不一般的非正式的新關係」。[44]史達林認出了霍普金斯，隨即走過來與他親切握手。在羅斯福總統招待的牛排和烤馬鈴薯宴會上，史達林再次批評法國的統治階級已經「腐敗到底」。顯然，「前法蘭西帝國由這個腐敗階級來統治是非常危險的」。戴高樂的行為「好像他就是大國元首」。儘管史達林懷疑讓德國無條件投降是否明智，因為這可能促使德國負隅頑抗，但他還是贊成「分裂德國，並加以最嚴厲的懲罰，以防止德國軍國主義復活」。[45]當邱吉爾提出波蘭問題時，史達林將它擱置一邊，只是說波蘭邊界線應該劃到奧德河，而蘇聯邊界線應延長到寇松線。

11月29日下午，史達林拜訪羅斯福。羅斯福提議對歐洲和日本實施穿梭轟炸計畫。史達林說，他會考慮。隨後，羅斯福提出建立世界組織的計畫，該世界組織包括大會，執行委員會，而第三個機構由他所謂的四個世界警察組成──蘇聯、美國、英國和中國。史達林對此存有疑慮，他寧願建立兩個獨立的國際組織──歐亞兩洲各有一個。關於歐洲方面，羅斯福表示，將來歐洲一旦發生戰爭，

由英國和蘇聯提供軍隊，美國只派遣艦隊和飛機。[46]在第二次會議召開之前，邱吉爾贈送史達林一柄英國喬治六世的佩劍，以此慶祝蘇聯獲得斯大林格勒戰役的勝利。[47]

當天稍後，第二次全體會議舉行。英國參謀長艾倫・布魯克（Alan Brooke）將軍與美國參謀長喬治・馬歇爾（George C.Marshall）將軍講解了「霸王」計畫。羅斯福說，迄今還沒有選出一位司令官。邱吉爾仍然拒絕確定具體的作戰日期。史達林「起身對莫洛托夫和伏羅希洛夫說，『我們不要在這裡浪費時間了。前線還有很多事情要做。』羅斯福出面平息了會場秩序」[48]。另一方面，波倫報告說，史達林宣稱，「我不在乎是1日，15日，還是20日，但必須確定一個日期」。波倫補充說，史達林探身過去，想要問一個「唐突的問題」，他用平鋪直敘的語調說話，「他一向鎮定自如，也很少打手勢」。史達林說，「英國人真的相信『霸王』計畫嗎，或者你們這樣說，只不過是安慰蘇聯人」？[49]邱吉爾向史達林保證，一定兌現莫斯科外長會議達成的條件。

次日晚上，史達林設宴招待大家。此次晚會在嘲笑如何處決德國軍官的笑話中愉快地結束。波倫說，霍普金斯見到邱吉爾，告訴他不要拖延「霸王」計畫的日子。次日上午，即11月30日，英方同意在五月份實施「霸王」計畫，然後史達林宣稱，紅軍會同時發起進攻。波倫指出，「我不知道羅斯福是否與霍普金斯或哈里曼談過。不過，當時羅斯福越來越依靠霍普金斯，實際上把其他人都排除了。在德黑蘭會議上，霍普金斯的影響力最大」。[50]

11月30日上午，羅斯福、邱吉爾與史達林進行私人會晤，聯合參謀部則制訂計畫。午宴上，羅斯福宣佈了聯合參謀部的建議：「我們將在5月間實施『霸王』計畫，與此配合將在法國南部發起輔助攻勢，其規模將取決於當時可供使用的登陸艇。」史達林對此很滿意。[51]羅斯福還說，這次行動的指揮官將在三到四日內選定。當晚，他們慶祝了邱吉爾的69歲生日。英國將放寬《蒙特勒公約》（the Montreaux Convention）的限制，允許蘇聯海軍和商船自由穿過達達尼爾海峽，以及開放波羅的海和基爾海峽。在遠東，大連要成為自由港。席間，史達林極力稱讚羅斯福總統和美國人。羅斯福對此表示感謝。

12月1日，在羅斯福主持的午宴上，邱吉爾請求蘇聯對芬蘭寬大為懷。而後，在第三次全體會議召開之前與史達林的私人會談時，羅斯福不願討論波蘭問題，理由是該問題對即將舉行的大選太敏感。儘管波羅的海諸國問題也很敏感，羅斯福開玩笑說，美國不會因為這些國家的獨立而與蘇聯開戰。史達林說，聯合國應該是一個區域組織，而不應是國際組織。當晚，最後一次全體會議召開。波蘭問題再次提出，羅斯福和邱吉爾都力主史達林與流亡倫敦的波蘭人談判。史達林接受寇松線，但以東普魯士的北部地方作為交換條件。羅斯福提議把德國分裂成五個獨立的國家，邱吉爾主張分成三個，史達林對他們的主張不置可否，但傾向羅斯福的計畫。史達林反對成立任何形式的多瑙河邦聯。最後，三巨頭簽署了一項確保伊朗地位的簡短文件，以及一份三國宣言。宣言說，他們將致力於維護世界和平，消滅「暴政、奴役、壓迫和不寬容」。宣言最後說：「我們離開這裡時，無論精神上還是目的上，大家事實上都是朋友。」波倫評論說，德黑蘭會議「充滿樂觀氣氛，眾人興高采烈地乘機飛往開羅」。[52]

波倫認為，德黑蘭會議是三巨頭在戰時召開的最成功的會議。1943年12月3日，羅斯福給史達林的信，證實了波倫的看法：「我認為此次會議是一個巨大的成功，這是一次歷史性的會議，我確信不僅我們有能力共同作戰，而且能夠為即將到來的盛世和平共同奮鬥。」[53]史達林的回信與此相仿。12月7日，哈里曼向莫洛托夫傳達的消息，也許已經消除了蘇聯人揮之不去的疑慮——艾森豪將軍（Dwight D.Eisenhower）擔任「霸王」計畫的指揮官。哈里曼指出，在德黑蘭這些日子作出的「歷史性決定」，產生了他所謂的蘇聯媒體對西方盟國態度的「革命性變化」。[54]從那時到三巨頭下一次在雅爾達的會議，1944年間還有諸多困難。

哈里曼在1944年春返回美國徵詢意見。到那時為止，他開始警惕蘇聯的巨大貪欲，不再迷戀霍普金斯的對蘇政策。最重要的是，史達林在波蘭問題上，毫不退讓。他會咬住寇松線不放，卻沒能救助華沙起義，還成立盧布林委員會，以此作為波蘭臨時政府，也就是所謂的波蘭民族解放委員會。所有這一切使哈里曼認為，史達林始終都想「把蘇聯的勢力範圍延伸到東歐和巴爾幹半島」。[55]直到

9月9日，德國人才大致平息了史達林幫助的華沙起義。儘管羅斯福明確宣稱，邱吉爾10月份的莫斯科之行與他無關，邱吉爾首相還是提出了「臭名昭著」的勢力範圍建議。[56]

史達林到英國大使館赴宴，在向缺席的羅斯福總統祝酒時說道，「他懷疑沒有美國站在同盟國一邊的大力支持，德國是否能被打敗」。[57]然而，還有其他值得希望的事情。6月份，盟軍在法國登陸，解放了巴黎，並向萊茵河迅速推進。史達林曾承諾，在擊敗德國三個月之後出兵幫助打敗日本。到了12月27日，羅斯福宣告，他打算在1945年初與史達林和邱吉爾在雅爾達會談。莫洛托夫甚至期望從美國獲得60億美元的重建貸款，這筆長期信用貸款在第一個九年期間不用償還。20世紀30年代的信貸障礙似乎已經克服了。羅斯福推行的妥協外交在1944年可謂是跌宕起伏。羅斯福妥協政策的試金石，現在取決於雅爾達三巨頭會議的成功，以及確保其實現的羅斯福身體健康狀況。1945年2月2日，星期五上午，羅斯福總統在去克里米亞的途中，抵達馬爾他。這時離他去世還不到10個星期。[58]

儘管國務院的蘇聯專家們確立了「里加原則」，並為其提供制度支撐，但所謂的「雅爾達原則」卻有些含糊不清，也缺乏制度基礎。除了羅斯福總統本人以及他親近的顧問之外，沒有人熱情擁護這一原則。依賴公共輿論是不可靠的。而且，羅斯福總統的對蘇政策已經決定了其批評者，或者說起碼是溫和的牢騷者。里加俄國通，儘管其中一部分已經被羅斯福外交流放，仍然反對與蘇聯妥協。只有波倫是例外，他在德黑蘭和雅爾達會議上擔任羅斯福的俄語翻譯。羅伯特·凱利在安卡拉（Ankara）空等，洛伊·亨德森在巴格達，喬治·肯南在里斯本。里加皈依者威廉·蒲立德提醒羅斯福注意，在擊敗希特勒之後，史達林將成功地使歐洲共產主義化。[59]

歷史學家丹尼爾·耶爾金認為，到了1943年，羅斯福已經形成他的「大計畫」。雅爾達會議將使之付諸實施。「雅爾達原則」基於對蘇妥協，但以現實主義的方式。在一個新的世界組織中，與蘇「合作」而非「對抗」的基礎在於「實力因素」。聯合國將設立上院，或安理會，其成員由大國或四名騎手組成——美國，英國，蘇聯，和中國（如果包括法國，就是五個）——必要時，他們將協調

一致通過武力維護世界和平。這種思維方式，表明羅斯福是一位不同於威爾遜理想主義的現實主義者，並且將雅爾達會議的主要目的視為按照羅斯福的方針獲取蘇聯對聯合國原則的遵守。對羅斯福而言，其餘問題都是次要的。也就是說，雖然波蘭和德國問題佔據了會議大部分時間，其重要性對羅斯福而言還是次要的。無論是在場的還是不在場的評論員，都忽略了日本問題，因為該問題沒有在雅爾達會議上正式討論，而是事先達成非正式協定。然而，日本問題也是羅斯福對蘇妥協政策的一部分。如果羅斯福要爭取史達林擁護聯合國，以及參加對日戰爭，那麼對蘇聯回到1905年朴茨茅斯條約簽署前俄國領土安排的要求，他就必須讓步。交換政策與上述兩大問題密切相關。

簡單地說，「雅爾達原則」就是把蘇聯當作一個傳統大國，而非一個典型的意識形態國家，後者的目標是通過共產國際（1943年5月解散）推行以馬克思主義為指導的統治世界計畫。「里加原則」要求美國與蘇聯避免建立外交關係。「雅爾達原則」主張美國與蘇聯妥協，其途徑是在美蘇兩國最高層會議上通過領袖個人外交建立兩國密切關係。羅斯福總統意識到，史達林是蘇聯真正的決策者。與他直接對話是至關重要的。如果要實現某個具體目標，就有必要徵得史達林本人的同意。蘇聯要在自身的勢力範圍內擔當大國的角色，而非一個受意識形態驅使的帝國。羅斯福認為，1917年俄國革命造成的所謂「分裂」正在癒合，也就是說，東方共產主義與西方資本主義的鴻溝正在變小。[60]

由於最高層會議需要羅斯福本人的魅力與能力，實際上「雅爾達原則」取決於他在雅爾達會議期間的健康，他的議程須視其精神和身體狀況而定。雅爾達談判親歷者的陳述，儘管其側重各不相同，但大都認為羅斯福身體健康，精神煥發，是會議的實際領導人，羅斯福在會議上巧妙地保持中立，成功地協調談判對立雙方的分歧——邱吉爾和史達林。英國三位主要會議代表——首相邱吉爾、外交大臣艾登（Anthony Eden）和常務副外交大臣賈德幹爵士（Alexander Cadogan）——則時常對羅斯福的健康持懷疑態度。邱吉爾只有一次直接提及羅斯福總統的健康狀況。雅爾達會議結束時，在邱吉爾首相主持的最後一次宴會上，邱吉爾說羅斯福總統

「看起來很疲憊」。[61]要不然，邱吉爾就會把羅斯福描述成一個積極活躍的總統形象。艾登在馬爾他時就指出，「羅斯福總統表情茫然，散漫，顯得力不從心」。他還說，「我認為羅斯福總統每況愈下的健康並沒有改變他的判斷力，儘管他對會議的安排沒有原來那樣從容」。艾登指出，「那些把羅斯福的決定歸結為他的病情的人，必須記住的是，儘管繁重的會議工作足以讓精力充沛的邱吉爾忙得不亦樂乎，但是羅斯福尚能在隱瞞他的英國同事和中國盟友的情況下，找出機會與史達林會談，並達成一項處理遠東問題的祕密協定」。艾登認為，這份祕密協議是「雅爾達會議上可恥的副產品」。[62]

除史達林外，賈德幹對其他人的評論都是負面的。1945年2月6日，當他在雅爾達會議上剛見到羅斯福時，他在日記中寫道：「他看起來比我上次見他時，氣色好多了。不過，我認為他的思緒比以前更混亂。」他還說：「偉人們不知道他們正在談論什麼，他們需要指導，這樣他們的方法才能更加有條理。」他批評邱吉爾對籌建聯合國的看法。「我對首相要說的話表示擔心，因為他根本不瞭解聯合國——他始終拒絕思考這個問題——現在，他卻要討論聯合國問題了」。至於羅斯福，賈德幹說：「總統確實老了。」2月8日，他把邱吉爾稱作「愚蠢的老傢伙」，批評羅斯福只會「講空話」。史達林則是一個「偉人」，他「與另外兩位年老的政治家相比，給人留下深刻的印象」。羅斯福總統「思想尤其混亂，缺乏主見。莫蘭（Moran）爵士說，三人中誰先走是沒有疑問的」。而且，他非常厭惡國務卿愛德華·斯退丁紐斯（Edward Stettinius）。[63]

那些接近羅斯福的美國人都談到他的健康狀況。戰爭動員局局長詹姆斯·F·伯恩斯（James F.Byrnes）注意到，那時他們正乘坐美國軍艦昆西號駛往馬尼拉，「我對他的神情感到不安。我擔心他的病情不全是由於感冒的緣故……」[64]在他們返回華盛頓後不久，伯恩斯說盧修斯·D·克萊（Lucius D.Clay）如何「對羅斯福的樣子感到震驚」。伯恩斯感到愧疚，因為「我沒有像克萊那樣注意到羅斯福神態的變化」。[65]海軍上將威廉·D·李海（William D.Leahy）對羅斯福總統的記憶力感到吃驚。[66]他對「邱吉爾與史達林的頻繁辯論處理得遊刃有餘」。[67]關於羅斯福的健康，威廉·D·

李海寫道，羅斯福在幾張官方照片中的神情看起來很糟糕：「當這些照片洗出來後，立即引起我們的注意，我聽到我們團隊在整個雅爾達會議期間僅有的一次關於羅斯福健康的嚴肅討論。有人認為，其中一張照片格外表明羅斯福看起來病得不輕。在我看來，他的體質沒有那麼差。我想，這不過是一張劣質的照片，只是我們中有人過於擔心而已。」[68] 他對羅斯福在雅爾達會議期間的活動做了整體評價：「我覺得，羅斯福把克里米亞會議安排的天衣無縫，他的人格魅力主導了會議的討論過程。因為他是會議的主持人，大部分討論發生在史達林和邱吉爾之間，他在許多日常會議上擔任仲裁人的角色。在我們離開時，羅斯福總統看起來很疲勞，不過大家也都是這樣。」[69]

　　國務卿斯退丁紐斯對羅斯福的健康和意圖做了反思，因為這與羅斯福總統個人外交的重要性密切相關。關於在雅爾達會議之前羅斯福總統向他袒露的心跡，斯退丁紐斯這樣說道：「如果他與邱吉爾首相能夠與史達林元帥再次坐在談判桌前，不僅這次戰爭能夠更快地結束，而且還可以計畫解決這些問題（波蘭，德國和聯合國問題），並且能夠奠定永久和平的基礎。」[70] 斯退丁紐斯宣稱：「不是羅斯福總統認為他有催眠的力量，或者說他愛好個人外交，他的態度基於一個明顯的事實，即唯有史達林元帥才能做出決定。」[71] 斯退丁紐斯還說，羅斯福總統對蘇聯人不抱任何「幻想」，他完全明白與他們交涉的「危險與困難」。[72] 他確實抱有「希望」，但是羅斯福明白其區別，「他沒有像他的敵人所指責的那樣幻想，即世界和平可以輕易地獲得，或者是通過對蘇聯綏靖來實現」。[73] 像李海一樣，斯退丁紐斯對羅斯福把握細節的能力，印象深刻。[74] 為了打消蘇聯人的過度疑慮，羅斯福小心地讓他們充分獲得資訊。[75]

　　此前斯退丁紐斯已經注意到羅斯福的就職儀式，「在我看來，似乎總統的健康在12月中旬到次年1月20日就職儀式之間，已經發生某種程度的惡化」。他強調說，「從馬爾他一直到克里米亞會議和亞歷山大會議期間，我始終發現他精神振奮，而且完全能夠駕馭會議形勢的進展。傳聞說，在去雅爾達的途中或者在雅爾達會議上，他的健康急轉惡化，就我所知，這是毫無根據的」。[76] 後來，斯退丁紐斯補充說：「縱觀此次相互妥協的談判過程（指聯合國問

題討論），他的思路清晰簡潔，由此有力地證明他思維敏捷，對手下指揮自如。」[77]在會議期間，羅斯福盡顯領袖風采，而且擔當仲裁人和調解者的角色。羅斯福的終極目標是「維持三大國的團結，擊敗德國，然後把他們拉到談判桌前，產生一個世界組織」。[78]斯退丁紐斯認為：「這次會議日程緊張的令人疲勞，此時（2月10日）羅斯福總統自然顯得很疲倦。然而，他繼續對美國的立場做了巧妙而明白的解釋，當會議討論激化時，他還能使會場氣氛緩和下來。」[79]

至於會議本身的進程，波倫、舍伍德和斯退丁紐斯記述甚詳。1945年2月3日，星期六，羅斯福與邱吉爾抵達位於克里米亞的薩基（Saki）空軍基地。史達林於星期日上午到達。下午4時，史達林與莫洛托夫親自到里瓦幾亞宮殿拜訪羅斯福總統。據羅斯福的翻譯波倫說，他們「像老朋友一樣彼此寒喧著，在某種意義上他們是在……大笑，羅斯福總統與史達林親切地握手。史達林的臉上也罕見地綻放笑容，他表示很高興再次見到羅斯福」。[80]討論過軍事形勢之後，他們都批評戴高樂，並談論在德國佔領區內的英國區和美國區之外，再開闢一個法國區的可能性。下午5時，他們在大舞廳舉行第一次全體會議。

儘管很疲倦，羅斯福還是主持全體會議，當時他的心腹哈里‧霍普金斯還在床上休息。會議期間，羅斯福體重減少18英鎊。軍事專家們關於東西方戰線的形勢報告就花費了整整3個小時。應該指出，為期8天的會議日程沒有良好的組織安排，也沒有完全認可的速記報告。相反，「提出問題，討論，然後交給各國外長、軍事首長或暫停幾小時」。然而，每天下午4時都會召開全體會議，每天上午或下午還有外交人員和軍事首長會議。[81]

2月4日星期日，在這天舉行的第一次全體會議上，史達林建議由羅斯福主持會議。羅斯福既是仲裁人又是協調人。三巨頭及其隨從分析了軍事形勢：安東諾夫（A.I. Antonov）將軍負責蘇聯方面，喬治‧馬歇爾將軍負責英美方面，查理斯‧波特爾（Charles Portal）爵士講解空戰情況，海軍司令安德魯‧B‧坎甯安（Andrew B.Cunningham）爵士詳細介紹了德國的潛艇威脅。邱吉爾再次建議盟軍遠征巴爾幹半島，但是他的建議被擱置。[82]

　　羅斯福舉辦了一次蘇聯式宴會，如波倫所說，這次宴會辦得「非常開心」。在非正式談話中，討論了小國在聯合國的權利。「史達林一貫主張，三大國對於此次戰爭首當其衝，他們應該承擔起捍衛和平的責任，他反對給較小國家任何權利，因為這些權利可能會違背大國的意願」。[83]總體上說，會議期間雖也有「憤怒和不滿」的時刻，但是「友好情緒一直貫穿到史達林舉辦的最後一次宴會」。儘管如此，波倫認為「雅爾達會議無疑是美國歷史上最具爭議的一次會議」。[84]史達林則給羅斯福極高的評價：「作為第三方，羅斯福的『祖國並沒有受到入侵的威脅，但儘管沒有面臨直接的危險，出於更廣泛的國家利益考慮，美國一直是軍火製造的大本營，這些軍火促使全世界動員起來反對希特勒』，——其意是指租借法案。」[85]

　　次日，也就是2月5日，星期日，三國外長在前尤索羅夫（Yusupov）伯爵的宮殿庫雷斯別墅，即史達林代表團下榻處舉行午餐會。莫洛托夫強調說，蘇聯期望德國賠償，該問題在整個會議期間被討論多次。他還希望獲得美國的長期信貸。當天下午4時，舉行第二次全體會議，霍普金斯出席了此次全體會議以及其餘會議。從這時起，會議氣氛開始緊張。史達林指出，他並不反對在德占區設立法國管理區，前提是要從美國和英國管理區中劃分，而蘇聯管理區保持不變。史達林反對法國參加盟國管理德國委員會。起初，羅斯福的立場是支持史達林，反對英國人。然而，在全會結束之際，羅斯福改變立場，繼而指出法國理應參加管理委員會。「這時，史達林將雙手舉過頭頂，說『Sdaiyous』，其意是『我投降了』」。如波倫所言，「史達林讓步的結果之一就是讓羅斯福更加相信，他對這位獨裁者有很大的個人影響力」。[86]史達林想知道，是否佔領區也意味著德國被永久性地瓜分，如果德國被瓜分，那麼各個佔領區實行何種統治。這一切都屬於德國無條件投降條款的一部分。此外，史達林還提出賠償問題。大家都同意瓜分德國，至於具體方案則由各國外長會議制訂。投降條款沒有詳細探討此事。關於賠償問題，蘇聯駐英大使麥斯基提出實物和年度償還兩種建議，其中蘇聯將獲得100億美元的賠款。隨後，開始討論德國償還能力的問題，成立一個專門代表三大國的賠償委員會是整個問題所在。[87]

　　2月6日，星期二，在第三次全體會議上，邱吉爾和羅斯福都要求史達林「寬待」波蘭。史達林態度依然很強硬。儘管擔心會議破裂，羅斯福依然堅持，他寫信給史達林，建議召開波蘭領導人代表會議，然後成立一個波蘭臨時政府，並保證及時實行自由選舉。他還再次向史達林保證，美國「無論如何，永遠不會支持任何將有損貴國利益的波蘭臨時政府」。[88] 三巨頭簽署一項公報，這份公報迴避了「瓜分」一詞，但是決定把該詞寫入德國投降文件中。在此次全體會議上，國務卿斯退丁紐斯詳細介紹了羅斯福籌建世界組織的計畫，首先是投票，然後強調在1944年8月21日至9月27日期間召開的敦巴頓橡樹園會議達成的共識：組織架構和程序——特別是投票程序——以及維護世界和平與安全的目的。在雅爾達會議閉幕時，有關蘇聯在聯合國大會究竟有多少投票權的爭論有了結果，最後決定為3票，即包括白俄羅斯和烏克蘭各一票。否決權尚沒有決定。

　　2月7日，星期三，在第四次全體會議上，史達林拒絕了羅斯福替波蘭的請求信，在這封信中，羅斯福總統告訴史達林，他決定避免會議破裂。史達林提出蘇聯的方案，此方案初露妥協端倪。根據這個方案，盧布林委員會將增加波蘭民主流亡者團體成員，以及儘早地舉行自由選舉。這些領導人將應邀在莫斯科成立全國統一臨時政府。至於所謂的自由選舉，根本沒有提及同盟國的監督。不過，波倫認為：「我不敢妄言知道羅斯福在想什麼，但是根據他在雅爾達會議的言行判斷，我認為他在盡力幫助波蘭人。」[89] 實際上，蘇聯人在此問題上大獲全勝，最後除了增加了波蘭國內外的一些人員外，盧布林委員會就組成了「波蘭全國統一臨時政府」。第四次全體會議還決定白俄羅斯和烏克蘭各享有一張聯合國大會投票權，允許法國進入盟國管理委員會，以及聯合國應該儘早在4月25日於三藩市召開。投票方案包括否決權問題在內，可說在敦巴頓橡樹園會議已經初步確定，由4國或5國（假如法國也包括在聯合國安理會內的話）來執行。關於法國參加盟國管理委員會問題，哈里曼私下告訴史達林，羅斯福改變了對此問題的態度，於是史達林說：「既然這是羅斯福總統的決定，他只好贊同。」[90] 2月10日，史達林沒有任何異議地簽署了解放歐洲宣言。宣言稱，關於被解放國家的民主發展問題，三大國要相互協商。[91]

　　1945年2月8日，第五次全會召開。在此次全體會議之前，史達林到羅斯福的書房討論軍事問題，並詢問聯合國大會的投票問題。羅斯福同意給蘇聯增加兩個投票名額。關於軍事問題，在布達佩斯附近的飛機場都對盟軍轟炸機開放。在此次全體會議上，羅斯福宣佈他同意增加蘇聯的投票名額。三巨頭決定，只有對軸心國宣戰的相關國家才有資格參加聯合國大會開幕式。宣戰的截止日期定為1945年3月1日。此次全體會議還討論了新波蘭的邊界問題，其東部邊界以寇松線為主，至於西部邊界將由各國外長會議繼續討論決定。[92]

　　2月9日，星期五，第六次全體會議決定了波蘭方案，其中包括由國內外的波蘭人重新建立一個全國統一的臨時政府，而且一有可能就實行自由選舉。此次會議還決定德國的賠償總額是200億美元，其中100億即百分之五十償還給蘇聯。至於聯合國是否實行託管統治，以後再做討論。此事使邱吉爾特別傷腦筋，他極力為英帝國辯護。「解放歐洲宣言」只嚴格適用於《大西洋憲章》，英帝國則不受此限制。這次全體會議還涉及戰爭罪犯問題和軍事形勢。[93]

　　2月10日，星期六，最後一次全體會議，也即第七次全體會議召開。此次全體會議提出了有關賠償和波蘭兩個問題的最後方案。賠償方案沒有提及賠償總額，而波蘭西部邊界問題日後再議。[94]

　　最後，在邱吉爾缺席簽名的情況下，羅斯福與史達林達成協定，即在擊敗希特勒的1到3個月內，蘇聯將對日宣戰。此外，早在2月8日，他們就商定蘇聯參戰的條件：蘇聯擁有庫頁島南半部和千島群島，與中國共同經營滿洲和南滿鐵路，租借旅順港，大連港國際化。而中國當時並不知曉這些安排。

　　在雅爾達會議期間一直擔當羅斯福翻譯的波倫總結說：「一旦史達林確定了他的路線，那麼不管在雅爾達會議上說了什麼或者沒說什麼，寫了什麼或者沒寫什麼，同意了什麼或者沒有同意什麼，都沒有什麼可以阻止勝利聯盟的破裂，以及冷戰的開始。」除了資歷深厚的波倫本人，任何人提出如此明顯而直接的觀點都很難被認可。[95]然而，波倫通過這番話解除了美國對冷戰應付的任何責任。但美國的消極態度仍起了一定的作用。

正是在戰後初期，蘇聯與美國之間的相互疏遠再次出現。隨著美國與前盟國蘇聯的對抗日益加深，政治家們把核武器壟斷當作一張可以確保美國安全的王牌。杜魯門總統在所有關於軍事戰略問題的會議上都呼籲，「我們應該保持核優勢」。艾奇遜（Dean Acheson）指出：「十五年後，學院派批評說我們對史達林反應過度，這反過來又促使史達林對美國的政策過於敏感。」到那時，在史達林執政的最後幾年中，莫斯科變成了一個黑暗、險惡的地方。這種過度反應就是冷戰的分水嶺。[96]

在史達林死後，莫斯科與華盛頓也許都錯過了結束冷戰的微弱機會，於是在隨後的35年中浪費了大量的資源。無論克里姆林宮提出何種和平倡議，白宮都不買帳。艾森豪總統和杜勒斯國務卿認為部長會議主席馬林科夫（Georgii Malenkov）的「和平攻勢」是在圖謀破壞西方的團結。在史達林死後不久，馬林科夫在1953年3月9日和15日發表兩次聲明，宣稱沒有不可能和平解決的問題。針對馬林科夫的挑戰，艾森豪先後在1953年4月16日和12月18日發表了兩次演說。他在演說中分析了馬林科夫的新政策，指出蘇聯是用行動而不僅是言語來證明她的意圖：比如，結束朝鮮戰爭、締結奧地利國家協定、釋放德國戰俘等問題。1954年1月，杜勒斯繼艾森豪之後提出了一個新原則：以大規模報復增強地方防禦能力。艾森豪政府認為，西方國家的常規力量不足以威懾蘇聯地面力量，除非他們再次把德國武裝起來。

由於1953年7月的東柏林起義，以及蘇聯在同年8月的氫彈試驗，美蘇之間的和平倡議也因此轉瞬即逝。美國國家安全委員會的NSC 1622號文件就是根據「日晷行動計畫」（Operation Solarium）對美國安全政策的分析。這份文件主張「通過攻擊性的打擊力量造成大規模報復性殺傷能力」以形成威懾。這種報復需要的是力量優勢，避免平均用力。艾森豪和杜勒斯都認為遏制政策是消極的，無用的。相反，他們選擇了擊退戰略，其目的是迫使蘇聯撤離東歐。

德國問題也影響了東西方的妥協。貝里亞（Lavrentii Beria）要求蘇聯政治局放棄德意志民主共和國的社會主義制度，他認為這一政策符合史達林1952年照會的精神，即設想構建一個「民主的」、統一的、中立的德國。貝里亞的建議原本可以用可控的改革「新方案」來取代沃爾特・烏布利希（Walter Ulbricht）的「加速社會主義

建設」計畫。然而，史達林的繼任者不敢輕易地把德意志民主共和國變成一個自由選舉的、中立的、統一的德國。他們的詭計只是暫時阻止了西德重新武裝起來以及加入北大西洋公約組織。1955年5月，西方陣營正式承認和接受德意志聯邦共和國加入北約組織。同時，德意志民主共和國的民眾大批西逃，而且其國內經濟也沒有得到發展。邱吉爾甚至建議──採用洛迦諾式的解決辦法，使德國確保其邊界安全──西方陣營可以指望以此換取召開結束冷戰的最高級會議。艾森豪拒絕了邱吉爾的這個建議。

艾森豪關注的是心理戰以及宣傳計畫，尤其熱衷於討論摩尼教式的冷戰善惡二元論。「極權主義模式」甚至影響了決策層。根據史達林死後的這些活動，冷戰可以劃分為兩個階段：1947到1953年是「全面對抗」階段，1953年之後是「強迫性共存」階段。[97]

戰後美國的內政問題和緊張局勢也有力地影響了艾森豪─杜勒斯的對蘇政策。艾森豪確信美國與蘇聯的終極對抗不可避免。他認為這是一場關於自由與奴役、光明與黑暗、善與惡之間的鬥爭。對此，美國政府堅信自身享有在經濟、軍事和戰略上的優勢地位。在整個1950年代，艾森豪─杜勒斯的這種正統理念自始至終基本沒變。1953年3月，史達林去世。艾森豪政府從來沒有放棄蘇聯威脅論。中國共產黨的勝利，蘇聯原子彈的爆炸，法國在印度支那的失敗以及拒絕加入歐洲防務集團，1956年的匈牙利革命，美國在朝鮮戰爭中沒有擊敗中國軍隊──所有這些事件都滋長了美國人的挫折感和恐懼情緒，也有助於說明美國為何專心於應對共產主義的挑戰。縱觀艾森豪的總統任期，美國國內情緒與海外事件同等地影響了艾森豪政府的對蘇政策。像20世紀20年代一樣，美國國內局勢的不穩定狀態促使許多美國人進行言辭上的聖戰，那些在政治和經濟制度上對美國構成挑戰地位的國家就成為他們攻擊的對象。美國各種政治機構的代表，以及絕大多數歷史學家和媒體人員使美國人堅信蘇聯的外交政策具有侵略性。這種侵略性與蘇聯的獨裁政治有直接關係。[98]

與蘇聯這個曾經的盟友不能再合作的一個主要原因是美國對俄國的懷疑主義傳統，這種懷疑主義因蘇聯社會主義的「極權主義模式」而加深，凡與此不合的都會當即遭到駁斥。如漢斯·摩根索（Hans J. Morgenthau）指出：「克里姆林宮被認為是人類邪惡的

大本營，製造了世界上所有的壞事，尤其是企圖消滅美國。」理查・艾倫（Richard Allen）編寫的一本流行教材有一個「共產主義辭彙選」附錄，其中「侵略」（aggression）一詞的釋義是「指任何妨礙共產主義目標實現的行動」，而「進步的」（progressive）是「一個形容詞，其意是指一切有助於共產主義事業的事情，或指危害西方利益之事」。[99] 1951年10月27日，《礦工雜誌》（Collier's Magazine）出版了臭名昭著的「紅色特刊」（Red Issue），其中刊載了一個離奇的故事，講述一個在1957年對蘇聯發動一場核戰爭的「真實」計畫。這個故事還編造利用俄裔美國人以及持不同政見者來顛覆蘇聯政府。《美國新聞與世界報導》刊登的另一篇題為「冷戰中的顛覆策略」（Subversive tactics in the Cold War）報導說，華盛頓計畫組織軍事力量殺死共產黨領導人。維持極權主義使蘇聯成為惡化雙邊關係的罪魁禍首。

艾森豪政府對莫斯科的政策，要比其言辭所顯示的更靈活些。然而，艾森豪政府堅持蘇聯應該遵守美國的標準。1953年，當莫斯科倡議與美國就爭議問題展開直接對話時，艾森豪和杜勒斯拒絕了這一建議，除非蘇聯事先承諾願意接受美國的幾點要求。這些要求包括蘇聯與奧地利簽署和平條約，釋放自二戰以來的所有戰俘，德國在實行自由和祕密選舉的基礎上實現統一，東歐國家全部獨立，以及武器禁運協定。艾森豪政府要求蘇聯遵守美國的政治安排，這是美蘇對話的前提條件。實際上，其目標與其說是開始談判，不如說要求蘇聯人變得更像美國人。

除了上述努力之外，到了1955年夏，艾森豪覺得有必要會見蘇聯領導人。由於國內外的形勢發展，特別是美蘇都需要氫彈，促使兩國認為嘗試一下談判還是有必要的。美國的目標依然是改變蘇聯，而不是與蘇聯妥協。為了強調美蘇之間的道德與社會差別，艾森豪在去日內瓦之前向全國發表了演說。他要表達的資訊很清楚。有著道德優勢的美國將參加日內瓦會議，希望在上帝的幫助下使蘇聯人走上美國的和平之路。艾森豪政府在日內瓦會議上提出的三大目標是：德國實現統一，在北約組織內平穩實現軍事化；確保歐洲安全，即蘇聯減少在中歐的駐軍，並放鬆對東歐國家的控制；均衡並控制軍備，同時美國要對核武器保持絕對優勢和監督權。[100]

　　艾森豪總統建議美蘇交換軍事力量分佈圖，並進行常規空中偵察以證實其準確性。艾森豪對他的顧問說，既然蘇聯已經瞭解美國的大多數軍事基地情況，此舉對美國人更加有利。美國人對蘇聯駐防情況的瞭解不如蘇聯人對美國的瞭解多。赫魯雪夫的反應很強烈。他宣稱，美國的這一建議明顯是個間諜陰謀。美國方面不能期望蘇聯人會認真對待此事。艾森豪的觀點更多反映的是美國的態度，而不在於揭示蘇聯的現實。從美國的角度看，蘇聯是不會妥協的；他們只能被改變過來，才能尊崇自由選舉、獨立、裁軍以及和平等美德。既然蘇聯的不妥協使美國的目標無法實現，那麼向全世界展示美國的高尚品德就是理所當然之事。蘇聯的美國專家認為，艾森豪展示了美國的主流情緒。美國需要在國內外保持步調一致。如果在國際事務方面蘇聯不願遵守美國的正確行為標準，那麼蘇聯就會遭到排斥。蘇聯在日內瓦會議上拒絕接受美國的價值觀念，引起了艾森豪的道德義憤，這與美國國內對不同意見的道德譴責遙相呼應。蘇聯的印象依然是，美國國內的舉國一致和正統思想決定了美國對外政策的標準。[101]

　　美國人情不自禁地用美國國內的標準看待蘇聯，這一傾向繼續主導了艾森豪總統第二任期的外交思想。1959年，艾森豪與赫魯雪夫的第二次會晤反映了這一點。當年9月，赫魯雪夫訪問美國時，呼籲緩和美蘇關係。當赫魯雪夫私下告訴艾森豪，蘇聯不想開戰，艾森豪總統回答說，蘇聯在最近的外長會議上的態度給人的印象與此恰好相反。艾森豪告訴赫魯雪夫，就改善美蘇關係而言，美國方面最大的障礙是國民心理問題——美國人需要相信，蘇維埃制度並不意味著消滅美國。美國人對赫魯雪夫仍然有著某種熱情。[102]

　　美國人對蘇聯的這種消極看法，經過喬治‧F‧肯南的進一步發揮，演變成美國對蘇外交政策的長期特徵，即著名的「遏制」政策。就美國人的俄國觀而言，這種消極觀念大大加深了蘇聯在美國人心中的敵意形象，幾乎可稱之為美國對蘇外交政策的「肯南化」。

　　儘管羅斯福努力使自己擺脫了「里加俄國通」的影響，現在，仍需要我們回過頭來看看羅斯福的妥協政策是如何在他的政府內部被詬病的。

註釋：

[1] Winston S.Churchill, *The Hinge of Fate*, 475.
[2] Harriman Interview, "Events Leading up to the Beaverbrook Mission to Moscow," October 18, 1953, box 872, f.recollections, 1953-54, W.Averell Harriman Papers [以下簡稱WAH], LC.Daniel Yergin甚至認為，霍普金斯確立了大聯盟的基礎（Shattered Peace, 50）。
[3] Harriman Interview, "Comments on Langer & Gleason, on the Beaverbrook Mission," October 19, 1953, box 872, f.recollections, 1953-54, *WAH*, LC.
[4] Harriman Interview, "Beaverbrook Mission," October 21,1953,box 872, f.recollections, 1953-54, WAH, LC. In his book with Elie Abel, *Special Envoy to Churchill and Stalin, 1941-1946*, 84.他特別指出：「一些在莫斯科的美國人似乎把哈里曼視為一個愛管閒事者，而且他的使命註定是要失敗的」（84）。
[5] Harriman and Abel, *Special Envoy*, 87.
[6] Harriman Interview, October 21, 1953, WAH, LC, boxes 641-42.
[7] Ibid..
[8] Harriman and Abel, *Special Envoy*, 92.
[9] Ibid., 94.
[10] Ibid., 100-01.
[11] William Standley with Arthur Ageton, *Admiral Ambassador to Russia*, 63.
[12] Ibid., 69.
[13] Ibid., 111.
[14] Ibid., 117.
[15] Ibid., 163.
[16] Ibid., 195.
[17] Ibid., 202.
[18] Ibid., 205.
[19] Ibid., 208, quotes on 209, 214, 219.
[20] Ibid., 249, quote on 305.
[21] Ibid., quotes on 305, 309.
[22] Ibid., 314.
[23] 關於Faymonville，參見James S.Herndon and Joseph O.Baylen, "Col.Philip R.Faymonville and the Red Army, 1934-43";and John Daniel Langer, "The 'Red General': Philip R.Faymonville and the Soviet Union, 1917-52."
[24] Standley and Ageton, *Admiral Ambassador to Russia*, quote from 341;see also 342-48 for reaction.
[25] Ibid., quotes from 351-52.
[26] Ibid.,3 56, 358, chap.22.
[27] Herbert Feis ms, esp.chaps.1-4, p.3, box 872, f.Feis, WAH, LC.
[28] Ibid., quoting from W.F.(war files), 25.
[29] Ibid..
[30] 國務卿小愛德華・斯特丁紐斯認為哈里曼「在莫斯科負有特別使命。在戰爭期間，他的使命是與眾不同的。他的使命與一個單純的大使職務完全不

同。他在莫斯科完全承擔了軍事與民事問題的協調角色」（Roosevelt and the Russians: The Yalta Conference, 95）。

[31] Kathy Harriman to Mary Fisk, August 30, 1944, box 6, f.Kathy to Fisk, WAH, LC.

[32] Harriman and Abel, *Special Envoy*, 237.

[33] FDR to Marshal Stalin, November 8, 1943, in Correspondence between the Chairman of the Council of Ministers of the USSR and the Presidents of the USA and the Prime Ministers of Great Britain during the Great Patriotic War of 1941-1945, 105.另見 Stalin's reply, November 10, 1943, in ibid., 105.

[34] Harriman and Abel, *Special Envoy*, 235, 236-37, 238-40, 239-40, 241-42.

[35] Harriman Interview, Harvard 1970, p.309, boxes 641-42, f.Oral History, WAH, LC.

[36] Ibid..

[37] Simon Sebag Montefiore, *Stalin:The Court of the Red Tsar*, 466.

[38] Bohlen, *Witness to History*, 139.

[39] Ibid., 140 and quote on 141.

[40] Harriman and Abel, *Special Envoy*, 265.

[41] Montefiore, Stalin, 466.另見本書第13章對開羅會議、德黑蘭會議，尤其是對華交涉的論述。

[42] Harriman, *Special Envoy*, 267.

[43] Montefiore, *Stalin*, 467.

[44] Harriman, *Special Envoy*, 268.

[45] Ibid., 268 for first quote, and 269. For second quote, see Bohlen, *Witness*, 143.

[46] Harriman, Special Envoy, 270-71 and Bohlen, *Witness to History*, 144-45.

[47] Montefiore, *Stalin*, 468.

[48] Ibid., 469.

[49] Bohlen, *Witness to History*, 145 and quote on 146.

[50] Ibid., 148.

[51] Ibid., 274.

[52] For declaration quote, see Harriman and Abel, *Special Envoy*, 283;for Bohlen's quote, see *Witness to History*, 52-53.

[53] FDR to Stalin, December 4, 1943, and Stalin to FDR, December 6, 1943, Correspondence, 111-12.

[54] Harriman and Abel, *Special Envoy*, 285.

[55] Ibid., 345.

[56] Ibid., 345, 347, 356-57.（邱吉爾談到了他讓給史達林的好處，參見他的Triumph and Tragedy, 196-97.）

[57] Ibid., 362.

[58] Ibid., 362, 383-84, 388.

[59] Yergin, *Shattered Peace*, 42.

[60] Ibid., 43ff.

[61] Churchill, *Triumph and Tragedy*, 336.

[62] Anthony Eden, *The Reckoning*, 593-94.

[63] David Dilks, ed., *The Diaries of Sir Alexander Cadogan*, 704-09.

[64] James F.Byrnes, *Speaking Frankly*, 22.

[65] Ibid., 48.

66 William D.Leahy, *I Was There*, 298.
67 Ibid., 307.
68 Ibid., 313.
69 Ibid., 321.
70 Stettinius, *Roosevelt and the Russians*, 13.
71 Ibid.,25.
72 Ibid..
73 Ibid., 26.
74 Ibid., 30.
75 Ibid., 62.
76 Ibid., 73.
77 Ibid., 203.
78 Ibid., 104, 188.
79 Ibid., 267.
80 Bohlen, *Witness to History*, 180.(see also FRUS, 1945: The Conferences at Malta and Yalta)
81 Ibid., 179.
82 Stettinius, *Roosevelt and the Russians*, 102-11.
83 Bohlen, *Witness to History*, 181.
84 Ibid., 182.
85 Ibid..
86 Ibid., 185.
87 Stettinius, *Roosevelt and the Russians*, 121-34.
88 Bohlen, *Witness to History*, 189.The full text of that letter appears on pages 188-91.
89 Ibid., 192.
90 Sherwood, *Roosevelt and Hopkins*, 821-22.
91 Bohlen, *Witness to History*, 193.
92 Stettinius, *Roosevelt and the Russians*, 189-222.
93 Bohlen, *Witness to History*, 223-49.
94 Stettinius, *Roosevelt and the Russians*, 251-278.
95 Bohlen, Witness to History, 201.也可參見John Lewis Gaddis, *The United States and the Origins of the Cold War*, 1941-1947, 73。
96 Harry S.Truman, Memoirs, 2:349;Dean Acheson, *Present at the Creation: My Years in the State Department*, 753.
97 相關論文，參見Klaus Larres and Kenneth Osgood, eds., *The Cold War after Stalin's Death:A Missed Opportunity for Peace?*
98 美國對蘇的意識形態目的值得注意的延續，始於「西伯利亞」肯南和在20世紀以一種或另一種形式延續所謂的自由俄國運動。關於此問題的傑出研究參見David S.Foglesong, *The American Mission and the "Evil Empire": The Crusade for a "Free Russia" since 1881.*
99 Hans J.Morgenthau, "Changes and Chances in American Soviet Relations," 429;Richard V.Allen, *Peace or Peaceful Coexistence?* 178, 184.
100 Dwight D.Eisenhower, *Mandate for Change*, 506-27, 529, 530.

101 有關此問題的有趣討論，參見Alan M.Bell, *Imaging America:Influence and Images in Twentieth Century Russia*, 180ff。

102 參見Kenneth Osgood, "The Perils of Coexistence:Peace and Propaganda in Eisenhower's Foreign Policy," 27-48。

Chapter 6

X先生
Mr. X

　　匿名X先生的出現，緣於國防部長詹姆斯・V・福里斯特爾請求時任國家戰爭學院（the National War College）外交事務代表的喬治・F・肯南修改愛德華・F・威利特（Edward F.Willett）寫的一篇有關辯證唯物主義的文章。肯南拒絕了這一請求，但是同意親自寫一篇文章。1947年1月7日，肯南在外交委員會發表該文初稿，1月24日，又在戰爭學院發表。在這些演說中，肯南使用了他在1946年10月的演說中第一次使用的詞語：「遏制」。[1]他在戰爭學院的演說中最後說道，「在全球事務中對付克里姆林宮的問題因此歸結為：它固有的擴張傾向必須始終通過反擊將其堅決遏制住，這將使它時刻明白，企圖打破這種遏制只會危害蘇聯的利益」。[2]

　　福里斯特爾認為初稿「令人失望」，於是請求肯南修改，肯南也不滿意，自然同意。福里斯特爾認為，修改稿「好得出乎意料」。[3]《外交》（*Foreign Affairs*）雜誌編輯漢密爾頓・菲什・阿姆斯壯沒有看到肯南的初稿。他只聽說「各方都興致勃勃地談論你的講話（因此請求）你是否願意為《外交》雜誌寫一篇文章，來談論你的觀點」。[4]起初，肯南拒絕了，因為他有國務院的背景，除非是「匿名稿，或者用筆名」，他才可能獲得授權來撰寫此文。[5]在「慎重考慮」肯南的回信之後，阿姆斯壯的結論是，「從我們的立場看，文章雖以匿名發表，但利大於弊」。[6]肯南請求國務院同意他發表一篇匿名文章：「對於這個問題的看法，我曾以非正式的方式向外交委員會成員談過，又在寫給國防部長福里斯特爾的文章中更加詳細地提出過。既然這篇文章已經引起官方的關注，那麼我想知道國務卿是否同意以這種方式發表此文。」[7]4月8日，國務院同意發

表匿名稿，《外交》雜誌的拜倫・德克斯特（Byron Dexter）告訴肯南，文章的匿名一般採用「『X』或其他字母符號……」[8]於是，喬治・F・肯南的匿名「X」就這樣問世了。

阿姆斯壯與福里斯特爾一樣，認為肯南的第二稿「寫得非常精彩」。[9]不久，肯南的真實作者身份被媒體探知，匿名也曝光了。《紐約時報》華盛頓分社社長亞瑟・克羅克（Arthur Krock）在7月8日發表一篇題為《官方對蘇聯看法的指南》（A Guide to Official Thinking About Russia）的文章。克羅克進一步透露了X作者的身份：「這位匿名作者所做的陳述與分析……具有權威性，如下事實可以說明此點，即在對克里姆林宮的綏靖政策失敗以後，美國政府採納的正是這篇文章的觀點。」他繼續指出：「文章作者顯然對蘇聯領導人研究經年，並且處在一個外國人所能達到的最近觀察距離。」克羅克指出，「遏制」是X文章的關鍵字，他最後寫道：「這就是X先生的結論，他的觀點與華盛頓官方『絕密』文件中的觀點十分相似。」[10]《生活》（Life）、《新聞週刊》和《讀者文摘》（Reader's Digest）雜誌很快獲准刊載有肯南署名的文摘或再版全文。X先生，現在被知道就是肯南，達到了他事業的頂峰。[11]

1937年，肯南返回國內，在國務院新成立的歐洲司處理蘇聯事務。波倫在莫斯科接替他的職務。一年之後，肯南被派往布拉格，因為他的觀點與大衛斯的不一致。[12]在布拉格工作不久，肯南又被派到德國。當二戰爆發時，肯南被派往里斯本，之後到倫敦工作。1944年春，肯南正在美國休假之際，波倫把他介紹給W・艾夫里爾・哈里曼，後者當時正在物色一位公使銜參贊陪同他到莫斯科擔任駐蘇大使。在離開七年之後，肯南再次來到莫斯科，儘管他已經告訴哈里曼：「我一再強調說，在對蘇政策上，我與政府的看法不一樣。」[13]7月初，肯南經由德黑蘭抵達莫斯科。

肯南寫信給哈里曼說，從蘇聯的角度看，需要有勢力範圍。蘇聯究竟期望怎樣的國際組織——儘管她也許不會加入：「我們現在面臨使國民破除這種幻想的可能性。」如果要這樣的話，美國政策「不得不遺憾地讓公眾明白，在所有大國中，唯有蘇聯不願意讓國際社會的評判來約束她將來的行動」。不管美國做什麼，都不能

允許這一決定在國內造成反響。否則，蘇聯就會對美國佔有「優勢」，而美國要改變這種地位就要付出高昂的代價。[14]國內政策不應牽連到國際事務。哈里曼不同意。哈里曼大使認為，沒有一位美國總統會將波蘭拱手相讓而無麻煩。「肯南則說：『是的，這就是麻煩所在』。國內政治不應該影響到外交事務」。[15]

到了9月，肯南寫了兩篇反思蘇聯局勢的文章，即《七年之後的蘇聯》和《對德戰爭結束之際的蘇聯國際地位》──這兩篇論文對於寫出1946年2月著名的「長篇電報」以及1947年7月的X文章即《蘇聯行為的根源》的X先生具有重要意義。據肯南說，他長期遠離莫斯科給他提供了一個觀察的視角。當他在1937年離開莫斯科時，蘇聯「不是一個快樂之地」。蘇聯大清洗「嚴重踐踏了人類價值」。只有少數老布爾什維克黨人──他們參與了1917年革命──倖存下來，一個「新人世界」取代了他們的位置。「史達林已重新坐穩伊凡雷帝和彼得大帝的寶座」。只有他才能確定未來的路線。七年之後，在德國的入侵考驗了蘇聯的民族品格並把蘇聯政府與人民團結在一起之後，蘇聯重新產生了「新的國家認同感」。但是，我們能夠對蘇聯過去發生的野蠻行為和貧困棄之不理嗎？[16]

蘇聯新獲得的領土和人口彌補了戰爭損失。蘇聯的經濟生活，不管其內容發生了何種變化，方式依然未變。蘇聯的重建需要三到四年的時間，每年需要200億美元，其中100億用來消費，剩下的100億用於恢復軍事和工業生產。生活水準的恢復則需要較長的時間。如果逼急了，蘇聯不必依靠外部世界就能開發內部資源。如果能夠進口史達林希望的商品，那麼外國貸款就能引起蘇聯的興趣。至於貸款的償還不足為慮，因為蘇聯領導人瞭解西方承擔不起蘇聯的破產。如果沒有貸款，那麼蘇聯將使用黃金和外匯儲備，以及盡可能出口各種商品，以實現重建目標。[17]

至於蘇聯人的精神生活，肯南介紹說民眾非常熱愛俄羅斯的經典作品，他們渴望獲得知識、娛樂和藝術享受。蘇聯人的分析能力以及「對傳統的狂熱崇拜」，特別是傳統的芭蕾舞給他留下了深刻印象，幾乎在每一個領域都有一位追求技術完美的天才存在。蘇聯的精密科學欣欣向榮；社會科學仍然固守拜占庭式的經院哲學。蘇聯是一個「高度集權的專制政府」，肯南稱其為「軍事極權主義國

家」。蘇聯一面宣揚她被資本主義世界包圍，一面鼓吹她自己的領土和政治擴張計畫。只要針對希特勒的第二條戰線不存在，史達林就需要與西方合作；只要第二條戰線存在，史達林就會轉而經營蘇聯的勢力範圍。史達林本人過著離群索居的生活，他的情報來自身邊的小顧問團。肯南斷言，蘇聯對西方來說仍然是一個不解之謎，是一個矛盾交錯的國家。「蘇聯人認為正當的東西，在美國人看來，反倒是令人不安的和不愉快的」。因此，不管是誰要設法理解蘇聯，他的努力都很難獲得美國人的賞識。肯南認為，這只能是一種「孤獨的快樂」。[18]

　　1945年5月，肯南再次嘗試了這種孤獨的快樂。他在《對德戰爭結束之際的蘇聯國際地位》的報告中發出警告。在這篇報告中，肯南對這個自1914年以來已經「在軍事管制和戰爭狀態下持續」生活了31年、歷經戰爭與和平的民族，發及蘇聯政權的性質做了精緻的分析。蘇聯發生的最大變化的動因不是來自內部的發展，而是源於外部世界：「鄰國政權的瓦解」。[19]蘇聯能否把她的征服地變成力量的源泉而不是衰弱的根源？蘇聯政府在20年裡重演了過去兩個世紀裡沙皇統治的歷史——第一個10年重複了彼得大帝，第二個10年則是亞歷山大一世。

　　蘇聯統治著東歐地區，但控制的是非俄羅斯民族、語言與文化。蘇聯的「沙文主義和狂妄自大」，「不加掩飾的直率」，缺乏建設性的內容——有的只是「紀律與蠻幹」。蘇聯缺乏鼓舞被征服者的偉大思想。至於馬克思主義，已經過時了；蘇聯只有短期的計畫，諸如審訊納粹共犯和組織土地改革。蘇聯祕密警察維繫著帝國的統一。在聚集社會力量方面，蘇聯政府的能力欠缺。為了控制東歐9500萬人口，使之「成為蘇聯安全範圍內的消極成員，可能需要一個比尋常時期規模更加龐大的政府和警察力量，其人員將達數百萬」。[20]

　　儘管從外觀上看蘇聯很強大，但其內部已經相當衰弱，以致「蘇聯政府無法從精神上控制蘇聯大眾」。「蘇聯人民不再對政府代表的道德品格抱有多少幻想」。[21]蘇聯人民對政府的忠誠是迫於命令，而不是發自內心。蘇聯政府需要西方的支援來保佑她的統治地位，承認其合法性，以及給予物質援助。克里姆林宮依仗的是它

想像中美國人一直被教導的這些原則——合作，誠懇，相信蘇聯是一個和平夥伴——否則戰爭與災難就會降臨。根據肯南的判斷，蘇聯對美國的這種誤解是她在東歐保持權勢的「強大輔助」手段。100次中有99次是美國主動請求與蘇聯建立一種友好的信任關係，但總是遭遇蘇聯方面的「猜疑、無禮和拒絕」。然而，「他們認為盎格魯—撒克遜人的輿論總是可以通過一個慷慨的姿態被輕易地安撫，甚至幾句諾言就很可能搞定，而西方政治家們在這種安撫下也常常熱衷於與蘇聯合作」。[22] 無論何時西方只要勇敢地抗拒，蘇聯大概就無法維持她在東歐和中歐地區的霸主地位。

在莫斯科，沒有人認為西方會立場強硬，而蘇聯的全球政策也是根據這一假設。實際上，如果有持強硬立場的人，羅斯福總統在1943年春就會把他們解雇。羅斯福寫道，美國對蘇聯採取的寬大、同情、真誠、友好以及「真正的睦鄰政策」，應該奏效。如果還不能的話，他繼續寫道：「我希望上述政策應該立即執行，任何代表美國政府的官員在對蘇關係上，如果不能全面貫徹這些政策，就要被撤職。」[23]

肯南認為，羅斯福總統及其新政擁護者的對蘇政策取向，要麼是合作，要麼就是徹頭徹尾的綏靖，德黑蘭會議和雅爾達會議就是明證。在羅斯福去世後一個月寫的這篇短文中，肯南批評已故的羅斯福總統不應該誘導美國公眾相信，美國與蘇聯合作是「完全可能的」，而這種合作「只要依靠他與蘇聯領導人之間建立的友好信任的私人關係」。[24] 根據肯南的估計，即使蘇聯領導人也有這種看法。許多年之後，當回顧起這件事時，肯南說：「我想，他（羅斯福）在二戰期間對蘇聯的希望很大程度上是不現實的。我認為羅斯福無法理解像史達林這樣十分邪惡而又具有豐富戰略機智的人。他從來沒有對付過這種人。」肯南還說：「我看到我們的政府出於戰時的考慮，對蘇聯政府不斷地讓步⋯⋯」[25]

1965年，肯南在發表題為「羅斯福夢想的破滅」演講時，詳細闡述了這一主題。羅斯福的夢想糅合了「對蘇聯的幻想、考慮和期待，導致羅斯福及其跟隨者在二戰期間對蘇聯產生不現實的過度的樂觀態度，認為西方列強與蘇聯之間可以建立一種友好的合作關係⋯⋯」[26] 同時，他們忽略了關於戰後安排的認真討論。

　　羅斯福的夢想由三種因素促成。首先，羅斯福「從不懷疑他有能力吸引蘇聯領導人，以及通過他的個人交往能夠對他們施加影響……」其次，美國「軍事上的親蘇主義」，擔心「蘇聯領導人如果不能獲得美國方面極度的同情和體諒，也許他們就會放棄戰爭努力，並且與德國單獨媾和……」與此糾結在一起的是，羅斯福對英國的「不耐煩」，以及他對中國的「多愁善感」。這些感覺「結合起來促使美國政府中普遍認為——我很遺憾地說——美國人、蘇聯人和中國人應該團結起來擔當維護戰後世界和平的主導力量……」肯南稱此為「虛幻之夢」。第三個因素是，「似乎沒有什麼比在戰爭期間與蘇聯人坐下來仔細研討將來那些骯髒的邊界問題和未來歐洲政治的安排更不必要和不合適的了」。也許，現實的方案原本應該考慮到美蘇「戰後合作的困難」會「提前」凸顯出來。那樣的話，西方盟軍原本應該進一步深入東歐地區，而「柏林和布拉格肯定早已被納入西方勢力範圍之內」。蘇聯佔領區及其勢力範圍也應該建立起來，因為這不受德黑蘭會議，雅爾達會議和波茨坦會議的束縛。為與蘇聯合作，這只是「付出的部分代價」而已。[27]

　　從1945年4月12日羅斯福總統去世到1946年2月22日肯南發表「長電報」這段時間，美蘇關係迅速演變成冷戰，艾夫里爾‧哈里曼對此做了解釋。他詳細闡述了美國逐漸「強硬的對蘇」政策。在羅斯福安葬後的第五天，哈里曼拜見了杜魯門總統。當杜魯門請他「開出對蘇緊要問題的單子」時，他說蘇聯採取了兩個相互矛盾的政策——一面與西方合作，一面在東歐建立勢力範圍。根據他的判斷，「站穩陣腳」意味著蘇聯會在關鍵問題上作出讓步，因為她的戰後重建需要西方的經濟援助。[28]蘇聯人認為，美國需要對蘇聯出口以及提供貸款，並不希望戰後出現經濟蕭條。「杜魯門說，這種想法很荒唐，又說，他同意站穩陣腳。不要為獲得史達林的好感而背離美國的原則和傳統」。哈里曼稱蘇聯引入「祕密警察制度」是對「歐洲的新型野蠻入侵」。然而，他「仍認為美國能與蘇聯建立可交往的關係」。[29]令他失望的是，他聽杜魯門說不願意維持聯合國，假如蘇聯人不參與的話。據透露，哈里曼匆匆趕回華盛頓，因為他擔心杜魯門沒有明白羅斯福總統最終所明白的道理，即「史達

林在違背他的協議」。哈里曼也讓華盛頓瞭解他「有選擇性地運用交換手段」的看法。[30]

　　莫洛托夫在赴三藩市參加聯合國制憲大會開幕式途中，訪問了華盛頓。杜魯門與蘇聯外交部長莫洛托夫的第一次會見很順利，但在第二次會見時，杜魯門總統已事先獲得通報，決定採納史汀生的反對意見，使用「直截了當的坦白話語，（他告訴莫洛托夫）蘇聯應該執行雅爾達會議關於波蘭問題的決定」。莫洛托夫抱怨說：「我平生從來沒有像這樣被責備過。」杜魯門總統反駁說：「如果你們執行協議，那麼你就不會遭受這種指責。」[31]哈里曼大吃一驚，他認為杜魯門給了莫洛托夫一個藉口，使其得以告訴史達林，羅斯福的政策正在被廢除。在三藩市，哈里曼對記者們說，史達林沒有履行他的協定。雖然有人支持哈里曼，但其他人如《下午》（*PM*）雜誌的亞歷山大·尤爾（Alexander Uhl）則持相反意見：「哈里曼的兩位聽眾，拉蒙德·格拉姆·斯溫（Raymond Gram Swing）和沃爾特·李普曼聽後非常震驚，於是起身離開房間。」[32]也許，這是沃爾特·李普曼反對未來的X先生文章的最早暗示。他們反對哈里曼的觀點：「我們必須認識到，我們的目標與克里姆林宮的目標是不能協調的。」哈里曼的朋友兼新聞祕書後來說道，他的上司竭力反對「當時的親蘇氛圍。他說，新聞界感到特別，甚至有點不可思議的是，這位富人可以在蘇聯花費如此多的時間，結果不知何故卻沒有能夠看清蘇聯的真面目」。[33]哈里曼返回了莫斯科。哈里曼的觀點從雅爾達原則回歸到里加原則，對於肯南遏制理論在將來的成功具有重要意義。

　　在5月初，甚至國務卿小愛德華·斯退丁紐斯（Edward R.Stettinius, Jr.）在一次記者招待會上也對美蘇關係的惡化，特別是波蘭問題，表達了美國的「高度關切」。當波倫與哈里曼返回華盛頓時，波倫建議派遣羅斯福總統的親信哈里·霍普金斯到莫斯科與史達林商談，以圖最後的轉圜。哈里曼還向杜魯門敦促此事，以及在波茨坦三大國會議中進行單獨會談。[34]只是，障礙太多。杜魯門把租借法案廢除得太突然，太倉促，因而也否定了他自己。為了借助羅斯福的名號，杜魯門甚至派遣原駐蘇大使大衛斯專訪邱吉爾，使其相信他對蘇聯人的立場很堅決。「大衛斯告訴邱吉爾，他最近關於共產

主義在歐洲的傳播，以及提防蘇聯霸權威脅的警告，已經把他與希特勒和戈培爾置於同一陣營」。可以想像，邱吉爾聽了這話是如何地目瞪口呆。[35]對於大衛斯有關在歐洲其他地方杜魯門提前單獨會晤史達林的建議，邱吉爾予以拒絕——他主張三巨頭必須「在同一時間平等地」會談。[36]

在1945年5月26日，霍普金斯會見了史達林，這是6輪會談中的第一次。如哈里曼所說，「每輪會談中，雙方都表現出異乎尋常的坦率和罕見的好感，這是值得注意的事情」。儘管像老朋友一樣寒暄，霍普金斯還是直接說：「杜魯門派遣他的真實原因，霍普金斯說道，是如此多的美國人對美蘇關係的惡化感到不安和驚恐。」美國政府的民意支持率下降，這是由於公眾「對政府沒有能力解決波蘭問題感到困惑」。史達林責怪英國保守黨不該包容那些試圖重建隔離線的波蘭流亡者。在第二次會議上，史達林「把他的怨氣盡數抖摟出來」。他先抱怨不該邀請阿根廷參加聯合國，因為阿根廷直到戰爭結束之際才對德宣戰，這是違背雅爾達原則的。為何法國也是賠償委員會成員？該委員會是三大國在雅爾達構想出來的。租借法案縮減得太早，儘管杜魯門做了及時的糾正。史達林要求西方國家把德國艦隊和商船總數的三分之一分給蘇聯。霍普金斯向史達林保證，這些船隻會如數交給蘇聯。史達林認為，美國人的行為好像他們不再需要蘇聯似的。順便說一句，蘇聯人的這種態度一直延續到今天，就像俄羅斯總統普京最近所說的那樣。[37]

在第四和第五次會議上，波蘭問題再次被提出。史達林沒有反對在波蘭實行議會制度，但是他拒絕釋放14名被認為是納粹同謀者的波蘭人。他們必須接受審判。史達林同意波蘭流亡者加入新政府，其組織形式不久將在莫斯科討論。史達林同意分裂德國，以及成立盟國管理委員會。至於朝鮮，史達林同意由中國暫時託管。蘇聯將在8月8日對日本宣戰。中國應當是一個完整的國家，不得被共產黨和國民黨分裂。東北主權在名義上歸中國所有。他們還解決了安理會的否決權問題，這是由於史達林不再要求關於「聯合國制裁行動以及議事日程」的否決權。在這個問題上，蘇聯駐美大使安德列·葛羅米柯（Andrei Gromyko）一直像莫洛托夫一樣固執，不過史達林做了妥協，他認為這個問題不很重要。根據哈里曼的觀點，

無論霍普金斯多麼成功，此次訪問所得不過是暫時緩和了美蘇關係，一個「喘息之機」而已。[38]

　　正是在此時杜魯門進行了人事調整，更換了羅斯福總統任命的許多高官。在7月初，霍普金斯辭職了。湯姆・克拉克（Tom Clark）取代法蘭西斯・比德爾（Francis Biddle）擔任司法部長；羅伯特・哈尼根（Robert Hannegan）取代弗蘭克・沃克（Frank Walker）擔任郵政部長；克林頓・安德森成為農業部長，接替了克勞德・威卡德（Claude Wickard）；路易斯・施偉林巴赫（Lewis Schwellenbach）繼法蘭西斯・珀金斯（Francis Perkins）之後擔任勞工部長。最重要的是，斯退丁紐斯辭職，由詹姆斯・F・伯恩斯（James F.Byrnes）繼任國務卿。在7月份，陪同杜魯門總統出席波茨坦會議的正是「伯恩斯一夥」——本・科恩（Ben Cohen）、吉米・鄧恩（Jimmy Dunn），以及「博士」馬修斯。如哈里曼所言，「被忽略的，並非我一人」。[39]

　　在離開政府之前，霍普金斯勸服杜魯門根據倫敦協定命令美軍撤離蘇占區。邱吉爾力勸杜魯門撤離範圍不可多於300英里。這是擔心假如美軍拒絕從德國撤退，蘇聯人就不會撤離奧地利。與此同時，流亡倫敦的波蘭人抵達莫斯科，其人數代表很快超過了來自盧布林的波蘭人。這件事鼓勵杜魯門承認新的波蘭全國統一臨時政府。隨後，邱吉爾也承認了波蘭臨時政府。當時，宋子文也在莫斯科訪問，他爭取史達林承認蔣介石的國民政府擁有對東北的主權。當這些會談進行時，杜魯門在7月15號抵達柏林。[40]

　　雖然關於賠償問題還沒有達成任何協議，蘇聯人已在他們的佔領區忙著掠奪任何有價值的東西。波茨坦會議被邱吉爾稱作「終結會議」，這次會議大有可圖，但是邱吉爾在選舉中被工黨的克萊門特・艾德禮（Clement Atlee）所取代，後者於7月28日抵達波茨坦。「三巨頭」只剩下史達林。這次會議達成的第一個協定就是成立一個包括法中兩國在內的外長委員會。會議還將起草一個包含所有國家的和平協定，但德國除外，它須等到政府成立之後才行。在此之前，盟國管理委員會將通過柏林各佔領區統治機構之間的相互協調，對德國進行統治。還締結了一項賠償協定：每一個佔領者可以從各自的佔領區獲得自由賠償，不過蘇聯人還從西部佔領區獲得額

外賠償，但要用東部佔領區的食物與煤來交換。莫洛托夫要求20億美元的交換額，但最終只獲得15%用來交換食品與物資，另外10%用於自由賠償，從蘇占區得到的賠償除外。實際交換的很少，因為蘇聯沒有提供相應數量的煤與食物。[41]

7月16日，杜魯門得知美國第一枚原子彈試驗成功。他在24日將此消息告訴史達林。據哈里曼說，「在波茨坦會議上，美國從來沒有考慮用原子彈作為對蘇聯人施壓的一種手段」。事後方知，「在波茨坦會議之前，蘇聯人對我方原子彈的研發情況瞭若指掌」。[42]杜魯門發表了波茨坦宣言，要求日本無條件投降；拒絕投降將立刻招致「徹底的毀滅」。日本拒絕無條件投降。8月5日，美國原子彈轟炸了廣島。8月7日，宋子文會見了史達林，當時史達林要求得到大連、旅順以及攫取日本在東北的財產。杜魯門對此表示反對。哈里曼以杜魯門的名義請求蘇聯減低對中國的要求；史達林回答說東北的港口與鐵路都是蘇聯建造的。儘管如此，中國也獲得了一半利益。8月9日，蘇聯對日本宣戰，旋即出兵中國東北。[43]

現在，蘇聯開始在遠東主動出擊。莫洛托夫要求建立一個「聯合」遠東司令部，並擁有對最高司令官的否決權，他甚至提議，如果這個建議可行，可以設置兩個最高司令官：麥克亞瑟將軍（Douglas MacArthur）和亞歷山大·瓦西里也夫斯基（Alexander M.Vasilievsky）元帥。哈里曼告訴莫洛托夫，這些建議是「絕對行不通的」。當莫洛托夫堅持讓哈里曼把蘇聯的請求向華盛頓方面彙報時，哈里曼回答說他會這樣做，但他提醒莫洛托夫，「四年來，美國一直在與日本作戰，而蘇聯與其開戰才不過兩天」。在向史達林請示之後，莫洛托夫做出讓步，只想要被告知一下結果。看起來，如果莫洛托夫的請求被接受，然後以承認麥克亞瑟將軍做交換條件，那麼蘇聯人也許會要求一塊佔領地，比如北海道，因為史達林曾向霍普金斯提及這種可能性。1945年8月14日，日本投降。[44]

哈里曼仍然認為，即使存在這些問題，與蘇聯合作還是可行的。1945年10月4日，他在倫敦外長會議之後，返回莫斯科。伯恩斯為莫洛托夫「專橫無禮的態度」很惱火。惱怒之餘，他採取拖延辦法，莫洛托夫對此評論說，美國企圖自居為「世界的霸主」。[45]

當哈里曼在阿格拉（Agra）訪問史達林時，這位獨裁者「抱怨說，在對日決策方面，美國從來沒有與蘇聯協商過，甚至連通知都沒有」。哈里曼以抗議對之。史達林說，「如果蘇聯放棄日本，而不是像一件擺設待在那裡」，那會更好。根據哈里曼的回憶，這是史達林第一次暗示蘇聯也許會在戰後實行單邊政策。他逐漸明白，「蘇聯領導人已經討論並決定在戰後實行新政策，這是一項好戰的自主政策」。[46]

在哈里曼看來，倫敦外長會議破裂以後，莫洛托夫的政策就是「利用目前局勢通過單方行動，盡可能地增強蘇聯的地位……」蘇聯的這種單邊行動變得「更加明顯」。為了重獲主動，伯恩斯指示哈里曼提議在12月份召集莫斯科外長會議。這次外長會議召開後進展緩慢。伯恩斯會見了史達林。他們決定成立一個三方委員會來解決布加勒斯特的善後問題。莫洛托夫贊同關於東京盟國委員會的最終文本，給予麥克亞瑟最終決定權。伯恩斯向杜魯門彙報說：「根據昨天下午與史達林的長談結果，我現在希望我們可以為羅馬尼亞——保加利亞問題的解決再深入一步。」[47]

1946年1月20日，哈里曼告別了莫洛托夫，並在1月23日最後一次拜訪了史達林。當哈里曼向史達林問起美蘇將來的關係時，史達林認為他們「能夠找到共同點」。至於可能的貸款問題，史達林問哈里曼，美國是否如他想的那樣願意提供一半貸款。「史達林的問題使哈里曼確信，遲至1946年1月23日，蘇聯政府尚未決定是否迫切要求美國大筆貸款」。莫洛托夫也沒有向伯恩斯提及貸款問題。哈里曼認為，美國準備討論這個問題，但是租借物資帳目的解決也必須成為談判的一部分。史達林同意了。[48]當哈里曼抵達華盛頓時，他力勸杜魯門和伯恩斯「立即與蘇聯重新認真談判戰後貸款問題，但發現伯恩斯在此前一二天就已提出相同看法」。有記者向哈里曼詢問史達林在1946年2月9日的演說，但是他提醒新聞界，史達林的這類演說是針對蘇聯國內問題發表的。哈里曼並不瞭解情況。肯南等候美國新任駐蘇大使沃爾特·比德爾·史密斯（Walter Bidell Smith）的到來。3月22日，肯南接到國務院在1946年2月2日發給他的徵詢意見的電報：「就將來執行這些公開政策，我們該有何期望，歡迎你提供解釋性分析……」[49]

肯南認為他的「長電報」對華盛頓官方的影響「不亞於駭人聽聞，這封電報也徹底改變了我的事業與生活」。[50]他得知美國國會準備請他去演說。杜魯門總統可能也讀了這封電報。海軍部長福里斯特爾複製了這封電報，把它列為他屬下幾千名文職人員的必讀物。在1946年4月，肯南調到華盛頓，成為福里斯特爾新成立的智庫國家戰爭學院的外交事務首席代表。[51]

肯南電報裡提到的蘇聯政策就是史達林及其同僚在他們的預選演說中宣佈的：資本主義與共產主義勢不兩立，兩者之間的戰爭不可避免。[52]當伯恩斯接替斯退丁紐斯的國務卿位置時，肯南就清楚地意識到，「在當前的會議上，他（指伯恩斯）與蘇聯人交涉的弱點在於，他的主要目標是與蘇聯人達成某種協定，至於其性質如何卻不加考慮」。他解釋說：「關於對蘇關係的預期目標，我們天真的基本觀念，以及獲得該目標的方法與策略，都令我感到苦惱。」伯恩斯的莫斯科之行「使我對我們政府的對蘇外交失去耐心，惱火起來，就像對其他許多問題一樣惱火」。[53]美蘇關於和平條約以及組建東歐各國政府的分歧，蘇聯不願擁護世界銀行和國際貨幣基金組織，伯恩斯在莫斯科的屈服──這一切都助長了肯南的懷疑態度。他曾經寫過一篇未完成的備忘錄，討論應對蘇聯的策略──不要設想蘇聯人會有共同目標和高尚情懷，只需要考慮他們意欲何為。[54]現在，隨著哈里曼的離去，肯南開始主政，他分析了蘇聯的行為方式。歐洲司司長，綽號為「博士」的H・弗里曼・馬修斯（H.Freeman "Doc" Matthews），和東方股股長埃爾布里奇・德布羅（Elbridge Durbrow）都已認為史達林似乎要說美蘇合作是不可能的，而美國必須在抵制蘇聯的宣傳和政策方面保持警惕。[55]

肯南這篇長達8000字的電報「像18世紀新教徒的佈道詞一樣，全文被清晰地分成五部分，而且讀起來簡直像警覺的大陸會議委員會（congressional committees）或美國革命之女社（Daughters of the American Revolution）發行的宣傳冊，其目的就是為了喚起美國民眾警惕共產主義陰謀的危險」。肯南的電報來得正是時候──如果早6個月或者晚6個月，這封電報都不能成功。也就是說，該電報要麼遭到羅斯福新政擁護者的反對，因為它干涉了他們的對蘇妥協政策，要麼因對蘇立場不夠強硬而遭到杜魯門主義者的抵制。[56]肯南

的電報如果有什麼難忘的措辭，也是極少——最好的句子是：「蘇聯政府是在沙皇高壓統治陰影下建立起來的一個非同尋常的政權，主要根據政府權力進行思考是其慣有的方式。」[57]這篇長電報採用宣傳冊式的文章結構，以簡明的方式有力地解釋了蘇聯政府的性質、起源、蘇聯官方和非官方的形象，以及這些因素如何在對美政策上展現出來。肯南的電報羅列了這些因素，並逐個進行了詳細說明。

在肯南看來，蘇聯認為自己是一個被敵對的資本主義世界包圍的社會主義國家。蘇聯與資本主義國家不可能實現長期的和平共處。蘇聯不僅需要利用資本主義國家的內部矛盾，還必須從資本主義國家之間的戰爭和競爭中坐收漁人之利。只要「在軍事上強大，意識形態上堅定，並效忠於現政府的英明領導」，就能有效地防止資本主義國家的干預，並能利用共產黨的同路人使資本主義國家處於劣勢。肯南推斷，蘇聯一方面會「增強自身國力」，一方面會「全面地削弱資本主義國家的力量與影響力」。蘇聯會利用資本主義國家的困難，特別是利用其內部「進步的民主派力量」。

肯南明確指出，蘇聯政府的攻擊性並沒有得到一般蘇聯人的支持，這也不是他們的「天生看法」。但是「蘇聯共產黨的路線束縛了組成其權力機構的人們的思想與行為，這些權力機構是政黨、祕密警察以及政府，這些都是我們必須要對付的對象」。[58]肯南認為，蘇聯的思想前提就是錯誤的，其根源是「蘇聯自身的基本需要，這種需要存在於此次大戰之前，直到今天還存在」。其思想根源是俄國人對西方固有的恐懼，對外國滲透的擔心，以及俄國人脆弱的心理基礎。馬克思主義信仰為蘇聯政府提供了遮羞布，使其自以為「外部世界是邪惡的，不友好的，危險的，而且其內部潛藏著毀滅的種子，並必然因自身日益嚴重的騷亂而滅亡，等到來自新興社會主義力量的致命一擊時，一個更加美好的新世界就會來臨」。[59]這些以及原有的俄國民族主義維繫著蘇聯的存在。奇怪的是，這些想法都不符合實際。肯南懷疑，蘇聯無人能瞭解外部世界的真實情況，史達林本人更是如此。與蘇聯的宣傳相反，資本主義世界能夠和平發展。

蘇聯龐大的政府組織「對武力的邏輯高度敏感」——在強敵面前就退縮。如肯南所言，「與整個西方世界相比，蘇聯的國力迄今

仍然比較弱小」。在與日後的X文章相關的一個聲明中，肯南第一次提出了他的「遏制」理論：「因此，如果對手擁有足夠的武力，並且清楚地表明準備使用這種武力，那麼他幾乎不用這樣做。如果正確地處理局勢，那麼就不需要影響威望的攤牌」。此外，蘇聯內部權力的成功尚未證明她能夠經得起「權力從一個人或一個集團向另一個人或集團過渡的嚴峻考驗」。由於蘇聯人民與其政府格格不入，而蘇共已不再是「激發人們感情的源泉」，這就將更為複雜。無論蘇聯政府從事何種宣傳活動，它「在根本上都是消極的和破壞性的」，並且很容易被有建設性的計畫所制服。必須「對蘇聯宣傳運動的本質有客觀的清醒的認識」，並要使美國公眾「瞭解蘇聯的現實情況」——那麼美國就能獲勝，也不會重蹈那些與美國有交往的國家的覆轍。更主要的還是依靠「我們社會自身的活力與健康」。否則，世界共產主義就會依靠「病體」繁衍起來。我們賴以獲勝的憑藉是對「我們自己的方法以及對人類社會觀念」的勇氣與自信。[60]

對肯南的長電報一直有著各種不同解讀。艾奇遜認為它「真是一篇傑出的電報」。然而，他還寫道，肯南的建議「不起作用；他的歷史分析也許不合理，但是他的預言和警告卻是棒極了」。艾奇遜斷言：「克里姆林宮的思維方式正是按照喬治·F·肯南所預言的那樣運行著。」[61]這種評價很奇怪，因為一項特殊的政策建議雛形——遏制政策——正包含在這篇長電報裡：「（蘇聯）政府不是按照固定的計畫進行運作。它不會採取無謂的冒險。蘇聯不遵守理性的邏輯，但對武力邏輯高度敏感。因此，蘇聯會輕易地退縮——通常如此——無論何時，當遭遇強烈的抵抗時，都會退縮。」[62]

據C·本·賴特（C.Ben Wright）說，「官方普遍認為它（長電報）是美國的政策宣言，是對羅斯福時代對蘇聯的『一廂情願』和樂觀主義的否定」。美國駐外使館對「這項新政策欣喜若狂」。[63]國務院官員如路易士·J·哈利（Louis J.Halle）認為這是美國對蘇政策的「新思想支柱」，約瑟夫·鐘斯（Joseph Jones）則察覺長電報是「美國遏制蘇聯擴張主義的政策趨於強硬的體現」。[64]本·科恩（Ben Cohen）認為長電報「影響了國務院的決策思想」。[65]在杜魯門主政的白宮，福里斯特爾有許多反羅斯福政策的盟友，比如參謀長威廉·D·李海（William D.Leahy）海軍上將，甚至杜魯門本

人在1946年1月對莫洛托夫說，他不會縱容蘇聯。伯恩斯稱讚肯南的長電報有「精闢的分析」。[66]哈里曼也如此認為。[67]那些羅斯福政府的遺老不贊成肯南所堅持的政策轉向。美國駐德國佔領區的軍事長官盧修斯・克萊（Lucius Clay）就與肯南的主張不一致。[68]另一位反對者是商業部長亨利・A・華萊士（Henry A. Wallace），他於1946年9月12日在麥迪森廣場公園發表一篇名為《和平之路》的演說。華萊士在演說中宣稱他既不是反蘇派也不是親蘇派，不過他認為美國所面臨的「對手是無法依靠『對蘇強硬』政策就能成功制服的，『強硬』政策永遠不能獲得真正的持久的成功──無論是對校園暴徒、商人還是對世界列強而言，都是如此。我們對蘇政策越強硬，蘇聯人的立場也越強硬。」美國必須與蘇聯妥協，但不意味著綏靖。華萊士呼籲美國要與蘇聯「友好地和平競爭」。[69]

　　在長電報發表前一年，即在1945年1月──此時肯南與哈里曼返回莫斯科已有6個多月──肯南已經陷入絕望的深淵。他在寫給波倫的信中談到「在歐洲戰爭結束之後，只要這一切安排妥當」，他就辭職不幹。[70]在他們之前的幾次談話中，波倫已經覺得，如果肯南能夠擁有他在莫斯科和德黑蘭的外交工作經歷，而不是被流放到里斯本和倫敦，那麼他也許會對「即將發生的事態更加自信」。[71]波倫認為，那樣的話，肯南也許會對通敵者更加樂觀，坦白地說，其意是指羅斯福總統對史達林的「綏靖」策略。實際並非如此。如肯南所言，「雖然對蘇聯事務有6個月的密切接觸，但這絲毫沒有改變我的看法，即蘇聯在歐洲的政治目標與歐洲大陸其餘國家的幸福、繁榮或國際生活的穩定在總體上是不一致的」。蘇聯的目標不是「發自對維護西方在精神和物質方面的價值觀的關切」。他們從不考慮歐洲統一完整的各個力量源泉（他們自己的除外），卻準備給歐洲造成痛苦與災難。蘇聯的這些目標不僅直接「違背中歐與西歐傳統的主流趨勢，而且與我們自身的利益相衝突」。[72]肯南認為，美國必須保持大西洋地區資本主義民主國家的健康穩定，以及在中歐地區位於上述資本主義國家身後的類似國家的安全。相反，蘇聯是一個「貪婪的歐洲內陸大國」，它必須一直尋求絕對的安全，辦法是向大西洋沿岸國家擴張。蘇聯的擴張性是其自身傳統與

環境的產物。蘇聯的戰爭動員一直都是「非常出色和有效的」，離開這些，這次大戰就不會取勝。蘇聯的戰爭回報是以犧牲其他國家的利益為前提的：「我沒有明白為何我們必須參與這個政治計畫，該計畫對大西洋共同體的利益是如此不利，對我們需要在歐洲保存的一切都是如此危險的。」肯南的解決之道是把歐洲「直接分成不同的勢力範圍」，並使它們彼此之間相互獨立。[73]

不幸的是，美國不僅拒絕澄清她的利益，而且促使蘇聯認為聯合國「是一個恃強凌弱的喬裝的合作組織……」因此，沒有提出任何針對歐洲的積極方案。不僅沒有對蘇聯的擴張和責任加以限制，美國還危害了關於德國和波蘭的計畫。肯南悲歎說：「由於企圖激怒英國人或者是姑息蘇聯人，我們已經被削弱到相對無能為力的地步。」在肯南關於羅斯福對蘇政策的評論中，「綏靖」一詞更加頻繁地出現。在更廣泛合作的名義下，實際需要解決的是東歐和中歐的邊境問題：「我們無法估計出對這些協議的實施和構想的影響力。」[74]蘇聯人的行徑「簡直就是為所欲為」，並故意顯示他們似乎得到了美國的支持：「簡言之，我們關於東歐和東南歐的和平安排的所有才智一直以來就是把領土拱手讓給蘇聯，而對變化無常且沒有信任感的蘇聯的擺佈則沒有任何怨言，並且給予蘇聯無保留的支持，卻不計較此舉會造成何種災難。」在德國，美國的影響力僅限於消滅納粹的「消極作為」。那些充斥著難民的城市正在忍饑挨餓，卻「沒有三方政府來使我們擺脫當前的困境」。[75]

儘管「為時已晚」，肯南還是提出幾點建議：整合西方資源，「發揮其最大優勢」；「埋葬敦巴頓橡樹園會議協定」；不要依靠聯合國來凍結現狀；不必遵守「那些正式的總約定」，來使用美國的武力支持聯合國的承諾：「蘇聯掌權的地方，我們的世界就止步；在那條線外，我們不應該試圖提高我們的聲音，除非我們是當真的」。肯南力勸美國政府同意完全瓜分德國，然後提出一個籌建西歐聯邦的方案，並把美國佔領區視為一個獨立問題，賠償問題也是這樣。[76]肯南最後承認，他沒有提出一個「非常令人愉快的方案，因為該方案反對——有足夠的理由——與蘇聯進行任何合作」。如果美國仍沉迷於羅斯福總統的「一廂情願」，那麼就會面臨甚至失去大西洋沿岸最低限度安全的危險。[77]

波倫在他的回憶錄《歷史的見證：1929-1969》（*Witness to History, 1929-1969*）中重複了先前的回應，來為羅斯福的政策辯解：「我從不認為，在這次世界大戰中，我們有機會能夠認真採取一種完全不同於我們採取了的政策。」[78]他分析說：「然而，基本的事實是，如果我們想擊敗德國，我們甚至永遠不能嘗試把蘇軍阻止在東歐和德國領土之外。」波倫承認，羅斯福的對蘇政策存在「不小的危險」。蘇聯是「世界上幾大國家之一。與蘇聯爭執會很容易，但我們總是那樣做」。在波倫看來，肯南的建設性意見「坦白地說是非常天真的」。波倫挖苦地指出聯合國不過是「一紙空文」而已。但在他的回憶錄中，他澄清說：「放棄聯合國將是一個巨大的錯誤。」聯合國確保了美國的國際參與，「如肯南所想，當我們不想參與時，我們不必去使用武力」。[79]

波倫的信從來沒有阻止住肯南。肯南在二月和三月兩次寫信給哈里曼：蘇聯人不會從他們的佔領區輸出剩餘物質，除非他們能夠得到「獨家政治好處」。簡單地說，蘇聯人不願意「與我們坐到談判桌前」，去面臨歐洲救濟的問題，這與他們的國家利益或爭奪權力是不相干的。他寫道：「我不願為發生的任何後果承擔責任，如果我們繼續放棄在我們自己的勢力範圍內採取迅速有效的行動機會的話——聽任有關對蘇合作的異想天開沒有任何實際意義，只是我們的一廂情願。」[80]在3月份，肯南發現「與莫洛托夫做無結果的爭論」是徒勞無益的。莫洛托夫的「談判基調」已經被控制蘇聯政策的那些人設定好了。[81]到了1945年8月，肯南仍然在考慮辭職問題。正如他在寫給國務院歐洲司司長、綽號「博士」的馬修斯信中所言，他的辭職並不是「為了流露自己的情緒，也不是反映對這種工作的苦衷與不滿。它確實出於某種強烈的個人考慮，以及因下列因素所產生的嚴重挫折感：我們沒有珍惜在最近這場戰爭中我們付出如此代價所贏得的政治資產，我們沒有鞏固我們的政治勝利果實，我們的職業外交在此關頭明顯沒有能力對美國政策施加任何可以估量的建設性影響。」[82]

肯南的煩惱揮之不去。在1946年1月底，他寫信給他的朋友、同事東歐司司長埃爾布里奇・德布羅（Elbridge Durbrow）。現在，肯南已經陷入絕望的深淵。他對蘇聯問題有著敏銳的挫折感。他認

為：「我們的公眾缺乏對蘇聯現實的瞭解，而我們的政府制度在外交行為方面也存在某些普遍的缺點。」於是，就有了這句令人震驚的話：「我認為，在我們能成功地面對對付蘇聯的問題之前，我們將必須找到一個完全不同的解決辦法，這個辦法也許不僅對這個問題，還要適用於我們整個外交政策的問題和手段。」[83]

正好此時，美國政府諮詢肯南的意見。肯南寫了這份長電報，並在1946年2月22日發出。如前所言，這篇電報改變了一切。最能說明這篇電報影響的一個證據是前駐葡萄牙使團首領、時任古巴大使的亨利·諾韋布（Henry Norweb）致肯南的一封信：「我想告訴你，」他寫道，「這是我從事外交工作30年來所看到的最好的政治報告。」[84]到了4月，當時肯南已經被召回華盛頓，並被安排到戰爭學院工作，他在給一位朋友的信中寫道：「我覺得美國人關於蘇聯的那些最危險的思想傾向已經被遏制，如果不是克服的話。如果我們現在能阻止那些狂熱者和驚恐者的行動，並保持對蘇政策的穩定，那麼我就不再悲觀。」[85]在長電報發表之後，肯南的失望情緒來了一個一百八十度的轉變。

1946年夏，此時肯南尚未履行他在國家戰爭學院的教職，他應國務院的邀請到西部發表旅行演說，向民間精英解釋他的觀點，並瞭解他們的反應。肯南說，對他演說的基本觀點，他的聽眾以及他們的態度變化很大，「在不必通過戰爭解決問題的情況下，美蘇之間的對抗也許是嚴重的」。商界領導人是他最現實的聽眾，而學院派人士則是最難對付的。[86]肯南指出，「最難擺脫的對象」恰好是「那些極為關注外交事務的人，也就是學界中人，以及那些為了研究和討論國際事務的特殊目的而組織起來的各種團體」。對這些團體的大多數人士而言，美蘇合作帶有「一個美好的自由主義光環」，他們不願意聽到的是「一個漫長的不愉快的過程，在此過程中，美蘇之間充滿了意志的較量，力量的角逐，觀念的對抗——這是一個矛盾交織的過程，而不是一個為了共同目標而愉快合作的過程」。肯南發現，伯克利的某些科學家竟像「六歲小女孩一樣天真」。肯南在困惑中結束了他的報告，他不知道何去何從，也不清楚「自由主義學者的思想狀況」，然後他返回國家戰爭學院就職。[87]

　　肯南談到他在國家戰爭學院的工作時光是「非常愜意的」。[88]
除了從事行政工作，參與討論以及出席同事的報告會外，他只需要
做四到五次正式的報告，當時他應外交委員會之邀在1947年1月初
發表了一次非正式演講，他把為福里斯特爾修訂的材料作為報告素
材。1946年9月16日，肯南發表了他在戰爭學院的第一次演講，題
目是「戰爭之外的手段」（Measures Short of War），他著重指出，
這些外交目標要想成功實現，美國必須「一直保持在世界範圍內的
實力優勢」。這種實力不僅是軍事力量，當然它也依靠一個國家的
內部力量：「國家實力是一個政治、經濟和道德力量的問題。首先，
它是我們內部力量的問題；以及我們社會自身的健康與精神健全的問
題。」這些手段不管是否成功，都要採取大戰略的使用模式。[89]1946
年10月10日，肯南分析了蘇聯內部的權力結構。此後，他又在10月
22日和12月10日對蘇聯外交做了兩次研究報告。在幾個具有啟迪性
的句子裡，肯南批評了羅斯福的對蘇政策，他說有些人對蘇聯外交
判斷失誤，並提到這一事實，即數以百計的組織和數百萬人已經被
這個「特洛伊木馬」所欺騙。[90]這些文章還只是肯南的探路石。

　　1947年1月24日，肯南發表一篇論文，題目是《蘇聯的思想方式
及其對外交政策的影響》（The Soviet Way of Thought and Its Effect on
Foreign Policy）。這篇文章是X文章的前身，其內容是肯南為國防部
長福里斯特爾所重寫的東西。正是在這篇文章中，肯南首次使用了
「被遏制」（contained）和「遏制」（containment）作為他正設法
解釋的新外交的簡稱。在對布爾什維克手段的思想歷史和內部環境
做過簡略的分析之後，肯南指出至少在蘇聯領導人的思想裡沒有共
存的可能性，因為外部世界或資本主義世界是一個敵對勢力。在美
蘇長期對抗期間，只有「休戰」的可能：「在國際事務中對付克里
姆林宮的問題，因此歸根結底是：蘇聯天生的擴張傾向要始終以反
擊力牢牢地予以遏制，要不斷使蘇聯明白企圖打破這種遏制狀態，
將會危害蘇聯的利益。」[91]在他的回憶錄中，肯南評論說「遏制」一
詞引起了媒體的轟動：「『遏制』這個詞引起了媒體的注意，它們
不約而同地把這個詞提升到『主義』的地位，隨後遏制被認同為政
府的外交政策。通過這種方式，確立了──在我們眼前只能這樣說
──一個不可動搖的神話，但對歷史學家而言則是禍根。」[92]

關於這篇著名的文章，它到底說了什麼，又是如何談論的？這牽涉到它在經濟、組織和風格方面的模式問題。編輯漢密爾頓・菲什・阿姆斯壯摘選了其中的重點句子，並將其放在報刊首頁：「摘要：蘇聯對西方世界自由制度的壓力可以被遏制住，辦法是隨著蘇聯調整它的政策，在一系列不斷變換的地理和政治場所熟練而警惕地使用反擊力，不過無法誘使或說服蘇聯放棄其政策。」[93]坦率地說，這就是肯南遏制理論的要點。他的優美措辭歸結為「遏制」兩個字，遏制成為美國未來全球戰略的基本標準和簡單的表達口號。肯南在文章中通過不同的形式五次使用了「遏制」一詞。首先，他通過幾個形容詞來描述遏制的意思：「長期的、有耐心的並且是堅決而警惕的遏制蘇聯的擴張傾向。」[94]在文章的第二部分開頭，肯南第二次提到「遏制」一詞，這段也是編輯挑選的摘要。在下一段文章中，肯南第三次使用了「遏制」一詞，他在該句中介紹了蘇聯的八大弱點：「我們撇開這種預言性的觀察，並假定西方世界在未來10到15年的時期內找到了可以遏制蘇聯的力量與辦法。」這對蘇聯意味著什麼？蘇聯的弱點是「它自身腐朽的萌芽正在迅速地蔓延擴大」。這些蘇聯內部的弱點是專制統治；工業化造成的驚人代價；戰爭的巨大破壞；年輕一代的變化無常；不均衡的工業化；權力的轉移；蘇共高層領導以下出現的政治結構空虛。「因此，如果發生某種變故並破壞了蘇共作為一個執政黨的團結與能力，那麼蘇聯會在一夜之間從最強大的國家變成最弱小的最可憐的民族社會」；這就是《布登勃洛克一家》（the Buddenbrooks）的活力，即當一個社會像紅色巨星一樣「光芒四射之際，它內部的衰敗實際上正在猛烈地進行著……」

在文章第四部分第二段，肯南最後一次提到這個具有魔力的「遏制」一詞，由此吹響了他即將提出的美國全球政策的戰略號角：「相應的還有如下事實，即蘇聯雖然在總體上與西方世界作對，它仍然是一個比較弱小的對手，蘇聯政策高度靈活，但蘇聯社會也許包含著最終會削弱它所有潛力的弱點。自然，這些因素會確保美國有相當的信心採取堅決的遏制政策，其目的就是全面地使用不可動搖的反擊力來阻擋蘇聯人，只要他們流露出侵犯一個和平穩定世界的利益的跡象。」[95]

遏制作為「不可動搖的反擊力」——其含義並不明確，但有些人認為遏制是指囊括一切的全方位力量。如果這個積極的而非消極的政策是由西方自身內部的力量來承擔，那麼它對蘇聯造成的緊張感要麼促使蘇聯衰落，要麼使其走向成熟。不管怎樣，西方都是勝利者，這是慷慨的上帝在考驗西方至高無上的價值觀。

這篇文章有一大半是在描繪蘇聯和馬列主義的「黑暗圖景」。這一意識形態是偽科學的，含義不清的，空想的，也是不切實際的。布爾什維主義生長的特殊環境造成了一種氣氛「即懷疑與敵對勢力永久和平相處的可能性」。這樣的敵對勢力必須屈服，否則就是被摧毀。只有蘇共掌握真理，並且不受任何限制。蘇聯必須保持共產黨專政，這是為了消滅國內外的資本主義。蘇聯國內的反對派就是外國資本主義的臥底。要鞏固蘇聯的獨裁統治，需要安全、紀律以及經濟壟斷，這才能使社會主義蘇聯防禦「不能和解的外國敵對勢力」。肯南認為，蘇聯統治者根本不會「放棄那個維繫專制權力存在的神話」。所有這一切造成了當代蘇聯的政治品格。蘇聯相信「資本主義與社會主義的對抗是與生俱來的」，這是蘇聯政治的首要特徵。由此造成蘇聯政治的「隱祕性，不坦蕩，狡猾，多疑，以及動機不純」。這些都是蘇聯的基本品性造成的。克里姆林宮「永遠正確」，因為它是「真理的唯一掌握者」，這就是蘇聯的政治特色。只有嚴酷的事實，而不是言語，才能改變蘇聯的行為。西方必須對付這樣一個野蠻國家，遏制理論也因此應運而生。[96]

就X文章表達的所有主題而言，「遏制理論」是全文最突出的部分。然而，這是肯南對蘇聯的消極看法，他把蘇聯描繪成黑暗的、西方文明的對立面，蘇聯祕密的拜占庭式的東方主義傳統，歷來就與他的讀者群的認識高度一致，不過這需要他的闡釋。肯南對蘇聯的消極評價在他的通信中表現的尤為突出。在肯南的通信中，他批評了羅斯福與蘇聯的戰時合作政策，以及羅斯福努力姑息克里姆林宮，以獲取他們贊同一個成功的長期的戰後安排。肯南和大多數里加俄國通所持的立場是，美蘇合作是不可能的，再多的讓步也不會滿足蘇聯尋求擴張和霸權的野心。現在，肯南擔當起負責推翻羅斯福對蘇政策的領導角色。

在肯南的文章發表後不久，著名的政治評論家、記者沃爾特·李普曼在《紐約先驅論壇報》發表了系列文章，這些文章後來收錄在《冷戰：美國外交政策研究》（The Cold War: A Study in U.S.Foreign Policy）一書中。李普曼的文章反對肯南的遏制理論，如果羅斯福在世也會這樣。李普曼提出一個隔開蘇聯的替代性方案，這類似羅斯福的想法，假如他還活著的話。李普曼認為，1947年3月12日杜魯門總統向國會所宣佈的杜魯門主義的核心思想就是遏制政策。遏制意味著以塹壕戰的方式把美國的力量分散在蘇聯周邊地區，而不是把力量集中在包括地中海防線在內的大西洋共同體。遏制政策的目標應是與德奧兩國進行條約談判，其內容將包括撤退非歐洲國家的軍隊，即使這意味著以賠償、讓步和簽署貿易協定的形式向蘇聯提交贖金，也在所不惜。蘇聯紅軍已經擊敗德國；一旦蘇聯撤離，德國就能解放。軍隊撤離能恢復歐洲的勢力均衡，李普曼認為這也是俄國帝制時代和蘇聯外交的目標。他寫道，「我們的目標不是去組織一場意識形態的聖戰。也不是要將東歐的農民變成傑弗遜式的民主派……只是平息戰爭以及恢復歐洲國家的獨立，其辦法就是撤離外國軍隊──所有外國軍隊，我們國家的軍隊也不例外」。[97]

肯南明白布爾什維克的目標與沙皇俄國的目標不同，這種不同來自馬克思主義的意識形態。肯南首先分析的對象是馬列主義。他認為，對列寧而言，「戰無不勝的無產階級……會起來反對殘存的資本主義世界」，──資本主義不僅威脅社會主義祖國，而且已經對蘇聯內政橫加干涉，用肯南的話說，蘇聯創造了「與外國敵對勢力不能和解的半神話」，換言之，就是著名的兩大陣營學說。因為「資本主義與社會主義之間的對抗是與生俱來的」，克里姆林宮才形成了隱祕、狡詐、多疑和不友好的性格。肯南批評了蘇聯的落後，以及當某個獨裁者犯錯誤時所造成的教條問題。事實證明，肯南的致命批評是他對史達林腐朽體制的分析。[98]李普曼所嘲笑的是他自己對最極端的遏制政策的解釋──遏制的軍事化。

需要指出的是，肯南在提出遏制論之後，隨後就不再堅持遏制軍事化，但他在國務院的繼承者貫徹了這一學說。「1946年這位外交官曾竭力說服華盛頓官方相信，蘇聯必須被遏制──遏制手段是

通過武力威脅以及政治和經濟壓力——到了1948年，他發覺自己創造了一個怪物」。[99]

　　1948年4月，在一封寫給李普曼而又決定不寄送的信的草稿中，肯南向他最難對付的批評家李普曼做了自我辯護。肯南盡力劃清他與杜魯門主義的界限，卻強烈支持馬歇爾計畫。[100]「在這種情境下，我有點困惑的是發現自己被當作『杜魯門主義』的提倡者而遭到嚴厲的譴責，又面對作為建設性政治才能典範的馬歇爾計畫，從中我也許能獲得有用的教訓並提高我的水準」。他強調說，李普曼選擇「從軍事的層面來解釋我在X文章中提到的『遏制』一詞的意義，並且似乎認為遏制政策暗示了我們一方有意在紅軍到達自由世界的任何地方實施攔截」。然而，「遏制政策還包括努力鼓勵其他民族抵制這種類型的暴力（第三縱隊傀儡力量，而非蘇聯入侵），同時保衛他們自己國家內部的團結」。戰爭將是不可避免的，「假如他們讓整個歐洲毫無作為地遭受克里姆林宮正在主導的政治攻擊」。遏制並不意味著「我們必須在所有地方都保持同樣強大的軍事實力」。遏制必須是「有的放矢」。遏制也不等同於解放東歐。「我所說的『遏制』，是指把蘇聯的擴張盡可能地限制在它目前所達到的範圍，也就是說，大致是二戰期間蘇聯軍事推進所達到的最高水準」。遏制的重點也不能單一化，因為蘇聯會轉向其他目標。在東歐，當警察權力轉向當地的共產黨時，肯南就「可以確信一切都完了」。這種情形也適用於中國的東北和華北地區。國民黨沒有足夠的力量驅逐共產黨。該怎麼辦呢？

　　肯南「從來不說我們將——或者說應該——能夠全方位地以同等力量遏制蘇聯」。遏制也不是一個「被動的消極政策」。蘇聯人自身就有很多問題要應付，只要美國穩住陣腳，他們將不攻自破。蘇聯內部的矛盾就夠他們受的了。「是蘇聯人，而非我們，不能承受一個世界分成自由和奴隸兩個部分」。肯南把責任推到蘇聯人身上，他們早在第一次世界大戰之前就提出了這個問題：「沒有一個理論比這更惡毒更胡說的了，該理論說他們對我們的敵意是我們咎由自取的結果。」肯南特別指責李普曼，因為「你暗示說，如果我們與蘇聯人有更多的溝通，那麼我們許多問題也許不知怎樣就解決掉了。當然，這是羅斯福總統的談話方式，如果你願意，引誘他們

就是了」。肯南認為，那樣的可能性很小。「記住：這些人是我們的敵人。這不是尋常的國家利益衝突。他們是我們的敵人，不僅是由於他們長達50年的思想與情感信念所致。他們是我們的敵人，因為蘇聯整個權力結構是建立在這種敵意理論的基礎之上，而沒有這種理論，就無法證明其正當性——即使是犯罪」。對肯南來說，羅斯福式的對蘇妥協倡議是沒有實現機會的。美國必須保持強大，等候共產主義的垮臺或者壯大。[101]

然而，如果西方變得如此強大，以致對他們來說，唯一的替代策略就是與蘇聯進行強迫性的合作或垮臺，那將怎樣？如果美國遭受威脅，乃至其軍事開支超過蘇聯人，從而面臨破產的危險，那將怎樣？如果美國能夠設計和建造的武器超過了對方的科技能力，那將怎樣？結果將如何？

關於不可調和的敵人這一主題，即一方要麼滅亡要麼壯大，在肯南日後的通信中仍然是一個長久的話題。比如，在1950年11月另一封從來沒有寄給《紐約時報》的書信稿中，肯南打算提醒安妮・奧黑爾・麥考密克（Anne O'Hare McCormick），隨著蘇聯紅軍進入東歐，「絕沒有理由認為莫斯科不能利用這場軍事風波服務於她的政治目的；我們非但不會認真反對，而且會在許多方面給予其支持，但在莫斯科眼中此舉形同制裁」。[102]次年，肯南寫信給曾在《基督教科學箴言報》工作的威廉・亨利・錢伯林（William Henry Chamberlin），他是一位著名的前駐莫斯科記者和作家，肯南坦白地說：「我覺得你對雅爾達會議（當然，雅爾達會議只是一系列複雜錯誤最終釀成的結果，這一切都是由於羅斯福對蘇聯政權的性質和野心完全判斷失誤造成的）的道德和政治後果估計的太輕了。」[103]

從參與莫斯科美國大使館的工作到他在1952年親自擔任駐蘇大使前夕，肯南一直堅決認為美蘇合作是不可能的，並把這種合作視為「綏靖政策」，其意義之糟糕堪比張伯倫的慕尼克陰謀，也就是骯髒的膽怯的行為，他對此只有蔑視。

在1952年5月至9月期間，肯南擔任駐蘇大使，然後又以不受歡迎的人為由被提前免職，這段經歷並沒提升他對蘇聯的看法。他經常將自己離開蘇聯的經歷與老西伯利亞肯南的被驅逐相比較：「當然，你認為我那位傑出的親戚、老喬治肯南終生關注俄國的自由事業，這是

很正確的。你該記得，在本世紀初，俄國政府為了懲罰肯南對此的關注，把他趕出俄國，肯南的存在已經成為俄國政府的麻煩。」[104]

那年冬天，杜魯門離職，艾森豪總統上臺。1953年1月，肯南在斯克蘭頓（Scranton）向賓夕法尼亞州律師協會發表演說。肯南的評論是導致他在1953年被國務卿杜勒斯（John Foster Dulles）免除政府職務的直接原因。他從國務院政策規劃司的同事那裡得知，有位記者從另一個記者那裡聽說，國務卿杜勒斯「現在認為後者（指肯南）是一個非常危險的人物：他主張允許中共進入聯合國，停止美軍在三八線的軍事行動」。肯南則認為，「如果我的觀點被接受，那麼我們的軍隊就不會打到鴨綠江，中國也就不會干涉，而提前結束朝鮮戰爭就是更好的結局」。[105]

斯克蘭頓的演說不過是重複肯南著名的遏制理論。他提出一些警告。比如，儘管肯南認為朝鮮戰爭是正當的，他還是希望「盡可能不要」使用武力。肯南再次嚴厲批評了羅斯福總統，他說，「雖然羅斯福一直在試圖向他們（克里姆林宮領導人）表示友好與信任，結果還是一場空」。此外，他把對付克里姆林宮的十大原則縮減為四個：態度強硬；頭腦要冷靜謹慎；做好談判準備；爭取國內和國際的團結。[106]

到了1956年，肯南才能平靜地看待他被驅逐出蘇聯以及稍後離開國務院的事情，他把所有不快置諸腦後，開始了他在普林斯頓高等研究所擔任大學教授的新生活。他在這個崗位一直工作到2005年去世時為止。這中間有一個主要的例外，就是他在甘迺迪政府期間一度出任駐南斯拉夫大使。不過，他的愛好——寫作與教學——現在成為他的天職。在隨後的大約50年裡，以他的才幹，他取得的驚人成就是多方面的，他獲得了兩次普立茲獎（Pulitzer Prize）和一個國家圖書獎。肯南依然沒有改變他對蘇聯的消極印象，因此他也繼續譴責羅斯福總統的戰時政策。肯南的長壽多產以及他的獨特觀點，使得美國人對蘇聯的認知及對蘇政策趨於消極的一面。當他的預言像奇蹟一般地實現時，肯南可以心滿意足了。一事成功百事順，他活著看到了美國外交政策的肯南化，他及其傑出的先輩都能夠憑藉這驕人的成績說，他們早已經告訴美國人應該這樣做。然而，遏制政策的實施，還需要一位鐵腕人物——最冷酷的冷戰鬥士——保羅·尼采（Paul Nitze）。

註釋：

[1] Walter L.Hixson, *George F.Kennan:Cold War Iconoclast*, 35.

[2] George F.Kennan, "The Soviet Way of Thought and its Effect on Foreign Policy," in *Measures Short of War:the George F.Kennan Lectures at the National War College, 1946-47*, Giles D.Harlow and George C.Maerz, eds., 128.

[3] Hixson, *Kennan*, 40.

[4] Hamilton Fish Armstrong to George F.Kennan [以下簡稱 GFK], January 10, 1947, box 28, f.6, GFK Papers [以下簡稱GFKP], Seeley Mudd Manuscript Library [以下簡稱SMML], Princeton University[以下簡稱PU].

[5] GFK to Armstrong, February 4, 1947, in ibid.

[6] Armstrong to GFK, March 7, 1947,in ibid.

[7] GFK to John T.Connor, March 10, 1947, in ibid.

[8] Byron Dexter to GFK, April 14, 1947, in ibid.

[9] Armstrong to GFK, May 15, 1947, in ibid.

[10] Arthur Krock, "A Guide to Official Thinking About Russia," *New York Times*, July 8, 1947, 22.

[11] Hixson, Kennan, 43.對「西伯利亞」肯南和喬治・F・肯南的對比研究，參見 Donald E.Davis and Eugene P.Trani, "A Tale of Two Kennans:American Russian Relations in the Twentieth Century," 31-55.

[12] GFK, *Memoirs*, 1925-1950, 84, 85, 86.

[13] Ibid., 180.

[14] GFK to Harriman, September 18, 1944, box 28, f.1944, GFKP, SMML, PU.

[15] "Recollections of Mr.Harriman," p.333, box 872, f.2.Recollections, WAH, LC.

[16] GFK, Memoirs, 1925-1950, 503-5.

[17] Ibid., 506-09.

[18] Ibid., 510-31,quotes on 514, 515, 530, 531.

[19] Ibid., 532-33.

[20] Ibid., 536-38,long quote on 540.

[21] Ibid., 541.

[22] Ibid., 543-44, quote on 545.

[23] FDR to the Secretaries of State, War, and the Navy(April or May 1943), box 309:Aid to Russia, f.2, pt.2, Sherwood Collection[以下簡稱SC], Franklin D.Roosevelt Papers[以下簡稱FDRP], Franklin D.Roosevelt Presidential Library[以下簡FDRPL]. 也可參見Weil, Pretty Good Club, 139.

[24] GFK, Memoirs, 1925-1950, 543.

[25] 引自1996年CNN電視節目，「冷戰」，詳情登陸：http://www.cnn.com/SPECIALS/ cold.war/episodes/01/interviews/kennan.

[26] GFK, "The Shattering of the Rooseveltian Dream," May 1965, box 21, item 141-III, GFKP, SMML, PU.

[27] Ibid..

[28] Harriman and Abel, *Special Envoy*, 447.

[29] Ibid., 448.

30 Ibid., 448, 449.

31 Ibid., 452, 453.

32 Ibid., 454, quote on 457.

33 Ibid., 457.

34 Ibid., 458, 459.

35 關於大衛斯——邱吉爾會談詳情，參見Robert H.Ferrell, *Harry S.Truman:A Life*，他稱此為「很快就被遺忘的憤怒」（202）。

36 Harriman and Abel, *Special Envoy*, 463.

37 Ibid., 463, 464, 467.關於普京的評論與作者對他們的批評，參見Time's "Person of the Year" issue, December 31, 2007 January 7, 2008, 48;and Eugene P.Trani and Donald E.Davis, "Time Magazine Missed an Opportunity," *Richmond Times Dispatch*, January 12, 2008.

38 Harriman and Abel, Special Envoy, 468-69, 471, quotes on 473, 475.

39 Ibid., 476,quote on 488.

40 Ibid., 481, 482-83.

41 Ibid., 484, 486, 487.

42 Ibid., 490, 491.

43 Ibid., 493-95.

44 Ibid., 498-501, quote on 500.

45 Ibid., 508.

46 Ibid., 514-15.

47 Ibid., 519, 526.

48 Ibid., 533.

49 Ibid., 546;Cable 861.00/2-1246, as quoted by Kenneth M.Jensen, ed., *Origins of the Cold War:The Novikov, Kennan, and Roberts 'Long Telegrams' of 1946*, 69.

50 GFK, *Memoirs*, 1925-1950, 294.

51 Ibid., 295, 298.歷史學家Robert H.Ferrell儘管承認肯南的長電報對杜魯門總統的重大影響，但他還是低估了該電報對杜魯門總統的直接影響（Truman, 248, 429n4）。David McCullough贊同這一直接影響（Truman, 491）。持不同看法的包括Alonzo L.Hamby（*Man of the People:A Life of Harry S.Truman*, 346），以及Wilson D.Miscamble（*George F.Kennan and the Making of American Foreign Policy, 1947-1950*, 27）。

52 Joseph Stalin, "Speech Delivered by J.V.Stalin at a Meeting of Voters of the Stalin Electoral District, Moscow, February 9, 1946," from the Pamphlet Collection of J.Stalin, *Speeches Delivered at Meetings of Voters of the Stalin Electoral District*, Moscow, 19-44.在這篇演說中，史達林指出，第二次世界大戰的爆發不是偶然的，而是資本主義世界「分裂成兩大敵對陣營，並在他們之間爆發戰爭」的結果（22）。此外，蘇聯「社會制度證明比非蘇聯社會制度更加穩定，可行，因此蘇聯社會制度是比任何非蘇聯社會制度都優越的社會組織形態」（27）。Ronald Grigor Suny在*The Soviet Experiment:Russia, the USSR, and the Successor States*一書中指出，「儘管這篇演說是蘇聯關於二戰爆發原因的一個相當傳統的聲明，在西方有許多人認為該演說是蘇聯仇視西方的一個挑戰性宣言。聯邦最高法院法官William O.Douglas認為這篇演說是蘇聯的『第三次世界大戰宣言』」（350）。

53 GFK, *Memoirs, 1925-1950*, 287, 290.毫無疑問，肯南認為，這次他的觀點獲得重視，正好反映了「財政部與國務院的痛苦與迷茫」（293）。

54 Ibid., 291-92.

55 FRUS:Eastern Europe The Soviet Union, 1946, 6:695n.

56 GFK, *Memoirs, 1925-1950*, 294-95.

57 GFK, "Long Telegram," in Jensen, ed., *Origins of the Cold War*,28.

58 Ibid., 18, 19.

59 Ibid., 20, 21.

60 Ibid., 29-31.

61 Acheson, *Present at the Creation*, 151, 196.

62 GFK, "Long Telegram," in Jensen, ed., *Origins of the Cold War*,29. This quote and comment is singled out by C.Ben Wright, "Mr.'X' and Containment," 9.

63 Wright, "Kennan F.Kennan," 411.

64 Ibid., 412, as quoted by Wright.

65 Ibid., 413, as quoted by Wright.

66 Hixson, Kennan, 31.

67 Mayers, Kennan, 100.

68 Ibid..

69 Henry A.Wallace, "The Way to Peace," September 12, 1946, Madison Square Garden, New York, http://newdeal.feri.org/wallace/haw28.htm.

70 GFK to Chip Bohlen, January 2, 1945, box 28, f.1945, GFKP, SMML, PU.

71 Ibid..

72 Ibid..

73 Ibid..

74 Ibid..

75 Ibid..

76 Ibid..

77 Ibid..

78 Bohlen, *Witness to History*, 1929-1969, 176.

79 Ibid..

80 GFK to Mr.Ambassador, February 24, 1945, box 23, item 35, GFKP, SMML, PU.

81 GFK to Mr.Ambassador, March 8, 1945, box 23, item 36, Ibid.

82 GFK to H.Freeman Matthews, August 21, 1945, box 28, f.1945, Ibid.

83 GFK to "Durby"[Elbridge Durbrow], January 21, 1946, box 28, f.1946, Ibid.

84 Henry Norweb to GFK, March 25, 1946, box 28, f.7, Ibid.

85 GFK to Bruce Hopper, April 17, 1946, box 28, f.7, Ibid.

86 GFK, *Memoirs*, 1925-1950, 299.

87 GFK to George Russell, circa September 1946, box 28, f.7, GFKP, SMML, PU.

88 GFK, *Memoirs*, 1925-1950, 304.

89 Harlow and Maerz, *Measures Short of War*, 14, 16.

90 Ibid., 66, 74.

91 Ibid., 121, quote on 128.

92 GFK, *Memoirs*, 1925-1950, 356.

93　GFK, "The Sources of Soviet Conduct," as taken from http://www.foreignaffairs. org/19470701faessay25403/x/thesourcesofsovietconduct.html.（斜體字是作者注）

94　Ibid.，第二部分最後一段的開頭部分。

95　Ibid..

96　Ibid..

97　Walter Lippmann, *The Cold War:A Study in U.S.Foreign Policy*, 36.對史達林晚年景況有意思的研究參見Harrison E.Salisbury, *American in Russia and Moscow Journal:The End of Stalin*。

98　GFK, "Sources of Soviet Conduct." 566-82.

99　參見Acheson, Present at the Creation, chap.25 and pt.3。相關引用，參見Walter Isaacson and Evan Thomas, *The Wise Men:Six Friends and the World They Made*, 435。

100　GFK to Walter Lippmann, April 6, 1948, box 17, item 7, GFKP, SMML, PU.

101　Ibid..

102　GFK to Anne O'Hare McCormick, November 15, 1950, box 29, f.1950, GFKP, SMML, PU.

103　GFK to William Henry Chamberlin, October 20, 1951, box 29, f.1951, GFKP, SMML, PU.

104　GFK to Gregoire Alexinsky, December 3, 1952, box 29, f.1952, a n, GFKP, SMML, PU.

105　GFK, *Memoirs*, 1925-1950, 496.

106　"Address by the Honorable George F.Kennan before the Mid Winter Dinner Meeting of the Pennsylvania State Bar Association at the Casey Hotel, Scranton, Pennsylvania, Friday, January 16, 1953, at 9:00 p.m., e.s.t.," box 2, item 21, GFKP, SMML, PU.

Chapter 7
幕後操縱者
Gray Eminence

　　保羅・H・尼采始終是一位在場的影子或「幕後操縱者」，他連續為從杜魯門到雷根的八位美國總統效力。這一切開始於1940年初夏，當時保羅・尼采的朋友、「沉默的六人」——羅斯福總統的助手——之一的詹姆斯・福里斯特爾邀請尼采去華盛頓擔任他的「祕書」。尼采寫道：「按照這種完全不合常規的方式，我開始了在華盛頓的工作。」[1]他在那裡生活了50年。[2]隨著柏林封鎖事件的結束，在1949年5月間，命運多舛的玫瑰宮會議（Palais Rose Conference）在巴黎召開，此次會議討論了德奧問題，尼采作為負責經濟工作的國務卿幫辦，受命協助肯南處理此次會議的經濟問題。1950年1月，他接替肯南擔任國務院政策規劃司司長，也就是「智囊團首領」。1949年9月，美國正好獲悉蘇聯在當年8月29日引爆了第一枚原子彈。[3]

　　尼采評論道，形勢不妙。此前，史達林在1946年2月19日發表了一次演說。他再次提出社會主義與資本主義之間必然發生戰爭的兩大敵對陣營理論。1949年10月1日，中華人民共和國也宣告成立。1949年10月7日，德意志民主共和國成立。次年1月，蘇聯代表雅各・A・馬利克（Jacob A.Malik）退出了聯合國安理會。1950年2月14日，蘇聯與中國簽署了《友好同盟互助條約》。同年2月，英國原子彈專家克勞斯・福克斯（Klaus Fuchs）因有間諜嫌疑被捕。1950年2月9日，參議員麥卡錫（Joseph R.McCarthy）在西佛吉尼亞州的惠靈市第一次指控杜魯門政府的國務院中有205名共產黨嫌犯。[4]這是一個危險的時代。

　　尼采的決策工作包括草擬NSC 68號文件（國家安全委員會第68號文件）。這份文件非常權威地解釋了如何運用肯南的遏制理論，

以增強美國和盟國的軍事力量，從而達到限制和削弱蘇聯的目的。
NSC 68號文件以如下方式出臺。1950年初，尼采繼肯南之後接管
政策規劃司的工作。一反肯南對規劃司進行微型管理的常態，尤其
把他的所有報告都視為「不朽的銘文」，尼采則使每一個報告都成
為一個「聯合產品」，還負責「決定規劃司的立場以及報告的最後
工作……」如尼采所言，政策規劃司面臨兩個問題——蘇聯獲得了
核裝置以及毛澤東政權的鞏固。他斷言：「我們正處於國際勢力均
衡發生根本變化的邊緣。問題是：我們該如何應對這些變化？」肯
南認為，要對中國問題施加影響是沒有任何效果的。關於核問題，
「他認為禁止核武器使用的時機已到，要與蘇聯重新談判對核能源
的國際控制問題」。肯南反對研製氫彈，儘管著名物理學家愛德
華‧泰勒（Edward Teller）認為氫彈的研製具有可行性。經過認真
的考慮之後，杜魯門總統詢問蘇聯人是否有能力研製氫彈。在得到
肯定的回答之後，杜魯門下令啟動被稱為「超級核武器」的氫彈研
製計畫。1949年11月，史達林就已經下令研製氫彈，比美國早了三
個月。尼采想要知道的是，熱核武器對國家安全意味著什麼？[5]面對
這些可能性，尼采依然是頑固的實用主義者。

　　美國加速發展超級核武器的決定始於1949年11月18日，當時
杜魯門總統成立了國家安全委員會（NSC）特別委員會評估國際
時勢。1950年1月31日，該委員會提出的報告贊成加速氫彈研製計
畫，這份報告促使杜魯門總統指導NSC 68號文件的戰略評估。3月30
日，這份報告草案傳到政府高層官員手中。國防部長路易士‧詹森
（Louis Johnson）把報告分發給他的高級幕僚。那時，這份報告得到
了羅伯特‧A‧洛維特（Robert A.Lovett）的「大力支持」，不久洛
維特被任命為國防部副部長。杜魯門政府還成立一個國防小組（state
defense group）檢查計畫的可行性，從1950年2月中旬到同年4月14日
NSC 68號文件最終提交時為止，國防小組一直在緊張地工作。[6]

　　NSC 68號文件的起草工作由國務院政策規劃司負責。最初，這
份報告的結論遭到國防部長路易士‧詹森的反對，他想把花費控制
在130億美元。國務卿艾奇遜和他的政策規劃司獲勝了。儘管這份
報告沒有談到經費預算，尼采估計在4到5年的國防支出中，每年將
是400億美元。[7]他一直主張，1954年並非預想的美蘇開戰的年份，

而NSC 68號文件的反對者卻常這樣指出。1954年是危險「最大」的一年。此外，尼采認為NSC 68號文件並沒有嚴重違背美國政策。這份文件詳細說明了肯南的NSC 204號文件的觀點：「考慮到蘇聯在國內外的行動可能會危害我們的安全，美國為此要做好及時而充分的鬥爭準備。」因此，NSC 68號文件要求每年都要更新武器，它呼籲美國「要逐步提高應對最新發展的能力」。在這份報告的最後起草階段，尼采得到了「土豆條」查理斯‧E‧波倫的協助。後者的立場比NSC 68號文件的態度更保守，他強調說，蘇聯人「最大的興趣是維持他們在國內的權力基礎，其次才是維持對衛星國的控制，而進一步對外擴張的野心不過是他們的第三優先選擇」。波倫始終認為NSC 68號文件「過分強調了」蘇聯的擴張性。[8]

　　NSC 68號文件把美國的冷戰政策闡述得淋漓盡致。其主要設計人和作者就是保羅‧尼采。肯南提出了遏制理論。尼采的「擊退」政策要求消除蘇聯在國外的成功。[9]實際上，在NSC 68號文件中所體現出來的對蘇懷疑主義，之前已經被肯南以及羅伯特‧凱利手下健在的「里加俄國通」們如洛伊‧亨德森和「土豆條」波倫復興過，尼采和艾奇遜則把它擴大為嚴重的對蘇恐懼症。隨著他們對蘇聯威脅論認識的加深，尼采後來評價說：「杜魯門、艾奇遜、哈里曼、波倫、肯南、賽名頓（Symington）、柯利弗德（Clifford）、科南特（Conant）以及我本人都是志同道合的夥伴。」[10]NSC 68號文件是連接肯南的「遏制政策」與雷根總統的「邪惡帝國論」之間的一條紐帶。[11]對NSC 68號文件的一項分析說明了這一點。[12]

　　這份報告開篇說，在第二次世界大戰結束之際，全球權力分配也呈現出美蘇兩極化形態。NSC 68號文件認為，蘇聯「在一種與我們完全對立的新的狂熱信仰的驅使下，企圖稱霸於世界」。[13]由於大規模殺傷性武器的使用，以暴力和非暴力的方式爆發的衝突具有地區性、功利性和恐怖性的特徵。美蘇兩個超級大國之間剛形成的兩極化權力格局是不穩定的：「在克里姆林宮控制下的地區若做進一步的大規模擴張，那麼要凝聚遏制克里姆林宮的更強大的聯合力量將是不可能的。」NSC 68號文件稱，其後果將「不僅造成共和政體的毀滅，而且會危及人類文明」。該文件把這個過程稱作「克里

姆林宮陰謀」，這種稱呼在全文中出現12次以上。克里姆林宮企圖摧毀非蘇聯世界的國家機器和社會結構，取代它們的將是蘇聯的傀儡國家，其第一步是控制歐亞大陸，然後則把矛頭指向其主要敵人美國。美國的「完整性與生存能力必須想方設法地被摧毀，假如克里姆林宮要實現它的根本計畫的話」。[14]

上述評論首先認為美蘇之間的關係屬於摩尼教式的二元論，是一個非此即彼的狀態，中間沒有其他東西——一個排他性的中間地帶——存在。美國是阻撓蘇聯目標實現的最大威脅。NSC 68號文件開頭就說，這是一場自由與奴役之間的根本鬥爭，或按照它後來的說法，這是一場善惡之間的鬥爭。[15]

要迎接蘇聯的猛烈挑戰，美國應該在軍事、經濟和政治上「壯大自身力量」，並要「促使蘇聯制度性質發生根本性的變化，要實現這一目標，挫敗蘇聯的野心是首要的也是最重要的一步」。只有壯大了西方的「物質和精神力量」，蘇聯才會與西方妥協，並實現雙方的共存。武力只是最後的手段。軍事力量是為了威懾蘇聯的進攻。NSC 68號文件引用了《聯邦黨人》（The Federalist）第28篇的話說，如果美蘇交戰，「使用的手段必須與禍害的範圍相符」。禍害也許是非常有限的，但也有可能是全球性的。美國及其盟友——自由世界——必須自由支配所有可以利用的資源，制止從非常有限的常規戰爭到全面的熱核戰爭的各種威脅。否則，美國則不得不根據戰爭威脅的程度做出相應的妥協，而不是與蘇聯針鋒相對。該文件根據蘇聯所掌握的不斷增長的威脅手段，建議美國做出有計劃的反擊行動。[16]

蘇聯制度被描述成一個好戰的世界範圍的革命運動，一個「新的普遍性信仰」，一個「『科學社會』的模範」——是一個披著極權主義外衣的沙俄帝國主義的繼承者。蘇聯發動戰爭是根據實際需要，否則就採取暴力、顛覆和欺詐的手段，沒有任何道德顧忌。蘇聯沒有道德感，是一個機會主義者。[17]簡言之，蘇聯是反人類的，因為她「違反了人類最好的、最強烈的潛在本能……」因此，這也許證明蘇聯是「非常軟弱的」。也就是說，蘇聯「不敢鬆弛危機和動員狀態，如果這樣做，蘇聯就會失去活力，那麼蘇聯體制內部腐敗的種子就開始繁衍起來並自取滅亡」。美蘇經濟力量對比是4:1，

在某些特定領域也是如此，雖然美國領先蘇聯的科研優勢不是很明顯，但報告指出克里姆林宮的經濟力量都集中在軍事武器的研製上面。蘇聯正在縮小與美國的差距，並在營建一個近乎超級的軍火生產基地。因此，由於蘇聯傾全力於軍備競賽，美國的優勢地位會逐漸喪失。鑑於這種形勢，報告根據蘇聯超量的常規軍事力量及其剛擁有的核力量，描述了1950年的世界形勢的前景。蘇聯擁有的常規軍事力量和核力量使它不僅是威懾性的而且是攻擊性的強國。參謀長聯席會議認為蘇聯有能力主動出擊，佔領西歐，進犯東歐，鞏固遠東，並從空中和海上把英國孤立起來，最後攻擊在北美的特定目標。隨後，蘇聯能夠同時在上述地區開展進一步的軍事行動，迫使該地區國家投降或者是滅亡，並增強蘇聯自身的防空力量。NSC 68號文件通過描述這種令人驚駭的景象，呼籲西方國家為提高他們的軍事力量做出長期不懈的努力，以達到威懾或拖垮蘇聯的目的。報告還指出，西方國家可能遭到原子彈的攻擊：英國淪為廢墟，西歐和北美的重要城市被摧毀。[18]

NSC 68號文件的第六部分「美國的目標與能力──實際的與潛在的」，分析了西方國家預防這種致命後果的現有可能性，並描繪了假如整個形勢照舊，而西方也沒有領會遏制政策全部意義將出現的可怕圖景。因此，遏制政策通過「除戰爭以外的所有辦法，其目的是：（1）阻止蘇聯勢力的繼續擴張；（2）揭露蘇聯藉口的虛偽性；（3）打壓克里姆林宮的控制力與影響力；（4）總體上，扶植蘇聯體制內部的破壞性勢力，使之能迫使克里姆林宮遵照普遍公認的國際標準修正她的行為方式」。[19]然而，NSC 68號文件認為，遏制政策的核心目標是美國必須單獨或與其盟國一起「擁有絕對的力量優勢」。這種優勢一旦獲得，並能長期保持下去，不僅可以確保國家安全，而且為「『遏制』政策的執行提供不可或缺的支持。如果美國及其盟友沒有隨時可以動員的超常規軍事力量，『遏制』政策實際上就是一項有準備的漸進的威懾政策──那麼遏制政策不過是虛張聲勢而已」。[20]

根據上述聲明，NSC 68號文件顯然是為了完善肯南原本模糊的遏制觀念，並考慮如何把遏制政策付諸實踐。根據尼采的解釋，遏制政策不僅需要「除戰爭以外的一切手段」，還要考慮資金儲備、

武器裝備，而西方「軍事力量的整體優勢」也是對蘇聯進行「有意的漸進的脅迫」所必需的，這種軍事優勢要有實質保障，而不是虛張聲勢。每個現實主義者都清楚，在需要攤牌的時候，軍事上必勝的一方早已嚴陣以待。這就是NSC 68號文件的靈魂所在，肯南的遏制主張不可與此相提並論。所謂有意的漸進的脅迫，其目標是擊退蘇聯，直至其退縮或自取滅亡。報告建議在美國逐漸強大的優勢壓力下，也要給蘇聯的退卻留有餘地。報告認為，在1950年，西方能夠確保西半球的軍事防禦，但在英國和近中東地區的軍事防禦力量不足。但願在未來2到3年，如果面臨突發事件甚至更短的時間內，「美國及其盟國的軍事潛力得到快速的實質性的增加，以便有足夠的軍事力量制止戰爭，或者能阻擋蘇聯的襲擊和持續性進攻，並予以更大規模的報復」。[21]

值得注意的是，NSC 68號文件的第七部分「當前的危險」，提出了一個非此即彼的前景，因為該報告把一切矛頭都指向所謂的「克里姆林宮陰謀」。報告解釋說，作為一個無法調和的制度的「陰謀」，其意圖是「憑藉將摧毀我們自由民主制度的手段，將其秩序強加給其他國家」。蘇聯的這個陰謀之所以險惡是由於「克里姆林宮擁有的核武器為其陰謀提供了新的力量保障，並使我們的民主制度處於更加危險的境地」。由於當前的危險達到「新的嚴重程度」，也就是「一場全面戰爭」，這意味著「如果敗在極權主義者手中，就是徹底的失敗。在一個兩極分化、急劇收縮的世界中，這些危險對我們來說是蜂擁而至，以致我們別無選擇，最終結果是，我們要麼成功地遏制蘇聯，要麼淪為她的階下囚」。根本不存在所謂的中間地帶或妥協政策。美國及其盟國非勝即敗；這種結局對蘇聯也是如此。在報告的下一段，克里姆林宮的陰謀被稱作「邪惡」。NSC 68號文件預見了雷根政府削弱和摧毀這個「邪惡帝國」，竭盡全力獲取優勢地位的最終結局。在克里姆林宮時刻檢驗西方意志力的情況下，美國及其盟國所做的軍事準備，為避免全球或全面戰爭的發生創造了可能性。[22]

NSC 68號文件的第八部分「核武器」，也是全文最重要的一部分，尼采在這裡探討了核武器的使用，並回應了肯南等人的批評。這部分經常被引用，其重要性在於，該報告認為1954年——「極端

危險的一年」──是可能會爆發核戰爭的年份。這是因為美國將失去優勢，而蘇聯會通過核襲擊造成嚴重破壞。這一點常被誤解為錯誤的預言。尼采指出，這種說法是不正確的──是對「NSC 68號文件的誤解」。[23]他指出，儘管1954年被認為是「極端危險」的一年，這也是因為「蘇聯或許擁有足夠數量的核武器和運載飛機，以至於能夠對美國造成大規模的（甚至是無法接受的）損失」。[24]沒有一項國際控制制度可以認為是萬能的，因為其控制力無處驗證，而延時策略也不足以實施報復行動。報告承認，只有蘇聯真正願意「妥協」，妥協的安排才有可能。報告斷言，「根本沒有希望與蘇聯達成一項關於國際控制的有效計畫，除非克里姆林宮的陰謀遭到挫折，促使蘇聯政策發生實質性的急劇變化」。[25]這份1950年的報告認為這樣的可能性似乎十分渺茫。

　　報告的第九部分「可能的行動方案」，列出了四個方案：繼續執行現有政策；孤立政策；對蘇開戰；迅速增強美國的防禦能力。前三個方案被認為是無效的或不可行的。這四個方案都以美蘇進行談判為背景，但談判的後盾是「要有防止蘇聯攻擊的足夠力量……」[26]即便這樣，所設想的談判，應該事先確定好蘇聯可能接受的方案。報告認為，蘇聯的陰謀不太可能發生「巨大調整」，因此，克里姆林宮的三大目標也很難滿足：竭力消除美國的核能力；阻止美國發揮她的優勢潛力；迫使美國取消她對盟國的承諾義務。[27]為了增加美蘇談判的可行性，而不是使用武力，有必要採取第四個行動方案。美蘇達成的協定必須能夠實施，不受暗中破壞的影響，為此要做好有效的應對措施。[28]

　　尼采在考慮了現有政策和孤立政策之後，對兩者都不贊成，因為它們都把美國侷限在西半球的有限空間內，而且使美國喪失掉盟國、貿易以及與其餘國家交往的機會。美國的優勢將轉到克里姆林宮一方，因為蘇聯控制了歐亞大陸，並威脅擊敗美國：「我們想不觸犯克里姆林宮是不可能的，除非向蘇聯徹底投降。孤立政策最終會迫使我們向蘇聯屈服，要麼就是孤軍奮戰，並處於守勢……如果採取這種行動方案，就沒有談判的可能，除非我們接受克里姆林宮的條件，因此我們將放棄所有重要的東西。」[29]報告指出，預防性戰爭是「不受歡迎的」，會引起美國人「反感」，除非是反擊蘇聯

將要發起的突襲。[30]NSC 68號文件總結說，只有快速增強美國的政治、經濟和軍事力量才是可行的：「顯然，必須快速而有效地壯大自由世界的力量，這樣才能確保旨在遏制和擊退克里姆林宮稱霸世界野心的政策穩定實施。」這份報告認為擊退的意思是指，「要使克里姆林宮認為妥協對它有利，因此首先得緩和緊張局勢和壓力，然後是逐步地撤退」。[31]

儘管在報告中沒有提及，但據估計在未來4到5年內，每年需400億美元的國防預算來解決所有可能的問題，特別是除全面戰爭以外的局部衝突問題。[32]如果沒有一項堅定的政策，綏靖就等於失敗。NSC 68號文件所建議的方案雖代價昂貴，但還承受得起。報告確信，趨勢能夠逆轉，但需要對美國「國內的財政經濟做重大調整」。[33]最後宣佈的擊退戰略，其意是指西方要積極地迫使蘇聯妥協、退縮，並使其制度發生必要的變化，從而達到挫敗蘇聯稱霸世界的野心。

巨大的國防預算招致很多批評。儘管NSC 68號文件沒有提及，杜魯門總統還是命令一個特別委員會對預算進行評估。甚至艾奇遜也感到驚慌失措，他說：「保羅，你為何不在報告中寫明預算數位。你應該做好估計，然後把預算額告訴我，以便我告訴杜魯門先生，只是要在仔細的估價之後，才能決定到底花費多少。」[34]特別委員會的預算局代表威廉·肖布（William Schaub）進行嚴厲的抨擊，他質疑NSC 68號文件的基本思想有問題。肖布認為，逐步升級的軍事預算轉移了國內必需的資源儲備，而這些軍事花費並不能產生價值。「對肖布以及預算局的人而言，增加三倍的軍事預算計畫是他們最糟糕的噩夢」。[35]經濟顧問委員會的漢密爾頓·迪爾伯恩（Hamilton Dearborn）和利昂·凱賽林（Leon Keyserling）都不認為「更大的國防預算就是災難性的」。[36]學者小撒母耳·F·威爾斯（Samuel F.Welles, Jr.）引用波倫的話，給出「國務院最消極的回應……」這回應是：「因此，它（NSC 68號文件）有把問題太簡單化的傾向，在我看來，這必然導致戰爭不可避免的結論。」蘇聯最想要的是保存他們的制度，並且只是在「沒有嚴重威脅到其國內統治」的前提下對外尋求擴張。[37]此時，整個問題在5月初陷入僵局。一位對此問題有真知灼見的學者對此評論說：「到了6月中旬，似

乎看來NSC 68號文件的建議方案註定要被遺忘了。把國防預算增加三倍是一個非常極端的想法。」[38]

　　1950年6月24日，形勢急轉直下，當時美國駐南朝鮮大使約翰・J・穆西歐（John J.Muccio）從漢城（首爾）致電國務院說，北朝鮮軍隊進攻南朝鮮。據威爾斯稱，「朝鮮戰爭最終促使NSC 68號文件提出的計畫被採納。如果不是朝鮮戰爭的影響，有足夠證據表明，政府不會同意大規模增加國防預算」。[39]此時，羅斯福總統妥協政策的時代終於一去不復返了。在美蘇關係史上，最消極的一段愛恨交錯的歷史，現在拉開了序幕。半個世紀以來，美國對俄國的懷疑主義觀念在此達到了頂峰：老喬治・肯南對沙皇政府的批評；希歐多爾・羅斯福總統對俄國在遠東推行帝國主義的不信任，威爾遜總統對蘇俄的隔離政策；里加俄國通勇敢的現實主義以及他們的「里加原則」；威廉・蒲立德、勞倫斯・斯坦哈特以及威廉・斯坦德利海軍上將所遭受的種種挫折；喬治・F・肯南的遏制政策——所有這些觀念如今凝聚起來，形成最消極的尼采的擊退戰略，在某種程度上，直到1991年蘇聯解體甚至此後，擊退戰略一直大行其道：「隨著喬治・肯南的離去，他所推崇的在政治和經濟上抵制共產主義的遏制政策再無擁護者。現在，國務院高度一致地認為遏制政策軍事化勢在必行。肯南的時代毫無炫耀地卻無可否認地結束了。」[40]

　　保羅・尼采的事業遠遠超越了這個重大文件本身，在隨後的歲月中，他對NSC 68號文件在理論和實踐兩方面都做了重要補充。這份文件的基本原則未變，它影響了從杜魯門和艾奇遜到雷根和喬治・P・舒爾茨（George P.Shultz）的歷任總統和國務卿。其影響力幾乎緊隨NSC 68號文件的出臺，因為北朝鮮入侵了南朝鮮。如尼采所說，「我猜想——並在起草NSC 68號文件期間已經反覆警告——蘇聯可能正在計畫或確實計畫了某種軍事行動，就是很難預測這一軍事行動會在何處發生」。北朝鮮的共產黨領袖金日成向莫斯科尋求指導和幫助。從事後看，他認為，戰爭發生在朝鮮是「那種從一開始就非常短視的政策所造成的必然結果」。[41]其遠因可追溯到1943年的開羅會議，此次會議決定把朝鮮半島以三八線為界劃分成兩部分，以後再統一。在1947年，有關這些問題的談判陷入僵局，

陸軍參謀長艾森豪將軍建議美軍撤離朝鮮，該建議直到1949年才獲得杜魯門的批准。

艾森豪的建議，以及他後來拒絕美軍撤離南朝鮮，對尼采有很大影響：在1952年他從一個共和黨人轉變成一個民主黨人，並指責艾森豪將軍在責備杜魯門總統以及拒絕支持馬歇爾將軍反對參議員麥卡錫的誹謗問題上，表裡不一。在朝鮮戰爭爆發兩天後，杜魯門總統同意聯合國的出兵決議，命令麥克亞瑟將軍給南朝鮮提供海軍和空軍支援。1950年6月30日，杜魯門還命令美國進行地面干涉，此舉獲得聯合國的許可。國務院政策規劃司認為蘇聯是朝鮮戰爭的幕後主持者，但無從證實。在朝鮮戰爭的第一階段，從6月底到9月中旬，杜魯門總統任命馬歇爾將軍取代路易士·詹森擔任國防部長。美軍在仁川成功登陸並反攻，朝鮮戰爭由此進入第二階段。在尼采看來，最重要的是，杜魯門現在接受了NSC 68號文件的擊退戰略，並將其付諸實踐，其表現是支持美國常規軍事力量，強化美國的戰略核力量，以及援助盟國。就美國而言，這一決定確立了冷戰的整個進程。此後，幾乎所有的決定，包括尼采在1987年締結的中程核武器條約，都是NSC 68號文件的直接結果。[42]沒有回頭路，無論在朝還是在野，他一直提供諮詢意見，如果需要的話，就表示反對意見——公開的與私下的形式都有。

1951年春，國務院政策規劃司認為和平解決朝鮮戰爭是可能的。中國在朝鮮戰爭中損失慘重，而蘇聯拒絕鼎力支援中國。在幾次不成功的試探之後，肯南與蘇聯駐聯合國代表團團長雅各·A·馬利克協商和談問題。隨後，在6月23日，馬利克明確表示蘇聯對朝鮮停戰感興趣，但停戰問題需要由參謀長聯席會議來處理，因為中國尚未得到美國承認。尼采前往東京為停戰談判做準備：停戰線的劃定，戰俘回國，及選擇回國的權利。在艾森豪政府初期，朝鮮戰爭和談結束。朝鮮戰爭最大的副作用是「加快了艾奇遜所謂的『軍事力量分佈』的建設步伐」，尤其當美蘇衝突被證明是不可避免的。其結果促使了NSC 79號戰爭目標文件的出籠。[43]

NSC 79號文件第一部分講述了對蘇戰爭的軍事目標：「徹底削弱蘇聯的核能力，同時把美國及其盟友的損失降到最小，以改變當前的軍事力量平衡為目標，使之有利於我方，以此作為對蘇談判的

基礎，而不是去奪取領土。」[44]美國對蘇政策可以概括為：「我們
鬥爭的對象是蘇共領導人，而不是蘇聯人民……」[45]蘇聯可以不解
體，但波羅的海國家及其衛星國除外。然而，美國該如何對待世界
上其他國家呢？尼采反對美國強權下的世界和平、世界政府以及均
勢，或包含這三者的所有因素。相反，他贊成徹底銷毀蘇聯的核武
器，把所有國家的核武器移交給聯合國，美國擁有否決權，削減常
規武裝力量，以及成立一個不斷變化的、有支配權的多國聯盟。[46]

　　尼采認為，朝鮮戰爭不僅暴露了美國的軍事弱點，還表明美國
的歐洲盟友實力有待加強。1949年4月，北大西洋公約組織的條約
規定其政治目標是重建自信，其手段是把蘇聯對任何一個北約成員
國的攻擊視為對所有北約成員國的挑戰。北約仍是紙上聯盟：「沒
有指揮機構，沒有軍隊，也沒有獲得這兩者的直接計畫。」僅就北
約組織的中期防禦計畫而言，其需求就是巨大的（100個常備師、
8000架飛機、2800艘船隻）。比較棘手的問題是，如何對待西德加
入北約組織。直至朝鮮戰爭爆發，艾奇遜還在堅守德國的非軍事化
政策，但現在問題不是西德是否要軍事化，而是何時實現軍事化。
歐洲諸國擔心德國重新軍事化會導致「創建一支歐洲的或北約的軍
隊，以及一個綜合的軍事指揮和供給系統……」尼采領導的委員會
負責解決防禦計畫的費用問題，該委員會制訂的尼采文件規定，美
國承擔防禦計畫的實際費用與歐洲國家所能支付的費用之間的差額
部分。在杜魯門政府結束之際，大部分重要的冷戰政策已經制訂完
成，這要歸功於許多人的共同努力，其中包括尼采所發揮的重要作
用。儘管人們認為尼采也許會擔任負責國際安全事務的助理國防部
長，但新任國防部長查理斯・威爾遜（Charles Wilson）告訴他說：
「由於你過去的背景，我無法容忍你的存在。」這意味著尼采的留
任批准程序很困難，特別是在波倫被提名為駐莫斯科大使時所招致
的問題發生之後。威爾遜還評論說：「有人說我是艾奇遜許多外交
政策的主要設計者，而不僅僅是其外交政策的執行人。」尼采辭職
了，現在成為一個忠誠的反對派。[47]

　　所謂忠誠的反對派，是指他反對國務卿杜勒斯的大規模報復主
義。用杜勒斯的話說，「基本政策就是主要依靠強大的報復能力，
其手段和地區根據我們的意願來決定」。[48]尼采認為杜勒斯主義徹

底否定了美國原來的外交政策。「我問道，就抵抗某種侵略行為這件事本身而言，自由世界如何界定它的性質，假如這種制裁實際上會導致自由世界的許多工廠和城市遭到毀滅的話？」尼采分析說，大規模報復行動只能是一個空頭政策。現實政策是採取逐步升級的威懾策略，也就是說，把戰爭規模限制在能達到威懾目的以及必要時採取反擊的最小狀態。[49]

對於核戰爭中沒有贏家這種觀點，尼采認為有兩種勝利：其一是你在結束戰爭時的處境只是比戰爭爆發前略好一點。另一個可能是，在戰爭結束時，其中一方的優勢超過了對方。在大規模核戰爭中，「我認為，參戰的一方或另一方完全有可能『贏得』這場戰爭，但是勝利方很快就會陷入非常混亂的狀態，不過我認為他的確是勝利者，因為他能夠對戰敗方無條件地發號施令。在這個意義上，勝利方非常有可能繼續稱雄世界」。[50]儘管如此，這種消耗戰，如果沒有一方能快速取勝的話，將是非常可怕的，必須採取一切措施阻止這種戰爭爆發。「顯然，如果一方不能在閃電戰中取勝，他就必須考慮這種替代方案，但是那種在接受不戰而敗與渴望贏取消耗式的核戰爭之間的界限則是非常模糊的」。[51]

尼采依然主張漸進式的威懾策略和提高防禦能力。在1960年，他根本看不到美國採取這種政策的可能性。他在加利福尼亞的艾斯洛瑪（Asilomar）發表了一篇有爭議性的論文。尼采在文章中提出兩個選項：A級能力與B級能力。A級能力使西方處於一個能夠贏取核戰爭勝利的優勢地位，假如威懾無效的話；B級能力的目標僅是為了阻止對方的勝利。為何不認可B級能力，而是尋求A級能力？問題是，蘇聯會繼續尋求A級能力，因此迫使西方也必須這樣做。尼采在艾斯洛瑪的聽眾反對他的建議。[52]

當約翰・甘迺迪和林登・詹森先後上臺時，尼采作為局外人的日子也隨之結束。

在甘迺迪─詹森政府時期，尼采面臨三大問題：柏林牆事件、古巴導彈危機和越南戰爭。在1961至1968年間，上述兩屆政府都必須對付蘇聯獨裁者赫魯雪夫，後者似乎很想與西方妥協。尼采認為赫魯雪夫是一個騙子和暴徒：「赫魯雪夫仍在以不致引起我們強烈

反應的各種威脅與騷擾，考驗我們的意志與決心。」[53]當甘迺迪在1961年就任總統時，「他已經認為，那種依靠快速使用核武器的既有政策不僅是危險的，而且是有缺陷的，於是他下令重新評價我們的國防需要，其中包括我們的戰略計畫，以及我們軍隊的核能力與非核能力」。[54]尼采對此表示贊同。甘迺迪總統委任尼采為負責國際安全事務的助理國防部長，該職能機構在華盛頓享有「小國務院」的聲譽。甘迺迪總統想要尼采的辦公機構成為「政府負責軍控問題的核心部門」。[55]

美國駐蘇大使盧埃林・E・小湯普森（Llewellyn E.Thompson, Jr.）報告說，赫魯雪夫想會見甘迺迪總統，因此甘迺迪在1961年2月致信給赫魯雪夫。赫魯雪夫同意在1961年6月於維也納會晤甘迺迪。甘迺迪發現赫魯雪夫是好戰之徒，湯普森認為這是蘇聯人的本性。[56]赫魯雪夫向甘迺迪保證，他不會再進行核子試驗，除非美國這樣做，尼采稱此為赫魯雪夫的「冷諾言」（cynical pledge）。當時，第一屆禁止核子試驗會議正好在3月份召開，而蘇聯已開始準備核子試驗，並在八月份引爆了最大威力的15萬噸的原子彈。此外，赫魯雪夫威脅說，蘇聯要在12月份簽署一個單獨的東德和平條約。早在9月份，英美兩國已提議立即禁止大氣層核子試驗，以及不對核子試驗進行現場監測。這一倡議也遭到赫魯雪夫的拒絕，其藉口是「不利於世界和平事業」。[57]到1962年4月，美國最終進行了40次核子試驗，總當量達2000萬噸，同時期蘇聯的核子試驗次數是美國的10倍。然而，在1963年4月，當時甘迺迪總統與英國首相哈樂德・麥克米倫（Harold Macmillan）再次提出根據1961年談判的類似原則舉行直接談判，卻遭到了赫魯雪夫的「反責、威脅和控告」。6月，赫魯雪夫同意在莫斯科會談，於是甘迺迪總統派遣艾夫里爾・哈里曼赴莫斯科，經過十天的談判，雙方根據1961年制訂的那些原則，於1963年7月25日簽署了有限禁止核子試驗條約。[58]

當赫魯雪夫開始大規模核子試驗的時候，他還對柏林施加壓力。艾奇遜早就警告說，柏林不僅可能面臨危險，而且蘇聯萬一佔領柏林，就會從根本上打破歐洲的勢力均衡。艾奇遜認為，儘管沒有解除再次封鎖的必要手段，美國必須使蘇聯相信「失去柏林對美國的意義，遠超過以武力佔領柏林對蘇聯的意義……」[59]在柏林問

題上，美國願意比蘇聯承擔更大的風險。為了反擊進一步的威脅，艾奇遜建議美國要大幅度增加國防預算，有徵召預備役的緊急權力，並將徵兵計畫數量提高三倍。尼采認為，美國不應該為了柏林問題而對蘇開戰，也不應該在談判中迴避柏林問題。後一種情況會混淆美國在柏林的權利。[60]

東德共產黨領袖沃爾特・烏布利希（Walter Ullbricht）採取報復手段，他嚴格限制東德人口西遷，但到1961年年中西遷人口已達350萬。在8月份的最初12天內，又有47,000人逃離東德。此舉導致柏林牆的建立，在1961年8月12日，一道由鐵絲網和碎石搭建的圍牆在一夜之間建成。東德的兩個師和蘇聯的三個師悄悄地包圍了柏林，期待西方國家拆除柏林牆的報復行動。一旦西方國家實施報復，他們就有藉口佔領整個柏林。赫魯雪夫最近保證柏林可自由出入，然而如果他拒絕的話，西方只有採取軍事行動，別無選擇。這就是大規模的報復。國防部長羅伯特・麥克納馬拉（Robert McNamara）向北約組織請求說，是否可以在歐洲戰區使用核武器，除了「立即全面使用我們的戰略軍火庫之外……」北約的答覆是，「他們還沒有考慮在歐洲戰場發動有限的核戰爭」。[61]

由於西方盟國決心已定，赫魯雪夫意識到，「維持我們在柏林的地位對我們的意義，遠超過把我們驅逐出柏林對他的意義」。有兩個計畫可以考慮：「狗毯計畫」與「馬毯計畫」。每一項計畫都列出了蘇聯反對西方盟國進入柏林的可能行動以及北約國家的反應，前項計畫較為簡略，並在1961年10月23日獲得甘迺迪總統的批准。「狗毯計畫」主張北約組織對蘇聯採取靈活的反應措施，並導致MC 143文件即「軍事委員會關於北約區域防禦的整體戰略思維給國防規劃委員會的報告」，於1967年12月12日被採納。該報告提出四個階段的反應：首先是各種經濟形式的，然後是海上的，以及常規的軍事手段，最後上升到第四階段，即包括使用核武器在內的「馬毯」計畫。[62]

在甘迺迪——詹森政府時期，第二個重大事件是古巴導彈危機。儘管西方盟國由於常規軍事力量不足，在柏林圍牆問題上不得不退讓，但在古巴導彈危機問題上，情形完全相反。在豬灣事件之後，赫魯雪夫揚言，蘇聯會阻止美國進攻古巴，但是他無意把蘇軍

基地建在古巴。然而，在1962年10月，蘇聯不僅在古巴屯駐了4萬軍隊，而且還在那裡裝置了多枚地對空導彈（SAMs）和中程彈道導彈（IRBMs）。五角大樓原來對蘇聯安置在古巴的攻擊性導彈準備了兩套緊急應對方案：單獨的空中打擊與搶先入侵古巴。麥克納馬拉提出了第三個應急方案——公開監視與對攻擊性武器的緊急封鎖。尼采建議美國不要譴責卡斯楚（Fidel Castro），此舉會使赫魯雪夫獲得古巴保護者的藉口：「最好譴責赫魯雪夫，不能讓他獲得那些弱小國家的保護者和無辜友人的角色。」[63]

為何赫魯雪夫採用了波倫後來所謂的「傲慢的」、「好戰的」、「魯莽的」以及「危險的」（1964年蘇共中央委員會開除赫魯雪夫職務時使用的詞語是「愚蠢的」）計畫？[64]也許，波倫等人會想，赫魯雪夫認為上述計畫將能迫使美國按照蘇聯的意志解決柏林和德國問題；或者赫魯雪夫認為他能阻止中國對他的指控，即他放棄了馬克思主義的革命精神；或者他確信能夠逼迫甘迺迪接受蘇聯在古巴的軍事部署；或者這是迫使美國將朱庇特導彈（Jupiter missiles）撤離土耳其的一個籌碼。[65]

尼采的看法是，克里姆林宮想要「鞏固它對蘇聯週邊地區的控制，以便蘇聯可以統治歐亞大陸。然後，蘇聯再通過其附庸國和直接的強迫手段實現對非洲和拉丁美洲的控制」。尼采的這種判斷與他過去對冷戰的認識是一致的，在此之前，他在1950年的NSC 68號文件中就闡述過這種思想。當時，蘇聯正在尋求核優勢，以及擴大海上控制權。假以時日，自由世界將僅限於美國領土本身，並將在一個單極世界中處於孤立地位，美國必將屈服於蘇聯的淫威。「我認為，克里姆林宮的大計畫就是獲得——耐心地，經過足夠的時間——世界的統治權，而不需要發起核戰爭」。在古巴佈置導彈就是一個快捷便利的手段，使戰略均勢有利於蘇聯。[66]

為了避免上述各種可能情況的出現，麥克納馬拉建議從最低層次開始，逐步升級對蘇聯的反應。最低層次的反應僅在於對攻擊武器實施海上封鎖。如果此舉失敗，那麼美國要對蘇聯實施空中打擊或直接入侵。如果一艘蘇聯輪船遭到攻擊，那麼克里姆林宮是否會用潛艇擊沉美國船隻，或者是摧毀美國在土耳其、義大利或其他北約國家的導彈？儘管美國對古巴的空中打擊不是針對華沙組織，

但此舉有可能傷及蘇聯人員。美國對蘇聯的封鎖又被稱作「隔離」政策。尼采回憶說，當時美國在全球掌握明顯的核優勢，並在古巴擁有明顯的常規武器優勢。儘管美國的隔離政策只是為了封鎖蘇聯中程彈道導彈的額外運載量，還必須制訂出應對其他緊急情況的方案，也就是說，要在戰術和戰略上部署好美國的供給系統、軍隊和空中支援，以及安置反潛艇屏障。當一切就緒時，甘迺迪總統在1962年10月22日發表了他的星期一晚間演說，他宣佈隔離政策將在10月24日星期三上午10時正式實施。[67]

當美國航母埃塞克斯號攜帶艦載直升機前往攔截16艘正在靠近封鎖線的蘇聯船隊時，這些蘇聯船隻要麼改變它們的航線，要麼就停止前進。靠近封鎖線的只有一艘第三世界的船隻，即一艘被蘇聯包租的來自里加的黎巴嫩輪船，從而避免了美蘇之間的直接對抗。[68]然而，在古巴的導彈必須拆除或運走，聯合國祕書長吳丹（U Thant）提議對此過程進行核查。此時，美國政府收到赫魯雪夫的兩封信：第一封10月26日的信提出拆除蘇聯在古巴的導彈，補償條件是美國放棄隔離政策，並保證不入侵古巴；第二封信在次日上午，即10月27日收到，這封信要求美國撤除在土耳其的朱庇特導彈，蘇聯以撤除在古巴的導彈作為補償條件。儘管尼采反對，甘迺迪總統認為美國撤除在土耳其的過時導彈，總比冒在古巴和柏林問題上與蘇聯交戰的風險好多了。[69]甘迺迪答覆了赫魯雪夫的第一封信，同意信中所提條件。11月19日，卡斯楚迫於蘇聯壓力，很不情願地接受了聯合國的檢查。次日，美國放棄了隔離政策。到了12月6日，蘇聯IL 28型轟炸機被裝箱運走。[70]

尼采參與的第三個重大事件，是在甘迺迪—詹森政府時期發生的越南戰爭。1961年秋，甘迺迪派遣麥斯威爾・泰勒（Maxwell Taylor）將軍和沃爾特・羅斯托（Walter Rostow）去西貢調查美國是否應該派遣作戰部隊，泰勒報告說，如果美國不投入6000-8000人的特種部隊，南越就保不住。麥克納馬拉認為，特種部隊只是更大部署的先遣隊而已。泰勒和羅斯托告誡說，美國不要輕易出兵越南，除非是為了防止西貢陷落，才有必要出兵。正是此時，尼采「強烈反對美國作戰部隊介入越戰」。如他所言，「這樣的事情是沒有意義的……」[71]

　　1964年，尼采開始擔任海軍部長。1965年春，他作為美國海軍統帥去南越考察。他返回美國時，情緒很悲觀：「我告訴他（麥克納馬拉），我認為美國需要派遣二十餘萬軍隊才能完成我們在越南的任務，假如我們要想徹底解決越南問題的話。」[72]尼采建議撤軍。在1965年6月，越南駐有75,000名美軍，威廉·C·威斯特摩蘭（William C.Westmoreland）將軍還要求增派20萬美軍。詹森總統問尼采，美國在越南成功的機會有多大。尼采回答說：「40%的把握。」然而，詹森總統還是同意了麥克納馬拉增派20萬美軍的請求。從1965年夏開始，越戰開始美國化。早在1965年2月，美國已經實施了「滾雷行動」，對北越進行空中打擊。北越恢復重建的能力與尼采過去對二戰轟炸史的研究結論相符，而威斯特摩蘭還在不斷地要求增派美軍，這一切都打擊了麥克納馬拉的信心。到了1967年3月，參加越戰的美軍人數已增至471,616人，而威斯特摩蘭還要求再增加20萬美軍。麥克納馬拉現在開始重新考慮越戰問題。1967年，詹森總統向河內提出了聖安東尼奧方案（San Antonio formula）——美軍停止對北越的海上和空中轟炸，以此換取雙方進行認真的討論——但是遭到嚴詞拒絕。那時，尼采已經擔任國防部副部長。1967年10月，麥克納馬拉向詹森總統報告說，戰事進展緩慢，局面尚能控制，他建議暫停對北越的轟炸。當詹森總統在11月份把麥克納馬拉的報告出示給他的「智囊團」時，他們認為，上述軍事行動只會對河內政府有利，並暴露美軍意志薄弱。於是，麥克納馬拉辭職，其職務由克拉克·柯利弗德（Clark Clifford）取代。[73]

　　1968年1月30日，春節攻勢在越南所有大城市和省會城市展開。越共被擊退，而且損失慘重。順化市堅守了將近一個月。北越贏得了一次重大政治戰，抵制了將近50萬美軍，致使美軍在2月份要求再增加20萬6千人。克拉克·柯利弗德把國防部事務委託給尼采負責，他則集中精力處理白宮、越戰、國會和新聞媒體方面的事務。尼采就自己擔任的角色評論說：「我認為他的越戰政策思想有錯誤，為此我通常與他爭吵到嗓子沙啞。」[74]尼采主張美國要單方面停止轟炸，保護南越人民的生命安全，整合有5萬多美軍在內的美國與越南軍隊，並進行談判。當參議員尤金·麥卡錫（Eugene McCarthy）在3月份贏得了新罕布什爾州的初選，參議員羅伯特·

甘迺迪（Robert Kennedy）開始競選總統時，改變政策的呼聲不絕
於耳，儘管詹森總統仍然拒絕停止對越南的轟炸。當參議院外交委
員會舉行年度聽證會時，詹森要求尼采到國會山去。尼采拒絕了總
統的請求，因為他不能支持這個建議，於是提出辭職。儘管柯利弗
德阻止尼采辭職，詹森總統還是把他趕出了自己的親信班子。保
羅・沃恩克（Paul Warnke）被派到國會去作證。此刻，面對出席聽
證會的壓力，柯利弗德改變了他對越戰的立場：「他帶頭反對我們
的越戰政策，強烈要求美軍儘早撤離越南。」[75]

隨著詹森撤換威斯特摩蘭，以其副手克賴頓・艾布拉姆斯
（Creighton Abrams）將軍取代，美軍撤離越南的步驟因此加快。
1968年3月25日至26日，詹森總統再次會見了他的「智囊團」。他
們向詹森總統表達了對越戰的看法：「即使繼續擴大越戰範圍，強
化對北越的轟炸，增加美軍在越南的部署，也不能實現軍事解決
的目標。他們建議詹森總統在談判桌上尋求政治解決辦法。」[76]這
個智囊團，即柯利弗德智囊團，獲勝了。1968年3月31日，詹森宣
佈他不再競選下任總統。隨著尼克森總統的上臺，大衛・帕卡德
（David Packard）在1969年1月30日接管了尼采的工作。尼采評論
說，在1965年夏，那個把越戰升級的致命決定造成了可怕的後果：
「越戰對我們的國際地位以及與蘇聯相比的戰略核能力的危害是不
可估量的。正是在越戰期間，蘇聯在戰略核武器領域確立了超越我
們的基礎。」[77]

在20世紀70年代與80年代，保羅・尼采的成就有三方面：關
於限制戰略武器條約（SALT I和SALT II）的談判與批評，其中
包括反彈道導彈條約（the ABM treaty）；協助削減戰略武器談判
（START）；以及成功地簽訂中程核武器條約（INF）。如尼采所
說，他的主要努力是穩定核武器競賽。就這些成就而言，它們代表
了一種對美蘇關係不可思議的扭曲———一場潛在的核破壞。尼采不
願去考慮核破壞帶來的地緣影響。

第一階段限制戰略武器條約最終在1972年5月簽署。此前早在
1956年，蘇聯第一個人造地球衛星就使得蘇聯有可能發展洲際彈道
導彈（ICBMs），從而對美國的轟炸基地構成威脅，而美國尚不能
進行有效的報復。這導致美國在1956至1962年間的研發費用出現巨

額開支——每年大約480億美元，用以抵消蘇聯的核戰略優勢。到了1962年，美國獲得了核戰略優勢，此優勢一直延續到20世紀70年代。從60年代中期開始，美蘇雙方都在尋求不同的路徑來實現其戰略計畫：美國著重依靠常規軍事力量來阻止蘇聯對其盟國的壓力，並提高美國戰略力量的技術水準，增進其可靠性、操控性、精確性和滲透性，以及多彈頭分導再入裝置（MIRVs）。蘇聯則決定要在戰略導彈發射器和導彈有效載荷方面趕超美國。蘇聯在這方面的飛速發展，特別是隨著反彈道導彈系統的部署，意味著它遲早會獲得戰略優勢。[78]

　　由於蘇聯具備每年製造100到150枚新洲際彈道導彈的高速生產能力，美國必須在70年代初之前對蘇聯採取遏制措施。基於此，詹森總統在1967年1月就限制軍備競賽問題寫信給蘇聯總理柯西金（Aleksei Kosygin），於是有了1967年6月柯西金與詹森在葛拉斯堡的高峰會談。在此次會議上，雙方同意將會談深入下去。一份談判工作文件建議，凍結戰略進攻導彈數量、限制反彈道導彈以及接受單方面的檢查。尼采認為，與控制導彈數量相比，控制導彈有效載荷才是更重要的防止措施，因為蘇聯的導彈及其發射井比美國的大多了：「未來總有一天，美國將面臨這樣一個敵人，它掌握的導彈規模不僅超過美國，因此可以攜帶更多的彈頭，而且還會像我們自己的導彈一樣精確。」[79]

　　因為談判沒有結果，詹森總統在1968年1月要求用120億美元來生產和部署反彈道導彈系統，並將更多的經費用於試驗多彈頭分導再入裝置，將其安裝在海神號和民兵號導彈上。作為回應，蘇聯提議將談判限於商討限制戰略核武器以及反彈道防禦系統問題。1968年7月1日，在防止核擴散條約的簽約儀式上，美國宣佈要與蘇聯早日討論限制和削減「攻擊性戰略核武器運載系統以及反彈道導彈防禦系統」問題。[80]儘管尼采支持克拉克·柯利弗德，但國防部長柯利弗德沒有及時把這些問題交給他辦理，而尼采的談判立場則是非零和的解決辦法。詹森總統應邀將在1968年10月訪問莫斯科，但是蘇聯在8月份入侵了捷克斯洛伐克，因此詹森取消了這次訪問。相關談判被推遲到尼克森總統任期。看起來，尼采的使命也到頭了。[81]

　　令人吃驚的是，新國務卿威廉・羅傑斯（William Rogers）請尼采擔任駐西德大使。參議員威廉・富布萊特（William Fulbright）否決了上述提名，因為他對導致東京灣決議的證據有過誤解。回到1964年，當時尼采擔任國防部副部長，他在富布萊特領導的參議院外交委員會面前作證說，越南北方攻擊了美國的艦船和飛機。參議員富布萊特認為尼采是在故意捏造假情報來誤導參議院的調查。[82]

　　當新的授權法案被提出後，尼采加入「主張節制的國防政策委員會」（the Committee to Maintain a Prudent Defense Policy），與反對反彈道導彈的運動作鬥爭。新的授權法案以一票的優勢獲得通過，此前該委員會發表聲明，並四處傳播支持反彈道導彈的文件。在這次論戰期間，尼采又接到羅傑斯的邀請，代表國防部長梅爾文・R・賴爾德（Melvin R.Laird）請他參加限制戰略武器談判小組。因此，尼采與尼克森總統及其國家安全顧問基辛格發生密切聯繫。尼采曾撰文嚴厲批評基辛格的著作《核武器與外交政策》（*Nuclear Weapons and Foreign Policy*），因為基辛格沒有認識到一個當量為50萬噸的炸彈對歐洲戰場產生的破壞力。[83]為了準備1969年11月17日在赫爾辛基召開的限制戰略武器首輪會談，尼采與「紅隊」一起評估蘇聯的目標和談判策略。參謀長聯席會議預測，一旦美蘇勢均力敵，蘇聯就會停止擴充軍事力量。然而，「紅隊」認為，蘇聯人會以為這是在阻止他們獲得軍事優勢地位。尼采一直都在努力把美蘇軍事競賽穩定在可以控制的範圍內。儘管美蘇雙方代表團同意不把軍事競賽問題擴大化，尼克森總統卻不這樣認為。尼采承認：「我懷疑這就是他做出很多讓步的潛在原因。」[84]

　　尼克森決定提出兩個建議方案：分階段削減戰略核武器或設置當前戰略核武器的最高限度，禁止或限制反彈道導彈。當雙方在維也納再度會談時，蘇聯代表團對美方的建議反應消極，談判陷入僵局。美國不再要求削減蘇聯中程彈道導彈，以此要求蘇聯不提前沿配置系統（FRBs）。對戰略導彈數量的最高限額，雙方各執己見。[85]蘇聯沒有任何實質性讓步，尼采覺得美國政府在疲於應付。他想逐條談判，而不是提出一攬子方案，以堅持對蘇聯討價還價。相反，美國政府選擇提出一個一攬子談判方案，反倒使蘇聯代表團有機會把問題提交給蘇聯政治局討論。「正如我所擔心的那樣，我

們的談判策略弄巧成拙。蘇聯在我方8月4日的建議方案上騙取了美國的所有讓步，而對我們要求蘇聯的條件一概拒絕……由於對蘇聯的讓步太多，我們喪失了談判的籌碼。這是一個慘痛的教訓──我們永遠無法從這次錯誤中完全恢復過來」。[86]談判陷入僵局。1970年11月2日，當美蘇代表在赫爾辛基再次會談時，蘇聯代表固執己見，以不妥為由拒絕接受美國8月4日的提案。為了打破僵局，蘇聯代表團在12月建議單獨談判反彈道導彈條約。1971年5月29日，當尼克森與勃列日涅夫互換照會時，他們一致同意簽署反彈道導彈條約，以及暫時凍結攻擊性戰略導彈系統，直到雙方達成永久性的限制戰略武器條約為止。[87]

　　1971年的五月協定並沒有緩解美蘇談判僵局。1972年1月，蘇聯與尼采接觸，就限制現代反彈道導彈雷達系統在諸如國家首都等特別地區的數量，探討妥協的可能性，儘管美國一心只想保護它的洲際彈道導彈系統。尼采建議限制反彈道導彈雷達系統本身，而不是限制其安裝地點；限制那些保衛導彈發射井的地點，而不是城市，但國家首則在限制之列。在此背景下，尼克森與勃列日涅夫確定在1972年5月舉行高峰會談，以使臨時協定成為正式文件。而基辛格與蘇聯駐美大使多勃雷寧（Anatoly Dobrynin）已談妥了潛艇發射彈道導彈（SLBMs）問題。由於尼克森並無特別考慮，待潛艇發射彈道導彈的狀況和數量確定後就將凍結。1972年5月20日，當尼克森啟程前往莫斯科時，新聞界已宣稱尼克森此行是與勃列日涅夫的一次「歷史性」會談。經過最後一刻的緊張會談之後，尼克森與勃列日涅夫最終在5月26日簽約。尼采支持國會以參眾兩院聯合決議的形式通過第一階段限制戰略武器臨時協定。儘管這不是一個需要參議院認可的正式條約文本，但該文件符合1961年的軍控與裁軍法案。實際上，參議員亨利‧傑克遜（Henry Jackson）給上述文件添加了一個修正條款，規定第二階段限制戰略武器會談的最終協定必須使美蘇雙方保持相同的核戰略力量。[88]

　　美蘇雙方都在尋求一個更加完整的條約來取代臨時協議，從而能夠限制攻擊性戰略核武器，尤其是在反彈道導彈系統被限制以後，情形更是如此。1972年11月，美蘇會談重新在日內瓦啟動。尼采認為，第二階段限制戰略武器會談協定的簽署應該基於如下條

件，即雙方擁有對等的核能力、促進穩定、盡力限制用於軍備競賽的經費與資源。[89]「我們已經作出讓步，給予蘇聯有權無限期地擁有40%的導彈發射器數量優勢，這要比讓蘇聯的導彈有效載荷量超越我們兩倍好一些」。[90]據尼采說，蘇聯認為當務之急是限制美國其他軍備力量，削弱美國對其歐洲盟國的核武器支持，並停止B1轟炸機和三叉戟計畫：「蘇聯的一意孤行讓我難以預料何時才能達成協定。」如果同意蘇聯要求的話，其結果將造成「所有北約組織的歐洲成員國遭受蘇聯常規軍事力量的支配，並且受到蘇聯難以計數的中程導彈和戰略核武器的威脅」。[91]即使蘇聯軍事代表團團長弗拉基米爾·謝門諾夫（Vladimir Semenov）也同意尼采的說法，認為美蘇談判毫無進展。

　　1974年5月，尼采試圖擔任他曾經幹過的專門負責國際安全事務的國防部助理部長，結果失敗，於是辭去軍備談判代表職務。國防部長詹姆斯·施萊辛格（James Schlesinger）力促尼采接受這一職務，但是如此前遭受富布萊特的抵制一樣，尼采的任職提案在提交給巴里·戈德華特（Barry Goldwater）領導的參議院軍事委員會（Armed Services Committee）之前，就遭到戈德華特的封殺。參議員戈德華特指責尼采破壞了他競選總統的機會，尼采則駁斥戈德華特有關民主黨政府重海軍輕空軍而削弱了美國國防力量的看法。[92]尼采也無意阻撓當年5月尼克森、基辛格與勃列日涅夫在莫斯科舉行的高峰會談：「無論對美國的談判立場造成何種危害，這都是尼克森所為，與他人無關。」當然，尼克森在總統任期內的「道德淪喪和致命創傷」致使蘇聯「不願意與美國討論實質性問題」，不過他們很快接受了基辛格的建議，即商談一個取代臨時協議的為期10年的「替代協議」。如果達成的話，「蘇聯將擁有戰略攻擊核武器的優勢，其結果將造成尼克森的繼任者幾乎沒有機會與蘇聯達成一個平等的牢固的第三次限制戰略武器會談協定」。[93]

　　1974年11月，福特總統、基辛格國務卿與勃列日涅夫簽署了符拉迪沃斯托克協定。儘管洲際彈道導彈、潛艇發射彈道導彈、重型轟炸機，以及裝有多彈頭分導再入系統的導彈發射裝置都設置了最高數額限制，但並不涉及導彈有效載荷與前沿配置系統。尼采認為，即使不將許多新計畫的因素考慮進去，在今後十年美國裝有多

彈頭分導再入系統和沒有安裝該系統的導彈有效載荷量將在蘇聯的
半數至三分之一之間，只有轟炸機數量會保持均等。[94]

　　基辛格的想法是把上述協定轉變成第二階段限制戰略武器會談
條約。尼采作為一個普通公民，想大聲疾呼反對這種可能性，他認
為「上述可能性會使美蘇之間的軍事力量變化有利於蘇聯，而且無
法有效地遏制蘇聯最大限度地保持其攻擊性戰略武器的優勢」。[95]
為了遏制這一變化，尼采建議美國部署550枚高端洲際導彈、三叉
戟Ⅱ型飛機、適量的三叉戟核潛艇以及配備戰略巡航導彈的B1轟炸
機。同時，他建議早日解決如下問題，比如部署機動發射洲際彈道
導彈，為民兵Ⅲ型導彈配備堅固的可分離頭錐等。[96]

　　此時，哈里曼邀請尼采加入研究小組，為1974和1976年的民主
黨候選人競選做準備。1976年4月，這個研究小組發表了他們的報
告「1971-1981年美國國防建設的優先目標」（*Priorities for Defense
1971-1981*）。不幸的是，就尼采而言，這份報告低估了美國對B1
轟炸機、三叉戟導彈潛艇、機動發射洲際彈道導彈的需求。在1950
年，當時尼采制訂了NSC 68號文件，他強調的危險是「美國及其盟
國與蘇聯在核武器和傳統武器上的不平衡和不穩定會日益突出」。[97]
實際上，令人感到吃驚的是，尼采的觀點依然如故。1976年11月，
他給一位朋友寫信說：「關於戰術核武器的態度與問題，我的大
多數想法都是在50年代形成的。在60年代，即使我在五角大樓工
作的8年期間內，也沒有找到充分的證據來改變以往的那些基本觀
點。」[98]同樣，尼采關於常規武器和戰略武器的看法也一直沒變，
這一點在吉米·卡特總統的任期內十分顯著。

　　儘管尼采在1976年支持卡特參加總統競選，把他視為甘迺迪總
統的化身，但他發現「卡特的政治態度與威爾遜總統的勸勉性政治
淵源太深……」尼采認為，自從越戰以後，美國的常規軍事力量與
戰略地位「在急劇衰退」。[99]尼采與其他專家一起被邀請到佐治亞
州的普蘭斯城（Plains），卡特總統的池塘莊園所在地。卡特承諾，
如果他當選總統，就把美國國防預算削減70億美元。與幾乎所有在
場者描繪的樂觀前景相反，尼采認為美國應該向蘇聯妥協，這種看
法與卡特的立場完全對立。總統候選人卡特請求他寫一篇論文，這
篇文章最後發表在《外交》雜誌上，題目是「在緩和的時代保持戰

略穩定」（Assuring Strategic Stability in an Era of Détente）。文章認為，美蘇戰略平衡正在發生根本性變化，因為蘇聯已經獲得了戰略武器的數量優勢，並力爭在遵守限制戰略武器會談協定的框架下提高蘇聯戰略武器的技術水準，結果將使蘇聯潛在地具備贏得戰爭的能力。[100]無論卡特是否看過這篇文章，該文都沒有引起外界關注。那年秋天，卡特否決了尼采等人制訂的所謂「B組」報告，報告認為，蘇聯不會贊同美國的兩敗俱傷觀念，蘇聯可能爭取打一場她有制勝把握的核戰爭，從而使蘇聯的政策與其核武器能力相一致。[101]

隨著第二階段限制戰略武器會談問題的提出，新聞界把當前危險委員會（the Committee on the Present Danger）成員稱作「冷戰鬥士」、「鷹派人物」、「軍事工業聯合體的代表」。[102]艾夫里爾·哈里曼就是一個典型代表。《紐約時報》有一篇文章宣稱，哈里曼說過，「現在，保羅·尼采認為，蘇聯人正在醞釀一場突襲……我認為這是在胡說八道，根本沒有任何證據可言。至於說這一代蘇聯人願意看到他們的國家被摧毀——當然，我敢保證，事實不是這樣」。幾天後，尤金·羅斯托出面為尼采辯護。他指出，問題不是蘇聯是否「首先要發動一場突襲戰，問題是，他們正在擴展如此強大的軍事力量，以致他們有一天敢說（或暗示），我們最好退出地中海，或者是歐洲，否則就與我們在希臘，或者是在挪威，韓國，或者是在中東發生一場衝突，並憑藉其絕對數量優勢的核武器來支持他們的要求」。對羅斯托和尼采而言，蘇聯的軍事擴充不過是為了「抵制我們的威懾。這也是《紐約時報》關於你的報導評論之所以如此錯誤的原因」。當哈里曼回答說，他並非始終都是錯誤的，羅斯托答覆說，「在許多情況下，你的確對蘇聯人的評價是正確的。但是，我擔心卡特政府的對蘇政策傾向，擔心極了」。[103]

蘇聯《真理報》記者瓦連金·佐林（Valentin Zorin）稱尼采是「鷹派中的鷹派」，他把當前危險委員會的分析視為「極度歪曲的、誤導的以及思想上不誠實的文件之一」。此外，佐林認為，「在此情況下，大多數行動都是這個所謂的『當前危險委員會』策劃的，而該委員會的元兇尼采，毫無疑問對蘇聯真實意圖的判斷是出於一種習慣性的歪曲的想像」。[104]到了1977年9月，卡特不再堅持在根據符拉迪沃斯托克協定簽署第二階段限制戰略武器會談協定

前，要延長第一階段限制戰略武器會談臨時協定。也就是說，卡特
的對蘇政策——撤銷B1轟炸機、在中子彈問題上優柔寡斷、三叉戟
和MX計畫一再拖延，以及他對第二階段限制戰略武器會談協定的
立場——前景不妙。「卡特所顯示的這些傾向，就我們的限制戰略
武器會談態度而言，實在是太尋常了——這種傾向將美國的安全政
策服從於獲取軍事控制的希望，而不是讓軍事控制政策服從於我們的
國家安全需要」。[105]

　　1979年6月18日，卡特成功地簽署了第二階段限制戰略武器會
談協定，這項協定一直到1985年12月31日才終止。儘管尼采沒有聲
明反對第二階段限制戰略武器會談協定，他竭力要求對協定進行修
改補充。參議院外交委員會以9比6的票數通過了該協定，但是附加
了20個特別條款，其中一些條款要求重新談判。參議院軍事委員會
（the Armed Services Committee）以10比7的票數否決了這個條約，
宣稱如果不對條約做重大修改，將是無法接受的。[106]1979年12月，
蘇聯入侵阿富汗，這件事使卡特總統有機會要求參議院不再考慮這
個條約。此外，卡特保證把軍事預算實際提高3%，改變了他原來
的立場。儘管卡特和勃列日涅夫都保證遵守第二階段限制戰略武器
會談協定，蘇聯把導彈發射器縮減到2250個的計畫推遲到1981年底
才執行。尼采評論說，「因此，卡特不僅沒有獲得參議院的同意，
也沒有獲得蘇聯的全面承諾」。當時，保羅・沃恩克已經在1978年
10月辭去美國軍控與裁軍署主任（the Arms Control and Disarmament
Agency），儘管他和卡特總統的親信繼續認為，用羅斯托的話說，
「如果我們足夠瘋狂，我們就能把莫斯科等城市夷為平地，即使蘇
聯擁有太多的核彈頭儲備，其報復行動足以把紐約和華盛頓摧毀。
然而，頭腦理智的人怎能相信我會理睬這些胡話，而無視蘇聯掌握
的核武器數量優勢……」[107]實際上，尼采承認，雷根在1980年的競
選中關於這個問題的態度「更加符合我的看法，而不是卡特的」。
如果第二階段限制戰略武器會談協定完全獲得了參議院的通過，蘇
聯或許會把這個協定用作限制戰略武器會談第三階段協定的基礎，
由此會損害談判結果。尼采認為，「從頭開始」是上策。[108]尼采對
羅奈爾得・雷根從頭開始小有幫助。我們將在「結語」中回到這個
話題上來。

註釋：

1   Paul M.Nitze with Ann M.Smith and Steven L.Rearden, From Hiroshima to Glasnost:At the Center of Decision, a Memoir, 7, （以下簡稱 Nitze, Memoir）.

2   Ibid., ix.

3   Nitze, Memoir, 11, 13, 16, 86;for quote, see John B.Keogh to Nitze, March 17, 1951, box 29, f.10, Paul Nitze Papers[以下簡稱PN],LC.

4   Paul Nitze, "The Development of NSC 68," 172;see also Samuel F.Wells, "Sounding the Tocsin:NSC 68 and the Soviet Threat," 117.在1950年2月8日，尼采提交了一篇論文，題目是《蘇聯近期的行為》（Recent Soviet Moves），該文收錄在FRUS, 1950, 1:145。他指出，蘇聯決心要打敗美國，但不是現在，蘇聯「比過去更願意採取這種行動，包括在局部地區可能使用武力，此舉會導致大規模軍事衝突的爆發」。

5   Nitze, Memoir, 85-91, quotes on 85, 86, 87.1951年10月11日，在國家安全委員會第104次會議上，杜魯門說，「他現在知道蘇聯只崇尚武力，因此蘇聯只有在武力面前才會談判」。另見box 136, f.5, PN, LC.

6   State Defense Policy Review Group, Record of Meetings with Oppenheimer and Conant, FRUS, 1950, 168-82.

7   Nitze to Edward S.Flash, Jr., May 9, 1960, box 136, f.6, PN, LC.儘管NSC 68號文件沒有分析國防預算問題，但尼采指出，「我們政策規劃課非常瞭解這個巨大的國防計畫訂單……預計每年要花費400到450億美元」（RG 218, CCS 381 U.S.[1-31-50], sec.4, as found in box 136, f.6, PN, LC）。

8   Nitze, Memoir, 94-98, quotes on 97, 98.

9   關於肯南的觀點，參見NSC20/4, in FRUS, 1948, I, Part 2, 662ff.

10 Nitze, "The Development of NSC 68," 171.

11 NSC 68 "portrayed the Soviet Union in a far more dismaying light than Kennan's Long Telegram." (Strobe Talbott, The Master of the Game:Paul Nitze and the Nuclear Peace, 55).Robert W.Tufts這樣解釋說：「這篇報告所提出的要求可以用很簡潔的話概括出來。我們認為，蘇聯會致力於提高她的核武器殺傷力，以與其常規武器相匹配。其結果將造成危險的軍事力量失衡，除非美國的常規武器與核武器開發能夠齊頭並進。如果我們成功了，結果是我們將在美蘇軍事力量對比中處於優勢地位，並能成功的遏制蘇聯……完美的NSC 68號文件及時出臺，這是我們的成功所在」（Tufts to Steven Reardon, April 14, 1989, box 136, f.6, PN, LC）。

12 As noted by David Callahan in his Dangerous Capabilities:Paul Nitze and the Cold War.「在這些書中[FRUS]，許多尼采的備忘錄被重印，根據這些文件，我們可以認真地分析，尼采在1949年到1953年初期間，幾乎對所有重大國家安全問題的思考。」關於國務院的上述文件參見Papers Relating to the Foreign Relations of the United States。詳情參見其參考目錄。

13 該引用和其餘文件來自如下網站：www.rthree.com/nsc68-1-4.htm.不過，這些文件多部分也被收錄在Kenneth W.Thompson and Steven L.Rearden, eds., Paul H.Nitze on National Security and Arms Control, 5-31.另見FRUS, 1950, 1:235-92, for NSC 68-the entire document.

14　參見Thompson and Rearden, eds., Nitze on National Security, 5-7, quotes on 6, 7.另見Tufts to Reardon, April 14, 1989.其中，Tufts對NSC 68號文件使用的語言做了評論：「這篇華麗的報告就是為了使它看起來像我們所需要的那樣，準備得天衣無縫」（box 136, f.6, PN, LC）。Callahan宣稱，NSC 68號文件把美蘇之間的對立視為「善惡之間」的對立（Dangerous Capabilities, 117）。Talbott也認為，「NSC 68號文件強調了蘇聯威脅的攻擊本性，（並把這種威脅視為）一個近期的潛在的軍事對抗」（Master of the Game, 56, 57）。

15　Thompson and Rearden, eds., Nitze on National Security, 15.

16　Ibid., 10-11;Callahan指出，NSC 68號文件認為，「美蘇之間永遠不會存在真正的共存」（Dangerous Capabilities, 116）。Talbott根據NSC 68號文件，也持同樣的分析態度，他說，「現在，和平的維持就像過去戰爭的勝負一樣——取決於雙方軍事力量的強弱」（Master of the Game ,54-55）。

17　參見Section V.of NSC 68, "Soviet Intentions and Capabilities," as found on the website, http://www.rthree.com/nsc68-1-4.htm。

18　Ibid..

19　Ibid..

20　Ibid..

21　Ibid..

22　Thompson and Rearden, eds., *Nitze on National Security*, 14-16.

23　Nitze ,Memoir, 97.然而，Talbott很相信這種評估：「不過，根據對蘇聯空軍力量的判斷，NSC 68號文件的作者們斷言，蘇聯到1954年中將能擁有能飛行到美國的轟炸機，那麼蘇聯就有能力在美國境內投下100枚炸彈，這些炸彈會「在暗中以快速的方式」給「美國以重創」（Master of the Game, 56）。

24　Nitze, *Memoir*, 97.

25　參見www.rthree.com/nsc68-1-4.htm,

26　Thompson and Rearden, eds., *Nitze on National Security*, 18.

27　Ibid., 19.

28　Ibid., 20.

29　Section IX. "Possible Courses of Action," Part C. "The Second Course Isolation," 參見http://www.rthree.com/nsc68-1-4.html.

30　Ibid.

31　Thompson and Rearden, eds., *Nitze on National Security*, 24（斜體字是作者注）。另見Melvyn P.Leffler, *The Specter of Communism:the United States and the Origins of the Cold War, 1917-1953*, 93-94, 96-97, 103, 105. This theme is expanded in Leffler's book, *A Preponderance of Power:National Security, the Truman Administration, and the Cold War.*

32　Thompson and Rearden, eds., *Nitze on National Security*;Nitze, *Memoir*, 96.尼采的預算估計是在未來4到5年內，每年軍事預算為400億美元，儘管艾奇遜反對在報告中提出該預算額。自然，國務卿艾奇遜把這項預算計畫告訴了總統。如艾奇遜所說，「NSC 68號文件的目的就是向大眾灌輸這種『最高政府』的思想，即總統不僅有權決定，而且有權貫徹這一決定」（Present at the Creation, 374）。

33　Thompson and Rearden, eds., *Nitze on National Security*, 23, 25, quote on 31.

34　Quoted in Callahan, *Dangerous Capabilities*, 120.

35　Ibid., 122.

36 Ibid.關於預算問題，另見Wells, "Sounding the Tocsin," 135-36,其中，財政部副部長Willard L.Thorp抱怨說，我們並沒有縮小與蘇聯的經濟差距，美國在1949年的國防預算是蘇聯的2倍：162億美元對90億美元。另見pages 137-38,其中國防預算估計在1951年是52億美元，到了1955年就是75億美元。國防預算因朝鮮戰爭而中斷。1950年9月29日，國家安全委員會採用的研究結論，次日得到杜魯門總統的批准（138）。尼采回憶說，「Leon Keyserling一直認為，我們可以根據經濟狀況確定預算規模的大小，這很大程度上是一個政治軍事問題，即我們是否需要這種安全計畫」（Nitze to Flash, J., May 9, 1960, box 136, f.6, PN, LC）。

37 As cited by Wells, "Sounding the Tocsin," 136.

38 Callahan, *Dangerous Capabilities*, 123.

39 Wells, "Sounding the Tocsin," 139.

40 Ibid.另見John Lewis Gaddis, "NSC 68 and the Soviet Threat Reconsidered"，他在文中指出，NSC 68號文件日益擴大的均勢觀念包括「威脅，恥辱，甚至是喪失信譽等無形的東西」。他還認為NSC 68號文件「有辦法增加國防預算，而不需要發生戰爭，不需要長期的預算赤字，不需要沉重的稅收負擔……依靠現在不平衡的預算就可以維持下去……」（166）。然而，他嚴厲批評NSC 68號文件透露了「美國有能力創造為達成其承諾所必需的資源」，因為「僅一個蘇聯的威脅就足以對我們所有的利益構成致命的損害。這種思想轉變的結果不僅是程序上的：其結果等於讓蘇聯隨時能夠控制美國的利益」（167-68）。

41 Nitze, *Memoir*, 101-02.關於所謂的「軍事力量的相互關聯」以及那些準確的預言，尼采提到了他與Alexander Sachs的一次春季會晤，Alexander Sachs是一位經濟學家，他曾經把愛因斯坦介紹給羅斯福總統，他認為「莫斯科天性警惕，必試圖通過她的衛星國把危險最小化。他還預言，北朝鮮會在1950年夏末的某個時候進攻南朝鮮」（Nitze, "The Development of NSC 68," 174）。

42 Nitze, Memoir, 103-6.

43 Ibid., 117.

44 Ibid., 119.

45 Ibid.

46 Ibid., 119-20.

47 Ibid., quotes on 121, 123, 147;see also 125-26.

48 Ibid., 151.

49 Ibid., 152.

50 Nitze to James E.King, October 24, 1955, box 29, f.15, PN, LC.

51 Nitze to Peter Ogloblin, May 9, 1956, box 35, f.11, PN, LC.

52 Nitze, Memoir, 170-4.

53 Ibid., 207;see 182, 186-87, 191, 202 for Nitze's negative appraisal of Khrushchev.

54 Ibid., 195.

55 Ibid., 182.

56 Ibid., 186.另見Arthur M.Schlesinger, Jr., A Thousand Days: John F.Kennedy in the White House ,358-74.

57 Ibid., 187,and quote on 189.

58 Ibid., 191-94quote on 191.

59 Ibid., 197.

60 Nitze to Lippmann, October 26, 1959, box 32, f.5, PN, LC.

61 Nitze, Memoir, 201-02.

62 For this document, see http://www.nato.int/docu/stratdoc/eng/a680116a.pdf

63 Nitze, *Memoir*, 215, and quote on 217.

64 Bohlen, *Witness to History, 1929-1969*, 495.

65 Nitze, *Memoir*, 219.

66 Ibid., 221-222, quotes on 221.

67 Ibid., 226-29.

68 Ibid., 230-31.

69 Ibid., 232-33.就10月27日的重大會議而言，尼采在國家安全委員會執委會所發揮的作用（the ExComm of the NSC），參見the entire transcript in McGeorge Bundy and James G.Blight, "October 27,1962:Transcripts of the Meetings of the ExComm"。尼采報告說，美國駐土耳其大使Raymond Hare認為，讓土耳其人撤除朱庇特導彈會遭到「譴責」。尼采認為，北約組織應該決定是否「讓北約無核化」。因此，他建議只談判古巴導彈危機，其他問題留待日後解決。關於尼采的建議，甘迺迪總統回答說，「我認為我們不可以──如果這是一個精確的（原文如此）──這就是全部交易──我們必須等待──我認為我們不可以採取這種立場──它們（朱庇特導彈）沒有軍事價值，這是原因之一；再者，我們需要──聯合國的某個人或其他任何有頭腦的人來負責此事，從而使談判顯得很公平」（35-36）。儘管尼采堅持己見（39），甘迺迪總統最終採納了專欄作家李普曼在1962年10月25日的《華盛頓郵報》上最先提出的建議，即美蘇撤走他們各自在土耳其和古巴的導彈。

70 Nitze, *Memoirs*, 235.

71 Ibid., 256.

72 Ibid., 258.

73 Ibid., 265, 270.另可參閱Harrison E.Salisbury, Behind the Lines: Hanoi, December 23, 1966 January 7, 1967.

74 Ibid., 275.

75 Ibid., 279.

76 Ibid.

77 Ibid., 281.

78 Ibid., 285-87.

79 Ibid., 290.

80 Lyndon B.Johnson, *The Vantage Point: Perspectives on the Presidency, 1963-1969*, 485.

81 Nitze, *Memoirs*, 291-92.

82 Ibid., 293, esp.note 3.

83 Ibid., 295-98.關於尼采的觀點，參見 "Limited Wars or Massive Retaliation," 40。Callaghan指出，尼采「猛烈抨擊了」這本書。參見Callaghan, Dangerous Capabilities, 166.

84 Ibid., 304.See also Richard M.Nixon, RN: *The Memoirs of Richard Nixon*, 369-70.

85 Nitze, *Memoirs*, 310.

86 Ibid., 311-12.

87 Ibid., 312-13.

88 Ibid., 317-32.

[89] Ibid., 335.

[90] Ibid., 336.

[91] Ibid., 336-37.

[92] Ibid., 339-40.

[93] Ibid., 341.基辛格對此有相反的看法。他認為，尼采、施萊辛格與參議員亨利‧傑克遜合謀疏遠尼克森總統。參見Henry Kissinger, *Years of Upheaval*, 1151-55。基辛格認為，他們反對第二階段限制戰略武器會談的理由是錯誤的：「施萊辛格6月3日的信與尼克森總統的辭職信（指6月14日的辭職信）碰巧在一塊。尼采……認為美國如果允許蘇聯擁有200到300多枚的裝有多彈頭分導再入飛行器的洲際導彈，是在戰略上無法接受的，因為蘇聯的核武器數量優勢會使美國的陸地戰略武器受到威脅。許多限制戰略武器會談的反對者的謬論，是要求軍控談判不僅能夠限制軍事競賽，而且能解決我們所有的戰略困境」（1155）。基辛格不滿的是「那些露骨的含沙射影——在公開聲明中，以及參議員傑克遜，尼采的種種暗示，海軍部長朱姆沃爾特（Elmo Zumwal）的辭職，以及他們在媒體上的評論——警告對蘇聯做過度的讓步」（1175）。

[94] Nitze, *Memoir*, 344.

[95] Ibid., 345.

[96] Ibid., 345-46.

[97] Ibid., 347.

[98] Nitze to Dr.Donald G.Brennan, Novembe 27, 1974, box 19, f.1, PN, LC.

[99] Nitze, Memoir, 348.

[100] See Foreign Affairs (January 1976), reprinted in Thompson and Rearden, eds., *National Security and Arms Control*, 181-209.

[101] Nitze, *Memoirs*,352.

[102] Ibid., 359.

[103] The article is by Graham Hovey, "Gov.Harriman:Salty Views On SALT, Etc.," *New York Times*, October 9, 1977.關於羅斯托的第一封信，參見Eugene V.Rostow to Harriman, October 12, 1977;for Harriman's response, Harriman to Rostow, October 24, 1977;and, finally, Rostow to Harriman, November 1, 1977, box 37, f.14, PN, LC。這時，尼采與羅斯托在當前危險委員會都是非常活躍的。實際上，羅斯托寫信給尼采說：「我認為，關於外交政策問題，我們二人在外交上的觀點、風格、外交政策的制訂、外交觀念與主張方面的一致性，都是無與倫比的」（August 5, 1980, box 73, f.2, PN, LC）。

[104] "Valentin Zorin Criticizes Campaign to Poison U.S. USSR Relations," October 21, 1978, International Affairs USSR, a clipping as found in box 74, f.5, PN, LC.

[105] Nitze, *Memoir*, 360.

[106] Ibid., 363.

[107] Ibid., 364;Rostow to Kissinger, October 12, 1978, box 37, f.14, PN,LC.

[108] Nitze, *Memoir*, quote on 365.

China

▌下卷　中國

　　中美兩國的「戀愛關係」撲朔迷離，僅在義和團運動期間（1898-1900）和毛澤東時代（1949-1972）跌入谷底。畢竟，美國和中國是兩個截然不同的國家。

　　東方的神祕離不開美國傳教士的熱情宣傳，也與美國的經濟、政治擴張結合在一起。中國看上去像一片能夠實現宗教皈依和漸進式改革的沃土。傳教士的工作得到了伍德羅・威爾遜總統的支持。哲學家約翰・杜威代表了進步主義。愛德格・斯諾既是冒險家，又是新聞記者。電影中的陳查理（Charlie Chen）反映了小說中邪惡的傅滿洲（Fu Manchu）。賽珍珠在小說《大地》中將中國人傳奇化浪漫化，使得所有讀過這部小說或者看過奧斯卡獎得主路易士・雷納（Luise Rainer）飾演的角色的人，都欽佩王龍樸實的妻子阿蘭。「中國通」如出版大亨亨利・盧斯為偏袒中國而辯護，而白修德在二戰期間致力於報導中國的英雄主義。羅斯福支持蔣介石和國民黨，並打破了「醋性子喬」約瑟夫・史迪威將軍改革蔣政府的希望。羅斯福的特使派翠克・赫爾利將軍和哈里・杜魯門總統的代表喬治・馬歇爾將軍沒能促成國共和談。美國對中國的扭曲看法開始變味。

　　中國的內戰摧毀了蔣介石政府，開啟了毛澤東時代。麥卡錫主義者清洗了國務院內主張與毛斷交、大力扶蔣的分子。1972年，蘇聯傲慢的對華政策又將毛澤東和理查·尼克森總統拉到了一起。1989年，喬治·H·W·布希總統並沒有讓「北京政治風波」影響到美國和中華人民共和國的特殊關係。

　　如今，隨著第三者俄羅斯的退出，重新建立的中美「戀愛關係」繼續發展著。但戀人間也會有爭吵，他們亦能尋找新的搭檔。「北京政治風波」顯示出中美雙方並沒有為美中之間的「戀愛關係」所迷惑。西藏和臺灣問題、貿易不平衡和美元儲蓄問題尚未解決。中國的崛起似乎威脅到了美國。俄羅斯是否會有意將中國劃入它不再迷信的西方陣營中？在怎樣的範圍內，扭曲的國家形象將影響大國間的再結盟？

　　因此，追溯20世紀美中關係的演變，更清晰地回顧美國誤讀中國形象的歷史，大有裨益。從開始到現在，由於某些美國人的歪曲，美國和中國的關係建立於某種錯覺和誤解之上。這些美國人的觀點、所編織出的中國形象和對未來的影響都值得我們去關注。

Chapter 8
傳教士外交
Missionary Diplomacy

　　伍德羅・威爾遜的外交被稱做「傳教士外交」，以此來描寫他和中國的關係是再貼切不過的。[1]他對中國的觀點、期望以及政策與那些「老牌中國通」，特別是柔克義和其他在華傳教士等人，具有驚人的相似性。關於威爾遜的對華政策已有相當多的論著，而對於該政策的起源，特別是威爾遜的宗教背景和他的美國傳教士朋友所發揮的影響則鮮有論述。[2]

　　1913年3月1日，基督教長老會牧師、「中國通」史蓋臣（Reverend Charles E.Scott）先生以朋友和中國問題觀察家的身份給總統當選人威爾遜寫信。[3]他寫到了政治和宗教的條件，舉例說明列強對中國的反對。他指責俄國與日本，並且指出美國正面臨著一個巨大的機遇來「做有益於中國的事，順帶能為自己獲取各種各樣的物質利益，從而也能培育中國人對我們的信任和友誼」。他對美國延遲承認中華民國深表遺憾，建議採取下列兩項行動：首先，他號召商業領袖以個人或者公司而非政府的名義借貸資金給美國華僑；其次，他敦促美國人從國際銀行團中撤離出來。史蓋臣還表示，這樣的貸款「會永久地消除中國人內心深處對（美國）政府使用權力來攫取中國土地或特別利益的恐懼感」。威爾遜非常欣賞史蓋臣這封見多識廣信件的內容。[4]

　　史蓋臣的觀點在傳教士中極具代表性。與威爾遜的大表姐傑妮・伍德羅（Jeanie Woodrow）結婚的伍德布里奇（S.I.Woodbridge）也給威爾遜送去了相同的資訊。1912年7月他寫道：中國正在經歷政治變動的陣痛。[5]他說：「傳教士正扮演著用堅實的思想來完善對覺醒心智的召喚、教會人們基督教利他主義的真諦的角色。中國將

會花上多年的時間以驚恐的心態來面對災荒、革命的混亂狀態。儘管如此，在上帝的幫助下，她終將度過這一切難關，而我們將會告訴他們關於上帝的一切福音。」威爾遜對伍德布里奇的來信表示感謝，他回覆說：「我們常常想到你，令人感到特別欣慰的是現在凱斯柏（Caspe，伍德布里奇的兒子）在普林斯頓，我們從他那裡總是可以瞭解到你在中國的最新狀況。」[6]

　　當然，我們要確切地回答傳教士們（特別是史蓋臣和伍德布里奇）對威爾遜1913年之前的對華態度產生了怎樣的影響是很困難的。非常清楚的一點是，傳教士們的確向威爾遜提供了有關中國的第一手情報，從而使威爾遜的對華政策反映了傳教士們的觀點。如果沒有其他的因素，來華傳教士的觀點與威爾遜的宗教背景一起促成了威氏對華政策思想的形成。

　　1913年任期開始後，威爾遜總統面臨著三個問題：是否支持美國的銀行家參與在中國的國際銀行團；是否承認袁世凱政府；以及如何選擇美國駐華使節。威爾遜對上述三個問題的決定均顯示出宗教界和傳教士的影響。

　　威爾遜很快作出第一個決定，撤銷對美國銀行參加擬議中的六國銀行團借款給中國政府的官方支持。由威爾遜所撰寫的聲明，經過內閣討論，於1913年3月19日發表。聲明指出，「該借款條件有損中國行政獨立」，特別是對於中國政府的支持很可能干涉了中國內政，而中國「對其自身權力及履行對人民義務的意識正在覺醒」。根據威爾遜的論點，中國的「覺醒」是至關重要的，「是關係重大的」，是一個時代的大事件。聲明最後說：「我們的利益在於『門戶開放』，那是一扇友誼和互惠互利的大門。我們只關心進入這樣的大門。」[7]

　　威爾遜的決定使某些人感到失望，但卻得到了傳教士們的大力支持。美國基督教長老會對外事務祕書亞瑟‧布朗牧師（Reverend Dr.Arthur J.Brown）稱讚威爾遜的這一決定，稱其為「具有先見之明、擁有政治家的胸懷和高尚的道德情操」，體現了威爾遜外交政策的風格。[8]史蓋臣補充說，中國人對威爾遜聲明的感謝「難以言傳」，在威爾遜發表聲明後，「美國人已經和中國人稱兄道弟。中

國人覺得美國人是他們唯一的朋友」。[9]來復會祕書比爾斯（Z.C. Beals）和倫敦會的詹姆斯‧薩德勒（James Sadler）也有類似的表述。[10]

　　威爾遜的對華政策是他的整體外交方針的產物。正如林克所指出的，「沒有理由懷疑他認為自己正以道德的力量把中國從歐洲和美洲的帝國主義擴張計畫中拯救出來」，值得補充的是，這也正是傳教士們多年來所設想的目標。[11]這一政策的確使中國人拾起自信，並把美國的對外政策放在更高的道德層面來審視，儘管威爾遜的反對並不能阻止其他國家向中國提供貸款。威爾遜的行動確立了美國獨立的對華政策，這正是傳教士們所訴求的，他們希望中國追隨美國踏上正確的道路。

　　與此同時，威爾遜總統也開始思考承認袁世凱政府的問題。清帝已經在1912年2月退位，南京政府和北京政府合併，且在袁世凱的掌控之下。塔夫脫政府曾經試圖與其他列強在承認中國臨時政府問題上進行合作，但是列強以對華貸款問題懸而未決為藉口，擱置承認中國臨時政府。威爾遜則不必面對這樣的限制。

　　和貸款問題一樣，威爾遜總統很快就作出決定。他感受到了承認中國政府的壓力。史藎臣寫信表示贊成承認中國政府，亞瑟‧布朗指出，「一再的延遲承認只會使美國的威望受辱」。[12]北京美以美會大主教柏賜福（J.W. Bashford）也催促承認，他也曾經催促塔夫脫當局這樣做。柏賜福寫信給助理國務卿亨利‧亨廷頓‧威爾遜（Henry Huntington Wilson）：「除了那些被封上嘴巴的官員，我在中國遇到的每一個美國人都在抱怨我們政府對中華民國的承認不應該再拖延了。」[13]醫生、商人、律師、銀行家、進出口貿易者、製造業主和美國駐北京公使館人員也加入到傳教士的行列中來，呼籲美國早日承認中華民國。[14]南京臨時政府也希望立即獲得承認。威爾遜認為袁世凱是解決中國內部不穩定和抵禦外國入侵的人物。但是當威爾遜意識到新的中國領導人可能不會引入真正的共和體制時，他覺得其他問題更為重要。威爾遜總統讓國務卿威廉‧詹寧斯‧布賴恩（William Jennings Bryan）發電報給美國駐華代辦衛理（E.T. Williams），傳達以下資訊：一旦中國國會召開即予以承認。1913年5月2日，美國正式承認中華民國，並舉行了適當的承認儀式。[15]

威爾遜的決定部分原因可能是他希望中國新政府會帶來穩定，首先要使中國成為一個基督教國家，這會有助於美國傳教士和商人在中國開展工作。但是一些列強對威爾遜的行動很不高興，從中國各地傳來不好的消息。[16]大部分美國人，包括傳教士在內，都很興奮。就如史蓋臣一樣，很多人相信，人們都在期待一位像威爾遜一樣的總統出現，這樣的總統就是那種會「傳喚他們為精神信仰而努力」的人，因為他們也想「追隨一個有遠見的總統，一位虔誠地信奉宗教的總統」。[17]

雖然威爾遜的宗教背景和傳教士們的建議對借款問題和承認袁世凱政府有著重要影響，但是最顯著的影響可能還是威爾遜對派遣駐北京外交代表的選擇。威爾遜總統認為派往中國的外交使節應當具有基督徒的性格。他指出「在我腦海中最深的印象是，那些努力為中國建立新政府和新政權的人中間，有許多是基督教青年會（Y.M.C.A）成員，很多人還在美國的大學裡學習過。無須明言，基督教對中國的影響直接或間接地存在著，並且必須在那裡繼續保持這種影響。」[18]

第一個被提名的駐華公使人選是布賴恩。柏賜福大主教力主將美國駐華公使提升為大使，而布賴恩就是首任駐華大使。柏賜福懇請布賴恩「接受這一上帝也會祝福、全世界都會承認的外交使命」。[19]威爾遜的顧問愛德華・M・豪斯上校表示如果威爾遜希望布賴恩出任，他會盡力說服布賴恩。[20]但最終布賴恩被任命為國務卿。

威爾遜似乎考慮過任命哈佛大學前校長查理斯・艾略特（Charles W.Eliot）。1913年1月，威爾遜對豪斯說，艾略特「在幫助人們進行自我奮鬥的過程中，提高人們的道德」方面是一個理想的人物。[21]威爾遜寫信給艾略特，「我認為我們派駐中國和日本的外交代表必須是我們國家所能提供的最優秀的人才。我相信在東方發生的一切將最有可能影響世界將來的發展，要在我們的影響範圍內，給中國盡可能的指導。」[22]但布賴恩感到不安，因為「艾略特是否定基督神性的一神論者，而新的中華文明應該建立在基督教運動的基礎上」。[23]由於艾略特不願出任駐華公使，布賴恩和威爾遜之間可能的矛盾在威爾遜新政府執政之前就得以避免。[24]即使如此，威爾遜

對宗教因素的重視，包括對駐華使節人選的宗教態度以及傳教士態度的重視，還是驚人的。

在威爾遜入主白宮之前一個月，另一個駐華公使人選出現了。威爾遜寫信給已確定擔任國務卿的布賴恩，談到基督教青年會領袖約翰・R・穆德（John R.Mott）：「我非常瞭解穆德先生，他是我所熟知的人當中最具有政治家品格的一位。他對中國的情況非常熟悉，不僅如此，他還擁有整個基督教世界最有影響的人們的信任。」威爾遜還提到穆德本人就在中國，如果他接受的話，可以留在那裡擔任駐華公使。[25]在另一封信裡，威爾遜寫道，他需要從事外交工作的「特殊人才」。威爾遜說「穆德是千里挑一的」。布賴恩接受了威爾遜的建議。[26]1913年2月24日，他們正式向穆德提出，但是這位基督教青年會領袖拒絕了。[27]

威爾遜不願接受穆德的拒絕，開始努力希望他改變主意。威爾遜發電報給他的同窗舊友克利夫蘭・H・道奇（Cleveland H.Dodge）：「我覺得穆德非常有必要去中國，您能否通過最能影響穆德的朋友向他施加適當的壓力？我不知道如何才能說服他。」[28]道奇接受了威爾遜的請求並向精琦士（Edward C.Jenkins）求助。[29]精琦士發電報給威爾遜總統說，他正通過其他人打電報給穆德，並問威爾遜有何指示。威爾遜並無具體指示，只是要求給穆德發一個密電：「我覺得那是我的職責，為了公眾的利益，我不得不敦促您重新考慮出任駐華公使。不僅中國的利益，整個基督教世界的利益都與您的出任密切相關。」[30]

穆德同意再作考慮，威爾遜總統表示穆德可以繼續保留基督教青年會的「領導位置」，儘管這種離職是必需的。威爾遜告訴穆德「我非常急切地想將你所代表的利益與我們政府所試圖代表的利益結合起來」。[31]總統的勸說並不侷限於個人要求。一群正在休假的傳教士聲明他們支持穆德：「威爾遜總統說他意識到傳教士在改造中國上的影響力，因為穆德先生熟知傳教世界，他把穆德先生視作能夠實現美國政府目標的最合適人選。」[32]道奇把他寫給當時在朝鮮的穆德的一封長電報給了威爾遜總統。[33]然而一切都是徒勞的，鑑於工作的壓力，穆德最終還是拒絕了。威爾遜十分沮喪：「穆德的決定對我來說是一大打擊。我想我從來沒有那麼失望過。」但是

正如道奇所言，威爾遜試圖任命穆德的打算，等於向全世界宣告了他處理中國事務的外交方針。[34]

除了穆德之外，威爾遜還考慮到其他一些駐華公使人選。比如亨利·摩根索。[35]道奇還提到一些傳教士準備力勸記者艾利斯（W.T.Ellis）來擔任駐華公使，但是他「並不合適」。威爾遜也表示同意，他說會尋找另一種不同類型的人選。[36]道奇推薦紐約的精琦（Jeremiah W.Jenks）教授，但是威爾遜說他要在這件事上從長計議。[37]

同時，查理·R·克蘭（Charles R.Crane）提名威斯康辛大學社會學教授愛德華·A·羅斯（Edward A.Ross），他是《變化的中國人》（The Changing Chinese）一書的作者。[38]雖然威爾遜表示很感興趣，卻遲遲沒有見諸行動。他催促布賴恩說「只有當我們一旦確信可以做時才能派遣駐華公使，這一點是至關重要的」，特別是在我們已經承認了中國政府時。布賴恩猜測威爾遜可能已經有不任命羅斯的理由，於是又推薦了密蘇里州前州長約瑟夫·W·福克（Joseph W.Folk）。據布賴恩所說，福克符合威爾遜的所有要求，而且他「對宗教生活和民族國家有強烈的認同感，我想他會被傳教士們接受。」[39]威爾遜卻有其他的想法。羅斯的名字很快出現在臨時的外交任命名單上，威爾遜還開始針對他徵詢意見。[40]6月底的時候，羅斯已經出局，因為威爾遜認為「羅斯的政治主張不能令人滿意」。[41]穆德肯定了總統的決斷，他彙報說羅斯根本不是教友。他說羅斯對待傳教的最初態度是「相當地漠不關心」，慢慢地才顯現出同情的心態，羅斯給人留下印象更多的「是在基督教青年會的實際工作，而不是與教義有關的工作」。於是穆德推薦了芝加哥大學的伯頓（Ernest D.Burton），他最近去中國旅行，並「和所有在中國工作的主要傳教士團體的領袖以及中國政府的官員、教育家和其他傑出人士相識」。[42]

但此時威爾遜已另有人選，即威斯康辛大學的芮恩施（Paul S.Reinsch）。3月，克蘭首次提到他的名字，但建議的是另一個職位：「考慮威斯康辛大學芮恩施教授出任駐南美洲的公使。」[43]3月底，布賴恩寫信給威爾遜：「早就知道芮恩施此人聲譽很高，但我個人與他並不相識，也不知道他對傳教工作有無興趣。很想和你一

起談談中國問題。」[44]在隨後的日子裡，當羅斯被否定之後，芮恩施的名字又被提到了。6月中旬，合作署署長約瑟夫・E・大衛斯（Joseph E.Davies）催促芮恩施去北京，威爾遜答應對他的事情進行「認真細緻的考慮」。6月25日，威爾遜總統就這一外交職位的空缺寫信給布賴恩，指出「威斯康辛大學的芮恩施教授是國際政治特別是東方學領域的著名學者，應派他去中國」。[45]

威爾遜邀請芮恩施來華盛頓談談。[46]芮恩施是在美國國內享有盛名的政治學者。他是路德教會牧師的兒子，是一個宗教信仰堅定的教徒，他本人對美國傳教士、醫生、教育家對美國在華地位所做的巨大貢獻深信不疑。芮恩施被傳教士普遍認可。他本人反對帝國主義，並且是自我發展的宣導者。[47]上述事實使芮恩施成為威爾遜總統心目中駐北京公使的理想人選。經過一番令人滿意的對話，並且還徵求了來自威斯康辛州的參議員們的意見之後，1913年8月15日威爾遜任命芮恩施為駐華公使。經過三十天的諮詢後，芮恩施出發前往北京。1913年11月15日，芮恩施解除了美國公使館臨時代辦衛理的職務。[48]1913年8月，華盛頓和北京開始建立正常關係。

威爾遜政府期間，來自各方的情報顯示來華傳教士們的工作獲得了巨大的成功。芮恩施這樣描寫在中國的狀況，「經過兩代美國人艱苦卓絕的努力，我們國家終於令人羨慕地贏得了中國人民的好感與信任：美國人在教育、宗教領域和慈善公益事業方面最為活躍，並且給中國人留下了深刻的印象、在他們心中培養起良好的感情。」他要求對中國進行財政上的援助，因為中國人正在試圖「利用美國的經驗模式來改革他們的政治體制」。[49]芮恩施和他的一等祕書馬慕瑞的言論增強了威爾遜對傳教士工作的信任，並使威爾遜相信傳教士有能力指引中國走上正確道路。

在隨後幾年裡，美中之間的這種「正常關係」很快就遭遇了一系列的困難：二十一條、袁世凱試圖恢復帝制、袁世凱的去世、新銀行團形成的可能性、美國在中國的經濟活動以及巴黎和會上的中國山東問題的解決等等。無論是在上述危機時刻，還是在較為正常的時期，威爾遜的外交都來自一些基本的設想，特別是他希望美國成為整個人類效法的榜樣。美國要幫助世界各國憲政政府的發展，

而在中國，傳教士的活動就是這種幫助的主要表現方式之一。[50]在芮恩施赴北京前夕，威爾遜告訴他，美國「必須在給與中國特別的精神和經濟援助上保持獨立」。芮恩施認為威爾遜更多沉醉於「教育方面和政治上的榜樣以及道德的激勵，而不是更多地將精力關注在金融或商業上。[51]為了強調上述信念，威爾遜在答覆克蘭時說（克蘭寫信告訴威爾遜，穆德在為芮恩施舉辦的招待會上與新公使交談了）：「選擇芮恩施是正確的，因為他擁有正確的想法。」[52]

1913年11月1日，芮恩施抵達上海，準備貫徹威爾遜的通過鼓勵民主化改革和經濟發展來推行「門戶開放」政策的理念。他11月3日離滬，11月6日抵京。芮恩施非常依賴他的「廚房內閣」，其中包括羅伊·S·安德遜（Roy S. Anderson）和威廉·H·端納（William H. Donald），前者是一名記者，也是傳教士的兒子，後者是一名澳大利亞媒體人；還有一位是他的博士生亨培克（Stanley K. Hornbeck）。芮恩施認為中國的市場為美國的商人提供了絕好的機遇，美國完全可以在中國的發展中發揮獨特的作用。他對取消勢力範圍特別感興趣。[53]芮恩施在北京的最初幾個星期裡有好幾個中國政府的來訪者，他們中有總理熊希齡和交通總長周自齊。他們非常害怕俄羅斯在外蒙古的野心和日本對內蒙古東部的圖謀。他們還表示「中國政府希望美國組織英國和德國共同反對這些擴張陰謀」。他們懇求美國幫助中國起草憲法。他們甚至還詢問，是否可以請美國的公使幫助中國與伯利恆鋼鐵公司簽訂船運合約，與美孚石油公司訂立協定開發陝西的油田，以及幫助英美煙草公司獲得壟斷地位。最後，他們對河岸和港口開發特別是淮河專案頗感興趣。[54]總之，他們列出了一大堆的要求。幾天以前的11月24日，芮恩施還得到了中華民國袁世凱大總統的接見。」

根據芮恩施的回憶，「中國『獨裁總統』在此次會面中充滿了誠意：他看起來努力想給我留下這樣的印象，即他對共和政府的偏愛以及濃厚的興趣」。因此，他需要一部憲法，一個國會，以及選舉法。儘管如此，芮恩施還是指出：「袁世凱對現存國會的主要批評是它不能代表國家的根本利益，缺乏政治經驗，而且國會成員大部分是由一些年輕的、毫無經驗的理論家組成的。」新憲法在開頭就指出：「行政系統的現存權力，不會立即將控制權讓渡給國會，

而這是國會憲法起草委員會遞交的草案所提議的。」因此芮恩施指出：「他（總統）需要一個新的選舉法和不對行政行動進行干預的新的憲法安排。」真誠的政治反對是毫無意義的。事實上，「對國家首腦的政治反對總是與對國家的不忠或者叛國混淆在一起」。芮恩施總結說，這個軍事強人和他的追隨者最關心的是「維持權威」。[55]在芮恩施的自傳《一個美國外交官使華記》（*An American Diplomat in China*）中，他更是直接地引用了袁世凱的話：「我的反對者都是不忠的，他們會毀了我的政府。」[56]芮恩施執行「門戶開放」、追求自由和代表民主，但他覺得袁世凱「儘管戴著共和者的頭銜，卻是無情的、打心底裡的獨裁者。他所要保存的只是帝國閃亮的外殼」。[57]在芮恩施所說的正式會面之後，他和袁世凱還有過一次非正式會面。這時候袁已經把國民黨驅逐出國會，隨後解散了國會。芮恩施這樣談論袁世凱的生涯：「他的個人統治就是肆無忌憚地追求權力，伴隨而來的腐敗和冷血的處決已經成為他統治的標誌。而且他懷恨在心，反對所有的政治對手，這些性格都無法造就一個穩定的議會制政府……」[58]簡而言之，新的中華民國只是軍事獨裁的統治。在後來的回憶中，芮恩施寫道：「從我到達北京直至袁世凱去世的兩年半間，他只離開過他的宮殿兩次。」[59]

其中有一次，芮恩施在天亮之前就趕到天壇參加祭孔典禮。「所有中國人都認為儒家的教條是最為神聖的」。1913年11月26日，袁世凱下令將儒教重新定為國教。外國傳教士們被激怒了，他們認為這無異於是一種退步。[60]芮恩施甚至被告知，袁世凱這種在冬至日去天壇祈禱的行為在某種程度上預示著他希望重續「帝國的尊嚴」。復興儒教正值許多新事物被採納之時。例如，中國婦女第一次走出家門踏入社會，西方的事物如立法和憲法也開始出現。柔克義夫婦在訪問新公使芮恩施時也哀歎了這一事實，並認為最好還是不要多摻和中國的事情。正如柔克義所提到的，「中國應當繼續保持傳統的社會體制，這一體系已經傳承了數千年，我們只要相信民主制度榜樣的漸進影響會對中國社會制度產生相應的修正作用。」[61]芮恩施和柔克義一樣對中國人民以及中國巨大的人力和自然資源充滿了信心。這就是美國對華政策形成的部分思想基礎。而另一部分主張則認為，中國正在努力以美國為榜樣建立一個真正的

代議制政治體制。芮恩施這樣描述道：「在中國，所有信仰自由、向前看的人都視美國為一個自由的政府，不僅是他們仿效的榜樣，而且是他們尋求利益、同情和道德支援的對象。」[62]可是袁世凱政府卻全力阻礙這些民主人士：袁世凱政府解散了國民黨，逮捕國民黨要人，轉而尋求地方督軍的支持。袁世凱甚至解散了殘存的國會，取而代之的是只具諮詢能力的政事堂。[63]

作為一個威爾遜主義者，芮恩施認為美國的政策就應該是幫助中國發展商業，使其學會組織技巧，並改進中國的鐵路設施。他寫道：「沒有人比我更看重美國傳教士、教師、醫務工作者所做的重要工作，他們帶給中國西方知識和生活方式的理念。」[64]美國政策目標的「首要考慮應該是一個統一的中國，中國人成為自己土地的主人，開發自己的資源，允許世界各國在華進行商業活動，而且要一視同仁」。[65]其實這裡所說的就是最廣義的「門戶開放」政策。

然而隨後的歷史發展看起來卻事與願違。首先發生的就是袁世凱企圖稱帝和日本侵佔了山東。即使是日本人也反對袁復辟。面對來自各省的強烈不滿，袁世凱在1916年3月下令表示維持總統制。但即使是這樣，人們也深表懷疑。6月初，袁世凱去世，中國避免了一場嚴重危機。袁過早的去世為建立共和國重新開闢了道路。帝制運動失敗了。辛亥革命領導人孫中山回到上海，在此後的四年中，孫在中國政治舞臺上扮演了重要角色，儘管他曾在1918年被軍閥們趕出廣東。1920年，中國制訂了新的憲法。但孫中山在上海的地位並不穩固。在20年代初，中國的權力都在外國人和軍閥手中。儘管如此，孫中山還是中國利益最有力的代言人，他與軍閥們論戰，並與日本人據理力爭，保護中國的權益。[66]

1917年8月，芮恩施得知中國將參加第一次世界大戰，加入協約國一邊。中國被說服參戰，因為列強保證中國的政治和行政完整。與此同時，列強又使日本確信，在戰爭結束以後他們不會大力反對日本在中國想要牟取的東西。中國從日本獲得貸款。讓芮恩施十分震驚的是，國務卿蘭辛於1917年11月4日簽訂了《藍辛—石井協定》。其中寫道：「美國政府承認日本在中國，特別是在與其屬地接壤的地區有特殊利益。」對此，芮恩施評論說：「我好像挨了一記耳光，根本來不及考慮這項協定的其餘含義。」[67]對芮恩施而

言，美國背叛了中國。中國的反應是拒絕承認列強之間簽署的所有
與中國有關的協定。顯然，日本人忙著要「切斷」山東。美國則似
乎漠不關心。日本正在中國製造自己的門羅主義。日本「對山東的
安排是祕密進行的，踐踏了中國的權利，並且要趕在和會前就密謀
好」。芮恩施譴責日本的侵略政策。他在美國花了四個星期解釋他
的行為，但一切只是徒勞。芮恩施評論說：「真是令人難以置信，
美國政府從我和其他在中國的官員那裡獲得了足夠多的訊息來明白
這樣做的後果，但威爾遜總統竟然還是會順從日本人的要求。」
1919年6月7日，芮恩施辭職了。芮恩施認為，威爾遜總統完全誤解
了日本的意圖，所以才勉強宣稱，美國對日本的讓步「不涉及政治
權利而只是經濟特權」。1919年9月13日，芮恩施離開了北京。[68]

　　威爾遜通過他自己的私人管道獲得中國情報。在白宮歲月裡，
傳教士，特別是史蕭臣和伍德布里奇不斷地向威爾遜總統提供中
國情報。不過，威爾遜與他們之間的許多來往信函都是例行公事。
1913年7月，威爾遜在寫給伍德布里奇的信中說，他需要瞭解「美
國在上海治外法權的相關資訊，而且我確實不知道該從哪裡來獲取
這方面的情報，所以只有麻煩你來幫忙了」，顯示了威爾遜對伍德
布里奇的信任。威爾遜總統想要任命一個法官、執行官和律師，希
望伍德布里奇能夠知道「應該安排怎樣的人選，以及候選人怎樣
看待他們的職責」。[69]兩個月後，伍德布里奇回信，認為現任法官
獲得普遍的尊重，「我們對他的辭職倍感遺憾」。而律師亨克利
（F.E. Hinckley）博士則沒有獲得相同的讚譽，因為他將自己的辦
公室擴大了不少，而且是法官泰爾（Thayer）的眼中釘。伍德布里
奇認為亨克利不夠圓滑，並且希望威爾遜安排其他能夠維持「最高
法院尊嚴並能以合適的方式主持司法工作」的人來代替泰爾。[70]威
爾遜把他的信轉給了布賴恩，指出伍德布里奇的建議很有趣。布賴
恩也表示同意，他說會與總統討論新的任命人選，還補充說，「亨
克利律師看起來不是一個我們想要的人」，[71]於是任命了其他人。
　　威爾遜也瞭解基督教青年會在華的活動。在北京負責普林斯頓
青年會工作的霍普金斯‧米勒（Lucius Hopkins Miller）把普林斯頓
人寫的「中國當前的現狀」的書信交給了威爾遜總統。總統滿懷興

趣地進行閱讀。[72]普林斯頓人羅伯特・R・蓋利（Robert R.Gailey）在1913年9月15日的信中提到，他想知道有關10月9日將在北京建立新的基督教青年會大樓的消息。但是蓋利的信來得太晚了些。[73]此後在1914年12月，蓋利從普林斯頓寫信，讓威爾遜總統關注在普林斯頓舉行的「北京之夜」。就像許多發言者說的，這一專案不僅要喚起對普林斯頓在北京傳教事業的興趣，而且要以普林斯頓大學宗教生活的名義推進所有有益的傳教活動。他指出在北京的普林斯頓人已經創設了一個講座，「以提供對基督教信仰的現代的、具有建設性的、重要的解釋及其對當代問題的解決之道」。威爾遜回覆說：「請允許我通過你向那些聚會者表達我對普林斯頓在北京所做工作的深切而持久的興趣，並衷心希望你們的事業能持續下去，發揚光大。」[74]

1914年10月，世界基督教青年會的舍伍德・艾迪（Sherwood Eddy）從中國寫信給威爾遜。艾迪寫道，湖南有數以千計的「儒生希望以學員身份加入聖經學習班，這裡可是中國悠久的儒教化影響最深的省會城市。」他還回憶了傳教士們曾在湖南遭遇的種種困難，並驚呼「今非昔比」！湖南省長也贊成這樣的集會，在他們到達湖南長沙的時候發來了歡迎電報。艾迪指出他們宣稱反對行賄、瀆職、欺詐和不道德，而上述這一切都造成了中國的落後。艾迪相信基督福音可以救中國。他問威爾遜：「當我們從這個城市走到另一個城市的時候，你們這些在國內信奉上帝的子民能否為中國祈禱，祈求基督的福音向他們敞開？」對威爾遜總統來說，「古老的中華帝國看起來要甦醒過來開始新的生活了。」[75]

史蓋臣經常與威爾遜總統通信。1914年初，他談到了自己的工作。他批評中國政府「從頭到腳都腐敗不堪」，抱怨美國外交官在保護美國在華僑民方面十分懈怠。[76]到第二個月，史蓋臣又提出外交官應該與傳教士緊密合作，因為後者更暸解中國。史蓋臣還根據自己所知的情況指出，外交官們並不能很好地理解中國。威爾遜對史蓋臣的來信有「如此豐富的關於中國事務的情報」表示感謝。[77]1914年5月12日，史蓋臣在休假期間從麻塞諸塞州的聖約克（Holyoke）寫信給威爾遜總統：「您可能不知道，中國的基督教領袖們對您作為基督教徒的品格和正直的政策是出於真心地欽佩。

他們驚奇地看到，中國這個偉大的國家竟由基督徒來統治並試圖行事公正。」[78]隨後，史藎臣寫道，他覺得自己正在傳遞華人基督教領袖的旗幟。史藎臣指出，中國領導人根本沒有想到「您作為美國的領導人，還是一名基督徒；您使美國承認了中華民國；您不僅反對其他列強企圖羞辱和剝削中國的『強制性』貸款，而且還讓美國撤出國際銀行團」。[79]

　　第一次世界大戰給威爾遜處理中國事務造成了許多麻煩。早在1914年8月15日，伍德布里奇就指出：「中國對這一次足以影響整個亞洲甚至歐洲的世界大戰十分關心。」[80]事實證明他的推斷是十分正確的。中國政府希望勸阻戰爭的擴大，防止戰禍波及遠東。但是日本反對這一建議，因為他們企圖攫取德國在華利益。1915年1月，日本提出「二十一條」，其野心已昭然若揭。最初不為人知的祕密已經公開，即日本想把中國置於他們的保護之下。

　　大多數在華美國人都反對日本提出的「二十一條」。傳教士更是直言不諱。1915年3月，柏賜福主教提到威爾遜曾在1911年要求他寫信，講述「與美國有關的中國事務」。柏賜福十分關注日本的二十一條，因為它們影響了傳教。他回顧了日本控制朝鮮後傳教面臨的問題。柏賜福主教寫道：「日本企圖通過武力威脅和強加給中國的祕密條款來控制這個國家，這將會妨礙甚至破壞和摧毀我們在中國的傳教事業。」柏賜福希望威爾遜總統讓日本人知道，「美國反對威脅以及損害中國作為一個國家的尊嚴或任何程度的對她主權的侵犯」。他說，一些傳教士「願意在上帝面前表明我們的良知，而將事情的結果交給控制人類和國家命運的上帝來安排」。威爾遜感謝柏賜福具有如此啟發的言語。[81]在給國務卿布賴恩並轉交威爾遜總統的另一封信中，柏賜福作了更加詳細的論述：「『二十一條』將中國商業活動的控制權，從而實際上是中國的主權轉交給了日本，這無異於只在形式上保留了中華民族的獨立和完整。」他強調了二十一條將對美國商業利益以及美國支持中國主權完整的傳統政策的傷害，並指出日本的行為對太平洋地區安全的威脅，以及美國應當承擔的道德義務。柏賜福總結說：「在當前情況下，實行堅定不移的政策的政治家將贏得持久的聲譽，對於他為保存無價的價值觀念和維持公正所作的努力，子孫後代都會感謝他。」[82]

　　其他傳教士也表達了自己的觀點。1915年3月24日，司徒雷登博士寫信給威爾遜，談了他與基督會的考利（A.E. Cory）、長老會的費奇（R.F. Fitch）和美以美會的約翰・戈迪（John Gowdy）會面的情況。「對中國局勢的嚴重性，我們都深感憂慮。」司徒雷登認為他們所得到的情報也許能幫助威爾遜總統。威爾遜沒能和這些傳教士們見面，但是他們見了布賴恩，然後布賴恩把他們的想法轉告威爾遜總統。[83]在費城的史蓋臣應威爾遜的要求，寫信報告「日本侵略山東的情況」。史蓋臣說日本人對山東的企圖就和那些德國人一模一樣，傳教士朋友們不斷發來令人震驚的報告（私人信件）。海文斯（W.M. Haves）博士是被中國政府選中的幫助中國建立新學制的三名美國牧師之一，據史蓋臣的報告，海文斯博士曾寫到「我們深感恐懼。日本人看起來是要破壞中國的獨立」。史蓋臣寫到，在他自己在青島的傳教中心，日本人正在干涉傳教士們開辦的高中，企圖恐嚇老師並阻止學生進行有關基督教義的學習。史蓋臣說，他並不是反日，只是想反映大多數在遠東的觀察者的觀點：「儘管在歐洲戰場上我們與日本結盟，但在山東，日本要比德國更可怕。」[84]伍德布里奇則討論了日本的侵略和中國的反應。[85]

　　有些傳教士情緒激烈。他們中一些人就中國局勢發電報給威爾遜，並要求向美國人民公開他們的電報內容。布賴恩則反對公開這些攻擊日本政府的電報言論。如果將之公開，將「使我們所有在日本和中國的傳教士都遭致懷疑。而且這樣做也不會對中國有利，只會讓日本認為中國通過這樣的方式表達敵意」。威爾遜也同意上述觀點，認為傳教士是「不明智地站到了另一邊」。[86]總統反對公開電報，這種以免加劇緊張局勢的做法得到了伍德布里奇的支持。他寫信給威爾遜總統表示「這樣做是正確的，應該阻止那些干涉東方政治的傳教士們」。[87]

　　儘管威爾遜總統對一些傳教士要求公開言論的主張不予同意，但他還是十分在意他們的擔憂，並盡力讓他們知道政府的想法。國務卿布賴恩提到：「我今天已經和柏賜福主教進行了會談，他對中國的局勢非常關心。我私下對他說，我們已經做了什麼，這使他感到寬慰。」[88]那時威爾遜總統已決定宣佈反對任何「損害美國及其人民在華條約利益、中國的政治和領土完整及眾所周知的與中國相

關的『門戶開放』政策」的協定。[89]中日之間的條約於1915年5月簽訂，儘管日本獲得了大量權益，中國的自治還是得以保存。在「二十一條」交涉過程中，威爾遜和傳教士們彼此交換了意見。也許很難確定傳教士們對威爾遜產生了怎樣的影響，或者說威爾遜的思想與他的宗教背景以及他對外交政策的態度有多大關聯，然而十分清楚的是，傳教士們的意見使威爾遜堅定了自己的判斷。傳教士們意識到美國人民不會支持反對日本的軍事行動，但是他們也覺得威爾遜總統應該表明反對日本侵略的立場。威爾遜也同意了。

　　1915年夏天，威爾遜總統不再關注遠東，開始關注歐洲和競選總統連任。德國的無限制潛艇危機、俄國革命、美國參戰以及戰後和平條約占去了威爾遜總統在對外事務上的時間和興趣。從1915年開始，中國不再是威爾遜思考的首要問題。威爾遜總統繼續從在北京的美國外交官那裡獲得報告，他也繼續閱讀關於中國的報導。威爾遜非常欣賞史藎臣的一本書《從內部看中國》（*China from Within*），他寫道：「我希望立即閱讀這本引起我興趣的關於中國問題的書，就像對其他國家的興趣一樣。」[90]但是威爾遜總統把注意力轉到了其他方面。

　　傳教士們繼續向威爾遜總統提供資訊，特別是伍德布里奇還提供現場新聞。1916年1月，伍德布里奇評論說：「中國總統袁世凱宣佈自己成為中國的皇帝，他的筆一揮，就把中國人民帶回了君主制。」他看到中國未來的政治面臨麻煩。但是，伍德布里奇繼續說：「就我們的精神工作而言，我們會有一個美好的未來。我們有更多的人來探究中國問題，也有更好的機會給中國人帶來光明。」[91]他贊許威爾遜的美國不介入戰爭的政策。在隨後的一封信裡，伍德布里奇說：「您讓美國遠離戰爭，使美國成為了中國的榜樣。中國深陷於敵人的包圍中，看起來他無法逃離。應該用和平政策來幫助中國。」[92]後來伍德布里奇寫信表達對威爾遜連任總統的喜悅。他指出，總統的政策「已經贏得了我們全體在華人員的欽羨，中國人是親威爾遜的」。伍德布里奇相信美國人在中國最好的資產就是由傳教士們管理的醫院、學校、大學和印刷媒體。[93]1917年9月，伍德布里奇寫到在中國的「不平靜歲月」時，他對中國的政治動盪及日

本可能控制中國感到十分沮喪。威爾遜在回信時這樣寫道：「我們正在觀察中國的進步，即使在大洋的彼岸，我也懷著無比的關注之情。我全心全意地希望，在上帝的庇護下，你們可以獲得永久的令人受惠的成果。」[94]

伍德布里奇的觀點獲得了史藎臣的認可。史藎臣在1918年寫了兩封很長的信給威爾遜總統。他探討了7月在山東召開傳教士年會的困難情況，因為「這個省裡所有的一切都掌握在日本政府的手中，就好像在滿洲一樣」。日本人經營賓館、鐵路和航運，並徵收額外的費用。[95]次月，史藎臣又寫信來，信中附上了有關山東局勢的詳細報告，特別是日本人妨礙傳教士活動的相關情況。[96]由亞瑟·布朗準備的這份報告是對日本人的嚴厲控訴。史藎臣討論了「日本人製造的障礙」，還說「對很多人來說，山東省的局勢已經使這裡的中國教會和外國牧師都無法繼續工作下去了」。傳教士和中國人（特別是中國的基督教徒）都生活在恐懼中。日本人增加了稅率，並接管了這一區域的商業。史藎臣寫道，日本人為了迫使商行停業，「所有的郵件被打開，裡面的支票被取走，因此中國人和外國商行無法收到寄給他們的錢」。日本當局否認對此負責，但是「他們是最熟練的說謊者，要是符合他們的利益他們就露出笑臉，要是人們不作聲或者反抗的聲音很微弱，日本人就蔑視他們，並且對他們很殘暴」。日本人在山東已經從軍事佔領轉變為文官統治，「而這意味著永遠的佔領」。史藎臣報告說，青島有50,000日本人，沒有人在乎中國的主權。日本吹噓說「山東屬於他們」。史藎臣把日本對山東的佔領與德國對比利時的佔領相提並論，並且呼籲美國採取行動來改變現有的狀況。

史藎臣的報告引起威爾遜總統的警覺，他把這份報告發給了布賴恩的繼任者國務卿羅伯特·藍辛，要求找一位「對遠東事務非常熟悉又值得信任的人」來「幫我仔細閱讀這份報告」。[97]藍辛給威爾遜的回信附上了遠東司蘭斯福德·S·米勒（Ransford S.Miller）的一份備忘錄。[98]米勒指出，儘管報告很多細節都是依據道聽塗說，但是「史藎臣給教會的祕密報告中對在山東的日本當局的主要指控都是基於事實的」。米勒認為史藎臣的觀察具有強烈的反日色彩，是一種偏見。但是國務院的消息來源確認日本「自對青島的德

國人採取敵對行動之後，就對山東人採取高壓政策」。確實，日本人「已經實際控制了整個山東省」，並且計畫永久佔領。史藎臣的報告和國務院的評估無法讓威爾遜總統安心。

1918年11月歐戰結束，中國將明顯成為和會上的主要問題。在凡爾賽，威爾遜自1915年「二十一條」問題之後第一次開始思考中國的事情。在考慮中國問題的時候，毫無疑問，威爾遜受到了傳教士的影響。傳教士們曾談到中國的「進步」，談到了中國的共和制政府，還有敦促放棄勢力範圍。從1915年開始，大多數的傳教士都在討論日本對中國造成的威脅，並且促請威爾遜總統保衛中國人的利益。傳教士們的觀察與外交官們特別是芮恩施公使與使館一祕馬慕瑞的看法是一致的，日本是他們兩人與威爾遜通信的主題。[99]傳教士們都支持威爾遜總統捍衛中國利益的信念。由於威爾遜非常清楚外交的複雜性和美國在華利益以及美國力量的侷限性，他將自己的思考更多地建立在與傳教士們相似的立場上，也更加認同他們的觀察。在1918年12月4日威爾遜出發去歐洲之前，他對中國看法的形成肯定受到傳教士們的影響。

事實證明，中國的確成為巴黎和會中最困難的一個問題。日本急切地要求繼承德國在山東的權利，承認其在東亞的特殊地位，認可日本與中國簽訂的戰時條約，宣告人種平等，並且控制德國在北太平洋的島嶼。日本沒能獲得人種平等宣言，通過國際聯盟也只對德國的一些島嶼獲得了託管的權利。最受關注的是山東問題和對中國問題的全盤解決。威爾遜的顧問們和那些給他寫信的傳教士呼籲將德國在山東的權益歸還給中國，但是日本堅稱他們擁有這些權益。談判十分艱難，並且因為日本與法國、英國先前簽訂的條約，以及日本威脅抵制和約與國際聯盟而變得更為複雜，最後日本贏得了德國在山東的經濟權益。[100]威爾遜曾反對日本的主張，但將山東問題的解決看作是一種妥協。

中國和美國都掀起了強烈的抵制行動。中國人拒簽和約。傳教士們很震驚，呼籲推翻這樣的解決方案。他們中的兩個人——史藎臣和伍德布里奇非常直接地寫信發出警告。1919年7月，史藎臣在信中附上了一篇長篇報告，他在信中指出「中國的政治局勢因『某大國』強加於中國人民的行為，而變得令人日益絕望和危機四

伏」。[101]他希望威爾遜就山東問題講些「有權威的、充滿希望的話語」。史蓋臣的報告更為特別。他開篇說道:「在華的各國人士,商人和傳教士,以及中國人,都被日本迅捷地實施其軍事和經濟控制中國的計畫而驚得目瞪口呆。由於日本在巴黎的『外交勝利』,它已經扔掉了對中國友好的偽裝面具,呈現出它本來的真實目的。」史蓋臣把日本的行為描述成傲慢的、殘忍的、罪惡的、野蠻的、充滿進攻性和狡詐的,並且談到了日本在華宣傳的雙重目標:「使中國人不信任美國人,並且阻撓美國的商業和傳教工作;使中國人相信他們的得救需要日本羽翼的強大保護。」他詳細記錄了日本對青島的佔領,並且將日本的所作所為與他們早些時候在朝鮮的行徑進行了對比。

正在密歇根奧古斯塔(Augusta)度假的伍德布里奇也在8月寫來相同論調的信,指出他自己三十一年的經歷使他確信「日本絕不會放鬆控制中國」。[102]他對美國「認可」山東問題的協定備感焦慮,因為這樣等於否定了傳教士在醫院、學校、出版行業方面的工作,使教會工作倒退好幾年。他說威爾遜對和約的贊同使他「在四億中國人的眼中變得十分糟糕」。他把日本稱作野蠻的「軍事獨裁的鄰居」,並問道:「如果你支援那些軍國主義狂徒的計畫,我們該如何面對數以百萬計的失望的、絕望的中國人?」

即使威爾遜總統有意改變對山東問題的安排,機會也錯過了:因為威爾遜開始了他的巡迴政治演講,演講快結束的時候他生病了,等他回到華盛頓的時候,因血栓症導致左半邊癱瘓並且終止了所有與總統有關的活動。由於沒有領導,美國的外交事務受到嚴重影響。時任國務院遠東司司長的馬慕瑞寫道,威爾遜「太過於關注政策問題,尤其對於外交領域,以至於整個政府成了他的個人秀,因為他的病倒導致了整個行政系統的癱瘓。人們有這樣的感覺:像是一艘航行在大海上的船引擎熄火了。」[103]

事實證明,日本人很快就加緊了對山東的控制。1919年6月,芮恩施遞交了辭呈,並在9月15日獲准。他認為前景令人洩氣,除非美國願意「面對現實並採取行動」。芮恩施認為中國的建設性力量必須獲得支持,華盛頓應該關注中國的事務。芮恩施認為他的工作正是因為缺乏關注而受到了損害。但助理國務卿布雷肯里奇·朗

（Breckinridge Long）不同意上述觀點，他認為「美國已經對中國給予了關注，而且這種關注一直持續著」，與芮恩施爭論是件困難事。[104]威爾遜的對華外交陷入危機。

威爾遜最後一項與中美關係有關的行動是組織賑災委員會。威爾遜向美國民眾呼籲說，「中國人民非比尋常地渴求我們的忠告和有效的領導」。正如羅伊・沃特森・柯里（Roy Watson Curry）所說：「這在很大程度上概括了威爾遜的個人生涯和政策：為人類的福祉服務。」[105]因此，1913年至1921年的中美關係有三個影響要素：威爾遜本人、國際形勢和美國的外交政策傳統。[106]這三種因素，尤其第一種因素，即宗教因素和傳教士們對美國對華政策的影響不可忽視。威爾遜的很多政策都是遵守傳統路線的。他贊成「門戶開放」政策，並且相信日本只能控制一部分在華的經濟利益，而不是政治主權。然而，威爾遜政策的各個方面是不同的。由於威爾遜的宗教背景，相比於美國歷任總統，傳教士們能更多地接觸威爾遜，並直接或間接地向他施加影響。保羅・瓦格（Paul Varg）寫道：「沒有一個總統像威爾遜一樣同情傳教運動，但是威爾遜很快認識到他不可能在處理對外關係上和他的這些朋友保持一致。」[107]瓦格的評論太嚴屬了，事實上威爾遜總統只是在處理山東問題上才與傳教士們有不一致的看法。我們要判斷出自威爾遜總統自己背景的看法和那些接受傳教士建議的看法有多大相似性是很困難的，但是這些看法的相似性一定是令人驚歎的。無論威爾遜的理想主義看似與《藍辛─石井協定》和山東問題，以及在巴黎和會上的妥協有多大的衝突，為了使《凡爾賽條約》獲得批准，他仍願意做出任何必要的犧牲。

在威爾遜的總統任期內，傳教士們的建議從來沒有終止過。他們的建議成為貫穿整個20世紀大部分時間最持久的聲音。其中最為突出的一個例子，也許還是最響亮的政治呼聲，就是周以德醫生（Walter H.Judd, 1898-1994）。周以德是最為典型的冷戰鬥士，他以明尼蘇達州第五選區代表的身份活躍在1943-1963年的第78-87屆國會，並擔任過眾議院對外關係委員會主席。最為著名的是，周以德在1960年的共和黨全國大會上發表了主題演說，並在1981年贏得

了總統自由獎章。周以德如此著迷於成為一名國會議員的動因是，他於20世紀20至30年代在中國的醫學傳教生涯。1918年軍隊縮編之後，周以德從大學醫學院畢業，此後在1925-1931年間和1934-1938年間，他作為基督會的醫學傳教士和醫院主管來到中國。[108]

日本對中國的戰爭把周以德推上了政治舞臺。1938年他從日本人佔領的華北逃脫。在明尼阿波利斯開始了附屬於梅奧診所的行醫生活後，周以德發表了一系列演講，警告美國人小心日本的侵略意圖。他在國會委員會作證，並在珍珠港事件爆發後，於1942年競選國會議員。周以德成了蔣介石和國民政府的傳聲筒。周以德對俄國人侵略意圖的懷疑與日俱增，並且尖銳地批評富蘭克林・羅斯福總統的雅爾達協議。例如，在1968年接受採訪時，他提到：「（國務院）遠東司到處都是認為中國共產黨是『農業改革者』的人士，他們還認為共產黨才是值得支持的一方，而蔣介石的政府不值得我們支援。」[109]

到1943年開羅會議召開時，蔣介石在國際政治舞臺上的聲譽已經達到頂峰。然而，聚集在中國戰時首都重慶的傑出的美國人，特別是副總統亨利・華萊士（Henry Wallace）這樣的來訪者，以及國務院主管中國事務的范宣德（John Carter Vincent）和著名漢學家、作戰情報處官員歐文・拉鐵摩爾（Owen Lattimore），已經得出了結論，都認為蔣介石應當與共產黨握手言和。華萊士稱共產黨為「農業改革者」。然而，周以德批評了華萊士的報告，如他的一本傳記所說。[110]此外，周以德的傳記作者指出，這位國會議員認為美軍駐東南亞總司令約瑟夫・史迪威將軍「的政治分析幾乎完全依賴約翰・佩頓・大衛斯（John Paton Davies）、謝偉思（John Stewart Service）、盧登（Raymond Paul Ludden）和約翰・愛默生（John K.Emmerson）等外交官員的報告，那些人相信共產黨代表中國的未來。」[111]

1947年，周以德在國會反覆強調國民黨中國對冷戰的重要性：「中國變得怎樣，亞洲也會變得怎樣。」他認為放棄中國將意味著，「雖然我們打敗了日本，俄羅斯卻贏得這場戰爭」。此外，使蘇聯在聯合國擁有否決權也是一個大錯──甚至使蘇聯加入聯合國是「羅斯福總統一生中的悲劇」──一個失敗的「大設計」。他評論道：「蘇聯沒有使用過一次否決權來阻止戰爭，但卻不止一次使

用否決權來阻礙有助於朝著正確的和平方向的措施和決定。」如果亞洲陷入共產主義之手，蘇聯將獲得「領土、資源和人力上的優勢」。這種錯誤的後果就在仍玩弄「拘泥形式」的外交遊戲的美國政府面前。周以德強烈要求美國協助希臘、土耳其和南朝鮮。他指責羅斯福：「為了換取蘇聯加入聯合國，我們在雅爾達犧牲了我們的原則和其他國家人民的權利和領土。」最後，他指責美國未能在朝鮮贏得勝利是因為美國「名將」──麥克亞瑟將軍被解雇了。直至20世紀50年代中期，周以德堅決反對讓中華人民共和國進入聯合國。[112]

　　美國兩個內政問題糾纏著這個前醫學傳教士：第一是希思案件（Alger Hiss Case），第二是麥卡錫主義。儘管周以德反對約瑟夫・麥卡錫參議員的做法，但「反共產主義已成為他畢生從事的運動」。[113]1947年，周以德加入國會政府工作委員會的小組委員會，該委員會去除了國務院存在的134個安全風險。在這方面，他與希思不期而遇。周以德與《時代》週刊編輯惠特克・錢伯斯（Whittaker Chambers）有聯繫。錢伯斯承認他曾多年作為共產黨代理人與希思共事。希思否認與錢伯斯的關係。周以德進一步發現，希思是國務院中國科成員，能夠「選擇性地將資訊傳達給他的上級，比如謝偉思和大衛斯那些完全傾向共產黨人的報告，通過抬高共產黨而打壓我們的盟友來左右對華政策……於是人們要問為什麼我們失去了中國。」[114]希思曾經服務於羅斯福的雅爾達會議代表團，面對偽證罪的指控，他在眾議院非美活動委員會（HUAC）面前「斷然否認」他曾經是共產黨間諜，甚至以誹謗罪控告錢伯斯。最初錢伯斯只是指控希思在美國政府中推行共產主義政策，直到第二次審判中出現被認為是希思從事間諜工作的「巴爾的摩」文件（指所使用的打字機字體），也即所謂的「南瓜文件」（錢伯斯曾將這些文件藏在挖空的南瓜中，故得名。──譯按），才指控其間諜罪。希思被起訴兩項偽證罪，被判有罪，並在路易士堡聯邦監獄中服刑44個月，於1954年11月被釋放。在希思被判決後的兩周，麥卡錫參議員發表了著名的西佛吉尼亞州威靈演講，他聲稱在政府內部有大批共產黨人和蘇聯間諜，而且他有所有這些人的名單。麥卡錫從來沒有證實這些瘋狂的指控，尤其是在麥卡錫軍事聽證會上，1954年參議院對他進行了譴責。[115]

當時，也有一批民主黨和共和黨人主張美國實行有效的政策來幫助國民黨中國，而不是「紅色中國」。周以德被認為是所謂「中國遊說團」的重要成員，這是一個「由於不同原因對中國感興趣的個人和組織聚集起來的鬆散聯合體」。然而，據一名研究人員所說，「院外援華集團」是由那些「極端認為美國對華政策是錯誤的，美國撤離中國造成了反共防波堤不必要的破裂」的人形成的團體，周以德就是其中之一。[116]由於「遊說團」的存在，美國「百萬人協會」壯大起來。他們反對驅逐中華民國，反對中華人民共和國獲得在聯合國的席位。這個協會完成了百萬人簽名的請願書，並在1953年10月22日提交給艾森豪總統。周以德是該協會執行委員會的一員。1961年，聯合國大會以45對30的票數否認了中華人民共和國的席位，並作出不驅逐中華民國的決定。到1971年，中華人民共和國終於獲得在聯合國的席位，這一結果也使「百萬人協會」的活動告終。[117]

周以德終其一生都十分積極地支持臺灣。例如，他指出，尼克森總統在結束了歷史性的中國之行後所簽署的1972年上海公報，並不是一個合法文件，因為並沒有提交給參議院。1978年，卡特總統承認中華人民共和國，並撤銷了對「中華民國」的承認，此舉引起周以德尖銳的批評。周以德繼續反對容忍共產主義，指責雷根總統於1982年對中華人民共和國的訪問，以及蘇聯總書記戈巴契夫1987年對美國的訪問。1989年天安門廣場的抗議活動使他感到十分鼓舞。一直到1978年年底，周以德仍頑固地認為，「蔣介石將名垂青史，蔣在許多方面都不愧為本世紀最偉大的人物。蔣在所有重大問題上都沒有犯過錯誤」。[118]

最終，美國還是忽略了周以德、傳教士以及他們的支持者，而選擇擁抱紅色中國。今天，與周以德反共右翼的全盛時期不同，美國傳統的對華友好態度佔據主導地位，不管當代中國有怎樣的困難和瑕疵，都被視而不見。而在威爾遜之後，考察中國國情的任務落到了某個不太可能的人身上——他既不是外交官，也不是觀光者，而是著名哲學家杜威。

本章的部分內容曾以論文形式於1971年發表，2005年中文再版，參見Eugene P.Trani, "Woodrow Wilson, China, and the Missionaries, 1913-1921", *Journal of Presbyterian History* 49(1971):328-351;中文版參見《宗教與美國社會》（上海）3(2005):281-314。從1971年起，湧現出一批關於該主題的重要研究成果，應特別關注：John K.Fairbank, ed., *The Missionary Enterprise in China and American*; Kathleen Lodwick, *The Chinese Recorder Index: A Guide to Christian Missions in China, 1867-1974*; and James Reed, *The Missionary Mind and American East Policy, 1911-1915*。

註釋：

1 「傳教士外交」一詞來源於普林斯頓大學教授林克，他這樣描述威爾遜的外交。請參見Link, *Wilson:The New Freedom;Wilson the Diplomatist:A Look at His Major Foreign Policies.*

2 描述威爾遜對華外交的書籍請參見Roy Watson Curry, *Woodrow Wilson and Far Eastern Policy*。有關威爾遜第一任期的內容請參見Tien yi Li, *Woodrow Wilson's China Policy, 1913-1917*;有關集中敍述巴黎和會的內容請參見Russell H.Fifield, *Woodrow Wilson and the Far East:The Diplomacy of the Shantung Question*;有關威爾遜外交政策的起源請參見Harley Notter, *The Origins of the Foreign Policy of Woodrow Wilson*，但是該書並沒有涉及中國研究和相關細節。另外可供參考的總體研究可參見：Paul Varg, *Missionaries, Chinese and Diplomats:The American Protestant Missionary Movement in China, 1890-1932*。

3 Scott to Woodrow Wilson [以下簡稱WW], March 1, 1913, Wilson Papers [以下簡稱WP], LC.

4 WW to Scott, April 15, 1913, WP, LC.

5 S.I.Woodbridge to WW, July 6, 1912, WP, PU.

6 WW to Woodbridge, August 5, 1912, J.S.Woodbridge Collection, copy in PU.

7 Wilson Statement, March 19, 1913, WP, LC.有關解釋了這一決策形成之討論的最好說明請參見Link, *Wilson:The New Freedom*;see also Curry, W*oodrow Wilson and Far Eastern Policy*;and Li, *Woodrow Wilson's China Policy*。

8 Arthur J.Brown to WW, March 20, 1913, WP, LC.

9 Scott to WW, May 31, 1913, WP, LC.

10 Z.C.Beals to WW, March 29, 1913, and James Sadler to WW, March 21, 1913, WP, LC.

11 Link, Wilson:The New Freedom, 286.

12 Scott to WW, March 1, 1913, and Brown to WW, March 20, 1913, WP, LC.

13 Bishop J.W.Bashford to Henry Huntington Wilson, January 20, 1913, 893.00/634, State Department Records[以下簡稱SDR], NA, as cited in Tien yi Li, Woodrow Wilson's China Policy, 67.

14 E.T.Williams, Peking, to William Jennings Bryan, March 28, 1913, State Department Records, National Archives, as cited in Li, *Woodrow Wilson's China Policy*, 70.

15 Bryan to Williams, April 6, 1913, SDR, NA，也可參見Tien yi Li, *Woodrow Wilson's China Policy*, 72-77.

16 請參照the message from Yen His Shan, Governor of Shansi, to WW, May 7, 1913，以及其他相似的電報，見WP, LC。

17 Scott to WW, May 31, 1913, WP, LC.

18 WW to Bryan, February 51[sic], 1913, Ray Stannard Baker Collection, LC.

19 James Kerney, *The Political Education of Woodrow Wilson*, 288-89;Bashford to Bryan, March 20, 1913, 893.00/634, SDR, NA，也可參見Tien yi Li, *Woodrow Wilson's China Policy*, 16.

20 Edward M.House to WW, February 1, 1913, WP, LC.

21 House Diary, January 17, 1913，也可參見Curry, *Woodrow Wilson and Far Eastern Policy*, 36.

22　WW to Charles Eliot, January 20, 1913, Baker Collection, LC.

23　Charles Seymour, *The Intimate Papers of Colonel House*, 105.

24　Eliot to WW, January 27, 1013, WP, LC.

25　WW to Bryan, February 51 [sic], 1913, Baker Collection, LC.

26　WW to Bryan, February 14, 1913, and Bryan to WW, February 17, 1915, Baker Collection, LC.

27　Tien yi Li, *Woodrow Wilson's China Policy*, 18.

28　Cleveland H.Dodge to WW, March 8, 1913, and WW to Dodge, March 10, 1913, WP, LC.

29　Dodge to WW, March 10, 1913, WP, LC.

30　Edward C.Jenkins to WW, March 14, 1913, and WW to Jenkins, March 17, 1913, WP, LC.

31　WW to John R.Mott, March 21, 1913, WP, LC.

32　The Boston Herald, March 27, 1913，也可參見Curry, *Woodrow Wilson and Far Eastern Policy*, 41.

33　Dodge to WW, March 28, 1913, WP, LC.

34　Dodge to WW, April 1, 1913, enclosing telegram from Mott to Dodge, c.April 1, 1913, and WW to Dodge, April 5, 1913, WP, LC.

35　George Mason La Monte to Joseph P.Tumulty, March 29, 1913, WP, LC.

36　Dodge to WW, April 1, 1913, and WW to Dodge, April 5, 1913, WP, LC

37　Dodge to WW, April 8, 1913, WP, LC;and WW to Dodge, April 10, 1913, Dodge Wilson Collection, PU Library.

38　Charles Crane to WW, April 8, 1913, and WW to Crane, April 10, 1913, WP, LC.

39　Bryan to WW, June 2, 1913, WP, LC.

40　WW list of Diplomatic Appointments, ca. June 4, 1913, WP, LC.

41　WW to Bryan, June 25, 1913, WP, LC.

42　Mott to WW, July 3, 1913, WP, LC.

43　Crane to WW, March 21, 1913, WP, LC.

44　Bryan to WW, ca.March 1913, and WW to Bryan, June 25, 1913, WP, LC.

45　WW to Joseph E.Davies, June 10, 1913, and WW to Bryan, June 25, 1913, WP, LC.

46　WW to Paul S.Reinsch, June 30, 1913, Reinsch Papers[以下簡稱RSP], Wisconsin State Historical Society, Madison[以下簡稱WSHS].

47　有關芮恩施在中國的工作和他在獲得任命之前的背景可以參照下文：Noel Pugach, "Making the Open Door Work:Paul S.Reinsch in China, 1913-1919」。

48　WW to Senators Isaac Stephenson and Robert La Follette, July 31, 1913, WP, LC.

49　Reinsch to WW, October 5, 1914, attached to WW to William G.McAdoo, November 9, 1914, William G.McAdoo Papers, LC.

50　Ray Stannard Baker, *Woodrow Wilson, Life and Letters*, 6:61.

51　Paul S.Reinsch, *An American Diplomat in China*, 63.

52　Crane to WW, October 1, 1913, and WW to Crane, October 3, 1913, WP, LC.

53　Noel H.Pugach, *Paul S.Reinsch:Open Door Diplomat in Action*, chap.4.

54　"The American Minister with the Premier and Minister of Posts and Communications," November 27, 1913, box 2, PSR, WSHS.

55　Reinsch to State Departmet, No.17, December 1, 1913, box 2, PSR, WSHS.

[56] Reinsch, *American Diplomat*, 1.

[57] Ibid., 1-2.

[58] Ibid., 3.

[59] Ibid., 6

[60] Ibid., 23. Reinsch quotes Yuan.

[61] Ibid., 31. Reinsch quotes Rockhill.

[62] Ibid., 42.

[63] Ibid., 42-47.

[64] Ibid., 64.

[65] Ibid., 66

[66] Ibid., 187, 192-93, 201 and Jonathan D.Spence, *The Search for Modern China*, 297-99.

[67] Reinsch, *American Diplomat*, 286-87, 299, quotes on 307.

[68] Ibid., 313, 321, 328, 334, 364-66, 379, 384, quotes on 315, 333, 359, 378.

[69] WW to Woodbridge, July 16, 1913, J.S.Woodbridge Collection, copy in PU Library.

[70] Woodbridge to WW, September 12, 1913, WP, LC.

[71] WW to Bryan, October 3, 1913, and Bryan to WW, October 3, 1913, WP, LC

[72] Lucius Hopkins Miller to WW, July 14, 1913, and WW to Miller, July 15, 1913, WP, LC.

[73] Rober R.Gailey to WW, September 15, 1913, WP, LC.

[74] Gailey to WW, December 3, 1914, and WW to Gailey, December 4, 1914, WP, LC.

[75] G.S.Eddy to WW, October 5, 1914, and WW to Eddy, December 9, 1914, WP, LC.

[76] Scott to WW, March 4, 1914, WP, LC.

[77] Scott to WW, April 8, 1914, and WW to Scott, April 25, 1914, WP, LC.

[78] Scott to WW, May 12, 1914, WP, LC.

[79] Scott to WW, July 7, 1914, and July 10, 1914, and WW to Scott,July 14, 1914, WP, LC.

[80] Woodbridge to WW, August 15, 1914, WP, LC.

[81] Bashford to WW, March 12, 1915, WP, LC.

[82] Bashford to Bryan, March 12, 1915, enclosed in Bryan to WW, April 19, 1915, WP, LC.

[83] J.Leighton Stuart to WW, March 24, 1915, WP, LC.

[84] Scott to WW,April 8,1915,WP,LC.

[85] Woodbridge to WW, August 14, 1915, WP, LC.

[86] Bryan to WW, April 15, 1915, and WW to Bryan, April 16, 1915, Wilson Bryan Correspondence, vol.4, SDR, NA.

[87] Woodbridge to WW, August 14, 1915, WP, LC.

[88] Bryan to WW, April 27, 1915, Wilson Bryan Correspondence, vol.4, SDR, NA.

[89] Bryan to Ambassador in Japan, May 11, 1915, FRUS, 1915, 146.有關這場爭論中美國政策的最好分析請參見Arthur Link, Wilson:The Struggle for Neutrality, 1914-1915，這是林克撰寫的第三本威爾遜的傳記。同時也可以參閱 Curry, *Woodrow Wilson and Far Eastern Policy*;and Tien yi Li, *Woodrow Wilson's China Policy*。

[90] WW to D.B.D.Warfield, October 30, 1917, WP, LC.

[91] Woodbridge to WW, January 28, 1916, WP, LC.

[92] Woodbridge to WW, October 7, 1916, WP, LC.

[93] Woodbridge to WW, November 17, 1916, WP, LC.

[94] Woodbridge to WW, September 11, 1917, WP, LC;WW to Woodbridge, August 21, 1917, J.S.Woodbridge Collection, copy in PU Library.

[95] Scott to WW, September 14, 1918, WP, LC.

[96] Scott to WW, October 7, 1918, enclosing report for Rev. Dr.A.J.Brown, c.October 7, 1918, WP, LC.

[97] WW to Lansing, November 22, 1918, WP, LC.

[98] Memo of Ransford S.Miller, November 26, 1918, enclosed in Lansing to WW, November 26, 1918, WP, LC.

[99] 有關對芮恩施的觀點的分析，請參見Noel Pugach, "Making the Open Door Work."

[100] 有關此次協商的最完整的分析請參見Fifield, *Woodrow Wilson and the Far East*.

[101] Scott to WW, July 26, 1919, WP, LC.

[102] Woodbridge to WW, August 26, 1919, WP, LC.

[103] MacMurray to Roland S.Morris, February 7, 1920, Roland Morris Papers, LC，也可參見Curry, Woodrow Wilson, 295.

[104] Reinsch, *American Diplomat*, 382;Reinsch to WW, June 7, 1919, 123R271/101, and Breckinridge Long to Lansing, August 5, 1919, 123R271/105, SDR, NA.

[105] Curry, *Woodrow Wilson*, 308.

[106] Ibid., 311.

[107] Varg, *Missionaries, Chinese and Diplomats*, 146.

[108] 有關兩個簡短的傳記,請參見:http://www.infoplease.com/biography/us/congress/juddwalter henry.html和http://en.wikipedia.org/wikiWalter_Judd。

[109] "Interview with Walter H.Judd on Dwight D.Eisenhower," August 29, 1968, in*Walter H.Judd:Chronicles of a Statesman*, Edward J.Rozek, ed., 12.

[110] Quoted in Lee Edwards, *Missionary for Freedom:The Life and Times of Walter Judd*, 97-98.

[111] Ibid., 100.

[112] Rozek, Walter H.Judd, 116, 122, 138, 142, 143, 147, 159;see also 168.

[113] Edwards, *Missionary for Freedom*, 159.

[114] Quoted in ibid., 160-161.

[115] 參見http://wikipedie.org/wiki/Joseph_McCarthy。

[116] Edwards, *Missionary for Freedom*, 205, quoting from Ross Y.Koen, *The China Lobby in American Politics*, 27ff.

[117] Edwards, *Missionary for Freedom*, 205, 213, 215.

[118] Rozek, Walter H.Judd, 276.

Chapter 9
實用主義者在中國
Pragmatist in China

　　1919年5月1日至1921年7月11日，美國著名哲學家杜威（John Dewey）攜其夫人愛麗絲・奇普曼・杜威（Alice Chipman Dewey）遊歷了中國。杜威夫婦接受他在哥倫比亞大學的學生胡適、郭秉文和蔣夢麟等人的邀請，先期抵達上海，後在北京、南京和其他城市的大學裡發表講演。[1]杜威對中國的熱愛和迷戀常常令人想起柔克義、傳教士們，以及芮恩施公使在中國的經歷。像他們一樣，杜威從中國人身上學到許多東西，並向中國人介紹美國人對世界的認知。與很多同時代人不一樣，杜威很快開始理解和欣賞中國的獨特之處。杜威停止說教，開始聆聽，也開始瞭解中國的極度複雜性。

　　杜威已年近六十，比大多數中國知識份子年長。杜威最為重要的學生胡適，已是國立北京大學的教授，此時不過二十多歲，胡適被他的一些同伴視為進步人士，甚至革命者。杜威也許是在胡適派中國知識份子最為活躍的年份走進他們中間的。當時他們問道：中國應該作怎樣的調適，以在新興的世界秩序中生存下來？「杜威覺得，他一生特殊的使命就是在科學、技術和民主的新時代裡告訴人們怎樣生活和思考」。[2]此時杜威已出版了他最具影響力的著作——《學校與社會》（*School and Society*）（1899）、《民主與教育》（*Democracy and Education*）（1916）以及《哲學重建》（*Reconstruction in Philosophy*）（1919）——後者是他最近在日本發表講演的結集。杜威明白這一時刻對中國的重要性：「僅僅作為一種文化景觀，一個供研究和猜測的場所，今日之世界無處——甚至正處於重建之中的歐洲也沒有——可與中國相比。」[3]中國必須被改造，否則她無法生存下去。中國不得不將世界其他地區漫長的發

展在短短的一個世紀裡完成，否則現存的混亂將會讓中國淪於日本的統治之下，否則中國就會布爾什維克化。

杜威離開中國時，已在中國度過了2年2個月零10天。杜威做過30餘次專題講座，所到之處都發表演講，關注中國時勢，甚至還向教育部寫過一篇報告。所有這些表明他不是一個單純的訪問者。[4]在來華前，杜威的著作沒有中文本。「然而，到杜威1921年7月離開中國的時候，在各種思想流派的報刊雜誌上已至少有50篇有關他的思想的文章。杜威作品翻譯計畫隨之展開並持續到整個20年代。」[5]之後，美國陸軍部對這位著名的哲學家作了這樣的評價：「杜威對事務擁有非凡的判斷力和學識，對學生運動和激進分子具有精深瞭解，是一位非常審慎的、理性的調查者。」[6]幾乎是半個世紀以後，杜威的女兒露西（Lucy）寫道：「中國是一個了不起的國家，中國人的體諒和慷慨是無窮的。在那兒的兩年是我生命中最有意義和最為愉快的時光，我父母也有同感。」[7]杜威另外一個女兒簡（Jane）說，「中國仍然使她難以忘懷」[8]。

1919年4月30日，杜威一家抵達上海。他最早寫給家裡的信十分尋常。杜威寫道，他對中國沒有第一印象，因為「中國還沒有向我們展示她的真相」。[9]隨即，他寫信給他的上司哥倫比亞大學校長穆雷·巴特勒（Murray Butler）：「我一到這裡就見到了從北京來的胡適博士，還有來自上海本地和南京的教育家們。他們都感到現在是中國教育和思想發展過程的關鍵時刻，在很長一段時間裡，西方尤其是美國具有代表性的思想，將比任何時候對中國都更為有用。」[10]杜威對上海的第一印象是，這座城市可以和底特律相比，除了學生們舉辦的宴會之外。杜威在這些較早的家書中提到的，不是一般的旅行見聞：引起他注意的是勞工問題，例如計件工作、剝削童工和低廉薪水。中國人在努力廢除納妾和一夫多妻制，杜威對此也有評論。令他沮喪的是，中國人很少在意外人對他們的看法。中國人「愛大聲說話，雖說不上是吵鬧，性格寬厚，髒兮兮的——總體上很有人情味」。[11]當這位著名的美國哲學家和教育家參觀完上海一所當地學校之後，在逛一家百貨公司時，他注意到當地人買美國商品的數量要多於日本商品。[12]

　　至於日本人，杜威寫道：「給人印象最深的是，中國人對日本的憎恨，這種憎恨之情是蘊藏於心底的；是眾所周知的事實，是一種強烈的道德蔑視。」[13]在一個月之內，他的文章《東海兩岸》（*On the Two Sides of the Eastern Sea*）發表在《新共和》（*New Republic*）上。杜威對中國最初的印象是充滿好感的，儘管這僅僅是基於偶然的遭遇，也沒有什麼準備。兩名後來的學者批評道：「一個自稱具有科學觀、在事實基礎上慎重闡述觀點的人，也許會更加小心謹慎。但杜威不是這樣。」[14]然而，杜威那些情感豐富的議論卻常常切中肯綮：「從日本到中國的三天旅行是很愉快的。我很懷疑世上是否還有另外同樣長度的旅行，可以是很愉快的如此徹底的政治信念的變化。」杜威的意思是在日本「自由主義正在傳播，但真正的自由主義者正面臨各種各樣的困難，尤其是將自由主義與對神權制度的忠誠相結合方面困難很大，而統治日本的軍國主義者是如此巧妙地將神權制度與皇位和政府統治結合起來」。與自由精神正在傳播的日本形成對比的是，在中國「日本的勢力全面滲透，其必然的結局是日本對中國政治和工業的控制，而最終目的是吞併中國」。一知半解的美國人將前一種狀況誤解成了後一種。日本報刊和有日本的「希歐多爾・羅斯福」之稱的東京前市長後藤新平（Shimpei Goto）男爵向美國人保證「日本方面沒有不軌之心。在中國，日本的宣告被認為是，日本已大致完成吞併中國的計畫、其吞併行動即將開始」。杜威抱怨美國人不明白實際狀況。「但是中國和日本是一衣帶水的鄰邦，每一件關係到中日兩國的事情、恰好以相反的景象呈現出來，這是令人終生難忘的體驗。」[15]

　　杜威一家來華時，正值「五四運動」的爆發，這場運動與山東問題以及之後出現的複雜局面密切相關。北京13所大專院校的學生雲集於紫禁城正前方的天安門廣場，向外國使館區進發。他們舉著旗幟，上面寫著可恨的親日派內閣成員的名字。那天上午，他們做出五項決議：抗議凡爾賽會議上威爾遜總統有關山東問題的安排；尋求中國民眾的支援；召開國民大會；成立北京學生聯合會；當天下午還舉行反對凡爾賽條約的示威。當天學生遊行至交通總長曹汝霖的住宅，曹是大筆日本貸款的責任人。學生焚燒了曹汝霖的住宅，怒打章宗祥。同時，部分師生試圖執行剩下的決議，包括支持

男女同校。到了6月，來自三十多個地區的學生代表成立了全國學生聯合會。對學生的大規模支持來自商人、商業領袖和工人。通俗的白話文期刊和雜誌開始湧現。這些改革者都是愛國志士，他們試圖推翻軍閥主義、封建主義和帝國主義以達到振興中華統一中國的目的。作為杜威「實驗主義」理念的信徒，胡適在五四運動中扮演了重要角色。[16]所以杜威捲入了改革和革命的漩渦中——人們所稱的「北京學潮」。[17]

杜威最早提到的五四運動的信函，是在1919年5月12日。他寫道，日本人稱之為學生騷亂，但的確發生了一場全國範圍的聯合抵制日貨和日幣的行動。除了反日抗議之外，學生們討論婦女解放，中國國內教育的落後，國民體質的惡化，政治腐敗和公德心的缺失。杜威稱那些被調入城市以鎮壓示威活動的士兵為強盜。[18]杜威認為，目前騷亂的根源，在於凡爾賽會議將山東出讓給日本。「美國人從感情上希望參議院能拒絕凡爾賽條約，因為條約事實上將山東主權交給了日本。」日本已經擁有了滿洲。杜威相信，在五至十年內，中國將會處於日本的軍事統治之下，除非中國「布爾什維克化」。在杜威和孫中山的談話中，孫中山認為，中國的主要缺點是因怕犯錯而不敢付諸行動。[19]

在1919年3月13日的一封長信中，杜威強調中國並未利用自己的資源，但日本人卻做到了。日本人散佈在中國的每一個城鎮裡，大肆掠奪中國的資源。山東的割讓促成了五四運動，引起中國人的抗議、罷工和抵制日貨。日本提出「二十一條」的日期現在已成為中國各地都紀念的國恥日。整個中國都在舉行群眾大會和講演。杜威認為，美國應該要求日本解釋他們在中國的侵略行徑：「當日本早已鎖上關閉中國的大多數門戶，還從她的口袋裡拿到了鑰匙時，我們還允許日本讓我們處於防禦和說教狀態中談論『門戶開放』，這很令人厭惡。」一個腐敗的軍事派系如今控制了中國，並將其出賣給日本。[20]

杜威一家5月中旬到南京，6月初到北京。他們認為杭州是中國最為繁華的城市。到那時為止，杜威一家認為中國「隨處是骯髒、貧窮和不幸的人」。然而，中國老百姓是愉快的，但被孫中山所提到的「讓別人去做吧」的態度束縛著，這是中國之所以不幸的根

源。即便在南京，也只有不到一百所學校，每所學校僅有數百名學生。那裡的技術很落後。學生們已經成立愛國團體。從前的考場正隨著科舉制的廢除被拆毀。學生運動引入了新的政治因素：「起初你什麼都聽不見，除了中國政治的陰暗、腐敗和賣國官員，兵匪勾結，官員們從日本那兒獲得錢財，中國人一盤散沙，然後學生們挺身而出，接著爆發生氣勃勃的學生運動。」[21]

在此期間，杜威寫了一系列長信給他的孩子們。儘管都是些談論家長裡短的家書，諸如旅遊、烹飪，或者東方的生活方式，他也偶爾談到中國的重要時事。例如，他詳細談到凡爾賽會議和中日兩國爭執不休的山東問題，還有中國政府和軍事問題。因對華實行「門戶開放」外交政策，美國對這些問題都很有興趣。事實上，杜威抱怨伍德羅・威爾遜總統派遣特務到中國搜集情報。雖然威爾遜的朋友、前駐華公使查理斯・柯蘭還在中國，並且中國人對他有很大的期待。但是很快，「他們對柯蘭失去了熱情」。杜威提到，有一篇文章冷嘲熱諷地提及了「柯蘭式的樂觀主義。」[22]

德國在山東的租界是一個複雜的問題，這個問題的產生緣於以下兩個因素。第一個是中國政府軟弱而腐敗──民主與共和不過徒有其名。國會不斷地休會，內閣經常改組，總理段祺瑞是一個親日派。杜威認為，日本很可能與協約國在山東問題上有祕密交易，以此作為日本參戰的代價。威爾遜總統向日本作了讓步，他的理由沒有根據，即德國在山東的租界地出讓給日本僅僅是安撫日本的權宜之計。日本則希望中國滿清政府復辟，直到日本達到可以接管中國的地步。「威爾遜為了現實需要而做出讓步，如他所言，只是巴黎和會失敗的又一例證。」1919年4月30日，在英國首相勞合・喬治和法國總理克里孟梭施加的壓力之下，威爾遜同意將德國在山東的權益全部移交日本。[23]中國的政治鬥爭在極端的軍閥分子和一群世故的穩健派之間進行著。中國出席巴黎和會的代表已經拒絕簽署凡爾賽條約以示抗議，但條約無論如何是會被強制執行的。「你不能想像中國不簽約在這裡意味著什麼」，杜威寫道，「整個政府已經準備好了──在簽署之前的十天，總統就已經說簽約是必要的。」[24]

雖然五四運動爆發了，但是中國政府卻能夠在沒有內閣、缺乏對公眾憤怒作出應有反應的情況下繼續存在下去。「大多數中國人

都對政府的軟弱無能表示不滿，但由於外國人的支援和民眾組織的缺乏，除了眼睜睜看著國家主權被出賣給日本和其他列強之外，別無他法。」同時，日本公使小幡酉吉糾纏住中國總統和總理，每天都向東京報告說中國代表團會簽字。甚至連普通日本人也不明其中真相，他們的政府「在這裡支持著一個軟弱無力且不具代表性的政府，對日本而言，中國的虛弱和分裂將繼續成為一個極大的誘惑，因為這可以無期限地作為日本拖延歸還山東的理由——也是在其他地方進行干涉的理由」。中國軍隊就是一群由日本供養的無用的土匪和督軍組成的。如果再這樣延續下去，中國將會發現自己處於和朝鮮一樣的境地。同時，新中國還處在誕生之初的陣痛之中，「學生們……帶頭開始一場偉大的徹底的政治改良運動，並帶頭迫使商人和專業人士也加入進來」。「學生們」要求實現美國式的理想，這些理想即使美國自己都因太過膽怯而不敢企及，儘管美國可以用她的權力、經濟資源、食物和原料來實現這一理想。因此，皖系軍閥和安福系所控制的北京政府認為，「學生們」是在北京大學校長蔡元培的監管之下，因此蔡氏「對學生干預政治，負有道德上的責任——儘管蔡元培不是政客，事實上他本人感興趣的是美學和文學，蔡曾留學巴黎」。[25]杜威認為，美國和日本之間也許會通過戰爭來解決中日之間的問題。[26]一位歷史學家說：「北京政府在遙遠的巴黎和會上的外交失敗和地方官員的腐敗無能，似乎是這些層出不窮的證據，共同衝擊了人們的觀念，驅使他們尋找一條復興中國文化的道路。」[27]

杜威的思想融進了革命中國的洪流中。胡適是杜威最親密的中國追隨者，他曾是中國共產黨創始人陳獨秀的好友與合作者。當時，杜威仍然覺得「中國布爾什維克化的危險，與賓州伯客斯（Berks）縣的農民變成布爾什維克的危險程度差不多。但是，如果經過宣傳，情形（原文如此）就不同了。剩下來唯一的問題就是人們輕信布爾什維主義的程度了」。[28]接下來的一個月中，杜威不得不承認布爾什維主義在中國發展得非常迅速，不是蘇維埃主義，而是「相信革命是拯救日本和中國政府的辦法，要利用俄國革命援助來完成革命——對一個真正的俄國布爾什維主義者來說，個人主義的農民不應該擁有過多的土地，因為工廠工業還不夠發達」。[29]

杜威所稱的「技術性的布爾什維主義沒有任何發展機會，但『心靈』的布爾什維主義卻在受過教育的少數人中影響強烈，尤其是當他們沒有在國外受過教育的情況下」。[30]中國像是17世紀的歐洲，世界上其他國家不會給她兩百年的時間來完成現代化。中國不得不在接下來的五十年內進行現代化。[31]杜威引用了一個長期在華居住的外國人的說法：「在中國，文藝復興、宗教改革、英國革命、法國革命和美國革命都在這個國家裡在同一時間發生。」[32]

　　1919年8月，杜威報告說，苦惱不堪的芮恩施公使正要離開中國，儘管芮很受中國人歡迎，卻不為外籍人士所欣賞。杜威推測芮恩施會被一個講求實效的人取代。沒有人確切知道芮恩施辭職的原因，但杜威猜測這和威爾遜在山東問題上的妥協有關係：「正流行的一種觀點認為，美國不管在山東問題上，還是在日本銀行團保留對滿洲和蒙古權利的問題上放棄原先主張的話，都意味著回到瓜分中國的舊政策上來，因為中國還不能獨立自主。」[33]並且日本將會讓中國開放的門戶「關閉得比俄國人做的更厲害」。[34]關於自己在中國的工作，杜威悲歎道：「不管我的初衷能否實現，或者收穫很大這都是另外一回事。中國仍然是一道面無表情和無法打動的厚重牆壁，如果要作評論的話。」[35]

　　杜威的學生通常參與現代主義運動，並將他視為哲學方面的革命家，因為哲學應該是解決人類問題的一種手段。但俄國革命也已經使得馬克思和列寧在中國具有同樣重要的影響力。這一左翼傾向也使得伯特蘭‧羅素（Bertrand Russell）在中國大受歡迎。在杜威的說明下，羅素和他的情人朵拉‧布萊克（Dora Black）在杜威訪華期間來到了中國。杜威認為羅素對中國知識份子具有更大的影響力。令中國知識份子吃驚的是，羅素批判布爾什維主義。杜威相信羅素的批判立場對中國有益，尤其在布爾什維主義已被理想化的湖南。羅素因肺炎而病倒數月，在此期間，杜威夫婦把朵拉‧布萊克帶到了他們家中待了六個星期。「羅素夫婦」不僅沒有表達任何謝意，之後羅素還攻擊實用主義。杜威並未感到受傷害，而是認為英國人只是單純地反美。羅素的講座對中國的激進分子有更大的吸引力，儘管他們因他堅持稱讚老子的和平主義思想而感到沮喪。[36]他們之間的一些通信顯示了比反美主義更令人不快的關係。羅素寫信

給一個朋友：「杜威夫婦在這裡，戰爭期間他們因為信奉自由主義而在美國陷入了麻煩，像任何人一樣糟糕——美國帝國主義者，討厭英國……不願意面對任何不愉悅的事實。1914年的時候，我喜歡杜威勝過任何其他美國學術圈中人；現在我不能忍受他了。」[37]朵拉·布萊克甚至更為坦率：「杜威在最近一期《新共和》中超越了自我，他指出所有認為美國與廣州港事件有關的說法都是純粹的謊言。他們沒有發表任何關於山東租界的評論，羅素現在開足馬力參與了爭論。但看起來很明顯，杜威不像我們所希望的那樣是一個傻瓜，而是一個惡棍……」[38]

杜威反對英國。他寫信給一個朋友說中國是一個學習國際政治的極佳場所：「我第一次意識到英國帝國主義的真正含義，而英國的自由主義、民主觀念對外交政策的影響已經是多麼的微小。……前幾天一位美國人評論說，唐寧街的全部外交政策都聽從英國財政利益的支配……」[39]這兩位哲學家狹路相逢。不久以後，1921年7月23日的《每週評論》宣佈說：「在中國講學了一段時日的兩位著名哲學家，於上個星期一離開北京回國。約翰·杜威博士在杜威夫人和杜威小姐的陪同下，於上午離開，而伯特蘭·羅素先生則在布萊克小姐的陪同下於下午離開。」[40]

杜威報告說，多數中國人都相信，美國人喜歡說而不做。他引用了摩根大通公司金融家湯瑪斯·拉蒙特（Thomas Lamont）的例子，他曾談到過有關投資的可能性，但回美國後卻沒做任何事情。[41]拉蒙特曾有興趣成立一家國際銀行團——由美國、英國、法國和日本的銀行組成。杜威支持這個想法，因為他認為，這將削減通過強權獲取租界和勢力範圍而換取的貸款，而且也許能幫助維持中國的領土完整，儘管其經濟意味少於政治意味。[42]杜威開始相信在中國有一個國際銀行團可能不是什麼壞事，而且銀行團會保護中國免受進一步剝削，從而挽救中國。[43]1920年底，杜威強烈主張：「中國現存的政治局面只有一種合乎邏輯的解決方式，即對中國財政採取國際共管，這自然意味著幾乎全面的政府管理。然而在中國沒有任何合乎邏輯的事情發生。人們經常傾向於認為，中國如被允許以自己的方式垮掉，且沒有任何外國人踏足其間的話，情況會好得多。但是這種假定蒸汽和電不存在的『如果』是行不通的」。[44]幾天以後，杜

威繼續說「銀行團對中國來說是可以指望的『最好的東西』，事實上是中國在政治上唯一的依靠」。但是儘管如此，銀行團是否能起作用仍是有疑問的。[45]到1921年3月，杜威確信銀行團的政治性更強於金融性。銀行團保有舊的投資比創造新的投資更為急迫。[46]

　　約翰‧杜威有關中國的公開發言很多而且沒有間斷過。他對東方文化及其神祕性已經有了一種迷戀。在1919年至1921年間，杜威在中國的講演反映了他最早的觀點。[47]杜威的講演經常得到廣泛宣傳，聽眾人數經常一次就達到一千以上。[48]那段時期及之後，杜威發表的有關中國的文章也可以形成一部文集了。[49]

　　杜威的各種講演，儘管主題不同內容各異，但可以歸納為以下幾個方面：社會和政治哲學；教育哲學；美國民主的發展；民主與教育的關係；現代教育的趨勢；自我行動和社會自治；社會因素；哲學史。[50]這些演講是重要的政治和社會論述，因為它們代表了杜威根據實用主義及其對中國的意義所作的第一次闡述。一方面，這些講演展現了杜威對多元論和基爾特社會主義的興趣；另一方面，講演則顯示了他對國家資本主義和國家社會主義的關注。工具主義，杜威社會哲學的稱呼，並不激進也不保守：即，它既拒絕革命又反對維持現狀。相反，他寫道：「我們要有能力（和意願）以特別方式找到特定環境下產生的特別問題的特別解決方案。」[51]這是一個漸進的或累積的過程。正如杜威經常說的，這是「重建」，不是「革命」。杜威也是一個多元論者，他認為社會是不同群體的集合體，社會不公導致群體之間產生社會衝突，也就是說，一些群體「在其他群體處於不利地位的條件下，或甚至通過剝削其他群體利益的方式來獲利」。[52]根據杜威的社會政治理論，社會工作就是「設計出能使社會所有群體的利益都得到調整的方法，向他們全體提供發展機會，從而每個人都能幫助他人，而不是與他人發生衝突」。[53]因此，社會改良是設法以一種理性的方式來協調群體利益。國家的角色是調停社會群體之間的衝突。這種理念是杜威所稱的「聯合生存」或「道德民主」。社會是以共識而非暴力來維持。杜威稱之為「基爾特社會主義」──通過這一主義他旨在表示人們「關注整個的社會福利這一概念，是這一概念而非個人利益，應該

成為評判經濟組織和經濟事業的標準」。[54]因為這並不是事實而是一個倫理假設，很多中國知識份子未被說服；確實，對他們來說這個假設顯得不大切題。[55]

在適當的地方提及相關的中國經驗，這就是杜威的演講風格。多數情況下，儘管不是必要地，杜威會在每個講座快要結束的時候談到中國經驗。在有關社會和政治哲學的第一輪講演中，當談到理論的作用時，杜威注意到中國人早就認識到接受一種能為社會穩定提供思想基礎的哲學的重要性了。然而，在現代世界中儒家學說導致了社會的僵化而非穩定，並且妨礙社會進步。[56]經常有人問及中國應該從哪裡開始社會改革，杜威的答案是「從改造社會的組織機構開始」。杜威指通過個人之間進行合作的家庭、學校和各級政府。人們發揮才智取得進步，避免一種急迫的、徹底的社會重建。[57]當談及社會中特權群體的出現，杜威指出特權群體通常是專制的教會群體，儘管中國是一個例外，因為中國從未有過國教。相反，在西方社會，尤其美國，人們看重的是物質利益和那些賺錢的人。中國人對美國社會的拜金主義抱有批評態度。[58]

有關社會改良，杜威指出過去的社會理論家關於社會衝突起源的認識是錯誤的，他們將之誤解為「一方面是個人利益的不平等，而另一方面則是社會利益的差異。但在我們的理論中，社會衝突實際就是群體之間的衝突——而群體根據定義則是社會性的」。[59]杜威以中國為例：家庭的利益優先於兒子和弟弟們的利益。他們的利益被視作是對社會穩定的威脅。要改良這一狀況需要三個階段：第一、接受現狀；第二、挑戰的階段；第三、經過一段變遷時期的改良運動，在此過程中大多數人獲得權力，並願意作出改變。傳統理論剝奪了改良者冷靜考慮改良的思想框架和時間，相反，將他們誣衊為麻煩製造者和敵人。[60]在中國改良是困難的，因為中國的組織對個人行動有著太過嚴厲的控制。「在做計畫之前，中國人趨向於等待，直到問題迫在眉睫。」[61]

根據杜威的說法，中國的等待最終由王朝更替的循環來解決。中國社會的一部分與其他部分被隔開，而沒有去發展社群之間的交往以及共生關係。社會穩定的表象維持到王朝終止時，但一個新王朝的開端卻伴隨著暴力。開國君主一般強大而明智，但他的繼任者

卻日趨孤僻：「如果王朝統治者鼓勵社會共生，並從與社會各個部分的自由交流中獲益的話，他們就不會變得如此腐敗，如此沒有能力履行他們身為統治者的職責。」[62]重新組織中國社會時，那些重要資源——鐵路、公路、礦產、森林、貿易、製造業——不應該被少數族群為了自己的私利而霸佔。中國獨特的基爾特體系或許會成為其政治組織的基礎。中國應發展一種特殊的社會主義，「而不是個人利益，並以此作為評判經濟組織和經濟事業的標準。同樣這一觀念應該成為我們處理當代中國面臨具體問題時的標準」。[63]

　　杜威認為，中國不一定要經歷資本主義發展的所有階段才能達到其獨特的社會主義階段。中國不需要經歷「追求私利的個人主義階段，（但是能夠）一舉實現社會公平」。中國的出路是通過普及教育，可以「向所有人提供平等的自我發展的機會……中國的工業化現在剛剛開始；因此中國現在有機會普及教育，因而等到全面工業化之際，中國自然能夠實現社會公平」。[64]

　　杜威第二個系列講演是關於教育哲學方面的。他強調民主社會的目標之一是提供給每個人均等的機會以發展自身的全部潛力。杜威認為，機會均等在環境多變時尤其重要，正如在當時的中國一樣。最重要的是，「教育的目的，尤其在民主國家裡，是培養好公民」。在政治上，這意味著成為一個好的鄰居和朋友，貢獻自我並從他人的貢獻那兒獲益，要付出而不是一味地分享，作一個明智的消費者，並創造性地發展本國文化。為推進中國的教育，學校教材必須用白話文編寫。新編教材必須擴展兒童所處社會環境的知識範圍：「在學校裡，中國正面臨著一個空前無雙的機會可以進行教育改革……來加快中西之間的文化交流，並從西方文化中選擇那些有望可以對早期交流時中國積累起來的損失加以補償的那些方面，以適應中國的國情。」這並不簡單，因為中國人對於引進現代科學以及容許精神自由並沒有太大興趣。再說，如中國古代聖人所言，「知易行難」。但是，正如杜威所指出的：「知易行難恰與實驗主義方法相反，因為在實驗主義方法中，我們只有在根據一個理論行動以後才能真正懂得理論。」杜威認為，未來五十年對中國很關鍵，因為物質文明發展將在很大程度上取決於中國人在科學教育方面的作為。[65]

　　杜威的其他演講還涉及到職業訓練，他對這方面的關注是眾所周知的；所謂職業訓練，就是為生存而學習。中國新的領導人將不得不「以這樣的一種方式規劃社會重建：未來的工人將擁有足夠的智力發展機會」。[66]中國人不得不「將理論聯繫實踐；知識和實踐的有效結合是中國的迫切需要之一」。[67]因為對杜威來說教育是一個過程，所以他不僅從學校及辦學實踐來判斷中國的進步，也從教室之外正在發生的事情——在礦山上、田野上以及工廠裡發生的一切，來判斷中國的進步。[68]

　　杜威在《新共和》、《亞細亞》（Asia）等美國當時的報刊雜誌上發表的關於中國的文章有許多後來被編輯成書。他簽約為《新共和》每月寫一篇文章，為《亞細亞》總共寫了六篇。當時，「赫伯特・克羅利（Herbert Croly）、沃爾特・李普曼，以及《新共和》的擁有者司戴德（Willard Straight）都強調中國在將來的世界中可能扮演重要角色」。[69]司戴德是個中國通。如果杜威信件是關於中國的快照和第一印象，而他的演講常常是與中國相關的哲學和教育問題，他的文章則就是深思熟慮的以爭取更廣泛的美國公眾對中國的理解為直接目標。關於在《新共和》上發表文章的問題，杜威曾這樣說：「我獲得了一個從他們那兒發表文章的機會並獲得不錯的報酬，除此之外，別無他想。同時，《新共和》自身做的比美國其他出版物更好。也許不是好很多，但總體不錯。」[70]

　　杜威最早的一篇文章，《轉變中國觀念》（Transforming the Mind of China）在1919年11月就已經發表在《亞細亞》上。杜威認為現代中國的開端標誌是1899年11月到1900年8月的義和團運動。義和團運動是舊中國拒絕外國人和外國影響的最後努力。義和團的失敗意味著中國不得不在思想上、精神上、經濟上、金融上以及政治上依賴西方。但是中國不可避免的依賴西方毫無疑問的是積極的而非被動的耐心接受。「中國在1900年瞭解到，她必須因西方列強所強加於她的要求而調整自己」。中國必須再改革她那「源遠流長的傳統，改變她的歷史思想而不僅僅是某些實踐」。[71]此後，尤其是在1904-05年的日俄戰爭以後，日本對中國的影響巨大，中國人接受了日本的管理和教育技術。中國的改革是個浩大工程，非一日

之功。杜威擔心列強不會一直袖手旁觀，而是會發動「侵略、刺激、扭曲、阻礙中國的改革直到一個最終的高潮來臨，一個沒有人能預測發動的悲劇性災難」。[72]

杜威擔心，對中國的干涉可能來自那些並沒有準備好瞭解中國制度特徵的國家。杜威將他在1919-21年所見的中國視為一個家長式民主制國家，在中國，這種「名義上的共和政體」是被依靠外債或出賣國家財產和權力來維持自己統治地位的軍閥所控制。杜威反對由列強在中國的現代化過程中對中國進行暫時的監護，不管是日本還是其他國家或是像國聯這樣的國際組織。杜威認為如果真的要有一個成功的監護人的話，必須限制監護人「刺激、鼓勵並加速民主力量從中國內部生成的努力。而且，因為這樣的任務基本上是思想上和精神上的，假如中國能被擔保有足夠的發展時間而不被外部力量所瓦解，那麼監護就是完全沒必要的」。中國的現代化必須完成，同時還要面對一個急躁的西方世界，「如果西方帶來了援助，那麼它也帶來了貪得無厭的胃口」。[73]

1919年12月，杜威在《亞細亞》上發表《中國的民族情緒》（*Chinese National Sentiment*），後以《中國民族情緒的生成》（*The Growth of Chinese National Sentiment*）為題編入文集。他回到關於中國遭遇西方這一主題。杜威指出，舊中國的人們對國家和政府漠不關心。作為一個傳統的農業社會，中國農民認為總督、皇帝以及朝廷官員是遙不可及的。中國的政治是原始神權政治的殘餘，每一個省都是由許多鄉村或「小共和國」構成。中國政治保持著一種很可能是歷史上最穩定的「靜態平衡」，雖然有「推翻王朝的叛亂」發生。實際上，有4000年悠久歷史的中國政治生活仍延續下來不受干擾。[74]

然而，外部世界用戰艦、炮火、鐵路、機器以及化學製品猛烈地衝擊了中國。以天朝自居的中國無法再將這些外來元素吸收並逐漸將其納入自己的制度中。「中國文明遭遇了另一個與中國完全不同的民族國家文明。中西接觸的結果產生了中國今天面臨的所有問題，不論是內部或是外部的問題。」[75]中國人有愛國主義傳統，熱愛國家；他們有一種共同體意識。中國必須變成一個民族，即擁有一個西方意義上的領土主權自治的政治組織。除此之外，中國沒

有其他辦法抵抗外國侵略，即通過銀行、鐵路等經濟手段實現的征服。中國的現代化需要外國人，中國變得依賴於他們。結果導致了中國被瓜分以及列強在華爭奪勢力範圍。[76]

美國人是如何認識他們在中西交流中所扮演的角色呢？1919年12月杜威在《新共和》發表了《美國在中國的機遇》一文（The American Opportunity in China），後與另兩篇在1922和1926年寫成的同一主題的文章一起收入《美國與中國》（America and China）選集中。杜威認為，普通的美國人自滿於美國與中國的往來，想像著中國人十分羨慕美國和美國人。畢竟，他們成功地發起了「門戶開放」政策。因為在他們看來，「門戶開放」政策防止了中國被進一步瓜分。美國還退回了庚子賠款。美國人天真地認為，這些和其他友好政策「確保了中國人對我們充滿感激地信任和尊敬」。不用管美國在太平洋沿岸對待中國移民的做法以及排華法案產生的不良影響。不愉快的想法可以以「那都是很久以前的歷史」為名拋諸腦後。但是，杜威質疑，美國人主觀想像的中國人對美國的態度與事實之間究竟有多大差距？[77]

杜威解釋說，事實上，許多中國人感到美國對外政策很不實用，而且美國人在國際關係中缺乏活力和堅持。美國人有不錯的外交政策，但在實踐上並不成功。比如，當美國向一戰中的其他盟國貸款時，中國什麼也沒得到。日本趁一戰之機，開始了對中國官僚集團的控制。另一個例子是京漢鐵路，這個美國人的宏大計畫，也最終失敗。杜威歎道：「事實是，美國是唯一一個在中國沒有多大建樹的強國，這就使得有教養有影響力的中國人覺得不可以完全仰賴美國。」[78]美國人「輕易提出宏偉計畫，但在實踐檢驗時卻總是無效」。[79]在出賣山東問題上，美國在遠東沒有足夠的利益去做些實在事的藉口是無法再站住腳的。雖然一戰顯示了美國舉足輕重的影響力，但「不幸的是」，杜威接著指出，「威爾遜總統的諾言與巴黎和會實際結果之間的反差則使美國的舊有形象在中國人心中復原，當時的國際形勢使得這一反差在中國尤為明顯。」[80]杜威認為，事實上，美國是唯一一個擁有足夠的資本，管理經驗和工程技術去完成那些大型項目的國家，日本有很多機會在中國進行這些大型項目建設。[81]

　　1922年3月，杜威在《新共和》發表《美國和中國教育》（*America and Chinese Education*）一文，對美國教會教育提出異議。杜威認為，美國教會教育沒能培養出思想獨立活躍的人才，只培養出「依附型的知識份子」，一位中國學者領袖稱此為奴才型知識份子。所謂的「少年中國」派對於傳教活動很少同情，因為這些傳教活動不能滿足中國對西方所最需要的東西，即西方科學方法以及自由的懷疑精神。新中國要擁有的是能獨立運用的西方知識與方法，以維繫自身發掘，而不是照搬西方知識與方法。對杜威來說，「美國對中國教育的影響不應該僅僅是訓練商業、政治以及宗教方面的買辦」。中國不必照搬美國學校教育模式，但中國學校確實需要外國資金支援，甚至需要一些受過長期訓練的外國人參與學校管理。[82]

　　1926年5月，杜威在《調查畫報》（*Survey Graphic*）上發表的《美國和遠東》（*America and the Far East*）一文表達了同樣關注。他提到「說實話，我們對中國的關注更多的是慈父般的愛護而不是經濟上的考慮」。美國帶給了中國「建議、指導、榜樣以及告誡」。作為「監護人」，美國是在保護中國，但是中國正在快速發展並將不再需要任何形式的外國監護。接下來的幾十年，美國需要大量耐心和理解來轉變這種監護人的角色。杜威警告道：「如果我們不能成功完成角色轉變，那麼我們國家與整個遠東的關係必將惡化。」[83]

　　1920年4月，杜威《中國政治的新動向》（*The New Leaven in Chinese Politics*）首先發表於《亞細亞》上，後以《中國的司法與法律》（*Justice and Law in China*）為題收入選集中，這篇文章開始關注中國的法律體系。然而，美國人認為天經地義的系統化的法律制度和司法程序在中國幾乎沒有起碼的保證和支援，儘管中國也有太平盛世。相反，在中國，法律是由私人機構協商來執行的。杜威斷言：「在那裡，人們對於政府沒有信心，不相信政府官員的誠實、公正和才能。家庭、村莊、宗族、行會等社會組織寧願相信敵對組織有達成某種合理解決的意願，也不信任官方組織的真誠與智慧。」[84]這意味著中國政府仍逗留在人治的階段，也就是說，佈告、訓令、政令都是隨機性的，沒有形成普遍性的成文法律。對於外來者來說，中國看起來是一個長久以來沒有法治的國家。中國有

一個致命的誘惑，即「肆無忌憚的列強可以在中國實施陰謀，並且與中國地方官員和政客們在損害中國國家利益的條件下討價還價」。近代中國的歷史很大程度上是一段列強干涉的歷史，這些干涉經常是由外部煽動而引發，並導致治外法權和租界的產生。但是，中國的法制化正在進行，而少年中國派也致力於創造一個法治的政府。[85]

　　1920年，杜威在美國報刊上發表了大量有關中國問題的文章。5月，他在《亞細亞》上發表了一篇題為《什麼阻礙了中國發展》（*What Holds China Back*）的文章，後來改名為《中國的社會習慣》（*Chinese Social Habits*）。杜威在文章中回答了上述問題。有許多社會習慣阻礙了中國進步，其中包括：缺乏穩定的政府；日本的陰謀與干涉；過於順從；長期習慣於逆來順受及保持中庸之道；明哲保身；以及畏首畏尾。其中杜威認為最後一點是最可惱的。杜威曾與前總統孫中山相處一晚，孫引用了一句中國古話：「知易行難」。孫中山解釋說，中國人不行動是因為他們害怕犯錯並希望能在行動前就得到成功的保證。杜威回應道：「我認為，這位先賢如此有影響是因為他的學說是對社會現實的高度總結。」杜威的意思是，上述中國社會習慣是一個漫長且持續的人類社會活動的產物，人們的觀念受到同一地區人群共同生活的影響。[86]

　　1920年6月，杜威在《新共和》上發表一篇關於中國政治困境的有洞見的文章，題為《中國的夢魘》（*China's Nightmare*）。在文章中，他指責俄國是以鐵路和銀行業為征服手段分裂中國的始作俑者。俄國每一次對中國的征服都會提出租界和勢力範圍的要求，其他列強紛紛效尤。最成功的模仿者是日本。日本一開始就以保護中國完整、抵抗歐洲侵略的防護者自居。但是日本軍國主義集團相信她的命運取決於日本獲得對中國的充分控制，同時防止歐洲人插手中國事務。「日本政策的防禦性越來越弱而侵略性越來越強」。美國對俄國對華外交的實質沒有深刻認識，又高估她對日本的影響力，結果使美國淪為日本宣傳的「輕易獵物」。最重要的是，杜威說，「美國的無知使《朴茨茅斯條約》及其『補充條款』幾乎被全部批准。儘管該條約表面上如何公道，其實質是以出賣中國滿洲的權利為代價而締結的休戰協定。」尤其令人吃驚的是，杜威認為俄

國對中國的影響，不論是沙俄還是蘇聯，從長遠來看將會超過日本在中國的影響。[87]杜威活著看到了毛的勝利。

　　杜威在1920年還發表了四篇關於中國的文章，又在12月初給美國駐華公使館武官發了一封信。這封信本身就很有意思，信件談到了布爾什維克在中國的影響。杜威這封信推翻了他以往的看法，聲稱他並沒有發現任何俄國共產主義在中國的直接證據。談到之所以得出這一結論，是因為他與中國的教師、作家、學生等最反對舊政權制度的知識份子接觸過。他們認為辛亥革命的失敗是因為在民主制度建立之前中國必須有一個思想的轉變。這批知識份子接受新思想，尤其是社會主義。有些甚至自稱為共產主義者，並十分推崇俄國革命。但是，「我絕對確信他們與俄國激進思想的總調子和趨向無關……他們是受了政府的腐敗無能以及段祺瑞內閣親日傾向的刺激。」因而在中國並不存在撬動社會革命的槓桿。他認為，「布爾什維主義賴以存在的社會經濟基礎在中國並不存在」。[88]

　　杜威在1920年發表的關於中國的文章還有三篇涉及山東問題，對山東問題的反應，以及中國的工業化。這幾篇都是發表在當年的《新共和》上。第一篇題為《學生反抗的後果》（*The Sequel of the Student Revolt*），探討1919年11月底在福州發生的中日之間的騷亂（史稱「閩案」——譯按），像五四運動一樣，閩案再次激怒了中國公眾。學生與其他人一起要求中國斷絕與日本的社會經濟關係。他們害怕日本人一旦在福建立足，就會像在滿洲和山東那樣橫行霸道。學生運動雖阻止北京政府拒簽對德和約卻沒能阻止日本人對中國的進一步滲透。中國內部改革計畫——推廣民主教育、提高生活水準、發展工業、救助貧困——都處於停頓狀態。而文學革命——宣導用白話文寫作——則在五四運動前就已經很好地進行了。全國教育會議做出決議，所有的教科書都改用白話文。杜威認為中國現在意識到必須革新純粹物質發展背後的思想和觀念模式。[89]

　　第二篇文章《從內部看山東》（*Shantung as seen from Within*）認為，日本在中國推行的俄國式政策喚醒了中國人的民族主義：「沒有一個民族像日本對中國那樣錯誤的判斷另一個民族的民族心理。」美國經常將日本對華政策與美國工業化過程中發生的事情混為一談。而日本打算堅持：「鑑於日本對華經濟侵略的頻繁發生，

以及日本帝國軍隊的支持、帝國鐵路公開援助以及帝國官員的拒絕干涉，日本政府圖謀山東的意圖路人皆知。」[90]

第三篇文章《中國的政治劇變》（*A Political Upheaval in China*）將中國革命分為四個階段：辛亥革命；護國運動；反對張勳復辟；最後是五四運動以及多種文化運動。

杜威在1920年發表的最後一篇文章《中國的工業化》（*Industrial China*）試圖將中國人的觀念區分為「勤勉的」（industrious）和「工業化的」（industrial）。中國人的勤勞是眾所周知的，但他們才剛剛開始工業化。杜威希望中國能夠借鑑西方的失敗教訓，從而更加順利平穩地完成工業化這一轉變。杜威並不樂觀：「中國面臨的問題是如此地錯綜複雜又難以破解，這種困境使人時常想起兒時玩的猜謎遊戲。」[91]

杜威的遠東講演集長達數百頁，其中關於中國的文章為主體部分，結尾部分由他在1921年發表的三篇文章以及1922和1925年各發表的一篇文章構成。杜威1921年1月12日在《新共和》上發表《中國是一個民族國家嗎？》（*Is China a Nation?*）的文章，該文後以《中國形成民族國家的條件》（*Conditions for China's Nationhood*）為名被收入選集。根據歐洲意義上的國家概念，中國並不是民族國家，但是中國正在變成民族國家。阻礙中國形成民族國家的因素是：中國人缺少公共精神；外債累累和外國干涉；地方割據，尤其是南北分裂；缺乏中產階級；以及工業化程度落後。「中國從政治和經濟方面來說又是另一個世界，龐大穩固，幅員遼闊（甚至）日本也無法永遠操控。」杜威不確定的是，在接下來的半個世紀中歷經文學、宗教、經濟、科技以及政治方面的種種變革之後，中國將何去何從。[92]1921年5月，杜威在《亞細亞》發表《舊中國和新中國》（*Old China and New*），這篇文章再版後改名為《少年中國和舊中國》（*Young China and Old*）。杜威坦率地承認，人們喜歡坐而論道，說中國如果能這樣或那樣的話，就可以自我拯救。中國必須被改造，否則無法繼續生存。杜威認為，為了避免中國進一步分裂以及阻止對日本的完全依賴，中國財政必須實行一定程度的國際共管。組織國際銀行團是實現對中國財政國際共管的關鍵。當然，中國要引入現代制度必須相應引入科學思想和方法。[93]杜威在

1921年7月在《亞細亞》上發表的《中國的新文化》（*New Culture in China*），再次提倡，「世界其他地區用了幾個世紀才完成的思想、科學、工業、政治以及宗教方面的發展任務，中國將要在一個世紀內完成」。[94]

1922年1月，杜威發表《中國人的觀念》（*As China Thinks*）一文，後改稱《中國人的生活哲學》（*The Chinese Philosophy of Life*），強調更好地關注其他民族心理的重要性。雖然杜威意識到「中國的道家及儒家長期頑固地抵制現代理念，不願向外部世界開放」，但他不得不承認「國際聯合與經濟政治合作是有意義的，這樣可以把現代工業主義強加給中國，克服中國抱殘守缺的癖性，防止情感因素成為中國現代化過程中的阻礙力量」。[95]

在1925年4月，11月以及1928年5月，杜威發表三篇文章都以《白禍》（*The White Peril*）為標題，其中前兩篇發表在《新共和》上，最後一篇發表在《當代歷史》（*Current History*）上，杜威懷疑的是美國是否應該回到傳說的「友好公正」的對華政策上，與「歐洲結盟，或對歐洲的政治經濟侵略政策表示諒解」。美國國務院必須決定究竟是違背大多數中國人的共同意願而干預中國內政，還是「勇敢地積極地採取民主的妥善方式允許中國政府財政自治」。杜威認為，干涉中國內政將導致可怕的後果。他總結說：「中國需要我們的幫助。但是我們的幫助必須採取耐心的、同情的說服教育方式，要通過長期的商業交流和思想交流，而不是靠武力強加的外國統治。」[96]

根據湯瑪斯・貝里（*Thomas Berry*）的看法，杜威面臨的難題是要用民主的和現實主義科學的世界秩序來取代儒家的人文主義。而這是連孫中山也無法接受的。孫和他的追隨者們將儒學作為中國文化遺產予以復興，以此來保存中國的傳統美德和秩序。就此而言，杜威主義是失敗的。[97]更晚近的羅伯特・W・克羅普頓（Robert W.Clopton）以及歐存晨（Tsuin chen Ou，音譯）在一篇很重要的文章中介紹了杜威在中國發表的演說內容。他們認為，很明顯「在美國之外，中國是杜威擁有最大影響力的一個國家，尤其是在教育領域」。他們同意，1919年杜威到達中國的那年是中國現代歷史中「最關鍵的一年」——很可能「中國與美國的知識交流的最高峰就

發生在美國最著名的哲學家之一杜威教授到達中國的時候」。[98]兩位作者列舉了杜威主義推動中國教育改革的幾個方面，其中包括1922年的新學制改革以及在1929年國民政府對1922年新學制的調整。1949年後，甚至是共產主義者也宣稱「杜威的教育思想主宰中國教育30年⋯⋯」他們認為「共產黨抨擊杜威正是一個很好的證據，顯示杜威對於中國思想和教育的影響力，以及中國共產黨認為有必要根除杜威思想影響的決心——斬草除根。」[99]

像「蘇維埃薩姆」哈珀推動俄國研究一樣，杜威使漢學流行起來。與俄國問題專家一樣，中國問題專家在塑造美國公眾的中國觀上也扮演了重要角色。這一點格外正確，因為研究中國的學者如賴德烈（Kenneth Scott Latourette），尤其是費正清（John King Fairbank）——美國中國學的兩位奠基人——深深地捲入有關中國事務的普遍的公開討論中。費正清在哈佛開創了跨學科的區域研究，並推動其他研究專案的開展。這兩位漢學家以及他們的學生和他們所代表的機構在塑造中國在美國的形象方面起了主要作用。美國政府向他們諮詢中國問題：一戰時是向賴德烈，二戰時則是向費正清。賴德烈和費正清各自為他們那一代人提供了關於中國的最暢銷的標準教科書——賴德烈的《中國的發展》（*The Development of China*（1917））以及費正清的《美國與中國》（*The United States and China*（1948））。作為中國問題首席專家，賴、費二人在生活和工作上有著鮮明的不同之處。[100]

賴德烈生於1884年，就讀於林菲爾德（Linfield）學院，並在耶魯完成研究生學業。他在上了衛斐列（Frederick Wells Williams）的課後開始對東亞感興趣。衛斐列是衛三畏（Samuel Wells Williams）之子，衛三畏撰寫的兩卷本《中國總論》（*The Middle Kingdom*（1882-1883））是那個時代歷史教科書的典範。賴德烈在1907年獲得碩士學位，1909年獲得博士學位。他的博士論文題目是《美中早期關係史，1784-1844》（*The History of the Early Relations between the United States and China, 1784-1844*）。次年，賴德烈來到中國擔任長沙雅禮學校教員。1911-1912年，他見證了孫中山領導的辛亥革命，1912年因健康問題回到美國。他不再從事浸信會的傳教活動，而成為一名推動漢學研究的狂熱分子。賴德烈的作品帶有新教

支持者和盎格魯——撒克遜人的烙印，從積極意義上肯定美國對華關係。

賴德烈的《中國的發展》（*The Development of China*（1917））和《日本的發展》（*The Development of Japan*（1918））填補了美國亞洲研究的空白。他的博士論文在1917年出版，原題名不變。第一次世界大戰期間，賴德烈謝絕了國務院在遠東事務部為他提供的職位而只提供諮詢。在20世紀20年代，他在耶魯大學開設最多的課程是關於亞洲方面的。到1934年，他出版了《中國人：他們的歷史和文化》（*The Chinese: Their History and Culture*）。賴德烈還是基督教青年會國際委員會（International Board of the YMCA）活躍分子，他與國際傳教理事會（International Missionary Council）合作，並幫助建立世界基督教協進會（World Council of Churches）。他在20世紀40年代達到事業的巔峰。1946年，他出版了《遠東簡史》（*A Short History of the Far East*），1948年擔任美國歷史協會主席。1952年，應太平洋關係學會（Institute of Pacific Relations）之邀，賴德烈出版了《美國在遠東的記錄》（*The American Record in the Far East*）。[101]

在麥卡錫主義的猖獗時期，雖然賴德烈從未被要求作證，但他採取了勇敢的立場：「美國無法阻止共產主義在中國大陸的勝利而且對此也絕不負責。其實這是美國國務院的官方立場。」[102]雖然賴德烈在1953年退休，他在1955年仍是遠東協會主席。直到1968年去世，賴德烈仍然相信，儘管中國有許多難題，一個新的更好的社會仍將會在中國出現。有一篇訃文稱賴德烈為「樂觀主義的」歷史學家。[103]

費正清生於1907年，此時賴德烈正在耶魯深造。1925年，費正清先在威斯康辛大學學習，接著於1927年轉入哈佛大學，並在1928年成為羅氏獎學金研究生（Rhodes scholar）。在哈佛期間，他為來訪的英國漢學家金士利（Charles Kingsley Webster）所吸引。在去英國的船上，費正清閱讀了馬士（Hosea Ballou Morse）的《中華帝國對外關係史》（*International Relations of the Chinese Empire*）旋即就讀於牛津大學。在馬士的鼓勵下，費正清研究中國海關，並以此為題在1936年完成牛津大學博士論文。這篇博士論文最終形

成專著《中國海關的起源，1850-1858》（*The Origin of the Chinese Imperial Customs Service, 1850-1858*）。費正清學術生涯的特色就是致力於中國外交和制度史研究。1938年，他開始在哈佛任教，並對美國的東亞政策進行評論。與寡言少語的賴德烈不同，費正清全面參與公開辯論並對全國輿論擁有重要影響力。[104]

第二次世界大戰是美國中國學的一個轉捩點，在此之後，美國中國學研究獲得了洛克菲勒以及卡內基基金會的大量資助。1945-1946年，費正清在南京美國大使館任職，在馬歇爾將軍調停國共之爭初期還負責美國情報處。1946-1959年，他是太平洋關係學會理事。同時，他開創了哈佛中國區域的研究，並推動美國其他大學的中國學研究。然而，由於被指控為共產主義者，冷戰的歲月對費正清來說是艱難的。[105]

儘管與麥卡錫主義者論戰，費正清還是寫出了一些傑作：《美國與中國》（*The United States and China*(1948)）、《中國沿海貿易與外交》（Trade and Diplomacy on the China Coast(1954)）。他與賴肖爾（Edwin O.Reischauer）合著了《東亞文明史》（*A History of East Asian Civilization*（1960））等著作，並獨撰《中國：中國人與美國人》（*China: The People of the Middle Kingdom and the U.S.A.*（1967））。費正清也受到來自「新左派」的批評。新左派都是一些更加年輕和激進的中國學學者，他們稱費正清是「帝國主義的辯護人」。費正清認為美國誇大了自身的歷史，而對中國的研究能使美國人對自身歷史有更現實的評價。他主要關注的仍是外交問題。[106]

賴德烈將孫中山和蔣介石的對手描繪成惡人，而孫、蔣這二位民族主義領袖則被視為英雄人物。此外，他讚揚美國為使中國實現基督化和民主化所做的努力。他稱讚孫、蔣二人的基督徒身份以及他們的三民主義政策：民族主義、民權主義、民生主義。賴德烈認為共產黨統治大陸是一場悲劇。相反，費正清認為西方價值觀不應成為中國的價值觀。這種方式太狹隘，過於「文化自縛」。對費正清來說，西方的工業和商業革命對中國來說既不是有益的也不是必然的。費正清找不到任何一個商人階級可以獨立創造一個能壟斷商業的國家。從中國的角度看，西方不過是一場最近的蠻族入侵中

國，與蒙古人和滿州人類似。與過去的「野蠻人」一樣，與美國的接觸對中國來說是一場災難。儘管雙方的價值觀不同，美國和中國都必須學會共存。賴德烈視蔣介石為民主派，而費正清卻強調蔣政府的獨裁性和官僚性，認為蔣是儒家信徒。賴德烈的中國英雄卻被費正清視為惡人。「因此，賴德烈相信西方世界可以為他在中國見到的政治、物質、道德敗壞提供解決方案，而費正清則認為中國也許能找到解決方法，從而避免以狡猾陰險的壓迫和剝削的形式走向社會富裕。」[107]

賴德烈指出中國共產黨在二戰之前都是在克里姆林宮的控制之下。與莫斯科緊密聯繫的中共領導層緊握黨權。費正清則認為中共為了得到蘇聯援助需要與之合作，但雙方的意識形態從來不一致。毛澤東不是莫斯科的傀儡。費正清甚至認為「蘇聯在中國的權威即使是在20世紀50年代也沒有超過1860年後的英國、1900年後的日本以及20世紀40年代的美國在中國的影響或威脅程度」。[108]他認為，「蔣介石的失敗並不應該如此多地歸咎於反對他的共產主義者，而更多的是因為他不願也沒能力領導中國的改革。」他的軍事指揮是一場慘敗。與費正清不同，賴德烈堅持認為蔣介石與極權主義侵略者作鬥爭。「就推進對與日本抗爭的中國以及與共產主義者作鬥爭的蔣介石的同情態度而言，暢銷小說作家賽珍珠、時代生活公司（Time Life Corporation）、周以德等傳教士的報告以及電影工業都扮演了重要的角色」這樣的輿論氣候影響了一代美國人，使他們認為自己有決定中國命運的「主要責任」。[109]

杜威插手中國的教育體制改革使其沿著他為美國開創的道路前進。其他的人——傳教士、商界領袖、政治家以及一些學者——則很願意將中國基督化、資本主義化以及民主化。他們全都失敗了。當一位傑出的記者愛德格・斯諾（Edgar Snow），提出一個截然不同的路徑時，他也受到了來自他的美國同伴的反對。

*縮寫說明：DNA1 (Archives I, Textual Archives Services Division, National Administration, College Park, Maryland; ICarbS (Special Collections, Morris Library or Dewey Center(see note 6 below), Southern Illinois University Carbondale); NNCAr (Columbia University Archives and Columbiana Library, New York); TLS (Typed Letter Signed, Columbia University Archives); TxUR(Rare Books & Special Collections, Tarlton Law Library, University of Texas at Austin); VtU (University of Vermont Archives).

註釋：

1　Robert W.Clopton and Tsuin Chen Ou, "Introduction," *John Dewey: Lectures in China, 1919-1920*, 3.

2　Thomas Berry, "Dewey's Influence in China," in 191-201, quote on 200.

3　Ibid., Berry quotes *Dewey*, 200-201.

4　Anonymous, "Dewey in China," f.China, Center for Dewey Studies, Southern Illinois University, Carbondale.

5　Barry Keenan, *The Dewey Experiment in China: Educational Reform and Political Power in the Early Republic*, 11.

6　War Department to whom it may concern, June 14, 1921 (DNAI, 06413), *The Correspondence of John Dewey*, vol.2, 1919-1939（這些信件可以根據它們的書籍編號在這些碟片中找到）；原版見Central Files, Columbia University Archives and Columbiana Library.杜威所有信件都已收集於這些碟片中，可在InteLex或者Dewey Center,Southern Illinois University, Carbondale看到。

7　As quoted in George Dykhuizen, *The Life and Mind of John Dewey*, 200.

8　As quoted in Steven C.Rockefeller, *John Dewey: Religious Faith and Democratic Humanism*, 357.

9　John Dewey and Alice Dewey, *Letters from China and Japan*, 147.

10　John Dewey[以下簡稱JD] to Murray Butler, May 3, 1919 (NNCAr, 04068), Correspondence.

11　Dewey and Dewey, *Letters from China*, 150-56, quote on 156.

12　Ibid., 159-60.

13　JD to children, May 9, 1919, (ICarbS, 03903), *Correspondence*.

14　Oscar and Lilian Handlin, "Introduction"to Reconstruction in Philosophy and Essay, 1920: The Middle Works of John Dewey, 1899-1924, by Dewey, xviii.

15　JD, "On the Two Sides of the Eastern Sea," in ibid., 174-79, quotes on 174, 175, 178. 該文最早發於*New Republic* 19 (1919): 346-48。

16　Spence, *The Search for Modern China*, 310-16.

17　Dewey and Dewey, *Letters from China*, 161.

18　Ibid, 161-65.

19　Ibid., 166-69, quote on 166.

20　Ibid., 171-81, quote on 179.

21　Ibid., 182-203,quotes on 184, 193; 該冊其餘信件，6月至7月初，均從北京寄出。

22　JD to children, June 10, 1919 (ICarbS, 03910), *Correspondence*.

23　關於凡爾賽條約，參見colonial matters, in Part IV. German Rights and Interests Outside Germany, II. China, Section VIII. Shantung: Articles 156-158, http://www.yale.edu/lawweb/avalon/imt/partiv.html

24　Dewey and Dewey, *Letters from China*, 217, 228-29, 238, 256, 258, quotes on 266, 282.

25　JD to Wendell T.Bush, August 1, 1919 (TLS, 05019), *Correspondence*.

26　Dewey and Dewey, *Letters from China*, 279, 294-95, quotes on 284, 301.

27　Spence, Search for Modern China, 312.

28 JD to Albert C.Barnes, January 15, 1920 (ICarbS, 0491), *Correspondence.*

29 JD to children,February 17,1920 (ICarbS,03586), *Correspondence.*

30 JD to Barnes,September 12,1920 (ICarbS,04102), *Correspondence.*

31 Ibid..

32 JD to Dewey family, April 11, 1920 (ICarbS, 03916), *Correspondence.*

33 JD to children, August 25, 1920 (ICarbS, 03569), *Correspondence.*

34 JD to children, November 19, 1919 (ICarbS, 03472), *Correspondence.*

35 JD to John Jacob Coss, January 13, 1920 (*NNCT, 04882), *Correspondence.*

36 有關這一分析,參見Jay Martin, *The Education of John Dewey: A Biography*, 316, 324-25; Keenan, Dewey Experiment, 32-33; and Alan Ryan, *John Dewey and the High Tide of American Liberalism*, 205。

37 Bertrand Russell to Ottoline Morrell, February 21, 1921 (TxU-R, 08295), *Correspondence.*

38 Dora Black Russell to C.K.Ogden, October 20, 1921,(International Institute of Social History, 10449), *Correspondence.*

39 JD to James H.Tufts, February 23, 1921 (VtU, 07207), *Correspondence.*

40 Weekly Review, July 23, 1921, 402.

41 JD to family, April 11, 1920 (ICarbS, 03916), *Correspondence.*

42 Robert B.Westbrook, *John Dewey and American Democracy*, 254.

43 JD to Barnes, May 30, 1920 (ICarbS, 04095), *Correspondence.*

44 JD to C.Barnes, December 5, 1920 (ICarbS,04113), *Correspondence.*

45 JD to C.Barnes, December 29, 1920 (ICarbS,04115), *Correspondence.*

46 JD to C.Barnes, March 13, 1921 (ICarbS, 04120), *Correspondence.*

47 有關講演,杜威的學生胡適翻譯了這些講演,起初以英語演講,翻譯成漢語,然後再從漢語譯回英語。杜威曾打算對之修訂擴充,但從未能抽出時間來做這件事。因而這些講演是以胡適的譯文加上Robert W.Clopton 和Tsuin chen Ou 1973年為出版加以修訂的形式而存在的。參見John Dewey, translated from the Chinese and edited by Robert W.Clopton and Tsuin chen Ou, *Lectures in China*, 1919-1920, 31-44。

48 典型地,它們在《密勒氏評論報》(*Millard's Review of the Far East*)中以通告的形式出現,例如,「約翰‧杜威博士,哥倫比亞大學來訪北京大學的交換教授,現在上海,將於週三晚就『公民權的要素』向上海中國基督教青年會的成員發表演講」(June 5, 1920)。

49 杜威的許多文章已方便地收集在兩本書中:*Characters and Events: Popular Essays in Social and Political Philosophy*,1:193-323; *Reconstruction in Philosophy and Essays*, 12: 22-76, 53-55.

50 前面的兩個主題在這一版裡全部給出,而後六個則為提綱。參見Dewey, Lectures in China, 45-303, 309-27.

51 JD, "The Function of Theory," in ibid., 53.

52 JD, "Social Reform," in ibid., 73.

53 Ibid., 72.

54 JD, "Socialism," in ibid., 124.

55　Maurice Meisner, *Li Ta Chao and the Origins of Chinese Marxism*, 107-08.這裡有
　　關杜威社會哲學和政治哲學的所有討論都受益於威斯特布魯克令人欽佩的分
　　析：Westbrook, *Dewey and Democracy*, esp.244-50.

56　JD, "The Function of Theory," in *Lectures*, 48, 50.

57　JD, "Science and Social Philosophy," in ibid., 62-63.

58　JD, "Social Conflict," in ibid., 67-69.

59　JD, "Social Reform," in ibid., 73-74.

60　Ibid., 75-81.

61　JD, "Criteria for Judging Systems of Thought," in ibid., 88.

62　JD, "Communication and Associated Living," 93, quote on 98.

63　JD, "Classical Individualism and Free Enterprise,"115; "Socialism," 123-24, quote on
　　124.

64　JD, "The Right of Individuals," 154-55 in ibid..

65　JD, "Work and Play in Education," 199; "The Cultural Heritage and Social
　　Reconstruction," 211-12, 215; "The Development of Modern Science," 235;
　　"Science and Education," 259, quote on 210("The Cultural Heritage and Social
　　Reconstruction"), 216(ibid.), 247 ("Science and Knowing")，以上全部見*Lectures*。

66　JD, "Vocational Education," 284 in ibid.

67　JD, "Self Activity and Self Government," 318.

68　Sidney Hook, *John Dewey: An Intellectual Portrait*, 181.

69　Gary Bullert, *The Politics of John Dewey*, 91.

70　JD to Barnes, March 28, 1920 (ICarbS, 04123), *Correspondence*.

71　John Dewey, "Transforming the Mind of China," in Characters and Events, 1:285.

72　Ibid., 290.

73　Ibid., 290, 292, quotes on 294, 295.

74　Ibid., 222-23, 224, 226-27.

75　Ibid., 228.

76　Ibid., 230, 232-33, 235-36.

77　Ibid., 296.

78　Ibid., 297-99, quote on 299.

79　Ibid., 300.

80　Ibid., 301.

81　Ibid.

82　Ibid., 304-6, 308, quote on 307.

83　Ibid., 309-11, quote on 309, 311.

84　Ibid., 244, quote on 246-47.

85　Ibid., 249-53.

86　Ibid., 211-21, quote on 220.

87　Ibid., 193-98, quotes on 196.

88　JD to Colonel Drysdale, December 1, 1920, published as "Bolshevism in China: Service
　　Report," in Reconstruction in Philosophy and Essays, by Dewey, 24:253-55, quotes on
　　254, 255.

89　Dewey, Middle Works, 22-26.

90　Ibid., 28-40, quotes on 33 and 38.

[91] Ibid., 65-70 and 71-76, quote on 75.

[92] JD, Characters and Events, 1:237-43, quote on 240-41.

[93] Ibid., 255-69.

[94] Ibid., 284.

[95] Ibid., 203.

[96] Ibid., quotes on 316, 317, 323.

[97] 參見Berry, "Dewey's Influence," 202, and Clopton and Ou, "Introduction," to Lectures in China, by Dewey, 26（皆完全引用）。

[98] Clopton and Ou, "Introduction," to *Lectures in China*, by Dewey, quotes on 1 and 5, the latter where the authors quote Father Berry's article, 206.

[99] Ibid., 22-25, quotes on 26 and 28.

[100] 賴德烈的文章，現藏於Yale University Library, Divinity Library Special Collections and comprise 169 ms boxes；費正清的檔案，現藏於Harvard University Archives and make-up 272 ms boxes。他們的索引和傳記，參見http://webtext.library.yale.edu/xml2html/divinity.003.con.html，以及費正清的索引和傳記，請參考http://oasis.lib.harvard.edu/oasis/deliver/hua2704。

[101] 賴德烈的傳記筆記，參見他的檔案的序言以及http://en.wikipedia.org/wiki/Kenneth_Scott_Latourette。

[102] 引文見第45頁，同時，這一部分的許多材料，要感謝Patricia C.Neils所撰寫的出色的博士論文：Patricia C.Neils, "China in the Writings of Kenneth Scott Latourette and John King Fairbanks"。

[103] "Latourette:Optimistic Historian," obituary, Christian Century 86(January 1969): 69-70.He also wrote a fine autobiography, Beyond the Ranges.

[104] 關於更多傳記類資訊，參見http://en.wikipedia.org/wiki/John_Fairbanks。

[105] Neils, "China in the Writings of Kenneth Scott Latourette and John King Fairbanks," 46.

[106] Ibid., 52-60, quote on 52.也可參考他的回憶錄China Bound: A Fifty-Year Memoir。

[107] Neils, "China in the Writings of Kenneth Scott Latourette and John King Fairbanks," 71-117, quote on 119.

[108] Ibid., 155.

[109] Ibid., quotes on 208, 209.

Chapter 10
紅星照耀中國
Red Star over China

　　當愛德格·帕克斯·斯諾1928年抵達中國時，西方已湧現出了一大批「中國通」記者。皮特·蘭德（Pitt Rand），其父克里斯多夫（Christopher）為《紐約先驅論壇報》工作過，描述過產生「中國通」記者的根源。先驅者湯瑪斯·F·F·密勒（Thomas F.F.Millard），曾為《紐約時報》劇評家，也作過戰地記者。在報導完1904-1905年間爆發的日俄戰爭之後，密勒決定以《巴黎先驅報》（*Paris Herald*）駐上海記者的身份留在中國，由此他影響了一代美國人對中國的同情態度。密勒熱心支持中國人的事業，並成為國民黨的顧問。「愛德格·斯諾，同樣來自密蘇里，作為眾多跟隨密勒的腳步來到中國從事新聞事業的人中的一員，自認為是密勒的中國通價值觀的直接傳承者。」[1]

　　和綽號「西伯利亞」的肯南、「中國通」柔克義或尤金·萊昂斯甚為相似，斯諾能將如今仍具浪漫魅力的「禁地」的迷人、令人充滿遐思以及神祕感揭示出來。[2]讀者讀斯諾日記時會有這樣的感覺，尤其是日記中有關朱德的部隊最終抵達目的地完成偉大會師的部分，斯諾用「他們互相擁抱，挽手並行中問候、交談」等語來形容紅軍的精神和士氣。斯諾認為對「反動的地主」的處理恰如其分；擊退敵人的日子被他稱為「多好的一天」！在遇見朱德時，斯諾稱其為「紅軍之父」，而且他願意這樣講。[3]為兜售紅色政權的故事，斯諾一再強調那是「獨一無二的，是對誕生九年至今仍有活力的政權故事的獨家報導」。至於所拍攝的「超過200幅的照片」，斯諾渴望得到物有所值的回報。畢竟，他認為，「是我冒生命危險得來的」。[4]

在《紅星照耀中國》（*Red Star Over China*）中，作者化身為敘述者。斯諾自稱世上不存在比紅色中國的故事「更神祕的事」。考慮到要回答外部世界對紅色中國所存在的諸多疑問，斯諾以在延安將要問的一系列問題開始，紅色首都是他必須非常小心潛入的地方，是毛等共產主義者自南方經6000英里長征後最終抵達的地方。斯諾的問題涉及很多方面：意識形態，尤其是國共兩黨的差別，中共的性質，這個黨的精神特質、領導核心、外國顧問、它的蘇維埃，社會結構，紅軍性質，以及假如紅軍在國內戰爭中擊敗了國民黨可能產生的後果。斯諾也想知道共產黨對聯合國民黨組成抗日聯合陣線的誠意。紅色政權已被封鎖了九年，斯諾試圖令其為外界所知。[5]

當斯諾最終來到位於百家坪的蘇區時，受到游擊隊——安寨赤衛隊的歡迎。他們預先收到通知有洋鬼子要來！一名「身材修長的青年軍官」用英語和斯諾打招呼，這人正是周恩來，老蔣懸賞8萬美金要周的頭。周恩來坦言歡迎斯諾這樣的非共產主義者，可以自由記下「你親眼所見的任何事，在蘇區進行調查時將得到各種幫助」[6]。斯諾由該處前往保安，正如已被告知的，到那裡不久，他見到中華蘇維埃共和國主席毛澤東。斯諾對毛的第一印象是「一位憔悴的林肯似的人物」，「充滿著智慧的知識份子面孔」，而且他感受到毛身上明顯的使命感。[7]斯諾是採訪毛的第一位外國記者。毛主席的影響力在紅色中國內無人能及，儘管「才智驚人」、「能言善辯」，但他喜愛看戲，並「願意和群眾打成一片」。[8]毛認為自己可以和羅斯福總統合作，而將希特勒和墨索里尼視為「政治騙子」。毛熟悉哲學，與資本主義者不同，他抱有強烈的無產階級情感，是一位具有鋼鐵般的意志、不知疲倦的人。在延安的四個月中，斯諾有機會驗證毛的許多判斷，發現都很正確。[9]

斯諾反覆向共產黨領袖們詢問他們的政策。概言之，他們確信土地革命和在中國消滅帝國主義是走向國家獨立和民主的第一步。他們認為國民黨對帝國主義、尤其是對日本「不抵抗」政策註定失敗。然而，1932、1933年，紅軍領袖一再呼籲，若保證出現擁有廣泛民權的民主代議制政府，紅軍將和任何願意抗擊日本人的部隊相聯合。換言之，他們擁護反帝、反法西斯和反封建的解放運動。一旦抗日戰爭取得勝利，他們歡迎合法的外國貿易進入中國。[10]

　　1936年7月16日，斯諾首次對毛進行採訪。他最先提到的問題
和抗日有關。斯諾發現，毛認為日本的戰敗將導致帝國主義在中國
的覆滅。（毛也提到）擊敗日本人的必要條件：民族及世界抗日統
一戰線，以及日本壓迫下各民族的革命鬥爭。如果達成上述條件，
抗戰將很快結束，反之將持續很長時間。日本的戰略不僅是佔領華
北，還包括長江下游地區及華南的海港，其海軍計畫則是與此配
合，對中國進行封鎖。那意味著日本將入侵菲律賓群島、暹羅、印
度支那、馬來亞以及荷屬東印度。對應於日本的策略，毛強調「問
題的關鍵在於動員和聯合整個中華民族構築統一戰線，自1932年
起，中共就一直宣導這點」[11]。持久戰會帶來蘇聯的援助和干涉，
並導致收復中國所有的失地。假如人民被授予自我武裝和組織的
權利，中共會無條件地和國民黨合作。抗戰的主要戰略、戰術將
是「運動戰，前線不斷延伸、變換」。[12]這種戰術依靠高度的機動
性，快速聚集兵力和化整為零，僅在「重要戰略要地」進行陣地
戰。如毛所言，「中國戰勝日本唯一的希望，最終必依賴將分散的
機動部隊集合成大量優勢兵力，以及在廣大游擊區保持長期拖住對
手的防禦能力」[13]。所有這些都要求在早期避免大規模戰役，裝備
游擊隊，訓練游擊戰。斯諾筋疲力盡，在凌晨兩點多結束對毛的首
次採訪。

　　經過十幾個這樣的夜晚後，斯諾終於讓毛談到一些關於他自己
的話題。當時，外界對毛澤東一無所知，所以那是外界迫切地等待
的新消息。實際上，用於描述毛個人（最早的傳記）的五十多頁，
與其說談論毛，不如說是在談論中國和革命運動。毛澤東仍然很神
祕。關於1927年共產黨的失敗，毛認為其主要競爭對手陳獨秀主張
的城市優先政策而非進行土地革命應該對之負責。共產國際代理人
鮑羅廷（Mikhail Borodin）的錯誤也有責任，1926年他贊同激進的
土地分配政策，1927年後卻反過來竭力反對。還有同樣是共產國際
派來的羅易（M.N. Roy），此人只誇誇其談而提不出任何現實的辦
法。「毛認為，客觀而論，羅易是個蠢材，鮑羅廷是個冒失鬼，而
陳獨秀則成為不自覺的叛徒。」[14]儘管毛相信，即便沒有陳獨秀、
鮑羅廷和羅易所犯的錯誤，1927年的反革命活動也不會被挫敗，不
管怎樣，共產黨基礎未被摧毀的南方處境本可好許多。1927年8月

南昌起義後，陳被解職，同國民黨長期合作的希望也隨之放棄。接下來是公開的權力鬥爭。毛在湖南實施他的計畫：同國民黨分離，組織紅軍，沒收財產，建立獨立的共產黨政權，組織蘇維埃政府。[15]毛和朱德將大部分精力用於壯大紅軍。

毛澤東制定的紅軍基本紀律是服從，不徵用貧苦農民的財產，沒收來的地主財物上繳蘇維埃政府。後來又增加了軍事紀律。當時，新生的紅軍口號是「敵進我退、敵駐我擾、敵疲我打、敵退我追」。毛澤東言道：「紅軍當時的主要任務就是招募新兵，使新農村地區蘇維埃化，首先是鞏固紅軍已控制地區的蘇維埃政權。」在1931年12月11日第一次蘇維埃大會上，毛當選為中央蘇維埃政府主席。從那時起直到長征，毛全身心投入到政府工作中，而朱德主要負責軍事。當蔣介石在1933年10月發動第五次圍剿時，紅軍準備向西北轉移，即從江西到延安。1934年10月16日長征開始，並在一年後結束。斯諾指出，「毛沒有提及中央在遵義舉行的重要會議，在該次會議上他被選為黨的領導人」。[16]

共產黨退出江西大部以及福建、湖南廣大地區。他們已在那裡重新分配土地，減稅，建立集體制，並消滅了失業、吸食鴉片、賣淫、童工和強迫婚姻現象。正如毛所說，「革命不是請客吃飯」。許多地主及各種階級敵人被逮捕、公判和處死。然而，斯諾藉口該書定位為「目力所及之處」，拒絕發表評論。不管怎樣，土地革命需要「獨立的確鑿證據」，且成為有「學術興趣」的問題。按照斯諾的說法，第五次反圍剿以失敗告終，兩年後，共產黨的元氣「得到顯著恢復，歷史上任何時期都不能與之相比」。[17]

在斯諾的書中，最具戲劇性之處是對歷經368天艱難跋涉、行程6000英里、平均每天24英里的長征的記述。最精彩的時刻是強渡大渡河和過草地。沿著戰略撤退的路線，共產黨通過沒收財產和重新分配土地宣傳自己，並扮演著劫富濟貧的綠林好漢角色。黨內有人曾主張留在四川，重新奪回在長江以南地區的影響，但大部分政治局委員決意向西北挺進。1935年10月20日，他們到達長城腳下的陝西北部。[18]

在講述完中國農村地區特別是他目睹過的1929年大饑荒困境之後，斯諾談到紅軍到達西北地方後迅即建立起的蘇維埃社會。那是一個過渡中的而非實行真正共產主義的地區。按照孫中山「耕者有

其田」的主張，分配土地是（共產黨政策中的）根本要素。中央蘇
維埃政府、黨和紅軍宣稱自己是「『農村無產階級』民主專政」。[19]
賦稅很少，在新區中第一年取消一切租稅。「大力」推動合作化運
動，並採用「星期六志願者」的形式（使幹部和士兵農忙時每週田
間勞作一天）。舊中國的鴉片、腐敗、乞討、失業、賣淫、殺嬰等
醜惡行為均被消滅。蘇維埃經濟至少有兩個基本任務必須完成：供
養和裝備紅軍，為貧苦農民解燃眉之急。在蘇區，文盲（普遍存在
的現象）受到抨擊，而社會教育的主要目標是政治方面。[20]斯諾得
到機會與農民和工人交談。雖然有些不滿，但當農民們被要求比較
今天和過去國民黨和白軍統治下的情況時，怨氣就消失了。在許多
工廠裡，斯諾注意到都是手工勞作，沒有電力驅動的情況。工業生
產的目標是實現紅色中國完全自足。兵工廠內，工人手工製造所有
的武器並修理損壞的設備。蘇維埃地區還有織布、生產制服以及鞋
襪的工廠。工人們同工同酬。在農民和工人當中，斯諾觀察到的生
活健康而充滿希望。他寫道，「要我這樣一個中國通來相信這點是
很困難的，而且我對它的最終意義仍感到不明白，但是我不能否認
我看到的證據」[21]。

　　斯諾應邀和紅軍相處了一段時間，雖然某些人認為那不是正規
軍，但共產黨已將其嚴格地化分方面軍、獨立軍、游擊隊和農民赤
衛隊。他接下來用本書的大部分篇幅來講述紅軍中的人物和事件。
紅軍並不像許多人所認為的那樣，是一群亡命徒和不滿分子。相
反，紅軍是由為保衛自己的家園、土地和國家的年輕農民和工人組
成。約瑟夫・史迪威將軍將紅軍的精神特徵歸納為：軍官不是命令
士兵向前衝，而是要求士兵跟隨他們衝鋒。[22]紅軍中58%的人是農
民出身，50%以上是黨員，大多數人有文化。參軍後，每個人能夠
分得一塊土地。他們自稱「戰士」，而不是「兵」。紅軍遵守毛為
之制定的同農民打交道的紀律——上門板、捆鋪草、禮讓、不拿群
眾一針一線、損壞賠償、誠實、買賣公平以及講究衛生。紅軍的軍
事補給主要來自敵人，因為沒有外來援助，特別是蘇聯援助。儘管
蘇區預算中的百分之六十用於軍隊，情況依舊如此。[23]

　　在談過諸如彭德懷等典型「赤匪」的人格之後，斯諾轉到彭德
懷關於游擊戰的討論上。彭解釋道，紅軍進行游擊戰的主要原因是

農村的破產，這些皆因帝國主義、封建主義以及軍閥混戰特別是日本的侵略所致。游擊戰只有在黨的指揮下才能取得成功，其主要原則是，不打力量懸殊的仗，奇襲，計畫周密，消滅民團，最大的靈活性，誘敵深入和獲取農民的支持。最後一點至關重要：「紅軍是人民的軍隊，它之所以壯大是因為人民幫助我們。」[24]對游擊戰士而言，沒有隨營娼妓，沒有賣淫者，也沒有鴉片。他們被「列寧俱樂部」灌輸了「革命意識」。正如斯諾對彭的評價：「我感到，他內心深處對紅軍充滿極大的精神上的自豪。他極為單純地信奉共產主義，而且我相信他會毫不猶豫地下令槍斃任何『反革命』分子或『叛徒』。」[25]類似於彭德懷或另一位大名鼎鼎的「赤匪」——徐海東這樣的人，認為「中國的窮人、農民和工人是好人，善良、勇敢、無私、誠實，而富人則集所有的罪惡於一身」[26]。徐海東解釋道，白色恐怖已殘暴到他家鄉所有徐姓的人都被下令處死。當然，紅軍也使用暴力，只是所選擇的受害者階級不同。蔣介石下令，建立蘇維埃很長時間的地區所有人格殺勿論，因為「無法分辨赤匪和良民」[27]。斯諾盡情讚美了朱德，稱他從邪惡的白匪變成一位天才的紅軍將軍。[28]

在離開紅色中國之前，斯諾研究了俄國和共產國際對那裡的影響。對於紅軍來說，列寧就像是神，而史達林是最為人熟知的、健在的外國首腦。儘管蘇聯援助很少或根本沒有，且史達林對1927年的失敗難辭其咎，情況仍是如此：「背後有一位偉大的盟友的想法對於紅軍的士氣非常重要，即使來自蘇聯的積極支援愈來愈難證實。這種想法賦予他們的鬥爭宗教般的普世性，他們深深地珍惜。」[29]斯諾完全清楚1927年的事變：它正好發生在史達林與托洛茨基的鬥爭時期，當時史達林已負責制定共產國際的政策。反對派要求共產黨脫離國民黨。史達林將認為共產國際的政策是中國革命失敗的主要原因的托洛茨基主義者，奚落為非馬克思主義者，以此為自己辯護。斯諾必須承認，1927年後中國共產黨只獲得極少的援助，特別是與法西斯和美國對蔣介石的援助相比。[30]

離開紅色中國之前，斯諾最後一次與毛會面。毛澤東在採訪中提出同國民黨和解的條件。日本入侵的嚴重性迫使雙方必須這樣做。如果孫中山的三民主義（民族、民權、民生）得以保留，就能

確立合作的基礎。在那樣的同盟之下，毛澤東願意停止內戰、放棄推翻南京政府，在具有高度代表性的中央政府中服從國民黨的領導，變更紅軍番號以同政府軍一致，並修改土地政策。[31]在10月中旬的這次採訪後，斯諾離開了紅色中國。

　　在對延安之行作最後的回顧之前，斯諾詳細記述了之後發生的西安事變（1936年12月）。蔣介石在東北軍少帥張學良發動的政變中被抓獲並幾乎被處決。紅軍領袖，特別是周恩來，以建立國共抗日統一戰線作為談判釋放他的條件。通過這一切，斯諾堅信，「正是共產黨積極勸說他們（東北軍）才使得蔣介石保住性命」[32]。在評論西安事變的長期影響時，斯諾對倫敦的編輯麥克布賴德（L.M. MacBride）說，「西安事變的結局，最終要麼迫使南京政府根本上改變政策，在抗日和民主的基礎上實現中國的政治統一；要麼，像西班牙一樣，在不遠的將來陷入嚴重的內戰」。[33]

　　人們不能說斯諾的生活此後變得平淡。他後來的著作和文章均表明作為紅色中國最重要的西方發言人所取得的成就。尼克森總統1972年2月訪華前夕寫給斯諾的一封私人信件中也承認這點：「我知道醫院對於您這樣一位精力充沛、充滿激情的人來說是多麼狹窄，而我只希望瞭解到您傑出的事業是那樣地廣受尊重和讚賞將給您以力量。」[34]實際上，從完成關於中國的經典著作到臨終前最終獲得認可，對於斯諾而言，這條路歷經太多坎坷。

　　1937年斯諾可能首次想到，他此前發現的中國中西部的平民主義足以推動中國公眾維護國家利益的激情。決意為中國繪製民主藍圖的毛澤東，就像中國的林肯一樣吸引著斯諾。然而斯諾不得不承認，並始終堅信，中國紅軍確實是紅色的，而非某種土地改革者。[35]

　　1937年7月，正當在北京工作完成《西行漫記》之時，斯諾能夠聽到日本的帝國軍隊逼近的腳步聲。7月7日，日本發動盧溝橋事變；9月底，日軍推進到保定，並在12月擊沉長江上的美國炮艇帕奈（Panay）號。中國已成為新聞熱點，人們都想瞭解更多情況。賽珍珠《大地》的電影版和斯諾《西行漫記》的發表使中國成為美國人同情的對象。[36]《時代》週刊將蔣委員長和他的妻子選為1937年的年度夫婦。「崇拜的時代」開始了。斯諾的文學代理商亨利

埃塔・赫茲（Henrietta Herz）恰當地把標題從《紅星在中國》改為《紅星照耀中國》，斯諾不僅立即接受了該種修改，而且讓蘭登書屋（Random House）比原計劃提前出版。該書1938年1月3日上市，刊載了斯諾的獨家新聞報導。賽珍珠和斯諾的書成為那個年代最受讀者喜愛的作品。[37]斯諾反思道，他不是「中國學專家」。事實上，他對美國駐南京政府大使納爾遜・詹森（Nelson Tusler Johnson）說，南京方面對他報導的憤怒，「我時不時會想到在『文學』事業上所冒的一切風險——最終被某種邪惡的慾望拖回到激烈的政治記者生活」。於是，斯諾解釋道，他「無意利用收集到的材料『攻擊』南京政府，那樣的計畫對我而言沒有興趣」。然而，他堅信「作為一名美國記者，有權報導我所發現的真相——正如中國記者也有權在美國這樣做一樣」。[38]

正如一位傳記作家所言：「斯諾青睞中共，他賦予他們傳奇色彩，而且他傾注全力去那樣做。」[39]艾格尼絲・史沫特萊（Agnes Smedley）本身也是位中國通，她在延安寫信給斯諾說：「他們都喜歡您，愛您和敬佩您，包括您的工作和您的個性。」[40]但是，這本書也招致一些批評。例如，他提到蘇維埃運動和中國紅軍完全是在中國人領導下自發地開展起來，莫斯科作為馬克思主義中心的地位形成挑戰。他強調共產國際對1927年大革命失敗所犯錯誤的事實，觸痛了史達林主義者敏感的神經。根據史達林主義者的代表亨氏・施佩（Heinz Shippe）——他以亞細亞提克斯（Asiaticus）為筆名——的看法，中國共產黨只有加入國民黨，而不是單靠自己，才能為社會主義革命鋪平道路。然而，無論斯諾對自己的某些觀點進行多大的修改以及溫和化處理，在上述問題上，他依然堅定。最讓斯諾失望的是，美國共產黨抵制他的書，即使雅洪托夫（Yakhontoff）將軍在《新大眾》（New Masses）上並不認可抵制的行動。斯諾指出，英國共產黨人哈里・波利特（Harry Pollitt）同《勞工評論》（Labour Review）一樣積極評價該書。「好。」斯諾寫道：「我自然會困惑，想知道一本並未對英國和中國共產黨產生強烈刺激的書，卻為何被認為威脅到美國人的思想」，但是斯諾注意到之前批評共產國際是「蘇聯的機構」的言論回答了他自己的疑問。[41]

　　斯諾對哈里・帕克斯頓・霍華德（Harry Paxton Howard）的評論非常生氣。該評論觸痛斯諾的內心深處：「我已經收到太多困擾我的愚蠢指責，從莫斯科的代理人到華爾街的代理人，而我認為，他們的指責太過荒唐，以至於我不屑去答覆。你對我的名字提都不提，更嚴重的是，在你的陳述中引用我的書，暗示統一戰線是一種投降，共產黨已經放棄社會革命……」斯諾不想他的書被用來誹謗英雄的理想主義。[42]一位評論者後來寫道，斯諾的著作「打開了未知世界的一扇窗戶，改變了數以百萬計人的思想」[43]。斯諾給予中國共產黨國際信譽。費正清後來稱《紅星》一書是「現代中國歷史上的一件大事」。[44]

　　1939年，斯諾返回延安，在那裡停留了10天。當時周恩來遠在莫斯科。俄羅斯顧問正在訓練紅軍。毛澤東溫和的外表使得斯諾稱其為「人民中的一員，農民同知識份子奇特的混合體，政治上的精明與現實中的常識獨特的結合體」。毛澤東並不擔心可能的日蘇協議。無論斯諾受到諸如亨氏・施佩等史達林主義者怎樣的批評，毛澤東都會為他辯解：「在無人願意並幫助我們展現事實時，斯諾來到這裡調查我們的情況，而您（施佩）沒有來。即使後來斯諾做了一些我們討厭的事情，我們仍將永遠銘記他為中國做出的偉大貢獻。」[45]因將毛澤東介紹為農民改革家而非農民革命者，斯諾一直受到猛烈但錯誤的批評，故他問毛澤東到底屬於哪種。毛回答道：「我們永遠是社會革命者，絕不是改良派。」[46]斯諾是訪問延安的最後一名外國記者的情況持續了五年。斯諾還強調中國共產黨當時不能實踐馬克思主義，但他們像基督的追隨者是基督徒一樣，是十足的馬克思主義者。[47]1940年，斯諾帶著足夠的筆記回到美國，開始撰寫另一部著作《為亞洲而戰》（The Battle for Asia）。

　　在該書中，斯諾預言列強將在亞洲爆發一場大戰。他講到日本對中國的野蠻侵略，並預言這場擴大化的戰爭將帶給中國深刻的社會變革。那時仍為史達林主義者的弗雷達・尤特利（Freda Utley）再次重申此前對斯諾的批評，她認為斯諾一直將毛澤東誤認為是社會革命家而非改革家。儘管她承認斯諾對於中國形勢的記述無可挑剔。美國評論家們僅在一點上認同尤特利的判斷，即斯諾是一位「同情」中國的觀察家。斯諾意識到美國人可能不理解他所寫的大

部分內容:「你可以說服美國人,膿包、體臭、口臭、便祕和長滿疙瘩的皮膚將威脅他們家園的安全,但戰爭是亞洲或歐洲的痼疾(而與他們無關)。」[48]

斯諾與羅斯福總統交談過,得到同樣的結論──總統對中國只有膚淺的理解和同情。回國後不久,斯諾寫道,對華援助,即使全部給蔣介石政府,也意味著美國不僅介入到中日戰爭中,還影響到中國的內政。從1938年底到1941年3月,羅斯福政府為蔣介石提供了近2億美元的援助。斯諾認為,如果不採取措施增強毛的游擊部隊,「中國將可能淪陷,除非日本帝國的命運因其他地區的大戰而發生逆轉」[49]。美國飛行員以美國志願隊名義對華進行援助,通常被稱為飛虎隊。為此,1941年6月,斯諾宣稱美國在未來4個月內或在年底前和日本開戰。日美戰爭如他之前所料降臨了。[50]在抗戰期間,周恩來抱怨道,儘管克服重重阻礙形成了抗日統一戰線,但國民黨某些人士仍然抱有「鎮壓及消滅中共」的念頭,而不是利用一切可動員的力量,進行抗日民族解放戰爭和消滅共同的敵人──日本。[51]

正是此時,斯諾要求各家出版商讓他報導蘇聯的戰爭。也許他對中國戰場的失敗日益感到厭倦。[52]他先經由非洲去印度,最終抵達蘇聯,1943年末,那裡斯大林格勒戰役即將打響。[53]報導蘇聯的新工作造就了三本著作:《人民在我們這邊》(*People on Our Side*)、《蘇聯的權力結構》(*The Pattern of Soviet Power*)和《史達林需要和平》(*Stalin Must Have Peace*)。這些書都很暢銷。斯諾也是一名同情蘇聯的觀察家。早在1943年,斯諾認為蘇聯將加入亞洲戰場,但在亞洲和東歐的援助將索取高額回報。他理解羅斯福「甘於接受蘇聯在東歐的霸權」。如斯諾所言,美國必須作出某些艱難的選擇。美國人很少注意到斯諾關於妥協必要性上的「令人不愉快的預言」。1944年12月,斯諾致函羅斯福,報告他在莫斯科同蘇聯前外交事務委員、時任駐美大使的李維諾夫(Maxim Litvinov)的一次沒有正式記錄的重要會談。會談非常祕密,以至於李維諾夫甚至要求斯諾不要向美國駐蘇聯大使哈里曼(W. Averell Harriman)透露。「他(李維諾夫)非常坦誠,因此我認為您(羅斯福)可以從這些記錄中找到一些有用的資訊──特別紅色標記

的段落。」[54]斯諾甚至寫信給總統的私人祕書格雷斯・托利（Grace Tully）：「如果您能保證這份備忘錄只送達總統手中，我將會非常感激，若不能做到，就請立刻銷毀。」[55]

　　在自傳《開端之旅》（*Journey to the Beginning*）中，斯諾就自己和李維諾夫的談話進行了評論。他向讀者介紹了1944年8月寫給羅斯福的那封信，信中寫道，普通的蘇聯人甚為感謝美國的《租借法案》，渴望和平，並期待同美國進行長期合作。[56]但在和李維諾夫的談話中，斯諾注意到前外交事務委員也預言戰後將出現一個反蘇集團。也就是，英美遲早要讓波蘭與德國重新聯合起來，作為對抗俄國的跳板。李維諾夫譴責英國出於均勢考慮而持有的上述態度，英國人有能力影響美國的輿論，他們堅持主張恢復倫敦波蘭流亡政府——那些人夢想重新締造16世紀的波蘭帝國。李維諾夫也指責克里姆林宮內的保守派——莫洛托夫和維辛斯基，指責他們「幾乎無視納粹帝國主義和英美帝國主義之間的區別」。[57]斯諾給羅斯福的記錄共七頁，誤標為六頁，記錄了1945年（應為1944年）10月6日他與李維諾夫的談話。1945年1月2日羅斯福回覆，「我對那些記錄懷有濃厚的興趣」。[58]

　　羅斯福收到的實際記錄，不僅在某些細節上，而且在各種重要方面，均與斯諾出版的自傳內的敘述有出入。在給羅斯福的記錄中，詳細講述了另外兩個話題：首先是蘇聯不能處理好與外國通訊社以及外國外交官員的關係，隨著戰時蘇聯所取得的成就逐漸散去，外國通訊社及外國外交官會對蘇聯感到遺憾；二是戰後合作的良機可能已失去，甚至在敦巴頓橡樹園會議之前就已經失去，因為消除均勢和勢力範圍的集體安全體系並未達成。正如李維諾夫暗示的那樣，「這種體系（集體安全體系）意味著永遠消除不信任，永久合作，一勞永逸地解決德國問題，意味著反對英國均勢體系的復活，以及反對組織大國集團對抗蘇聯的圖謀」。實際上，李維諾夫還曾設想四個大國解決安全問題，小國按地區組成祕書處。可能恢復某種安全機構的唯一步驟就是讓羅斯福去說服史達林：「我（斯諾）建議只有通過羅斯福和史達林再次會面舉行首腦對話，才能改善安全局面，這點很重要。他立刻就表示同意。『那絕對是解決此問題的唯一辦法。』」著重號是斯諾加上的。[59]

　　甚至到1945年7月為止，羅斯福於當年4月去世之後，斯諾仍然表達出謹慎的樂觀：

　　　　儘管在國內及這裡你聽到許多哀號的聲音，美國和蘇聯
　　　　將維持良好關係，因為確實沒有發生嚴重衝突的非常重要的
　　　　條件。那些忽視俄國及史達林需要的人正在製造噪音，他們
　　　　也不曾想過自己需要什麼，或者作為對手能提供什麼。[60]
　　　　實用主義將主導一切，雙方將尋求妥協。恐蘇分子誤以
　　　　為克里姆林宮想要佔領歐洲。[61]蘇聯國內的需要將主導史達林
　　　　的政策。當然，任何和解放相關的事情都將被蘇聯利用，從
　　　　而使蘇聯國內重建的任務變得輕鬆。[62]「但是，如果真有我們
　　　　想要的東西，堅持對話，以及考慮到掌控局勢的責任，莫斯
　　　　科將能接受。」[63]羅斯福去世後不久，斯諾認為，杜魯門總統
　　　　最棘手的工作是重建羅斯福與史達林之間的緊密聯繫。[64]畢
　　　　竟，美國不可能搞「勢力範圍」，而且也不希望蘇聯人這
　　　　樣做。[65]

　　「美國人」，斯諾的傳記作者寫道，「對他關於東歐和亞洲事
態的估計沒有做好準備」。[66]因此，他們怪罪傳遞資訊的人而不是
資訊。1944年初，（麻塞諸塞州）蘇聯戰爭救濟委員會主席休·卡
波特（Hugh Cabot）在寫給斯諾的信中坦言，「美國人對蘇聯令人
吃驚的漠視是當前最迫切和嚴重的問題」。斯諾繼續說，「我認為
失敗將陷我們於困境。過去的15年我們已經喝了太多該死的湯（犯
錯），這種東西毫無營養（價值）」。[67]斯諾呼籲像援助國民黨一
樣援助中國共產黨。他也認識到，若想保持和平，就有必要遷就莫
斯科在東歐的訴求。他指出，「克里姆林宮不會公開要求利益或改
變態度，但它會公開討價還價」。如果此種情況屬實，那就意味
著，要像抵制蘇聯人最終攫取的東西一樣，找出他們想要的東西。
斯諾挑戰喬治·肯南的遏制主義：「處於絕望及混亂狀態下的可憐
蟲（蘇聯）開始認為自己被包圍了。」[68]弗雷達·尤特利，此時已
成為固執的保守派，激烈地指責斯諾在蒙蔽公眾。但在她看來斯諾
仍是同路人。甚至斯諾也感覺到他正在把保守的《星期六晚郵報》

拖向更加激進的立場，所以他提出辭職。這一次《郵報》拒絕了他的辭呈。[69]

1949年，在紅軍贏得內戰後，蔣介石辭職並和追隨者們撤退到臺灣。早在1946年初，斯諾就拒絕為《郵報》到那裡去工作，因為他必須在「支持一個他不同情的政權和政策」的問題上表明立場。[70]斯諾重申他長期堅持的觀點：共產黨是馬克思主義者，將盡力建設一個共產主義社會，並將成為獨立自主的蘇聯盟友，蘇聯既不期望也未操縱中國革命。毛的勝利標誌著帝國主義體系的結束，結束帝國主義體系的力量存在於伴隨真正社會和政治變革的民族解放運動之中。

支持蔣介石的美國人把斯諾列入將國民黨政權出賣給共產黨的黑名單中。他們中有些人甚至把斯諾列為前共產黨員。在斯諾寫反蘇的文章時，尤特利認為，公眾壓力迫使他改變自己。儘管遭到「院外援華集團」及其同情者們的人身和觀念上的攻擊，斯諾仍然堅持自己的看法：「那些國家的當務之急或主要問題不是在軍事上防禦子虛烏有的共產黨侵略，而是防止因極度貧困、工業和科技的落後以及缺乏資金和技術導致的內在政治紛爭後果，而美國國家政策對那些國家幾乎無所作為」。[71]正如他的傳記作者所言，「斯諾處在公眾輿論的風口浪尖。他蔑視一切的態度令他難以為人接受，而他的主張——中國的一切都非邪惡也不能被人接受」。[72]

一直困擾斯諾的麻煩來自派翠克・J・赫爾利將軍（Patrick J.Hurley），他是羅斯福政府1944-1945年間的駐華大使。赫爾利當時就曾指控許多國務院官員支持中共。[73]1947年，斯諾曾為《郵報》寫過一組文章，這些文章後編輯成冊，題為《史達林需要和平》。[74]斯諾認為，史達林會討價還價，但不會被恐嚇或說服。正如斯諾的傳記作者所說，「斯諾直接挑戰正在形成中的『遏制政策』……找到最終成為他討論中共問題基調的主張之後，斯諾認為，美國應該更多地擔負起營造和解氣氛的責任」。[75]《郵報》收到異乎尋常數量的讀者來信，半數是反對斯諾的。其中最著名的信件來自赫爾利，日期為1947年2月15日。「赫爾利對斯諾的文章表示非常憤怒，給編輯本・希布斯（Ben Hibbs）發去公開信，抗議斯諾『支持共產黨』的文章中的謬誤。他聲稱斯諾歪曲的記述來自『國務院官員給予或出賣給共產黨』的祕密報告。」[76]斯諾以赫爾

利將軍為典型來證明美國人對蘇聯的誤解程度。斯諾強調，赫爾利1945年4月曾同史達林會面，而且以為史達林會讓美國在中國不受約束。斯諾的傳記作者直接引用赫爾利給華盛頓的報告：「史達林在會談中向他（赫爾利）表示無條件同意美國在中國的政策。」[77]

1947年2月28日，赫爾利直接回應編輯為斯諾所作的辯護：「對我來說，你們的『態度』比斯諾先生的謊言更讓我感到困惑。在我看來，《星期六晚郵報》歷史上的聲譽本應表明，你們要麼確認真相，要麼承認你們支持下發表的斯諾先生論點中必然有謊言。結果你們兩者都沒做。」赫爾利堅稱，他反對「同史達林或其他人達成協議，反對給予任何其他國家或幾個國家在中國的治外法權或行政管理權力。」赫爾利給希布斯信的最後總結道，「他的（斯諾）謊言意在顛覆歷史並誹謗我」。[78]由於未能從編輯那裡得到滿意的答覆，赫爾利給被希布斯稱為「混蛋雜誌」的《直言》（Plain Talk）發去一份長篇聲明。希布斯告訴斯諾，他已經「拒絕理睬赫爾利，（並且）在這個問題上，我們支持你」。[79]希布斯完全並公正地站在斯諾這邊，他寫信給赫爾利，「我知道，你可能以為我不做任何進一步調查就該接受你對這件事情的聲明，但是十分坦率地說，我不會這樣做。我與愛德格·斯諾相知多年，而且我知道他是甚少犯錯的細心記者」。[80]

斯諾建議希布斯去和大衛斯（John Davies）、謝偉思（John Service）、喬治·艾奇遜、范宣德和伊迪·佩奇（Edie Page）談談，來驗證赫爾利的斷言。當赫爾利辭職時，上述那些人除了最後一位都在他的中共同情者名單之上。哈里曼和喬治·肯南也可能被斯諾提到。[81]到4月末，《郵報》的馬丁·桑馬斯（Martin Sommers）向斯諾報告，儘管赫爾利「很合法且自負」，但是他已經退讓。[82]6個月後，如上所述，弗雷達·尤特利和羅絲·韋爾德·藍恩（Rose Wilder Lane）開始詰難。後來，當斯諾在1955年回憶起整個事件時，他沉思道：「我的編輯向赫爾利攤牌，並拒絕發表正式的否認聲明，結果什麼也沒發生。」[83]

斯諾發展出他自己關於二戰結束後很快出現的世界地緣政治結構和冷戰起源的解釋。他和同行記者李普曼（Walter Lippmann）的

著名觀點有諸多相似之處，李氏令「冷戰」這個詞變得流行起來。1947年3月底，斯諾寫信給馬丁‧桑馬斯（Martin Sommers），闡述了對戰後事態發展的看法。他就該月早些時候宣佈的杜魯門主義發表看法，稱「其為一項在希臘（內戰）問題和對莫斯科的糟糕印象上體現出令人吃驚的輕率提議，在這些地方我們蒙受因缺乏政策合作而帶來的後果──對世界領導權缺乏整體概念」[84]。斯諾認為，李普曼似乎比他看得更遠。美國必須在歐洲大量投資，因為戰爭賠款不足以彌補損失。蘇聯尤其如此。假如美國不給予蘇聯人足夠的資金，蘇聯人將輕而易舉地從義大利、奧地利和德國拿走一切可帶走的東西，最終美國不得不為這些國家提供資金，像希臘那樣，把他們從共產黨手中挽救出來。斯諾在想，美國為何要走遍蘇聯的週邊支援「那些當時處於風雨飄搖中的政權」，而僅以進一步孤立蘇聯為目的，造成軍備增長和軍事競賽，那樣明智嗎？那就是李普曼將歐洲當作「單一經濟體」的主張，也是斯諾所理解的「整體性政策」。在和平上的投資要比（遭遇）另一場戰爭廉價得多。幾乎是以一種被惹惱的口吻，斯諾突然提出他最終的觀點：「直接去莫斯科問蘇聯人重建需多少投資，他們將拿什麼來交換：（1）較低的賠款、（2）政治經濟合作、（3）去軍事化及裁減軍備，以及我們所想要的，難道那樣做不是更明智嗎？」[85]

　　兩年後，在撰寫回憶性文章時，斯諾更詳細地談到上述問題。關於1947年出版的《史達林需要和平》一書，斯諾告訴一位訪問者，他此前所設想的「在不斷發展的世界中維護和平」的計畫可能已發揮作用：「自那以後，沒有任何事情令我覺得自己給出的方法不值得嘗試，因為那是目前形勢下唯一的選擇。」[86]他曾在蘇聯長期居住，足以明白完成下面的任務並不簡單，「以互相寬容和互相幫助作為蘇美友好關係的基礎，以此來協調蘇聯人的目標」。[87]儘管他沒有高估蘇聯締造和平的能力，但他承認曾高估了美國把握機遇的能力，「因為我們更有實力，所以我們的責任也更大」。[88]

　　那是戰後平衡美蘇力量最好的、失去的機會。杜魯門的國務卿馬歇爾提出「馬歇爾計畫」，蘇聯外交人民委員莫洛托夫對此提出的抗議，1947年6月被交給法國外長喬治‧皮杜爾（Georges Bidault）和英國外交大臣貝文（Ernest Bevin），使得那次機會落

空。斯諾解釋說，美國本可提供足夠的經濟貸款來軟化蘇聯政治局中「極左翼」的強硬路線。援助必定具有的前提是「蘇聯做出具體讓步來幫助維護和平、加速歐洲復興措施上的合作」。[89]隨著共產黨情報局的成立，該類事件標誌著「蘇聯政治局內更為反動的大俄羅斯國家共產黨分子」的勝利。同時，美國的極端保守派也取得了勝利。不肯妥協的共和黨人浪費了美國「利用羅斯福留下的蘇美關係遺產」的最後機會⋯⋯」[90]

即使這個「機會」很微小，但是依然存在。它使得羅斯福戰時的蘇聯政策更為合理，無論在德黑蘭還是雅爾達。據斯諾透露，羅斯福從未認為蘇聯人會自己主動抓住機會，但是「很有可能，他沒能預料到，戰後的美國以及執政的領導者被證明無力領會那個機會，也不能以肯定的方式來利用，反而追求加速其終結的負面目標」。然而，「1947年蘇聯政治局在華沙發表宣言」之後，美國已沒有選擇。對斯諾而言，美國在這場悲劇中應負有更大責任，因其超級大國的地位賦予它「更大的責任」。[91]斯諾斷定美國在同蘇聯打交道時很無能，在希臘問題上表現很笨拙，並在中國犯下「悲劇的和不光彩的錯誤」。[92]

美國人糾纏於誰失去了中國，而斯諾關注的是共產黨所創立的社會和政府類型。不管紅軍公正不公正，對美國執行忽視占世界人口四分之一國家的政策均無影響。到1960年，斯諾終於得以親自去觀察毛澤東所取得的成就。[93]他在中國待了4個月，能夠採訪到所有的高級領導人。周恩來稱斯諾是最偉大的外國記者和「我們最好的外國朋友。」[94]

此次旅行使他寫出第十本書，也是他第七本關於中國的書，題目為《大河彼岸：今日紅色中國》（*The Other Side of the River: Red China Today*）。這部厚重的著作，後來通過改正書名，竭力要克服美國人強烈的懷疑主義，但並未迴避一些尖銳的問題。更重要的是，斯諾明確提出紅色中國不會崩潰，而毛很有權力和威望，但他不是史達林。雖然犯下一些錯誤，但是領導層沒有拋棄人民。無論「大躍進」存在什麼問題，「毫無疑問，中國廣大窮苦民眾的物質和文化條件已經得到顯著改善」。[95]雖然斯諾談到「民主專政」，列寧曾稱之為「民主集中制」，但是他清楚共產黨掌握所有權力。

然而，他對中國在毛領導下取得的進步充滿熱情，儘管他不喜歡對
毛澤東的個人崇拜。至於農業生產的急劇下滑，意味著西方媒體所
描述的饑荒，斯諾認為，它出自共產黨糟糕的計畫和失誤，而非天
災和蘇聯的緣故。即使就在那裡，斯諾也必須承認，他也不能獲得
足夠的權威資料。斯諾認識到糧食危機不是「革命的全部」。[96]

　　1960年秋季，仍然在中國，在撰寫新書、銷售採訪記錄前，
斯諾認真地做著筆記。例如，1960年10月1日，共產黨慶祝勝利的
日子，他終於被告知有機會對毛澤東進行私人訪問，但是後來又因
毛太忙而被取消。當時正在接待外賓的周恩來熱情地同他握手，向
他承諾會有採訪機會並讓他準備要提的問題。那讓斯諾感到非常欣
慰，他已經有20年沒有同他們見過面了。[97]1960年11月，他寫信給
「李氏演講和娛樂公司」的老闆柯斯頓・李（Colston Leigh），談
到他有興趣在美國做巡迴演講，他的新中國之行的重要性以及在那
裡對領導人的採訪。這封信概述了他最近的職業，重點為他的中國
之行；他將就這些主題發表演講。他於那年六月來到中國，並停留
五個月。他不僅訪問了非共產黨人不曾去過的許多地方，還同周恩
來總理有過三次有記錄的採訪，並且斷斷續續地，同毛澤東主席談
過八小時的時間。十年來，還沒有西方記者會見過毛澤東，甚至多
年來社會主義國家的記者也未曾採訪過毛。現在出現例外，因為斯
諾的老交情——1936年首位採訪過中國領導人的西方記者，並且寫
過一本關於他們的名著。中國人尊重斯諾的「誠實和正直」，儘管
他有與他們相反的觀點。甚至連國務院也例外對待他，允許其護照
身份為作家而非記者，因為中國本該與美國互派記者，而中國拒絕
那樣做。斯諾能向柯斯頓・李誇耀他即將問世的書籍以及為《展
望》（*Look*）雜誌所撰寫的文章以及他的合作夥伴蘭登書屋。此
外，斯諾還在廣播和電視上露面，推銷他的書。[98]

　　結果這本書很厚，而且很難讀。在「緒論」中，斯諾陳述了對
在當代中國親眼見證的記述中的客觀性。富有爭議的是第八十一章
「關於糧食的真相」，認為1959年至1962年沒有發生過西方媒體所
稱的饑荒。斯諾寫道，「我認識到，那種認為中國大規模饑餓的觀
點廣為流傳，是冷戰輿論教化的結果，以至於實際見證人的陳述被
摒棄為完全不相干的事」。[99]在給中華人民共和國外交部新聞司司

長龔澎女士的一封信中，斯諾指出，「我已經告訴人們，中國沒有『饑荒』，而是因自然災害造成糧食減產而導致的食物短缺；過去它就會引發饑荒，但是由於有效的配給和分配，那種情況現在不會發生」。[100]

他曾質疑北京官方對朝鮮戰爭的正統解釋，大聲反對蘇聯和中蘇關係，預言鐵托元帥（南斯拉夫領導人）的異端「標誌著共產黨異端的開始，預示著今天的中蘇分歧」[101]。美國支持中國的舊政權包括反共政黨、團體、政客、軍閥，特別是至少在原則上不承認臺灣屬於中國大陸的一部分，迫使中共「在自衛上順從同蘇聯結盟的條款，（但是）無論如何，從長期來看，中共不可能、也不會拿中國國家利益去迎合克里姆林宮的利益」[102]。斯諾認為，共產主義能夠遏制其他共產主義，而不僅僅是它的對手——資本主義。斯諾對此有清楚的認識，即某種三方外交意味著共產黨中國可以同資本主義美國聯合反對蘇聯。[103]周恩來公開對斯諾講，討論讓中國作出讓步毫無意義，「除非美國同意在解決中美分歧問題上，共同放棄使用武力，同時在原則上承認中國對臺灣地區的主權」。[104]

《紐約時報》上刊登了對《大河彼岸》一書最惡劣的評論，作者是美國大學中的英國教授林邁可（Michael Lindsay）。林邁可曾經是一位「同路人」，並在二戰期間做過紅色中國的顧問。同弗雷達·尤特利一樣，他後來對斯諾變得大失所望，包括他曾指責斯諾拒絕了他寫給《郵報》的一篇文章。林邁可認為其他人已經報導過斯諾的話題，採訪者僅提到領導人關心的是花些時間和同情者在一起，因為後者會為他們的錯誤開脫。對於林邁可來說，這本書不是又一條獨家新聞。然而卻賣出了驚人的21,000冊。1963年，斯諾寫信告訴毛澤東，該書「受到廣泛閱讀且仍有大量的需求」。儘管「正如所預料的，許多反動的報紙及個人攻擊我為中共的辯護者」，該書仍很受歡迎。他進而提到「許多人很是震驚，因為（斯諾書中描述的）實際情況、照片和（外界的）關於大饑荒、老百姓憤怒中等候叛亂以及中國欲征服印度或發動新的大屠殺等報導不相符合」。[105]

美國人對中國仍摸不清頭腦，而像「院外援華集團」等組織嚴密的團體卻造成超出想像的負面影響。當然，這些團體是反對斯

諾的。[106]阿爾弗雷德‧柯爾伯（Alfred Kohlberg）的院外援華集團和他從前與中國進行紡織品貿易中賺到的數百萬美元，都支持所謂的「來自臺灣的參議員」加州共和黨人威廉‧F‧諾蘭（William F. Knowland）以及參議員內華達州共和黨人肯尼士‧威利（Kenneth Wherry），他們都想要「提升上海，使之成為像坎薩斯城那樣的城市」。眾議員周以德，前中國傳教士和美中政策協會的成員，「院外援華集團」人物，也加入對美國對華政策的批評──他們認為這種政策導致國民黨政權敗給了共產黨。他們使國務卿艾奇遜的「等待中國塵埃落定」政策名譽掃地。眾議員新罕布什爾州共和黨人布里傑斯（Styles Bridges）指責艾奇遜暗中阻撓國民黨卻安撫共產黨。「院外援華集團」營造的氣氛太過消極，以至於杜魯門總統、艾森豪總統乃至甘迺迪總統都未能對周恩來發出的試探作出回應。艾奇遜的「白皮書」試圖讓美國人瞭解國民黨政權的腐敗，他認為那超出了美國挽救他們的能力。甚至喬治‧肯南也指出毛不是「史達林的跟班」。艾奇遜和肯南都鼓吹「讓中國的事情順其自然」。對美國人而言，蘇聯已經強行控制中國，「中國感謝美國『老大哥』仁慈指導的形象已不可能維持下去」。「院外援華集團」堅稱華盛頓的對華政策是「上層愚蠢—下層背叛」的結果。[107]事實上，《美國出賣了中國》（"The United States Sells China Down the Amur"）一文認為，中國國民黨的失敗源於華盛頓對蔣介石的背叛。[108]這種說法解釋了中國喪失的原因以及美國政策的不合理性。有專家指出，「接受對中國問題的極端解釋……是美國人和院外援華集團共同需要的產物」。[109]

　　有人聲稱，存在一個「紅色的」院外援華集團。1966年6月28日，俄亥俄州的眾議員艾希布魯克（Ashbrook）就那樣認為。在該議員看來，這個院外援華集團的成員是宣傳員，他們「是一群積極勤奮的人，忙於影響美國公眾輿論轉向對紅色中國採取較溫和的立場」。這位眾議員所說的紅色院外援華集團是指「像菲力克斯‧格林（Felix Greene）和斯諾一樣的演講家和記者，兩人被稱為新聞界『讓我們不要殘忍對待毛』派的領袖」。艾希布魯克指責斯諾1944年說過中國解放區「是通向中國人所知道的政治、經濟和社會民主的捷徑」。中國共產黨只是「土地改革者」。舊的謠言仍繼續困擾

著斯諾。此外，艾希布魯克還拋出諸如鮑大可（Doak Barnett）、費正清和漢斯·摩根索（Hans Morganthau）等人的名字以及亞洲協會（the Asia Society）、亞洲研究協會（the Association for Asian Studies）、《美洲遠東政策評論》（*the Americans for a Review of Far Eastern Policy*）、《紐約時報》、全國教會委員會（the National Council of Churches）、聯合服裝工人協會（the Amalgamated Clothing Workers）、全美汽車工人聯合會等機構。甚至參議員威廉·富布賴特（William Fulbright）、愛德華·甘迺迪（Edward Kennedy）和喬治·麥戈文（George McGovern）也被懷疑是中國的同情者。[110]

斯諾對中國進行的最後兩次訪問，一次是1965年，另一次在1970年。每次，他的採訪都被媒體詆毀或直接封殺。斯諾被《紐約時報》攪得心煩意亂，後者追著他想獲得他採訪毛和周的全文版權。後來，出人意料的是，《時代》週刊以斯諾索要太多拒絕了那些稿件。[111]斯諾斷言，「我此前還未完全認識到媒體壟斷是多麼的徹底，要發表那些有悖於媒體所有者的觀點和事實是多麼的不可能」。[112]

在對中國最後兩次訪問中的第一次（1965年），周恩來和毛澤東都向斯諾打探美國對中國的政策。他們正在謀求對美國開放嗎？當斯諾那樣問時，毛說不。然而，中國領導層對蘇聯很憂慮。1970年，在最後一次訪華期間，周恩來向他認真詢問美國（對華）的消極政策和認識。「當斯諾問到中美新一輪主動接觸的可能性時，周恩來答道，他們邀請他就是希望得到那樣的答案」。[113]當斯諾和毛國慶日並肩站在天安門城樓上的照片出現時，北京的《人民日報》將斯諾形容為「友好的」美國人。[114]在最後一次和毛長時間共進一直持續到午後的早餐上，斯諾向他詢問中美關係問題。毛回答說，中國正在尋求接納美國的途徑，他將很高興邀請尼克森總統以遊客或總統的身份訪華。[115]1971年4月，美國乒乓球隊應邀訪華。[116]那使得斯諾公開發表他對毛的最後一次採訪。[117]7月，尼克森通過電視向美國人宣佈，其國家安全事務助理基辛格剛祕密訪問北京後回國。事實上，中國人之前已向總統發出了邀請。尼克森接受了邀請。最終，斯諾的睿智得到證實。1972年2月15日斯諾去世，幾天後尼克森開始令世人震驚的中國之行。[118]

　　斯諾是對中國抱有深刻、持久同情心的美國人中的典範，無論在共產黨還是國民黨時期，1949-1972年間23年之久的隔絕也摧毀不掉這種感情。斯諾是自柔克義到目前一系列發現中國魅力的傑出美國人中的一個。任何反對中國的政策都不能撼動那種感情。同樣，斯諾也是尤金・里昂斯（Eugene Lyons）以及自老肯南以來不管國民黨還是共產黨時期都不信任蘇聯者的直接對手。熱愛中國和厭惡俄國等觀念的持續交鋒，在像里昂斯和斯諾等記者之間表現得最為淋漓盡致，兩人都是傑出的專家，都深諳中俄文化且俄語和中文都很流利。而且，里昂斯和斯諾的對立絕非偶然。他們只不過強烈反映出美國人的思想觀念。順帶提一句，像羅斯福總統一樣，斯諾認為與俄國和中國都達成和解是可能的。斯諾抨擊肯南的遏制主義，並堅持認為，和解是戰後世界所必需的。他發覺自己同像里昂斯一樣的人存在分歧，後者成為冷戰鬥士。也有其他的著名記者支援斯諾，特別是哈里森・索爾茲伯里（Harrison Salisbury）。

　　哈里森・索爾茲伯里的事業同斯諾正好相反：1944年先是去俄國作記者，退休後，1972年來到中國。然而，兩人到中國的效果卻非常相似。[119]在回憶錄中，索爾茲伯里寫道：「我晚來了中國四十多年。」他「終於在1972年」到了中國。他如何到達中國本身就是一段傳奇。當他1972年終於抵達中國時，周恩來總理為這種拖延表示了道歉，「很抱歉，我們沒有能更早地接待你，只因為你是以反蘇鬥士聞名，我們擔心會影響到和蘇聯的關係」。索爾茲伯里堅信周的話中包含有真相。實際上，1989年「北京政治風波」後，索爾茲伯里轉到批評中國共產黨。幼年時，他的腦海中已有中國。甚至從其母帶他去明尼阿波利斯市老家的「華人商店」起，「華人的商店就是中國，一塊神奇、浪漫、令人激動的土地——充滿神奇，那個世界就像一塊磁鐵吸引著我，與平淡無聊的明尼蘇達州截然不同」。他父親的珍品箱也是如此，裝滿了毛竹做的鴉片煙槍和非常小的紅綠相間的繡花鞋。「這就是我少年時期的中國，我對她充滿著無盡的想像，那樣持久，以至於當我大學上寫作研討課時，第一篇文章就是關於華人和他的商店。」[120]

　　由於沒有命運眷顧，索爾茲伯里曾想作為合眾社的記者前往中國，他和杜威曾經的學生胡適談及此事，也和亨利・盧斯（Henry Luce）以及傳教士父親談過，但最終合眾社還是派他去倫敦、北非、中東和莫斯科報導二戰。在那裡，他成為一位著名的俄國問題專家。他結識了斯諾和安娜・露易絲・斯特朗。通過他們，他開始瞭解中國，但是仍然沒有到達中國。[121]在斯特朗1949年被迫離開蘇聯並於1958年在中國定居後，索爾茲伯里得知鮑羅廷的悲慘結局和斯特朗作為中國辯護者的新事業。[122]但他仍留在莫斯科，住在維景酒店393房間，在那裡他出色地洞察到美國和蘇聯在中國問題上的困境：史達林清洗掉了他的中國問題專家，並令蘇聯媒體封殺中國；與此同時，參議員麥卡錫成功地清洗了美國的中國問題專家。索爾茲伯里哀歎道，作為一位非中國問題專家，他「都足以懷疑兩大共產黨國家之間出現了問題。難道美國總統、國務卿和其他所有的部長們、情報分析人員、參議員們、眾議員們、還有各種聰明的人們沒有察覺到那種情況？」他注意到麥卡錫只不過是國務卿艾奇遜和臘斯克的代言人。[123]

　　索爾茲伯里認為，在1949至1950年赴莫斯科旅行兩個月之後，毛本來會「同俄國分裂並投向美國一邊，只是因為我們存在強烈的敵意」。那是赫魯雪夫總書記透露出來的，索爾茲伯里後來在1988年寫道，「我傾向於接受赫魯雪夫所說的故事」。畢竟，毛澤東和史達林簽訂的友好條約，僅比1945年史達林同蔣介石簽訂的那份稍微寬泛一點兒。索爾茲伯里認為，美國本可打中國牌，但是杜魯門總統害怕共和黨的口號——「民主黨丟掉了中國」。[124]史達林對杜魯門保衛南韓的決策非常吃驚，他認為能夠「像從蘋果中取籽一樣將毛推到朝鮮戰爭的前臺」，誘使「中國加入同美國的戰爭」。根據索爾茲伯里的說法，「史達林明白毛是頑固不化的對手，而美國似乎不明白」。美國「遮住我們最好的中國問題專家的眼睛……於是，我們自己瞎了，以至於陷入兩場可怕的戰爭——朝鮮和越南，兩場本都不需要美國介入的戰爭」。兩位最不可能的人——尼克森和基辛格在1972年將這一切糾正過來，並「最終使我們走上正確的軌道」。[125]

　　因此，誰丟掉了中國？史達林在蘇聯、麥卡錫在美國的作為造成這一切。「史達林和麥卡錫導致『（美國）失去中國』的對稱性是如此有趣，太過無知，內涵太深刻，以至於我仍然無法相信那是事實。」[126]中蘇關係變得如此緊張，60年代，雙方在邊境地區擴軍備戰的規模如此龐大，以至於毛終於決定打美國牌。在上年秋天向斯諾暗示歡迎尼克森來訪之後，1971年4月，邀請美國乒乓球隊員訪問中國。[127]接下來，基辛格和尼克森成為歷史。[128]最終，索爾茲伯里實現了童年的夢想，終於見到真實的中國，而不是他童年時代在明尼阿波利斯市產生的對這塊神奇土地的印象。

　　從某種程度上講，斯諾對中國問題的分析是被拒絕了的，索爾茲伯里的觀點則來得太遲，而小說家賽珍珠倒是佔據了美國人對中國的想像。與此同時，一位名叫納爾遜・詹森（Nelson Johnson）的外交家肯定了羅斯福的對華政策。

註釋：

[1] Peter Rand, *China Hands:The Adventures and Ordeals of the American Journalists Who Joined Forces with the Great Chinese Revolution*, 25.

[2] Ibid., 158.

[3] Edgar Snow [以下簡稱ES], Diary, December 3, 1936, and also selections from October 28, 29, 30, 1936, f.10, Snow Papers [以下簡稱SP], University of Missouri at Kansas City [以下簡稱UMKC].

[4] ES to L.M.MacBride, December 26, 1936, f.10, SP, UMKC.

[5] Snow, *Red Star Over China*, 35-39.他的秘密記錄可見於本章第419頁第一個註腳，第一部分其餘章節以及第二部分第一章。

[6] Ibid., 67-70, quote on 70.

[7] Ibid., 89, quotes on 90.

[8] Ibid., 89-90, and quotes on 92, 93.

[9] Ibid., 94-96.

[10] Ibid., 97-105.

[11] Ibid., 109.

[12] Ibid., 111.

[13] Ibid., 112.

[14] Ibid., 163.

[15] Ibid., 164-65.

[16] Ibid., 172-73, 174, quotes on 176; 178, 180, 181n.

[17] Ibid., 185, quotes on 186.

[18] Ibid., 190-206.關於長征的完整敘述，參見Harrison E.Salisbury, *The Long March: The Untold Story*。

[19] Ibid., 219, quotes on 220.

[20] Ibid., 230-37.

[21] Ibid., 241-53, quote on 253.

[22] 斯諾認為史迪威是出色的指揮官，他能說會讀中文，而且是「思維敏捷、善問、有分析能力的人，絕非傳統意義上的會趨炎附勢的軍官。然而，他被賦予難對付的任務，因為用以實現任務的手段嚴重不足，而且來自蔣介石和華盛頓的支持也搖擺不定。」斯諾明白改革和重組的必要性。最明顯的是，斯諾指責「陳納德及其同僚策劃的陰謀形同背叛。（而且，所以）設想史迪威來到中國就有挽救蔣介石的機會，這種想法非常不現實」（ES to John N.Hart, February 29, 1960, f.41, SP, UMKC）。還可查閱 Edgar Snow, *Journey to the Beginning*, 151-52。

[23] Snow, *Red Star over China*, 257-62，八大紀律見第173頁。

[24] Ibid., 276.

[25] Ibid., 283, quote on 284.

[26] Ibid., 295.

[27] Ibid., 300.

[28] Ibid., see chap.4, pt.6.

[29] Ibid., 352, quote on 353.

[30] Ibid., 358-60, quote on 358.

31　Ibid., 366-67.

32　Ibid., 387; 關於西安變及其影響的詳細情況，見第373-409頁。在1944年所
寫極具煽動性的後記中，斯諾堅持認為，1928年起武裝反對國民黨政權的運
動，那時已變成一場「十字軍東征」，中國命運的「仲裁者」都不能否認共
產黨在為「廣大的群眾說話」。見第418頁。

33　ES to L.M.MacBride, January 5, 1937, f.11, SP, UMKC.

34　Quoted in John Maxwell Hamilton, *Edgar Snow: A Biography*, 280.

35　這個問題最終使斯諾陷入煩惱之中。弗雷達・尤特利宣稱，前馬克思主義者，
後轉變為保守派，斯諾30年代一直堅持認為，中國紅軍只不過是土地改革者，
此時他始終知道他們是徹底的共產黨人。在尤特利和她的朋友看來，這種情況
令斯諾要麼成為共產主義者，要麼成為同路的衛道士。1938年春天，尤特利開
始了一場整肅運動，要將斯諾從《星期六晚郵報》編委會中除名。《郵報》編
輯本・希布斯寫信給斯諾：「我想你一定看過尤特利在《直言》上發表的那篇
關於你的惡毒、虛假的文章，但是我不確定你是否知道接下來發生什麼事。」
希布斯接下來談到，《郵報》的一位固定投稿人羅絲・韋爾德・藍恩給有影
響的人分送了尤特利的文章，目的是「『消滅這個共產主義分子』，指的是
你。」儘管斯諾提出辭職，但是《郵報》對他進行挽留。然而，這類的攻擊迫
使斯諾放棄遠東，轉向報導西歐。當斯諾號召美國接受國民黨的失敗，反對
法國佔領印度支那，援助新近從殖民枷鎖中獨立的國家時，《郵報》最終於
1953年接受了他的辭呈（Hamilton, *Edgar Snow: A Biography*, 190-91）。還可參
見Hibbs to ES, March 26, 1948, for the above quote in f.23, SP, UMKC。還可查閱
ES to Ben Hibbs, April 5, 1948, f.23, SP, UMKC, and Hibbs to ES, April 12, 1948, f.23,
UMKC。希布斯在信中寫道：「你的工作對我們是如此有價值，以至於馬丁・
桑馬斯和我總是很高興站起來為你論戰。我們希望你繼續和我們在一起，因為
你是個非常棒的記者」（f.23, SP, UMKC）。直到1958年，斯諾最終對中共土地
改革者的神話進行解釋之前，那時寫信給《紐約時報》（ES to Editor, November
12, 1958, f.38, SP, UMKC）時指出，尤特利自己一直在散播該種觀點，1939年在
她的《戰爭中的中國》一書中表達了對斯諾觀點的支持（*China at War*, 251）。

36　至於賽珍珠，在她獲得諾貝爾文學獎的頒獎會上，斯諾寫信給賽珍珠的丈夫
理查・沃爾什，《亞洲雜誌》的編輯，信中說：「我對賽珍珠表達最誠摯的
祝賀，她得到的榮譽的確當之無愧。在我看來，我們要感謝她打開西方人的
思想，塑造我們對中國人新的、比任何小說曾給予我們的更加準確、更加公
正的觀念。」斯諾認為賽珍珠的作品使讀者接受他和其他人的著作成為可
能。參見ES to Richard Walsh, February 24, 1939, f.14, SP, UMKC.

37　Hamilton, *Edgar Snow: A Biography*, 75-85.

38　ES to Ambassador H.E.Nelson Trusler Johnson, February 6, 1937, f.11, SP, UMKC.

39　Hamilton, *Edgar Snow: A Biography*, 87.

40　Agnes Smedley to ES, April 19, 1937, f.11, SP, UMKC.

41　ES to Earl Browder, March 20, 1938, f.12, SP, UMKC.

42　ES to Harry Paxton Howard, May 30, 1938, f.12, SP, UMKC.

43　Hamilton, *Edgar Snow: A Biography*, 86, 96, author quotes on 90.

44　Ibid., 94.

45　Ibid., 114, first quote on 115 and second on 116;也可參見ES to Jim Bertram, December
13, 1939, f.15, SP, UMKC.

46 Hamilton, *Edgar Snow: A Biography*, 116.

47 Ibid., 117-18.

48 Ibid., 125-27，漢密爾頓引用斯諾的話見127頁。關於斯諾對亞洲的判斷，參見 Edgar Snow, *The Battle for Asia*, esp.81-91, 241-52.

49 ES to Walsh, April 2, 1940, f.16, SP, UMKC.

50 Hamilton, *Edgar Snow: A Biography*, 124-25, 126, 127 for first quote, 128-29, 130, 133-34, 136.

51 Chou En lai to ES, May 18, 1942 and May 27, 1942, f.18, SP, UMKC.

52 在自傳中，斯諾談到些「士氣的低落和精神疲憊」並於1941年2月回國（Journey to the Beginning, 241）。

53 Ibid., 277.

54 ES to FDR, December 28, 1944, f.19, SP, UMKC.

55 ES to Grace Tully, December 28, 1944, f.PSF: Diplomatic Correspondence: Russia, 1945, PSF, Franklin D.Roosevelt Library [以下簡稱FDRL], Hyde Park, New York [以下簡稱HP].

56 Snow, *Journey to the Beginning*, 310-11.

57 Ibid., 312-17, quote on 314.

58 FDR to ES, January 2, 1945, f.PSF: Diplomatic Correspondence: Russia, 1945, PSF, FDRL.

59 ES to FDR, Strictly Confidential (Memorandum), Moscow, October 6, 1944, and FDR's response, January 2, 1945, f.PSF: Diplomatic Correspondence: Russia, 1945, PSF, FDRL.斯諾認為，羅斯福對俄國人不會醒悟過來，例如，他評論說同史達林最後一次會晤是最棒的（Stalin Must Have Peace,127）。

60 ES to Saxe Commins, July 21, 1945, f.20, SP, UMKC.在Stalin Must Have Peace一書中，他說羅斯福死後，根據可能會同蘇聯發生一場戰爭的「戰略需要」，美國的外交政策，越來越被將軍和司令們掌控（31）。

61 「俄國不會推動歐洲的無產階級革命，在歐洲，革命意味著威脅到同美國的繼續合作」（Snow, The Pattern of Soviet Power, 25）。

62 「很難相信，紅軍會一直拒絕用戰利品去補償蘇聯的損失」（Ibid., 30）。

63 ES to Saxe Commins, July 21, 1945, f.20, SP, UMKC.

64 Hamilton, *Edgar Snow: A Biography*, 136-44, 146, quotes on 150, 151, 154.

65 ES to Commins, November 10, 1945, f.20, SP, UMKC.

66 Hamilton, *Edgar Snow: A Biography*, 156.

67 Hugh Cabot to ES, February 25, 1944, f.19, SP, UMKC.

68 Hamilton, *Edgar Snow: A Biography*, 168, 171, quotes on 176; 至於確切的「不抱希望、糊塗的」引文，參見Snow, *Stalin Must Have Peace*, 86.斯諾也談到美國人是「原子鬥士」，意思是企圖用原子外交挫敗蘇聯（ibid., 88 ff.and 122, 140-41）：「我們的原子武器政策，主要針對的是蘇聯」（160）。

69 Ibid., 177, 179-180.

70 ES to Ben Hibbs and Martin Sommers, August 12, 1946, f.23, SP, UMKC.

71 Hamilton, *Edgar Snow: A Biography*, 188, 198-99, 201,and author's quote of Snow on 210-11.

72 Ibid., 217.

[73] Ibid., 170-71.哈里曼指出，赫爾利十一月辭職時，曾抨擊美國國務院七名外交官有通共行為，可視為其後華府關於「誰丟失了中國」一系列政治迫害悲劇的序幕（Harriman and Abel, *Special Envoy*, 522）。

[74] For the Post articles: "Why We Don't Understand Russia," February 15, 18-19, 1947; "How It Looks to Ivan Ivanovich," February 22, 1947, 23; "Stalin Must Have Peace," March 1, 1947, 25.所有這些文章加上獨立城篇的結論，都收入蘭登書屋1947年出版的薄冊中，題為*Stalin Must Have Peace*，序言由馬丁‧桑馬斯所作，改編自他發表在《郵報》上的文章，"Why Russia Got the Drop on Us," Saturday Evening Post, February 8, 1947, 25.儘管《郵報》編輯們在是否發表這篇包括三部分的文章上意見不一，本‧希布斯決定幫他們忙，寫了一封隨附的公開信，"To Generalissimo Stalin and Other Post Readers," Saturday Evening Post, February 15, 1947, 19.

[75] Hamilton, *Edgar Snow: A Biography*, 176.

[76] Ibid., 178,引文直接來自赫爾利的公開信。

[77] Ibid., 178-79,哈里曼引自赫爾利的報告（see also 319n39）。赫爾利舉例說明美國人對俄國動機的典型誤解。在*Stalin Must Have Peace*一書中，斯諾概況出赫爾利誤解的程度，當他「向杜魯門保證中共逃不出他的手掌心時──直到1946年抗日戰爭勝利紀念日後的政治運動，表明中共無處不在，除了美國」（p.34）。

[78] Hurley to Hibbs, February 28, 1947, f.24, SP, UMKC.

[79] Hibbs to ES, March 11, 1947, f.23, SP, UMKC.

[80] Hibbs to Hurley, March 4, 1947, f.24, SP, UMKC.

[81] ES to Hibbs, March 17, 1947, f.23, SP, UMKC,並附了一封斯諾給赫爾利的信，日期為1947年3月17日，希布斯曾讓斯諾直接交給赫爾利，但再三考慮後，要求斯諾不要發。

[82] Sommers to ES, April 24, 1947, f.23, SP, UMKC.

[83] ES to J.L.McCully, Jr., June 27, 1955, f.33, SP, UMKC.

[84] ES to Sommers, March 29, 1947, f.23, SP, UMKC.

[85] Ibid.

[86] ES to Raymond A.de Groat, September 26, 1949, f.25, SP, UMKC.

[87] Ibid.

[88] Ibid.

[89] Ibid.

[90] Ibid.

[91] Ibid.

[92] Ibid.

[93] 早在1951年，斯諾就接到中國的訪問邀請，但因別處的事務纏身，他拒絕了。1953年，他開始尋求另一次邀請。參見ES to Yang Han-seng and Lee Sheh, September 29, 1953, f.37, SP, UMKC.

[94] Hamilton, *Edgar Snow: A Biography*, 219, 221, 223-24, and author's quote of Chou on 225.

[95] Ibid., 236, 229-31, quote of Snow on 231.

[96] Ibid., 231-36, with author's quote of Snow on 236.

[97] ES, "Notes," October 2, 1960, f.41, SP, UMKC.

[98] ES to Colston Leigh, November 28, 1960, f.43, SP, UMKC.

[99] Edgar Snow, *The Other Side of the River: Red China Today*, 619.

[100] ES to Mme.Kung P'eng, March 31, 1961, f44, SP, UMKC.

[101] Snow, Other Side, 4.

[102] Ibid., 6-7.

[103] Ibid., 7.

[104] Ibid., 9

[105] ES to Mao Tse-tung, May 10, 1963, f.48, SP, UMKC.

[106] Hamilton, *Edgar Snow: A Biography*, 242-46.

[107] 所謂的「白皮書」就是：*State Department, United States Relations with China, with Special Reference to the Period 1944-1949*, State Department Publication 3573, xvi.對艾奇遜更重要的評論，參見Walter Isaacson and Evan Thomas, *The Wise Men: Six Friends and the World They Made*, 474-77.至於院外「援華集團」，可查閱Koen, *China Lobby*, 14-15.

[108] William R.Johnson, "The United States Sells China Down the Amur."

[109] Koen, *China Lobby*, 23.

[110] Congressional Record House, June 28, 1966, 13, 933-38.

[111] 參見the exchange between Snow and Harrison Salisbury: ES to Harrison Salisbury, January 30, 1965 and February 8, 1965，斯諾在後一封信中說：「好吧，既然我們都清楚價格問題和與《時代》週刊的談判破裂沒有關係，就購買我的中國報告而言，回絕任何解釋，」（兩封信都收錄在f.59, SP, UMKC）。在1965年4月12日的一封信中，斯諾告訴索爾茲伯里：「我不記得曾遭遇過這樣一系列的經歷」（f.60, Ibid.）。這裡他指的是，他的採訪記錄遭到美國所有媒體、或大部分編輯的拒絕，都是他曾竭力反對簽約的機構。

[112] ES to Kung P'eng,March 9, 1965, f.59, SP, UMKC.

[113] Hamilton, *Edgar Snow: A Biography*, 255, 265, and quote on 267.

[114] Edgar Snow, *The Long Revolution*, 4.

[115] Ibid., 189.也可參見ES to Chairman Mao, May 16, 1971, f.81，在給毛澤東的信中，斯諾談到尼克森之行，以及歡迎尼克森既可以旅行者身份，也可以總統的身份訪問中國的話題。隨著尼克森政府在越南大規模撤軍，「中國在10月1日用一個對尼克森來說意味著具有決定性意義的『信號』做出回應。毛主席邀請斯諾訪華，眾所周知，斯諾是美國記者、著名的《西行漫記》的作者、且在北京慶祝中華人民共和國建國21周年大典上同毛並肩站在檢閱臺上。遺憾的是，美國政府中沒有人意識到，這是一個信號」（Spence, Search for Modern China, 629）。

[116] 關於乒乓外交「重要收穫」，參見ES to Ambassador Huang Hua (PRC to Canada), April 14, 1971, f.81, SP, UMKC.

[117] Snow, *The Long Revolution*, 9-12.

[118] Hamilton, *Edgar Snow: A Biography*, 268-69, 272, 273-75, 277, 279, 282.在1971年11月和12月，斯諾仍然想隨同尼克森一起訪華，進行報導。參見ES to Arnoldo Mondavori (Snow's Italian publisher), November 16, 1971, and ES to Shag [Huang Hua?-PRC ambassador to the UN], December 6, 1971, f.84, SP, UMKC.

[119] 索爾茲伯里簡要的傳記，參見：http://en.wikipedia.org/wiki/Harrison_Salisbury, http://www.answers.com/Harrison%20Evans%20Salisbury,以及http://mediaserver. amazon.com/exec/drm/amzproxy.cgi/MjgwIPZ98yM2mMPzb yRt2k6j.

[120] Harrison E.Salisbury, *A Time of Change: A Reporter's Tale of Our Time*, 196, 197.

[121] Ibid., 198-99.

[122] Ibid., 204-10.

[123] Ibid., 214, 215.

[124] Ibid., 218, 219.

[125] Ibid., 220, 221.

[126] Ibid., 228.

[127] Ibid., see chap.23.

[128] Ibid., 258.

Chapter 11
小說家與大使
The Novelist and the Ambassador

　　孫中山領導的辛亥革命摧毀了滿族政權，他成為中華民國的首任總統。此時的問題在於他是否能夠維持剛創建的國家。但軍閥雲集，危機四伏。儘管美國在中國依舊是最受歡迎的國家，中國人對西方卻充滿懷疑；共產主義還不為人知；日本成為最危險的國家。孫中山革命的失敗尚無清晰的徵兆。第二任總統袁世凱夢想重建帝制，孫中山則努力實現政治統一。兩人都反對西方軍國主義、帝國主義、日本瓜分中國和軍閥混戰。袁世凱在1916年出人意料地去世後，除京城官員以外的所有人都鬆了口氣。這是一個軍閥追逐私利、日本蠶食中國領土的絕佳時代。

　　1919年，五四運動開創了中國的新紀元，並衝擊著中國文化，特別是影響了文學界。新文化運動的兩顆明星陳獨秀和胡適提倡時人使用白話文，知識份子的興趣第一次轉向5個世紀前或更早時期的中國古典小說。這也是賽珍珠（Pearl S.Buck）開始寫作並成為美國的「中國小說家」的大背景。[1]與此同時，一位名叫納爾遜‧T‧詹森（Nelson T.Johnson）的青年才俊，在最為異想天開的美國駐華公使柔克義的關懷下，開始了他在中國漫長的外交事業。詹森後來成為美國駐華大使和蔣介石的主要支持者，而賽珍珠卻成為蔣介石政權的批評者。他們兩人都深愛著中國人民，卻在蔣介石政權能否戰勝中共的問題上持截然不同的意見，從而形成鮮明的對比。

　　作為南方長老會傳教士賽兆祥（安德魯）和凱麗‧賽登斯特里克（Absalom and Carie Sydenstricker）的窮丫頭，賽珍珠開始將中國白話名著《水滸傳》譯成英文，她的譯名是《四海之內皆兄弟》（*All Men Are Brothers*）——借用了《論語》中的名言「四海

之內，皆兄弟也」。雖然《水滸傳》成書於14世紀，但幾乎從那時起，中國人的生活在本質上沒有大變。賽珍珠能熟練地掌握中文和英文，1914年畢業於藍道夫—梅肯女子學院（Randolph Macon Woman's College）。之後，賽珍珠與康奈爾大學畢業生約翰・洛辛・布克（John Lossing Buck）相識並於1917年完婚。起先，夫妻倆定居在安徽農村宿州，作為農業專家，布克受雇於基督教長老會在這裡工作。正是在這裡，賽珍珠開始為自己的小說搜集素材。1921年，賽珍珠產下一女，孩子卻不幸患上苯丙酮酸尿症，並導致了智力障礙。同年，賽珍珠的母親因患口炎性腹瀉久病不癒去世。賽珍珠和她的丈夫移居南京，共同任教於金陵大學。1922年，賽珍珠開始創作《異邦客》（The Exile），並將手稿藏於碗櫥內的一個小盒子裡。[2]

從那時起，「貫穿賽珍珠漫長的寫作生涯的主要目的就是向西方世界描繪亞洲，特別是她自幼瞭解和深愛的中國」。這讓她能夠做到「雙焦透視」——用各自的方式看待對方。[3] 新舊兩個中國為她的藝術創作提供了諸多素材。她通過紀實小說的方式，關注下層社會的環境、傳統和生活方式。「賽珍珠在拉進東西方的距離，增進兩個世界的同情與瞭解方面，所做的貢獻超越了以前任何一位作家。」[4]《文學傳記詞典》（The Dictionary of Literary Biography）宣稱：「她將因為塑造了20世紀二三十年代中國社會生活的最佳肖像而被銘記……」[5] G・A・瑟瓦斯科（G.A.Cevasco）認為「在超過250個以中國為寫作背景的西方小說家中，她在數量和品質上都是最為傑出的……」[6]

次年，即1923年，她的第一篇作品《也在中國》（In China, Too）完成，1924年在《大西洋月刊》（Atlantic）上發表。出於對這篇文章的深刻印象，《論壇》（Forum）雜誌的編輯向賽珍珠約稿，同年《中國之美》（Beauty in China）刊出。[7] 在第一篇文章中，她比較了英美與中國的年輕人，特別是男女之間的關係。儘管在中國生活多年，她從來沒有見過「我在現代雜誌中所讀到的野蠻景象」。在中國，一切平靜而井然有序地存在著。然而，變革的潛流也困擾著她。例如，一個鄰家女孩說服了她的父母不要讓她纏足，理由是在北京、上海等大城市，時尚的女孩們早已不再纏足，

在她的寄宿學校情況也是一樣。她說，變革到來了。這個女孩暗諷她的母親沒見過世面，她的父親堅持用一副水煙斗而不吸香煙，並暗示她可能要參加宣導婦女參政的會議。她認為，只有在中國，婦女才是無助的，在其他地方女性能做任何想做的事：「她的父母，對與他們所習慣的生活有少許不同的任何事物都顯得十分愚蠢。」對賽珍珠而言，這是對傳統中國的反叛，但她卻屏息神往。她坦言自己喜愛中國的傳統文化，也不得不承認「這些年輕人是這片衰落的古老文明土地上新生的開端……」些許陽光灑進舊式庭院——或許啟蒙和理性大有裨益。正如她的傳記作者所提到的那樣，賽珍珠的觀點在這個過程中不斷被修正，這篇短文乏味的開篇最終為她對鄰家女孩的贊同所取代。[8]

在她的第二篇文章中，她讚頌了美國和歐洲之美，但又提到：「真奇怪！不知怎的，只有當我的思緒與養育我的國家——中國聯繫在一起時，我才能這樣有條不紊地思考地球上各個民族的差異。」當有人告訴她中國不如日本美麗時，她只是笑笑，不急於回答，她知道中國之美最終會被世人知曉。中國不像日本那樣優雅，城市也是醜陋的。她站在江西的一個山頂上，放眼望去，百川匯入長江，長江悠悠，蜿蜒入海，綠樹成蔭，良田如碧。雖然這幅圖景看上去寧靜美麗，但如果置身其中，會發現污染和痛苦無處不在，食不果腹的人民——骯髒、粗野、貧窮。她也問自己，中國究竟美在何處？

中國之美不在於像紫禁城那樣的旅遊勝地。更恰當地說，「她的美是那些體現了最崇高的思想，體現了歷代貴族的藝術追求的古董、古蹟，雖然它們的主人正慢慢走向衰落」。例如，在杭州的大絲綢店裡，你能看到店裡充滿了有著龍袍般奪目光彩的綢緞。中國的古董、古蹟蘊含了一代又一代人卓越的藝術技巧和偉大的思想，如今卻在衰落。賽珍珠為古董商的掠奪行為以及中國年輕一代對藝術珍品的無知感到遺憾：「他們既然懷疑過去，拋棄傳統，也就不可避免地拋棄舊中國那些無與倫比的藝術品，去搶購許多西方的粗陋的便宜貨掛在牆上。」中國之美，不同於美國的陸上風光，而在古老的工藝之中。令人遺憾的是，它們是有錢人的專屬財產。賽珍珠堅信「不公平的生存環境剝奪了窮人這一最基本的權利」。[9]

　　1925年孫中山去世時，賽珍珠和她的丈夫回美國休假，進入康奈爾大學，她攻讀碩士學位，布克攻讀博士學位。「在康奈爾的一年中最突出的成就是寫作了她的獲獎論文《中國與西方》（China and the West）。這篇文章贏得了蘿拉·梅辛傑獎（Laura Messenger Prize）一等獎，得到了200美元的獎金。」正如她描述的那樣：「這個獎項對我而言不僅意味著金錢，它給了我成為作家的信心。」[10]這篇論文是「一項令人印象深刻的學識與分析的完美結合，追溯了西方影響中國的複雜模式。」[11]

　　這篇論文從16世紀寫起，詳細描繪了在過去三個世紀裡中國如何維護其文化完整性。她批評了中國社會對女性的態度，特別是由於儒家學說，「任何一個社會研究者都會承認，婦女所受的低劣教育和低下地位對古代中國有不良影響」。[12]她斷定這樣的教育使得婦女成為僕人而非健全的人。她攻擊傳教士們和他們「不明智的教條的教學方式，因為在狹隘的宗教定義下本土文化被視為是異端和無宗教信仰」。然而，在社會福音運動中，他們在無意識中扮演了削弱傳統文化、加速改善婦女地位和建立現代學校與診所的角色。她讚美中國藝術和哲學的偉大成就，並關注中國日益增長的排外情緒和西方信用的崩潰，特別是美國帝國主義和種族主義帶來的後果：「（中國）從美國的排華法案中看到了白人世界正在高漲的種族情緒的含義和他們以膚色為由保持優越地位的決心。日本和印度人告訴她，東方民族在必將到來的與白種人的決戰中必須團結一致。」[13]

　　1933年4月8日，賽珍珠以這篇論文在費城向美國政治與社會科學院作了演說，緊接著同年7月，她的演說在該院《年鑑》上發表。[14]它包含了一個引人注目的主題：「美國此時堅持消極友好（有利可圖）的態度是自然而然的，因為它感到中國問題遙不可及，又困惑於其複雜局面。」[15]她的這一評論意在闡明，美國政府通過國務卿海約翰的「門戶開放」政策，拒絕承認中國與其他國家簽訂的損害美國在華利益以及中國政治和領土主權完整的任何協議。「門戶開放」政策，即「用於在中國貧弱之時牽制其他在華勢力，通過迫使一國與他國分一杯羹而使自己碗裡的粥相應減少」。儘管是「友好的」、「有保留的合作」，也儘管有許多「真正的同

情」，但美國公眾輿論對中國的看法從來沒有「實現對中國的直接援助這一點」。因此，正如中國人所說的那樣，美國政府缺乏對中國採取積極行動的政策。依照他們的說法，「門戶開放」政策「儘管保持了中國的完整，卻無法阻止勢力範圍的劃分和不平等條約的簽訂」，因此並「不是完全有利的」。它關心的是美國的切身利益，它能帶來「所有不平等條約所包含的利益。美國不像其他國家那樣進行侵略的唯一原因在於她沒有需求，因為目前她有廣闊的疆域和大量的貿易。」[16]

特別是義和團運動之後，英國和美國的「西方化」要求，迫使中國承認了「她的文明不適應近代社會」。儘管中國文明「珍貴而美好」，但它已不再有用：「她的領導者，在因外國勢力而遭受的屈辱與羞恥的刺痛下，決心面對一切，認識到對抗西方的唯一方法就是學習使用西方武器並瞭解西方文明，儘管事實上這種文明有可能低劣於他們自己的文明。」賽珍珠預言中國的軍事力量將會實現近代化，從而變得強大。「在一個世紀後，抑或在半個世紀後，中國必將影響世界的進程。」[17]

1926年的夏天，布克一家帶著只有3個月大的養女回到中國。1927年春天，南京爆發革命。由於布克一家是白人，有被殺害的危險，她的鄰居將他們藏在自己半間大的小屋子裡。暴徒洗劫了布克家的房子，搶走了所有的東西，但好在留下了藏有賽珍珠第一部小說手稿的小盒子。她的房東曾經向國民革命軍總司令求救，卻被告知他們可能在天黑前被殺。正如賽珍珠寫到的那樣：「我與妹妹坐在一起緊緊地握著手。我突然意識到她還有自己的丈夫，於是我就轉向了我父親。父親坐在凳子上，神態自若，鎮靜異常。我從來沒像那時那樣愛他，那樣崇拜他。至於孩子們，他們還小，他們永遠不會明白的。我呢，我一定要讓孩子們走在我前面。」沉重的腳步一次次從門前響過，他們每次都想著門會突然被踢開。突然，他們聽到了令人膽戰心驚的聲音，屋頂傳來轟鳴聲。一聲接著一聲，是江中外國軍艦的大炮，儘管在7英里之外。長時間的轟鳴之後，革命軍士兵打開了門，命令他們都到大學裡去，所有的白人都在那裡集中。美國領事約翰‧大衛斯（John Davis）命令美國指揮官正等待他們的到來。他們脫險了。賽珍珠一家前往日本長崎，而她妹妹

一家去了神戶，並在那裡度過了一段美好的時光。1927年，他們返回南京，蔣介石已經和共產黨人分裂，南京成了他的新首都。[18]

在1927年12月的一封家書裡，賽珍珠寫到中國：「然而，這段日子在中國生活中最艱難的事情，莫過於到處滋生蔓延的幻滅和絕望情緒了。」中國人對國民革命的失敗感到痛心疾首，特別是對國民黨推行舊軍閥的一套。橫徵暴斂，揮霍無度。財稅難以承受，對歸國留學生們也是一樣。儘管他們深信現代教育能夠拯救中國，而賽珍珠也讚揚約翰・杜威努力在每個省建立一所大學，每個縣建立一所高中，所有城鎮建立小學的計畫。幻滅和絕望感或許能使中國人自省並正視這一事實：中國的禍根在於上層階級的道德敗壞以及農民的貧困無助。西方和國民黨的救濟都失敗了。[19]

一天，賽珍珠在上海的凱利和沃爾什書店（Kelly and Walsh Booksellers）的書架上發現了一本髒污的在倫敦出版的作家指南，裡面有兩位文學代理人的名字。一個代理人回覆她的詢問說中國題材的小說難以出售。另一位，大衛・拉羅德（David Lloyd）則希望能看看她寫的東西，因此賽珍珠將曾在《亞洲雜誌》上發表過的兩篇短篇小說寄給了他。在極大的興趣的促使下，拉羅德向賽珍珠要了她的第一部小說，這部小說在南京事件中曾經被藏在碗櫥裡。在約翰・戴出版公司（John Day Company）最後接受前，《東風・西風》（East Wind, West Wind）在紐約的出版商編輯部裡被傳閱了一年：「是理查・沃爾什（Richard Walsh）最終決定出版我的書，他的編輯部裡一半贊成、一半反對出版，他投了決定性的一票。後來他坦率地告訴我，這並不是由於他認為這本書寫得很好，而是他相信書的作者有一定的發展前途。」拉羅德告訴她，書稿已經輾轉多次，如果沃爾什也不接受的話就會被退稿。[20]

《東風・西風》涉及的話題在她的碩士論文中就已經討論過。這個故事透過中國人的視角，講述了一段中國男性與美國女性的異族婚姻。這篇小說以一位中國女子為第一人稱，是對傳統範式的反叛，對潛在的西方讀者無疑是一次震撼。故事的敘述者，一位年輕的中國妻子，深受西化的丈夫的影響，而她的丈夫是一名留美歸國的醫學博士。雖然愛著他的妻子，這位醫生並不允許傳統的妻子保持守舊的習俗。她努力改變自己去適應丈夫的現代生活方式。而兒

子的出生更是肯定了她所做出的努力，通過痛苦的掙扎，她繼續適應著西方的生活方式。最為激烈和痛苦的中西較量發生在她的哥哥身上，同樣是一個在西方受過教育的醫生，卻和一個白種女人結了婚。小說的講述者桂蘭講述了她的母親拒絕接受美國媳婦，將其視為這個傳統而富有的中國家庭的危機，在痛苦中離開了人世。桂蘭的父親，雖然同情這位美國女子，卻也拒絕接受她和她的混血孩子。桂蘭的哥哥被剝奪了繼承權，他只得自食其力和他的妹夫一起從事醫務工作。她沉思著，或許這個混血的孩子將來會解決種族間的衝突。

這篇小說最具魅力之處在於，通過桂蘭的丈夫和哥哥所接受的西方習俗，特別是桂蘭對她的美國嫂子的尊重，展現傳統的中國人對西方的認識。西化的中國精英被用來為美國讀者提供一個傳統中國女性對西方的不同理解，以及她有意識地打破中國傳統禁忌。在小說的最後，桂蘭告訴她的朋友，「我的姐妹，」她的丈夫要她向前看，「他說，我們讓過去的一切過去吧，我的愛人！我們不願意我們的兒子受到古舊無用東西的桎梏。想像這兩個，我的兒子和他的表弟——我知道我的丈夫是對的——永遠對的！」對她而言，承認這一切並不容易，她的母親因為兒子違抗父母之命，維持和美國妻子的婚姻，不願娶幼時訂婚的中國新娘而鬱鬱而終，這一切已足夠讓她心碎。[21]

幾乎是在她的第一部小說剛發表後，賽珍珠就回到了中國。她回憶說，因為缺少了大女兒，在南京的家顯得十分空蕩。她將大女兒安頓在新澤西的瓦恩蘭培訓學校。她下定決心開始投入第二部小說的寫作，這個故事已經在她的腦海裡有了比較完整的構思。賽珍珠選擇了華北和南京作為寫作背景，她像瞭解自己一樣熟悉這些地區和這裡的人民。她用三個月的時間完成了寫作，謄了兩次手稿，寄送到約翰·戴公司。[22]沃爾什接受了第二部小說，並提出了三個重要的建議：小說由《王龍》（The Family of Wang Lung）改名為《大地》（The Good Earth）；刪節小說的後半部分以保持流暢；將出版日期提前到1931年3月2日。當年1月，「每月一書」暢銷書俱樂部選中了《大地》，堅持這本書應馬上付梓。《大地》一書震撼了美國。[23]在小說浪漫傳奇的表面之下，隱藏著賽珍珠對中國更為現實的看法。

　　有關賽珍珠與中國這個話題的最有啟迪性的一些文字見於她和她在藍道夫—梅肯女子學院就讀時的閨密艾瑪·艾德蒙斯·懷特（Emma Edmunds White）的往來信件之中。1918年8月，她向朋友描繪了自己在遙遠的中國安徽的生活小居所。她講述了自己感到在這個地區婦女群體中所從事的福音傳道工作何等的壓抑，因為「有太多的事情等待自己去完成」。確實，「我不能把我的時間都投入到工作中，因為我有義務照顧洛辛（布克），讓我們的家保持舒適，也包括我自己」。[24]到1927年，蔣介石開始鎮壓共產黨人和軍閥，她和她的丈夫已搬到南京。這是一個排外主義日益高漲的時代。她評論道：「我們處於一個中國行政委員會的統治下，但我卻不知道它是否合格。」[25]至於中國的命運，「危機正迅速逼近我們，成千的士兵聚集在這裡，在奉天，人民憎惡這些軍隊。我們期待有一天能夠回到南方，只希望能夠逃離這裡，沒有包圍，沒有戰爭——但沒人知道會發生什麼。」她妹妹的房子被洗劫了。[26]危機終於在3月中旬爆發。她寫了一個生動的報導，向她的朋友講述了南京事件，正如前面所提到的那樣：「在南京恐怖的一天裡，13個小時，躲在一間沒有窗戶的小房間裡，聽著外面的射擊聲和呼喊聲，四周都是燃燒的房屋。」賽珍珠最終被她的中國朋友和長江上美國軍艦的大炮所援救：下午五時許，事態達到兇險的頂峰，我們即將放棄的時候，因為我們很可能馬上就被發現並槍殺，就在這個時候大炮轟鳴，十五分鐘之後一切瘋狂的叫喊聲和炮聲戛然而止。之後我們的中國朋友輕鬆地讓那些領袖召回自己的士兵，並迅速找尋我們，把所有的外國人聚集到柏樂廳（Baile Hall），還安置了一個警衛。[27]

　　她譴責了國民黨內的「赤色影響」。當賽珍珠在日本的避難所思考這個事件時，她告訴艾瑪中國近幾年不再安全，特別是傳教士們需要「時刻準備逃命」。她返回上海之後繼續討論這個話題：「現在，這裡的氣氛非常緊張，共產黨人的暴動持續產生著威脅，就像廣州暴動那樣。」然後，她將她的注意力放到國民黨人身上：「當然，在優秀的有思想的中國人當中，對國民黨領袖們的腐敗問題有著強烈的幻滅感——以蔣介石為例，他通過銀行積聚財富。」她告訴她的朋友不要再回中國，至於她自己：「只要我不是必須

回到美國某處，我不一定要離開中國的水深火熱而得到暫時的平靜。」[28]

　　一年以後，1929年，賽珍珠回到了南京查看經歷了「恐怖的兩天」之後的損失和她殘破不堪的住所。中國的形勢讓人感到絕望。「到處都可以看到諸如『打倒國民黨』、『打倒蔣介石』的標語。眼前確實存在嚴重的危機——一場真正的革命即將爆發的危機，大批普通、無知的民眾——你知道他們的，艾瑪！——正在起來要求獲得他們的權利，就像俄國的民眾那樣。到處都是強盜——甚至就在南京城外，以前從來沒有過土匪的地方！」[29]她知道這裡將會發生一次「爆炸」，而「年輕的、不成熟的」國民政府無法應對。[30]

　　從這點來看，直到她1934年最後一次啟程離開中國，她對中國的印象一直沒變：「這裡一切照舊，」她寫道，「戰爭肆虐，土匪橫行——由於共產黨無處不在，今年不可能去牯嶺了。」[31]1931年，「這裡（岳州）共產黨勢力雄厚」。[32]一周以後，她寫道：「春季戰爭已見雛形，態勢嚴峻。有人懷疑這次政府開戰的能力。」[33]到1931年的秋天，她提到，比所有的國內鬥爭和國民黨的失敗更重要的是「日本的侵略」。[34]1932年初，她對形勢的描繪更加黯淡：「所有的一切看上去都在黑暗之中——中國政府官員完全分裂，抗日前線士兵還在暴動。」在湖南，她得知，「關於共產黨人的報導很普遍」。[35]她早期關於共產黨的預言從長期來看是極具洞察力的：「共產主義的傳播，至少在一段時期內，在中國不可避免。」[36]

　　當賽珍珠回到美國永久定居之後，她又告訴她的朋友艾瑪：「中國的形勢給我帶來了很多的壓力。我認為沒有什麼可以作為我們與中國人為敵、繼而捲入戰爭的理由。但25年來，中國人已經知道這一天終會到來，他們繼續腐敗，貪污那些本應用於國防事業的錢。」[37]她甚至寫了一封信寄到《中國評論》（China Critic），該信發表於1936年4月，闡述中國知識份子是如何嘗試勾勒一幅完全相反的中國圖景的——「（在避免）饑荒、打擊土匪和反抗日本侵略的同時，中國的一切都平靜安定、哲學思想豐富精妙、人人生活富足。」[38]

　　在批評中國的同時，她為中國籌集善款而積極奔走。1940年的秋天，她寫道：「我為中國的事業忙碌著，進展良好。但為中國所

做的還很少。所有的組織花費巨大但收效甚微。我的運動雖花費較少卻效果甚佳。」[39]到了1944年，她認為如果中國人還要依賴美國和美國人的話，她對中國的命運感到悲觀。[40]

1932年夏賽珍珠一家返回美國，到1937年11月她第一次獲悉自己獲得諾貝爾文學獎的消息，賽珍珠從一位不知名的作家迅速竄紅為諾貝爾桂冠獲得者而聞名世界。在她返回漪色佳不到一個月，賽珍珠就以主賓的身份，在沃爾多夫——阿斯托利亞酒店（Waldorf Astoria）的玉瀾堂（the Jade room）裡，面對眾星雲集的200多名觀眾做了演講。10月，《大地》被改編為劇本。受長老會婦女的邀請，賽珍珠就傳教士進行了演講，抨擊他們的努力是迷信、傲慢與殘酷的。到第二年的5月，她在尖銳的批評聲中辭去傳教士職務。早在1931年，她就給自己的兄弟愛德格（Edgar）寫信，預見了這番爭論：「一些傳教士認為這本書極端邪惡。我聽到有人說，『她家裡不能有一本這樣的書！』、『神聖的時刻啊！』性描寫的部分看來讓傳教士們非常擔憂，這點讓我感到吃驚，因為他們應該是瞭解中國的——將性視為生活中非常自然的一部分。我時常極度地厭倦傳教士的生活，並且非常希望擺脫他們。」[41]1933年2月，她已經和埃莉諾・羅斯福（Eleanor Roosevelt）在康奈爾大學共同登臺。1936年春，她在華盛頓特區演講，並作為羅斯福一家的客人出席了在白宮的晚宴。1933年，賽珍珠還受到了特別的禮遇，有機會在她的母校藍道夫——梅肯女子學院為畢業班學生演講。同時，她在耶魯大學獲得了她的第一個榮譽學位。同年夏天，她出發環遊歐洲和遠東，於當年10月抵達上海。當時，米高梅電影製片公司的一個攝製組正在中國拍攝電影《大地》，但是由於中國人的疏忽或是故意，膠片被毀壞，最後在美國重新拍攝。雖然和原著相比，影片有很大的改動，具有濃厚的浪漫色彩，但1937年底上映後，取得了巨大的成功，路易士・雷納（Luise Rainer）因此獲得了奧斯卡最佳女演員獎。賽珍珠在1933年完成了她對中國古典名著《水滸傳》（《四海之內皆兄弟》）的翻譯定稿。1934年，著手開始出版《母親》（The Mother）。同年秋天，在芝加哥大學並再次在耶魯大學發表演說。1935年初，她的「大地三部曲」作為全集問世，包括

了第二部《兒子》（Sons）和該系列的第三部《分家》（A House Divided）。

在她和洛辛離婚後，賽珍珠與理查·沃爾什喜結連理。她以書評編輯的身份加入了沃爾什新近接手的《亞洲》雜誌社。1936年，她出版了自己父母的傳記——《異邦客》和《戰鬥的天使》（Fighting Angel），以《精神與肉體》（Flesh and Spirit）為名合集發行。前一年，她獲得了威廉·迪恩·豪威爾斯獎（William Dean Howells Medal），並進入了美國國家文學藝術院（National Institute of Arts and Letters of the American Academy）。在這忙碌的十年裡，她成為這個國家關於中國的代言人和知情人，即便對普通百姓有著深切的同情，她仍然批評著中國的精英，對國民黨人，特別是蔣介石的統治持保留態度。

雖然當她著名的小說發表時她還在中國，但對名人的崇拜立刻改變了賽珍珠的生活，也隨之改變了美國公眾對中國的看法。這本書成為1931和1932年的最暢銷的小說。事實上，對這部作品的評論幾乎是一致的。評論家們讚賞小說不落窠臼，在她的筆下中國人的生活體現出人性甚至普通的一面。賽珍珠的小說在克服傳統偏見方面著墨頗多。這是一個迷人的故事，將對主旨的精妙處理融入中國通俗小說的主旋律之中。[42]

故事的開頭，一個貧苦的農民照父親的意思娶了一個老婆。按照安排，他要娶村裡最富有的黃家的一個女傭為妻。因此，王龍找到了女傭阿蘭，帶她回家，阿蘭還為他生了兩個兒子。饑荒來襲，土地顆粒無收，王龍一家被迫乘火車南下逃荒。他們在大城市裡行乞，靠施捨和人力車夫的工作勉強維持生計。當革命在南京爆發，王龍隨著一群暴民衝入了一個大戶人家，他從財主的一位家人處得到了金子，而他的妻子則在牆上一塊鬆掉的磚後找到了一包珍寶首飾。用這筆小財富，王龍在北方購置了越來越多的田產，成為了一個富農。靠著精打細算，他買下了黃家大院，包括它的地產和鄰里的財產。他的長子成了一名學者，他的二兒子是穀物行當裡成功的商人，而老三離開家從軍後當上了軍官。一個女兒是個智障，另一個則嫁入一個小康之家。在這些瑣事中，王龍和蝗災、洪水，還有駐紮在他買來的黃家大院裡的一支軍隊周旋著。

透過自然災害，人性的故事呈現了主人公的個人生活，以王龍一家的興衰與磨難為主。表面上，小說寫的是他不屈不撓堅忍的妻子和背信棄義的叔父一家。事實上，卻是一部英雄般的史詩，講述了守在土地上的人如何克服面前的一切障礙、盡力改善生存環境。最困難的障礙不是這些大事，而是人與人之間的關係——他和阿蘭、直系親人、他叔父的關係。他成為自己熱情的犧牲品，最後兩次納妾。一開始，荷花和她的侍女杜鵑幾乎要毀掉了王龍的第一個家庭，尤其當他發現長子和荷花有染之後，命令長子離開家園南下求學。而他的妻子阿蘭承受著羞恥帶來的煎熬，最終染疾而亡，使王龍無限自責。

荷花變得又胖又懶，即便杜鵑經常為王龍解決難題，但荷花和杜鵑依然使他絕望。他的叔父是一夥土匪的頭目，帶著自己家人寄生在王家，敲詐勒索他的侄子。王龍叔父的兒子成了家裡的危險分子，差點強姦了王龍的女兒。在和一個農民的女傭結婚後，他參了軍，接著帶著自己的部隊回鄉，幾乎毀掉了王龍。王龍小兒媳婦痛恨大兒媳婦，當然，兩個兒子之間也互相憎惡。最年幼的是智障的女兒，需要更多的照顧。在王龍的晚年，他娶了一個更年輕的小姿梨花。多年的艱辛之後，憑藉自己天生的機敏和妻子阿蘭的明智建議，王龍有能力克服了諸多不幸。在阿蘭死後，他又能利用兒子們的技術和自己的聰穎。他成功了，當上了這個村莊的新地主，最終建立一個富有的中產階級家庭，但他的兒子們沒能守住土地。王龍的一生就是他竭盡全力戰勝各種困難的故事。[43]

小說成功的消息傳到賽珍珠那裡時，她仍然在中國。長江的一場洪水帶來了威爾・羅傑斯（Will Rogers）夫婦、查理斯和安妮・林德伯格（Charles and Anne Lindberg）等救援者。兩對伉儷都高度讚揚了她的第二部小說。這樣的讚譽當然受到歡迎，因為她身邊的人甚至她父親，在她把書稿寄往紐約前都未讀過《大地》。然而，南方長老會傳教委員會卻對她進行了嚴厲的詰責，因為她如此坦白地描寫了在中國的生活。[44]1933年初，布克一家重返美國度假。作為暢銷書作家，賽珍珠需要參加許多晚宴、聚會、演講以及其他的宣傳推廣活動，這也使她的生活變得十分忙碌。當時，一位中國知識份子江亢虎（Kiang Kang）教授給《紐約時報》寫信。1933年1

月15日，這封信連同她的覆信公開發表。次日，就這個主題，又刊登了一篇評論。[45]

　　江對賽珍珠的《大地》持批評態度。他認為她所描繪的是一幅中國的諷刺漫畫，正如他所定義的那樣，並非真實的中國。他質疑，如果一個官僚的祖先肖像以西方的風格來繪製，而非遵循傳統方法，藝術家畫得一半黑一半白，而不是全彩、全白或者全黑會怎樣？這樣的畫像是不能被接受的。所以，他認為賽珍珠對中國生活的描述也是如此。「通常，」他寫道，「一看到她對出生卑微的某種怪誕和有缺陷的中國人的頻繁描述，我就感到不安。」他總結道：「他們或許占中國人口的大多數，但他們根本不能代表中國人。」[46]

　　賽珍珠反擊說她的小說並不是普通的肖像。這樣的肖像遠離生活真相，即大多數中國人民是「普通的」，而至少在江亢虎看來，是不具有代表性的。「我不禁要問，」她繼續寫道，「如果一個國家的大多數都不能代表這個國家，那麼誰能代表呢？」[47]而江認為象徵中國的那群人則是指文化精英：「這些人想讓他們這樣一些為數不多的知識份子代表中國人，他們想讓那些早已消逝的歷史，讓那些死者的畫像，讓古老的古典文學代表廣闊而豐富、悲哀又歡快的中國人生活。」[48]普通民眾可能被忽略，被以輕蔑的口吻稱呼為「苦力」和「阿媽」（僕人）。相反，江應該為百姓而感到驕傲。此外，關於她書中的色情部分，「只有基督徒中極少一些人或許會贊同他，但我覺得這種對正常性生活的恐懼是某種訓練的結果。我不知道是不是這樣，我只是寫出了我所看到的和聽到的。」[49]至於她在書中是否為中國盡力，她想只有時間方能做出評判。

　　《紐約時報》的社論評論說，江關於祖先畫像的說法遠離了自己的精英地位。另一方面，「賽珍珠女士使我們看到並讚賞一個正在遭受苦難的民族的堅韌、節儉、勤奮以及奔放的幽默感，而那些統治階層的知識份子則要把他們的生活藏起來，不讓公之於世。」[50]

　　1933年，賽珍珠經由歐洲和東南亞從容地回到中國，回到她在南京的家。路上，她創作了自己的下一部小說，《大地》（1931）三部曲之《分家》，這是跟在第二部《兒子》（1932）之後的。1935年，文學評論家馬爾科姆・考利（Malcolm Cowley）將這三部

小說稱為「中國的布登勃洛克」（Chinese Buddenbrooks。《布登勃洛克一家》是德國作家湯瑪斯‧曼的小說，講述一個商人家庭四代人的故事，展示出這個家族由於各種原因從興盛到衰落的過程。——譯按）。[51]《兒子》講了王龍三個兒子的命運。王大是個學者，王二是個商人，而王虎則是軍人。《兒子》是《大地》三部曲的第二部，包括了王龍的三個兒子如何拒絕守在土地上的生活，追求著學問（地主王大）、貿易（商人王二）和軍旅生活（王虎）。三個人都遠離父親在土地上所獲得的樂趣，他們也都拒絕頹廢的生活。《大地》三部曲的最後一部叫做《分家》，王源——王虎的兒子——穿著一身革命軍的戎裝從南方的軍校回到家中。小說的許多地方實際上都是賽珍珠對中國的看法和宣傳，特別是連結了東西方兩種完全不同的文化——也是古老的中國文化痛苦的重塑。正如描繪王源所面臨的困惑一樣，王源為了一個中國女僕而反對一個美國人和西方，但他又接受了西方的科學知識和近代化觀念，即便他那些珍貴的外國種子生根發芽卻遭遇洪水而顆粒無收。革命的「理由」也被否認了，即便他誓言一個全新的城市和世界將矗立中國。

　　三部曲就這樣結束了，雖然直到生命的最後，賽珍珠還在創作該系列的第四部小說《紅土地》（Red Earth）。雖然馬爾科姆‧考利讚賞賽珍珠以湯瑪斯‧曼（Thomas Mann）的方式創造了一個中國式的「布登勃洛克」，然而，他認為三部曲的第三部和前兩部相比較為遜色，喪失了王龍最原始的活力：「那種第一次在一個形象上體現出來的活力，隨著時間的推移分散到兒子們身上和許多角落裡。在《分家》中，這種活力似乎散盡了。」他認為，這是一部「應當毀掉」的小說。[52] 保羅‧A‧多伊爾（Paul A. Doyle）的評價略好：「主人公王源不能像王龍，甚至不能像王虎那樣吸引讀者。王源這個人物沒有寫活，不能令人信服。《分家》中沒有一個人物能引起讀者的注意；儘管書中也安排了許許多多的事件、情節，卻都未能打動讀者。」即便如此，這部書的意義在於「揭示了在中國近代史上那段動盪不安的年代裡一個青年的思想發展過程，記述了一個歷經幾代人的家族的深刻變化……」[53] 多迪‧威斯頓‧湯普森（Dody Weston Thompson）認為她在技巧上的不足在《大地》的續集中顯露無遺。[54]

　　到1934年，由於中國動盪不安的形勢和不斷壯大的共產主義勢力，賽珍珠很清楚地知道所有的白人都必須離開中國了。她訪問了北京，然後返回南京的家，整理好東西，最終長途跋涉回到美國。[55]雖然早就成書，但直到1936年，她才出版了父母的傳記。這兩本書名正言順地成為了「諾貝爾獎傳記」。《異邦客》對她的母親卡洛琳（Caroline）或稱凱麗（Carie），進行了坦白和誠實的描繪，雖然有些「浮華」，「從現代的欣賞觀點來看，太溫柔、太浪漫。此外，《異邦客》有些太過囉嗦和重複；有的地方需要更緊湊，把注意力集中到主要材料上。這可能是因為賽珍珠深深地欽慕卡洛琳，致力於描寫她。但儘管有些明顯的缺點，描繪出的卡洛琳·賽登斯特裡克的形象仍然銘刻在人們的記憶之中；人物分析既有說服力又有深度。」[56]

　　《戰鬥的天使》是她的父親賽兆祥的傳記，堪稱一部傑作，不像《異邦客》那樣囉嗦重複，而是比較「緊湊集中」。賽珍珠不如鍾愛母親那樣崇敬自己的父親，也不那麼同情。對父親的客觀描寫「更尖刻、更粗獷」。[57]她對傳教士生活的刻畫尤其入木三分。「除了完成對一個人的生動描寫之外，《戰鬥的天使》逼真地勾畫出19世紀式的十字軍──其精髓是堅定的個人主義和火一般的熱情，這種精神依據其所遵循的方向，就會造就一個「中國」的查理斯·戈登將軍（General Charles "Chinese" Gordon）、約翰·D·洛克菲勒（John D.Rockefeller）和大衛·利文斯通（David Livingstone）。賽珍珠把她的父親視為一種精神的表現，這種精神在一個特定時代滲透到了美國生活的各個角落。」[58]更為重要的是，就美國人對中國的認知而言，這兩部傳記出色地描繪了從慈禧太后掌權，經義和團運動，直到賽氏父母去世時的中國。

　　然而，在兩部傳記中都有一些值得注意的段落，反映了賽珍珠父母及其本人對中國的認知，或許也反映了那個時代美國人的認知。賽珍珠講述了她的母親凱麗第一次抵達上海時，凝視著「異教徒的臉龐」，她想到，「他們看上去多麼令人厭惡，他們短淺的目光如此地無情，他們的好奇心怎能這麼冷淡！」[59]當她抵達鄉村時，又覺得「他們不像城裡人那樣難以相處和冷漠無情。」[60]她的丈夫賽兆祥，「常常忘我地工作，當他在大街上發表演說或者散發小冊子時，注

意到怒容滿面的臉孔顯示的敵意。」[61]一天晚上，她的阿媽（家庭女傭）警示他們可能有被殺的危險，凱麗問到他們是否真的會這麼做。阿媽答道，「您善待所有這些人，」她嘀咕著，「所有的人——沒有一個敢幫助您。如果他們挺身而出，他們也會被殺掉。」[62]

　　儘管發生了這一切，凱麗仍然愛著她的中國朋友們：「正如她所做的那樣，她輕易地忘記了他們在種族和文化背景之間的差異。」[63]或許，義和團運動期間在她身上發生了最戲劇性的一幕。當時，慈禧太后曾密令殺掉所有的外國人。她和她的孩子離開了，10個月後才回來。此後，凱麗在中國度過了最為平靜的一段時光，即使孫中山的革命使滿清王權搖搖欲墜。正如中國習慣性地敘述：「這些年是中國空前平靜的時代。義和團運動企圖驅逐外國人之後這個國家所遭受的懲罰，使人們痛苦地意識到自身的弱點。而在短暫的時間裡，列強的勢力十分強大，這是以前和之後都不曾有的。」[64]中國人看到「洋鬼子」後面的軍艦、槍炮，還有「迅猛殘酷的軍隊」。[65]1915年，凱麗患上口炎性腹瀉（消化道熱帶病），在1921年去世。

　　奇怪的是，在賽珍珠為她父親寫的傳記裡，對中國的描寫並不多。傳記聚集於賽兆祥這一形象。雖然賽兆祥試圖通過一切方式去做一個中國人——從服飾到說話，但仍然「一點也不像中國人」。[66]他年輕時就去了中國，並在那裡終老。正如她的女兒所寫：「很少有白人像他那樣在自己生命中最富貴的時刻認識中國人……在一個民族經歷循環往復的時代裡——他見證了君王的統治和帝國的衰落，革命、共和國的興起和再次革命。」[67]然而，在所有這些「親密接觸」中，他的傳記卻幾乎沒有反映他的認知。正如賽珍珠記述的那樣，他只寫了一個25頁的自傳，由她延展成了一本300頁的關於他的傳記。因此，這是關於「他的靈魂、不變的靈魂的故事」。她繼續評論道：「在這本書裡，沒有關於帝國、君主、革命或是對不斷改變的人類的動盪時代的描寫。也沒有折射時人精神習俗或是任何精妙的哲學思想。」[68]賽珍珠不得不從他的家庭中得到那一切。在她看來，他的生命是「他那個時代裡關於他的國家的某種精神的具體體現」。[69]這是一種堅定、不屈而熱忱的精神。就像柔克義那樣，他掌握了多種語言，特別是中文，成為了一名公

認的學者，並將《新約》從原來的希伯來語和希臘語譯為中文。他念過大學，在那裡遇見了凱麗，並和她結婚，然後前往中國並在那裡度過餘生。

　　即便傳播福音的行為是基督教帝國主義的一種體現，不同的派別不管在精神上還是肉體上都有其自己的界定。「令人驚駭的西方帝國主義，」賽珍珠評論道，「支配了在中國的衛理公會派教徒（Methodists）、長老會教徒（Presbyterians）、浸信會教徒（Baptists）或者其他教派，除了有一百多支派別的新教。」[70]賽兆祥在一個比德克薩斯州還大的區域裡工作，並漸漸愛上了中國人，超過了他對白人的愛。[71]凱麗決定不再跟隨他遊歷中國，而是在一個地方安家。正如她告訴他的那樣：「你可以四處佈道，從北京到廣州，但我和孩子們不再會跟你到處奔波了。」[72]

　　1900年義和團運動發生之前的八年，是他們的傳教生活最危險的時間。「中國人」，賽珍珠寫道，「總是懷疑外國人，不僅僅是從其他國家來的洋人，甚至還包括來自本國其他省市的外地人。」[73]一場「緩慢的風暴」刮過中國。當暴風雨來臨時，一些傳教士被殺害。凱麗和孩子們離開了，但賽兆祥仍繼續留在中國。她寫道：「他會震驚的，如果有人告訴他中國人有權反對外國傳教士出現在他們的土地上。」[74]他倖存下來了，但他的家人祈禱著：「上帝啊，請讓我們的父親遠離義和團吧」。義和團運動之後，奇怪而不祥的和平主導了「勝利的」八年。休假之後，他們全家回到了孫中山辛亥革命後建立的新中國。賽兆祥支持新中國，厭惡慈禧太后，他稱呼她是「惡毒的女人」。此外，孫中山也是一個基督徒。[75]

　　母親去世，父親日漸年老，賽珍珠在南京的家中悉心照顧他。他活得很長，見證了布爾什維主義在中國的興起，但他相信中國人絕不會接受它。當其他白人被殺時，他們在南京的風暴中活了下來，因為藏身於一個中國鄰居泥濘的小棚屋中。正如前面提到的，外國的炮艇拯救了他們。之後的一年裡，賽兆祥前往朝鮮傳播福音。賽珍珠在一年後回到了南京，她的父親返回後在那裡去世。「那個夏天，生命的終結來得很快，沒有經受很多痛苦。高溫使他的身體十分虛弱，他同意沿江而上到廬山他的另一個女兒之處。（賽珍珠最後說）我們將他那聖潔的軀體埋在了山頂。」[76]

賽兆祥去世後，他女兒的小說在美國贏得滿堂喝彩，成為「20世紀最為流行的小說之一」。[77]1937年版的電影《大地》應該被銘記，電影成就了飾演王龍的保羅‧穆尼（Paul Muni）和榮膺奧斯卡最佳女演員飾演阿蘭的路易士‧雷納，卡爾‧佛洛德（Karl Freund）也因此獲得了最佳攝影獎。正如一本電影評論書籍評價的那樣，這是一個「關於中國的描寫饑荒、瘟疫和生存鬥爭」的故事，也是「好萊塢歷史上最偉大的影片之一」。[78]另一本電影書介紹道：「賽珍珠的巨著錙銖入戲，講述了一個貪婪毀掉普通中國農民夫婦的故事。」[79]雖然電影以阿蘭的死結束，小說卻繼續講到了20年後她的丈夫去世。國民黨政府並不喜歡這部電影，在劇組返回美國前毀掉了膠片，在這之後，米高梅公司在好萊塢的外景地重新拍攝了它。賽珍珠對雷納能夠如此出色地扮演一名中國女性而感到驚奇。雷納告訴她，她只是觀察了中國女性的日常生活，為此特地在群眾演員中雇了一名中國婦女。雖然賽珍珠認為電影比起小說來太過浪漫，她對米高梅公司的細膩還算滿意。[80]同樣在這一年，1937年，另一部關於神祕東方的電影《消失的地平線》（Lost Horizon）抓住了美國人的視線。這部影片再現了英國作家詹姆斯‧希爾頓（James Hilton）關於5個人誤入遙遠的西藏的傳奇故事，那裡是一個「純淨、平靜、悠遠的國度」。影片由羅奈爾得‧科爾曼（Ronald Colman）主演，弗蘭克‧卡普拉（Frank Capra）執導。[81]

1938年12月12日，賽珍珠在斯德哥爾摩諾貝爾獎授獎儀式上的演說主要講了中國小說，為她自己的小說寫作方式進行了辯護。「但是」，她提到，「恰恰是中國小說而不是美國小說決定了我在寫作上的成就」。她意指本土的中國古典小說，而非現代小說。[82]她講的這些話具有絕對的權威，因為她第一個完整翻譯並出版上千頁的小說《水滸傳》，即之前說到的《四海之內皆兄弟》。[83]

在演講中，她宣稱中國小說獨立於受文人支配的文學。小說，被認為是一種具有社會意義的文獻。因此，賽珍珠繼續講到，中國小說是普通百姓的奇特產物。它用本國的通俗語言「白話」進行寫作或者講述，而非文言文。當佛教從印度傳入中國的時候，和尚們也喜歡白話。正如賽珍珠所講的那樣：「他們把宗教教義變成普通語言，變成小說用的那種語言，而且因為人們喜歡故事，他們還把

故事用作傳教的手段。」[84]這樣的流派起源於說書的傳統，並且它的本質特徵是強調人物形象。這些故事廣泛流行以至於帝王們都派出「皇帝的耳目」去聆聽和記述這些故事。小說往往比小說家重要許多，因此許多小說家都成了無名之輩：「從這簡陋、分散的開始階段起，中國小說逐步發展起來，它總是以白話文寫成，描述各種使人感興趣的事，描述傳說和神話、愛情和陰謀、強盜和戰爭，實際上凡是構成人們生活的無所不寫，不論是上層人還是下層人的生活。」[85]

三部偉大的所謂的匿名小說——《水滸傳》、《三國演義》成書於大約14世紀的元明年間，《紅樓夢》則寫於18世紀的清朝。賽珍珠視它們為傑作——「平民文學的明證，中國小說的明證。它們是大眾文學完美的紀念碑，即使不能說是整個文學的紀念碑」。這些傑作正如中國人說的那樣，「少不讀《水滸》，老不看《三國》。就是因為少年人容易受到誘惑變成強盜，而老年人則可能被導致做些不符合他們年齡的過火行為。前者是中國社會生活偉大的社會文獻，後者是關於戰爭和政治家治國的記錄，而《紅樓夢》則是關於家庭生活和人類愛情的真實寫照。」[86]

賽珍珠在演說中強調的這幾部小說是一個偉大民族的深遠而確實令人崇敬的想像力的發展。這是創造「人文」的原始本能與生產藝術的本能是不同的。她贊同創造而非生產。「我就是在這樣一種小說傳統中出生並被培養成作家的。」和中國小說家一樣，「我所受的教育就是要為這些人寫作。」對她而言，小說屬於人民。[87]

1933年，理查·沃爾什以編輯身份接管了一本裝幀精美的期刊《亞洲雜誌》，他將雜誌打造為一本嚴肅的學術性刊物，因為他堅信美國已經準備好接受關於遠東的優秀文章。[88]在為該雜誌和其他地方寫的文章中，賽珍珠體現了美國人對中國的認識。或許，在柔克義之後，還沒有一個美國人能像賽珍珠那樣如此徹底地瞭解中國，並以小說和非小說作品向公眾表達自己的觀點。

1943年5月，賽珍珠為《生活》雜誌寫了一篇重要的文章《關於中國的警告》（A Warning about China）。她要求《生活》和《時代》雜誌的老闆和編輯亨利·盧斯（Henry Luce）發表這篇文章，因為她擔心「在中國隱現的某種黑暗的可能性會成為現實，並在這

裡導致對中國不恰當的幻滅感與悲觀主義……不管會發生什麼，我已盡力在文中提供一個背景」。[89]盧斯是在華美國傳教士的兒子，對他而言，發表這篇文章成了一個問題。他贊同文章所說給予更多的軍事援助和對中國的深入瞭解。即使文章質疑蔣介石的偉大，以及指責美國拋棄一個國家，他也可以忍。但關於蔣介石保守的官僚機構、強制性地壓制言論自由、公然的貪污腐敗，以及如果蔣介石無法對付現有的罪惡，他的權力又將如何──所有這些話題都困擾著盧斯。這些令人煩擾的問題產生了盧斯寫給他的資深編輯的「賽珍珠關於中國文章的私人備忘錄」。一方面，他不願意因為過分的個人情感而被視為誤導美國人，而另一方面，「由於相當（如果不是完全）瞭解中國政府部門的缺點或惡行，我十分歡迎任何能夠改善實際現狀的事情」。[90]不過，她的文章沒有改善人們的冷漠卻帶來了新的混亂，是否弊大於利？「現在，我們需要廣泛的不同意見去挑戰對中國普遍贊許的觀點，包括中國領導人們基本誠信的問題，但我討厭那些來自左右兩方的雜亂資訊。」左派是富蘭克林・羅斯福、勞工和激進分子；右派是《芝加哥論壇報》（Chicago Tribune）的麥科米克上校（Colonel McCormick）和華爾街的資本家，但是「我們相信真理……」此外，普通美國人的看法仍停留在視中國人為「洗衣工」的時代。真正的問題在於美國對中國政府的看法，而除了知道委員長和蔣夫人（富有的宋家成員）外，對中國有瞭解的美國人不到百分之十。「所以實際的問題轉向了蔣和宋家。如果我們坦率地講，這難道是問題的關鍵嗎？」中國的鬥爭是為了實現近代化，不論好壞，過去十六年裡他們兩人領導著這些鬥爭。這都是很難回答的問題，他強調，但為何在沒有足夠的證據之前不給他們無罪的推定呢。[91]

在最終被盧斯發表的文章裡，賽珍珠強化了國民黨中國和蔣介石的正面形象。然而，她也指出了一些問題，例如官僚腐敗和對人民的壓迫。賽珍珠寫到蔣夫人對美國的訪問展現了一個新式的中國人，一個充滿智慧、魅力和善意的形象。但她的到來和表現出的能力還不足以打動對中國和戰爭知之甚少的美國人。美國的失敗在於沒有充分地幫助中國，所以中國可能幫助了美國。這是必然的。美國的友誼過分地感性，需要「一定的常識」──既非譴責，也非

崇拜。當然，美國人畏懼中國單獨和日本媾和。蔣介石身邊的反動派可能背叛他。他的個人努力也可能不夠。這些勢力甚至使孫中山夫人（蔣夫人的姐姐）也沉默了，而且他們控制了祕密警察。總而言之，蔣介石周圍有正義也有邪惡的勢力。人民想要民主，但他們卻沉默著。然而，他們依舊相信蔣介石，並視其為統一的象徵和核心。他們需要武力反抗日本，並且學習西方近代民主制度的方法。打通緬甸和恢復中緬交通對支援中國而言至關重要。然而英國虛弱無力的努力無濟於事。日本並非一個「二流」的對手。中國全國性的人民戰爭由於被孤立而轉向憤世嫉俗。當局的腐敗腐蝕著人民的信念。美國若不想將中國扔給日本，必須找到克服困難的途徑。賽珍珠認為沒有人期待一場全面內戰。國民黨與共產黨間的矛盾是由於與中國相關的各種勢力，而非蔣介石本人所引起。中國正被丟棄，這是美國未能盡責，而非蔣介石他們。[92]

　　無論如何，在1943年中國的問題還很嚴峻。先前的美中關係並不完全令人滿意，這一關係也未立足於務實或現實主義的基礎上，以避免或改善1937年中日戰爭的惡果。自1929年底到1941年，美國對華關係在納爾遜‧T‧詹森的直接管轄下，詹森在1935年從公使升格為大使。1929年，他成為約翰‧馬慕瑞（John van Antwerp MacMurray）的繼任者，具有豐富長期的經驗。1907年，他作為一名翻譯學生第一次來到中國。兩年之後，他完成了語言學習，被送往瀋陽。一年之後，他以副總領事的身份去了哈爾濱。接著，他在多個中國崗位上工作過。1925年他進入在華盛頓的國務院，作為國務院遠東事務司司長，他與國務卿弗蘭克‧凱洛格（Frank Kellogg）（1925-1929）和亨利‧史汀生（Henry Stimson）（1929-1933）有過密切的合作。[93]

　　對於詹森更貼近的視角來自於他作為一個翻譯學生時的家書。例如，在一封給他的妹妹貝蒂（Betty）的信裡，他講述了如何幫助一個中國地方法官，「最糟糕的任務莫過於我們不得不坐在由暴力或其他原因致死的屍體上驗屍，啊！」他已經感覺「毫無疑問，共和政體將在這最最古老的國家上建立」。[94]詹森稱讚袁世凱與孫中山兩人，並且驚訝於這兩人竟能相處。所有能夠團結南方和北方的

努力都在進行著，雖然「中國從未統一過」。他們是一個「沒有任何公共精神」的民族。在第一次世界大戰期間，他期待看到：「當中國再次取得在世界上的地位時，治外法權已經結束，我們將不得不指望中國法律保護我們的權利。」然而，中國「正前所未有地覺醒，面對她自己真正的弱點」。但他仍然對「作為一個民族的中國人」感到絕望。只有外部世界對中國的競爭和日本的威脅似乎才使她團結起來：「中國當前的形勢是看不到任何希望的。」在1916年，他指出，中國人民因袁世凱死亡而歡欣鼓舞，一般認為他是死於自殺。詹森一直認為美國人並不瞭解中國：「毫無疑問，關於中國的情況，英美的政府官員和商人完全不知其所以然。」[95]

詹森在華盛頓度過了20世紀20年代的大部分時間。1921年，他為華盛頓海軍會議工作，在1923年日本大地震之後作為東亞地區巡視員返回遠東地區。之後，他又回到華盛頓主管遠東事務司，並最終成為助理國務卿。[96]1926年，他寫信給當時的駐華公使馬慕瑞，指出中國「正在漸漸從我們的視野中消失」。他寫道：「我擔心歷史將會記錄下來，中國未來的民族主義者要做美國極力阻止的事情，即分裂中國。人們在尋找才華橫溢和無私奉獻的傑弗遜和富蘭克林們，以領導人民緊密團結起來。」[97]南京事件使詹森十分憤怒，他抱怨道：「蔣介石的仰慕者都主張他應該徹底澄清南京事件，而不是堅持談判使局勢更糟，蔣介石為何不能向世人表明他就是那樣一個人呢。」[98]對於公使馬慕瑞而言，局勢到了1929年中期已經無法控制，因為他反對美中條約的任何修訂，特別是他和中國外交部長王正廷在治外法權問題上的互不信任。這導致了詹森在1929年取代了馬慕瑞的職務。[99]

1930年，詹森注意到日益增長的共產主義的威脅：「現在，關於所謂的共產主義的形勢已經非常嚴峻了。他們在人數上不斷壯大，他們的活動迄今也完全是破壞性的了。」他指出，到1931年，蔣介石已經「在政府中實現了真正的革命，並且成功地將胡漢民從政府中清除出去」。蔣介石需要依靠「他的軍事權威和他對人民所許諾的權利法案以增加國會的好感」。此外，這也要依靠「他有效地在江西和湖南處理共產主義運動的局勢」。國民黨繼續對治外法權問題施壓。但是西方還是強硬地採取詹森所謂的「炮艦外交政

策」。關於和王正廷的晚宴，他想到，「在昨晚我們參加的英美兩
國海軍司令都出席的晚宴上，我本該非常清楚地知道王正廷的想
法。那看上去就像是帶有復仇色彩的老式炮艦外交政策。」詹森尤
其害怕「引發人民的排外行動，除非我們事先就同意完全和無條件
地放棄治外法權」。[100]

　　一場慘絕人寰的戰火在東北肆虐，「整個事件是很可笑的，
每個人都知道所有的事情都是由日本控制的，一旦日本人撤走軍
隊，可憐的小溥儀為首的偽滿洲國政府就會煙消雲散。」那些「所
有的一切」讓他「熱血沸騰。我沒有為極度管理不善的中國人寫辯
護狀。但我確信我能寫一封指控他們的起訴狀，而這會比日本人迄
今所編造的一切更加有說服力。」他預測，戰火的餘燼將繼續在
滿洲國（日本為東北的新命名）燃燒，然後「所有的一切都將在
一片烈火中燃燒殆盡」。那將導致「一個新的、強大的中國的誕
生」。[101]

　　1935年5月，詹森高興地得知羅斯福計畫讓他繼續留在中國，並
且「讓使團升格為大使館」。如他所說，「當然，我希望留在這裡。
這是我們的外交界中最有趣的地方，我不願意在此時離開。」[102]1935
年9月16日，他作為「第一任美國駐華大使」遞交了國書。[103]不久，
盧溝橋事變引發了中日戰爭，日軍佔領了長江黃河流域，他寫信給國
務卿科德爾·赫爾（Cordell Hull）：「沒有任何跡象表明，這個明智
的領導層以及保留下來的軍隊準備投降求和。」[104]稍後，他又告訴國
務卿：「蔣介石領導下的政府更加團結，並且有這樣一種感覺，由於
日軍在徐州新敗，未來並非完全沒有希望。」[105]1938年11月，他告訴
他的妹妹，廣州的陷落幾乎完全割斷了中國與外界的聯繫。[106]他已在
計畫從重慶通過滇緬公路撤離。

　　1939年2月，詹森就中國問題直接向羅斯福報告。他稱讚了國
民黨政府和蔣介石的領導。日本征服整個中國的企圖以及他們伴隨
而來的野蠻行徑「比任何事情都更能讓中國人民在國民政府和蔣
介石的領導下的團結起來，而蔣象徵著中國人民建立獨立民族國家
的願望。我感到日軍已經無法收場。」美國不僅僅要領導，而且要
採取強硬行動以阻止日本取得160度經線以西的所有利益。也就是
說，「我們要盡最大的努力去幫助並鼓勵中國人為建立獨立的民族

國家而戰鬥。」[107]也就是在這個時期，詹森作為親蔣介石和國民黨利益的主要代言人，成為《時代》週刊的封面人物。[108]

1941年12月9日，詹森為羅斯福發表對日宣戰的演講而激動。他在坎培拉度過了戰爭的最後幾年。在那裡，他稱讚約瑟夫‧史迪威將軍重奪緬甸的努力，注意到派翠克‧赫爾利大使在調解國共兩黨中的失敗，並且引用記者弗雷澤‧亨特（Frazer Hunt）針對羅斯福的諷刺提法「偉大的水手王」。他尤其強調：「蔣介石不會依照外國人的請求犧牲他的朋友。不然他在人民之中的威望將受到很大打擊。」[109]

1952年退休後，詹森成為了臺灣的支持者。去世前不久，在1954年的哥倫比亞大學口述歷史專案的一次訪談中，他說起自己曾經多麼尊敬羅斯福，他在輪椅上征服了世界。但是「當我與一些對我而言和羅斯福先生非常親密的人相識後，如一起去哥倫比亞大學的夥伴勞克林‧柯里（Lauchlin Currie），還有一兩個和他差不多的人，我對羅斯福先生不再那麼崇敬了。當我最終知道了在雅爾達發生的事情之後，我對他的尊崇蕩然無存。」[110]羅斯福在如何對待中國的問題上反覆掙扎，最後，既沒有採取賽珍珠，也沒有採取詹森的意見：放棄或是支持蔣介石。相反，他和他的繼任者哈里‧S‧杜魯門（Harry S.Truman）都試圖使蔣介石和毛澤東達成妥協。最終，這樣的努力還是失敗了。考察其失敗的過程及造成的後果顯得十分重要。

註釋：

[1] 最完整的賽珍珠作品集，見Lucille S.Zinn, "The Works of Pearl S.Buck:A Bibliography," 194-208.

[2] 見http://english.upenn.edu/Projects/Buck/biography.html

[3] *New York Times*, September 16, 2004.

[4] Ibid.

[5] As quoted in http://bookrags.com/printfriendly/?p=lins&u=PealrlS.Buck

[6] G.A.Cevasco, "Pearl Buck and the Chinese Novel," in *Asian Studies*, 444.

[7] Peter Conn, *Pearl S.Buck:A Cultural Biography*, 75-78.

[8] Ibid., 75;Pearl S.Buck[以下簡稱PSB], *My Several Worlds:A Personal Record*, 162-67.

[9] PSB, *Several Worlds*, 167-75, where she quotes the second entire essay, and for Conns comment, see his Buck, 77-78.

[10] As quoted in Theodore F.Harris, *Pearl S.Buck:A Biography*, 126-27.

[11] Conn, Buck, 80.它所包含的參考書目近150種（393n87），化名David F.Barnes 寫作（393n88）。

[12] As quoted in Ibid., 80, taken from p.18 of Buck's essay.

[13] As quoted in Ibid., 82, taken from the end of Buck's essay.

[14] 賽珍珠的《中國與西方》，1926年作為國際領域的最佳論文在康奈爾大學獲蘿拉・梅辛傑獎及200美元獎學金。論文在《美國政治與社會科學院年鑑》發表前，部分用於1933年4月8日在費城的演說。As quoted in "Works of Buck," 201.

[15] PSB, "China and the West," 131.

[16] Ibid., 130.

[17] Ibid., 128.

[18] PSB, *Several Worlds*, 207-25, quote on 213.

[19] Ibid., letter reprinted on 229-31, 252, quote on 230.

[20] Ibid., 231, 239, 250.

[21] PSB, *East Wind, West Wind:The Saga of a Chinese Family.*

[22] PSB, *Several Worlds*, 250.

[23] Peter Conn, Introduction to The Good Earth, by Buck, xi.

[24] PSB to Emma Edmunds White, August 29, 1918, Emma White Papers, The Lipscomb Library, Randolph Macon Woman's College, Lynchburg, VA [以下簡稱LLRMWC], Lynchburg, Virginia.

[25] PSB to White, March 7, 1927, in ibid.

[26] Ibid.

[27] PSB to White, May 19, 1927, in ibid.

[28] PSB to White, January 4, 1928, in ibid.

[29] PSB to White, January 4, 1929, in ibid.

[30] Ibid.

[31] PSB to White, May 26, 1930, in ibid.

[32] PSB to White, January 20, 1931, in ibid.

[33] PSB to White, January 27, 1931, in ibid.

[34] PSB to White, September 24, 1931, in ibid.

35 PSB to White, February 24, 1932, in ibid.
36 PSB to White, May 21, 1932, in ibid.
37 PSB to White, October[?], 1937, in ibid.
38 PSB, "Friends and Enemies of China," *China Critic*, 69, and found in Buck's personal archive at Perkasie, Pennsylvania (see n.41 below).
39 PSB to White, October 31, 1940, in White, LLRMWC.
40 PSB to White, October 16, 1944, in ibid.
41 PSB to Edgar Sydenstricker, May 5, 1941, box 1:Pearl S.Buck Correspondence, 1931-39 (AL), f.2:correspondence, 1931, Sydenstricker Family Letters, RG 1, Series 2, Archives of the Pearl S.Buck House, Pearl S.Buck International [以下簡稱PSBI].
42 Conn, Buck, 123-24, 126, 129, 131-32.
43 PSB, *Good Earth*, 360 pp.
44 PSB, *Several Worlds*, 261-62.
45 Ibid., 269-78.
46 Ibid., 279.
47 Ibid., 280.
48 Ibid.
49 Ibid., 281.
50 Ibid., 282.
51 Malcolm Cowley, "Wang Lung's Children," 24-25.
52 Ibid., 25.
53 Paul A.Doyle, *Pearl S.Buck*, 68-69.
54 Dody Weston Thompson, "Pearl Buck," 1004.
55 PSB, *Several Worlds*, 336.
56 Doyle, *Pearl S.Buck*, 80-81.
57 Ibid., 81.
58 Ibid., 84.
59 PSB, *The Exile*, 98-99.
60 Ibid., 100.
61 Ibid., 155.
62 Ibid., 156-57.
63 Ibid., 194.
64 Ibid., 262.
65 Ibid., 263.
66 PSB, *Fighting Angel:Portrait of a Soul*, 9.
67 Ibid., 10.
68 Ibid., 11.
69 Ibid., 12.
70 Ibid., 71.
71 Ibid., 128-29.
72 Ibid., 138.
73 Ibid., 145.
74 Ibid., 163.
75 Ibid., 195-211.

76 Ibid., 300-301.
77 Conn, Introduction to The Good Earth, by Buck, xi.
78 Scheuer, *Movies on TV and Videocassette*, 418.
79 Leonard Maltin, 2006 Movie Guide, 506.
80 PSB, *Several Worlds*, 394-95.
81 Maltin, 2006 Movie Guide, 776.
82 PSB, "The Chinese Novel," 見http://nobelprize.org/nobel_prizes/literature/laureates/1938/bucklecture.html.
83 Conn, Buck, 317.
84 PSB, "Chinese Novel."
85 Ibid.
86 Ibid.
87 Ibid.
88 Conn, Buck, 159-60.
89 Pearl Buck to Henry R.Luce, March 3, 1943, Time Archives, as quoted in Neils, China Images, 104.
90 Henry R.Luce, "Private Memorandum on Pearl Buck's article on China," March, 1943, Time archives, 105.
91 Ibid., 105-6.
92 PSB, "A Warning about China," 53-54, 56.
93 Russell D.Buhite, Nelson T.Johnson and American Policy Toward China, 6-12.
94 Nelson Johnson to Sister, January 14, 1912, box 1, f.3, Nelson T.Johnson Papers[以下簡稱NTJ Papers], Special Collections and Archives, James Branch Cabell Library, Virginia Commonwealth University [以下稱VCU].
95 For these four quotes, see NTJ to Father, September 8, 1912, to Dad, August 1, 1915, to Father, June 9, 1916, and to Dad, June 25, 1916, box 1, ff.3, 6, and 7, NTJ Papers, VCU.
96 Stanley K.Hornbeck, "Nelson Trusle Johnson:An Appreciation," January 8, 1955, box 3, f.Writings about or by NTJ, NTJ Papers, VCU.
97 NTJ to John Van Antwerp MacMurray, June 24, 1926, 4:1925-26, NTJ Papers, LC.
98 NTJ to R.S.Norman, June 29, 1927, 6:1927:MZ, NTJ Papers, LC.
99 NTJ to MacMurray, July 8, 1929, box 38, f.July 8-18, 1929, John Van Antwerp MacMurray Papers, SMML, PU.需要注意的是，關於南京事件有相當可觀的材料可供選擇，最終利用了boxes 31, 34, and 38。
100 引文見以下：NTJ to Dad, August 5, 1930, to Dad, March 3, 1931, to Dad, April 14, 1931, box 1, f.8:October 1929-June 1932, all in NTJ Papers, VCU.
101 NTJ to Dad, July 23, 1932, January 8, 1933, and January 22, 1933, in ibid.
102 NTJ to Dad, May 21, 1935, f.10, box 1, NTJ Papers, VCU.
103 NTJ to Dad, September 16, 1935, in ibid.
104 NTJ to SS, February 3, 1938, box 1, f.11, NTJ Papers, VCU.
105 NTJ to SS, n.d., in ibid.
106 NTJ to Betty, November 20, 1938, in ibid.
107 NTJ to Mr.President, February 27, 1939, box 37, f.1939:NP,NTJ Papers, LC.
108 SeeTimefor December 11, 1939.當然，詹森的觀點和《時代》的編輯亨利·盧斯相同（見第13章）。

[109] 這些內容分別見一系列信件：NTJ to Betty, March 19, 1944, October 29, 1944, November 5, 1944, and December 24, 1944, and the quote in February 18, 1945, all in ibid.

[110] NTJ interview 15, side 2, November 24, 1954, box 3, f.Writings about or by Nelson T.Johnson, in ibid.

Chapter 12
總統與委員長
The President and the Generalissimo

　　羅斯福在何時何地以及如何形成了關於中國的看法和政策，還有待討論。外交官與歷史學家赫伯特・菲斯（Herbert Feis）提出了一種解釋。他注意到英國首相溫斯頓・邱吉爾在1941年12月十分矛盾地發現：「在美國人甚至高層的心目中，中國具有與其地位不相稱的特殊重要性。我意識到有一種價值標準，認為中國幾乎與英國具有同等的戰鬥力，並且把中國軍隊列為可與俄國軍隊相提並論的一項因素。」用菲斯的話來說，邱吉爾認為這是一個「愚蠢的判斷」，並告訴羅斯福：「美國過高估計了中國的貢獻，（並且他認為）這一價值標準完全不現實。」不過，就在這個12月，他們一致同意歐戰優先。正如菲斯所指出的，「總統費盡心機，使蔣介石能感到他的意見和期望一直被牢記在心，並使他感到中國可以指望在擬議的安排中能夠起到真正的核心作用，（但）這是中國能夠通過其努力發揮重要作用的安排。」[1]

　　1943年8月，在魁北克召開的「四分儀」會議上，正如菲斯指出的，羅斯福決定讓國務卿科德爾・赫爾「確定未來聯合國組織的途徑，中國和蘇聯都將成為其創始成員」。當然，通過在國民黨和中國共產黨之間達成的政治妥協而避免內戰，中國既能夠成為一個強大的盟國，也將成為一個精心治理的國家。國民黨將開始大規模的改革。事態日益明顯，如果歐戰優先，蔣介石不斷增加的對金錢、物資、人力援助的要求將無法被滿足。外交承諾仍可作出，特別在必要時刻以此振奮中國人繼續戰爭的士氣。菲斯宣稱：「美國政府斷定，採取措施緩解重慶的憂慮十分必要。」這樣的緩解措施是一種外交手段：「把中國納入戰後領導世界的大國行列。總統和

國務卿將這種意圖帶到了在莫斯科、開羅和德黑蘭召開的一系列會議中。」[2]中國能夠恢復對其喪失領土的主權，成為保證戰後和平的四強之一，尤其是維持東亞的安定。

中國的外交部長宋子文應邀出席魁北克會議，但沒有參加討論，即便蔣介石要求獲得參與盟國所有機構中的平等資格。他尤其希望獲得聯合參謀長會議和軍需品分配委員會的成員資格。會議拒絕了這些請求。而作為補償，「中國將成為四大發起國之一，而蘇聯將成為另一個發起國」。羅斯福、邱吉爾、赫爾以及他的對手（英國）外交大臣安東尼・艾登（Anthony Eden）討論了中國的角色並表示同意；莫斯科則反對。之後，赫爾於1943年10月18日至30日前往莫斯科參加外長會議。赫爾艱難地推動著會談。他告訴莫洛托夫：「我認為在《四國宣言》中不能排除中國。美國政府認為，中國在戰爭中已作為四強之一出現在世界舞臺上。」[3]莫洛托夫不情願地同意了。中國駐蘇聯大使馬上到場，並於1943年10月30日簽署了《莫斯科四國宣言》。[4]

羅伯特・達萊克（Robert Dallek）在菲斯之後25年再寫這段歷史，同樣注意到邱吉爾與艾登對羅斯福的中國政策是怎樣「明顯地缺乏熱情」。達萊克敘述道，羅斯福擔心如果中國崩潰了，將對「戰後計畫造成極大的混亂」。他繼續評論道，在1942年美國放棄在中國的治外法權，1943年3月艾登在華盛頓「發現總統堅持要把中國當做世界事務中的主要力量來對待」。羅斯福解釋說中國是一個潛在的世界大國。達萊克總結道：「總統堅持要接納中國作為四大國執行委員會的成員，該委員會將會在戰後維持和平的機構中『做出一切重大決策並發揮警察的作用』。」[5]

最近，唐森德・霍普斯（Townsend Hoopes）和道格拉斯・布林克里（Douglas Brinkley）追溯了所謂的「四警察」這一術語的起源。早在1942年1月1日，即蘇聯和中國的大使在白宮與羅斯福和邱吉爾一起簽署《聯合國家宣言》時，就「由四大國首先簽署」。他們寫到，這反映了「羅斯福對大國具有合法優先地位的根深蒂固的信念，並且總統此刻私下將這些大國稱為『四警察』，大國和小國之間的差別很快就成為美國制訂戰後計畫的基本因素」。到1942年2月，戰後計畫包括了26個國家所組成的聯合國家當局，這26個

國家在同年的1月簽署了《宣言》，並由四大國加上五個地區代表所建立的臨時停戰管理會進行協調。「（國務次卿）薩姆納‧威爾斯的團隊提議由『四警察』組成一個『安全委員會』，這四強將提供維持和平所需的所有軍隊，並將在行政委員會的管轄下運作。」上述兩位作者引用了福里斯特‧大衛斯（Forest Davis）於1943年4月10日發表在《星期六晚郵報》上的一篇文章，大衛斯在文中引用了羅斯福在公眾場合使用的「四警察」這一術語。兩位作者又講到，在德黑蘭，羅斯福告訴史達林將會有一個「由『四警察』組成的執行機構，有權快速處理對和平的任何威脅」。但史達林無動於衷。和邱吉爾與艾登一樣，他懷疑中國成為一個世界大國的能力，並且提出建立一個獨立的歐洲委員會。兩位作者進一步解釋，「四警察」思想的最終形成來自赫爾的助理里奧‧帕斯沃爾斯基（Leo Pasvolsky）的建議：「其一是將『四警察』（在羅斯福的概念裡『四警察』將構成一個獨立的實體）合併進一個更大的（最終包括11個國家）安全理事會。其二是賦予這個理事會處理安全事務的最高權力……」[6]無論羅斯福對中國或者蔣介石還有何種疑問，由於他的堅持，中國保住了她的地位。

羅斯福、邱吉爾和蔣介石出席的開羅會議，即代號為「六分儀」的第一次和第二次會議，代表了「中國時刻」和它的「分水嶺」。[7]雖然羅斯福總統傾盡全力說明在贏得對日戰爭或維持戰後和平方面國民黨中國是可以信賴的，但他意圖在開羅說服邱吉爾或是在德黑蘭說服史達林的努力還是失敗了。羅斯福向他的兒子艾略特承認：「在中國還有誰可以取代蔣的位置？沒有其他的領導者。儘管蔣氏夫婦的缺點很多，我們還是得依靠他們。」[8]第一次「六分儀」會議標誌著美國對中國的積極印象達到頂峰，引發了羅斯福對中國的政策錯覺，雖然是短暫的。在第二次「六分儀」會議的一周內，即第二次開羅會議，中國從最高點跌到谷底。在中國到底發生了什麼？

要瞭解中國在第一次到第二次會議期間如何墜落的不幸遭遇，有必要考查先前召開的莫斯科外長會議和夾在兩次「六分儀」會議之間的德黑蘭會議。到第二次「六分儀」會議時，很明顯，蔣介石

勳章上的光澤已經褪色。美國能夠在沒有中國的情況下贏得太平洋
戰爭。在「三巨頭」中間，除了羅斯福，沒人相信中國的戰鬥力。
英國的不信任和俄國的冷嘲熱諷終於讓羅斯福相信，蔣介石領導下
的中國只不過是一隻紙老虎。

　　早在1943年8月10日，史達林就提出「由可信賴的代表見面為今
後的『三巨頭』會議確定時間和地點」。其他兩國表示同意，史達林
在8月24日堅持召開這個具有「實際上籌備性質」的會議，因此他們
所研究的問題能夠提出，而待元首會晤時作出最終決定。[9]國務卿科
德爾·赫爾注意到，羅斯福已經有過四次試圖與史達林直接會晤而沒
有成功。然而，在8月，蘇聯媒體突然建議召開外長會議，使得總統
和溫斯頓·邱吉爾首相詢問史達林他是否同意。他確實同意：「我
認為重複我的建議是必需的：會議上討論問題的範圍應該由三大國的
代表提前決定，所選議題將由他們進行研究，並交各自政府最終決
定。」[10]由於赫爾的健康和年紀的緣故，有人對赫爾前往莫斯科感到
擔憂；因此提出了其他一些地方。羅斯福暗示，如果是莫斯科，將只
能派國務次卿威爾斯前往。赫爾竭力反對威爾斯。羅斯福態度變軟
了。赫爾回憶道：「總統在9月24日致電史達林，表示經過進一步的
考慮，他渴望由我親自參加和莫洛托夫先生、艾登先生的會談。」[11]

　　正是在莫斯科外長會議上，赫爾得以說服俄國人將中國納入
《四國宣言》，這是一項號召聯合國由美國、英國、俄國和中國四
大國創立的聲明。正如赫爾所解釋的，他對莫洛托夫拒絕中國已感
到失望，因為莫洛托夫認為「中國對歐洲事務毫無興趣，自然應該
被排除」。然而，「相反的，總統和我都相信中國完全有權在這樣
的宣言中佔有一席之地，因為她人口眾多，甚至超過了其他三個國
家的總和，如果她的人民團結起來將爆發出巨大的潛力，她和太平
洋地區最主要的敵人持續作戰已達六年之久，在戰勝日本之後她確
實將成為亞洲主要大國。」他補充道，被排除在大國集團外會導致
中國在心理上的崩潰。[12]

　　美國放棄在華治外法權便是羅斯福決意將中國納入大國集團的
前奏，儘管英國對此不太情願。還在1937年，美國就向英國發了一
個備忘錄，要求就此問題進行磋商；在1942年4月，他們終於得到
回應。1943年1月11日，赫爾簽署了《中美新約》，5月，參議院批

准了該條約。同時，眾議院通過了《富布賴特決議案》，提議創建一個國際組織。在和羅斯福的多次會談後，赫爾同意「要盡全力讓英、蘇答應中國參加四國協議」。四大國很快被稱為「四警察」。赫爾之後又寫道：「中國無論現在或將來，都是極為重要的一個因素，由於她本身以及她對英屬印度的影響，我們都不應疏遠她。」[13]邱吉爾認為中國無法「代表一個偉大的世界強國。當然，對於任何清算大不列顛海外帝國的企圖，美國都將獲得一張額外的選票。」[14]除了英國的勉強態度，莫洛托夫在莫斯科會議上直接反對中國：俄國人相信中國是弱小的，依賴性強，無法勝任她的角色，與歐洲事務毫不相干，且不為歐洲人所接受。事實上，莫洛托夫「製造了許多麻煩。這些麻煩持續了一周左右，直到美國含蓄地暗示如果他不讓步美國政府就不會繼續與蘇合作為止。」[15]

　　莫斯科外長會議從10月19日開始，至11月3日簽訂了一個祕密協定而告終。會議期間，除了四國宣言，外長們還討論了其他一系列問題：如何處置德國和義大利，對瑞典、土耳其和伊朗的政策，特別是蘇聯對橫渡英吉利海峽進攻法國及北極運輸船隊問題的詢問。儘管莫洛托夫確信重慶政府未必能夠迅速地予以授權，但在同意讓中國駐蘇大使傅秉常簽字之後，對美國人而言，最為重要的《四國宣言》於10月30日達成。[16]

　　至於會議有關中國方面的情況，赫爾的記錄最為中肯。根據赫爾的回憶，正是在10月19日的第一次正式會議上，莫洛托夫表達了「將這個問題（《四國宣言》）重新提上議程的願望」。它沒有被列入議程的原因在於「他的政府在與英、美兩國政府之間的溝通中並不清楚該點是否要被忽略，如果我們願意的話，這個問題將得到進一步的考慮」。赫爾提議它應被放到正式議程上的第二點。[17]直到10月21日的第三次會議，《四國宣言》連同橫渡英吉利海峽進攻法國的問題一起才得以被討論。英國外交大臣安東尼‧艾登強硬地支持宣言的原則，莫洛托夫也是如此，即便他以「如果（中國）被納入，她也幾乎不可能在會議期間及時簽署文件」的原因反對中國的加入。赫爾早已做好準備，得到了中國對宣言草案的批准。在會議間隙，赫爾強調道：「如果蘇聯、英國和美國把中國排除在宣言之外，將很有可能對太平洋地區的政治和軍事產生十分可怕的反

響。」[18]赫爾也向持否定態度的美國輿論呼籲。而此時又是莫洛托夫打算推遲宣言的簽署。第四次會議上，莫洛托夫「表示現在他對中國作為創始簽署國的身份不再反對，（然而）我感到她（俄國）事實上是反對中國加入的，因此正在拖延行動。」所以赫爾主動將宣言文本送交中方。赫爾告訴傅秉常，中國必須抓住這個機會並且作出迅速回應。對於赫爾充沛的幹勁和堅忍的毅力，羅斯福在10月28日致電給他：「我為你解決這個問題所取得的傑出成就感到由衷地高興。我知道有關中國部分的協定因為你的個人堅持才得以達成。」在10月30日的最後一次正式會議上，「三國外長和中國大使簽署了《四國宣言》」。中國大使當面感謝赫爾，蔣介石委員長「對莫斯科會議的結果感到高興」。赫爾最後寫道：「中國由於《四國宣言》的簽署成為了憲章的成員國。如果不是我對中國作為創始會員國所做出的持續努力，她的聯合國安理會常任理事國席位不會那麼輕易到手。」[19]

或許各方態度已經緩和，當史達林在10月30日的結束宴會上告知赫爾他可以通知總統，在盟軍摧毀希特勒之後，蘇聯將參加對日作戰。赫爾感到「吃驚並且欣喜」。[20]

自始至終，莫斯科會議都在設想為不久的將來召開一次「三巨頭」會議做準備。事實上，所有的討論和協議草案都已報送至羅斯福、邱吉爾和史達林處。但仍有一個問題沒解決：會議將在哪裡舉行？在研究解決這個問題的時候，羅斯福向邱吉爾建議他們倆帶上參謀人員在埃及聚首討論開闢第二戰場的細節，同時也邀請蔣介石委員長參加幾天會議。羅斯福甚至建議也邀請莫洛托夫，但遭到邱吉爾的強烈反對，邱吉爾也不是很歡迎蔣介石的到來。不過，他們各自都興致勃勃。當在德黑蘭開會的提議尚未達成一致時，邱吉爾建議羅斯福閱讀《新約全書》馬太福音第十七章第四節：「彼得對耶穌說，主啊，我們在這裡真好，你若願意，我就在這裡搭三座棚，一座為你，一座為摩西，一座為以利亞。」羅斯福回復：「我喜歡三個帳篷的想法。將來還可以給你的老朋友蔣再添設一個帳篷。」[21]

史達林仍然堅持要在德黑蘭召開會議，而非巴士拉或者沙漠裡的帳篷。總統最終同意前往德黑蘭，而史達林反對莫洛托夫參加第一次開羅會議，原因是這可能會危及蘇日關係。「於是總統讓步

了。或許因為他已得出結論，除非親自同史達林會談，他無法達到自己的主要目的；也有可能是因為史達林的理由說服了總統。」[22] 對羅斯福而言，「在和俄國人及中國人發生任何接觸之前（他曾十分熱心地敦促他們參加開羅會議），英美聯合參謀長會議需要在開羅先行召開。」[23]

邱吉爾對第一次開羅會議的記錄簡明扼要，而且幾乎沒有提及委員長和蔣介石夫人。然而，它提到了會談有趣的氛圍。羅斯福的顧問們曾提議把喀土穆或者馬爾他作為會議地點，但它們都無法提供合適的住所。邱吉爾堅持要去開羅，於是羅斯福「對各種反對意見置之不理」。首相乘坐英國皇家海軍「威名」號（H.M.S.Renown）抵達亞歷山大港，然後飛抵開羅。蔣和他的夫人已經抵達。總統乘美國軍艦「衣阿華」號（U.S.S.Iowa）穿越大西洋後，乘他的「聖牛」號（Sacred Cow）飛機從奧蘭抵達突尼斯，會見了艾森豪將軍（General Dwight D.Eisenhower），然後在第二天到達開羅。邱吉爾第一次和蔣介石會晤，委員長給他留下了良好的印象，一個「聲望和權威處於頂峰的人。在美國人的眼中，他是世界上一個舉足輕重的力量。他是『新亞洲』的鬥士。」不過，邱吉爾抱怨羅斯福對亞洲情況的「誇大其詞」，並且在和蔣介石冗長的祕密會議中浪費時間。令邱吉爾反感的是，這位「前海軍人士」承認「中國事務在開羅會議上佔據了首要位置，而不是末位」。[24] 這反映了首相對中國的感覺。

雖然總統的私人顧問哈里·霍普金斯對開羅會議並未留下評論，他的傳記作者羅伯特·E·舍伍德（Robert E.Sherwood）宣稱自己「真實可信地描繪了他們」。正如舍伍德描述的那樣，開羅會議的新聞因素「形形色色──如金字塔、獅身人面像和蔣介石夫人極為別致的服裝，對於這些，記者們會比霍普金斯寫得更為到家」。[25] 至於軍事會談方面，通過了「安納吉姆」計畫（ANAKIM），即將日本驅逐出緬甸，重新打通與中國的陸上聯繫的整個作戰計畫。約瑟夫·W·史迪威將軍將在北部指揮一場地面進攻，同時海軍上將路易士·蒙巴頓（Louis Mountbatten）將指揮南部的兩棲登陸行動，特別是進攻孟加拉灣的安達曼群島的「海盜」計畫（BUCCANEER）。蔣介石雖在日軍供給線被切斷前避免

派出自己的地面部隊參戰，他卻堅持認為：「緬甸是整個亞洲戰役的關鍵。在被完全趕出緬甸之後，敵人的下一個據點就是華北，最後是東北。丟失緬甸對日本而言關係重大，他們將頑抗到底以維持他們對這個國家的控制。」[26]

　　我們有必要在這裡稍作停頓，講講「史迪威事件」。薑還是老的辣，《時代》週刊在重慶的記者白修德（Teddy White）重返中國。他第一次訪問「醋性子喬」（Vinegar Joe）是在新德里。陸軍中將、「醋性子喬」史迪威指揮著在中緬印戰區的美軍。白修德敘述到，將軍已經捲入了中國的政治鬥爭，因為他更多地要去制定那些並不存在的政策，而不是承擔指揮軍隊的職責。白修德的第一次評論來自於將軍本人：「中國問題很簡單。」醋性子喬說，「同我們結盟的是一個無知、文盲、迷信而粗鄙的鄉巴佬」。為了安撫委員長的情緒而派出的軍方中國專家發現，蔣介石的表親有種種過失，包括盜用美方的軍事物資。白修德記述道：「不改變中國的政治環境，在中國就不可能出現一支有戰鬥力的軍隊。」在白修德看來，羅斯福總統僅僅從安撫公眾輿論的角度出發認為中國是一個大國。事實上，他將中國放在很低下的位置上，只是由一個軍人處理的軍事問題：「沒有人超越軍事因素去考慮什麼政治和政策問題。」史迪威是第一個接受以戰爭使命為偽裝的政策任務的司令官：他的任務是要把中國軍隊重新訓練成一支現代化的、有戰鬥力的軍隊，使之能夠突破緬甸的封鎖，加入美國的太平洋戰爭，向日本發起反攻。蔣的將軍們盜竊了士兵的薪餉、軍糧和裝備。很快，一切對史迪威而言變得明朗：「中國政府並未發揮政府的職能；（他）得出一個可怕的結論，如果要使中國政府對美方有利，就必須更換——即使不能這樣，它的國家領導人也必須靠邊站。」[27]
　　白修德對史迪威的另一個評價同史迪威與聲名顯赫的飛虎隊將軍克雷爾・陳納德（Claire Chennault）有關。個人方面，二人互相輕視，實際上，他們的爭論源自對戰爭的不同理解。陳納德是空軍決定論者。他相信蔣介石，雖然蔣要保留他的精銳部隊與中國共產黨作戰而非抗日；而且，陳納德還得到羅斯福給予他足夠的飛機去摧毀日本的承諾。「陳納德和在華盛頓的中國人成為白宮裡的宮

廷盟友，推翻了陳納德的名義上的上司、戰區司令官史迪威的戰略。」「醋性子喬」相信陳納德位於桂林和更北邊的前方空軍基地將受到打擊，因為如果陳納德的空中打擊重創了日本，日本將會「用襲擊華東的美國空軍基地的辦法來保護他們的內臟，而防守這些基地的中國部隊不堪一擊」。最終這一切還是發生了。

　　然而，1943年5月，羅斯福決定支持陳納德。「在宮廷政治遊戲中，」白修德注意到，「史迪威取勝的希望渺茫」。雖然白修德先前推崇空中力量，但他開始站到史迪威一邊，因為中國不僅僅只是向日本發射空中力量的平臺：「如果戰爭的目的不僅僅是『消滅敵人』，是不是還要捍衛那些需要捍衛的東西？保持一個盟友難道不是既依賴政治又依賴軍事的嗎？當政治因素比轉瞬即逝的戰機更為重要又該如何？如果為了勝利而丟失了你防衛的陣地呢？（史迪威）試圖建立一個負責的政府來完成使命──一項不是身穿軍服的將軍們所能完成的使命。」[28]

　　1944年初春，日軍發動「一號作戰」攻勢，史迪威與陳納德之間的競爭以及蔣介石政府的存亡到了緊要關頭。日軍兵分三路，分別從漢口向南、廣州向東、緬甸向北進發──全部指向陳納德的前方空軍基地。「誠如史迪威預言，陳納德對日本的懲罰過重；而蔣介石卻不能給陳納德的空軍基地提供地面保護。」如今，不僅史迪威在抱怨蔣的「無能、腐朽和貪污」，華盛頓亦是如此。

　　羅斯福不能罷免蔣介石，但總統卻能夠迫使蔣介石靠邊，讓史迪威指揮所有的國民黨軍隊。1944年7月6日，羅斯福要求蔣介石授權史迪威指揮他的部隊。蔣介石採取拖延政策；而羅斯福則派出了前戰時生產局局長唐納德·納爾森（Donald Nelson）和赫伯特·胡佛（Herbert Hoover）總統的前陸軍部長派翠克·J·赫爾利。正如美國駐華使館二祕約翰·佩頓·大衛斯（John Paton Davies）之後回憶道：「總統向中國派遣了異乎尋常的一連串的全權代表──勞克林·柯里（Lauchlin Currie）、溫德爾·威爾基（Wendell Willkie）、亨利·華萊士（Henry Wallace）、唐納德·納爾森和赫爾利──削弱了作為總統唯一個人代表的高斯大使的地位。」他們把談判對手蔣介石視為一個掛名的國家元首。到9月初，他們使蔣介石原則上同意了羅斯福的要求。[29]

9月14日，史迪威飛往陳納德在桂林的前方空軍基地，下令炸毀基地，連同所有辛辛苦苦飛越喜馬拉雅山脈（所謂的駝峰航線）運來的供給物資在內。白修德感歎道：「對陳納德—蔣介石一年前的戰略而言，這是多大一批物資啊。」不過，蔣介石要求史迪威將他在緬甸的部隊空運至華東前線解圍。相反，史迪威則要蔣介石動用他個人在華北的20萬反共儲備部隊來應付華東的局面。史迪威用無線電向喬治‧C‧馬歇爾將軍報告，委員長「不聽勸說，只是重複一堆他自己發明的歪謬理論」。當時，馬歇爾正陪同羅斯福在魁北克參加「八角」會議。1944年9月18日，在邱吉爾的支持下，羅斯福命令蔣介石授予史迪威全權，或者面臨「即將出現的災難性後果，（對此）您自己必須做好準備去接受這個後果並承擔您的個人責任」。白修德記述道，這條電文被要求直接由史迪威親自轉交，1944年9月19日，史迪威愉快地完成了這一任務：「恐怕再也挑不出比這位四星上將更急切的送信人了，他受夠了那個口是心非、虛情假意的蔣介石的窩囊氣。」但對史迪威而言，這最終卻成為了代價慘重的勝利。一周以後，蔣介石直接向羅斯福攤牌：他和史迪威只能選擇一個。白修德評論道，蔣介石的個人災難倒是中國的福氣，但「儘管對於這個國家大有裨益，沒有人能夠指望一個政治領袖會接受被閹割的結果」。蔣介石和羅斯福之間的僵局持續了一個月，從1944年的9月25日到10月19日，最終羅斯福解除了史迪威的指揮權並要求他即刻回國。在這個月的過渡期間，赫爾利、副總統亨利‧A‧華萊士和蔣介石會面並且表示了對他的支持。[30]

白修德認為羅斯福的密友哈里‧霍普金斯曾向他的朋友宋子文洩露羅斯福準備向蔣介石讓步，這很可能就是事實的真相。霍普金斯支持陳納德，而陳納德與國民黨極為親近。除了陳納德，新聞記者約瑟夫‧V‧艾爾索普（Joseph V. Alsop）和宋子文向羅斯福灌輸了蔣介石關於這個事件的片面看法。霍普金斯批評史迪威暴躁固執的性格，而讚賞陳納德。最終，雖然史迪威站在他的立場上可能有這樣的「權利」，但他仍然是個討厭的人。根據羅斯福的白宮演講稿撰寫人、劇作家羅伯特‧舍伍德的記錄，有許多次，羅斯福幾乎要召回他。[31]

從這一事件中有一個重要的教訓亟待吸取，對此白修德逐漸明白，但美國那時並沒有明白，即便現在也沒有：「史迪威是第一個

為了美國的利益，要求對一個大國元首進行政治清洗的美國人。這種政策的傲慢態度使我困惑不解。然而，反過來說，在史迪威事件中，我瞭解到他是絕對正確的。如果蔣介石在那時下臺，那麼對中國，對美國，乃至對全世界都是一件大好事。這可能多少還有些希望建立一個有較多人道，較少敵對的政權，即像繼蔣之後的那個政府那樣講究實效並較為寬容。」[32]當白修德讀到《時代》週刊貶史褒蔣的報導後，他稱其為「我在美國所見過的最糟糕的新聞雜碎」。[33]

由於羅斯福和他的軍事顧問相信中國戰場的重要性，他們願意在目前的情況下相信「花生米」（史迪威對蔣介石的嘲弄）。日本最終是因來自太平洋的攻擊而戰敗的，不是來自東南亞，且亞洲大陸上也沒有什麼決定性的戰役。海軍上將歐尼斯特·J·金（Ernest J.King）和賈斯特·W·尼米茲（Chester W.Nimitz）證明了他們依靠太平洋的海軍能夠贏得戰爭的觀點；馬歇爾、亨利·H·阿諾德（Henry H.Arnold）、麥克亞瑟（MacArthur）和史迪威並不同意這種說法，但隨著戰爭的進行，他們錯了。羅斯福原本支持「安納吉姆」計畫。但在委員長11月28日啟程離開開羅之後的十天裡，一切變得明顯，「美軍開始從太平洋扼殺日本。而在戰爭結束前的最後六個月，第一批卡車才開始在雷多或史迪威公路上從緬甸源源開入中國。此時事過境遷，這些東西已經無足輕重了。」[34]更重要的是，史達林對加入對日作戰的承諾在德黑蘭會議期間得到了確認，從而排除了「安納吉姆」行動和在東南亞的軍事行動的必要性——史迪威幾乎不知道蔣介石和羅斯福之間發生的重要故事。不幸的是，魔鬼隱藏在這個故事的細節中。

已公開出版的《史迪威日記》（*Stilwell Papers*），是我們瞭解美、英、中在兩次開羅會議上的外事交涉以及在德黑蘭會議上受俄國影響的最佳資料來源之一。[35]根據「醋性子喬」的說法，美國、英國和中國似乎已經同意了對日三箭齊發：英國軍隊在緬甸南部的兩棲作戰；中國的X部隊在緬甸北部的進攻；中國的Y部隊以及美軍從雲南向緬甸東部開進。作戰計畫的細節交由史迪威將軍制定。蔣介石最終勉強同意了；但他仍然想要得到更多的美國援助。委員長和他的妻子沒有留下參加緊接著德黑蘭會議之後的第二次開羅會

議，他們在德黑蘭會議召開之前離開開羅回到重慶，受到了英雄般的迎接。[36]

1943年11月20日，週六，史迪威抵達開羅。「委委」或「花生米」（史迪威給蔣介石起的綽號）於11月21日晚上到達，邱吉爾也於當天到達。這天晚上，史迪威輪流去見蔣介石和其他幾位將軍——馬歇爾、赫爾利和布里恩‧B‧薩默維爾（Brehon B.Somervell）。他抱怨說羅斯福不喜歡他把蔣介石叫做「花生米」，但他之後殘忍地稱羅斯福為「橡膠腿」，因為他對羅斯福「放棄同蔣介石就中國軍隊的表現講條件的每個機會」十分憤怒。這是「對總統的軟弱令人討厭的諷刺，史迪威後來在日記中只使用了一兩次這個綽號」。[37]第二天清晨，也就是11月22日，總統的飛機著陸，當天下午委員長、蔣夫人以及邱吉爾對總統進行禮節性拜訪。當晚，首相、總統和他們的助手召開了一次準備會議。[38]

第二天早上，11月23日，蔣介石與羅斯福、邱吉爾以及他們的助手會談。與此同時，美國參謀長聯席會議開會。下午，英美聯合參謀長會議討論了進攻緬甸的計畫。史迪威日記表明了他的受挫感：「委員長來電說『不要提出計畫。』消息表明委員長要出席，隨後又說不來了。再後又說要來。主啊。（英軍參謀長艾倫‧）布魯克怒氣衝衝，金也異常惱火。（最終，）中國人來了。糟糕的場面。」[39]記錄直接顯示蘇聯和中國代表「只有當聯合參謀長會議討論他們各自感興趣的特殊陣線問題時」才會出現。[40]史迪威向下午的會議遞交了一份備忘錄，提出在不過度索要特殊裝備也不與其他戰區的作戰行動發生衝突的情況下可以採取的行動：對緬甸北部的援助；打通往中國的陸上交通線；訓練和提高中國軍隊的戰鬥效力；加緊轟炸日本、臺灣、菲律賓，以及防止日本控制臺灣海峽和南中國海；收復廣州和香港。完成以上計畫，需要增加三個陸軍師的兵力，一項裝備中國軍隊的供給計畫，在佔領緬甸北部後將印度的美軍調至中國；如果有必要，進攻上海和臺灣。[41]

毫無疑問，23日是最為緊張的一天。官方記錄指出，蔣介石夫婦和中國將軍們一早對羅斯福進行了禮節性拜訪，緊接著，蔣介石夫婦與赫爾利會談討論德黑蘭以及未決的亞洲計畫。上午11點，蔣介石夫婦參加了一次全體會議。會上蔣介石堅持「強有力的海軍作

戰」。根據他的設想，「緬甸是整個亞洲戰役的關鍵。在被完全趕出緬甸後，敵人的下一個據點就是華北，然後是東北」。緬甸將成為日本一次「嚴重的損失」，日軍將「頑抗到底以維持他們對這個國家的控制」。[42]當天下午的英美聯合參謀長會議上，馬歇爾批評了中方的表現：看上去委員長對獲取更多的美國運輸機更感興趣，同時又對加強和保證地面力量猶疑不決。他阻撓中國軍隊在藍姆加（Ramgarrh）受訓，也不同意裝備在雲南的軍隊。最新的提案使委員長的態度稍有轉變。[43]蔣介石最終決定不參加這次會議，由他的將軍們代為出席。下午3點30分，他們進入會場，根據史迪威的記載，「表現糟糕」。他提到：「布魯克對他們好一陣挖苦。我幫他們擺脫了困境。他們被問及遠征軍的情況，我只得做出回答。布魯克連續發問，我都擋了回去。」[44]東南亞盟軍總司令路易士・蒙巴頓指出：「成功打通往中國的陸上交通線依賴於在雲南的軍隊與英軍成功地開展聯合進攻。」史迪威樂觀地支持這個觀點，認為其能夠彌補中國軍隊人事上的缺點，並得到空軍戰術上的支持。[45]

美國駐重慶使館二祕、史迪威的政治顧問約翰・帕頓・大衛斯提交了一份日期為11月22日的備忘錄給羅斯福（有可能是在23日遞送的）。在備忘錄中，他反對使用美軍幫助「英國和他們的荷蘭、法國隨從重建殖民帝國」。他預言這只會導致摩擦和誤解。中國人應該會歡迎一個基於他們自身利益的計畫。他也注意到中國軍隊的腐敗和無能，除非在美國指揮官的領導下。這意味著給了史迪威「討價還價的籌碼」。打通緬北通往中國的陸上交通線頗有價值，但是不要轉向南方幫助英國。他總結說：「我們在亞洲的主要利益在於東方，據此我們可以直接打擊日本新帝國的中心，並且和其他美軍攻勢配合。」[46]大衛斯預見了英國人和中國人對蔣介石觀點的批判。

11月23日晚，羅斯福為委員長和蔣介石夫人舉辦了一次宴會，兩人都逗留到晚上11點。雖然這次宴會並未留下官方記錄，但中國人做了簡短的記錄，羅斯福的兒子艾略特也記下次日清晨他父親的一些評論，其中有中方備忘錄中沒有提及的話題：在中國建立一個聯合政府，有關英國在上海和廣州的權益，在之後的行動中使用美國軍艦而不是英國軍艦，以及馬來亞、緬甸和印度的未來地位。[47]第二天早晨，即11月24日，艾略特和他的父親談到了中國、蔣介石

夫婦和開羅會議。艾略特問他的父親對委員長有什麼看法？「他知道他想要什麼，他也知道他不可能得到所有。」羅斯福相信他對那場沒在打的戰爭已經有足夠的瞭解，因為同蔣介石夫婦的談話比他在四小時的聯合參謀長會議上得到的資訊要多。根據蔣介石夫婦的說法，中國軍隊沒有受到訓練，缺乏裝備。不過，他仍然很困惑為何蔣介石竭力堅持「不讓史迪威訓練中國軍隊。也無法解釋為何要在西北集結上萬精銳部隊——守在紅色中國的邊界地帶。」他意識到了供給的困難，特別是飛越駝峰航線的艱辛，登陸艇的短缺和英國的反對。羅斯福如此評價史迪威：「如果不是因為他，我很難想像中國會發生什麼。」之後，他直率地表示了中國在戰爭中的重要性：「當然，事實上中國的任務可以歸結到一個要點上：中國必須繼續戰鬥，以牽制日軍。」[48]

中國在23日宴會後的記錄暗示出這是一場更具雄心的談話。羅斯福提出了他的「四警察」觀點：「中國應該在四強中佔有一席之地，在四大國集團的機構和決策中擁有平等的地位。」至於戰後的日本，蔣介石堅信日本將保持天皇制，但中國不應在對日佔領中占主導地位。日本應該對中國進行戰爭賠償，恢復中國的領土完整。朝鮮的獨立應予保障，印度支那也應朝這個目標發展。蔣介石提出建立一個中美聯合參謀長會議，或者中國派出代表參加現有的英美聯合參謀長會議。最終，他們討論了中國的經濟重建問題，「要求美國以貸款的形式給予金融援助等，也包括了各種類型的技術支持」。[49]

24日，星期三的早晨，羅斯福和邱吉爾參加了聯合參謀長會議，中國人沒有出席。邱吉爾借此機會闡述了他擴大地中海戰區的立場，特別是對羅德島（Rhodes）的佔領。他堅持道：「最好從東南亞戰場向地中海地區撤回足夠多的登陸艇，從而進攻羅德島。這才是正確的順序，先佔領羅馬，再是羅德島。」對亞洲的一切並不感興趣的他評論道：「看來委員長對前一天舉行的會談結果非常滿意。毫無疑問，中國對重新佔領東北和朝鮮充滿了熱切的渴望。」[50]他有關朝鮮的看法是錯誤的。

當天下午，蔣介石夫婦、史迪威和馬歇爾將軍共進午餐。「醋性子喬」在他的日記裡談到，馬歇爾「在午餐上談了很多，之後

委員長對計畫說個沒完。美國軍隊參加的希望不大。『花生米』開始說他要參加下午的會議，然後又反悔，他要我對他們講明他的觀點。」[51]

　　24日下午舉行了英美聯合參謀長會議。有提議創建一個新的聯合參謀長會議，即包括俄國和中國的指揮官們。英美聯合參謀長會議反對這一提議，因為俄國和中國並不與同一個敵人作戰，他們也不具備把握全局的視野。[52]只有當英美聯合參謀長會議討論俄國或中國問題，或者與他們相關的特別會議時，他們才能夠被邀請與會。在商定德黑蘭會議的議程之後，與會者轉向了東南亞的行動。馬歇爾將軍開啟了話題，概要敘述了委員長對現行計畫的疑義。蔣介石認為，這會導致重大損失，甚至可能戰敗。他僅贊成以下幾點約定：首先，在陸上進攻緬甸的同時，要有對安達曼群島的同步兩棲作戰；其次，所有推進的部隊應對準東西橫貫曼德勒一線，以佔領曼德勒；第三，雲南的部隊（Y部隊）向緬甸的進發不超過臘戍；第四，計畫應包括對以仰光為目標的整個緬甸的征服，曼德勒—臘戍一線僅為計畫的第一步；第五，無論陸地和海上進攻有何種需要，經由駝峰航線空運往中國的物資每月不得低於10000噸。中國軍事委員會辦公廳主任兼外事局長商震將軍記錄到，「對於確保運往中國的空運物資，委員長一直堅持不讓」。[53]

　　聯合參謀長會議的成員普遍批評了委員長所提出的條件。馬歇爾抱怨說他只能考慮第一階段的計畫——重新奪回緬甸——並且這相比蔣介石所希望的要安全許多，特別是委員長堅持要在孟加拉灣發起海上作戰。蒙巴頓補充說，在雨季到來之前，進攻必須結束。布魯克贊同盟軍承諾重新奪回整個緬甸，不應半途而廢，即最終會對仰光進行空襲並實施兩棲作戰。要麼完成對緬甸的進攻，要麼完全放棄緬甸戰役轉而試圖打通麻六甲海峽。金上將認為曼谷可以取代麻六甲海峽的地位。而蒙巴頓強調了滿足蔣介石的需求將要面臨嚴重的後勤衝突：「要在進行如此龐大的計畫的同時，向中國空運他們所堅持的10,000噸的物資是不合邏輯的。」[54]他說，蔣所要求的噸位沒有達到過，此外，為了順利實施計畫，將運輸量削減至目標以下是必需的。畢竟，委員長曾親自告訴他，他願意適當考慮將運輸量略為降低到10,000噸以下。「這是最基本的，」他認為，

「中國人需要做出決定，是堅持10,000噸的運輸量，還是希望他所提出的計畫得到執行。」[55]中國不可能二者兼得：10,000噸的運輸量和打通緬甸公路的陸上作戰。正如馬歇爾所指出的：「提出的戰役行動是為了打通緬甸公路，這也是中國人所要求的，而打通交通線的目的也是為了裝備中國部隊。」對此不應該有誤解。由於美國還要完成在其他地區的軍事承諾，已經沒有更多的運輸工具和飛機可以提供，除非公路被打通，否則對中國的供給無法增加。[56]正如史迪威所指出的，現在輪到蒙巴頓去和委員長協商，將事情敲定了。

次日，即11月25日星期四下午——感恩節——海軍上將蒙巴頓向聯合參謀長會議報告了他前一天同蔣介石會談的結果：「委員長堅持要推行該戰役的替代計畫，而事實上，我們無法提供該計畫所涉及的物資，以及新增加的535架運輸機。」之後，這位中華民國的領導人突然改變主意，說他「個人將熱情地支持推行較小規模的作戰，但委員長又堅持為了更大規格的作戰計畫，聯合參謀長會議首先必須正式同意提供必要的飛機。」他又堅持緬甸北部的陸上行動要和兩棲作戰同時進行。當邱吉爾向他解釋兩棲作戰並不影響陸上作戰時，蔣介石反駁了首相，指出「這會吸引敵方部分空中力量」。當蔣介石被告知在接下來行動的6個月內，每月只有8,900噸物資可以經由駝峰航線運往中國，「委員長又堅持每月空運10,000噸物資」。由於蔣介石的保留意見，聯合參謀長會議要求蒙巴頓「起草一份文件遞交蔣介石，以便讓後者書面同意擬議中的緬甸軍事行動」。[57]

史迪威在他的日記裡提到，下午晚些時候「和喬治（馬歇爾）一起去見羅斯福，他說『花生米』已經同意（緬甸計畫）」。[58]事實上，事件變得更為複雜，「醋性子喬」寫到，當晚9點30分，霍普金斯派人去接他並且告訴他：「委員長下午6點時表示不喜歡（緬甸）計畫了。天哪！他又不對頭了。」[59]史迪威認為他和馬歇爾與羅斯福的會議毫無用處。總統看上去並不關心，打斷了談話，開始談及安達曼群島，他想在那裡使用重型轟炸機。當史迪威描繪出一幅中國人對他們已達成的協定反悔的灰暗圖景，羅斯福才答應向委員長施壓。馬歇爾相信「總統受到了某種壓力，要給予蔣介石一些東西，以表明他不虛此行。同時羅斯福也清楚地表示美國最終

願意裝備中國的90個師。」[60]在25日下午晚些時候的會議和27日一早羅斯福啟程前往德黑蘭之間的某個時間，他和蔣達成了協定：「很可能在這次會議上（25日下午晚些時候）羅斯福向蔣介石承諾……在接下來的幾個月內在孟加拉灣進行有相當規模的兩棲作戰。」[61]

　　26日蔣夫人在蒙巴頓的陪伴下和羅斯福會面，可能談到了她丈夫對擬議中的東南亞作戰的態度。無論他們如何客套，委員長還是在上午晚些時候再次會見美國的將軍們，他仍然要求每月經由駝峰航線空運10,000噸物資，「而不顧東南亞盟軍司令部進行必要的軍事行動對裝備的需求」。美國將軍提醒注意蒙巴頓在接下來7個月裡的需求，認為在這段時間裡每月運送約8,900噸物資更為現實。蔣介石聲明「他和蒙巴頓將軍在東南亞戰區的需求應該分開，他們的需求應該單獨處理」。當他瞭解到他的要求不可能達到時，他又表明「由於理解ATC（空軍運輸司令部）將盡全力保證最大可能地增加運輸噸位，他可以接受給他的數量」。[62]當天下午英美聯合參謀長會議開會。英國皇家總參謀長艾倫・布魯克將軍認為可能有必要推遲「海盜」行動，即對安達曼群島的進攻。但美國人深受羅斯福影響。海軍上將金表示「沒有『海盜』行動，在緬甸的陸上進攻是不完整的」。馬歇爾將軍「認為推遲『海盜』行動將縮短戰爭進程的提議是誇大其詞的。美軍參謀長聯席會議十分關切『海盜』行動的實施。他們竭盡全力來接受英國參謀總部的觀點，但推遲『海盜』行動卻是他們無法接受的。」事實上，如果要延遲「海盜」行動，「這需要由總統和首相來決定」。[63]

　　26日下午的茶會，羅斯福和邱吉爾最後一次和蔣介石夫婦會面，會談持續了2個多小時。他們擬定了一份公報，但只有在德黑蘭會議史達林認可之後才能公開。「據稱，蔣介石同意了他前一天反對的每一個要點。」[64]當天晚上霍普金斯和蔣介石夫婦就收回外蒙古的問題談了3個小時。[65]史迪威這樣評論開羅會議最後一天的成果：「『花生米』胡吹了一番。我們說服了他。他讓蒙巴頓別干預空軍運輸司令部。他一定要得到10,000噸（每月經駝峰空運的物資）。最終得到了同意。」[66]事情看上去一帆風順：「在邱吉爾和羅斯福以及他們的重要顧問們出發前往德黑蘭之際，形勢就是這

樣，而委員長準備返回重慶。在戰爭中，這是首相、總統和英美聯合參謀長會議第一次與委員長談判，並且盡力和他達成一項有約束力的協定。」但是，正如蒙巴頓將軍所說：「他們被逼到了完全發瘋的地步，今後我應該從前者那裡得到更多的同情。」[67]

1943年11月27日，星期日上午7:07分，總統的飛機從開羅起飛前往德黑蘭，參加「三巨頭」的第一次會議。他在六七個小時裡飛越了1,310英里，於當地時間下午3點到達。在第一次開羅會議之後，羅斯福還能否使史達林贊成中國在戰後世界的新角色，並在讓史達林全力進攻希特勒的同時，讓蔣介石和邱吉爾分別在緬甸和地中海東部發起進攻？這是一個艱巨的任務，在老謀深算的邱吉爾和頑固的史達林面前，考驗著羅斯福的魅力。

羅斯福一抵達德黑蘭，史達林就邀請他暫住緊挨著英國大使館的蘇聯大使館，羅斯福接受了。總統在和史達林的第一次私人會談中，介紹了開羅會議和蔣介石的相關問題。「史達林元帥提出中國人的戰爭表現非常糟糕，但在他看來，這全都是中國領導人的失誤。」第二戰場之後的下一個重要問題也呈現出來；牽制敵軍的行動，例如緬甸戰役，是否應同步或是緊接著「霸王」行動（即聯軍在法國北部的登陸行動）進行。在略微談到如法國和印度支那等其他幾個問題之後，史達林離開了。[68]恰好在那天早上，參謀長聯席會議熱烈地討論了在安達曼群島或羅德島的行動。馬歇爾將軍認為邱吉爾將竭力反對「海盜」行動，而力主進攻羅德島，如果成功了，再向希臘施壓。不過，參謀長們已經認識到登陸艇不足。[69]

或許是對第一輪會談中史達林刺耳的言語的回應，羅斯福為中國的理由進行了辯護：向緬北和雲南派遣遠征軍以及進攻安達曼和曼谷將使中國繼續參戰，其結果將打通往中國的供給交通線，並獲得轟炸日本的基地。然後他談到了最重要的戰場歐洲，以及定於5月橫渡英吉利海峽的戰役。史達林非常魯莽地否認中國在太平洋戰爭中的地位，也排除地中海戰場、巴爾幹半島和土耳其。唯一的重要戰場，首先應是法國北部，即便如此，「他無意傳達出這種印象，把北非戰役或義大利戰役視為次要的，或者貶低它們的重要性，因為它們都確有真正的價值」。[70]

　　11月29日下午，羅斯福和史達林再次私下會面。在詢問史達林
關於在蘇聯設立盟軍機場以便穿梭轟炸日本的意見後，史達林表示
同意，之後，羅斯福提出了中國問題。這次沒有直接談到東南亞的
軍事行動，羅斯福的話題是中國作為「四警察」之一在未來國際組
織中的地位。史達林認為歐洲的國家絕不會允許中國扮演世界性角
色，因此提出中國只扮演區域性角色。此外，他對中國的參與程度
仍持懷疑態度。即使羅斯福也承認中國是弱國，但他認為中國在未
來十分重要。[71]到12月1日的最後一次午宴時，總統和首相全神關
注的都是「霸王」行動，認為它不應由於其他戰區的行動而受到影
響，儘管羅斯福並未完全放棄實行緬甸計畫的可能性。[72]

　　1943年12月2日，星期四下午，總統返回了開羅。羅斯福對中
國的承諾必須與史達林堅持於5月優先發起「霸王」行動，以及蘇
聯領導人承諾在德國戰敗後立即對日本宣戰相一致。但羅斯福發現
自己處於一個尷尬的境地中。邱吉爾從未接受「海盜」計畫，而史
達林則認為這是中國轉移目標的做法。邱吉爾堅持要進攻羅德島只
是因為他可以借此誘使土耳其對軸心國宣戰。但地中海東部的軍事
行動中斷了。邱吉爾的交換籌碼是：沒有羅德島戰役，也就沒有安
達曼群島戰役。羅斯福仍堅持不渝。在12月3日和首相的餐會上，
羅斯福堅持「安達曼群島戰役，並強調對蔣介石的承諾應該全部貫
徹」。[73]

　　12月4日上午，在聯合參謀長會議上，邱吉爾抨擊了「海盜」
計畫的整個想法。首先，他誇耀了史達林的承諾，蘇聯「將在德國
戰敗之際對日宣戰。這會為我們提供比能在中國所找到的更好的基
地，更為重要的是，能讓我們集中力量成功完成『霸王』計畫」。
其次，「霸王」行動勝過了其他所有的行動。這意味著在法國南部
發起的「鐵砧」計畫要盡可能地猛烈，以轉移德國人在諾曼第橋
頭堡對盟軍的注意力。第三，他對「海盜」行動的需要感到「震
驚」，該行動要求動用58000名士兵去佔領一座只有5000日軍防衛
的島嶼。用他的話來說，「由於史達林元帥已承諾蘇聯會加入對日
作戰，東南亞盟軍司令部的作戰已經喪失了很大的價值；而另一方
面，他們的消耗卻已超越了底線」。第四，預定於5月實行的「霸
王」行動使其無法找到足夠多的登陸艇，除非推遲2到4周等待新造

好的登陸艇送抵英國。因此,「海盜」計畫應留在雨季之後執行。艾倫・布魯克爵士插話道:「用實施『海盜』計畫的所有物資來加強歐洲的戰線會更加有利。」總統仍然堅持:「在道德上,我們有義務為中國做些什麼,並且他不會對兩棲作戰就此作罷,除非有某些特別重大和顯而易見的原因。」[74]史達林的要求就是那個重大的原因。

當天下午,聯合參謀長會議召開,總統和首相都沒出席。布魯克強調在德黑蘭會議上已與史達林取得一致意見,即「太平洋應該成為對日作戰的主戰場。他對東南亞作戰的主張很坦率地表示厭煩。」參謀長們就東南亞的問題展開了辯論:東南亞戰區對日作戰以印度為基地的一部分即「泰山」計畫將被取消;中國人的推進也將擱置,不過,他們總是一個「未知因素」。在安德魯・坎甯漢爵士(Sir Andrew Cunningham)看來,「對安達曼群島的佔領得不償失,除非將它作為向南方推進的墊腳石」。[75]

在聯合參謀長會議第五次會議上,羅斯福轉而就史達林的話有多可信表明看法:「假如史達林元帥無法做得像他說的話那般好,那我們可能會發現我們已經喪失了中國的支持,卻並沒有從俄國得到等量的援助。」這番話回應了英國人在首相引導下對緬甸作戰計畫做出的越來越多的抨擊。邱吉爾對「海盜」計畫所需物資數額的增長感到「困擾」;因此它應被推遲到雨季結束之後;「海盜」計畫將不會實質性地影響中國持續作戰,中國的作戰更多地依賴經由駝峰航線的供給;突擊隊的襲擊已經足夠;告訴蔣介石蒙巴頓需要更多兵力,而不是更少:「如果委員長感到驚訝,並且威脅保留雲南的軍隊,我們應該表示,沒有他們,我們也將繼續作戰。」最終的關鍵論點是:「我們無法迴避這樣一個事實,如果我們把重要的資源如登陸艇花在相對不重要的行動上,那麼我們就是在戰略上犯了錯誤;而事實上我們應該將這些資源用來加強『霸王』行動和『鐵砧』行動,在那裡我們似乎正如履薄冰。」[76]

當天下午晚些時候,羅斯福與美國參謀長聯席會議成員會面,最後他決定忍下這口氣,放棄進攻安達曼群島的計畫,從而也就總體上放棄了東南亞作戰計畫。他發給邱吉爾一封簡要的信函:「『海盜』計畫已取消。」[77]第二天,總統向史迪威承認:「我們

正處於僵局之中，我像騾子般固執地堅持了4天，但是沒有任何進展，開會也沒用。英國人就是不願投入行動，我無法使他們同意我的看法。」[78]艾略特‧羅斯福對此的看法是，只有打敗納粹才能使羅斯福給予中國以優先權。史迪威對蔣介石仍持消極看法：「『醋性子喬』對蔣委員長的政策表示不滿，認為蔣是在養精蓄銳，以在戰後全力對付共產黨。」[79]

這使得下述發給蔣介石的電報至關重要，此電是12月5日發出6日收到的：「與史達林的會談決定我們將於春季晚期在歐洲大陸進行大規模聯合作戰，它意味著有在1944年夏天結束對德戰爭的美好前景。這些行動需要大量的重型登陸艦，因此投入足夠數量的登陸艦用於孟加拉灣的兩棲作戰，並同時啟動『泰山』計畫以確保整個行動成功已經無法做到。」[80]

委員長在12月9日作出回應，說在太平洋地區發動全面攻勢的承諾已經因政策的「重大轉變」而改變。然而，他「傾向於接受您的建議。您無疑會認識到，如此改變使我集聚全民族力量繼續抗戰的任務會更加困難。」接著，他眼也不眨地要求10億美元的貸款，增加一倍的飛機數量，並且將駝峰空運量增至20,000噸。他威脅說他可能會放棄中國戰區，倒向日本，因此中國的戰爭會結束。[81]

中國籠罩在陰影中：「中國剛剛被承認是個強國，對蔣介石的諾言就被撕毀了，好像他就是摩洛哥的蘇丹一樣。雙方接觸的結果是，中國對西方的不信任加深了，而西方對蔣介石的信任也一落千丈。」[82]由於投入大量金錢來維持戰爭，華盛頓對中國不再抱有幻想。財政部長亨利‧摩根索和克勞倫斯‧高斯大使都反對貸款，因為他們認為中國無法有效地使用它。中國已經使1942年的貸款成了一次大失敗。摩根索告訴羅斯福不要給予新的貸款。蔣介石回應說，美國應該按照官方匯率償付為實施B29型轟炸機計畫而在成都地區修建的機場。美國被激怒了。通過其他臨時性的財政折中方案，一些機場建成了，B29型轟炸機也在反攻日本時起飛了。美國對蔣介石的支持削減了，並開始認真考慮其他打敗日本的方法——尤其是通過海上行動。[83]

時任國務院國際事務經濟顧問的赫伯特‧菲斯之後寫到，總統和蔣介石之間有著「緊急公務」。羅斯福意識到，中國對被忽

視，尤其在經由駝峰航線運輸的物資方面十分不滿。羅斯福相信重慶政府可能會退出戰爭，但解釋清楚全球戰略將振奮中國人的士氣。因此，美國承諾將「飛越駝峰」的軍事援助增至每月10,.000噸，制定計劃從緬甸驅除日本、打通滇緬公路、對安達曼群島進行兩棲作戰，這些承諾讓蔣介石很高興，尤其當如果他參戰所付出的代價減至最小時。但即使這樣，如前所述，這些很快被證明是沒有必要的。羅斯福向英國做出讓步，因為他「無法否認這些理由的合理性，但想到他已同意蔣介石的緬甸作戰的整個計畫將被推翻，並且可能使委員長深受傷害喪失信心從而實際上停止作戰，他就苦惱不已」。[84]就邱吉爾而言，他知道馬歇爾將軍的失望和史迪威的不滿。「而對蔣介石的反應，他則不太關注。」[85]蔣介石確實抱怨這些承諾並沒有被遵守。但無論如何，蔣介石得到了許多足以讓他高興的好處：莫斯科會議使中國成為《四國宣言》的簽字國之一，因此中國將在未來的國際組織的理事會中擁有一席之地；開羅會議以及德黑蘭會議都確認，「中國幅員遼闊，擁有巨大的潛在影響力，以及高度的責任感」。所有這些都實現了，因為美國官方認為中國有能力成為大國和西方國家可靠的朋友。中國被認為必須實現統一，這樣才能統治大量的新領域。[86]

　　然而，根據芭芭拉・塔奇曼的說法，最終結果是中國的「開羅時刻」是短命的。中國原本視開羅會議為獲得地位和收回領土的良機。他們暫時做到了。莫斯科會議確認了前者，開羅會議確認了後者。「因而，蔣介石終於成為舉世公認的同邱吉爾、羅斯福、史達林並駕齊驅的人物了，他出席開羅會議使他這一地位昭然於世。」[87]塔奇曼相信，羅斯福決心要讓中國人覺得會議是個成功：「他想為解決很可能打亂戰後國際秩序的中蘇關係以及國共摩擦奠定基礎。」[88]在德黑蘭，他告訴史達林，最為重要的是「使中國繼續作戰以牽制日軍」。事後他告訴兒子艾略特說道：「儘管蔣氏夫婦的缺點很多，我們還是得依靠他們。」[89]然而，11月20日史迪威到達開羅的那天，美國海軍陸戰隊在吉伯特群島登陸，這標誌著在對日戰爭中依賴中國的日子就要結束了。蔣介石本人對於羅斯福向他承諾的任何東西都過於自信，就像他對蒙巴頓說的那樣：「總統絕不會拒絕我的要求，我要什麼他就會給什麼。」[90]然而，蔣介石

剛回國，一封宣佈取消「海盜」計畫的電報就來了。蔣介石報復性地在合作中漫天要價，要求10億美元的貸款、加倍的飛機數量和駝峰航線的運量。如前面所提及的，摩根索拒絕了貸款，堅持中國應該展開與其獲利份額相應的戰鬥，羅斯福之後將摩根索的備忘錄轉給蔣介石，加上一些「保證有誠意的話予以安撫」。[91]蔣介石的回應是要求約8億美元，用於為B29型轟炸機建造在成都的飛機場；美國當時還無法與蔣介石完全鬧翻。

通過各種妥協，飛機場建成了，飛機也起飛了。從這時起，美國對重慶的支持開始削弱。除去邱吉爾、霍普金斯、菲斯和塔奇曼的這些觀點不談，會議的原始記錄、文本和圖片都證明了中國的巨大成功。中國神奇依然。即使另外一個天才記者白修德也不能撼動它。

註釋：

[1] Herbert Feis, *The China Tangle:The American Effort in China from Pearl Harbor to the Marshall Mission*, 11(Churchill), 12(Feis).

[2] Ibid., 87, 95.

[3] Hull, *Memoirs*, 2:1282.

[4] Feis, *China Tangle*, 98-99.還可參考 Harley Notter, *Postwar Foreign Policy Preparation*, 1939-1945, 553, for the actual declaration。

[5] Robert Dallek, *Franklin D.Roosevelt and American Foreign Policy*, 1932-1945, 389.

[6] Townsend Hoopes and Douglas Brinkley, *FDR and the Creation of the U.N.*, 46, 50, 74, 100, 115.

[7] 參見 Barbara Tuchman, *Stilwell and the American Experience in China*, 1911-45, the heading of the chap.16, p.396;Charles F.Romanus and Riley Sunderland 關於中緬印戰區的著作 *Stilwell's Command Problems*, title their second chapter, p49, "Sextant:The Watershed"。兩本書都表達了這樣的思想，這是歷來最佳的美國對中國的看法和政策。它看上去太好了而不那麼真實，很快由於現實而消退。

[8] Elliott Roosevelt, *As He Saw It*, 154.

[9] FRUS, 1943:General, 1:513, 515.

[10] Ibid., 515.也可參見 Hull, *Memoirs, 2:1252*.

[11] Hull, *Memoirs*, 2:1255.也可參見 FRUS, 1943:General，羅斯福告訴史達林：「我很擔心國務卿赫爾親自參加同莫洛托夫先生、艾登先生的會談」（530）。史達林回覆道：「即將召開的會議由三國政府的代表參加，關於國務卿赫爾先生親自參加的願望，我和你意見一致」（531）。

[12] Hull, *Memoirs*, 2:1256-57.

[13] Ibid., II:1257-65, quotes on 1265.

[14] Churchill, *The Hinge of Fate*, 562.

[15] Herbert Feis,*Churchill, Roosevelt, Stalin:The War They Waged and the Peace They Sought*, 210.事實上，俄國人反對四國宣言的整個觀點，即被提出的議程中的第一點。當最終接受該觀點後，它變成了第二點。見 FRUS, 1943:General, 535.

[16] 關於莫斯科會議的概況，參見 Winston S.Churchill, *Closing the Ring*, 277-99.

[17] Hull, *Memoirs*, 2:1279.

[18] Ibid., 1282.

[19] Ibid., 1299, 1302, 1307, 1317;附加材料見第1301, 1306頁。會議的主旨包含在細節中，可參 FRUS, 1943:General, 513-749;草案文本可見第749-81頁。

[20] Hull, *Memoirs*, 2:1309.

[21] Churchill, *Closing the Ring*, 307，引用了1943年10月14日和15日的電報。

[22] Feis, *Churchill, Roosevelt, Stalin*, 243.

[23] Churchill, *Closing the Ring*, 317.

[24] Ibid., 326-29, quotes on 328.羅斯福—蔣介石的會談沒有記錄留存，除了中方對其中部分內容的簡要筆記。

[25] Robert E.Sherwood, *Roosevelt and Hopkins:An Intimate History*, 738, quote on 736.

[26] FRUS, 1943:Conferences at Cairo and Tehran, 314.

27　Theodore H.White, *In Search of History:A Personal Adventure*, 138-47, quotes on 140, 142 and 144.

28　Ibid., 147-51, quotes on 147, 149, 150-51.

29　John Paton Davies, Jr., *Dragon by the Tail:American, British, Japanese, and Russian Encounters with China and One Another* (New York: W.W.Norton & Company, Inc., 1972), 342.

30　White, *In Search of History,* 174-86, quotes on 174, 175, 176, 177, 179.

31　Robert Sherwood, *Roosevelt and Hopkins:An Intimate History*, 705.

32　THW, Search, 186-87.

33　Time, November 13, 1944, and the quote as cited in Robert E.Herzstein, *Henry R.Luce, Time, and the Crusade in Asia*, 45.

34　Sherwood, *Roosevelt and Hopkins*, 739.

35　Joseph W.Stilwell, *The Stilwell Papers*, chap.8.

36　Ibid., 242-44.

37　*Tuchman, Stilwell and the American Experience*, 398.

38　FRUS, 1943:Cairo and Tehran, 293-94.雖然對蔣介石、他的夫人和三位中國將軍有所提及，但他們是否出席仍有疑問（308）。

39　Stilwell, *The Stilwell Papers*, 245.

40　FRUS, 1943:Cairo and Tehran, 306.

41　Ibid., 370-71.

42　Ibid., 314.

43　Ibid., 317-18.

44　Stilwell, *Stilwell Papers*, 245

45　FRUS, 1943:Cairo and Tehran, 321-22.

46　Ibid., 371-72.

47　Ibid., 323.

48　Roosevelt, *As He Saw It*, 142-43.

49　FRUS, 1943:Cairo and Tehran, 323-25.

50　Ibid., quotes on 332 and 334.

51　Stilwell, *The Stilwell Papers*, 246.

52　FRUS, 1943:Cairo and Tehran, 336-38.

53　Ibid., 338-42, quote on 342.（史迪威的幾點總結意見可參第344頁。）

54　Ibid., 338-39, quote on 342.

55　Ibid., 342.

56　Ibid., 343.

57　Ibid., 347-48.

58　Stilwell, *The Stilwell Papers*, 246.

59　Ibid.

60　Romanus and Sunderland, *Stilwell's Command Problems*, 64.羅斯福和蔣介石在下午5點會面，但沒有官方紀錄留存，霍普金斯的評論看上去是正確的，即，「委員長和總統再次會面，推翻了自己之前提出的每一點看法」（65）。

61　FRUS, 1943:Cairo and Tehran, 350. "根據Ehrman [John Ehrman, *Grand Strategy*, 5:165]，承諾於11月26日前做出的。艾倫·布魯克[Arthur Bryant, *Triumph in the West:A History of the War Years Based on the Diaries of Field Marshal Lord Alanbrooke,*

Chief of th Imperial General Staff, 63] 回憶到，承諾在『開羅會議的第一天』就被做出，但看上去不大可能。」

62 FRUS, 1943: Cairo and Tehran, 351, quotes on 354, 355.

63 Ibid., 364-65.

64 Editors' comment, Ibid., 366.

65 Ibid., 367.

66 Stilwell, *The Stilwell Papers*, 247.

67 Romanus and Sunderland, *Stilwell's Command Problems*, 65.

68 FRUS, 1943:Cairo and Tehran, 483-86.

69 Ibid., 477-82.

70 Ibid., 487-91.

71 Ibid., 529-33.

72 Ibid., 587.

73 Ibid., 674.

74 Ibid., 675-81, quotes on 675, 676, 679, 680.

75 Ibid., 686-704, quotes on 687, 700, 702, 703.

76 Ibid., quotes on 706, 709, 710.

77 Ibid., 725 as recounted in an editorial note，也可參見Churchill, *Closing the Ring*, 352，羅斯福的短函實際上出現的地方。

78 Stilwell, *The Stilwell Papers,* 251.

79 Roosevelt, *As He Saw It*, 207-08.

80 FRUS, 1943:Cairo and Tehran, 803.

81 Romanus and Sunderland, *Stilwell's Command Problems*, 74-75.

82 *Tuchman, Stilwell and the American Experience in China*, 409.

83 Ibid., 409-14.中國的財政部長孔祥熙博士華盛頓之行的細節見摩根索的日記（Morgenthau Diary (China), 936-37, 1037, 1181, 1199, 1205）。

84 Feis, *Churchill, Roosevelt, Stalin*, 250.

85 Ibid., 251.

86 FRUS, 1943:Cairo and Tehran, 448.

87 *Tuchman, Stilwell and the American Experience*, 397.

88 Ibid., 400.

89 Quoted in Ibid., 401.

90 Quoted in Ibid., 404.

91 Ibid., 410-11.

Chapter 13
盧斯在重慶的手下
Luce's Man in Chungking

　　對白修德而言，中國之緣的開始相當簡單。[1]白修德選擇了哈佛燕京學社，投在費正清門下，從事中國研究。[2]白修德稱費正清為「頭兒」，費正清堅持讓他選擇1915年日本對中國提出的「二十一條」作為畢業論文的題目。畢業之際，白修德獲得了弗雷德里克・謝爾敦旅行獎學金（Frederick Sheldon Traveling Fellowship），他利用這筆錢遊歷了歐洲和遠東。他簽約為《波士頓環球報》（*Boston Globe*）撰寫「郵訊」。「頭兒」告訴白修德應向編輯們兜售這樣的觀點，即在中國的記者應該都能讀懂中文：「你接受過其他人從未接受過的中文訓練，你能告訴他們你很出色，語言學習是很艱苦的……」[3]於是，白修德能夠推銷他自己了，首先是向中華民國，然後是向新聞出版界的上帝亨利・「哈里」・R・盧斯。

　　最初在中國的幾個月裡，他把上海作為活動的基地，同時他尋求做一名「自由記者」──一名為美國報紙工作的不署名駐外記者。在1939年6月底一封寫給迪安・漢福德（Dean Hanford）的長信裡，白修德總結了他的中國經驗，這封信也寄給了導師費正清。他驚訝於重慶這一座位於長江和嘉陵江交匯處的山城。它從最初的20萬居民迅速膨脹到75萬。這些難民聚集在棚屋中，成為日軍投擲燃燒彈的絕佳目標，空襲伴隨著從秋天到春天的霧季的結束而接踵而來。1939年5月4日，大轟炸開始了：「27架日本飛機列隊成一條直線橫跨上空，翼梢緊挨著翼梢。」一分鐘後，除了高射炮之外，沒有其他反抗，白修德目擊了「世界歷史上對一個城市最有效和造成最嚴重災難性損失的轟炸」。在那之前，他寫到，他曾經長途旅

行至北京和東北，並且厭惡那裡傲慢的日本人和使館區的生活方式：「只有在這裡逗留過才能瞭解光環是虛假的；這裡的生活是空虛的，而且整個地區只有在日軍的恩准下才得以運作。」他告訴在哈佛的迪安和費正清，他訪問過戰火肆虐後的上海。在重慶，他的報導需要粉飾以通過蔣介石的宣傳部的過濾網。他的這項工作有些「愛麗絲漫遊仙境的意味」。中國有過三年多時間英雄主義的抵抗，但「戰爭毫無效率，令人憤怒，（以至於）我無法忍心看到徒手的人們慘死在裝甲車的車輪之下」。[4]白修德此時已經在批評國民黨政權了。

白修德到重慶後向一個朋友宣稱，由於他對山西之行的報導，他現在在重慶正式受雇於《時代》週刊和路透社。他也提到了南京的陷落，以及由於蔣介石企圖對八路軍的清洗而導致的國民黨與中國共產黨的對立。[5]在4月，他寫了一封家書，回顧性地解釋他為中國新聞社的工作，這項工作使得整個西方世界得以瞭解來自中國的新聞：「（白修德將要）製造一些合適的報導，從而在對中國有重要意義的各界激發起預想的合適反應，包括美國的自由人士、傳教士、紅十字會、慈善團體、商人等等——有許多奇怪的任務需要我去負責。」這份工作需要製造一些宣傳的東西，這使他很不愉快。他可以告訴他家人事情真相，但他們無法公之於世。[6]

令人好奇的是，1939年6月2日，他在對家人4、5月份來信的延遲答覆中，進一步揭示了他和《時代》週刊的新關係：他見到了約翰·赫西（John Hersey），一個「年輕的奶油小生」，雖然「青澀」，但擁有「合適的父母」和「合適的運氣」，上過「合適的學校」，因此，「將成為《時代》週刊的遠東新聞編輯」。關鍵是「約翰·赫西正在這裡尋找一名《時代》週刊駐重慶的新聞記者，其工作是不時向國內發回一些政治分析材料」。他的朋友向赫西推薦了他，即使他在為重慶政府工作。[7]到8月，他得出結論說國民黨是「黑暗、腐敗無能的」。他直截了當地指出：「國民黨政府統治下的中國人民的抗戰事業堪稱出污泥而不染。」[8]中國的抗戰事業使白修德在他寫給《時代》週刊的報導中讚揚國民黨，即使他知道蔣介石政權已經腐爛透頂。例如，10月，他告訴陳誠將軍，他「非常高興能夠告訴美國人民中國軍隊在山西南部取得的輝煌勝利和那裡

的戰鬥條件」。[9]必須承認，他在嚴格的審查制度下工作，任何對事實真相的報導都會被即刻審查，或者結束他的記者生涯。

從1939年8月到11月，白修德前往華北，並在山西前線為《時代》週刊撰寫了一篇標誌他轉向的文章。在11月中旬的一封長長的家書中，他詳盡描繪了這次旅行，這次旅行用純粹的中國式交通工具第一次帶他深入真實的中國，而遠離他被歐洲人和西化的中國人所包圍的大城市。事實上，他乘過火車，騎過馬，坐過公共汽車。「日復一日，」他寫道，「我們騎著馬經過一幕幕絕對荒涼的場景」。然而，他注意到，「我以一名美國記者的身份在戰爭前線旅行，美國的名字可以敲開中國所有人家的大門。」事實上，歡迎他的標語上寫著：「美國記者希歐多爾・休・懷特先生，歡迎，中國人民是美國的好朋友。」[10]

12月，白修德決定向國民黨宣傳部負責國際宣傳的董顯光請辭。在董和中國的私人庇護系統下，他可以一直幹下去，但單獨為《時代》週刊進行報導的吸引力實在太大了。正如他告訴董顯光那樣，這是一個為美國頂尖的新聞雜誌工作的機會，也將是他記者生涯中一段寶貴的經歷。除此之外，金錢對他和他的家庭來說也很重要。分手是必須的，這樣他的讀者不會再發現他一僕二主。1939年12月21日，董顯光接受了他的辭呈，辭職自1940年1月1日起生效。[11]董顯光曾提出給他三倍的薪水，前提是他不再為別的機構，即《時代》週刊和澳大利亞廣播委員會寫稿。審查制度十分森嚴，他在西北瞭解到的關於俄國人背信棄義行為的報導受到特別嚴格的限制。從這點看來，「中國政府的長臂伸出來，揪住我的脖頸兒說不！」董顯光警告他這可能會危及俄國對國民黨的援助。他瞭解到「進行真實的報導真他媽困難」。[12]

到1939年10月，他對國民黨統治下中國的熱情就已經開始冷卻，雖然他仍然支持中國。在《時代》週刊，一開始，他可以進行坦誠正確的報導：「《時代》週刊的哲學是，人製造了新聞。這點我不是很同意──但，主啊，當我想到領導中國的那群人，他們的軟弱、怪癖、愚蠢，以及他們的軟弱、愚蠢和偏見正決定著人民的命運，我才差不多相信《時代》週刊關於人和歷史之關係的哲學是正確的。」[13]例如，他把「孔老爹」稱為一個「肥胖老態、雙下

巴、大腹便便的無賴」。孔祥熙是行政院的副院長、中央銀行行長、工業合作協會理事長、委員長（蔣介石）的姐夫以及財政部長。他沒有必要不誠實，但卻無法下定決心，是所有政府高官中「意志最薄弱」的一個。進一步說，他「性格粗暴，天性卑鄙、愛慕虛榮」。白修德為情不自禁的惡罵表示抱歉，但「在重慶有半打的人像他一樣，這些人一起構成了中國最嚴重的危機——高層的安逸、愚蠢和懶惰」。或以國民政府軍事委員會為例：「在一個偉大民族為了生存而進行的鬥爭中從來沒有一個這樣無能的官僚集團。」奇怪的是，即便他對蔣介石仍持積極看法，卻對其冷嘲熱諷：「他是一個在他所處的時代中一流的屠夫。冷酷殘忍，倔強頑固。一個不如他那樣堅韌、對自己未來命運深信不疑的人早就會崩潰——但蔣介石沒有，他繼續著。」白修德哀歎到，中國只能在贏得戰爭的道路上二選其一：第一條路是，給予人民土地，並且在內戰中打垮共產黨人；第二條路是，祈求外國的援助。既然蔣介石無法做到前者，後者就成為了他唯一的希望，並且來得越快越好。[14]

　　白修德的戰爭報導由赫西進行了潤色，取名為《山西的雄鷹》（*Eagles in Shanxi*），刊登在1939年12月18日的《時代》週刊上。赫西稱白修德的稿子是整個中國戰場最少被注意卻最為重要的報導，因為中國人設法壓制並屠戮日軍2000人。山西是獲取煤礦資源的關鍵，是中國未來的賓夕法尼亞。赫西讚揚白修德在哈佛受到的訓練和英勇的中國士兵，無論國民黨還是共產黨。報導特別描述了日軍在沁河流域的掠奪及其日益低落的士氣。為了更好地配合盧斯的個人觀點，白修德推斷中國軍隊已從四流進步為二流軍隊。赫西直接引用了白修德的話：「中國軍隊現在鬥志昂揚，精神煥發。這些人願意去犧牲。他們以一種虔誠的刻骨仇恨與日軍周旋著。」[15]逐漸地，「儘管白修德看到了蔣介石政府的種種惡行，他繼續著曖昧的報導，甚至在他的新聞報導中忽視事實，但他也在自己的私人通信中表達了他的疑慮。（白修德寫道）『至於中國，人在這裡待得越久就會越困惑……透過表面的正直高尚，看到的是腐化、貪污、陰謀、政府的愚蠢、官員的怯懦和貪婪。從而人們就開始懷疑了。』」與白修德同時在中國的記者項美麗（Emily Hahn）認為，

白修德是一個值得信賴的頂級中國專家，「不過，我想他的報導太著重表達他想看到的，而不是他實際見到的」。[16]

1941年4月18日，白修德收到一則重大消息：「亨利‧盧斯夫婦計畫於5月6日抵達重慶，待到5月13日。在盧斯抵達後，請你盡一切可能，特別是儘快告訴盧斯最新的現況。」白修德即將見到「大老闆」的心情十分複雜，因為他們可能政見不合，並且對他而言，很難保持緘默。[17]幾天以後，他寫信告訴葛萊蒂絲（Gladys），認為自己與《時代》週刊合不來，他並不喜歡他們的新聞政策或是一般政見，但他會留在《時代》週刊直到盧斯來重慶。他急切地想要撰寫真實中國的故事，而不是像他寄給蘭登書屋的那本書那樣：「我並非像（休‧）迪恩（Hugh Deane）和斯諾那樣，在寫書為共產黨人辯護；也不是像我去年那樣為國民黨系統工作。」此外，他預言美國將在一年內參戰。[18]但首先，他得向盧斯——那個現在被一些人稱為「公民凱恩」的人——兜售自己。1941年5月6日，盧斯夫婦抵達重慶，白修德的奇蹟誕生了。在盧斯離開兩天前，他要求白修德整理行裝跟他回國，擔任《時代》週刊的遠東編輯。他成為了盧斯面前的紅人。[19]

和賽珍珠一樣，盧斯是傳教士之子。他於1898年4月3日出生在中國登州，父母是長老會傳教士。亨利‧盧斯是白修德在中國工作期間時間最長的老闆。作為1923年《時代》週刊的共同創始人之一，盧斯在1961年被稱為「20世紀美國報業巨頭」。直到1964年，他一直擔任時代公司所有出版物的主編，辭去該職務後他還是時代公司編輯委員會主席。[20]在20世紀30-40年代，盧斯成為一個頗有權勢的媒介巨鱷。他的出版物提供了全面而獨一無二的世界觀。到1941年，盧斯旗下的產業市值4500萬美元。[21]1940年，五個美國人裡面有一個讀盧斯的雜誌，他引領著記者和讀者的喜好。

一直到1940年，盧斯的出版物傳達著各不相同的觀點。由於盧斯轉而關注政治，特別是中國和蔣介石，這一切發生了變化。盧斯的出版物刊載的新聞開始反映他的觀點。他的雜誌奚落對手，並且鼓吹盧斯的對外政策。根據白修德的敘述，「任何事情也阻擋不住他利用自己辦的雜誌來宣傳他的心聲」。[22]盧斯警覺地看待納粹德國；美國不能再實行孤立主義；美國必須擔負起武裝干涉歐洲和

統治戰後世界的使命，這被盧斯稱為「美國世紀」；[23]盧斯懷疑俄國的意圖。《時代》週刊孕育一種冷戰意識。凡是對美國遏制政策的批評，不管是左還是右，都被草率對待。盧斯告訴國會一個委員會，「我不認為共產帝國和自由世界可以和平共處」。[24]

當盧斯與白修德抵達三藩市後，他們已很親近，盧斯吩咐白修德叫他「哈里」，同樣，他叫白修德「特迪」。他宣稱，每一個人的辦公室大門都向他敞開，但他辦公室的大門卻不向所有人敞開。那年夏季和秋季，白修德瞭解到了盧斯出版帝國不為人知的一面。「盧斯堅持認為，世界形勢、他的記者和雜誌都應該遵從他對任何事件的看法。」他對待中國的模式就是頑固地支援蔣介石。然後，一個星期天的下午，日本轟炸了珍珠港；白修德將作為《時代》週刊的戰地記者重返亞洲。[25]從1941年夏天到1942年夏天，白修德已經離開亞洲一年整。然而在紐約，白修德「避而不談他那沉重的疑慮」，誇張地撰寫關於國民黨政府的報導，蔣介石促使中國「不可思議地闊步」走向民主道路。[26]1942年至1944年，這樣的誇大其詞不攻自破。

1942年12月，他前往河南，並報導了那裡嚴重的大饑荒。在孫中山夫人的幫助下，他見到了蔣介石，即使白修德擁有證明饑荒的照片，蔣介石仍矢口否認。1943年7月，他寫信告訴一個朋友：「因為二月份我寫的那篇關於河南大饑荒的報導，我在重慶受到了責難。從那時到現在，整個政府都在監視我──我幾乎完全被排斥了。有謠言說宋子文或者蔣夫人本人要求盧斯先生撤換或是解雇我。這就是對新聞記者堅持真實客觀的回報。」[27]中國政府的審查制度愈發嚴格，以至於白修德在1944年春親自寫信給蔣介石反對審查制度。[28]他時常在約瑟夫·W·史迪威將軍那裡尋求庇護，但在將軍1944年10月被召回後，他又寫信告訴母親和妹妹：「魏德邁將軍（General Wedemeyer）是我見過的最有頭腦的參謀官，我想他會讓一切更加順利。我不會輕易地忠於某個人，但這個傢伙真的不錯。」[29]

1944年初，盧斯為了安撫對他中國言論的批評，在1944年5月1日的《生活》雜誌（Life）上刊登了一篇經過嚴格編輯的白修德的文章《〈生活〉看中國》（Life Looks at China）。《生活》雜誌並

未如白修德建議的那樣拋棄蔣介石，相反卻讚揚了他。[30]在白修德的回憶錄《探尋歷史》（*In Search of History*）中，他回顧了那場最終使他的文章得以發表的激烈「對話」。這也是最後一次盧斯讓他評論蔣介石統治下的中國，而非蔣介石本人。白修德飛回紐約勸說盧斯：「我們終於到了必須說明中國真相的時刻，蔣介石註定將要完蛋，除非美國能夠迫使他進行改革。」如白修德所說，盧斯只談「罪人是否有可能獲得救贖，或者美國（指《時代》、《生活》、《財富》雜誌）是否應當拋棄他」。白修德大量引用了他所謂的「思想交鋒」。根據白修德的記述，盧斯的底線是「雖然蔣政府很壞，但不像日本人或史達林那樣壞；我們的希望寄託在蔣身上。」白修德又進一步陳述到，當他一回到中國，「屠殺、處決和政府的無能等事實使我相信：蔣介石已不再是一個能夠實現美國或基督意圖的有用人物了。」[31]

事實上，相比白修德在他的回憶錄《探尋歷史》中講述的，白修德和盧斯之間的對話有著更多的內容。1944年4月3日，盧斯告訴白修德：「毫無疑問，這些年來，或許是一直以來，你寫了一些關於中國的最重要的文章。或許極少有文章比你的文章對美國更為重要。」盧斯堅持認為，這一稱讚「絕不是胡說八道」，而是因為無法不這樣說，作為編輯關係重大：盧斯既是主編，而且不管你是否喜歡，他又是一個中國問題專家。「所以我必須採取措施和你探討文章中的一些觀點──可能與你的報導沒有什麼關聯，但與你主題中的一兩個重要觀點相關。」

他從五個方面進行了評論。首先，盧斯將重慶大多數的腐敗、缺乏效率以及缺少改革歸咎於戰爭。「戰爭會讓一切癱瘓：生活上如此，政治上也是如此。」其次，中國文明的傳奇不應被浪漫化。「無論在時空上如何定義或定位，中國文明以任何價值標準來衡量，都是新石器時代以來人類創造的卓越成就之一。」一個人不能僅從1940-1944年間重慶的視角來看待中國，而要看到它的完整畫卷。第三，不應把所有的美德都放在「中國農民──普通百姓身上──而實際上完全不信任領導階層。像你一樣無視以蔣介石為核心的無數改革者們付出的大量艱辛努力，那就是忽視客觀事實，而歷史並不會將這些一筆勾銷。」第四，盧斯為蔣介石攻擊外國人的著

作《中國之命運》開脫，認為「他在寫作中表現出的非基督教精神，正如他最先做的那樣，應該予以抨擊」。然而，書中有一些東西需要得到「同情的理解——即中國人正努力從自己的也就是他們認為本土的道德準則中，而不是西方的道德準則中，發現復興中國的道德基礎」。他發現「為孔子的事業辯護十分奇怪」。不過，大多數「瞭解中國的人都知道，儘管中國文明在其哲學本質上是完美的，但它已經墮落到腐敗、迷信和羞恥的十分悲慘的粗魯狀態」。中國需要一次「徹底而深遠的改革」。中國的改革精神是西方傳播福音熱潮的結果。西方深刻的內在矛盾——基督教與進步——在剝削中國的同時也給中國帶來了改革。中國宣稱「中華主義（即）它自身全盤地求助於孔子的思想。當然，這種求助到頭來至多只是一種反應的工具。它可能恰好關上了通向普世主義的大門，而孔子就是普世主義的偉大先知。」最後，第五，命令國民黨和中國共產黨進行妥協不是美國的義務。[32]

白修德的回應反駁了盧斯的觀點。他贊同戰爭，特別是封鎖和通貨膨脹，「對重慶的政治平衡產生了主要影響」。然而，他堅持認為他是在「可為」與「不可為之間作出區分」：「政治形勢是不同的。這裡有大把的選擇，我相信國民黨做出的選擇是錯誤的。我認為政治形勢可以補救，我希望將之分開對待。」關於中國文明的傳奇，白修德認為這都是真實的，而非傳奇，並且要求給予版面對這部分加以詳述。他無法將領導階層定義為自由主義者，他們會受到嚴懲，被視為「美國的走狗，我將為他們印上死神之吻」。但他讚揚了蔣介石對中國的偉大貢獻——統一全國。至於孔子，中國無法丟棄他，即使她願意這樣做：「中國必須瞭解西方並非僅僅在玩弄野蠻的詭計，西方所做的遠遠超出這個範圍——西方意味著基督教的倫理和道德，西方意味著古希臘的精神探尋，西方意味著希伯來人的良知，西方意味著盎格魯─撒克遜的民主，西方意味著羅馬法……其他與我們有關係的文明必須理解我們，並試著西化——否則就會產生衝突。」至於盧斯的最後一點，白修德並不認為國民黨必須向中共讓步或是屈服。相反，「如果國民黨日益反動，他們將迫使這個國家的每一個人……轉向共產黨人的統治」。為了拯救自己的政府，蔣介石必須給予中國自由、改革土地所有權和承認基本

的民主權利。否則，共產黨和人民將極有可能或是實際上「轉向史達林」。[33]在多次爭論之後，白修德評論道：「我企圖盡可能地改變盧斯的看法（稱蔣介石的國民黨兼有『坦慕尼協會和西班牙宗教法庭最壞的特徵』），由於河南的饑荒，我仍然憤慨萬分，他抑制住我的怒火，而我自己也盡可能地加以克制。」[34]

　　白修德的文章《〈生活〉看中國》於1944年5月1日刊登在《生活》雜誌上。[35]這篇文章經過盧斯及其御用魔術師惠特克‧錢伯斯的重大修改，盧斯稱其為或許是歷來關於中國最重要的文章。他們寬容蔣，不對其作直接的批評。白修德的攻擊被轉移到陳氏兄弟的「CC系」身上：「官場的阿諛奉承和利慾薰心毒害了他的心靈，助長了他的偏見，雖然他是一個極為聰明的人。」[36]盧斯和錢伯斯同樣為蔣介石辯護，為委員長刻薄的著作《中國之命運》辯護，該書攻擊了用盡科學詭計的外國勢力和西方影響。雖然這是一個農民的國度，但他們有理由為他們的文明和偉大感到驕傲，這不是神話。在過去的三十年裡，國民黨人恢復了中國的統一。對日戰爭帶來了封鎖、交通癱瘓、高昂的糧食稅、失控的通貨膨脹和貪污腐敗──而重慶的政治僵局卻與此無關：國民黨在他們稱之為「訓政」的時期裡堅持壓迫而非自由。訓政恰是「對這個政權的忠誠分崩離析」的原因。[37]白修德含蓄地暗示，蔣介石可能已經犯錯，但他仍可以被原諒，因為「蔣介石承受了個人工作的巨大負擔」。[38]共產黨人已經「越來越有影響力和權力（就像鐵托），（然而）同時在國民黨內，情況開始逐漸惡化，這使得對權力競爭的最終勝負難以做出決斷」。[39]局勢十分複雜，因為有一個「重大且未知的因素：中國共產黨和蘇聯的關係究竟怎樣？」[40]在此問題明朗前，難以斷定他們的「民主主張」。這篇文章斷定蔣介石是「戰時中國的象徵，是連共產黨都承認的唯一可能的領袖」。[41]文章堅持認為中國人民「對美國的癡迷是我國對外事務的巨大資本」。因此，文章總結到，較之以往，美國有「更大規模切實（援助中國）的義務」。[42]

　　1944年夏重返中國之後，白修德對《時代》週刊的幻想日益破滅，因此1944年末，他在重慶的新聞招待所書桌上方掛了這樣一句口號：「本辦公室所寫報導與《時代》週刊所刊並無關聯。」[43]在他的回憶錄中，他戲劇性地描述道：「我發現腐敗混亂的情況發展

之快，超出了我的預料，日本人正在摧毀華東前線的國民黨殘部，
史迪威將成為犧牲品。盧斯的手裡握著我關於史迪威危機的完整報
導，卻把關於危機的報導編寫成了一篇謊話，一篇十足丟人的報
導。」[44]《時代》關於史迪威的報導《危機》（Crisis）刊登在1944
年11月13日的雜誌上，由弗雷德・格魯因（Fred Gruin）撰寫，錢
伯斯編輯。白修德就這篇標誌著他與盧斯關係轉捩點的文章寫道：
「報導的論點是美國必須做出選擇——是支持蔣介石還是把中國拱
手讓給俄國。報導帶有基督教啟示的語調，就像所有啟示錄故事一
樣，它對幾種力量和未來的分析全是錯的。」[45]

　　白修德準確地描繪了錢伯斯—盧斯在《時代》週刊上關於史
迪威事件的封面故事。召回史迪威被用作封面故事以傳達《時代》
週刊的意圖，或如文章中所稱的「基本局勢」。史迪威被免職不僅
僅是「一段令人尷尬的插曲，還是一次最為重大的失策」。華盛頓
通過史迪威將軍、高斯大使以及羅斯福的私人代表——副總統亨
利・華萊士、唐納德・納爾遜和派翠克・赫爾利，已經告誡蔣介石
「急切需要與俄國和中國共產黨合作」。《時代》週刊認為，所有
這一切對一向忍耐的蔣介石施加了過多的壓力。當他無法被信任獲
得「租借物資」時，他強忍住受打擊的自尊，私下抱怨他被當作美
國人的「奴隸」和「竊賊」。眾議員周以德（共和黨人，明尼蘇達
州）說了大意是這樣的話：「一個有自尊心的國家領袖無法忍受這
樣的最後通牒。」周以德進一步評論道：「史迪威沒有犯錯。他只
不過是華盛頓行政當局的替罪羊。我們必須放棄這個從一開始就不
應持有的不恰當立場。」然而，這無法使史將軍成為愉快的「喬大
叔」——他被叫做「醋性子喬」是有原因的。

　　在寬恕蔣介石和草草為史迪威開脫之後，《時代》週刊談了它
所謂的「基本局勢」：「不加掩飾的事實是，中國的局勢表明，重
慶專制政府實行高壓統治是為了捍衛中國殘存的一點點民主原則，
重慶與延安之間的內戰不宣而起，而延安政權的目的是要在中國傳
播共產主義。」只有左翼分子和左傾自由主義者，例如布魯克斯・
阿特金森（Brooks Atkinson）（《紐約時報》）、愛德格・斯諾、
艾格尼絲・史沫特萊（Agnes Smedley）和他們的同夥熱衷於批評蔣
介石，為毛澤東辯解。

　　《時代》週刊的文章《危機》的結尾發人深省，引用了沃爾特・李普曼（Walter Lippmann）的著名作品《美國外交政策：共和國的盾牌》（*U.S.Foreign Policy: Shield of the Republic*）。這名記者認為兩個國家——英國和中國——對美國的存亡至關重要，如果生存受到威脅，美國應當參戰。如果對延安的封鎖減輕了，中國共產黨可能取代國民黨，之後會投向俄國而非美國。啟示非常清楚：「如果美中關係之間的裂痕無法迅速得到修補，美國和中國都會成為失敗者。對中國，損失可能是巨大的。對美國，則有可能造成災難。」[46]

　　《時代》週刊的這篇文章使白修德大發雷霆。他給盧斯發去電報說，如果他所讀到的內容屬實，他將不得不辭職。盧斯回應道：「在你看到關於史迪威的封面報導的全文前，請你忍耐一下。」但刊印出的報導更加糟糕。之後，白修德給盧斯寫了一封長信，說明國民黨人和共產黨人都不民主，美國需要那些最有助於抗擊日本的力量的支持，特別是如果美軍準備進攻日本必須在中國海岸線登陸的時候。幫助蔣介石只會使美國承擔「干涉」內戰的義務，而美國無論如何都有損無益。白修德的信分成兩部分，頭兩頁是引言，另外二十七頁反駁了《時代》週刊的史迪威封面報導，並提醒盧斯必須告訴他《時代》週刊的政策究竟是什麼，以便「我清楚地知道我是否還能忠於您」。在這封重要的信件寄出前，他又手寫了一句話：「我真心誠意地希望我們的和解不會太難。」[47]

　　白修德承認儘管國民黨無能腐敗，它仍然得到了軍隊和美國的支持；而儘管中國共產黨無視外部世界，堅持社會主義特徵，但它維持了一黨民主，並且擁有巨大的潛力。尤其是，人們無法證明俄國曾提供了任何幫助。白修德對《時代》週刊處理整個史迪威事件的行為十分憤怒：史迪威不得不成為蔣介石保持對延安封鎖的犧牲品，因為延安被視為共產主義接管整個中國並使中國成為俄國工具的現實威脅。白修德稱，為封鎖的正義性進行辯護是徹底的錯誤。那些軍隊應投入華南對付日軍的「一號作戰」攻勢，華南已為此付出沉重的代價。白修德部分同意周以德的話：羅斯福的最後通牒是一個錯誤，如果史迪威不擔任總司令，美國的軍事援助也不會被撤回。史迪威自身無法繼續忍受國民黨的冥頑不化，但沒有人曾

提到過蔣介石是個竊賊，儘管《時代》週刊明顯引用了蔣介石對此的指控。但人人都可以看到「租借法案」的物資在黑市上被售賣。沒有人能夠與中國共產黨對話，直到史迪威將軍派出的迪克西使團（Dixie Mission）出訪延安，才得以對中共進行實地觀察，之後，除了赫爾利之外，無人督促中共與蔣介石妥協。對白修德而言，如果不是在嚴格意義上說，延安比重慶更民主。最後，白修德仍想維持與盧斯的朋友關係，但他不準備向《時代》週刊致歉。[48]

恰在此時《生活》雜誌發表了白修德最具爭議的文章《紅色中國內幕》（Inside Red China），1944年12月18日文章發表當天，讀者爭相購買。文章同樣經過了嚴格的修改，消除了對蔣介石的譴責，蔣介石得到了寬恕。而他的顧問則遭到了嘲笑。如果他願意改革政府，美國人就會支持他。白修德文章的編輯引言甚至指出日本的「一號作戰」攻勢將要把中國一分為二，因此，「美國政府一直在催促蔣介石委員長接受共產黨的幫助，以聯合作戰阻止日本侵略」。[49]白修德的文章就在主編盧斯這樣不合拍的拙劣辯解中開始了。

白修德報導的基調是將延安描述為一個極具決心、組織健全和充滿效率的地方。「這一小片黃土地上的人們是共產黨進行抗日戰爭的眼睛、耳朵、經脈和觸角。」[50]紅軍有廣大農民的支援作為後盾，因為農村的社會結構得到重組，地租從40%減至20%。而且，「你充分尊重他（農民），詢問他的意見，賦予他選舉地方政府和警察的投票權，讓他投票決定減租，讓他投票選舉軍隊和民兵──如果你做到上述全部，那就是讓他成為社會的支柱。」[51]白修德以其特有的樂觀主義繼續寫道：「共產黨人認為如果各階級的所有成年人被賦予投票權，黨就能保持對群眾的控制，因此，民主恰好是實現中國本身、共產黨以及廣大群眾共同發展的最佳仲介。」[52]最為重要的是，共產黨對戰爭作出的努力，抵抗日軍的暴行使得紅軍受到歡迎。正如白修德所指出的那樣：「他們為農民提供保護，進行抵抗鬥爭，並且成為了中國農民發洩對日軍的恐懼與不可磨滅的仇恨的唯一可能的出口。」[53]

盧斯回覆道，支持蔣介石就像支持邱吉爾對希特勒的作戰一樣。[54]1945年2月，白修德的另一篇報導被錢伯斯改頭換面，隻字未留。最終，4月時，他被告知暫停四至五周的政治報導，而只許寫

「有趣的故事」[55]。他決定繼續《時代》週刊的工作，但僅僅是為了保持一個戰地記者的身份。[56]

之後，盧斯的副手、有時又身為中間人的艾倫・格羅佛（Allen Grover）為這位奮力抗爭的明星記者以及他的主編草擬了一份備忘錄。[57]格羅佛給白修德寫信道：「正如哈里所說的那樣，一份備忘錄可能有益於人事關係。我希望這份就是如此……你和時代公司能否融洽相處，可能要依靠在某些特殊問題上所達成的特殊協定。」必須有一個「雙方都滿意的舉動」。[58]

白修德在1945年11月中旬接到來自格羅佛的備忘錄：「在同哈里・盧斯討論了你在接下來的幾個月中想在中國問題上發表和報導所將引起的諸多問題後，哈里提出了幾條建議，現轉告如下。」建議共有三條：首先，在盧斯、白修德和一名親蔣記者查理・墨菲（Charlie Murphy）之間舉行一次三方談話。如格羅佛陳述的那樣，會談的目的是為了「批評、爭論、否定、抨擊國民黨中央政府的任何情況或是美國對華政策的任何方面，這些可能是你與墨菲、盧斯意見相左之處。」隨後墨菲將撰寫一篇報導發表在《生活》雜誌上。其次，墨菲的文章發表後，白修德可以通過直接與盧斯「談話」的形式討論美國對華政策，或者可以提交一篇坦率表達自己觀點的文章，但「他要求在你完成初稿後，給予他任意表達自己觀點的特權。」第三，盧斯要求白修德在四到六周內避免公開講述「國民政府在1944年的失敗」。[59]白修德於1945年11月6日做出回覆，認為那是一個「公正的提議」。並且，「正如我的理解，在墨菲的報導發表後，我提交我的初稿，非常誠摯地與哈里本人談論這個問題，之後發表一個不經審查修改的版本，以表達我對真實的中國局勢的想法」。[60]但他的理解是有誤的。

恰好在1944年11月13日的史迪威封面報導之後，白修德給《時代》週刊的常務編輯湯姆・馬修斯（Tom Mathews）發去了一份備忘錄。他現在明白，在史迪威的封面故事「轉捩點」後整個一年《時代》週刊的「中國政策」變得「與國民黨的官方宣傳毫無區別。在世界政治中，我們還從未這樣毫無辨別地認同一個人和一個政黨，無論是對俄國、英國、南美，還是在國內。」之後，他總結了《時代》週刊的中國政策：它從不以任何方式批評蔣介石；它刊

登蔣介石的承諾好像它們是事實一樣；它沒能注意到反蔣的非共產黨獨立民主勢力；它「不予理睬」蔣介石的殘忍——集中營、祕密警察、刑訊和嚴格的審查制度，卻在同時把這一切缺點歸於共產黨；它無視蔣介石不顧百姓的政策、他的新聞集團、腐敗的徵兵體系和不公平的稅收；它堅持有必要支持蔣介石，以避免俄國支持中國共產黨，從而在《時代》週刊的中國專欄中傳播「紅色妖魔」的概念——即使「在戰爭期間從未有過一方對另一方輕微的軍事援助，也沒有過些許證據表明來自莫斯科有組織的指導。」

只有單方面的中國故事被報導：「唯有真實地展現槓桿的另一邊，這些英雄主義和光榮在我看來才是可信的。」為了達到平衡，白修德建議採取以下措施：第一，嚴格遵循事實；第二，在承認國民黨作為中國合法政府的同時，列出它的「過失錯誤」，特別將它的承諾與中國生活的現實進行對比；第三，承認「歷史悠久的同情心與共同的利益將中美兩國聯結成永恆的朋友」；第四，將《時代》週刊對中國共產黨的估計與對美國共產黨的評價相分離；第五，如果內戰爆發，《時代》週刊「不應將它報導為是為民主或反共的十字軍東征，而是一場全球性的悲劇，美國人應該以悲痛的心情來看待，不支持任何一方」。[61]

盧斯用《時代》週刊戰後頭兩期的封面報導來慶祝戰爭的結束——一期的主角是道格拉斯・麥克亞瑟，另一期的主角是蔣介石。他請求白修德撰寫一篇蔣介石的報導；然而遭到了白修德的斷然拒絕。盧斯指責白修德在政治上抱有黨派偏見，並命令他回國。1945年9月18日，白修德離開中國，飛越喜馬拉雅山、印度、非洲、大西洋後抵達紐約。他認為自己的首要任務就是寫一本書來說明中國正在發生的事。他邀請他的同事、駐華記者賈安娜（安娜莉・雅各比，Annalee Jocoby）共同執筆。「我決定首先要報導蔣介石非垮臺不可的情況——縱然這意味著我將同《時代》週刊和亨利・盧斯徹底決裂。」[62]

在他的回憶錄中，白修德講到他和時代公司關係終結之時，正是《中國的驚雷》（*Thunder Out of China*）一書完成之際，他將這本書寄給盧斯：「此舉並非接受新聞審查，僅出於禮貌——也並非乞求再度委派為《時代》週刊的駐外記者。」數周後，他們會面

了。白修德寫道：「見面時情緒很激動，（盧斯）十分惱火。」他接著回憶，赫西當面指著盧斯說，「《真理報》（*Pravda*）的真實報導與《時代》週刊的一樣多」。[63]盧斯則稱白修德與赫西為「忘恩負義之輩」。他想要知道白修德是否願意接受任何委派，儘管白修德提出莫斯科，但他拒絕告訴白修德具體安排。他給了白修德一周時間來答覆。1946年7月12日，星期五，白修德做出了回覆：不！雖然盧斯尚在度假，他還是預料到了這個結果。1946年6月29日，他正式答覆白修德並解雇了他。[64]

　　直到1967年盧斯去世之後，白修德才回到《生活》雜誌工作。1951年，盧斯曾在巴黎拜訪白修德，進行了「長時間親密的交談」[65]。儘管如此，雙方都始終堅持自己對於中國的看法是正確的。

　　1946年出版的《中國的驚雷》由白修德與其《時代》週刊的同事賈安娜合著，成為評論政治、革命以及為什麼「美國應該立即撤出中國，讓中國自己尋找通往未來的道路」的暢銷書。[66]白修德和賈安娜大膽地宣佈他們的觀點：「中國必須變革，否則就會滅亡。」[67]在書的「導言」中，他們指出，在粉碎日本的同時，「美國的戰爭盲目地切斷了人類歷史上的一場偉大的革命——亞洲革命」。美國的軍事技術人員戰勝了日本，但並不理解自己被捲入了政治之中。日本的戰敗並未帶來和平。要實現亞洲的和平與美國的安全必須認識到「勝利與和平使人民從封建束縛中解放出來」。根據作者描述，只有史迪威將軍理解了這個事實，他的政策也致力於此，這也正是他被撤換的原因。蔣介石、日本人和同盟國的技術專家誤解了這場戰爭。當蔣介石努力想要保持舊社會的結構時，他沒有能力戰勝日軍，也無力維持自己的權威。甚至美國也「不能為他重新奪取在全民抗戰的第一年中曾屬於他的光榮權力」。[68]

　　歷史學家芭芭拉・塔奇曼和羅伯特・舍伍德都認為，羅斯福同意撤換史迪威是因為蔣介石願意任命另一位美國將軍。馬歇爾反對過撤回命令，但「在晚宴上，哈里・霍普金斯向孔祥熙非正式地傳達了總統的態度，孔立即在10月1日給宋子文發了電報」。所以，孔的電報提到，既然事關中國的主權，羅斯福就會答應對召回史迪威的請求。正如塔奇曼的結論，「這正是蔣和宋期待的」。[69]

　　10月24日，史迪威正式被A・C・魏德邁將軍所替換；11月17日，派翠克・赫爾利少將接替了克勞倫斯・高斯大使。拉攏紅軍的所有努力為赫爾利所放棄，作者評論道：「正是1945年美國外交政策的整個進程，終於使中國共產黨深信美國是一個抱有敵意的大國。」[70]作者批評的重點不在霍普金斯和羅斯福，而集中於赫爾利。

　　在作者看來，赫爾利的三項使命都失敗了：首先，獲取美國對中國國民黨軍隊的指揮權；其次，促進蔣介石和史迪威之間的和諧關係；第三，使國民黨和共產黨達成和解。在最後一點上，1944年11月，紅軍曾願意簽署協議接受美國的軍事援助，但他們拒絕將所有軍隊交給蔣介石，不願一百萬人的軍隊只換取國防委員會提供的一個席位。換言之，「共產黨不願意接受任何使全中國受治於一個人意志的解決辦法；而蔣則不願接受任何威脅他絕對權威的解決方案。」[71]

　　《中國的驚雷》結尾處有兩個重要的觀點：第一，如果史迪威的建議得以執行，和平早已到來；第二，戰爭勝利前一年，美國曾經是一個調停人，但如今卻搖身一變為拯救蔣的同黨。1945年10月，蔣和毛舉行了一次會談，後者拒絕了得到赫爾利和魏德邁支持的蔣介石的妥協方案。作者認為，對蔣的要求屈服必然意味著「國民黨政府完全控制爭執地區，等於共產黨把每一個村鎮重新交給腐化的官僚和土豪劣紳，也就等於說苛捐雜稅、高利盤剝和橫行霸道的重新出現」。11月底，赫爾利辭去了他的職務，留下了他破產的政策，美國已不再是國共紛爭的調停人，而是內戰的同黨，要麼是蔣介石，要麼是毛澤東，中間路線被排除了。此外，這使俄國在亞洲與美國為敵，因為毛被迫轉向了蘇聯陣營。

　　當喬治・C・馬歇爾將軍接替赫爾利抵達中國後，他在1946年1月實現了停火，以組織一個多黨臨時聯合政府。1946年4月他回國時，協議被撕毀。蔣控制東三省的賭博同樣失敗了。他繼續主張只有共產黨妥協或者投降才有和平。同年夏末，中共拒絕。「馬歇爾拉來了一位聰明而高雅的傳教士司徒雷登博士（Dr. J. Leighton Stuart）作為他的幫手出任大使。但不過幾個星期，兩人就發表了一項聯合聲明，承認他們的外交調停失敗，並且表示要達成一個能為雙方都同意的和平解決方案幾乎已屬不可能之事。」[72]

　　《中國的驚雷》一書銷量超過五十萬冊。該書最早的評論者中有一個中國問題專家，認為該書是一部「卓越而又重要的著作」。[73]他還聲稱，政客和政治家們「都不得不考慮這本書對美國和中國的公共輿論造成的影響」。作為例子，在評論中他提到了杜魯門總統在1946年12月18日發表的闡明美國政策的聲明，以及國務卿喬治‧C‧馬歇爾關於終止調停努力的聲明。該評論者認為：「這一系列接連發生的事件，不管是否巧合，都證實了該書中的基本觀點，特別是關於國民黨內部的反動趨勢以及以往美國政策奇怪的愚蠢行為。」他認為該書是「紀實作品的傑作」，在很多時候達到了「文學的高度」。這位評論者只是對白修德和賈安娜沒有對國民黨以往的貢獻給予應有的讚譽稍有微詞，但他緊接著說，兩位作者得出了一個不容置辯的結論，就像是一句世人皆知的名言：「中國必須變革，否則就會滅亡。」此外，唐納德‧G‧圖爾斯伯里（Donald G.Tewksbury）指出此書的政策性建議「與書中未曾揭示的美國傳統」發生了嚴重的衝突。這個評論者最後評價該書「對中國人民而言，是一種強有力且尖銳的謀求正義的申述」。[74]

　　1946年史迪威將軍因癌症去世後不到一年，他的遺孀請求白修德整理她丈夫的日記。「白修德對史迪威日記中的內容深感震驚。」[75]史迪威用「花生米」和「瘋狂的小雜種」這樣的綽號來描述蔣。由於整理這些日記，白修德意識到只要蔣還在世，他便無法重返中國。《史迪威文件》的發表跟《中國的驚雷》一樣引起了轟動。有評論家視白修德為左派分子、共產黨的同路人，甚至就是一個共產黨人。白修德在哈佛的導師費正清稱該書的出版對蔣是當頭一棒，而《新共和》（New Republic）的理查‧沃茨（Richard Watts）認為這是對中國歷史的重要補充。[76]

　　1944年的夏天，在史迪威危機中，派翠克‧J‧赫爾利少將作為羅斯福「私人代表」的任務是調解分歧與穩定中國的軍事局面——可能還有在軍事上團結紅軍。簡要地復述這段故事是有必要的，但是要從對赫爾利有利的觀點出發，這使得他成為白修德的主要批評者。他的任命是因為副總統亨利‧華萊士1944年春促進國共談判的重慶之行。華萊士催促羅斯福派遣人員來說服蔣施行改革，

並和紅軍建立聯合戰線。赫爾利的任命由陸軍部長亨利‧史汀生發起。羅斯福意在讓赫爾利促成蔣和史迪威和解，並讓他替代高斯大使。1944年9月7日，赫爾利抵達重慶。他對相關事件尚未瞭解就倉促行事，導致調解史迪威將軍與蔣介石委員長關係的努力完全失敗。之後，他又繼續自己的第二項工作——在蔣介石委員長和毛澤東主席之間斡旋。

1944年11月7日，赫爾利未經宣佈抵達延安。當日，他致電羅斯福，告知他是受中共邀請前往訪問的。他寫道，此次短期訪問的目的是為了觀察是否存在國共合作的基礎。他隨身攜帶了與蔣制定的「基礎協定」草案，內容包括中央政府統帥下的聯合軍隊，堅持孫中山的原則，統一軍銜與軍餉，所有黨派獲得合法地位。[77]他在緩和史迪威與蔣的關係上已然失敗，而如今他試圖對蔣與毛做同樣的事。白修德寫到，赫爾利不喜歡在中國事務上接受別人的指導，更糟糕的是，他將白修德與毛的私人談話——毛說與蔣達成協定是不可能的——洩露給了華盛頓和毛，兩者隨後都拒絕了他——華盛頓方面最後還指責他應為失去中國而負責。[78]然而，在三天的談判中，赫爾利和共產黨人簽署了一份滑稽的草案作為未來周恩來與蔣討論的基礎：「美國人允諾取消蔣的政府，而代之以一個聯合政府，在此政府中，他們（共產黨）的軍隊和政府能掌握他們想要的武器。」周飛往重慶與蔣談判，爭取蔣在赫爾利的文件上簽字，但這是一個毫無希望的任務，不到一個月，周返回延安。[79]除了空洞的「聯合政府」以及長長的第三部分勾畫了中文版的美國權利法案之外，這份文件的關鍵之處還在於「來自外國的援助將被公平地分配」。[80]

蔣介石和毛澤東均原則上同意將赫爾利的五點建議作為對話的基礎：統一軍隊；承認蔣作為政府主席和軍隊統帥的地位；支持民主和三民主義；承認中國共產黨的合法地位；只有一支軍隊，所有士兵享受同等待遇。讓赫爾利失望的是，蔣不願滿足共產黨的要求去建立一個真正的全面積極參與、追求自由並尋求全國支持的聯合政府。由於這一原因，中共願意接受對它過去所建立各色政府的承認和美國的軍事物資。[81]

1944年11月7日赫爾利的延安之行著實成功地讓毛簽署了修改後的「五點協議」：聯合政府、改革、聯合軍事委員會、軍事物資

的平等分配、中共和其他黨派的地位合法化。並增加了兩點：推動進步和實現美國權利法案。蔣拒絕了這些提議，因為「協議最終會將整個政府交給中共；赫爾利對此並不認同」。[82]蔣再次提出了反建議：收編紅軍，提供平等待遇，承認中共合法化並承諾中共在全國軍事委員會的席位，在孫中山三民主義的基礎上建立民主國家；蔣期望在戰爭中和戰後得到中共的支持。同時，他需要立即完全控制共產黨的軍隊。[83]

1944年11月17日，赫爾利正式取代高斯成為駐華大使，並在當天向周恩來提出「三點建議」——推進民主進程、在全國軍事委員會中給予中共代表席位、要求共產黨交出所有軍隊。12月8日，這些提議被中共拒絕。周恩來指出蔣不願結束一黨專政並接受聯合政府。[84]蔣卻把這些反對稱為詭計。拒絕蔣的提議後，共產黨的立場更加強硬；他們不再願意和談，除非國民黨釋放政治犯，解除對陝北的封鎖，放棄一切鎮壓行動，停止所有特務活動。當魏德邁的參謀長羅伯特・麥克盧爾（Robert McClure）將軍提出與紅軍的軍事合作建議後，毛和周提出去華盛頓進行談判；朱德元帥則直接向外交官尋求美方2000萬美元的援助，但所有一切嘗試只不過助長了赫爾利的妄想。[85]

約翰・帕頓・大衛斯、約翰・艾默森（John Emmerson）、雷蒙德・盧登（Raymond Ludden）和謝偉思等外交官員們認為赫爾利太過僵硬，他的處理方式只會切斷與毛的關係：「赫爾利十分惱火自己與大使館的『關係』，但令他更為光火的是他們的報告內容。」[86]他們在電文中提到了共產黨的力量、效率和坦誠，以及得到廣大中國人民所支持的事實。相反，他們稱蔣腐敗、低效、缺乏廣泛的支持。在一份備忘錄中，大衛斯再次要求應做出更多的努力。[87]

對赫爾利而言，「這些報告意味著投降主義，並且在他看來，部分導致了12月下旬的僵局」。[88]1945年1月，赫爾利與毛聯繫並告訴他，蔣想要改組他的戰時內閣，並給予共產黨足夠的代表席位，外加其他更多的自由民主改革。1月24日，周返回到重慶，但所有的努力換來的是一個建立三方聯合統帥部負責紅軍的提議，由美國人出任司令，直屬於蔣，其中包括為蔣提供建議的一個共產黨參謀，戰時內閣由7至9人組成，包含所有的黨派。由於美國代表與蔣

有聯繫，因此也就間接地在紅軍與蔣之間建立了聯繫。周對此予以否決。所有的努力失敗後，羅斯福仍繼續支持赫爾利。俄國將在遠東的參戰使中共更為「蠻橫」，而蔣的境況愈發艱難。這也許是羅斯福「在國務院提出大量反對意見時卻仍支持赫爾利」的原因。[89]

中國的真實歷史究竟如何？1945年3月，當赫爾利大使抵達華盛頓述職時，他獲悉他在重慶的下屬在其離開期間撰寫的一份《二月報告》。向來多疑的大使認為這是背後中傷。他的手下認為通過外交手段實現國民黨和共產黨的統一至關重要，但增加更多的軍事經濟援助將使蔣更加不願在統一之事上妥協。特別是，「委員長……應該被告知關於美國對中共的援助事項，而非徵求他的意見，這將迫使他前所未有地加快談判」。[90]他們堅信，這一政策將會增進各方合作，並保證中共留在美國而非蘇聯的政治軌道中。赫爾利對他所認為的不忠行為感到憤怒，這導致了這些官員的調職或離任，即便如此，他們仍迫切要求更為靈活的對華政策。大衛斯堅持認為不應保護一個政治上已經破產的政權。將中國共產黨爭取到美國一方更值得嘗試。[91]

值得注意的是，1949年約翰・大衛斯向國務院人事部門報告：「赫爾利公開暗示我將該備忘錄文本交予共產黨。這完全是不真實的。」此外，他從未建議過拋棄蔣介石，且該備忘錄只是為了解決史迪威事件。[92]即使赫爾利也不認為中共是純粹的共產主義者，而大衛斯認為他們是機會主義者。謝偉思則認為他們是民主派。許多人認為他們是土地改革者，儘管詹姆斯・伯特倫（James Bertram）、艾格尼絲・史沫特萊、弗雷達・烏特萊（Freda Utley）和愛德格・斯諾等新聞工作者告誡說他們是忠誠的馬列主義者。「美國大使和使館官員認為他們可以調解兩支無法調和的力量。」[93]

1945年4月，羅斯福去世後，國務院的政策開始變得曖昧。一方面，它堅持政策目標，另一方面，又暗示赫爾利要有彈性。據此，赫爾利使共產黨同意於1945年7月下旬重開談判。7月上旬，一個七人小組飛抵延安，離開延安時他們帶著共產黨取消國民大會而舉行所有黨派參加的政治協商會議的呼籲。[94]認識到蘇聯在解決中國困局中的重要地位，儘管喬治・F・肯南和艾夫里爾・哈里曼警告過蘇聯可能「同最符合她利益的一方合作」，[95]赫爾利拜訪

了莫斯科，得到了史達林同意建立蔣介石領導下的自由民主中國的保證，史達林在雅爾達會議上同意了這一政策。為了進一步確認史達林的意圖，哈里‧霍普金斯在1945年5月26日至6月6日期間與史達林進行會晤，並得到了同樣的承諾。杜魯門為此感到高興。他寫信告訴赫爾利：「史達林直截了當地向我們聲明，他願意竭盡所能地推進在蔣介石領導下中國的統一。」[96]哈里曼也肯定了此點。之後，赫爾利獲准在6月15日告訴蔣介石雅爾達協議以及史達林的用意，並表示美國將嚴格遵守協議。然而，宋子文開始與蘇聯商談《中蘇友好同盟條約》，史達林要求並在1945年8月14日獲得對中國東北鐵路的共管、大連自由港和旅順港的使用。作為回報，史達林重申了他在雅爾達對霍普金斯和哈里曼所作出的承諾。[97]

　　與此同時，關於日益尖銳的國共矛盾的消息傳播開來，雙方競相佔領日軍撤退後的地區並收繳他們的武器。8月下旬，赫爾利安排了一次蔣和毛的直接會面，並親自飛往延安迎接毛主席和周恩來。毛在1945年9月3日的要求相當於要中國在政治上劃江而治。俄軍進入東北使得毛更為強硬。而杜魯門的反應則是承諾給予蔣介石援助以保證前日占區的和平與安全，但援助不應挪作他用。這是一個愚蠢的要求。儘管魏德邁得到海軍部長詹姆斯‧福里斯特（James Forrestal）和陸軍部長羅伯特‧派特森（Robert Patterson）的支持，主張支持蔣，使美國更深入地捲入中國的內戰，但華盛頓尚未做好準備。急劇崩潰的形勢促使赫爾利要辭職，雖然杜魯門和伯恩斯一開始並不同意。媒體和國會對赫爾利的批評升溫。11月底，他終於辭職。他的辭職信強調國務院中有一部分人支持共產主義，這使伯恩斯和杜魯門大為震驚。[98]總統將赫爾利1945年11月26日的辭職信交他的內閣傳閱，並說：「看這個狗娘養的在對我做什麼！」杜魯門生硬地以只有六行字的回函接受了他的辭呈。[99]

　　第二天，即1945年11月27日，總統指派喬治‧C‧馬歇爾將軍作為他的特使（大使級）前往中國。次年，他成功地讓蔣毛雙方坐在一起。馬歇爾參加了許多次會議，但到年中時，他發現和解遙遙無期。他回國後告訴杜魯門中國的局勢。從那時開始，除了「等待塵埃落定」之外，美國再無對華政策。1947年，魏德邁繼續肩負調查事實的使命，希望能在馬歇爾失敗之處有所作為。他的報告指出

了國民黨的錯誤。對華政策搖擺不定。高斯認為拋棄國民黨支持共產黨可能會更好；杜魯門將國民黨軍隊空運至中國的沿海城市接收日占區，但這是個錯誤。國務院中國科的范宣德稱那樣的政策給人以支持國民黨的印象。當塵埃落定後，毛控制了中國，而蔣退居臺灣。[100]

赫爾利的辭職信對一些國務院官員而言是一項尖銳的指控，根據赫爾利的說法，這些人曾「公開向共產武裝政黨建議，拒絕中共軍隊與國民革命軍合併，除非中國共產黨得到控制權」。[101]這些外交官「一直向共產黨表明，說我為阻止國民黨政府崩潰的努力並不代表美國的政策」。[102]他一再重申，「完成我們任務的主要反對力量來自美國駐重慶大使館與國務院中國和遠東司的職業外交官們」。[103]很明顯，他在轉移對自己失敗的指責：「國務院中有相當一部分人一直在廣泛支持共產主義，特別是在中國的共產主義。」一通辱罵之後他呼籲全盤改組國務院，因為「戰爭後期華盛頓外交政策的多元指向和混亂皆因我國外交部門的軟弱」。[104]「從下層官員起完全重組我們的決策機構」是政府義不容辭的責任。這將阻止美國的敵人「（因為）美國外交機構的軟弱而打擊美國的政策和利益」。[105]

赫爾利個人的謾罵與指控並未停止。1945年12月10日白修德出席參議院對外關係委員會的「遠東政策聽證會」作證。赫爾利宣稱：「美國對華政策應支持中華民國政府；而職業外交官們反對此點，並支持有武裝的中國共產黨推翻政府的企圖；它們（赫爾利提交或要求提供的文件）將證實這些論點。」[106]參議院對外關係委員會主席康納利（Connally）公開宣讀了一封信，信中強調「前駐華大使派翠克·J·赫爾利指控的極端嚴重性」。白修德、理查·沃茨、埃里克·瑟瓦里德（Eric Sevareid）、賈安娜和傑克·貝爾登（Jack Belden）提交的這封信，希望美國記者公開表明自己的觀點：「證明受到赫爾利先生不分青紅皂白地攻擊的職業外交家們，是完全正直和盡職盡責維護美國利益的。」他們認為，赫爾利「不同意他們的意見，並且排擠他們。這樣一來，他使自己和國務院喪失了資訊來源，而他的前任認為這些資訊是有價值的和客觀的。」白修德在上述記者的全力支援下出席了聽證會。[107]

　　康納利告訴白修德，「赫爾利將軍已在此作證，指出這兩位職業外交官（喬治・艾奇遜和約翰・謝偉思）破壞了美國的對華政策和在華努力」。[108]白修德知道什麼呢？白修德的整個證詞在於他堅持：「我知道國務院沒有任何職業外交官試圖破壞赫爾利將軍的對華政策。」[109]白修德的重點是他非常瞭解這些人，曾與他們在「危險糟糕的環境」中日夜共處，所以他很瞭解他們的想法。他可以證明這些人熱忱地想要努力創造一個「團結民主的中國」。他表示：「我認為在重慶的記者沒有察覺任何加害於赫爾利大使的陰謀或企圖是不可能的。」[110]

　　參議員亞瑟・H・范登堡（Arthur H.Vandenberg，共和黨人，密歇根州）質疑白修德作為證人是否有資格「認定那是不是他們的觀點，以及他們是不是鼓吹他們自己的觀點」。白修德詳盡地答覆道：「是否國務院的任何官員或是報告觀察員應該修改他的報告以迎合他上司的意見或者偏見。」在白修德看來，這樣的人無用而且危險。因為最瞭解約翰・謝偉思，他特別想要為他作證。[111]謝偉思根據史迪威的命令工作，他報告的是事實。正如白修德所說：「如果他們的意見和赫爾利將軍的相左，那是遺憾的；他們忠實地原原本本報告了事實。」謝偉思有一份出色的履歷，並去過延安。白修德的底線以他自己生動的語言來說就是：「我不相信，在重慶有人試圖與赫爾利將軍所稱的『共產主義武裝政黨』一起密謀策劃推翻蔣介石政府，而新聞界卻毫不知情，這是不可能的。」白修德為謝偉思辯護：「我絕對地肯定他沒有和任何人密謀推翻我們的政府。他只是報告他所見到的事實。」[112]

　　當范登堡問及，如果「租借法案」延伸至中共，是否會使國民黨政府崩潰時，白修德清楚地回答：「不，閣下。我不相信會如此。」之後，范登堡和白修德爭論持此觀點是否有損美國利益，或者說是否「報告了他所看到和瞭解的中國。上司可以接受或拒絕雇員的建議，但雇員必須如情報官一樣，報告他自己所見到的局勢。」范登堡不同意，並再次指責白修德沒有資格「判斷這些先生在做你認為他們必須做的事情的時候是否忠於職守。這得由我們來決定。」白修德回覆說：「我不是想要超越您的權力，閣下。我只是盡我所信和所知表明，這些人在為他們的國家盡忠盡力，他們在

報告真相，沒有人曾企圖妨礙、破壞和推翻蔣介石的政府。」范登堡堅持認為這可能是白修德的觀點，但這就是聽證會所要的「道聽塗說」。[113]

當參議員華倫・R・奧斯丁（Warren R.Austin，共和黨人，佛蒙特州）提出白修德只是在強化謝偉思的觀點時，白修德表示了相反意見：「不，閣下。現在有指控認為這些人企圖推翻蔣介石政府，企圖破壞美國的政策，我來到這裡是要證明他們並沒有這麼做。」[114]參議員亞歷山大・威立（Alexander Wiley，共和黨人，維爾京群島）問到他們是否與赫爾利在美國對華政策上有分歧時，白修德答道：「從未有過！從未有過！」所有人包括赫爾利都認為：「在中國各政黨可以在全面的聯合政府的基礎上達成協議，在此之下，各政黨的軍隊應服從聯合政府……我認為我們在中國的每個人……都相信這是應付諸實踐的最好的政策。」[115]白修德堅持說，1944年計畫在中國沿海的登陸需要中國共產黨的幫助。但赫爾利沒有得到共產黨的幫助。如果他成功了，也只有成功了，才能提供「租借法案」的物資。這是包括赫爾利在內所有人都贊成的政策。白修德再次強調了他前往華盛頓的目的：「我們大家都認識正遭受攻擊的這些人，因此我們希望借此機會公開宣告，我們相信他們盡忠職守、報效祖國。我們認為，這些人歷經磨難，受命赴險，絕不應該像如今這樣在大庭廣眾前遭受攻擊卻又無人站出來為他們聲辯。」[116]

白修德的證詞顯示了美國戰時對華政策的混亂與痛苦，而這是由早期戰略的矛盾所導致的。由於美國在太平洋作戰，因此在1943年作出重大努力促使中國成為一個大國。這就需要充分改進中國的軍事力量，但是歐戰阻止了這一方針的全面貫徹。一方面賦予中國大國地位，而另一方面中國的實際軍事力量卻很虛弱，這使美國陷入困境，此一困境因對國民黨的兩種看法而進一步增強。人們認識到蔣介石政府缺乏團結，軍事上也不可靠。但他因對日戰爭而被原諒。中國需要軍備，但美國無法充分滿足中國的需要。按照盧斯和「亞洲優先論」者的說法，美國應該盡力去增強蔣的力量，提升他的聲望，甚至不惜以自己對歐洲的承諾為代價。[117]相反，像白修德這樣一些人認為蔣沒有得到中國人民群眾的支持。國民黨似乎要把

中國的軍事供給和大國地位問題留給美國解決，而自己則準備著與中國共產黨不可避免的衝突。[118]

　　蔣介石在美國就是中國的化身。無論美國是否低估了中國的真實意圖，「亞洲優先論」者都認為美國的政策被某些美國人的叛國活動所破壞，並導致了蔣在內戰中輸給毛澤東。1949年8月，美國國務院發表了白皮書，解釋了它失敗的政策。國務卿迪安‧艾奇遜在隨白皮書給杜魯門總統的信中寫道：「不幸的但亦無法逃避的事實，是中國內戰的不幸結果為美國政府無法控制。——中國國內已經達到了一種定局，縱令這是未盡職責的結果，但仍然已成定局。」[119]艾奇遜是個歐洲主義者。他讀過《大地》和盧斯的出版物，對蔣委員長、蔣夫人以及他們基督教徒的身份印象深刻，但他還讀過白修德的文章。阿爾弗雷德‧柯爾伯格（Alfred Kohlberg）的院外援華集團用他之前在對華紡織品貿易中獲得的數百萬美元，支持被稱作「來自臺灣的參議員」威廉‧諾蘭（William Knowland，共和黨人，加州）和參議員肯尼斯‧魏里（Kenneth Wherry，共和黨人，內布拉斯加州），他們兩人都想將上海變成坎薩斯城。眾議員、前中國傳教士周以德也加入進來，他是屬於院外援華集團的美中政策協會的成員。他們相信艾奇遜「等待中國塵埃落定」的政策。事實上，眾議員斯代爾斯‧布里奇斯（Styles Bridges，共和黨人，新罕布什爾州）指責艾奇遜損害中國國民黨以及姑息俄國。艾奇遜很可能會建議承認中國共產黨，而實際上國務院已接到周恩來的試探資訊。然而，院外援華集團所創造的氣氛過於消極。艾奇遜試圖以白皮書引導美國公眾。白皮書只在報紙上以摘要形式出現：共產黨的勝利是「美國無法控制的」。喬治‧F‧肯南同意此點並指出，毛澤東不是史達林的「傀儡」。艾奇遜和肯南主張美國推行「讓中國順其自然」的政策。[120]

　　1949年10月，中國共產黨成立了新政府，而蔣介石逃往臺灣。對美國人而言，蘇聯的控制似乎開始強加於中國：「感恩的中國接受它的美國『大哥』仁慈指導的圖景變得遙不可及。」[121]諸如中國與其前盟友的合作、穩定遠東局勢、維持美國在亞洲的威望等共同目標破滅了。「亞洲優先論」者對杜魯門政府大發雷霆：他們相信華盛頓的對華政策是「高層愚蠢—下級不忠」的後果。[122]

一篇名為《美國出賣了中國》（The United States Sells China Down the Amur）的文章認為，華盛頓背棄蔣介石導致國民黨在中國的垮臺。[123]這被一些美國人用來解釋中國的丟失，並為他們對華政策辯護。院外援華集團並未發明這個說法。更恰當地說，這個解釋是「美國公眾和院外援華集團共同需要的產物……也反映出美國人民中為接受中國變故而存在的一種極端解釋」。[124]

在反省盧斯對大衛・哈伯斯塔姆（David Halberstam）的影響時，白修德曾說，如果盧斯誠實地報導中國，「世界歷史有可能改變」。此外，「我們本可以避免亞洲的兩場戰爭……可能不會有朝鮮戰爭，可能不會有越南戰爭」。[125]經過兩個領袖——尼克森和基辛格的努力，這一切才得以改變；他們改變了世界。與此同時，五六十年代的美國對華政策保持著穩定，但美國人對中國大陸的印象卻開始變得消極。

註釋：

1　T.White, *In Search of History*, 13-17, quote on 17.

2　Theodore H.White [以下簡稱THW] to Fairbanks, July 9, 1937, box 1, f.2, Papers of THW, Pusey Library, Harvard University [以下簡稱THW, PL, HU].

3　Fairbanks to THW, August 24, 1937, box 1, f.2, THW, PL, HU.

4　THW to Dean Hanford, late July 1939, box 1, f.8, THW, PL, HU.

5　THW to F.I.Smith, January 5, 1939, box 1, f.13, THW, PL, HU.

6　THW to Mom, Gitty and Borjy, April 24, 1939, box 1, f.17, THW, PL, HU.

7　THW to Mom, June 2, 1939, box 1, f.19, THW, PL, HU.

8　THW to Mom, Gitty and Bobby, August 19, 1939, box 1, f.20, THW, PL, HU.

9　THW to General Ch'en Ch'ien, October 16, 1939, box 1, f.21, THW, PL, HU.

10　THW to Mama, Gladys and Bobby, November 16, 1939, box 1, f.21, THW, PL, HU.

11　涉及庇護，見THW to Mama, Gitty and Borjy, December 10, 1939;涉及辭職，參見THW to Dr.Tong, December 18, 1939，董接受辭呈，見December 21, 1939, box 1, f.22, THW, PL, HU.

12　THW to John K.Fairbanks, November 28, 1939, box 2, f.6, THW, PL, HU.

13　THW to John K.Fairbanks, October 1939, box 2, f.23, THW, PL, HU.

14　Ibid.

15　Theodore H.White, "Eagles of Shansi," Time, December 18, 1939, http://www.time.com/time/magazine/printout/0,8816,763085,00.html.

16　Emily Hahn, China to Me, 142.

17　白修德在信中提到了電報，參見THW to Mama, Gladys and Bobby, April 19, 1941, box 2, f.26, THW, PL, HU。

18　THW to Gladys, April 25, 1941, box 2, f.26, THW, PL, HU.他並未出版的為蘭登書屋創作的有關國民黨系統的書起名為《從犁鏵到刺刀》（*Ploughshares into Swords*）。

19　First quote from THW, Search, 133, and second from Joyce Hoffmann, *Theodore White and Journalism as Illusion*, 46.

20　Charles Moritz, ed., Current Biography Yearbook, ed., 273-75, quote on 273.

21　Robert T.Elson, *The World of Time Inc.*, 1:447-48.

22　TWH, *In Search of History*, 126.

23　參見Henry Luce, "The American Century," in *The Ideas of Henry Luce*, 105-20。

24　U.S., Congress, Senate, Government Operations Committee, Subcommittee on National Policy Machinery, Organizing for National Security, Hearings, 86th Cong.2d sess., 1960, 923.

25　TWH, *In Search of History*, 133-37, quotes on 132, 133, 135.

26　Hoffmann, *White and Journalism*, 47.

27　涉及孫中山夫人的部分，參見THW to Mme.Sun, November 26, 1942, box 4, f.20;關於蔣介石的否認，可參THW to Till and Peg, June 1, 1943, box 4, f.11；引文見THW to Quinn, July 12, 1943, box 4, f.12, all in THW, PL, HU.

28　TWH to Chiang Kai shek,[June to July] 1944, box 4, f.25, THW, PL, HU.

29　THW to Mama and Gladys, January 17, 1945, f.31, box 4, THW, PL, HU.

[30] Herzstein, *Crusade in Asia*, 42.

[31] TWH, *In Search of History*, quotes on 217, 218.

[32] Luce to THW, April 3, 1944, box 3, f.21, THW, PL, HU.

[33] THW to Luce, April 4 or 5, 1944, box 3, f.21, THW, PL, HU.

[34] TWH, *In Search of History*, 217.

[35] THW, "Life Looks at China."該文已被收編在Edward T.Thompson, ed., *Theodore H.White at Large:The Best of His Magazine Writing*, 1939-1986, 96-110.

[36] Thompson, *White at Large*, 109.

[37] Ibid.

[38] Ibid.

[39] Ibid., 106-07.

[40] Ibid., 108.

[41] Ibid., 109.

[42] Ibid., 110.

[43] David Halberstam, *The Powers that Be*, 79.

[44] TWH, *In Search of History*, 218.

[45] Ibid., 219.

[46] 參見*Time* magazine November 13, 1944, see http://www.time.com/time/printout/0,8816,801570,00。

[47] THW to Luce and David Hulburd, November 29, 1944, Mss 65, Series XIX, box 511, f.2, copy by courtesy of the Mansfield Library, K.Ross Toole Archives/Special Collections, University of Montana.

[48] Ibid.

[49] Hoffmann, *White and Journalism*, 52;for quote, see White, "Inside Red China," *Life*, 39.

[50] THW, "Inside Red China," *Life*, December 8, 1944, 39.

[51] Ibid., 40, quote on 46.

[52] Ibid., 46.

[53] Ibid., 40.

[54] TWH, *In Search of History*, 219.

[55] Ibid., 220.

[56] Ibid., 221-22.

[57] Thomas Griffith, Harry & Teddy:*The Turbulent Friendship of Press Lord Henry R.Luce and His Favorite Reporter, Theodore H.White*, 142.

[58] Allen Grover to THW, October or November 1945, box 3, f.21, THW, PL, HU.

[59] Allen Grover to THW, November 14, 1945, box 3, f.21, THW, PL, HU.

[60] THW to Allen Grover, November 16, 1945, box 3, f.21, THW, PL, HU.

[61] THW to Tom Mathews, date unknown, box 3, f.21, THW, PL, HU.

[62] TWH, *In Search of History*, quotes on 251 and 252.

[63] Ibid., 257.

[64] Luce to THW, June 29, 1946, box 3, f.21, THW, PL, HU.

[65] 引自Hoffmann, *White and Journalism,* 87。

[66] TWH, *In Search of History*, quotes on 255, 265.

[67] THW and Annalee Jacoby, *Thunder Out of China*, 298.

[68] Ibid., quotes on xiii, xv, xvi.

[69] *Tuchman, Stilwell and the American Experience in China*, 1911-45, 498.此外，如前述，白修德和賈安娜與哈里・霍普金斯的爭論可參見Sherwood, Roosevelt and Hopkins, 705.

[70] White and Jacoby, *Thunder*, 221-42, quote on 242.

[71] Ibid., 255.

[72] Ibid., 280-96, quotes on 287, 296.

[73] Donald G.Tewksbury, "Review of Thunder Out of China," 58-59.

[74] Ibid.

[75] Hoffmann, *White and Journalism,* 77.

[76] Ibid., 78-79.

[77] 1944年10月28日，赫爾利將軍的草案經王世傑和張治中將軍修訂；同樣可參見Hurley to FDR, November 7, 1944, FRUS, 1944, vol.6, China, 666.67.

[78] Memorandum by General Patrick J.Hurley, November 8, 1944：「《時代》和《生活》雜誌記者白修德告訴我，他不久前與毛主席有過一次談話，毛告訴他在他與蔣介石之間沒有任何可能達成協議……白修德的整個談話絕對與我此行的任務背道而馳」（Ibid., 673-74）。

[79] Buhite, Johnson, 207-14, quote on 213.

[80] 中國共產黨代表修訂的草案，《中華民國政府、中國國民黨和中國共產黨的協議》，見November 10, 1944, FRUS, 1944, vol.6, China, 687-88.

[81] Russell D.Buhite, *Patrick J.Hurley and American Foreign Policy*, 166.

[82] Ibid., 171.

[83] Ibid., 172.

[84] Ibid., 175-76.

[85] Ibid., 180, 186.

[86] Ibid., 181-82.

[87] Memorandum by the Second Secretary of Embassy in China (Davies), November 15, 1944, FRUS, 1944, vol.6, China, 696.

[88] Buhite, Hurley, 183.

[89] Ibid., 184-85, quote on 187.

[90] Ibid., 189.

[91] Ibid., 193-94, 196.

[92] John S.Service to Division of Foreign Service Personnel, October 19, 1949, FRUS, 1944, vol.6, China, 712-14.

[93] Ibid., 199-201, quote on 202.

[94] Ibid., 212-19.

[95] Ibid., 222.

[96] Ibid., 224.

[97] Ibid., 225-30.

[98] Ibid., 230-72.

[99] Ferrell, Truman, 316.

[100] Ibid., 316-17.

[101] "The Ambassador of China (Hurley) to President Truman," November 26, 1945, FRUS, 1944, vol.6, China, 723.

[102] Ibid.

103 Ibid.

104 Ibid., 724.

105 Ibid., 725-26.

106 United States Senate, Committee on Foreign Relations, Hearings, Investigation of Far Eastern Policy, 300.

107 Ibid., quotes on 310-12.

108 Ibid., 314.

109 Ibid., 314-15.

110 Ibid., 315.

111 Ibid., 316..

112 Ibid., 317-18.

113 Ibid., 319.

114 Ibid., 320.

115 Ibid., 321.

116 Ibid., 322-24, quote on 325.

117 Walter H.Judd, Congressional Record, 79th Cong., 1st sess., vol.91, pt.2 (March 15, 1945), 2294-2302.

118 PSB, "A Warning About China";Edgar Snow, "Sixty Million Lost Allies";Darrell Berrigan, "Uncle Joe Pays Off";E.O.Hauser, "China Needs a Friendly Nudge";New York Times, October 31, 1944, 1, 4;Edgar Snow, "Must China Go Red?";Samuel Lubell, "Vinegar Joe and the Reluctant Dragon"; "Is China Washed Up?"

119 State Department, United States Relations with China, with Special Reference to the Period 1944-1949, State Department Publication 3573.參見Dean Acheson's letter of transmission to President Truman, July 30, 1949, iii-xvii。

120 Ibid., xvi.也可參見Isaacson and Thomas, Wise Men, 474-77。

121 Koen, China Lobby, 14.

122 Ibid., 15.

123 W.Johnson, "Sells China Down the Amur."

124 Koen, China Lobby, 23.

125 As cited in Herzstein, Crusade in Asia, 250.

Chapter 14
領袖們
Gurus

　　1949年10月1日，中華人民共和國宣告成立，雖然直到1950年5月大陸才全部解放。從那時起，直到1972年2月27日理查·尼克森（Richard Nixon）總統簽署《上海公報》（*Shanghai Communiqué*），中美關係一度中斷。[1]美國面前有兩條路：其一是努力顛覆共產黨在中國的統治；其二是將中國視為「潛在的南斯拉夫」，考慮最終承認，甚至提供支援。艾奇遜指出：「如果北京遠離莫斯科，她將發現美國會接納她；如果她更為接近莫斯科，她將發現美國充滿敵意，甚至會走向使用武力。」[2]

　　1950年初，參議員約瑟夫·麥卡錫（共和黨人，威斯康辛州）推動了「丟失中國」的反共狂潮。費正清將這個時代稱為「任意攻擊中國專家的時期」。他認為，由此而開展的調查有的是出於真誠的關注，也有的則出於政治投機。參議院的一個下設委員會開始關注太平洋學會。該委員會聲稱「太平洋學會曾陰謀影響民主黨執政時期的國務院決策者，以利於中國共產黨人」[3]。兩名專家受到了重點攻擊——歐文·拉鐵摩爾（Owen Lattimore）被控犯偽證罪，但1955年聯邦法院未受理這項指控；而謝偉思接連六次經國會忠誠調查委員會查明無罪，最終還是被革職，但在1957年，由於最高法院的一項命令，他才得以復職。費正清指出：「約瑟夫·麥卡錫的主要成就在於他如此之久地為那些贊成其目標而不贊成其手段的美國人所容忍，況且他們出於恐懼而情願支持他的手段。」[4]

　　漸漸地，美國推行「兩個中國」的政策。1957年，中國提出進行文化交流，但美國做出的回應要求中國放棄在臺灣海峽使用武力，而中國則要求對臺灣主權的正式承認。甘迺迪政府時期政策

照舊。國民黨威脅反攻大陸被美國否決。[5]60年代後期，受到越南戰爭的衝擊，「中國被視為日益危險的敵人，共產主義革命的新中心，以及顛覆危險分子的源頭，如同俄國在早些時候的身份一樣」。不顧周恩來關於和平共處的倡議和中國的民族主義情結日益重於共產主義的事實，美國政策依然我行我素。正在這時，尼克森和基辛格登上了歷史舞臺，而蘇聯對中華人民共和國的敵意開始升級。[6]

尼克森最早提出對華政策的改變，是在1967年公開發表於《外交季刊》（*Foreign Affairs*）的文章《越南戰爭之後的亞洲》（*Asia after Viet Nam*）上，那時他還只是一個有志競選總統的人。他仍然認為亞洲「國家面臨中國的野心」，然而，他也寫到要「面對中國的現實」。[7]最終，向前邁出的重要一步出自這位曾經的院外援華集團正式成員和「赤色分子」的攻擊者。在1968年被提名為共和黨的總統候選人後，他於1968年8月9日接受了《美國新聞與世界報導》（*U.S. News and World Report*）的訪問。他堅持認為：「我們絕不能忘記中國。我們必須經常尋求機會同她對話，就像同蘇聯對話一樣。不應只關注變化，必須設法促成變化。」[8]

隨著態度的轉變，又正值當選之後，他已經計畫將外交政策置於白宮的控制下，而非國務院。尼克森認定選擇國家安全顧問的人選至關重要，正如他之後承認的那樣：「我在決定人選時採取了與眾不同的挑選方法。」他知道亨利·基辛格曾擔任納爾遜·洛克菲勒（Nelson Rockefeller）的外交政策顧問。1968年11月25日，尼克森在他交接期間的辦公室內安排了與基辛格的會面。他通過閱讀基辛格的著作《核武器與對外政策》認識到：「我們的總體看法十分相像，因為我們都認為，分別對待並設法左右會影響世界均勢的各個因素是很重要的。」兩人都將越南戰爭視為一個短期政策問題，但從長遠出發，「我提到我對需要重新評估我們對共產黨中國政策的關注，我請他讀一下我在《外交季刊》上發表的文章，在這篇文章裡我第一次把這個想法作為可能性和必要性提了出來。」基辛格表示同意並建議由國家安全委員會提供最好的政策選擇。就在那樣的氣氛中，尼克森當即決定請基辛格擔任他的國家安全顧問。兩天以後，他正式任命了基辛格。之後尼克森表示：「一個是來自惠蒂

爾的雜貨鋪老闆的兒子，一個是來自希特勒德國的流亡難民，一個是政治家，一個是學者，看起來這種結合仿佛很不可能。但我們的差異卻有助於使我們的夥伴關係發揮作用。」[9]

在尼克森1969年1月20日的就職演講中，他提到了中國，說沒有人應該生活在「憤怒的孤立」[10]中。在此之後，他下令由國家安全委員會對美國對華政策作全面的回顧。他寫信告訴基辛格：「我認為我們應該盡力鼓勵這種態度，即政府正在探索緩和與中國關係的可能性——要私下培育這樣的想法。」[11]1969年2月5日，基辛格通知國務卿、國防部長、中央情報局局長，國家安全委員會的東亞事務跨部會小組將著手這項任務，且「該項研究應吸納其他觀點和對相關問題的解釋」。[12]該報告在4月底完成。

這份報告稱，儘管中國對於美國並非直接的威脅，但亞洲各國能夠「感到中國逐漸壯大的影響，而且其他國家也相信中國理應獲得大國地位，包括聯合國安全理事會的席位」。由於中國的「神祕」使美國產生誤解以及在朝鮮戰爭之後產生的敵對關係，因而美國對中國有著特殊的關注。報告考慮了「中國對美國利益『威脅』的性質，以及我們對華關係的目標和選擇的可能範圍」。目前的敵對狀態來自意識形態的分歧、國家目標和美國在亞洲的防衛義務。這些原因將持續存在，因為共產主義專政將繼續，中國的軍事實力將增強，儘管在後毛澤東時代可能會有一些調整。其他亞洲國家對中國的目標亦感到不安。這些因素將增大中華人民共和國被其他國家認可的可能性。北京希望被承認、和解，並樹立自己的形象，換言之，「被視為世界大國，引導意識形態革命的領袖，以及對臺灣的控制」。它的這些目標受到農業問題、政治問題和僅擁有在國界附近軍事防禦能力的限制。雖然美國簽署條約並承諾對臺灣的防禦，但美國若要改變與中華人民共和國的關係，並沒有義務要取得「中華民國」的同意。這份報告在其開頭持謹慎態度，後來又暗示遠東四國（美國、蘇聯、日本和中國）的關係將可能發生重大變化，儘管在毛澤東的統治下這種可能性似乎不大，「未來的中國領導層可能通過操縱它與其他三國的關係，尋求並達到和其中一個或者更多的國家有限度的和睦狀態」。[13]

　　美中關係的任何變化都將導致中國周邊國家的巨大調整，這不一定是針對美國而言。至於聯合國，將中國排除在外已經成為一個問題，成員國們認為佔據世界人口四分之一的中國應該加入，即使「中華民國」仍然佔有席位。如果中國的領導層在態度上沒有任何轉變的可能，那麼美國的政策選擇可能變得「捉襟見肘」。目前的對抗不會是無限期的。因此，美國的目標可以更加靈活：遏制侵略；避免中華人民共和國與其他大國針對美國結盟；維持美國在東亞的影響；得到中華人民共和國的接受，及與其他亞洲國家合作；實現緩解緊張局勢，特別是軍控、裁軍和美國與中國政治經濟關係的正常化；解決臺灣地位問題；拉動臺灣的經濟增長。

　　至於關係正常化，該報告向其讀者展示了附表F：《與中華人民共和國的外交聯繫》（Diplomatic Contacts to Relations with the PRC）。文章詳述了尼克森在《外交季刊》的文章中將中國引入世界政治主流的觀點。提出的問題是：「應在何種程度上與中國保持接觸、維持關係？」它列舉了現行政策和替代方案的利弊所在。報告提到，目前除了華沙的大使級會談外沒有正常的外交和領事關係。會談雖然暫時中斷，但大使館官員已經到位，正尋求恢復自1954年以來已舉行了134次的會談。第一個選擇方案是等待北京主動要求重開談判或者擴大接觸。這一方案的問題是過於被動，但報告幾乎不經意間提到了重要的一點：「向蘇聯保證美國並非是為了對抗蘇聯才緩和中美關係的。」雖然只是一個跡象，甚至只是一個隨意的評論，但這恰恰成為尼克森－基辛格突破對華關係的最重要成果。

　　另一種可能性是增加大使級會談的頻率，可由美國採取主動。雖然這被認為不太可能得到積極的回應，但它可以向北京表明美國承認北京統治大陸的事實。最後一個方案建議舉行外長會談，以及其他更高級別的會議，以打開通向中國高層的途徑——這是談判解決中美分歧的重大努力。至於對蘇關係方面，報告再次坦承將傾向於「尋求美蘇、美中關係的平衡點，並提高美國處理兩者的靈活性」。這是從長遠考慮的。美國可以提議建立某種形式的「北京和華盛頓間的永久代表處，如果該提議被接受，將會促進中美關係的緩和」。有意思的是，報告認為如果美中關係有所進展，它是在「中蘇關係的急劇緊張時期」發生的，因此「會刺激蘇聯對華、對

美政策的重新評估，並可能會惡化美蘇關係」。可後來的事實卻截然相反，報告本應看到發展美中關係具有對蘇聯施壓的好處。

　　報告的其餘部分以建議的口氣表示短期內不會有什麼結果，只有後毛澤東時代的領導層才可能願意考慮採取較為溫和的方針處理對美關係，但是要注意的是——再次不經意間提出——「中國的領導人可能真的感到了由美、蘇、日、印形成的『包圍圈』所帶來的威脅」。這導致毛派領導人陷入被困心態，並可能造成「對該地區其他三股主要力量採取強硬的對抗立場」。只有第二代中國領導人可能看到與三國中的一個或多個和解所帶來的好處。然而報告警告道：「但在目前形勢下，美國若試圖利用中蘇關係緊張而對蘇聯施壓或引誘北京，極可能導致美國與其中的一個國家或這兩個國家的關係都惡化。」報告對三角外交的地緣戰略可能性不以為然，並對其大潑冷水。然而，令眾人驚訝的是，事情卻迅速朝這個方向發展。邊境武裝衝突導致的中蘇間不斷加重的敵意可能成了刺激事情發展的催化劑。[14]

　　1969年春烏蘇里江沿岸的衝突恰好提供了該報告認為不可能出現的機會。正如基辛格寫到的那樣：「具有諷刺意味的是，蘇聯的高壓外交倒使我們考慮起我們的機會來了。」蘇聯駐華盛頓大使安納托利‧多勃雷寧（Anatoly Dobrynin）首先提出這個事件，並補充了許多血腥的細節。基辛格評論這個事件「一定震動了中國人」，他對這次意料不到的事件所將產生的重大影響很感興趣。中蘇邊界的衝突從四月持續到了五月。基辛格意識到俄國入侵中國可能會破壞地緣政治的平衡，這一威脅為中國提供機會以「重返外交舞臺，這就要求它緩和之前對美國的敵意」。[15]

　　由於5月15日的小組討論，基辛格分析了《國家安全14號備忘錄》（NSSM 14）。他認為報告從雙邊角度考慮中國對外關係，而「沒有提到中蘇緊張關係的全球含義和在三角關係中我們可能獲得的機會」。他質疑「過分強調中國的意識形態，無視中國在力量均衡中的作用」。最後，他還質疑那些斷定與中國改善關係會破壞美蘇外交關係的蘇聯問題專家。在對尼克森的單獨報告中，他寫道：「蘇聯領導人越來越為中國問題所困擾，（可能事情會）變得對我們有利……」因此，尼克森和基辛格加倍努力同北京建立聯繫。[16]

　　基辛格對NSSM 14報告採取中間路線，建議將兩種供選擇的政策混合起來：「嚴厲與克制」，即在強調威懾的同時，作出有限的努力勸說中國改變其政策。如果按此方案行事，那麼問題就將是現行的美國政策是否是最可行的混合政策，如果不是，又該如何選擇——是加強威懾，抑或緩和緊張狀態？他是行動派，認為即使選擇後者，這將是一個「『緩和緊張關係的漸進過程』」；而並非重新制定一種反映漸進過程的選擇」。這一漸進過程將分階段分步驟進行，首先，在繼續現行軍事政策的同時作出些許政治調整，其次，分步驟實現對華貿易以與對蘇貿易平衡，最後，放寬旅行限制。進一步的研究將詳述放鬆貿易管制和加入聯合國的各種前景。[17]

　　7月，尼克森開始了環球旅行，打算「在每一站為中國人留下名片」。在印尼和泰國，他告訴兩國領導人，他將回絕蘇聯關於建立亞洲集體安全體系的建議，並強調「國際共管是不可能的」。尼克森對巴基斯坦的葉海亞‧汗總統（Yahya Khan）和羅馬尼亞的尼古拉‧齊奧塞斯庫（Nicolae Ceausescu）的談話更為坦率。例如，對前者他說：「如果中國這樣一個大國繼續處於孤立狀態，亞洲就不能『前進』。」[18]美國不會成為孤立中國的勢力，他請求葉海亞將他的話轉達給中國的最高領導人。在羅馬尼亞，他拒絕了亞洲安全公約的主意。8月，基辛格會見了巴基斯坦駐華盛頓大使阿迦‧希拉利（Agha Hilaly），請他「為中美溝通建立一條可靠管道」。這位大使的兄弟是巴基斯坦駐華使節，而他的妹妹曾是基辛格在哈佛的學生。尼克森要求將這條管道作為與中國進行任何進一步討論的唯一可靠接觸點。[19]

　　到了8月，中蘇邊界上傳來了血腥衝突的傳言。形勢更為緊張，尼克森在8月14日的國家安全委員會會議上宣佈美國不能允許中國被「摧毀」。基辛格評論道：「如果這場災難發生了，尼克森和我將不得不在政府中——而且可能是全國——對我們認為支持中國是戰略上的需要這一觀點得不到什麼支援的情況下，來面對這種局面。」[20]雖然10月中國放棄了原有的強硬態度，要求重開邊界談判，但「程序性的協定無法改變已存在的緊張關係」。此時，葉海亞已向中國傳達了美國願意改善兩國關係的資訊。11月，華盛頓

取消了對臺灣海峽的例行巡邏，並強調美國有興趣進行對話。[21]12月，中國釋放了兩名最近在中國海域迷路的遊艇乘客。在華沙，美國大使沃爾特・斯托塞爾（Walter Stoessel）和中國代辦進行了交談，以努力重開大使級會談。當這些成為公開新聞，事情便從國務院轉向了白宮所謂的祕密管道。「到1969年底，事情已經很明顯，中國也已做出要與我們改善關係的戰略決定，儘管它仍通過時斷時續的有關邊境爭端的對話來抵擋蘇聯。」[22]

最有效的祕密管道是通過巴基斯坦駐華盛頓大使阿迦・希拉利的。早在1969年10月，基辛格曾「表示巴基斯坦可以將美國停止兩艘驅逐艦在臺灣海峽活動的意圖非正式地傳達給共產黨中國」[23]。巴基斯坦總統阿迦・葉海亞・汗向中國駐巴大使解釋了「美國對與共產黨中國關係正常化的興趣，以及從臺灣海峽撤走兩艘驅逐艦的舉動」。他所說的都基於他8月與尼克森的談話。儘管這位中國大使認為這番話含糊其辭，但葉海亞堅持應將這資訊轉達給周恩來總理。12月13日，中國大使表達了中國對葉海亞的感謝，並釋放了因遊艇失事而飄入中國領海的兩名美國人。此外，周計畫訪問巴基斯坦，並恢復了華沙會談。葉海亞總統可能在周訪問巴基斯坦時告訴過他，美國是認真的，基辛格補充道：「如果他們想通過比華沙更安全的方式或是在官僚體系中更少為人所知的管道進行會談，總統正準備這樣做。」[24]12月23日，希拉利再次與基辛格會面，基辛格指出尼克森想和葉海亞保持聯繫。因此，巴基斯坦的祕密管道得以繼續運作。這些會談提供了擺脫國務院掌控的路徑。[25]

1970年2月11日，基辛格告知駐巴黎的武官弗農・沃爾特斯（Vernon Walters）少將，總統準備建立一條比華沙更為安全的管道——儘管受基辛格之命，斯托塞爾找到了中國的外交使節，並建議重開華沙會談——討論「高度敏感的事務」。[26]1970年2月20日，在經歷了兩年的停頓後，華沙回合重新開始了第136次會談。斯托塞爾在恢復後的第一次會議上不僅建議「更高級別的會談，更進一步提出願意派代表去北京或接受中國政府的代表到華盛頓進行商談」。中國代辦雷陽回覆道：「如果美國願意派部長級的代表或總統特使到北京進一步探討中美關係的根本原則問題，中國願予以接待。」[27]兩位使節均表示還可以通過其他管道進行溝通。基辛格將

華沙會談的內容告知尼克森，中國人已「瞭解了我們的談判立場，這將成為最富戲劇性的影響外部世界的因素」。他的意思是，蘇聯將因一個美國在華外交使節而「受到驚嚇」，臺灣將反對抵制，而世界其他國家的輿論將質疑美國的動機。但中國也將面臨一系列的公共關係難題，如帝國主義出現在北京，對臺灣的強硬立場，特別是如果他們的立場導致美國退出，那將使蘇聯「相信中國對美國的試探已失敗，中國不得不獨自面對蘇聯」。然而，美國必須做出積極回應，費心挑選派往北京的使節。他認為目前的談判和1955年的情況類似，那時中國而不是美國期待友好的對外關係。[28]

與此同時，巴基斯坦祕密管道展現出了生機。2月22日，希拉利大使帶著葉海亞總統的一封信會見了基辛格，就中方對中美關係的想法作了評估：他們不再認為越南是一個問題。美國和蘇聯並非共謀反華。中國就美國所提出建議的反應將採取「小心謹慎的步驟」，談判將「困難重重」。在他們看來，越南衝突正在減弱，中美之間的戰爭似乎十分遙遠。作為回應，基辛格指出美國將控制輿論的猜測，因此，希望避免正式的外交手段，而改為採取「一條直接的白宮—北京管道，既不為白宮之外所知曉，又能保證絕對安全」[29]。

在這個階段，通過基辛格的朋友吉恩·薩蒂尼（Jean Sainteny）另一條祕密管道得以開通。薩蒂尼是一位在越南多年且和胡志明有私交的法國商人，他在推動基辛格與越南北方祕密談判方面起過作用。基辛格讓美國武官沃爾特斯將軍向薩蒂尼傳遞一則給中國的祕密資訊，並強調：「除了總統、我本人以及沃爾特斯將軍以外沒人對此知曉。」薩蒂尼沒有向任何人透露，除了總統喬治·蓬皮杜（Georges Pompidou）。傳遞的資訊一開始提到「最近的事件」，即巴基斯坦管道和華沙會談，然後說需要開闢一條可靠的溝通管道：「如果中華人民共和國政府要求高度保密的會談，總統已準備好建立這樣一條直接通向他的處理高度敏感事務的管道。」他們的目的在於改善中美關係，也僅有尼克森和基辛格知道這點。與他們最初的聯繫由沃爾特斯向基辛格轉達資訊。基辛格準備好前往巴黎，與中國指派的代表會晤。[30]最終傳遞的資訊文本如下：

> 美國沒有侵略共產黨中國的意圖。相反，我們願意在承認意識形態差異的前提下，與她建立正常的關係。我們沒有興趣在越南建立軍事基地，我們也相信符合該地區所有人利益的和平可以實現。在保密的基礎上，基辛格博士準備與共產黨中國的代表會談。中方可以通過和美國駐巴黎大使館高級武官弗農·沃爾特斯少將保持聯繫，做出回覆。只有總統知道本資訊，中國的回覆只能通過沃爾特斯將軍這一唯一途徑傳達。[31]

1970年6月15日，基辛格再次給沃爾特斯一條與上述內容類似的資訊，表示希望繼續華沙會談，但請求維持祕密管道的絕對機密性：「如果中華人民共和國政府願意在嚴格保密且不為其他國家知曉的情況下進行會談，總統準備好建立一條可直接與他討論高度敏感事務的管道。」[32]他們意在改善雙方關係。沃爾特斯的管道可以使用，之後，尼克森的高級代表將赴巴黎或其他方便的地區進行談判。[33]1970年9月12日左右，基辛格向尼克森報告，沃爾特斯尚未將6月15日的資訊傳到中國，儘管他為此努力過。另一條荷蘭管道也在努力，但毫無結果。除了等待，別無選擇。[34]尼克森在文件的角落草草寫下批示：「基──能否嘗試在巴黎再次通過沃爾特斯與中方取得聯繫？或者由我們發出明顯的邀約？」[35]當月下旬基辛格在巴黎時，薩蒂尼報告他與中國大使黃鎮的會談毫無進展，但他仍然嘗試安排相關事務。[36]需要指出的是，這次，中方自己發出了一條微妙的資訊。1970年10月1日，在天安門廣場，著名的記者愛德格·斯諾出現在毛的身邊，觀看每年一度的中國國慶日遊行。這無疑是第一次，從未有過美國人獲此殊榮。

在橢圓形辦公室和葉海亞的會談中，尼克森向巴基斯坦總統建議在他訪問北京時轉告中方，美國相信「與中國進行談判十分重要。無論我們和蘇聯的關係如何，抑或我們曾發表過何種公告，我希望你能明確以下幾點：（1）我們不會共同統治中國，且我們希望他們知道無論如何我們都會排除這個干擾；（2）我們願意派羅伯特·墨菲（Robert Murphy）或者湯瑪斯·E·杜威（Thomas E.Dewey）前往北京，建立祕密聯繫。」此外，當葉海亞說中國認

為美國提到的是建立熱線時，總統表示：「不，不是這個意思；他願意派遣大使。」至於祕密聯繫，基辛格追求華沙之外更為隱祕的會談方式，因此會談雙方能夠說出他們所想的問題。總統考慮派基辛格或其他高級官員與中國進行聯繫。[37]

10月27日，基辛格與正在訪問華盛頓的羅馬尼亞總統尼古拉・齊奧塞斯庫的類似談話中繼續談論到了這個話題。基辛格告訴他，美國願意在擺脫外部壓力並僅限於白宮範圍內與中國建立政治和外交聯繫。尼克森認為並沒有更多的利益衝突。齊奧塞斯庫承諾將這些資訊傳達給中國。[38]有趣的是，無論國務卿還是國務院本身都未從羅馬尼亞人那裡知曉這次談話，但羅馬尼亞人卻將該資訊透露給了蘇聯。「這導致了一個奇怪的局面，中國、巴基斯坦、羅馬尼亞和蘇聯的外交部長都知道美國對中國示好，但美國國務院卻被蒙在鼓裡。」薩蒂尼又問到他是否可以和中國駐巴黎大使館進一步接觸聯繫，並特別提到長征老戰士、毛的老友黃鎮大使的重要性。[39]

當尼克森仍在等待時機時，國家安全委員會的成員通過成立一個對華政策小組，著手研究與中國建立關係的各個方面。這個跨機構專門小組考慮了對中國採取的各種主動行動，以及聯合國席位問題。國務院只能滿足於進一步審查各種方案，包括它們的利弊。[40]然而，最終導致突破的關鍵行動是通過巴基斯坦實現的。1970年12月9日，希拉利大使同基辛格會面，直接彙報了周恩來的意見：

> 此覆信不僅是我（周恩來）的，而且也代表毛主席和林副主席。我們感謝巴基斯坦總統向我們傳達了尼克森總統的口信。中國一直願意並且一直在設法通過和平的方式進行談判。臺灣和臺灣海峽是中國領土不可分割的一部分，過去十五年來一直由美國軍隊佔領著。為此進行的各種談判和會商都毫無結果。為了討論如何解決臺灣問題，歡迎尼克森總統的特使訪問北京。（周恩來在談話期間表示：）過去我們由不同的管道收到過美國傳來的資訊。但是，這次是第一次收到由美國政府首腦通過一國首腦向另一國首腦發出的建議，美國知道巴基斯坦是中國的可靠朋友，因此我們十分重視這個資訊。[41]

　　基辛格立即在12月10日草擬了尼克森的覆信，該信得到總統同意後，通過巴基斯坦管道轉給周恩來。尼克森提出以下幾點：他歡迎中國表示願意接待高級代表赴京會談的積極回應，並且不僅討論臺灣問題——美軍正從那裡逐步撤出——還討論盡快改善雙方關係的其他步驟。12月16日，希拉利詳盡闡釋了基辛格和尼克森的看法。尼克森遞交了轉給葉海亞總統的資訊，基辛格對此做了解釋，講到最初的會議可以在拉瓦爾品第（Rawalpindi）舉行，由於中國關心誰將出席，因此建議由墨菲大使、杜威、大衛・布魯斯（David Bruce）大使或他本人出席。如果是後者，他會以訪問越南的方式祕密前往，然後安排一次在巴基斯坦的短暫停留，與中國代表會面。[42]

　　1971年1月11日，羅馬尼亞大使科梅利・博丹（Corneliu Bogdan）帶來一則周恩來的資訊，提出唯一的問題是臺灣，中國準備接待美國的特使，尼克森本人在北京也會受歡迎的。信件是經過毛和林彪審閱的。尼克森在備忘錄的最後讀到基辛格的批語，「我認為我們可能太過急切了。讓我們冷靜下來——等待他們對我們的主動做出回應。」[43]基辛格從薩蒂尼處得知他已將資訊轉給了中國大使，大使有保留地接收了資訊並呈送北京。1月底，博丹在啟程回國前夕受到白宮的接待。他詢問是否有新的安排，基辛格告訴他不僅要討論臺灣問題，還要涉及各種事情——美國原則上不同意提前討論臺灣問題。與此同時，國務院仍在製作諸如NSSM 106（1971年3月6日）等枯燥的報告。[44]

　　4月出現了令人驚奇的轉機。4月16日，正在日本參加第31屆世界乒乓球錦標賽的美國乒乓球隊收到了中國人請他們訪華的邀請。《時代》週刊歡呼道：「乒乓響徹世界。」球隊的9名球員、4名官員和2名贊助商從香港入境，成為自1949年共產黨勝利以來，第一批經官方許可而進入中國的美國人。世界「突然被乒乓外交的奇觀所震驚」。4月14日，在人民大會堂的宴會上，周恩來宣佈：「你們在中美兩國人民的關係上打開了一個新篇章。我相信，我們友誼的這一新開端必將受到我們兩國多數人民的支援。」[45]國務院情報與研究司的雷・S・克萊因（Ray S.Cline）稱之為「北京的民眾外交」。這就出現了一個轉變，「將影響美國和其他國家的輿論，要

求改變並推行對北京和好的政策」。然而,國務院宣稱:「通過這種類型的人員交往,北京希望獲得宣傳的好處,並避開政府會談或美國高層人士訪問時不可避免的實質性難題。」國務院仍然遠離國家安全委員會的主動行動。同一天,即4月14日,尼克森宣佈放寬貿易限制。[46]

1971年4月27日希拉利向基辛格轉達了周恩來4月21日通過巴基斯坦管道傳來的重要資訊。雖然它仍強調臺灣是關鍵問題,但也重申了由重要人物直接進行高級會談的必要性:「因此,中國政府重申,它願意在北京公開接待美國總統的特使(例如基辛格先生或美國國務卿)或甚至美國總統本人,以便進行直接會談和討論。」[47]這樣的會談可通過葉海亞來安排。此外,陸軍准將亞歷山大‧黑格(Alexander Haig)為基辛格通過赴巴黎的信使給沃爾特斯寄了一個包裹。給沃爾特斯的信件附上了基辛格給中國的便條,將由薩蒂尼轉達。基辛格請薩蒂尼安排一次沃爾特斯和中國大使之間的會談,會上沃爾特斯可以轉達提出建立一條安全管道的便條。基辛格可以直接前往巴黎與中國指派的人員會談。很明顯,選擇一個人去北京的關鍵時刻已經到來。[48]

基辛格認為,「『一開始,並沒有派我出訪的想法。』他想到了這點。在這個問題上,尼克森與他玩起了把戲。」[49]最好的例證便是1971年4月27日晚尼克森和基辛格的電話交談。總統建議派美國駐法大使大衛‧布魯斯,他也是越南問題的主要談判代表。之後,他又考慮了納爾遜‧洛克菲勒,但基辛格反對說:「他不大會受我們的約束,雖然可作為一個選擇。」尼克森問道:「布希如何?」基辛格答道:「絕對不可以,他太軟弱且不夠世故。」基辛格建議派伊里亞德‧理查森(Elliot Richardson),但他再次表示:「他可能並非最佳選擇。」總統認同理查森「和我們太過親近,並且(我不認為他能和羅傑斯融洽相處)」。尼克森認為,儘管中國人會認為洛克菲勒是個重要人物,能幫助解決國內局勢的困境,(但)他補充道:「不,納爾遜就像一隻到處亂跑的野兔。」基辛格自信可以控制他。基辛格再度強調「布希太過軟弱」。總統表示同意。如果洛克菲勒出使,可以派黑格協助,尼克森認為黑格「足夠強硬」。之後的談話反覆討論了選擇布魯斯大使還是洛克菲勒

——黑格組合出訪，但未做出決定。此時，基辛格作了一段有趣的評論：「他們（中國人）和俄國人的區別在於，如果你掉了一些零錢在地上，當你撿起它們的時候俄國人會踩在你的手指上，而中國人不會。我回顧了和他們之間的所有溝通（過程），都是在高層間的……俄國人對我們步步緊逼，這很愚蠢。」尼克森表示同意。[50]尼克森還提到了其他人的名字，「想出了一長串可能出使的使節名單，（例如）亨利・卡伯特・洛奇（Henry Cabot Lodge）」。基辛格之後提到「羅傑斯的名字沒有出現。尼克森記起了其他事情，之後調侃著，基辛格無奈地翻了翻白眼。」尼克森最後宣佈：「亨利，我認為必須由你去中國。」基辛格感到如釋重負。[51]

　　1971年4月28日，一個口信傳到希拉利大使處，之後由葉海亞總統在5月1日轉給了中國駐拉瓦爾品第的大使。在這次口信中，尼克森感謝了周恩來4月21日發來的具有建設性的信件，並承諾盡早作出正式回應。同時還附有一份表達葉海亞個人意見的獨立文本，強調在政府間的溝通管道最終建立前，尼克森樂於經由他本人處理談判。[52]5月10日，最終，尼克森給中國的信件由基辛格轉給希拉利：「為了給尼克森總統的訪問做準備，為了和中華人民共和國的領導人建立可靠的聯繫，尼克森總統建議他的國家安全事務助理基辛格博士和周恩來總理或另一位適當的中國高級官員舉行初步的祕密會談。」會談目的在於為尼克森做出行程安排，並「開始就共同關心的所有問題初步交換意見」。基辛格博士此行的具體細節將在葉海亞・汗總統的幫助下制定。這封重要信件的最後附文是：「為保密起見，務必不用其他管道。同時，不言而喻，基辛格博士和中華人民共和國高級官員的第一次會談要絕對保密。」[53]（原文為斜體字）

　　在期待著中國的積極回覆以準備前往遠東時，基辛格在棕櫚泉祕密會見了美國駐巴基斯坦大使約瑟夫・法蘭德（Joseph Farland）。他透露了尼克森要會見中國領導人的承諾。並表示計畫在卡拉奇開拓一條特別的海軍管道，以保證法蘭德與中國直接聯繫的祕密管道的暢通，因為巴基斯坦的信使愈發地遲緩了。基辛格討論了擬議的祕密行程，由葉海亞做東道主，隱藏他去中國的祕密之旅。基辛格將要去北京。他指出：「我可能需要在中國停留24小

時，並計畫將會談分為三個獨立的部分。」[54]一架白宮的飛機預先停在巴基斯坦，使得他抵達時乘坐的大飛機依然停泊在機場。5月20日，法蘭德將尼克森的信件給了葉海亞，該信件表示不會與蘇聯舉行反華談判，並且，「基辛格先生準備在與中國指定的代表會談時，將這一點和相關問題列入議程。」[55]葉海亞同意提供並做出祕密安排，包括編排一個故事，宣稱基辛格「去一個邊遠的山區旅行觀光，將在總統的客房中過夜」。[56]5月9日，基辛格用卡拉奇的海軍管道宣佈，他將充當尼克森總統的私人特使。「6月2日回覆來了，基辛格視之為二戰之後『最為重要的』信件：周恩來歡迎他的訪問，並表達了毛主席對不久後接待尼克森總統訪華的『愉悅』。」《周恩來總理給尼克森的信件》上署的日期為1971年5月29日，但可能在6月2日才收到，當時尼克森正在主持國宴。基辛格遞了一個口信打斷總統，二人回到林肯起居室，打開了一瓶陳年的白蘭地並拿出兩個酒杯。尼克森說：「讓我們為後代而乾杯，他們可能會由於我們現在所做的事而有更好的機會過和平的生活。」[57]

中國總理的來信傳達了毛澤東的愉悅，尼克森「準備接受他的建議訪問北京，同中華人民共和國的領導人進行直接會談」。毛澤東期待著舉行「直接的對話，各方都可自由提出自己關心的主要問題」。對中國而言，周恩來堅持臺灣和臺灣海峽問題最為重要。至於基辛格，周恩來提前對其表示了歡迎，並希望在6月15日至20日間與他在北京見面。他可以乘坐巴基斯坦的波音飛機，或是中國的專機；整個行程可持續3至4天。他總結道：「如果需要保密，中國政府將繼續承擔保守祕密的義務。」至於細節，葉海亞能夠安排。信件的最後，「周恩來總理熱切地期待著在不久的將來在北京同基辛格博士會晤」[58]。

基辛格和他的特別助理溫斯頓‧洛德（Winston Lord）草擬了尼克森的回函。尼克森不僅以「極大的熱情」期待即將到來的會談，還感謝周恩來對他的私人代表基辛格博士的「熱烈歡迎」。尼克森建議基辛格乘坐巴基斯坦的波音飛機從伊斯蘭堡直飛北京，7月9日抵達，並於7月11日離開。基辛格不需要他自己的通訊設施；他將同四名工作人員一同抵達，並且他「被授權討論兩國共同關心

的所有問題，為尼克森總統訪華做準備」。信中再次強調了在可能的聯合公報發表前嚴格保守機密的必要性。[59]基辛格在6月4日將信件交給希拉利大使。雖然尼克森要求基辛格不能在出訪後達成的任何公報上署名，但基辛格認為這很荒謬並不予理睬。[60]

　　為了避免來自保守派的批評對整個計畫的影響，白宮採取了謹慎的防範措施。7月1日基辛格啟程開始了尋求亞洲真相的旅行，隨從有——約翰・霍德里奇（John Holdridge）、溫斯頓・洛德、迪克・斯邁澤（Dick Smyser）、大衛・哈波林（David Halperin），以及帶著淺頂軟呢帽和太陽眼鏡的祕密特工。在前往中國的祕密之行中，只有洛德、霍德里奇和斯邁澤及兩名特工一同前往，其他人都留在了總統的客房裡。裝病的詭計成功隱瞞了基辛格的計畫，而大使館的醫生也並未前往山間別墅，因為「重要的客人正在休養，感覺好多了，希望可以安靜地自己待著，如果需要醫生會再打電話」。[61]並且，「他會要一些止疼藥片以證明臨時改變的計畫」。[62]公開的日程與公開的管道必須相一致。[63]

　　尼克森在橢圓形辦公室裡會見了基辛格和黑格，分角色預演了基辛格即將在北京舉行的會談。尼克森堅持在訪問中國後不透露使者的名字。在臺灣問題上，「在沒有必要的情況下，他希望他不會暗示美國願意放棄對臺灣的許多援助」。尼克森堅持基辛格只能提及「一個或兩個中國」的問題一次，而非全程討論此問題。至於聯合國問題，基辛格將詢問中國的意見。基辛格應當避免談論越南問題。他將強調日本未來發展方向的潛在威脅。總統認為，美國不應拋棄盟友，特別是臺灣：「總統說他希望通過事實及舉例能在某種程度上強調蘇聯威脅論，告訴中國人我們注意到蘇聯在中國邊界部署了許多部隊，超過了那些部署在北大西洋公約成員國的部隊。」基辛格寄希望於三項中國擔憂的事務：第一，如果僵局無法緩解，尼克森將在越南採取何種行動；第二，來自復興後好戰的日本的威脅；第三，在他們的側翼來自蘇聯的威脅。[64]

　　1971年7月1日，基辛格啟程開始了尋求亞洲真相的旅行。由於其他的噴氣式飛機已被徵用，基辛格只能乘坐一架空軍戰術司令部的沒有窗戶的通信飛機。沒有記者在場，因此7月10日報紙上的消息嚴重受阻。《紐約時報》寫到他「感到有一些不舒服」。《時

報》稱他前往納蒂亞加利（Nathiagali），但實際上一支偽裝的車隊開往那裡，而基辛格卻和他的三名隨行人員——洛德、斯邁澤、霍德里奇及兩名祕密特工——約翰·雷迪（John Ready）、加里·麥克勞德（Gary McLeod）悄悄地登上了一架巴基斯坦的707波音飛機。1971年7月9日星期五，中午12點剛過，他們抵達了北京。很快，基辛格握住了周恩來的手，在接下來的兩天裡，他們舉行了多次持續數小時的會談，有些會談甚至長達7小時或更多。雖然他們只需要解決安排尼克森之行的問題，但他們的話題涉及廣泛，特別是雙方對蘇聯都不信任。基辛格短暫休息後，第一次會談於下午4點25分開始。每天的日程包含了11個專案，按照順序，直到最後一天7月11日。基辛格和周恩來討論的第一項議程在第一天的下午開始，議題為「首要的基礎：美國與中國的外交政策和關係」，之後他們逐個討論了其他條目，7點55分時休會進行晚宴，之後從晚上9點零4分繼續討論至11點20分。基辛格帶來了厚實的資料彙編，而周恩來只帶了一張紙。[65]

　　1971年7月9日的會談內容涉及廣泛。在會談中，基辛格和周恩來之間的交談鬆弛而寬泛，圍繞四個主題：開場致詞和議程安排；臺灣問題；越南—印度支那問題；哲學—地緣政治問題。周扮演了主導詢問人的角色，詢問了導致中國與美國分離的關鍵問題的答案或解決方案。而基辛格則成為靈活應對者，時常提出點子以擺脫看似死胡同的困境，有時在面臨僵局而妥協又不可能時，則顯示出強硬的態度。事後，溫斯頓·洛德在7月29日對兩個主要負責人7月9日「談話備忘錄」的評論中，認為中國總理給人「印象深刻」，而他的上司也表現出色。「他們的會談何等『具有洞見、廣泛和重要』，再次令人震驚。」更直接地講，「他（周）可能比我們記憶中更善言辭，但不令人反感」。周大談歷史，但又指出尼克森不應為他所繼承的錯誤負責。雖然他在臺灣問題上依舊強硬，但在印度支那問題上「相對克制」，對日本又有些過於關注。[66]基辛格回憶周恩來是「我生平所遇到的兩三個給我印象最深刻的人之一」。他散發出獨特的個人氣質，「外弛內張的神情，鋼鐵般的自制力，（並且顯得）格外優雅親切」。[67]

　　在他們相遇之初的頭半個小時，周在基辛格提到中國是「神祕的」之際就定下了會談的基調。周並不認同他的觀點。猛然一愣後，尼克森的使節承認總理的話完全正確：「我們必須建立信任；消除神祕感。這是他與我會見的基本目的，也是我與他會見的基本目的。」是共同的利益而非善意將美國和中國拉到一起。換言之，「不是由於我同周的私人友誼，而是由於共同認識到一種危險才促成了兩國關係的發展」[68]。周從來不是一個低三下四的交易者；他是一個純粹的政治家。基辛格評論道：「雙方都不要求對方去做那些違背其價值觀念或利益的事情。這樣，會談就開始了，那種談笑風生的氣氛，簡直就像兩位政治哲學教授之間的一場對話，幾乎掩蓋了這場會談的嚴重性質，那就是，如果會談失敗，一方將繼續陷於孤立，而另一方將加劇其國際上的困難。」[69]總統訪問變成了附帶問題。周贊同尼克森7月6日在坎薩斯城的演講，即將美國置於更廣闊的世界背景中：中國人是富有創造力的，勤勞的，是最有才能的民族之一，這也是為何「本政府務必首先採取措施，結束中國大陸與世界社會隔絕的狀態」。五個經濟超級大國——美國、西歐、日本、蘇聯和中國——將決定和平的結構。周拒絕「超級大國」的稱號。中國不會參與這樣的遊戲。基辛格思忖道：「這話是真的，也是審慎的；中國之所以需要我們，正是因為它本身缺乏力量與蘇聯相抗衡。」[70]

　　他們很快解決了一項實際問題，即尼克森即將進行的訪華活動。至於其他部分，他們「花了一些時間討論概念上的問題」。最為重要的是，「他們討論的彼此共同利益主要包括了雙方對蘇聯的不信任」。基辛格向中國人出示了「有關蘇聯軍事行動的絕密情報，以及對蘇軍在中國邊界部署的偵聽資料」[71]。

　　第一次會談的談話備忘錄呈現出不同的看法。會談開始輕鬆地聊到了愛德格・斯諾，以及他發表在《生活》雜誌上對毛的採訪。基辛格一開始就建議確定議程，並就共同關心的亞洲和世界和平問題打下一些基礎。他提出一個七點議程，又小心翼翼地添加了第八點：「我知道你很關心與其他國家共謀反華的問題，或者你們稱之為勾結。」基辛格向他保證美國「絕不會和其他國家，包括我們的朋友或是其他敵人，勾結起來反對中華人民共和國」。美國將「竭

力反對」。勾結或被稱為「共同統治」的問題在晚宴休息後再次被詳細地提出。一開始，基辛格被朝鮮問題所困擾，隨後如他之前所爭辯的那樣對華盛頓在臺灣的駐軍問題做出回應：美國的海外駐軍問題將隨著美國從亞洲包括日本撤軍逐步得到解決。基辛格努力解釋他所移居的國家向全球擴張的問題。二戰後，歐洲出現了政治真空。面對這一趨勢，華盛頓受到軍事教條主義和對社會福利狂熱追求的自由主義的雙重影響，前者宣揚要迅速對付共產主義，而不要像當年的法西斯主義，到它潰爛後再處置就為時已晚；而後者則將推動民族經濟進步置於建立合適的政治組織之前。尼克森認為遙遠國家的防務首先是他們自己的責任，只有在「一個超級大國威脅對弱小國家建立霸權時」，他才會使用美國力量去「進行干預」。周認為「有另外一個超級大國。」基辛格答道，「這裡？北方？」接下來的對話是：

> 周總理：是的。我們不相信那個超級大國能夠控制全世界。如果它將手伸得過長，它同樣會被擊敗。你們現在感到了困難，他們也會感到困難。他們只是跟在你們的身後。
>
> 基辛格博士：綜合來看，我認為是他們導致了我們的行動。即便在今天，他們不斷試探使得同他們真正解決問題變得十分艱難。[72]

　　當周從基辛格的日程說開去，善意的玩笑變得嚴肅起來。總理的開場白強調了共存、平等和友誼。談到後者時，他回憶起「中美兩國人民是相互友好的。過去是友好的，將來也會友好。」在新中國成立和萬隆會議後，交流中斷了，緊接著是在華沙舉行的16年136次毫無結果的會談；問題的癥結在於雙方是否有意解決問題，不是枝節問題，而是根本問題。緊接著他將話題引到了臺灣問題上。自中國革命和內戰以來，這是最為麻煩的問題。基辛格表示這個主題何等令人苦惱——「我任職期間最為頭痛的會談之一」發生在1971年7月1日——他的「孛羅一號」（Polo I）計畫啟程的那一天。臺灣的「使節」沈劍虹到他的辦公室來問下次聯合國大會上保留臺灣的席位這一問題。他反對國務院提出的雙重代表權計畫。基

辛格解釋道：「沒有哪個國家的政府比臺灣當局更不應當得到這種即將來臨的遭遇了。」[73]現在，總統的國家安全顧問必須處理整個臺灣問題了，這是總理直接在他面前提出來的。

　　周堅持認為臺灣是待解決的關鍵問題，這一問題是朝鮮戰爭爆發後不久華盛頓的立場變化所引起的。在那之前，美國認為臺灣是中國的內政問題：「因此，」周繼續道，「美國宣佈它不會干涉中國的內政，並讓中國人民自己解決內部問題。」朝鮮戰爭爆發後，「你們包圍了臺灣，並宣佈臺灣的地位問題並未解決。直到今天，你們的國務院發言人仍然表示這是你們的立場……」根據周恩來的話，這意味著，「如果最主要的問題無法解決，整個問題就很難解決」。他認為所有其他的中美關係問題都取決於此問題，他們將不得不等待這個問題的圓滿解決。如果中華人民共和國是中國唯一的合法政府，那麼美國不得製造任何例外；它應撤回所有軍事力量，拆除所有軍事設施。美國和臺灣間的一切條約都是非法的。[74]

　　基辛格這位國家安全委員會的長官贊同總理對歷史的回顧，之後他將臺灣問題引向印度支那。如果朝鮮戰爭沒有爆發，臺灣可能已成為中華人民共和國的一部分。「由於那些現在已不值得重述的原因，之前的政府將朝鮮的未來同臺灣的未來聯結在一起，部分是因為美國當時的國內意見。」[75]自那時以來的發展創造了「我們的某些外交政策原則」。基辛格將問題分為兩部分討論：軍事局勢和臺灣與大陸間的政治演進。對前者而言，已採取了一些象徵性的措施，例如，取消了在臺灣海峽的例行巡邏，調走了一個中隊的空中加油機，減少了20%的軍事顧問團隊。他承認這些措施只是象徵性的，但他們表明了華盛頓的意圖指向。三分之二的美國駐軍與「美國在亞洲其他地方的活動」相關，只有三分之一的駐軍涉及臺灣的防務。美方準備在越南戰爭結束後的一段特別時期內撤回前者。至於後者，「隨著兩國關係的改善，我們準備開始削減在臺灣的餘留軍事力量，因此軍事問題不應成為我們之間的主要障礙。」[76]

　　美國不主張「一個中國」、「兩個中國」或者「一中一台」的方案。相反，尼克森堅持臺灣的政治演進可能沿著中國的方向進行。總統堅持這些原則。某些必要性必須遵循。這刺痛了周，他問道：「什麼必要性？」基辛格表示華盛頓不會被迫發表正式聲明，

這是沒有實際意義的,但美國不會阻撓基本的演變。周重申了中國的立場,但由於基辛格不承認「兩個中國」或「一中一台」的說法,周將門打開了一條縫:「這說明問題有望得到解決,在兩國間建立外交關係是有希望的。」基辛格順勢讓自己和尼克森溜進了狹窄的門縫。他強調中國可以相信這些原則,於是周詢問道,在尼克森的第一個及可能第二個任期內,在什麼時候尼克森能夠放棄多年來對華包圍的政策,和毛討論並建立平等互惠的外交關係?基辛格表示承認中國的問題和尼克森總統的連任沒有任何關係,而是建立在尼克森「世界和平離不開中國參與的終生信念」之上。基辛格又詢問總理,尼克森和毛的會談是否取決於承認中國,還是這兩個問題能分別處理,周回覆說它們可以分開處理。[77]

基辛格暗示如果東南亞的戰爭在尼克森的第一個任期內結束,軍事問題可以得到解決,而臺灣問題的進展將留至第二個任期。當周問到「台獨」活動時,他說美國不會支持。周對這個聲明非常重視。至於承認中華人民共和國的問題,他非常誠實和坦率地告訴總理,在最近幾年內可能性不大。至於印度支那,基辛格堅持認為和平的時機已經到來,但解決方案必須和美國的榮譽與尊嚴保持一致。他表示在老撾和柬埔寨的行動並非意指中國。尼克森準備安排一個確定的日子完全撤退。但要達到這一目標,一個整體的解決方案必須包括在整個越南的停火、釋放戰俘和遵守《日內瓦協定》。要求賠償與榮譽不符,但自願的援助可以在和平後展開。在美軍撤出後,南越的最終政治解決方案可以在沒有外界干涉的情況下,由越南人自行抉擇。政治史的發展讓我們看到了與1954和1957年迥異的狀況──就如杜勒斯(Dulles)的傳教士熱情與尼克森的現實主義一樣。[78]

總理堅持認為所有的外國軍隊應撤出東南亞,越南應獨自解決自己的命運。基辛格對此表示同意。二人談論了一些關於顧問作用的俏皮話,之後,基辛格指出美國不可能回到萬里之遙的地方。當總理抱怨美國應對戰爭的擴大負責時,尼克森的使節迴避了這一問題:「這是歷史,而我們的難題是現在如何結束它。」周強烈主張最好的辦法就是直接結束它然後離開。基辛格有點惱火,答道:「我已經陳述了我們的觀點,不認為還需要再重複一遍。」談到此時他們停下來用餐。[79]沒人希望北京烤鴨涼掉。

　　越南問題持續到了晚宴上。周談到即便停火後美軍撤退，現政權要麼會被民主選舉選掉要麼會被推翻。尼克森的國家安全顧問贊成前者。周則不相信即將到來的選舉。基辛格注意到越南北方希望美國「撤退並且遠離南方政府。同時完成這兩項是不可能的。」桌上的話題轉向了金邊的政變，基辛格堅持這場政變「非我們所為；很不幸。我們不希望西哈努克（Sihanouk）下臺。我們為什麼要說謊？現在又有什麼不同呢？我們當時正在和越南北方談判。政變摧毀了我們正在為之努力的和談，我們希望和談能夠成功。」9點40分繼續開始正式的會談。[80]

　　第一天的會談最後討論了越南問題特別是撤軍的條件，以及更多關於地緣政治的對話。周提到尼克森最近（7月6日）在坎薩斯城的演講。尼克森表示美國不應將其全部精力集中於越南，而它已經這樣做了十年，美國應該開始以全球的視野看待問題：「坦率地講，」總理繼續說道，「如果不是給予南越傀儡政權的支持，西貢政權早就瓦解了。」他想知道為什麼美國要留條「尾巴」在那兒？「雖然幾分鐘前您重申了你們會完全撤退，但我不太理解您所謂的想要留條尾巴在那兒。」基辛格問周「尾巴」的意思，總理回覆道，「阮氏政權」。基辛格努力想要陳述清楚美國的立場。談判並不會拖延撤軍，西貢政權會在談判間隙得到加強。周問道，但這不是有條件的撤退嗎？基辛格再次詳細闡述了美國並非要維持一個特定的政府，而是會嚴格控制對現政府的支援，但「我們不能做的是參與推翻與我們結盟的人，無論這個聯盟如何起源」。如果那個政府得不到民眾支持，它將在美國撤軍後馬上被推翻，如果這成為事實，美國不會干涉。在撤軍期間，華盛頓將遵守國際確定的方案，在一特定的時期內，比如說大約18個月，提供規定的有限軍事援助。[81]

　　這時周插入了美國從南朝鮮撤軍的話題，基辛格表示要像日本和臺灣那樣自然開展。此後，談話轉入地緣政治的問題——三角外交和蘇聯——會談在11點20分結束。10日，他們再次會談，明確尼克森訪華日期、受邀者等細節，確定關於基辛格訪華的公報，以及就10月他再次來訪達成一致。

　　在返程中，基辛格寫了一份很長的日期為7月14日的備忘錄給尼克森，坦率地評價了整個訪華歷程。他的評論分為十四節。這些

評論顯示出對此次訪問的積極評價：「這兩日對北京的訪問是我從政經歷中最為透徹、廣泛和重要的會談。」在二十多個小時的會談中，他設法確定了在明年五月前的首腦會面，坦率而細緻地討論了美中關係中的重大問題，並開創了「國際關係的一個重要的新起點，為您和毛揭開歷史的新篇章奠定了基礎」。[82]尼克森的國家安全顧問在7月15日公報上發佈的尼克森將訪華的消息轟動全球。基辛格簡潔地寫道：「我們都同意周恩來的說法，已確定於華盛頓時間星期四晚上十時三十分發佈的公告將『震動全世界』。」[83]震動了一次之後，全世界將不會再為尼克森和毛的會面而震驚。基辛格和周恩來實現了國際關係上的偉大重組，外交上稱之為三角關係。全球關係發生了轉變。[84]

　　基辛格回顧了會談的輕鬆氣氛及平等對手間的建設性內容——與和蘇聯舉行的那些會談完全相異。他和周都鄙視蘇聯。中國人溫文爾雅，輕鬆自在，與「蘇聯官員對等級制度的自覺意識」截然相反。周抨擊了帝國主義，包括蘇修的帝國主義，基辛格這樣重述道：「存在著大國勾結，特別是美、蘇、日瓜分的危險；（他）輕視印度人，憎惡俄國人，擔憂日本人，（他）否認中國想成為像俄國和我們一樣『手伸得太長』的超級大國。」[85]

　　基辛格強調：「他們沒有俄國人的勾心鬥角、錙銖必較、刻板僵硬或是恃強凌弱。他們並非把事事都看成競爭。」他們不會為蠅頭小利耍花招。當基辛格提到在5月20日的《美蘇限制戰略武器條約》中，俄國人如何製造他們自己的英文譯本，而不同於美方譯本，周「表現出明顯的蔑視」，指出中國人「絕不會採取這種手段」。當會談話題轉向高層會議的確切日期後，周希望時間安排在尼克森與蘇聯首腦會談後，但基辛格向周解釋了這個問題，他「願意更為靈活，（正如基辛格解釋的那樣）因為這是中國擔憂與蘇聯衝突的重大標誌（有可能是最為重大的）」。基辛格經常直接地描述中國對俄國的憎惡：「他對俄國人怨恨在心，對他們的小伎倆表示不屑。」[86]

　　關於中國人，在「精益求精與謙恭有禮」的背後，「（他們）對實質問題和意識形態取向十分強硬，但處理問題小心謹慎」。根據基辛格的描述，周務實，思路清晰，能言善辯，精通哲學，擅

長歷史分析，親切友好，溫文爾雅，周到細緻，擁有「令人愉悅的幽默感」。他總結道：「簡而言之，在我見過的印象最為深刻的外國政治家中，周恩來和戴高樂不相上下。」第二天午飯前，周做了「十分強硬的陳述」，基辛格「強硬地回覆」，「刻意直率地逐點反駁」，然後停下來用餐。之後，在午餐期間，「周又恢復了親切和藹的態度」。基辛格提到了周和他的同僚的某種緊張情緒。他認為「文化大革命」對他們而言是一個「苦悶的時代」，他也注意到了周在陳述中露出的「道德上的兩難」和「某種憂思的氣質」，以及在草擬公告的過程中「不一致的節奏」。他認為他們是「生活在某種苦悶中的人們。然而他們漫長歷史中的磨難卻給予他們內在的自信，表現為某種豁達的精神。」北京不願危及改善中美關係的良機，因此在是否支持河內這一問題上，它的立場總是搖擺不定。逃避納粹迫害的流亡難民（基辛格）穿過了這場「天下大亂」，為雜貨鋪老闆的兒子（尼克森）獻上了一場北京首腦會談。[87]

基辛格也因一些小插曲為這出大戲增添魅力而感到愉悅。第一個插曲是他把準備替換的襯衫留在了巴基斯坦，只能湊合穿著身高六英尺、前西點軍校學員約翰·霍德里奇的襯衫。第二個插曲，是《紐約時報》的記者詹姆斯·萊斯頓（James Reston）可能帶來的干擾，他在北京的訪問恰好與之撞車。周愉快地推遲了萊斯頓乘坐的從上海出發的火車。事實上，萊斯頓最終因為闌尾切除術而在北京就醫。他離這則劃時代的獨家新聞這麼近，又那麼遠。當基辛格飛回巴基斯坦後，他的祕密使命差點暴露，因為毛澤東選集和這次歷史性訪問的照片集等來自中國的禮物實在難以藏匿。最後一個插曲，是在前往北京機場的路上，一貫嚴肅的葉劍英元帥追憶起往事來，元帥回憶道他是如何以一個國民黨軍官的身份投奔毛的軍隊，並經歷了長征。他們中沒有人「夢想這一生能看到勝利。他們認為他們的鬥爭是為後代的。」當他們走到飛機的舷梯跟前時，元帥說道：「可是我們到這裡了，你們也到了。」[88]

此刻，基辛格和他的隨行人員同意周的觀點——公佈基辛格此次的祕密旅程及其目的將會「震驚全世界」。尼克森期待著他的國家安全事務顧問在7月13號早上7點抵達埃爾托羅海軍陸戰隊空軍基地（El Toro Marine Corps Station）。在往德黑蘭途中，基辛格發

回了任務成功的電報，代號為「尤利卡」（Eureka）。從早上7點20分到9點半，尼克森都在聽取基辛格的報告。基辛格和洛德準備了一份四百字、時長七分鐘的公告，尼克森在伯班克的全國廣播公司（NBC）演播室裡宣讀了它。他們前往佩林諾餐館（Perino's restaurant）慶祝，吃的是蟹腿，喝了一瓶1961年釀的拉菲堡紅酒。[89]

由此，美國進入了三角外交的時代：「這場遊戲的名字叫均勢。我們並不試圖以挑釁蘇聯的姿態與中國聯合，但我們同意有必要遏制莫斯科在地緣政治上的野心。」華盛頓沒有任何理由捲入莫斯科和北京之間意識形態的紛爭，但它在「道義上和政治上有責任盡可能去爭取和平共存……」美國不能容忍蘇聯侵略中國。如果蘇聯取勝的話，「蘇聯的全部軍事壓力將轉向西方」。基辛格將美國新採取的立場比做表演平衡的走鋼絲。美中關係無法消除蘇聯的猜疑，但必須向中國保證反對蘇美勾結。毛直接表示：美國不要「站在中國的肩膀上」去接近莫斯科。[90]

為了籌備尼克森的北京之旅，基辛格需要在10月再次出訪，代號為「孛羅二號」（Polo II）。至於中國方面的準備，在9月份肅清包括林彪在內的軍方高層成為了必要。10月16日，基辛格啟程前往北京，按照2月份尼克森訪華預定的路線試飛。10月20日，周恩來在向基辛格致祝酒辭時強調，這次訪問的目的是繼續政治討論和解決總統訪華日程技術層面的問題。周表示，現在中國不應該再被認為是「神祕」的了。他認為，此次基辛格的訪問成敗，在於「能否把總統的訪問安排好，能否促進我們之間的政治和解，並對公報達成初步協定」。安排行程很輕鬆，回顧世界重大事件花了25個小時，起草上海公報又花了15個小時。周恩來否定了基辛格起草的那份溫和的公報，稱美方的做法是不能接受的。相反，公報應陳述雙方的分歧，但不做宣傳和羞辱，還應包含概述雙方共同立場的章節，特別要有關於美中都反對「霸權」的段落。基辛格委婉地稱之為蘇聯擴張主義。雙方根據基辛格的方案就臺灣問題也達成了妥協：「美國認識到，在臺灣海峽兩邊的所有中國人都認為只有一個中國，美國政府對這一立場不提出異議。」基辛格評論道：「我認為我所有做過和說過的事情，都沒有比這個模稜兩可的提法使周恩

來印象更深刻的了。按照這個提法，我們雙方在近十年內都可以對付過去。」[91]

基辛格的助理亞歷山大‧黑格準將在一月上旬對北京進行了簡短的訪問，以最終落實尼克森總統訪華的細節。還為尼克森準備了參考書籍以及談話要點。終於，1972年2月21日，尼克森抵達中國，走下飛機舷梯，與周恩來總理完成了歷史性的握手。這一次握手象徵性地扭轉了1955年杜勒斯在日內瓦會議上拒絕握手的冷落之舉。他們剛剛用完午餐，毛主席就提出要與尼克森會面，由基辛格和洛德陪同。尼克森沒有帶上羅傑斯和助理國務卿馬歇爾‧格林（Marshall Green）。基辛格後來承認：「或許除了查理斯‧戴高樂以外，我從未遇見過一個人像毛澤東那樣具有如此高度集中的、不加掩飾的意志力。」基辛格回憶說毛澤東用雙手握住尼克森的手歡迎他的到來。當尼克森提出幾個需要關注的國家時，毛澤東執意表示這些問題留待讓周恩來處理，他更想談論一些哲學問題。毛澤東說他比較欣賞保守派的領袖，並告訴尼克森他「在你選舉期間也投了你一票」。至於國內的反動集團，（毛澤東表示）他們乘飛機逃到外蒙古去了；飛機墜毀了。尼克森回顧了他從反共鬥士到主張與北京改善關係的漫長道路，而毛澤東則向尼克森保證中國不會威脅日本和南朝鮮。毛澤東堅持認為，大的問題應當先於小的問題解決。主席認為，臺灣問題是次要的。國際局勢才是關鍵的問題，毛澤東意指蘇聯。很明顯，中國是不會武裝干涉印度支那的。毛澤東超越了意識形態，「地緣政治佔據了絕對的首要地位」。與毛65分鐘的會談，一半的時間用在了翻譯上。[92]

就基辛格看來，他們「對我們打開大門的真正目的」，更多的取決於對尼克森表現出的與他們一起維持大國均勢的決心的評估。正式的文字表示即《上海公報》，羅德和基辛格為此辛苦工作了20多個小時。他們不得不在最後一刻進行一些文字上的調整，比如在臺灣問題上，用「前景」（prospect）代替「前提」（premise）一詞，稱臺灣為中國的「一部分」（part）而不是一個「省」（province）。被接受的公報草案卻遭到國務院的反對——大都是些細枝末節的問題，這氣得尼克森穿著睡衣在杭州的賓館裡來回走動。中文本比英文草案的原稿用詞更加寬容。尼克森政府已經適應

了這個「與我們的歷史看法完全不同的世界」。相反，美國對中國的浪漫幻想已然結束，因為那樣的中國「已不復存在，如果曾存在過的話」。新的認知已成為現實。[93]雙方不是採取妥協的方式，而是分段落陳述自己與對方的分歧。例如，在越南問題上，中國支持越南的和平建議，而美方則重申了尼克森的立場。然而，在兩個重要領域雙方達成了共識：兩國都「不應該在亞太地區謀求霸權，每一方都反對任何其他國家或者國家集團建立這種霸權的努力」。另一個共識是關於臺灣：周恩來要求美國撤走在臺灣的軍隊並堅決反對一切「兩個中國」的主張。美國承認海峽兩邊的中國人都同意只有一個中國，而臺灣是中國的一部分。更進而，美國重申由中國人和平解決臺灣問題，並確認逐步從臺灣撤軍的目標。[94]

尼克森和基辛格都明確地表示美國不會拋棄臺灣，美國將繼續保持在日本和韓國的駐軍，儘管沒有聲明，菲律賓的駐軍也將繼續保留。總而言之，這都是尼克森和基辛格的偉大勝利。1972年2月27日，在上海舉行的送別宴會上，尼克森致詞：「這場豐盛的宴會標誌著我們對中華人民共和國訪問的結束。我們來了一個星期。這個星期改變了世界。」[95]

有兩位總統成了這個改變後的世界的直接受益者，他們是羅奈爾得‧雷根和喬治‧H‧W‧布希。

註釋：

[1] *United States Relations with China*, xvi.

[2] Ibid., xvi-xvii, and for quote Franz Schurmann and Orville Schell, *Communist China:Revolutionary Reconstruction and International Confrontation, 1949 to the Present*, 295.

[3] John K.Fairbanks, *The United States and China*, 351-52.

[4] Ibid., 352-53, quote on 353.

[5] See *New York Times*, June 27, 1962.

[6] Schurmann and Schell, *Communist China*, 303-05, quote on 303.從1949至1969年，美國在臺灣和香港保留了「監聽哨」（listening posts）。參見Theodore Shackley, *Spymaster:My Life in the CIA;*and Harrison E.Salisbury, *Orbit of China*, 7-25.

[7] Richard M.Nixon, "Asia after Vietnam", 121.

[8] As quoted in Henry Kissinger, *White House Years*, 164.

[9] Nixon, RN, 340-41.

[10] 尼克森的就職演說，參見www.yale.edu/awweb/avalon/presiden/inaug/nixon1.htm.

[11] Richard Nixon [以下簡稱RN] to Henry Kissinger [以下簡稱HAK], February 1, 1969, f.Cookies II, box 1032, Nixon Presidential Materials Project, National Security Council[以下簡稱NSC] Files, Files for the President China Materials, Nixon Presidential Papers, National Archives and Records Administration [以下簡稱RNPP], NARA, CP.

[12] HAK to SS, Secretary of Defense, and Director of the CIA, February 5, 1969, box H037, f.Review Group China NPG [pt.2], RNPP, NARA, CP.

[13] NSSM 14:United States China Policy, April 29, 1969, box H 037, f.2:Review Group China NPG [pt.2], RNPP, NARA, CP.

[14] Ibid.;Walter Isaacson, *Kissinger:A Biography*, 336.

[15] Kissinger, *White House Years*, quote on 172 and 177.

[16] Ibid., 178-79.

[17] Summary Paper on NSSM 14, box H037, f.2:Review Group China NPG, pt.2, May 15, 1969, Nixon Presidential Materials Project, Kissinger Office Files, August 1969 to August 1974, RNPP, NARA, CP.

[18] Kissinger, *White House Years*, 180.

[19] Ibid., 183.

[20] Ibid.

[21] Ibid., 186-87.

[22] Ibid., 188-89, quote on 190.

[23] Harold H.Saunders, Memcon between Agha Hilaly and HAK, December 19, 1969, box 1031, f.1:Exchanges Leading up to HAK's Trip to China, December 1969-July 1971:Nixon Presidential Materials Project NSC Files Files for the President-China Materials [以下簡稱 China Materials], RNPP, NARA, CP.

[24] Ibid.

[25] Ibid., December 23, 1969;也可參見Isaacson, *Kissinger:A Biography*, 337.

[26] "Direct and Indirect Specific Messages Between the U.S.and PRC," box 1031, f.2: China Materials, NARA, CP.

[27] Embassy Warsaw to SS, February 20, 1970, box 1031:Nixon Presidential Materials Project, f.1:Exchanges Leading up to HAK Trip to China, December 1969-July 1971, RNPP, NARA, CP.

[28] HAK to RN, February 20, 1970, in ibid.

[29] HAK to RN, February 23, 1970, box 1032:Nixon Presidential Materials Project, f.Cookies II [Chronology of Exchanges with the PRC, February 1969-April 1971], NSC Files, Files for the President-China Materials, RNPP, NARA, CP.

[30] HAK to Jean Sainteny, n.d.[probably April 1970], box 1031:Nixon Presidential Materials Project, f.1:Exchanges Leading up to HAK Trip to China, December 1969-July 1971, RNPP, NARA, CP.

[31] "Message to be Passed to the Chinese," May 3, 1970, box 1031, f.3:in ibid.

[32] "Message to be Delivered by Major General Vernon A.Walters to the Chinese Communist Government," June 15, 1970, box 1031, f.3:in ibid.

[33] Ibid.

[34] HAK t RN, ca. September 12, 1970, Document 1, National Security Archive [以下簡稱NSA], "The Beijing Washington Back Channel and Henry Kissinger's Secret Trip to China, "September 1970-July 1971," National Security Archive Electronic Briefing Book No.66, edited by William Burr, February 27, 2002. 見:http://www.gwu.edu/nsarchive/NSAEBB/NSAEBB66/#docs.

[35] Ibid.

[36] Memcon, HAK and Jean Sainteny, September 1970, Document 2, NSA.

[37] Memcon, RN and Yahya, October 25, 1970, Document 3, NSA.

[38] HAK to RN, October 31, 1970, Memcon with President Ceausescscu on October 27, 1970, Document 4, NSA.

[39] The quote is from Isaacson, Kissinger:A Biography, 339;也可參見W.R.Smyser to HAK, Letter from your Friend in Paris;and Other Chinese Miscellania, November 7, 1970, Document 5, NSA.

[40] Memorandum for Dr.Kissinger, November 18, 1970, box H177, f.4: "Study of UN Membership, etc.," RNPP, NARA, CP.

[41] HAK to RN, "Memorandum on the Chinese Communist Initiative," ca December 10, 1970, Document 6, NSA.

[42] Memo by Hilaly, Record of a Discussion with Mr.Henry Kissinger on [sic] the White House, December 16, 1970, Document 7, NSA.

[43] HAK to RN, January 12, 1971, "Conversation with Ambassador Bogdan, Map Room on January 11, 1971," NSA, Document 9, NSA.

[44] Memcon by David Halperin, NSC staff, Bogdan HAK Meeting, January 29, 1971, Document 10, and Smyser to HAK, "Message from Sainteny," January 18, 1971, Document 11, both in ibid. For NSSM 106, see f.NSSM 106, box H176, RNPP, NARA, CP.

[45] Isaacson, Kissinger:A Biography, 339, and "Ping Pong Diplomacy (April 6-17, 1971), " http://www.pbs.org/wgbh/amex/china/peopleevents/pande07.html.

[46] For the quote, see Ray Cline to Acting Secretary Irwin, Intelligence Brief, "Communist China/U.S.:Peking People's Diplomacy:A 'New Page' in Sino American Relations," April 14, 1971, Document 13, and "Statement by Nixon on Travel and Trade with the PRC," April 14, 1971, both at the NSA.

47　"Message from Zhou Enlai to RN," April 21, 1971, rec'd April 27, 1971, responding to RN's December 16, 1970. Document 17, NSA.

48　Isaacson, *Kissinger:A Biography*, 339.

49　Ibid.

50　"Record of Nixon Kissinger Telephone Conversation Discussing Zhou's Message and Possible Envoys to China," April 27, 1971, Document 18, NSA.

51　Isaacson, *Kissinger:A Biography*, 339-40.

52　Alexander Haig, "Extract of a Memcon," May 5, 1971, Document 20, NSA.

53　Message from Nixon to Zhou, via Hilaly, May 10, 1971, Document 23, NSA.

54　HAK to RN, "Meeting with Ambassador Farland on May 7, 1971, May 15, 1971," Document 22, NSA.

55　HAK to Farland, enclosing message to PRC on SALT announcement, May 20, 1971, Document 24, NSA.

56　Farland to HAK, May 23, 1971, f.1:Exchanges Leading up to HAK Trip to China, December 1969-July 1971, box 1031:Nixon Presidential Materials Project-NSC Files-Files for the President-China Materials, RNPP, NARA;see also "Message from Farland to HAK," May 22, 1971, Document 25, NSA.

57　Isaacson, *Kissinger:A Biography*, 340.

58　"Message from Zhou to Nixon, May 29, 1971, with commentary, conveyed by Hilaly to White House," Document 26, NSA.

59　"Message to the Government of the People's Republic of China, from Nixon to Zhou, given to Hilaly on June 4, 1971," Document 28, NSA.

60　Isaacson, *Kissinger:A Biography*, 342.

61　"Message from Kissinger to Farland, late June 1971, on travel arrangement," Document 32, NSA.

62　Karamissines to "Immediate Isalmabad," June 30, 1971, box 1031:Nixon Presidential Materials Project, f.1:Exchanges Leading up to HAK Trip to China, NSC Files, RNPP, NARA, CP.

63　Ibid.

64　Memorandum for the President's Files," Meeting Between President, Dr.Kissinger, and General Haig, Thursday, July 1,Oval Office," July 1, 1971, Document 33, NSA.

65　Isaacson, *Kissinger:A Biography*, 343-45, quote on 343.

66　Memcon, Kissinger and Zhou, July 9, 1971, 4:45-11:20 p.m., with cover memo by Lord, Document 34, NSA.

67　Kissinger, *White House Years*, 745.

68　Ibid., 746.

69　Ibid., 747, quote on 748.

70　Ibid., 749.

71　Isaacson, *Kissinger:A Biography*, 345.

72　Memcon, "Kissinger and Zhou, July 9, 1971, 4:35-11:20 p.m., with cover memo by Lord, July 29, 1971," Document 34, NSA.

73　Ibid;for quote, see Kissinger, *White House Years*, 733.

74　Memcon, "Kissinger and Zhou, July 9, 1971, 4:35-11:20 p.m., Document 24, NSA.

75　Ibid.

76 Ibid.
77 Ibid.
78 Ibid.
79 Ibid.
80 Ibid.
81 Ibid.
82 HAK to RN, "My Talks with Chou En-lai," July 14, 1971, Document 40, NSA.
83 For the two quotes, see Kissinger, *White House Years*, 754, 755.
84 HAK to RN, "My Talks with Chou En-lai," July 14, 1971, Document 40, NSA.
85 Ibid.
86 Ibid.
87 Ibid., Kissinger, *White House Years,* 750.
88 Kissinger, *White House Years*, 753-55.
89 Ibid., 755, quote of announcement on 759-60.
90 Ibid., 763-65
91 Ibid., 777, 780, 781, 783.
92 Ibid., 1051, 1054-55, 1058, 1060-63.
93 Ibid., quotes on 1066, 1077, 1083, 1089, 1090, and 1095.《上海公報》的完整文本見第1490-92頁。
94 根據Stephen E.Ambrose，我們解釋了《上海公報》的摘要，參見其著 *Nixon:The Triumph of a Politician*, 515-16。
95 引文和分析見ibid., 516-17。對尼克森－基辛格對華採取主動完全不同的看法來自毛澤東，參見Jung Chang and Jon Halliday, "Nixon: The Red Baited," chap.54 of *Mao: The Unknown Story*，文章最主要的印象是毛澤東幾乎什麼也沒付出，但得到了一切。作者認為基辛格和尼克森上鉤了，包括在聯合國成員資格問題上以臺灣為代價，軍事情報以及科學技術。正如他們的敘述:「毛得到了太多，而且不費吹灰之力」（570）。

結語
Conclusion

　　到了雷根—戈巴契夫時代，美蘇再次正式提出和談。就外交談判而言，雷根總統扮演了二戰時期羅斯福總統的角色，戈巴契夫總書記則重演史達林在德黑蘭會議上的角色，也就是說，兩人都是天生的談判家。從他們獨特的思維方式看，史達林與戈巴契夫都需要美國的幫助。另一方面，羅斯福總統推動了德黑蘭會議和雅爾達會議的召開，而雷根總統則是日內瓦，雷克雅未克，華盛頓和莫斯科會議的倡議者。在德黑蘭會議和雅爾達會議的支持下，史達林戰勝了希特勒；戈巴契夫通過與雷根總統的幾次會談為蘇聯的改革和民意公開贏得了喘息之機。問題是：雷根與戈巴契夫如何通過談判完成自羅斯福與史達林以來無人所能完成的使命？雅爾達會議的希望已經破滅；通過雷根—戈巴契夫會談，破滅的希望再次復生。

　　1989年的天安門事件幾乎中斷了尼克森—基辛格開啟的中美關係，由於老布希總統派出了以國家安全顧問布倫特·斯考克羅夫特（Brent Scowcroft）和副國務卿勞倫斯·伊格爾伯格（Lawrence Eagleburger）為首的高級代表團出使北京，中美兩國的信任關係才得以重建。到了1991年，隨著蘇聯的解體以及中美兩國在天安門事件之後恢復邦交，一些冷戰的遺留問題依然存在，但尋求共識的新開端正在形成：美蘇由對抗走向和解。美國對中國的理想主義態度讓位於現實主義。俄國不再是西伯利亞肯南所描繪的扭曲形象，中國也不再是老中國通柔克義筆下奇異的喇嘛之國。

　　世界既不是兩極格局——蘇聯與美國，也不是三極格局——俄國、美國與中國。美國在越南、阿富汗和伊拉克的不幸遭遇增加了世界向多極化發展的可能性，當今世界的地緣政治模式與17世紀和

18世紀的更加接近，與20世紀的地緣政治模式反倒不同。21世紀的國際關係結構將是一個均勢結構，只需小戰爭就能恢復平衡，大規模的殺傷戰爭一去不返。我們需要採用國際會議體系中梅特涅外交風格的均勢手段，這些國際會議有威斯特法利亞會議（1649年），烏德勒支會議（1715年），維也納會議（1815年），巴黎會議（1856年）而非凡爾賽會議（1914年）和雅爾達會議（1945年）。在新的世界格局下，即使大國也不能迫使小國作出決定，美國將需要在不同的國際組織中尋求盟友，就像英國過去在歐洲大陸諸國中擔當和事老一樣。如同過去的國際會議一樣，聯合國和各種地區組織將是這些新興的國際聯盟組織的催生者。在老冷戰結局的背景下，雷根總統的對蘇關係與老布希總統的對華關係如何創立21世紀的國際新格局？

1

邪惡帝國，這幾個字可以形容雷根總統對待社會主義蘇聯的態度。從早期的好萊塢生涯到他擔任總統的第一任期，雷根一直把蘇聯視為「邪惡之源」。在擔任總統的第二任期之初，雷根來了個180度大轉彎，他從右翼的冷戰鬥士轉變為左派的妥協者。從杜魯門總統到老布希總統，其間所有總統中，雷根總統與羅斯福總統最為接近，他願意尋求一個能夠結束冷戰的現實的美蘇關係模式。

雷根就任總統時，是一個對蘇強硬路線者。他經常嚴厲批評卡特總統的外交政策，要求對付蘇聯和全世界的共產主義。《雷根：掌握自我的命運》（*Reagan In His Own Hand*）一書的編輯們說，他的上述批評「集中」代表了《蘇聯及其附屬國、共產主義與冷戰》（Soviet Union and its satellites, communism, and the cold war）一文的觀點。[1] 蘇聯是冷戰的「罪魁禍首」，因為她「劫掠土地」，「缺乏道德根基」，也沒有「合法的內政」。[2]《雷根》一書的編輯們進一步闡述了他對蘇聯的看法，雷根認為蘇聯經驗只有兩種結果：要麼「蘇聯毀滅的種子」導致「她自身的崩潰」，要麼「蘇聯自願放棄社會主義制度」。[3] 雷根是一位強硬的、不妥協的直率的評論家——他和其他蘇聯專家一樣得出了同樣的結論。

雷根總統的國家安全顧問、綽號「花蕾」的麥克法蘭認為，雷根自認為是一個英勇的和平締造者，他減少了戰爭爆發的危險。雷根的傳記作家盧·坎農（Lou Cannon）說，和平締造者身份也許來自他扮演的電影角色，比如1940年的《空中謀殺》，雷根在這部影片中扮演的特工布拉斯·班克羅福特（Brass Bancroft）阻止一項死亡射線發明技術落入壞人手中。要麼，和平締造者身份是他閱讀的結果。在《受盡折磨的空軍一號》（Air Force One Is Haunted）這部粗製的作品中，故事中的美國總統遵照羅斯福總統鬼魂的意見，部署了「傘式」反彈道導彈系統，迫使蘇聯放棄戰爭。坎農指出，「沒有人懷疑雷根是反共產主義的，也沒有人懷疑他對蘇聯工作報告的興趣。他時常幻想著銷毀全世界的核武器，這一點卻未引起人們的注意」。[4]

雷根政府對蘇關係根據他的任期可分為兩個階段，因為在雷根政府的第二任期伊始，即1985年3月10日，蘇聯最高蘇維埃主席團主席契爾年科（Konstantin Chernenko）去世。次日，戈巴契夫當選為蘇聯最高蘇維埃主席團主席，美蘇外交進入新的時代。早在1981年1月20日，雷根在總統就職演說中宣稱，和平是美國的「最高願望」。美國願意為和平進行談判或作出犧牲，但絕不會投降。美國的「耐力永遠不能被誤解」。美國要憑藉優勢力量獲勝，以確保國家安全。在總統的第一任期內，雷根表現出一位果斷的談判家的風采，他憑藉美國的優勢力量嚴格地恪守對蘇容讓的限度。[5]

從早期的好萊塢生涯到加利福尼亞州長任上，雷根都因仇視共產主義而聞名於世。比如，雷根在就任總統之後的第9天，即1981年1月28日，發表了一個新聞演說。當記者提問美蘇關係能否緩和或者冷戰是否繼續下去時，雷根回答說，美蘇關係是一條單行線，要麼是支持蘇聯，其一貫的目標是通過世界革命，創建一個世界級的共產主義國家。他還說，「他們唯一承認的道德就是什麼能夠推進他們的共產主義事業，為了實現那個（世界性的共產主義國家目標），他們寧願去犯罪，撒謊和欺騙」。[6]雷根的演說內容很清楚：「新政府有意向世界表明它的強硬立場，即美國不再對蘇聯姑息。」[7]媒體認為，雷根亮出了美國對蘇關係的底牌。

勃列日涅夫給雷根的第一封信，也表明了類似的強硬態度。勃列日涅夫在信中強調說，美蘇軍事力量對等有利和平，共同裁軍

可以保持勢均力敵。任何打破美蘇均勢的企圖都是「危險的」愚蠢
行為：「那種憑藉武力與我們談話的企圖是絕對無效的。」勃列日
涅夫列出了一大堆條件，他希望這些條件能夠成為美蘇和談的基礎
──諸如最高層首腦會議，全歐洲軍事緩和與裁軍會議，特別是停
止在歐洲部署美國的潘興二型飛彈（Pershing IIs）和巡航導彈，創
建國際軍事危險委員會，舉辦多國首腦特別安全理事會會議，召開
特別大會處理近東、波斯灣和阿富汗的熱點問題。[8]

　　雷根總統按照他本人的答覆，通過了幾項草案，他甚至批准了
國家安全顧問Richard V. Allen草擬的3月26號備忘錄。在此最初關
頭，雷根遭遇刺殺，嚴重受傷。次月，雷根傷癒。在此期間，雷根
為了整理他對蘇聯的看法，起草了一份回信。同時，美國國家安全
委員會和國務院也起草了一份回信。這兩封回信在語氣和內容上差
別很大。雷根總統的親筆信在4月24日發給勃列日涅夫，另外一封
先已發出。然而，雷根的參謀長建議他給勃列日涅夫回信，因為他
既然當選總統，其他人已經「振作了25年，（他繼續說）如果你認
為這封信應該寄給勃列日涅夫，就不要讓任何人修改」。[9]

　　這就是獨特的雷根。他向勃列日涅夫建議，他們將意識形態
擱置起來，彼此之間直接對談。雷根問道，普通蘇聯家庭是否會過
得更好，因為蘇聯政府干涉了阿富汗，並把古巴人安置在安哥拉？
他沒有理睬對美國帝國主義的指責，指出美國早在1945年就可以佔
領世界上的任何一個地方，但沒有這樣做。一旦他放棄了意識形態
問題，他便想起勃列日涅夫如何在1973年緊握著他的手，向他保證
說，他知道普通人如何依賴領導人的決定，他願全心全意地滿足民
眾的希望與夢想。雷根說，民眾仍同樣懷抱這些夢想與希望。因為政
府的存在就是為了實現人民的願望，而不是壓抑其願望，雷根廢除了
對蘇聯的糧食封鎖，由此開始了雷根政府對蘇外交政策的先河。[10]

　　雷根的助手們並不贊成他的外交政策。艾倫認為國務卿亞歷山
大・黑格（Alexander Haig）的草案是「消極的」，「缺乏外交策略
的」，「武斷的」。[11]莫斯科美國大使館一等參贊傑克・馬特洛克
（Jack Matlock）認為，雷根總統應該趁機譴責蘇聯入侵阿富汗、波
蘭，反對勃列日涅夫主義，即蘇聯享有保護社會主義國家的特權。
[12]黑格列舉出多種蘇聯的卑劣行徑：冷酷，全面的軍備擴充以及在

全世界追逐蘇聯的單方利益。[13]另外一封信也是在4月24日發出的，這封信呼籲舉行約束蘇聯行為的談判，拒絕最高層領導會議，裁軍要根據對蘇聯行為的正確定位，認為裁軍談判是可檢驗的手段——這是雷根運用他的「信任但要考驗」原則的開始——直接拒絕蘇方停止部署核武器的要求。[14]這封信發出時也經過雷根的簽名。雷根評論說，「這是我首次嘗試運用個人外交」。[15]

勃列日涅夫的答覆很冷淡：「他說，他也反對即刻舉行高層會談，否認我過去有關蘇聯的所有談話，譴責美國應該對冷戰的發生與持續負責，然後又說，我們沒有權利對蘇維埃在世界各地的行為指手畫腳。」[16]艾倫認為勃列日涅夫的回信雖然語氣緩和，但在內容上沒有讓步。他覺得這封回信流露出勃列日涅夫的緊張與關切所在。勃列日涅夫的回信充斥著標準的蘇聯式冗長的陳述，卻沒有提及阿富汗和中斷糧食禁運問題。多勃雷甯大使親自遞交了這封信，他也堅決反對協商原則。[17]

雷根總統9月份的去信與勃列日涅夫10月的回信進一步表明，雙方都沒有做好妥協的準備。雷根的去信正好為即將舉行的美國國務卿黑格與蘇聯外交部長葛羅米柯的會談定下基調，媒體也簡要介紹了雷根書信的內容，儘管這封信實際沒有對媒體公佈。北約國家也有同樣動作。雷根要求蘇聯不要干涉波蘭人的內政。蘇聯的威脅及其在阿富汗等地的行動是造成當前緊張局勢的根源。而且，蘇聯「在過去15年不斷地進行全面的軍事擴張」。因此，裁軍是必要的，因為美國「絕不會接受弱勢的戰略地位」。由於蘇聯的軍事擴張，「美國的軍事力量也必須增加」。由於蘇聯部署了ss-20s型導彈，美國在中程核導彈上尤其弱於蘇聯。雷根要求蘇聯「停止不斷升級的反阿富汗運動，停止在國內外釋放假情報」。簡言之，這就是雷根的對蘇計畫。[18]

勃列日涅夫的答覆很不友好：「遺憾的是，貴函竟然提出這樣的問題，好像蘇聯政策就是阻礙美蘇關係改善和國際局勢緩和的障礙。」勃列日涅夫宣稱，「這種問題提法是沒有根據的」。他反對協商原則。蘇聯及其盟友對誰也沒有造成威脅。尋求單方利益更是無稽之談。核戰爭對任何一方來說都是一場災難，除非能一舉殲滅對方，否則就不能打核戰爭。美國大幅度的增加軍事預算只會開

啟新一輪的軍備競賽。勃列日涅夫強調說，「蘇聯從未尋求軍事優勢。不過，我們只是反對軍事戰略平衡」。[19]雷根認為，美蘇之間的分歧如此嚴重，雙方很難達成共識。雷根與勃列日涅夫在12月份的通信，除了彼此相互指責之外，沒有任何成效。[20]勃列日涅夫的信「言辭粗暴，指責你嚴重干涉波蘭和蘇聯的內政」。[21]雷根在就任總統的第一年內，對蘇關係沒有取得進展。

美蘇和談僵局一直持續到1982年5月，這時雷根宣佈雙方舉行削減戰略武器會談。雷根總統在5月份寫給勃列日涅夫的信中談到「美蘇兩國領導人肩負的道德使命」，即削減核武器以減少核戰爭威脅。他努力表現得很樂觀，指出美蘇兩國在削減核武器方面已經取得的成績，諸如《禁止核子試驗條約》（the Limited Test Ban Teaty）、《防止核擴散條約》（the Nuclear Non-Proliferation Treaty）和《反彈道導彈條約》（Anti-Ballistic Missile Treaty）。他幾乎沒有提及第一階段和第二階段的限制戰略武器會談，只是說談判方應該超越它們。相反，他建議，6月底，美蘇兩國的談判專家應該在日內瓦舉行會談，制訂一項使核武器數量和殺傷力都能得到削減的協定，要確保核武器的削減公平有效，並限制核武器的部署。此次會議的成功關係到美蘇兩國的全面關係狀況。[22]在母校尤里卡學院（Eureka College）的畢業典禮上，雷根第一次公開發表有關削減戰略武器會談的演說：「我正在向蘇聯提出舉行削減戰略武器會談——削減戰略武器會談實際是指——我們在限制戰略武器會談上讓步——START就是『削減戰略武器會談』之意，我方談判小組向蘇方談判小組提出了一份務實的、有步驟的削減方案。」當然，雷根在演說中還特意說出他對蘇聯的獨特看法——蘇聯是一個由特權精英統治的國家，因而害怕自由，蘇聯制度在搖搖欲墜，因為蘇聯中央集權僵化並缺乏活力。他還鼓吹憑藉西方的力量和團結可以約束蘇聯的行為。[23]

1982年5月20日，勃列日涅夫給予答覆，對於雷根的削減戰略武器會談建議，他既不接受也不拒絕。不過，他指責削減戰略武器會談代表美國單方面的利益，因為該項建議強調削減的陸基導彈（land-based missiles）是蘇聯核武器的主體部分。黑格的特別助理保羅·L·布雷默（Paul L. Bremer）指出，「他未能承認總統隨後

的聲明，即『無所不談』，其中包括轟炸機和巡航導彈，以及美國必須嚴格削減海基導彈（sea-based missiles）這一事實」。勃列日涅夫建議雷根重新考慮「凍結」辦法，因為此舉能為削減戰略武器會談創造「有利環境」。[24]此外，勃列日涅夫不贊成專項問題談判，這一批評促使雷根提出削減戰略武器會談，如勃列日涅夫批評的那樣，實質性削減核武器對其中一方不公平。因為雷根強調美蘇各自削減三分之一的陸基導彈，這一數字遭到勃列日涅夫的拒絕。

雷根現在加強了對蘇聯的宣傳戰攻勢。1982年6月6日，雷根在威斯敏斯特向英國國會議員發表演說。以這次演說為契機，雷根提出了他的觀點。他向聽眾們保證美國和北約國家是團結的，在中程核力量及削減戰略武器問題上的立場尤其一致。他談到了所有區域的糾紛問題，諸如波蘭、古巴和尼日利亞問題等等。雷根認為，人類自由和民主事業的進步在任何地方都是勢不可擋的，即使在鐵幕內部也是如此。他責怪聽眾沒有大聲宣傳民主自由，他向勃列日涅夫發出挑戰，要求雙方交換各自國家電視臺最好的講壇，兩國的媒體完全向對方記者開放。最重要的是，雷根趁機顛覆了馬克思主義者的預言：他宣稱馬克思是正確的，因為世界會經歷一場偉大的革命危機，但是這次革命危機與共產主義之父的預言恰恰相反——革命危機不是發生在西方，而是在東方，也即馬克思列寧主義的故鄉。共產主義是違反人類歷史潮流的，人類歷史潮流是通向自由民主事業的。共產主義失敗的範圍是「令人震驚的」，而蘇聯制度的「腐朽」是不足為怪的。民主國家繁榮昌盛；共產主義國家窮困不堪。然後，雷根宣佈了他自己的預言：「我現在所講的是一個長期的計畫和希望——民主自由事業的進步必將馬克思列寧主義埋葬在歷史的塵埃裡，就像它曾將那些阻礙人類自由，鉗制人民言論的專制政權拋棄一樣。」雷根告誡說，軍事力量是唯一「確保和平的先決條件」。然後，他問道，「我們屬於哪一種人？」他回答說——我們是天生的自由人，我們也要幫助其他民族獲得自由。[25]

稍後，黑格辭職，雷根任命舒爾茨為新國務卿，後者於1982年7月16日上任。為了處理他接手的緊要問題，舒爾茨發起了星期六討論會。最緊迫的問題當屬黎巴嫩危機。然而，到了1982年8月21日，巴勒斯坦解放組織（Palestinian Liberation Gorganization）成

員開始大規模離開黎巴嫩，8月30日巴勒斯坦解放組織領導人阿拉法特（Yassar Arafat）也離開了黎巴嫩。雷根發表全國電視演說，呼籲重新談判中東問題。他既不支持巴勒斯坦建國，也不支持約旦河西岸自治。當舒爾茨第一次與葛羅米柯會晤時，舒爾茨得到的保證是，蘇聯不會將米格戰鬥機提供給丹尼爾‧奧爾特加（Daniel Ortega）領導的尼加拉瓜社會主義政權。中程核力量和削減戰略武器會談仍將繼續，儘管雙零選擇遭到拒絕。當談到人權問題時，葛羅米柯稱其為最劣等的問題。儘管葛羅米柯像往常一樣倔強刻板，舒爾茨認為他們的會談還是「有意義的」。11月10日，勃列日涅夫的死訊傳來，其職務由安德羅波夫（Yuri Andropov）繼任。舒爾茨與副總統喬治‧布希參加了勃列日涅夫的葬禮，並在葬禮上與蘇聯新任總書記交談。舒爾茨對安德羅波夫的機智產生深刻印象：「安德羅波夫似乎想在美蘇關係上有所作為。」但是，勃列日涅夫的所有不滿依然存在。12月21日，安德羅波夫首次發表了重要的軍控演說，但是，像他的前任勃列日涅夫和繼任者契爾年科一樣，美蘇談判依然處於僵局狀態。雷根嘲笑說，他一直願意談判，但是蘇聯領導人「不理睬我」。[26]

在安德羅波夫和契爾年科任內，莫斯科依然擺出好戰的姿態。在此期間，雷根政府制訂了更加明確的對蘇政策，其標誌就是1983年1月17日發佈的第75號國家安全決策指令（NSDD-75）：遏制蘇聯的擴張主義；推動蘇聯內部的和平演變；在堅持嚴格互惠、雙贏和促進人權的原則上進行談判。[27]

1983年3月，雷根發表了兩次重要的演說，其一是3月8日向全國福音派協會（the National Association of Evangelicals）發表的演說，該協會當時正在在奧蘭多和佛羅里達開會；其二是3月23日發表的全國電視演說。首先，在講完他慣有的保守價值觀之後，雷根描繪了一個善惡對立的道德劇。如作家法蘭西斯‧費茲傑拉德（Frances Ftizgerald）所言，雷根在思考蘇聯問題時，已不是第一次使用「邪惡」一詞：「比如，1981年5月，在西點軍校的演說中，他把西點軍校學生比喻為『抵制邪惡力量的鋼鐵長城』。」[28]她還認為，對這些福音派信徒而言，雷根總統在阻止《聖經》中《以西結書》所預言的末世戰爭。自布爾什維克革命以來，他們一

直把蘇聯視為一個由反基督教者所領導的邪惡帝國。[29]雷根在演說即將結束時說道：

> 因此，在討論核武器凍結建議時，我希望你們意識到榮譽的誘惑——這是一個愉快地宣佈你們所有看法的誘惑，認為雙方同樣都有過錯，要忽視歷史事實以及邪惡帝國蘇聯的侵略野心，僅把美蘇軍備競賽視為一個嚴重誤會，因此你們要遠離這次正義與邪惡的戰爭。[30]

雷根指出，馬列主義拒絕人道主義是根據一種超自然理論，僅承認那些有利於共產主義事業的事情是道德的。他要求這些傳道士為那些生活在「極端黑暗統治」下的人們祈禱。雷根在結束演講時說，美國人正面臨一場真正的精神危機，這場危機正在考驗著美利堅民族的「意志與信念」。[31]

1983年3月23日，雷根發表第二場有關「防禦與國家安全」的全國電視演說。在演說中，他第一次詳細地指出蘇聯在過去二十年所進行的大規模軍事擴充。在此期間，美國的防禦力量已經萎縮了。此外，核武器凍結阻止軍事現代化，只會使美國的防禦力量更加虛弱。在演說結束時，雷根像在前一場演說中一樣列舉了蘇聯的各種威脅，其中一句話令觀眾們大吃一驚，此前僅有他最親密的幾個顧問知道此次演講的內容。[32]雷根在演講到關鍵處時插入這句話：「自由的人民能否安居樂業？當得知他們的安全不能指望美國的立即報復對防止蘇聯襲擊的威懾力，以及我們能攔截和摧毀蘇聯的戰略導彈，使其不能到達美國及其盟國的領土？」[33]美國人民對核報復或核威脅的恐懼是「人類生存狀況的悲哀寫照」，這只能被看做是在「鼓勵侵略政策」。因此，雷根決定對他提出的戰略防禦計畫進行長期研究，以便可以消除蘇聯的戰略導彈威脅。[34]媒體立即稱其為「星球大戰」，這次演說也被視為雷根的「達斯·瓦德演說」。費茲傑拉德寫道，反導彈防禦觀念的確是「雷根最具特色的思想」。[35]

到了7月，雷根呼籲安德羅波夫，在日內瓦會談上要深入討論兩國均等有效地削減核武器問題。他強調，他們有能力解決這一問

題。[36]幾天後，雷根寫信給安德羅波夫，提議雙方意見的交換不妨
更加坦誠。這是雷根與安德羅波夫生前最後一次有意義的溝通，並
在1983年11月10日形成一條建議方案，即蘇聯將SS-20型中程導彈
削減到所謂的八〇線（eighty-degree line），如果美國不再部署潘
興II型導彈和巡航導彈，當然英法兩國的導彈也包括在內。雙零選
擇方案被拒絕。當安德羅波夫在1984年2月9日去世時，削減核武
器談判依然是勃列日涅夫時期的老樣子，沒有任何實質進步。[37]一
份1984年2月9日的《美國政策指南》文件指出，美國應該堅持的談
判原則是對等的現實主義，強硬，公正和可檢驗性。[38]為了打破僵
局，雷根提出派自己的特使去莫斯科，不料安德羅波夫在1984年1
月28日的最後一封來信中只是哀歎說，美蘇關係「已處於極端不利
的局面，但其原因不是我們的政策所致」。[39]雷根只好與契爾年科
重新談判，1984年2月11日雷根致信契爾年科，一方面表示哀悼，
一方面說明副總統布希赴莫斯科參加安德羅波夫的葬禮。雷根在信
中提出的談判計畫與他剛上臺時向安德羅波夫提出的一樣。[40]副總
統布希與參議院多數派領導人霍華德・貝克（Howard Baker）領導
美國弔唁團前往莫斯科。不久，契爾年科寫信給雷根，除了對他
的弔唁信表示感謝外，主要是說明安德羅波夫的1月來信也代表著
他的基本談判立場。舒爾茨斷定，契爾年科的來信「沒有任何新
意」。[41]

　　雷根又給契爾年科寫出第二封信，為美蘇關係的和解做出了鍥
而不捨的努力。軍備限制是關鍵，但美國的軍事力量必須與蘇聯過
去的軍事擴充相匹敵。雷根這封信中有一段引起舒爾茨注意的是，
信中提到的削減戰略武器會談，他引用說，「目前，我們關心的是
美蘇在配備大型多彈頭分導再入裝置的陸基導彈上，蘇聯處於優勢
地位，我們認為這種陸基導彈是最不穩定的」。[42]契爾年科的回信
中有幾句重要的話促使雷根在這封回信的開頭潦草地寫道，「我認
為契爾年科的回信值得我們非常認真的答覆，而不是例行公事地感
謝，而美蘇關係依然未變」。[43]值得雷根和舒爾茨都關注的是，蘇
聯最終對契爾年科所謂的即將到來的「太空軍事化」表現出深切的
關注。契爾年科還建議，包括英國在內的中程核武器凍結，停止核
子試驗。[44]

在雷根看來，既有意義，事實上又非常重要的是，他在達斯‧瓦德演說中談到的新問題已經發生效果，美蘇談判已經擺脫僵局，進入新階段。在日內瓦，美蘇會談一直僵持在中程核力量平衡問題，聚焦於美國在歐洲部署潘興導彈和巡航導彈以反擊蘇聯的SS-20導彈。但是在1984年1月，美國終極防禦武器的迷夢已形成具體計畫，首先在1984年1月成立了「弗萊徹小組」。實際上，在1983年3月27日，僅僅在雷根總統發表戰略防禦計畫演說的第四天，國防部長卡斯帕‧溫伯格（Casper Weinberger）告訴電視臺的會見媒體節目組時說，「我們在努力研發一個徹底可靠的全面的防禦系統。我認為沒有理由不這樣做」。[45]然後，溫伯格成立3個研究小組：國防技術研究小組（詹姆斯‧C‧弗萊徹博士負責），未來安全戰略小組（佛瑞德‧S‧霍夫曼負責），戰略部門小組（富蘭克林‧C‧米勒負責）。到了1984年3月，弗萊徹與霍夫曼提出一個重要研究項目，「弗萊徹小組」的高級專家們撰寫一個有關戰略防禦計畫需求的七卷本研究報告，以及五年研究實施計畫。[46]因此，國防部成立了戰略防禦籌備小組（the Strategic Defense Initiative Organization），由前太空梭計畫主任詹姆斯‧A‧小亞伯拉罕森（James A. Abrahamson, Jr）中將負責。他申請得到20億美元，這是1983年預算的2倍，然後開始招標。[47]

無論戰略防禦計畫在國會、媒體面臨何種技術或政治困難與分歧，無論民眾是否信任戰略防禦計畫，俄國人都會相信，當他們看到戰略防禦計畫需要的緊急組織力量和財政力量。如果戰略防禦計畫從未有過其他動作，那就夠了。蘇聯越是大驚小怪和氣憤，雷根越是確信他已經擊中蘇聯的要害。當想到所有這些之後，雷根在1984年4月16日致信給契爾年科，他自信地寫道，什麼也辦不到，「如果你認為只有美國讓步才能談判的話」。雷根語氣更加強硬地寫道，「我必須坦白地說，我感到失望的是蘇聯迄今尚不夠靈活，也沒有抓住私下談判的機會從而能夠在削減戰略武器會談和中程核武器談判問題上取得進展」。[48]順便說一句，雷根在這封信中滿是牢騷之言，絲毫沒有談及星球大戰計畫。雷根這樣做是更加令人吃驚的，因為蘇聯代表在每次會議上都提出「星球大戰」，據舒爾茨如是說。[49]

　　1985年1月21日，雷根在發表第二次總統就職演說時，大談「安全空間」問題。[50]1985年3月8日，雷根去醫院割去腸內的息肉。3月10日，契爾年科去世，布希與舒爾茨率領美國代表團再次去莫斯科參加他的葬禮，並會見了新任蘇共總書記戈巴契夫。到了10月，那時威廉·克拉克（William Clark）已經不再擔任雷根的國家安全顧問，其職位由巴德·麥克法蘭（Bud McFarlane）接替。在1984年，雷根的團隊制訂了四項對蘇原則：停止使用武力；消除核武器；改善雙邊關係；改善人權。現在，雷根與戈巴契夫鴻雁往來，不久後者邀請雷根訪問莫斯科。經過幾輪溝通，他們決定1985年11月在日內瓦會談。美蘇關係進入一個新時代。

　　在日內瓦會晤之前，發生了幾件大事。雷根寫信給戈巴契夫，強調他的四項原則是為了與蘇聯創建一個「穩定的建設性關係」。他邀請戈巴契夫參加華盛頓首腦論壇。[51]副總統布希親手將雷根的書信交給戈巴契夫。布希與戈巴契夫的「談話論據」很特別：雷根認為這是一個悲劇，因為美蘇兩國已經失去了40年的機會來避免軍事競賽，懷疑和苦難——他的意思是指雅爾達原則。現在是第二次機會，應趁機終止使用武器並銷毀核武器。[52]戈巴契夫給雷根的答覆是，願意參加華盛頓首腦論壇，放棄邊緣政策，並強調日內瓦中程核武器和削減戰略武器會談堅持平等原則的重要性。戈巴契夫的回信沒有論辯的語調，這令舒爾茨很欣賞。[53]雖時隔不久，美蘇兩個超級大國之間的爭論要點便浮出水面。雷根直截了當地說：「阻礙美蘇談判進展的一個主要障礙就是蘇方談判代表提出的一個要求，實際上就是說，美國先同意停止研究高端防禦系統，然後美蘇才能認真談判其他問題。」雷根解釋說，美方沒有無意挑戰蘇聯，但禁止高端核武器研究也是無法兌現的。因此，蘇聯在談判問題上提出這種要求是「不能逾越的障礙」。[54]

　　在日內瓦會晤前夕，這次會議始終被雷根認為是他總統任期中的高潮事件，美蘇兩國領導人的書信往來把各自準備談判的立場暴露無遺。[55]雙方都清楚，美蘇軍事對抗將是災難性的、不能允許的。因此，限制和削減核武器是至關重要的。但是如何達到這一高尚的目標，雙方各有自己的打算。戈巴契夫強調說，「太空非軍事化協定的簽署是通向最大規模削減核武器的必經之路」。大型反彈

道導彈系統只會惡化核武器問題。他宣稱，雙方停止核武器生產有利於結束核競賽。他將自己的立場總結為：「我向你建議如下方案——雙方完全禁止太空攻擊武器，真心地將各自相應的核武器削減50%。」[56]戈巴契夫還迫切要求發表一項終止核武器聯合聲明。雷根的顧問們則建議他們各自發表聲明。[57]到10月底，雷根與戈巴契夫之間已經建立直接的私人溝通管道，多勃雷寧擔任他們的信使。[58]雙方都在抓緊準備日內瓦會談，雷根向戈巴契夫提出了他對於削減核武器的主要意見：戰略核武器削減50%；完全銷毀中程核武器；關於國防與太空問題，雷根說道，「我們現在必須建立一個框架，以便將合作中心轉移到防禦問題，為了使此次轉移得到雙方的合作，我們要建立一個更加成熟的對話管道」。[59]美蘇進一步談判之門敞開了，戈巴契夫在日內瓦會晤上將由此進入。

在1985年11月19日的第一次私人會談中，雷根明確地告訴戈巴契夫，「各國彼此不信任是由於核武器的存在，但是各國仍然製造核武器，因為他們互相不信任」。戈巴契夫回答說，「蘇聯承認美國的國際地位，且對美國無任何惡意」。雷根反駁說，製造武器的是政府而不是其人民。戈巴契夫認為，核心問題是結束軍事競賽，並為此尋求一種解決方案。雷根再次談及國家不信任問題，以及消除不信任根源的必要性。[60]雷根的傳記作者坎農認為，美蘇談判迅速取得進展是因為戈巴契夫和雷根彼此找到了共同點。儘管第一次會晤原計劃只有15分鐘，實際卻延長到64分鐘。坎農認為，對雷根來說，第一印象很重要。雷根後來說道，「戈巴契夫的容貌和舉止之間都充滿熱情，並非我過去所見到的蘇聯最高領導人表現出的那種仇恨與冷酷」。[61]自從「西伯利亞」肯南以來，將近一個世紀過去了，雷根終於找到美俄（蘇）之間的核心問題：一種根深蒂固的消極的不信任。儘管這僅是從兩國領導人之間開始，無論如何這種不信任必須被消除。

當天上午，在第一輪全體會議之後，雷根重新談起不信任問題，而戈巴契夫則要求增加貿易，使蘇聯成為美國的巨大商品市場而不是美國軍工業產品和軍火儲備的潛在市場。兩人相互指責對方國家的罪行。坎農稱此為標準的冷戰辯論，雙方在某種程度上都在準備著對方的挑戰。實際上，兩位領導人都在堅持各自的談判原則。雷根指出，蘇聯一直是一個龐大的戰時盟國，但由於她不信任

美國而拋棄了羅斯福總統的溝通嘗試，即溝通資本主義與社會主義這兩大不同的社會制度之間的分歧。當美國成為原子彈的唯一擁有者時，美國並沒有使用核威脅來獲得戰勝蘇聯的優勢。雷根總結說，「在過去大多數時間內，美國並沒有從戈巴契夫的前輩領導人那裡獲得合作」。基於不信任關係，美國得到的是相反的結果，因為蘇聯有巨大的軍事勢力。「雷根總統說，現在雙方既然來參加這次會議，他已經坦白地輸出美國人為何心懷恐懼。也許他們不是害怕戰爭，而是蘇聯會尋求美蘇之間的力量不均衡，以便可以向美國發出最後通牒」。不信任關係可以通過實踐來消除：「但是實踐可以消除不信任，如果我們想要建立信任基礎的話，那麼那些堆積如山的武器就會很快縮減，因為我們相信武器是沒有用的」。由於具備了充分的信任，雙方可以共同對戰略防禦計畫開展研究──即使不知道這種戰略防禦系統能否有效──並與所有人分享他們的成果，因此「沒有人再擔心發生核戰爭」。戰略防禦體系也可以防止戰爭狂人發動大規模核戰爭。雷根總統著重表達了他想消除美蘇不信任的願望。隨後，他們各自準備午餐去了。[62]

　　馬特洛克是此次會談的重要見證人，他的會議記錄很有意義。馬特洛克寫道，雷根在會議期間一直在說明他的主要觀點是如何形成的，「他宣稱，戰略防禦計畫能發生作用，只有當它用於允許一個國家實施最先打擊，然後防止其人民遭到核報復」。如馬特洛克回憶的那樣，他對這種報復威脅總結說，「如果美國繼續研究『太空武器』，就不能削減攻擊性武器，蘇聯也會做出回應」。[63]雷根始終意識到這一點，正如戈巴契夫在一次法國電視採訪中所說的那樣。因此，雷根總統乾脆地說，戈巴契夫的評論進一步表明了他的意圖，此前他已經評論過美蘇不信任問題。然後，雷根開始為他的戰略防禦計畫進行辯護，也就是說，該計畫只是先進行試驗研究，以決定是否可行。由於該項研究繼續進行且是共用的，雙方應該各自把攻擊性武器削減50%。如果戰略防禦計畫證明是可行的，雙方都可以建設戰略防禦系統，並將他們的核武器削減到零，即所謂的雙零選擇。

　　戈巴契夫的談興很高，於是雷根建議他們去散步。走進船庫時，雷根邀請戈巴契夫進去歇會，然後他將一份有關核武器談判的

建議大綱——「折衷草案」和談判代表「參考依據」遞給戈巴契夫。戈巴契夫接受將戰略核武器削減50%的建議，但是他不贊成太空軍事競賽，也不同意削減歐洲的中程核武器，而英法兩國的核武器卻不在削減範圍之內。他們在日內瓦的後期談判糾纏在上述兩個問題上，儘管雷根最後宣稱他不會要求全部銷毀中程核武器。實際上，雷根當作他的政府的面放棄了原來的要求，並提出與蘇聯共用導彈防禦技術，雷根說他會把這一點正式寫在條約裡。他願意將美國的實驗室對蘇聯開放，並允許蘇聯隨時監督戰略防禦計畫研究。馬特洛克認為，「戈巴契夫嚴詞拒絕考慮任何形式的戰略防禦計畫是一個戰略錯誤，其過失程度甚至比安德羅波夫拒絕在中程核武器問題上妥協而不讓美國在歐洲部署核武器還要嚴重得多」。[64]

如果仔細研究這份重要文件就會發現其對日內瓦會晤上關鍵轉捩點的記載是更為豐富全面的，這次轉捩點確立了雷根與戈巴契夫的非同尋常的關係。畢竟，第二次全體會議和爐邊閒談構成了日內瓦會晤的關鍵內容，也是令蘇聯人對雷根非常困擾的一切問題的原因所在。如果沒有雷根的熱情負責和親切友好，日內瓦會晤就會破裂。雷根傳記對此次會議的記載可謂謙虛到了極致。[65]

戈巴契夫的謾罵誹謗意在不讓雷根總統過關。首先，他批評美國的對蘇政策是「低級的」。他的意思是指雷根用「邪惡帝國」和「邪惡之源」稱呼蘇聯。他認為，「蘇聯無意尋求世界霸權」。此外，地區革命和地區衝突是自西方殖民主義以來就出現的民族國家造成的結果，其目的是為了尋求民族自決，抵抗西方的反革命輸出。如果不是給民族國家創建過程貼標籤，不然就是「錯誤的，或者是在故意歪曲」。關於阿富汗問題，蘇聯願意支持聯合國領導下的「政治解決」辦法。美國可以提供幫助。美國沒有給予幫助，因為她想讓蘇聯困在阿富汗，「越久越好」。

其次，儘管雷根總統批評蘇聯一直在進行軍事擴充，而美國在嚴格限制軍事擴充，戈巴契夫堅持說，事實正好相反。20年前，蘇聯軍事力量無法與美國抗衡，也就無所謂戰略平衡。美國當時擁有的戰略核武器是蘇聯的4倍，並且擁有緊急前沿配置系統（intermediate forward-based systems）。他巧妙地問道，如果美國處於這種狀態該怎麼辦，因為軍事優勢無法成為正常國家關係的基

礎？在過去20年裡，美國也沒有靜止不動，其擁有的核武器數量是原來的3倍，最近還超過了蘇聯。這些都是經過所有研究核問題的機構證實的，特別是倫敦的戰略研究所，他們的結論是，儘管美蘇軍事結構不同，「戰略平衡」依然存在。戈巴契夫宣稱，「蘇聯需要的是較低水準的戰略平衡」。雙方必須能夠中途攔截對方，而不必試圖以智取勝或打垮對方。既然雙方勢均力敵，現在可以「採取行動降低軍事競賽的層次」。於是，戈巴契夫提出了備受指責的第三種方案。

根據上述考慮，戈巴契夫說，「蘇聯認為戰略防禦計畫會導致太空軍事競賽，而不僅僅是防禦武器競賽，更是太空攻擊性武器競賽。太空武器更難查證，只會滋生懷疑和不信任」。任何防禦體系都能被突破，「我們增強防禦力量也是為了摧毀貴方的防禦體系」。如果美國繼續執行戰略防禦計畫，那麼攻擊性武器的削減就無從談起。蘇聯會建造自己的戰略防禦體系。美蘇軍事競賽的全部過程將「使國際局勢動盪，（並導致）普遍的不信任，和資源浪費」。戰爭狂人是可以威懾住的，只要有「足夠的報復力量」，而有效的禁止也不成問題，如果基本問題解決了，也就是說，如果太空武器被禁止的話。因此，他堅持認為，蘇聯隨時隨地就會準備妥協。然而，如果他們在日內瓦會晤上沒有締結任何協定，那麼蘇聯必須「重新思考當前的國際局勢」。戈巴契夫已經表明蘇聯對美國的懷疑和不信任。現在該輪到雷根反擊了。

首先，雷根宣稱，戈巴契夫的陳述將美蘇兩個超級大國之間的不信任和懷疑暴露無遺。對美國人而言，蘇聯的懷疑是「莫名其妙的」，更不用說是在二戰美蘇聯盟的高潮期間了。其次，至於美蘇均勢問題，當前根本談不上。再者，即使在第一階段限制戰略武器會談之後，蘇聯增加了6000枚核彈頭，在第二階段限制戰略武器會談之後，又增加了3000枚，並部署SS-20s型導彈威脅歐洲的安全。美蘇雙方一直增加軍備，因為確保互相摧毀原則（MAD doctrine）實質上是「不文明的」，因為其殺傷目標是無辜市民，並會毀滅人類文明。第三，關於戰略防禦計畫，所有的攻擊遲早會遭遇抵制。如果戰略防禦計畫是可行的、共用的，那麼攻擊性核武器就可以削減，直至根除。戰略防禦計畫絕沒有攻擊意圖，只是用來抵消或廢除攻擊性武器。最

後，雷根談到了各種地區熱點問題，並說這些問題是美國懷疑蘇聯的根源，特別是蘇軍採取的是進攻行動而非防禦行動。

戈巴契夫很是憤怒，他問雷根，他們應該如何告訴雙方的談判代表。雷根回答說：將核武器削減50%。戈巴契夫問道，戰略防禦計畫怎麼辦？戰略防禦計畫與防止太空武器競賽的一月協定有何關係？雷根再次強調說，戰略防禦計畫只是一個防禦系統。雷根順便說了一個寓言故事：以子之矛攻子之盾如何？在那種沒有把握的情況下，他不知道結果如何。但是，若無盾之人遇見持矛之人之後，他自然清楚結果會怎樣。他斷言：我們都不希望處於無盾的狀態。戈巴契夫再次問道，戰略防禦計畫是否就是太空「軍事化」，雷根的回答是否定的：「如果戰略防禦技術研製成功，該技術將是共用的。美蘇雙方須同時安裝戰略防禦技術，不得單獨進行。同時，美蘇要削減攻擊性武器，以使雙方都不具備一次性打擊優勢。」[66]

雷根與戈巴契夫談得熱火朝天。值得我們再次重述的是，是雷根建議他們出去散步，呼吸一下新鮮空氣。那是11月份的一天下午，空氣很清新，他們很快又返回到船庫，熱烘烘的火爐也已準備好了。根據雷根本人的判斷，坎農認為雷根總統的邀請緩和了戈巴契夫的情緒，隨後的爐邊閒談以及再次散步都是日內瓦會晤期間的關鍵時刻，特別是當雷根總統在沒有通知美國代表團就建議在華盛頓和莫斯科舉行會談時，戈巴契夫爽快地答應了。[67]

無論事實怎樣，船庫談話集中在一個問題上，也是令蘇聯人非常困擾的問題：戰略防禦計畫。這是一個核心問題，從來沒有消失過。在第二次全體會議上，戰略防禦計畫始終是最令蘇聯人討厭的問題。現在，戈巴契夫有機會可以與雷根談交換條件了。雷根遞給他一個裝滿文件的信封，裡面的內容是強調將戰略攻擊武器削減50%，以此作為談判的根據，戈巴契夫認為這是一個良好的開端，表示同意。但他指出，我們在1月份已經同意該問題要與停止太空武器競賽一起討論：「該主張在日內瓦會晤上已經獲得通過，但他必須指出這個問題此刻似乎已經消失了。」到那時為止，雷根依然堅持，戰略防禦計畫是一個標準的防禦武器，與軍事競賽無關，戰略防禦技術會與其他有核國家共用。即使像雷根說的那樣，但是如何談判削減中程核武器問題，陸基導彈和英法兩國單獨的核武器又

該怎樣處置？戈巴契夫想知道，雷根是否同意狹義或廣義的反彈道導彈解釋。雷根信奉的是廣義的反彈道導彈，因為任何試驗系統都必須經過實踐檢驗，以確保這種武器是否有效；他重申說，反彈道導彈對所有國家都是共用的。「他所想像的最糟糕的事情是，任何國家都可以獲得一次性打擊的能力」。即使如此，雷根質問說，我們已經宣佈永不使用核武器——這還不夠嗎？雷根總統說，他相信他，但是他們都不在了該怎麼辦？戈巴契夫「略有激動」，他問道「部署一種迄今未知的也無法估計的核武器，意圖何在？「美國展開新領域的軍事競賽，道理何在？」我們對戰略防禦武器的監督將是無效的，因為這種武器機動靈活，儘管它被稱作防禦性武器；戰略防禦武器始終被認為是一種新的威脅。他問道，「如果美國的目標是廢除核武器，為什麼要進行一場新的太空武器競賽」？兩方都要節制，開放各自的實驗室，並開始將攻擊性武器削減50%。

雷根堅持自己的太空防禦體系主張，這使他想起了第一次世界大戰時期的毒氣戰，由於每一方都使用了防毒面具，結果毒氣戰無效。同樣，互相確保摧毀原則也是無用的，因為每一方現在都將擁有堅不可摧的防禦體系。最後，戈巴契夫說，他私下相信他，但是在政治上「無法苟同雷根總統的這一觀念，（他）寧願請求雷根總統與他一起想辦法制訂一個談判大綱，以便他們的談判代表把阻止戰略防禦計畫作為談判目標」。如果雙方層層部署戰略防禦武器，戈巴契夫警告說，「只有上帝知道結果怎樣」。就在那時，他們從船庫散步回來，雷根趁機提議日後召開幾次首腦會議，得到戈巴契夫的同意。[68]這是日內瓦會晤的重大進展。

雷根與戈巴契夫的第三次私人會談以及第三次和第四次全體會議都沒有取得任何進展，儘管雙方爭論的具體而激烈。當戈巴契夫糾纏於戰略防禦計畫時，雷根就聚焦於阿富汗問題。雷根和美國代表團覺察到蘇聯代表在戰略防禦計畫問題上態度變軟時，雷根總統也放鬆對人權問題的追究。戰略防禦計畫談判沒有重大突破。不過，雙方在削減戰略武器會談中都在原則上同意削減50%。雷根與戈巴契夫之間已經達成某種默契。[69]

雷根回國之後寫信給戈巴契夫。雷根在信中建議美蘇談判代表可以集中討論消除一次性打擊能力的辦法，而且他提出願意幫助蘇

聯撤離阿富汗。幾乎與此同時，舒爾茨向多勃雷寧提議，戈巴契夫可在6月份訪問華盛頓。一月之後，戈巴契夫作出回應。他仍然要求禁止他所認為的太空作戰武器即戰略防禦計畫，他辯解說，蘇聯在一次性打擊核武器方面沒有優勢。[70]在1月份致給雷根的公開信中，他提議分三階段銷毀核武器，起初是50%，其後再加大削減力度，其他有核國家也包括在內。「所有一切都取決於立即終止核子試驗，以及徹底禁止『太空作戰武器』」[71]戈巴契夫的「新思維」姍姍來遲。戈巴契夫在2月份請求Anatoly Chernyaev擔任他的外交事務助手。也許Chernyaev是蘇聯傳統外交最尖銳的批評者。像戈巴契夫一樣，他認為必須採取新動作：提高農業與刺激就業；替換勃列日涅夫的人事安排；讓波蘭領導人雅魯澤爾斯基（Wojciech Jaruzelski）將軍自己解決波蘭問題；放棄勃列日涅夫原則；撤軍阿富汗；將SS-20s導彈撤離歐洲；實現由軍事經濟向民用經濟的轉變；釋放持不同政見者；允許Refusniks和猶太人離開蘇聯。[72]然而，戈巴契夫很謹慎，他依然堅持某些「舊思維」。比如，他仍然相信1972年的《反彈道導彈條約》的「狹義解釋」而不是「廣義解釋」。狹義解釋禁止試驗和開發任何種類的反彈道導彈，廣義解釋承認簽約國有權對反彈道導彈進行研究、試驗、開發，但禁止部署反彈道導彈。雷根不斷寫信給戈巴契夫，甚至向他提出「簽署一項禁止所有攻擊性彈道導彈的協定，然後戰略防禦武器才能部署」。雷根這些建議都被忽視了，戈巴契夫依然反對「太空軍事化」。[73]美蘇談判僵局一直持續到當年夏天。最後，戈巴契夫建議遲至9月份或10月份在雷克雅未克舉行會議。戈巴契夫需要雷根來減輕蘇聯因與美國保持均勢所造成的巨額軍事開支負擔，以便他的國內改革能夠進行下去。

馬特洛克再次給出總體評價。當他們在1986年10月10日會晤時，雷根與戈巴契夫都同意核心問題是削減戰略武器。雷根已經領悟這句蘇聯諺語「信任，但要考驗」（Doveryai, po proveryai）的真意。為了「討好雷根」，戈巴契夫提出將全部戰略武器削減50%；他不再要求把英法兩國的中程核武器計算在內，但要求他們撤離歐洲。他想把反彈道導彈條約的狹義規定至少再持續10年，也就是說，只允許在實驗室裡對反彈道導彈進行研究和試驗，禁止所有反

衛星導彈，並制止核子試驗。雷根反對廢除所有戰略防禦武器，反對撤除亞洲的中程核武器，也反對用廣義解釋的《反彈道導彈條約》取代其狹義解釋，並解釋戰略防禦計畫為何不屬於攻擊性武器範疇。經過更深入的爭論，他們除戰略防禦計畫以外都達成了相當的共識。如馬特洛克所承認的那樣，「當兩人重新回到那個令人乏味的熟悉的戰略防禦計畫和《反彈道導彈條約》問題，他們之前所取得的談判進展至此中止。兩人的爭論簡直就像日內瓦會晤的重演，不同的是雷根現在建議完全廢除所有彈道導彈，然後才能部署戰略防禦武器。戈巴契夫也不願意放棄他的要求，即戰略防禦計畫研究只能限制在實驗室裡，而美國要保證10年內不得退出《反彈道導彈條約》」。[74]當他們越來越接近「作出歷史上對削減人類最大規模的殺傷性武器的承諾時」，戈巴契夫堅決要求結束這個非成功即破裂的問題：「我們最好回國，忘記雷克雅未克的情事，」他如是說道。雷根失去了耐性，脫口說出，「哦，胡扯」！他愣住說：「難道你真的想放棄這一歷史機會，僅僅因為一個詞語？」雷根說的這個詞語是指「實驗室」。戈巴契夫回答說，「但對我們而言，這個詞是無所謂的，那是原則問題」。[75]話已至此，雷克雅未克會談失敗了。

　　到了1987年，戈巴契夫開始關注《反彈道導彈條約》的狹義解釋，而不是要求雷根同意戰略防禦計畫只限於實驗室。他還意識到蘇聯國內改革取決於他與雷根的談判，而時間刻不容緩。而且，他終於明白英法兩國的中程核武器是不重要的，因為蘇聯不會與他們交戰。蘇聯撤除中程核武器不會有任何影響。瑪格麗特・柴契爾（Margaret Thatcher）使人明白西方有理由擔心共產主義的傳統世界目標。最後，美蘇「均勢」只是在創造一個蘇聯式的膨脹的軍工聯合體，如戈巴契夫所說，在這種軍工聯合體下，「我們在竊取人民的一切，並把蘇聯變成一個軍營」。[76]當舒爾茨在1987年4月訪問莫斯科時，他發現戈巴契夫願意締結《中程核武器條約》，並把其他問題留待日後解決。也許更重要的是，他現在意識到舒爾茨「也許是我初次遇到的一個有良好政治判斷的嚴肅的談判對手」。1987年12月的華盛頓會晤進程已經明確：雷根的目標現在符合戈巴契夫的改革需要，即恢復蘇聯經濟。[77]

　　如傑克・馬特洛克所言，華盛頓會晤被認為是一個「重大突破」，而雷克雅未克會議則是一個「心理轉捩點」。這兩次會議都是依靠雷根與戈巴契夫在日內瓦會晤上達成的默契。華盛頓會晤取消了美蘇軍事競賽，而雷克雅未克會議證明必須儘快採取行動來解決蘇聯問題。1987年12月8日，即戈巴契夫抵達華盛頓的次日，他和雷根簽署了《中程核武器條約》，條約規定銷毀所有中程核武器。其他問題日後再解決。

　　1989年5月29日，雷根一行抵達莫斯科。儘管他們關於戰略防禦計畫和反彈道導彈的立場未變，但談判氣氛改變了。雷根在莫斯科國立大學發表演講，當他談起自由並稱讚蘇聯改革時，其言論震驚了在場的聽眾。在紅場漫步時，一位記者向雷根問道，蘇聯是否還是一個邪惡帝國。雷根回答說，「此一時彼一時也」。[78]雷根的評價之所以如此不凡，是因為他像羅斯福總統一樣，掌握了與蘇聯必須妥協的時機。也許超乎我們想像的是，這一切與雷根讀過的那個劣質劇本，即空軍一號中羅斯福總統靈魂的啟示有關。

2

　　1989年，副總統布希接替雷根擔任總統。一直到1989年天安門事件之後，雷根外交政策才發生改變。1989年天安門廣場抗議活動是指發生在當年4月至6月間由學生、知識份子和工人激進分子領導的一系列示威運動。儘管抗議者缺乏統一領導，但參加者指責中共，表達不滿，其中既有對中共的輕微批評，也包括要求中共實行全面民主以及確保更廣泛的自由。示威者進入北京天安門廣場，中國其他城市也發生大規模的和平抗議活動。在北京，中國政府對抗議者的軍事鎮壓致使許多平民死傷。在此背景下，老布希總統派遣兩個高級代表團訪問中國——其中一個在7月訪問中國，另外一個在12月訪問中國——以便向中國領導人保證美國不會干預中國內政——無論美國國會、公眾，甚至老布希總統本人公開說什麼或要求什麼。這兩個訪華代表團分別由美國國家安全局局長布倫特・斯考克羅夫特將軍和副國務卿勞倫斯・伊格爾伯格率領。[79]

　　無論媒體如何認為這是一張多麼不光彩的照片，相片中的斯考克羅夫特將軍在向中國外交部長錢其琛敬酒，這是發生在斯考克羅夫特—伊格爾伯格代表團第二次訪華期間，即1989年12月10日在北京舉辦的一次宴會上的事情。後來，斯考克羅夫特「爆得大名」，令他「深為懊惱」的是，如他所寫的那樣，「就最消極的意義而言，我無法推託，儘管沒有媒體認為我有必要再提及我因天安門事件祝酒一事遭到非常嚴厲的批評這件事」。[80]美國公眾和國會的批評使斯考克羅夫特成為老布希總統對華和解政策以及「天安門事件」的「代言人」。[81]儘管斯考克羅夫特—伊格爾伯格代表團第二次訪華初衷是為了「改變公眾輿論，使美國人民意識到美國與中國繼續建交的必要性，但老布希總統嚴重錯估了美國人民的情緒」。[82]無論斯考克羅夫特怎樣試圖解釋祝酒這件事，其結果「似乎仍是在表明美國樂意將天安門事件大事化小」。實際上，斯考克羅夫特下面這番言論就是被直接引用的證據：

　　我們認為重要的是，我們沒有用力批評那些存在的問題……在中美兩國，那種專門想改變和阻撓我們合作的反對聲音都是存在的。我們必須採取果斷措施來改變這些消極力量。[83]

　　美國國會彈劾老布希政府，並在6月6日對中國提出有限制裁：暫停中美軍火貿易；中止中美兩國軍事領導人互訪；重新考慮留美中國學生提出的避難請求。即使如此，布希總統說，「我不想傷害中國人民的感情。我倒認為中美商業貿易實際上激發了自由的呼聲」。布希還認為對中國的制裁意義不大，他說，「現在我們要超越當前困難，關注中美兩國關係中持久的重要的方面」。國會提出了各種制裁方案，並在6月20日舉行了聽證會，迫使布希政府推遲向中國提供世界銀行和其他新的多邊發展貸款，中止「中美兩國政府官員之間所有高層互訪活動」。儘管布希政府答應給出更徹底的中國事件評論，並沒有提出進一步的制裁計畫，布希總統開始撤回那些已經頒發的制裁方案。[84]

　　到7月初，人權法案已經宣佈，布希政府開始公開否定該法案。不為外界所知的是，布希總統決定派遣一個祕密代表團訪問北京，由國家安全顧問斯考克羅夫特將軍和副國務卿伊格爾伯格領隊。布希寫信給鄧小平，提出派遣訪華代表團的建議，鄧同意了。

6月30日拂曉前，斯考克羅夫特和伊格爾伯格離開華盛頓，他們乘坐的空軍飛機在空中加的油。24小時之後，他們抵達北京，在會見鄧小平之後就返美。一份署名「主題」的備忘錄預先列出了斯考克羅夫特代表團的各種論據。備忘錄強調布希總統會優先維持中美關係，並把這些優先問題與美國國會和公眾提出的問題區別開來。備忘錄還強調中美關係的前景被當前事件更重要。尤其重要的是，布希總統盡力讓斯考克羅夫特和伊格爾伯格強調第八條不干涉政策：

> 中國政府如何決定處置那些捲入此次中國事件中的民眾，當然是中國的內政。美國政府和美國人民如何看待此次學潮，同樣也是美國的內政問題。這兩件事都是由中美兩國的傳統、文化和各自獨特的價值觀決定的。
>
> 同樣，這份備忘錄清楚地表明，布希總統及其顧問們最為關心的是蘇聯的威脅，以及蘇聯的威脅如何被抵消並對中美雙方都有利。這些有利方面被稱為「重要利益」，不僅使「全球戰略形勢」改變，而且減小蘇聯對中國的威脅，還為「美國對蘇關係提供活動空間」。中國也因此在「亞洲地區有更大的靈活性」。美國有能力影響日本和朝鮮的行為，這兩個國家的行為可能會對中國造成消極影響。這些重要問題連同那些較次要的問題諸如中國學生學習西方技術和工業組織，或美國遊客給中國創收幾百萬美元等，布希總統意在指出，「他最近的謹慎路線在很大程度上是取決於未來幾周中國學潮事件的發展情況」。既便如此，布希的謹慎路線還是有限度的：「中國政府如果繼續逮捕和處決肇事者，其結果必然導致美國做出更大的回應。另一方面，中美的和解努力會得到美國的合作回應」。這種「頗為廣泛的典型條件要求」的長遠利益是「世界和平以及穩定的國際環境……」[85]

詹姆斯・曼（James Mann）認為，「主題」備忘錄揭示了為何斯考克羅夫特—伊格爾伯格率領的第一次訪華團值得「如此不尋常的保密」。首先，斯考克羅夫特訪華團是要求中國政府放鬆對學潮的鎮壓，儘管布希總統即將上任的駐華大使李潔明（James Lilley）

坦白地告訴他們，「他們正準備解救這些學生，無論採取哪種手段」。其次，訪華團希望重新建立布希與鄧小平的直接對華管道，鄧早先已經拒絕接受布希的書信和電話。美國國家安全委員會的中國專家道格拉斯‧帕爾（Douglas Paal）說，「如果你不能與鄧會談，因為他是中國的領導人，你與其他人談是無濟於事的」。[86]

「主題」備忘錄還說明美國對中國的制裁是不嚴重的，也不會持久，但對於減輕美國公眾和國會對布希總統的壓力是必要的。畢竟，幾分鐘之後就要向國會證實，貝克告訴布希總統他打算宣佈對中國制裁。他將補充已經宣佈終止的中美軍事關係諸如軍火貿易和軍官互訪：停止世界銀行和其他金融組織對中國的借款，中止所有高層往來。貝克的上述宣言震驚了斯考克羅夫特，他當時正要根據布希總統的授意，率領代表團第一次訪問北京。在貝克的堅持下，伊格爾伯格也加入代表團，因為根據詹姆斯‧曼的說法國務卿伊格爾伯格不希望把中美關係問題交給國家安全委員會負責，斯考克羅夫特「也認為國務院高官應該有一位隨行，於是伊格爾伯格被分配到代表團」。

「主題」備忘錄還認為，中美長期關係是重要的，而短期關係是可以「控制的」。詹姆斯‧曼推測，「斯考克羅夫特代表團也許早已計畫告訴鄧小平，儘管美國對天安門鎮壓事件有分歧，儘管美國對華制裁，但是美國想要繼續與中國進行提防蘇聯的安全合作——特別是在中國佈置祕密情報機構以監視蘇聯導彈及核武器試驗」。詹姆斯‧曼還認為，斯考克羅夫特訪華團要承擔如下任務：由於布希總統主要想與中國維持天安門事件之前的關係狀態，他就必須向鄧小品保證，他不必在意布希總統的公開言行。

現在，美國國家安全委員會將與中國交涉，而非國務院。這一規定表明布希政府內部的職能劃分，因為布希本人要處理中美兩國的日常工作。[87]這些日常工作，即指發生在6月30日至7月1日，以及12月10日至13日，也即斯考克羅夫特—伊格爾伯格代表團兩次訪華期間的工作事項，標誌著從7月到12月對華制裁制度的逐步廢除。[88]

隨後，布希總統給鄧小平寫了一封私人信函，鄧在1989年6月25日的回信說，他同意美國代表團訪華，但要求嚴格保守祕密。如貝克所說，「我們必須讓中國人明白的是，儘管他（布希）衷心希望維持中美關係，但他本人對中國政府的暴力鎮壓很失望，他無

法心安理得地讓中美關係恢復正常，除非中國政府停止對學潮的鎮壓」。[89]斯考克羅夫特代表團訪華必須祕密進行，否則國會中的強硬派如參議員、外交委員會主席傑西·赫爾姆斯（Jesse Helms）會指責布希政府是妥協者。布希政府甚至從北京召回李潔明，當面告訴他美國訪華團要避免使用電報，免遭指責。貝克還說，斯考克羅夫特代表團只在北京逗留了一天就返回美國了：「他們回來向布希總統報告說，中國人依然像過去一樣讓人難以捉摸。中國領導人對美國的制裁表示強烈不滿，並反覆重申美國在干涉中國內政。」[90]伊格爾伯格告訴貝克，「他們從來沒有如此坦白過，但我認為那些比較精明的中國領導人已領會如下意思：只要他們不再殘殺同胞，我們可以為他們付出更多的效勞」。[91]

布希總統和斯考克羅夫特將軍在他們合寫的回憶錄《被改變的世界》（*A World Transformed*）一書中詳細披露了第一次訪華團的內幕。他們重印了布希寫給鄧小平書信的部分內容，還仔細記述了訪華團與鄧小平及其他中國高官的會見情況。布希承認，「天安門事件破壞了中國從西方獲得的好感」。許多人認為中國的改革是一場騙局。然而，他還說，「我卻不這樣認為。根據我過去14年對中國的觀察，我認為中國正在發生緩慢的變化，那些一直在發展的改革力量仍然很強大」。[92]於布希特別謹慎，他早在6月5日就拜訪了前總統尼克森，並得到後者的深刻答覆：「不要破壞中美關係。儘管中國政府對學潮的處理很惡劣，令人痛心，但我們要著眼於中美關係的未來。」布希總結了他與尼克森最後的談話內容：

> 我告訴他（尼克森），我不打算召回（駐華大使）李潔明，他認為這就對了。他（尼克森）認為我們不應該停止對華貿易，（應該做些）象徵性的工作，但我們必須與中國建立長期的友好關係……所以，我一方面盡力維持中美關係，一方面譴責中國政府濫用權力與暴力……所有這一切告訴我要謹慎、冷靜。[93]

當天上午，稍晚，布希會見了部分中國留美學生，以示關切。儘管他曾對某個國會代表團譴責中國政府的行動，他還是決定不能

持完全的消極態度。他支持美國大使館為方勵之夫婦等不同政見者提供政治避難，儘管此舉令中國政府很惱火。美國公眾憤怒至極，如新聞評論員丹‧拉瑟（Dan Rather）所言，「人們情緒高漲，怒不可遏……幾乎要與中國斷交，但我認為不可」。[94]

面對這種不利形勢，貝克拜訪了中國駐美大使韓敘，就天安門鎮壓事件表示美國的抗議，安排美國人撤離中國，營救方勵之。當晚，布希給鄧小平寫了親筆信，他「發自肺腑地」希望中美關係恢復正常。不同於其他文件，這封信揭示了布希總統願意發展中美關係的內在原因。首先，他以一位滿帶悲傷的老朋友的名義寫信給鄧小平，他衷心相信中美兩國維持良好關係是必要的。其次，他告訴鄧，對於他的改革成功以及作為改革者應面臨的嘲諷，他給予極大的尊重與理解。他相信，鄧是致力於中美關係的良好發展和中國的改革事業的，而且同樣關注「包圍政策」。鑑於這些共同的信仰，布希明確告訴鄧，他無意干涉中國內政。然而，中美兩國制度不同，鄧必須承認，布希必須尊重美國的原則。他不願評論天安門悲劇，這是「歷史書」的任務。他所採取的行動「是無法迴避的。像你知道的那樣，美國國內要求對華採取更嚴厲的制裁呼聲依然很強烈。我不但反對這種呼聲，還表明我不想看到你我一直努力創建的中美關係遭到破壞」。接著，布希寫下一句奇怪的評論：「我不想讓中國人無辜地承受由經濟制裁造成的負擔」。布希辯解說，他沒有讓中國人承受經濟負擔。關於方勵之夫婦，美國根據國際法需要向他們提供使館避難。最後，布希總統問道，美國可否派一名「特使」，由他「全權代表我的意見與你坦誠交談。如果你認為這種特使是有用的，請通知我，那麼我們會配合工作，他的使命是完全值得信任的」。布希這封信最後請求鄧小平寬容對待學潮。斯考克羅夫特請求韓敘遞交這封信，韓照辦了。[95]幾天之後，即6月24日，布希收到了鄧小平的親筆信，鄧接受布希派遣特使。布希需要的是瞭解鄧小平的最優秀的中國專家，此人就是斯考克羅夫特。根據斯考克羅夫特的說法，他還推薦了伊格爾伯格。[96]

此次特使計畫是乘坐一架沒有標記的飛機，進行「臨時飛行」，空中加油，最後在中國某地著陸。6月30日凌晨5時，特使們乘坐C-141運輸機從安德魯斯空軍機場起飛。楊尚昆主席不得不親

自授權這架飛機著陸，以免其被擊落。7月1日下午1時，他們抵達北京南苑機場，這是尼克森總統專機曾使用過的老機場，然後逕直住進釣魚臺國賓館。次日上午，他們進入人民大會堂，在那裡受到鄧小平、李鵬、副總理吳學謙和外交部長錢其琛的接見。斯考克羅夫特詳細記錄了這次會談情形，他非常留心鄧小平的主題發言：鄧說，布希是他的朋友，因為他的話值得信任。但是中美目前的僵局不能因為我們是「朋友關係」就能打破的。這是一個國家問題。「美國在很大程度上已經侵犯了中國的利益，並傷害了中國的尊嚴」。中國會堅決處罰學潮煽動者，絕不「允許外人干涉中國內政，無論結果如何」。此外，國外輿論是受了謠言和誇張宣傳的蠱惑。[97]美國必須明白中共是在經過25年的浴血奮戰之後才掌握了政權，絕不允許外人干涉中國內政。「沒有任何力量可以替代由中國共產黨領導的中華人民共和國」。[98]

斯考克羅夫特的答覆表明了布希總統的立場，即中美兩國在很多方面都是朋友關係：兩國的基本利益是一致的；彼此尊重對方文化的多樣性；雙方在戰略上都得利於抵制蘇聯，並且都為世界穩定作出貢獻；兩國的經濟貿易關係良好（每年超過100億美元）；最後，美國人民欽佩中國的進步，因為中國政府鼓勵改革。不幸的是，6月天安門事件破壞了中美不斷加深的友誼，因為美國人從他們特有的自由傳統角度來看待這場悲劇。中美雙方都應尊重各自的傳統，而不是干涉對方的內政。斯考克羅夫特最後亮出底牌，他說，布希總統非常願意維持中美關係，所以他希望「這些事件的處理能夠確保中美關係向健康方向發展」。根據斯考克羅夫特的說法，其意是指，布希總統反對美國國會對中國施加更加嚴厲的制裁。

鄧小平走後，李鵬繼續爭論說，儘管美國人民的關切不可否認，但「我們不贊同的是美國政府企圖以自己的意志干涉其他國家的政策」。美國人民受到謠言和錯誤事實的欺騙。「這不是愛好和平的遊行，（因為）示威者企圖推翻政府和中國共產黨的領導」。李鵬認為，問題出在趙紫陽總書記的妥協和「誤導青年」。[99]考克羅夫特認為：

我清楚地知道，中美兩國文化的碰撞在我們之間造成了很大
的鴻溝。中國人普遍反對外國「干涉」。他們關心的是安全
與穩定。我們重視的是自由與人權。然而，我此次中國之行
的目的不是為了談判——迄今什麼也沒有談——而是為了確
保中美兩國人民的溝通管道，中國人民傾向於閉關鎖國，他
們在與外國人長期交往的過程中形成了懼外心理。雙方一直
是坦誠的公開的。我們已表明了自己的分歧，並傾聽對方的
意見，但是我們要跨越這條鴻溝還有很長一段路要走。我看
得出，雙方都決心不讓天安門事件破壞中美關係。[100]

斯考克羅夫特是如何忠實地執行「主題」文件的意旨？「主
題」文件的論據是，中美兩國的戰略關係利益，特別是由於蘇聯的
存在，更加突出；世界的和平與穩定部分地因為中美兩國的合作；
美國的經濟競爭力；雙方必須尊重對方內政，不得干涉；布希總統
要繼續格外謹慎地維持中美關係，並防止美國國內出現敵視和批評
中國的聲音出現。斯考克羅夫特已經成功地遵照「主題」文件的實
際意圖辦事：布希會一如既往地對待中國，好像6月天安門悲劇未
曾發生過，因為中美關係對雙方的重要性要超過人權問題。正如中
方觀點和布希贊同的那樣，這一切純屬中國內政。如果美國國會和
公眾不同意，布希甚至會在必要時壓制批評者的聲音，以便維持中
美關係。從7月1日斯考克羅夫特代表團第一次訪華到12月10日至13
日第二次訪華，其間數月證明了布希的上述承諾以及中國領導人的
普遍認可。

1989年6月5日，即坦克駛入天安門的第3天，布希總統頒發第
一次對華制裁令：停止一切對華軍火貿易和軍事合同。這意味著，
美國要停止與中國的6億美元的政府交易，以及1億美元的商業交
易，包括300項軍火訂單，三個通訊衛星，以及200架波音757S噴
氣機導航設備。此外，布希同意給中國留美學生提供簽證，下令檢
查所有現存的中美雙邊協定。[101]6月底，歐洲國家領導人也紛紛譴
責中國政府鎮壓學潮，中止高層接觸，禁止軍火貿易和軍事合作，
推遲貸款要求。次日，美國參眾兩院一致通過決議，要求布希限制
對海外私人投資公司以及美國進出口銀行的貸款申請，放鬆出口控

制，改善中國人權惡化的狀況。世界銀行同意上述制裁，並宣佈推遲考慮向中國提供大約7.8億美元的新貸款，儘管世界銀行會繼續如約向中國支付貸款。布希還被要求與西方盟國磋商，討論是否有必要對中國實施國際制裁，以向中國表明西方對「天安門鎮壓事件的不滿」。[102]

6月9日，布希重申他在1989年5月31日作出的決定，即繼續擱置傑克遜─瓦尼克（Jackson-Vanik）修正案，允許中國繼續享有最惠國關稅待遇。這是布希將中美關係維持到天安門事件之前的狀態的首要舉措。如前所述，到了6月底，布希還阻止國會對中國實施更加嚴厲的制裁，即停止中美兩國所有高層政府往來，包括商務部長羅伯特・A・莫斯巴赫爾（Robert A. Mosbacher）的七月訪華計畫。布希還宣稱，他會推遲中國向國際金融組織獲得的各種新貸款──此時他正準備派遣斯考克羅夫特和伊格爾伯格祕密趕赴北京。布希此舉與眾議院下面的決議案形成鮮明對比，眾議院以418票對0票，贊同修改外國援助法案，包括布希早先的對華制裁命令，以及停止新的投資擔保和原來政府授權的基金，禁止出口控制犯罪的和「灰色地帶的」核武器裝備，要求多邊出口控制統籌委員會停止新的技術轉讓制度，除非中國政治改革取得進步。1989年7月5日，關貿總協定宣佈，無限期推遲中國重新加入關貿總協定組織的會談。[103]

到了7月初，布希仍然繼續減輕對中國的制裁壓力。布希修改了對華制裁規定，以便向中國出售早先由於霍尼韋爾公司航空規定（Honeywell navigation systems）而被禁止的三架波音飛機，還計畫向中國出售第四架波音飛機。此外，霍尼韋爾公司還獲准修改那些有缺陷的規定，這些規定是針對中國已經購買的同類型飛機的。與此相對的是，美國參議院在7月14日以81票對10票批准了眾議院原先通過的對華制裁法案，並要求推遲美國進出口銀行的對華借款，檢查所有雙邊貿易協定，包括中國的最惠國貿易待遇，反對國際金融組織對華貸款。11月，參眾兩院通過了眾議員南茜・佩洛西（Nancy Pelosi）提出的法案，即不再要求持有J-1簽證的中國留學生在美完成學業後必須回國工作兩年。布希否決了這一法案，並在12月1日頒發了具有同樣效力的行政命令。從1989年10月28日起，

布希對北京進行了四天的訪問，據說他曾私下要求前總統尼克森與他一同會晤中國領導人。一切就緒之後，斯考克羅夫特與伊格爾伯格在1989年12月10日至13日第二次訪問北京，此次訪問將是公開的。[104]

有關斯考克羅夫特—伊格爾伯格代表團第二次訪問中國的報導，以及他們第一次訪問中國內幕的曝光，令美國公眾大吃一驚。如國務卿貝克事後所言，事情是這樣的：「布希總統在12月命令斯考克羅夫特和伊格爾伯格重訪北京。不幸的是，中國政府允許媒體全面報導在人民大會堂舉行的宴會祝酒場面，隨後斯考克羅夫特代表團此次訪問在美國國內引發新的論戰。」貝克還解釋說，他曾在12月10日向電視主持人大衛·布林克利（David Brinkley）說過，「這是自天安門事件之後，我們第一次派遣政府高官出訪中國。一周之後，美國有限電視新聞網（CNN）報導了伊格爾伯格—斯考克羅夫特代表團第一次訪問中國的內幕。代表團初訪中國是絕對保密的事情，乃至我在媒體報導期間完全忘記此事，隨後我陷入尷尬的局面」。[105]據詹姆斯·曼的說法，美國有限電視新聞網可能聽到代表團第一次訪華的風聲，因為中國政府曾向五角大樓遞交中文通知，即為代表團乘坐的C-141空軍飛機加油之事，五角大樓必須請人翻譯這份中文通知。有關代表團第一次訪華的消息就這樣逐漸洩露出去了。[106]

關於第二次訪華的情形，斯考克羅夫特寫道，這次與前次不同，他們不需要保守祕密。[107]這些談話中，雙方相互抱怨，斯考克羅夫特還介紹了布希與戈巴契夫在馬爾他的會晤情況。「我們與錢（其琛，外交部長）的第二次會談是祕密進行的。我們設計了中美互相交流『路線圖』，以便兩國關係能夠有序平穩地向正常化發展」。我們還談到江澤民總書記訪美之事，並討論停止對中國的制裁，條件是與中方交換方勵之。

次日，斯考克羅夫特會見了李鵬總理。李說，中國準備與美國改善邦交。不過，最後還是由伊格爾伯格提出了核心問題：如果中國釋放方勵之，此舉會對美國造成巨大影響。佩洛西法案的代價對布希來說是昂貴的。他還說，我們不必再討論中國留美學生之事。會場氣氛為之緩和下來。關於向中東地區出售彈道導彈問題，中方

承諾這些導彈不會賣給那些動盪地區。對中國來說，這些小的讓步是有利於緩解局勢的，具體問題將由李潔明大使解決。我們多少要達成一個總體的「一攬子解決方案」或「路線圖」，具體方案由李潔明大使與錢其琛外交部長負責設計，內容主要是美國取消對華制裁，以及中國釋放方勵之：

　　該方案的執行時機已經相當成熟，雙方還作出如下適當的讓步。中方接受美國和平隊，准許美國之音記者採訪，確保停止出售導彈，撤銷戒嚴法，並開始釋放天安門事件之後被拘留者。至於我方，我們力保布希總統否決佩洛西法案。

　　1990年1月，眾議院以390票對25票推翻了布希總統的否決。但是，參議院在1月25日的投票，以62票對37票，沒有推翻總統的否決，這對布希總統的對華政策而言可謂是千鈞一髮。然而，中美關係正常化過程極為緩慢，乃至停頓下來。中國沒有作出解釋，此次中美關係的逆轉原因只能讓人去推測了。[108]

　　在天安門事件發生的幾周內，布希對中國作出讓步：他允許美國進出口銀行繼續向在中國投資的美國公司提供貸款，批准休斯航空公司出口在中國發射的衛星。首先，布希政府向中國海洋石油公司提供975萬美元的援助。隨後，由於冷戰從1989年開始落下帷幕，並伴隨著柏林牆的倒塌，伊格爾伯格在1990年2月7日向參議院外交委員會作證時指出，美國的反蘇政策是促使中美接近的根本原因。伊格爾伯格說，美國接近中國的新理由是，中國可能會向海外出售大規模殺傷性武器。對美國而言，中國具有戰略上的重要地位，因為中國會以銷售這些武器相威脅。如果中國停止出口這些武器，那麼中國的戰略地位就會降低。北京的意圖是，「即便不採取威脅性的行動，那麼中國至少也要始終表現出想這樣做的姿態」。詹姆斯·曼認為，中美關係的悖論就這樣形成了。[109]

　　1990年3月，布希在一次電視訪談中承認，他對中國的和解努力成效不大。副總統丹·奎爾（Dan Quayle）進一步指出，斯考克羅夫特—伊格爾伯格代表團的訪華結果是「讓人失望的……中國拒絕承認現實，這終究是自由與民主的問題」。看起來，布希對中國的妥協政策是枉費心機。美國領導人宣稱，對華妥協政策最終會促使自由與民主在中國出現，要麼就是中國社會主義制度的崩潰。[110]

他們的預言是錯誤的。斯考克羅夫特說，「近年來，我們從各階層的中國人那裡反覆得知，代表團那次中國之行及其姿態對中國人來說是多麼地重要，中國政府內部人士和那些支持學潮的人士也都這樣認為」。[111]貝克則更加樂觀：

> 無論如何，代表團此次訪華成功地說服了中國人，正如布希總統在就職演說中所說的那樣，善有善報。12月9日，布希總統否決了國會的禁令，即禁止美國進出口銀行向在中國投資的美國公司提供貸款，並公開宣佈向北京出售三顆商業衛星。並非巧合，北京在三周之後解除了戒嚴令，天安門廣場也在學潮鎮壓之後第一次對公眾重新開放。我們對此次危機的處理，雖然遭到很多人的批評，卻避免中美關係倒退幾十年。[112]

貝克認為，儘管克林頓州長在競選總統期間批評布希的對華政策，他在一年之後擔任總統時仍繼續給予中國最惠國待遇，因為中國人權取得進步。對貝克來說，克林頓此舉是在默認，布希在中國人權問題上的緩兵政策是為了中美戰略關係免遭破壞的必然選擇。[113]

1989年天安門事件雖然嚴重影響了中美關係，但還不足以顛覆中國主流的正面形象。1991年的蘇聯解體，其本身意義雖深遠，仍不能完全改變美國人對俄國的消極看法。早在1890年代，美國人對中俄兩國的形象認知已經形成，迄今一個多世紀了。儘管雷根與布希曾竭力使美國與中俄兩國親密接觸，以改變上述形象認知，但美國關於中俄兩國固有印象依然存在。雷根與布希的上述努力會對21世紀的中美、中俄關係產生影響嗎？

註釋：

[1] Martin Anderson, et. al., eds., *Reagan in His Own Hand* (New York: Simon & Schuster, 2001), 26.

[2] Ibid.

[3] Ibid

[4] Ibid., 251-52 and the quote from 253.

[5] 關於雷根初次就任總統的演說內容，參見http://www.reaganfoundation.org.

[6] Lou Cannon, *President Reagan: The Role of a Lifetime* (New York: Public Affairs, 2000), 241.

[7] Ibid., 256.

[8] Brezhnev to Reagan [簡稱 RR], March 6, 1981, f. 10, box 37-38, Ronald Reagan Presidential Library and Archive, Simi Valley, CA [簡稱 RPL, SV, CA].

[9] Lou Cannon, President Reagan, 257.

[10] Ronald Reagan, *An American Life* (New York: Pocket Books, 1990), 272-73.

[11] Richard V. Allen to RR, March 30, 1981, f. 5, box 37-38, RPL, SV, CA.

[12] Jack Matlock to Haig, March 23, 1981, f. 5, box 37-38, RPL SV, CA.

[13] Haig to RR, March 25, 1981, f. 5, box 37-38, RPL, SV, CA.

[14] RR to Brezhnev, April 24, 1981, f. 8, box 37-38, RPL, SV, CA.

[15] Reagan, *American Life,* 273.

[16] Ibid., 273.

[17] Allen to RR, Memorandum, May 29, 1981, f. 11, box 37-38, RPL, SV, CA.

[18] RR to Brezhnev, September 22, 1981, f. 3, box 37-38, RPL, SV, CA.

[19] Brezhnev to RR, October 15, 1981, f. 4, box 37-38, RPL, SV, CA.

[20] RR to Brezhnev, November 16, 1981 and Brezhnev to RR, December 1, 1981, f.6, box 37-38, RPL, SV, CA.

[21] James W. Nance to RR, memorandum, December 25, 1981, f. 16, box 37-38, RPL, SV, CA.

[22] RR to Brezhnev, May 7, 1982, f. 15, box 37-38, RPL, SV, CA.

[23] 關於雷根的演說全文，參見http://www.nationalreview.com

[24] Brezhnev to RR, May 20, 1982, f. 15, box 37-38, RPL; Bremer to Clark, Memorandum, May 21, 1982, f. 15, 37-38, RPL, SV, CA.

[25] 全文參見 http://www.heritage.org/research/Europe/wm106.

[26] For Shultz , see George P. Shultz, *Turmoil and Triumph: My Years as Secretary of State* (New York: Charles Scribner's Sons, 1993), 124; check 坎農, *President Reagan*, 258, for the quip.

[27] ack F. Matlock, Jr., *Reagan and Gorbachev: How the Cold War Ended* (New York: Random House, 2004), 53-54 and 84-85.

[28] As quoted by Francis Fitzgerald, Way Out There in the Blue: Reaqgan, Star Wars and the End of the Cold War (New York: A Touchstone Book, 2000), 25.

[29] Ibid., 26.

[30] 1983年3月8日，雷根總統在全國福音派協會的演說http://www.presidentreagan.info/speeches/empire.cfm.

31 Ibid.

32 Fitzgerald, *Way Out There,* 19.

33 "Address to the Nation on Defense and National Security," March 23, 1983, http://www.atomicarchive.com/Docs/Missile/Starwars.

34 Ibid.

35 Fitzgerald, *Way Out There,* 38.

36 RR to Andropov, July 8, 1983 (ca.), M. Anderson, et al., eds., *Life in Letters,* 742-43.

37 Yuri Andropov's Answers to Questions of the Newspaper *Pravda,* August 27, 1983, and George P. Shultz to RR, Memorandum, August 29, 1983, both in f. 4, box 38-39, RPL, SV, CA.

38 Matlock, *Reagan and Gorbachev,* 76.

39 RR to Andropov, December 19, 1983, and Andropov to RR, January 28, 1984, f. 5, box 38-39, RPL, SV, CA.

40 RR to Chernenko, February 11, 1984, f. 7, box 38-39, RPL, SV, CA.

41 Chernenko to RR, February 23, 1984, f. 9, box 38-39, RPL; 另見 Shultz, *Turmoil and Triumph,* 472.

42 RR to Chernenko, March 6, 1984, f. 9, box 38-39, RPL, SV, CA; and also check Shultz, *Turmoil and Triumph,* 473.

43 Chernenko to RR, March 19, 1984, f. 7, box 38-39, RPL, SV, CA. Also see this quote in M. Anderson, et al., eds., *Life in Letters,* 743.

44 Ibid.

45 As quoted by Fitzgerald, *Way Out There,* 243.

46 Ibid.

47 Ibid., 244.

48 RR to Chernenko, April 16, 1984, f. 9, box 39, RPL, SV,CA. Shultz later wrote of Reagan "SDI Rivets Their Attention." Shultz, *Turmoil and Triumph,* 477.

49 Shultz, *Turmoil and Triumph,* 477.

50 Reagan's Second Inaugural, January 21, 1985, http://www.reaganfoundation.org/reagan/speeches.

51 RR to Gorbachev, March 11, 1985, f. 1, box 39-40, RPL, SV,CA.

52 "Your Meeting with the New General Secretary: Suggested Talking Points," March 11, 1985, f. 1, box 39-40, RPL SV, CA.

53 George P. Shultz, Memorandum for the President, March 25, 1985 [including Gorbachev to RR, March 24, 1985], f. 1, box 3-40, RPL, SV, CA.

54 RR to Gorbachev, April 30, 1985, f. 2, box 39-40, RPL, SV, CA.

55 雷根的自傳序言通篇是對第一次日內瓦會談進行熱烈的評論，參見 *Ronald Reagan: An American Life,* 11-16.「我禁不住想我們兩國之間的關係已經發生某種根本性的變化」。在彼此邀請去華盛頓和莫斯科之後，雷根說道，「我們的人民簡直不能相信這是真的，當我將所發生之事告訴他們時。經過幾次美蘇會議，一切搞定。他們做夢都沒有想到」。These quotes are on p. 15.

56 Gorbachev to RR, September 12, 1985, f. 4, box 40, RPL, SV, CA.

57 See both Matlock to McFarlane, October 2, 1985 and McFarlane to RR, October 7, 1985, both in f. 4, box 40, RPL, SV, CA.

58 Gorbachev to RR, October 12, 1985 and Nicholas Platt to McFarlane, October 31, 1985, both in f. 5, box 40, RPL, SV, CA.

59 RR to Gorbachev, October 31, 1985, f. 5, box 40, RPLSV, CA.

60 "Memorandum of Conversation," First Private Meeting, Geneva, November 19, 1985, f. 1 (8510141), box 3, Executive Secretariat, NSC System Files, RPL, SV, CA.

61 Lou Cannon,*President Reagan*, 673.

62 Ibid., 673; "First Plenary Meeting," Geneva, November 19, 1985, f. 1, box 3: Executive Secretariat, NSC System Files, RPL, SV, CA.

63 Matlock, *Reagan and Gorbachev*, 157 and 158.

64 Ibid., 159, 167, and quote on 168.

65 Lou Cannon, *President Reagan,* 673.

66 Second Plenary Meeting, November 19, 1985, f. 1 (8510141), box Executive Secretariat, NSC System Files, RPL, SV, CA.

67 Lou Cannon, *President Reagan,* 675.

68 Second Private Meeting, f. 8510141, box Executive Secretariat, NSC System Files, RPL, SV, CA.

69 Lou Cannon, *President Reagan*, 677.

70 Ibid., 170, 172.

71 Ibid., 178.

72 Ibid., 179-80.

73 Ibid., quote on 184, and see 186 on narrow and broad interpretations.

74 Ibid., 207, 211, 213, 218-19, 220-21, 222, and quote from 224.

75 Ibid., quotes on 232 and 235.

76 Ibid., 238-39, 242, 245, 248-49, 251-53, and quote on 254.

77 Ibid., 259, quote on 260, and 269.

78 Ibid., 302.

79 2007年5月30日，本書作者在華盛頓特區採訪了布倫特‧斯考克羅夫特將軍和前國務卿伊格爾伯格，這些資料都是在此次採訪中搜集的。

80 George Bush and Brent Scowcroft, *A World Transformed* (New York: Alfred E. Knopf, 1998), 174.

81 有關這張相片，參見 James Mann, *About Face: A History of America's Curious Relationship with China, from Nixon to Clinton* (New York: Vintage Books, 1998), photo insets between pp. 214-15, AP/Wide World Photos.

82 Ibid., 220.

83 Ibid., and as quoted by James Mann, *About Face,* 221.

84 Human Rights Watch [簡稱 HRW], "China," http://hrw.org/reports/1989/WR89/China.htm.

85 NSA, "Tiananmen Square, 1989: The Declassified History," document 33, http://www.gwu.edu/~nsarchiv/NSAEBB/NSAEBB16/documents34-01-06.htm.

86 As quoted by James Mann, *About Face,* 207.

87 Ibid., 205-09.

88 James A. Baker, III, with Thomas M. DeFank, *The Politics of Diplomacy: Revolution, War and Peace, 1989-1992* (New York: G.P. Putman's Sons, 1995), 109.

89 Ibid.

[90] Ibid., 110.

[91] Ibid.

[92] Bush and Scowcroft, *World Transformed,* 97-98.

[93] Ibid., 98.

[94] Ibid., 99-100.

[95] Ibid., 100-03.

[96] Ibid., 104.

[97] Ibid., 105-07.

[98] Ibid., 109.

[99] Ibid., 107-10.

[100] Ibid., 110.

[101] See "Case Studies in Sanctions and Terrorism: China," at http:/www.iie.com/research/topics/sanctions/china.cfm.

[102] See "Case Studies in Sanctions and Terrorism: China," at http:/www.iie.com/research/topics/sanctions/china.cfm.

[103] Ibid.

[104] Ibid.

[105] Baker, Politics of Diplomacy, 113.

[106] James Mann, *About Face,* 223.

[107] Bush and Scowcroft, *World Transformed,* 174.

[108] Ibid., 174-79, with quote on 178.

[109] James Mann, *About Face,* 227-28, with quote on 228.

[110] Ibid., 235-36, with quote from 235.

[111] Bush and Scowcroft, *World Transformed,* 110-11.

[112] Baker, *Politics of Diplomacy,* 113-14.

[113] Ibid., 113.

跋

Afterwords

　　因誤讀所產生的美國關於中國和俄國的國家形象如何不間斷地延續至21世紀，是一個頗有趣味的話題。例如，2006年美國對外關係委員會（Council on Foreign Relations）發表了題為「俄國的錯誤方向：美國能夠做什麼又應該做什麼」的報告。雖然該委員會談到了和解及俄國的重要性，但仍延續了一個世紀來美國對俄國的負面看法，強調「俄國正在增長的專制主義」。該委員會認為美俄合作必須以民主為基礎，因此專制主義會危害這一合作。只有與一個「現代和有效的國家」才能進行成功的合作。這份報告聲稱，總之，「美國及其盟國不應通過對俄實施雙重標準來蔑視它，而應該通過高標準來顯示對俄國的尊重」。同時，美國要施加影響使俄國限制其對外使用強制手段，減輕對鄰國的壓力。報告甚至建議幫助俄國國內的組織以支援「自由和公正」的選舉。官僚專制主義和過分依賴能源輸出是俄國的兩大問題，儘管隨著市民社會的逐漸誕生，俄國中產階級似乎正在出現。但這一切都十分脆弱：「總體而言，過去五年的資產平衡表完全是負數。」[1]

　　問題依然。俄國仍然有腐敗，而所謂的法律專政導致了尤科斯石油公司（Yukos Oil）的解體，以及對其總裁霍多爾科夫斯基（Mikhail Khodorkovsky）的審判和監禁。與此同時，隨著佔據了「制高點」，克里姆林宮的權力也在增長。總統普京的政黨統一俄國黨控制了杜馬，杜馬被削弱了。因此，「大量的腐敗、低效的體制和中央集權」使得預測俄國的未來十分困難。[2]一些招致不和的問題也使俄國與西方分裂，如北約東擴、反彈道導彈條約的廢除，伊拉克和伊朗、車臣等問題。可能唯一的合作領域是反恐、能源安全

和防核擴散。報告概括了它所認為的美俄夥伴關係的基礎：建立在沒有遺留事項和單方面優勢基礎上的互信。報告也對俄國和中國之間正在發展的地緣夥伴關係表示擔憂。[3]

報告認為，民主是問題的關鍵。只有俄羅斯人民能夠改變它，但是，「西方領導人如何談論民主會產生不同的結果」。可以通過西方七國施加壓力以及阻止俄國的世界貿易組織成員資格，也可以通過延長或停止北約的俄羅斯委員會。對外關係委員會的建議是：繼續防核擴散和核武器方面的合作；維持反恐；加強能源政策透明度；如果有助於俄國的經濟自由化，推動世界貿易組織接納俄國；以及解除傑克遜—瓦尼克修正案對俄國的束縛（1972年通過的該法案拒絕給非市場經濟以及限制移民的國家以最惠國待遇；在每年審核的基礎上給了中國這樣的待遇，但沒給俄羅斯聯邦）和加強環境方面的合作。2008年的俄國總統選舉是一個關鍵事情，因此，美國需要俄國向公眾承諾「公開、憲政、多元，以扭轉以上提到的傾向」。那意味著停止阻撓候選人和政黨、報復及控制輿論的企圖。[4]

該報告中包含著對報告本身的批評意見。比如，一種批評意見認為，讓專制主義傾向成為問題的關鍵是無效的，並會產生反作用。另一種批評意見指出，不讓俄國參加不同的國際組織只是「無用的姿態——惹惱了莫斯科卻無法影響它」。進而言之，如果美國冷靜地意識到「美國和俄國確實不同並有衝突，但是雙方有共同目標的話就能合作」，那美國的政策就會好些。美國曾這樣與蘇聯打交道，為什麼不能這樣與普京的俄國交往呢？[5]

至於中國，我們可以設問，自1989年以來幾乎二十年過去了，我們在美中關係中獲得了什麼？在與中國打交道以擴大合作並推進中國的人權方面，布希政府或它的批評者究竟是否正確？對外關係委員會中國小組在2007年59號報告「美中關係：積極的議程，負責任的進程」中對此作了評估。對外關係委員會的報告指出：「在21世紀沒有任何關係比美中……一個是世界上最強大的國家，一個是正在崛起的大國……之間的關係更為重要了。」[6]中國的發展「正在改變地貌，並增加了中國未來進程的不確定性」。中國小組認為，過去35年的「接觸」（engagement）政策需要有一個戰略「以讓中國融入國際社會，並發現這樣一種取向將能最好地鼓勵中國以一種

符合美國利益和國際規範的方式行事」。[7]中國小組主張,美國應該「創造並利用機會增加在亞太地區以及全球關注的問題上的共同利益」。[8]接觸政策雖然遭到危言聳聽者的反對,但在2004年得到59%的美國公眾的支持。它使美中關係從對抗轉向對話和經常性的合作,與此同時中國自身也在變化,越來越多地參與到各國際組織中,如世界貿易組織(WTO)、東南亞國家聯盟地區論壇(ARF)和亞太經濟合作組織(APEC)。軍事上中國也不再遠離國際社會,它已經參加了《核不擴散條約》、《化學武器公約》和「核供應國集團」(the Nuclear Suppliers Group),同意遵守「導彈技術控制機制」(the Missile Technology Control Regime)的約束,並且簽署了《全面禁止核子試驗條約》。

中國小組談到了「北京政治風波」和美國對此做出的制裁以及對人權的關注,但也指出,兩年後冷戰的根基崩潰了,由此也結束了使尼克森有理由推行接觸政策的戰略大三角關係。這使美國的政策重點轉向防核擴散、貿易和地區安全。「儘管接觸政策在幫助中國以美國政府期望的方式形成它自己的利益方面獲得了全面的成功,但是對接觸政策的政治支持面臨著巨大的壓力。」[9]一方面,一些人說,中國的戰略利益與美國的戰略利益並不一致,美國的戰略利益並不因此得到足夠的保障;而另一方面,又有一些人稱「經濟接觸」是綏靖主義。這些擔憂源於中國經濟的挑戰、人權的滯後、取代美國影響的努力和它的軍事現代化,而與此同時美國正深深地陷入伊拉克和阿富汗,中國正越來越強大和自信。[10]

中國小組相信,「中國過去35年與美國接觸的整個軌跡是積極的。日益遵循國際規章、體系、準則……尤其在貿易和安全領域……標誌著中國融入世界。」但仍存在著分歧:如防止核擴散的最佳方式,尊重人權包括政治開放、言論自由和宗教自由,以及當一個國家「嚴重違反了國際準則時(如蘇丹)」這個國家的主權在怎樣的程度上可以使其排斥外部干預。[11]

除了一些例外,中國小組報告的主旨是支持尼克森的主張,即這位前總統在1989年6月3日晚上給當時的總統布希的電話中請他推行的政策。這使布希採取非同尋常的措施,派遣他的國家安全顧問斯考克羅夫特與副國務卿伊格爾伯格作為特使祕密前往北京,接著

在12月公開訪問北京。如今二十年過去了，公眾和國會更為關注中國問題，而小布希繼續推行和解政策。不管使用或不使用不同形式的制裁手段，也不管是否被稱為綏靖主義，尼克森主張的政策從長遠來看獲得了成功，產生了一些積極的成果。這一政策不是沒有缺點，它在人權方面收穫很少。

那麼美國在何處呢？從「西伯利亞」肯南到雷根，從柔克義到小布希，整個20世紀美國的經歷顯示了美國對俄國和中國的看法是多麼的始終如一。對外關係委員會的兩份報告延續了與以往相同的刻板觀念，而他們的建議基於對俄國的負面看法和對中國的正面看法。一個世紀之後並沒有多大變化。當本書作者對斯考克羅夫特將軍和伊格爾伯格前國務卿進行訪談時，他們驚奇地發現這兩人與對外關係委員會持相同的觀點：**中國正走向民主的未來；而俄國則回歸專制主義。**

2006年9月15日，本書作者之一特蘭尼在《國際先驅論壇報》上發表了一篇專稿。這篇題為「批評但不要排斥」的專稿與在本書前言中引用的同一作者在1984年的專稿遙相呼應。[12]我們以該文作為本書的結語表達我們對俄國和中國的基本看法，全文如下：

> 我今年夏天所訪問的莫斯科和聖彼德堡與美國媒體和政治家所描繪的俄國截然不同。
>
> 我所見到的俄國日益繁榮，充滿創新精神，教育發達，其經濟實力並非完全依賴於石油和天然氣。
>
> 俄國處於一個獨特的地位可以在反恐、防核擴散和能源方面與美國建立夥伴關係——所有這些都是對美國至關重要的問題。
>
> 但是俄國要達到其經濟目標，即使這意味著要失去美國。2005年俄羅斯銀行多次宣佈要增強歐元在其外匯兌換中的地位。我在俄國多家旅館中注意到，外匯兌換表上是盧布對歐元，而非美元。
>
> 這種規避美國的做法在其他一些重要領域中也十分明顯。俄國對擴展中國市場、將自己的安全戰略與中國正在增長的實力聯繫起來有著濃厚的興趣。

　　俄國在地理和政治上處於一個獨特的地位，可以滿足中國對能源、自然資源和木材急速增長的需求。而中國則向俄國提供了一個高科技武器的成熟市場。

　　在發表於2005年《北京週報》（*Beijing Review*）的一篇文章中，俄國駐華大使謝爾蓋・拉佐夫（Sergei Razov）寫道，俄中雙邊關係「處於歷史上最好水準」，並提到了它們之間首次聯合軍事演習和迅速增長的貿易，其總量在2005年超過了290億美元。

　　拉佐夫還討論了過去十年間中國留俄學生成十倍的增長，而與此同時申請美國大學的中國學生數卻大幅度下降。

　　俄國日益深化的對華關係已經產生了令人警覺的脆弱點。

　　2005年，俄國和中國試圖限制美國和北約進入中亞的空軍基地，儘管這些基地在阿富汗的軍事行動和人道主義行動中起著關鍵的作用——而俄國先前對此是支持的。

　　如果美國繼續批評俄國，今後十年的俄中關係會導致世界大國的重組，並且可能導致一場新的冷戰。

　　如果美國轉而與俄國全面接觸，它就能實現它的政策和經濟目標。美國需要將它的對華政策作為一個樣板來做一番審視——與俄國一樣，中國也是一個核國家，並具有很長的專制主義傳統。

　　中國也並不總是按美國的規則行事。國務院最近宣佈，因俄國被指控向伊朗出售被限制的物品而對其實施制裁；但與此同時，就中國公然無視美國法律操作貨幣一事，財政部在5月僅給予溫和的申斥。

　　今年4月，小布希總統在歡迎胡錦濤主席訪問美國時說：「美國和中國雖隔著大洋，但給兩國人民創造了機會的全球經濟卻將兩國連在一起。」

　　如果美國不能像對待中國那樣一視同仁地對待俄國，到頭來美國就會退縮到不僅是大洋的另一頭，而且是新的鐵幕的另一頭。

　　確實，與葉利欽時期相比現在的俄國是一個更不民主的國家。然而，將政治改革的議程強加於普京，不僅要冒

失敗的風險，還會冒疏遠俄國的風險，以致喪失積極接觸的可能性。

更為可行的對俄政策應該是，在某些問題如俄國與原蘇聯各共和國的關係上採取「同意保留不同意見」的立場，對正在興起的專制主義採取毫不含糊的立場，而歡迎俄國日益增長的經濟自由主義。

圍繞對雙方有利的領域精心構建對俄關係將使美國更有機會培養俄國的政治自由主義。

美國孤立俄國的政策不僅可能失敗，也可能迫使俄國創建一個沒有美國的它自己的世界──這是一個確實會走向錯誤方向的世界。

註釋：

1 Council on Foreign Relations, Russia's Wrong Direction:What the United States Can and Should Do, Independent Task Force Report No.57 (New York:Council on Foreign Relations, Inc., 2006),引文見第5、6、7、16頁；並見第10、13頁。

2 Ibid., 18, and 引文見第19和21頁.

3 Ibid., 24-26, 30, 33.

4 Ibid., 37-38, 39-40, 57, 62-63.

5 Ibid., 72，引文見第74頁。

6 Council on Foreign Relations, U.S.-China Relations:An Affirmative Agenda, A Responsible Course, Independent Task Force Report No.59, April 2007, xi, at http://www.cfr.org/content/publications/attachmnents/China_Task_Force.pdf.

7 Ibid.

8 Ibid., xii.

9 Ibid., 3-4，引文見第4頁。

10 Ibid., 5-6. 2007年5月，美聯社稱，中國的外匯資產在2006年增長了57%總量達到6,662億美元。中國在海外的資產上升33%達到1萬6千億美元。中國的債務上升21%到9,645億美元。這些資產的三分之二是各國貨幣，達1萬1千億美元。中國還有824億美元的直接投資，2,290億美元的有價證券和2,420億美元由中國貸出的貸款。

11 Ibid.，引文在第7頁。

12 Eugene P.Trani, "Criticize, but Don't Exclude," International Herald Tribune, September 15, 2006, 8.

參考文獻
Notes

探討20世紀美國人對中國和俄國的態度，必然涉及大量的文獻資料和歷史著述問題。本書作者另闢蹊徑，通過聚焦於某些特定的歷史人物，引起人們對更廣闊歷史圖景的思考。有許多書目沒有收入，掛一漏萬，在所難免。有人或許認為本書參考文獻已經不少了。如果作者要是採用別的敘述方式的話，也就是採用大事記或專題的敘述方式，那麼就會列出其他參考文獻。作者省略了一些參考書目。

如果讀者需要瞭解其他文獻資訊和歷史研究動態，可參閱約翰‧路易斯‧加迪斯（John Lewis Gaddis）撰寫的《我們現在知道了：反思冷戰史》（*We Now Know: Rethinking Cold War History*），或者沃倫‧I‧科恩（Warren I.Cohen）主編的《太平洋通道：21世紀前夕的美國與東亞關係》（*Pacific Passage: The Study of American East Asian Relations on the Eve of the Twenty first Century*）。

根據研究需要，作者還去過多家檔案館，這是不言而喻的事情。有的學者已經做過相關研究，其他學者則開闢新的研究領域。我們對文中的手稿做了星號標記。除了上述數量較小的文獻之外，我們還引用了馬里蘭大學園區（College Park）國家檔案館的大量文獻資料，即卷宗84號（Record Group 84），外交郵件檔案（Diplomatic post Records），里加和拉脫維亞公使館、領事館的俄國卷宗等。

Manuscripts
Washington, D.C.
Georgetown University
Robert F.Kelley Papers
Library of Congress
Ray Stannard Baker Collection
Charles Bohlen Papers
Bainbridge Colby Papers
Herbert Feis Papers
W.Averell Harriman Papers*
John Hay Papers
Loy Henderson Papers*
Nelson T.Johnson Papers*
George Kennan Papers
Robert Lansing Papers
Henry R.Luce Papers
William G.McAdoo Papers
George von Lengerke Meyer Papers
Roland Morris Papers
Paul M.Nitze Papers*
Theodore Roosevelt Papers
Elihu Root Papers
Woodbridge Collection
Woodrow Wilson Papers
National Archives, NARA (College Park,Maryland)
Henry Kissinger Papers*
Record Group 59, microfilm
Record Group 84, Diplomatic Post Records
Riga, Latvia, legation
Riga, Latvia, consulate, Russian Series
Record Group 218
Richard Nixon Papers (Presidential Materials Project)
Ronald Reagan Papers, Simi Valley, California*
Other
Carlisle Barracks, Pennsylvania
Philip R.Faymonville Papers
Robert L.Walsh Papers
Center for Dewey Studies, Carbondale, Illinois
John Dewey Papers
Columbia University
Boris Bakhmeteff Papers
Harry S.Truman Library, Independence,Missouri
Harry S.Truman Papers

Clifford,Clark. "American Relations with the Soviet Union: A Report to the President by the Special Counsel to the President." September 24, 1946. Naval Aide file.

Hoover Institute, Stanford University, Palo Alto, California

Stanley Hornbeck Papers

Eugene Lyons Papers and University of Oregon,materials sent to authors by courtesy of the archive*

Houghton Library, Harvard University, Cambridge

W.W.Rockhill Papers

Hyde Park, New York

Harry L.Hopkins Papers

Isador Lubin Papers

R.Walton Moore Papers

Henry M.Morgenthau Jr.Diary, microfiche

President's Soviet Protocol Committee

Franklin Delano Roosevelt Papers

India Office, London

Curzon Papers

Mansfield Library, University of Montana (letter sent to authors by courtesy of the archive)

Mike Mansfield Papers

Massachusetts Historical Society, Boston

Henry Cabot Lodge Papers

New York Public Library

Century Company Papers

Perkasie,Pennsylvania

Pearl S.Buck Papers

Pusey Library,Harvard University,Cambridge

Theodore White Papers

Randolph Macon Woman's College, Lynchburg, Virgnia (now Randolph College)

Emma Edmonds White Papers

Seeley G.Mudd Manuscript Library,Princeton University

George F.Kennan Papers

John Van Antwerp MacMurray

United Service to China Papers

Woodrow Wilson Papers

University of Chicago

Samuel Harper Papers

University of Missouri, Kansas City

Edgar Snow Papers

Virginia Commonwealth University, Richmond

Nelson T.Johnson Family Papers

West Branch, Iowa

William Castle Papers

Herbert Hoover Presidential Papers

Henry L.Stimson Diary, microfilm

Wisconsin State Historical Society, Madison

Paul S.Reinsch Papers

Public Documents

Congressional Record.House, June 28, 1966.

Congressional Record.Vols.13 and 91.

Department of State. Papers Relating to the Foreign Relations of the United States: The Soviet Union,1933-1939. [Hereafter cited as FRUS.] Washington, D.C.:GPO, 1952. For the entire list of publications, see http://www.state.gov/r/pa/ho/frus/c4035.htm.

——.FRUS, 1899. Washington, D.C.:GPO, 1901.

——.FRUS, 1900. Washington, D.C.:GPO, 1902.

——.FRUS, 1901. Washington, D.C.:GPO, 1902.

——.FRUS, 1904. Washington, D.C.:GPO, 1905.

——.FRUS, 1915. Washington, D.C.:GPO, 1924.

——.FRUS, 1918: Russia. Vol.1. Washington, D.C.:GPO, 1931.

——.FRUS, 1923. Washington, D.C.:GPO, 1938.

——.FRUS, 1924. Vol.2. Washington, D.C.:GPO, 1939.

——.FRUS. 1926. Washington, D.C.:GPO, 1941.

——.FRUS, 1927. Vol.3. Washington, D.C.:GPO, 1942.

——.FRUS, 1928. Vol.2. Washington, D.C.:GPO, 1943.

——.FRUS, 1932. Vol.2. GPO, 1948.

——.FRUS, 1943:Conferences at Cairo and Teheran. Washington, D.C.:GPO, 1961.

——.FRUS, 1943:General. Washington, D.C.:GPO, 1963.

——.FRUS, 1944:China. Vol.6. Washington, D.C.:GPO, 1967.

——.FRUS, 1945:Conferences at Malta and Yalta. Washington, D.C.:GPO, 1955.

——.FRUS, 1945:The Far East-China. Vol.7. Washington, D.C.:GPO. 1969.

——.FRUS, 1946:Eastern Europe-the Soviet Union, Vol.6. Washington, D.C.:GPO, 1969.

——.FRUS, 1948:The Far East-China.Vols.7 8. Washington, D.C.:GPO, 1973.

——.FRUS, 1948:UN-General. Vol.1. Pt.2. Washington, D.C.:GPO, 1976.

——.FRUS, 1949:The Far East-China.Vols.8 9. Washington, D.C.:GPO, 1978, 1974.

——.FRUS, 1950:East Asia and the Pacific. Vol.6. Washington, D.C.:GPO, 1976.

——.FRUS, 1950:National Security Affairs-Foreign Economic Policy. Washington, D.C.:GPO, 1977.

——.FRUS, 1953:China and Japan. Vol.14. Washington, D.C.:GPO, 1985. Gaimusho, Komura. Gaikoshi.2 vols.Tokyo, 1953.

Judd,Walter H.Congressional Record.79th Cong.lst sess., vol.91, pt.2, March 15, 1945, 2294, 2302.

Ministry of Foreign Affairs. Sbornik diplomaticheskikh dokumentov kasaiushchikhsia peregovorov mezhdu Rossieiu i Iaponieiu o zakliuchenii mimago dogovora 24 maia 3 oktiabria.St.Petersburg, 1906.

State Department.United States Relations with China,with Special Reference to the Period 1944-1949 ["China White Paper"].State Department Publication 3573. Washington, D.C.:GPO, 1949.

U.S.Dispatches from U.S.Ministers to Russia,1808-1906. Record Group no.59, National Archives.

U.S.Senate. "Memorandum on Certain Aspects of the Bolshevist Movement in Russia." In U.S.Senate Documents.66th Cong., 2d sess., 1920, vol.4.

U.S.Senate, Committee on Foreign Relations. McCarthy Hearings.81st Cong., 2d sess., 1951.

U.S.Senate, Committee on Foreign Relations, Hearings. Investigation of Far Eastern Policy. Monday, December 10, 1945, 300-325. Chairman Senator Tom Connally. 79th Cong., lst sess.

U.S.Senate, Government Operations Committee, Subcommittee on National Policy Machinery. Hearings:Organizing for National Security.86th Cong., 2d sess., 1960.

U.S.Senate Documents.68th Cong., lst sess., pursuant to Senate Resolution 50, pt.2.Washington, D.C.:GPO, 1925.

Microfilm

State Department.Record Group 59, roll l.National Archives, Washington, D.C.

Newspapers, Journals, Magazines

American Naturalist

Annals of the American Academy of Political and Social Science

Asia Magazine

Asian Studies

Associated Press

Bulletin of Bibliography

Century Magazine

Chicago Tribune

China Critic

China Monthly

Christian Century

Collier's

Current History

Foreign Affairs

Foreign Affairs:Far Eastern Survey

Harper's Weekly

International Affairs: USSR

International Herald Tribune

International Security

Izvestiia

Kansas City Star

Life

Millard's Review of the Far East

New Republic

New York Herald Tribune

New York Telegram

New York Times

New York World

Outlook

Pravda

Prologue

Record Herald

Reporter

Richmond Times Dispatch

Russian Review

Saturday Evening Post

Slavic Review

Slavonic Review

South Atlantic Quarterly

Survey Graphic

Time

U.S.News and World Report

Washington Post

Weekly Review

World Affairs

Other Sources

"Accepting Soviet a Peril, Says Fish." *New York Times*, February 26, 1933, 6.

Acheson, Dean.*Present at the Creation:My Years in the State Department*. New York:W. W.Norton.

"A.F.L.Fights Drive for Soviet Accord." *New York Times*, February 22, 1933, 17.

Allen, Richard V.*Peace or Peaceful Coexistence?* Chicago: American Bar Association, 1966.

Ambrose, Stephen E.Nixon:*The Triumph of a Politician*. New York:Simon and Schuster, 1989.

Anderson, Lewis Flint. "George Kennan." In *Dictionary of American Biography*, 331-32. New York: Charles Scribner's Sons,1932.

Anderson, Martin, et al., eds. *Reagan in His Own Hand*. New York:Simon and Schuster, 2001.

Anschel, Eugene, ed. *The American Image of Russia, 1775-1917*. New York: Frederick Ungar. 1974.

Askew, William. "An American View of Bloody Sunday." *Russian Review* 11 (January 1952).

Axtell Silas B.*Russia and Her Foreign Relations*. Philadelphia:American Academy of Political Science, 1928.

Babey, Anna. A*mericans in Russia, 1776-1917:A Study of the American Travelers in Russia from the American Revolution to the Russian Revolution*, New York:Comet Press, 1938.

Baker, James A., III.*The Politics of Diplomacy:Revolution, War, and Peace, 1989-1992*. New York:G.P.Putnam's Sons, 1995.

Baker, Ray Stannard.*Woodrow Wilson:Life and Letters*.8 vols.Garden City,N.Y.: Doubleday, Page and Co., 1927-1939.

Ball, Alan M.*Imagining America:Influence and Images in Twentieth Century Russia.* Lanham, Md.:Rowan and Little field, 2003.

Barth, Gunther.*Bitter Strength:A History of the Chinese in the United States.* Cambridge:Harvard University Press, 1964.

Bassow, Whitman. *The Moscow Correspondents:Reporting on Russia from the Revolution to Glasnost.* New York:Paragon House, 1989.

Baylen, Joseph O., and James S.Herndon. "Col.Philip R.Faymonville and the Red Army,1934-43." *Slavic Review* 34, no.3 (September 1975):483-505.

Bayor, Ronald H.*Neighbors in Conflict:The Irish, Germans, Jews, and Italians of New York City, 1919-1941.*2d ed. Urbana:University of Illinois Press, 1988.

Beale, Howard K. *Theodore Roosevelt and the Rise of America to World Power.* New York:Collier Books. 1967.

Becker, Carl L.*Modern History:The Rise of a Democratic. ScientifiC and Industrialized Civilization.* New York:Silver,Burdett, 1935.

Bemis, Albert Farwell. "Social and Economic Problems in Russia." Annals:*Some Aspects of the Present International Situation.* Philadelphia:American Academy of Political Science, 1928.

Bemis, Samuel Flagg, ed.*The American Secretaries of State and Their Diplomacy.*10 vols.New York:Alfred A.Knopf, 1929.

Bennett, Edward M.*Franklin Delano Roosevelt and the Search for Security.* Wilmington, Del.:Scholarly Resources, 1985.

——.*Recognition of Russia:An American Foreign Policy Dilemma.* Waltham, Mass.:Blaisdell, 1970.

Beresford, Charles William de la Poer.*The Break-Up of China:With an Account of Its Present Commerce, Currency, Waterways, Armies, Railways, Politics, and Future Prospects.* 1899. Reprint, Wilmington, Del.:SchoL arly Resources, 1972.

Berman, Marvin Hershel. *The Treatment of the Soviet Union and Communism in Selected World History Textbooks, 1920-1970.* Ann Arbor:School of Education,University of Michigan, 1976.

Berrigan.Darrell. "Uncle Joe Pays Off." *Saturday Evening Post*, June 17, 1944, 20-21.

Berry, Thomas. "Dewey's Influence in China." In *John Dewey:His Thought and Influence*, ed.John Blewett.New York:Fordham University Press, 1960.

Bishop, Donald G.*The Roosevelt-Litvinov Agreements:The American View*, Syracuse: Syracuse University Press, 1965.

Bishop, Joseph Bucklin. *Theodore Roosevelt and His Time.*2 vols. New York:Charles Scribner's Son's, 1920.

Black, Cyril E., and John M.Thompson.eds. *American Teaching about Russia.* Bloomington:Indiana University Press, 1959.

Bohlen, Charles E.*Witness to History, 1929-1969.* New York:W.W.Norton, 1973.

"Borah Argues Gains in Link with Soviet." *New York Times*, March 4, 1931, 1.

Brands, H.W.*Inside the Cold War:Loy Henderson and the Rise of the American Empire, 1918-1961.*Oxford:Oxford University Press, 1991.

——.TR:*The Last Romantic*, New York:Basic Books, 1997.

——ed.*The Selected Letters of Theodore Roosevelt*. New York:Cooper Square Press, 2001.

Briley, Carol Ann. "George Elsey's White House Career, 1942-1953." *Master's thesis*, University of Missouri, Kansas City, 1976.

Browder, Robert Paul. *The Origins of Soviet-American Diplomacy*. Princeton: Princeton University Press, 1953.

Bryant, Arthur.*Triumph in the West:A History of the War Years Based on the Diaries of Field Marshal Lord Alanbrooke, Chief of the Imperial General Staff.*Garden City, N.Y.:Doubleday. 1959.

Buck, Pearl S. "China and the West." *Annats of the American Academy of Political and Social Science* 168 (July 1933).

——.*East Wind. West Wind:The Saga of a Chinese Family*. 1930. Reprint, Kingston, R.I.: Moyer Bell, 2004.

——.*The Exile*.New York:John Day, 1936.

——.*Fighting Angel:Portrait of a Soul*. New York:P.F.Collier and Son, 1936.

——.*The Cood Earth*. New York:Pocket Books, 1994.

——.*A House Divided*. 1934. Reprint, Kingston, R.I.:Moyer Bell, 1984.

——.*The Mother*. 1934. Reprint, Kingston, R.I.:Moyer Bell 1984.

——.*My Several Worlds:A Personal Record*. New York:John Day, 1954.

——.*Sons.*1932.Reprinf, Kingston, R.I.:Moyer Bell, 1984.

——. "A Warning about China." *Life*, May 10, 1943, 53-56.

Buckingham, Peter H.,ed.*America Sees Red:Anti-communism in America, 1870s to 1980s: A Guide to Issues and References*. Claremont, Calif.:Regina Books, 1988.

Buhite, Russell D. *Nelson T.Johnson and American Policy toward China*. East Lansing: Michigan State University Press, 1969.

——.*Patrick I.Hurley and American Foreign Policy*.Ithaca:Cornell University Press, 1973.

Bullert, Gary.*The Politics of John Dewey*. New York:Prometheus Books, 1983.

Bundy, McGeorge,and James G.Blight. "October 27, 1962:Transcripts of the Meetings of the ExComm." *International Security* 12, no.13 (Winter 1987-1988):30-92.

Burke, Kenneth. "Boring from Within." *New Republic* 65 (February 4, 1931).

Busch, Noel.*T, R,:The Story of Theodore Roosevelt and His Influence on Our Times*. New York:Reynal, 1963.

Bush, George H.W., and Brent Scowcroft. *A World Transformed*. New York:Alfred A.Knopf, 1998.

Byrnes, James F. *Speaking Frankly*, New York:Harper and Brothers, 1947.

Byrnes, Robert F. *Awakening American Education to the World:The Role of Archibald Cary Coolidge, 1866-1928*.Notre Dame:University of Notre Dame Press, 1982.

Callahan, David. *Dangerous Capabilities:Paul Nitze and the Cold War*, New York:Harper Collins, 1990.

Cannon, Lou.*Governor Reagan:His Rise to Power*.New York:Public Affairs, 2003.

——.*President Reagan:The Role of a Lifetime*. New York:Public Affairs, 2000.

Cassella-Blackburn, Michael.*The Donkey, the Carrot, and the Club:William C.Bullitt and Soviet American Relations, 1917-1948*. Westport, Conn.:Praeger, 2004.

Cevasco,G.A. "Pearl Buck and the Chinese Novel." *Asian Studies* 4, no.3 (December 1967):444.

Chamberlin, William Henry. *The Russian Enigma:An Interpretation by William Henry Chamberlin*. New York:Charles Scribner's Sons, 1944.

———.*Russia's Iron Age*. Boston:Little, Brown, 1935

Chambers, Whittaker. *Witness*. Chicago:Regnery Gateway, 1952.

Chan, Gordon H.*Friends and Enemies:The United States, China, and the Soviet Union, 1948-1972*. Stanford:Stanford University Press, 1990.

Chang, Iris.*The Chinese in America:A Narrative History*. New York:Viking, 2003.

Chang, Jung, and John Halliday. *Mao:The Unknown Story*. New York:Anchor Books, 2005.

Churchill, Winston S. *Closing the Ring*. Boston:Houghton Mifflin, 1951.

———.*The Hinge of Fate*. Boston:Houghton Mifflin, 1951.

———.*Triumph and Tragedy*. New York:Bantum Books, 1962.

Clancy, Tom.*The Bear and the Dragon*, New York:G.P.Putnam's Sons, 2000.

Cohen, Stephen F.*Failed Crusade:America and the Tragedy of Post communist Russia*. New York:W.W.Norton. 2001.

———.*Rethinking the Soviet Experience:Politics and History since 1917*, New York:Oxford University Press, 1986.

Cohen, Warren I., ed. *Pacific Passage:The Study of American-East Asian Relations on the Eve of the Twenty-first Century*. New York:Columbia University Press, 1996.

Colton, Ethan T.*The XYZ of Communism*. New York:Macmillan, 1931.

Conn, Peter.*Pearl S.Buck:A Cultural Biography*, Cambridge:Cambridge University Press, 1996.

Conquest, Robert.*The Great Terror:Stalin's Purge of the Thirties*. New York:Macmillan. 1973.

Cooper, Hugh L. "Observations of Present'Day Russia." *Annals:Some Aspects of the Present International Situation* 138 (July 1928).

Council on Foreign Relations. *Russia's Wrong Direction:What the United States Can and Should Do*, Independent Task Force Report no.57. New York:Council on Foreign Relations, 2006.

———.*U.S.-China Relations:An Affirmative Agenda, a Responsible Course. Independent Task Force Report* no.59. New York:Council on Foreign Relations, 2007.

Correspondence between the Chairman of the Council of Ministers of the USSR and the Presidents of the USA and the Prime Ministers of Great Britain during the Great Patriotic War of 1941-1945, Honolulu:University Press of the Pacific, 2001.

Cowley, Malcolm. "Wang Lung's Children:" *New Republic* (May 10,1939):24-25.

Crossman,R.H.S.,ed. *The God That Failed*. New York:Harper and Row, 1950.

Curry, Roy Watson. *Woodrow Wilson and Far Eastern Policy*. New York: Bookman Associates, 1957.

Custine, Marquis de. *Empire of the Czar:A Journey through Eternal Russia*. New York: Doubleday, 1989.

Dallek, Robert. *Franklin D.Roosevelt and American Foreign Policy, 1932-1945*, New York: Oxford University Press, 1979.

Daniloff, Nicholas.*Of Spies and Spokesmen:My Life as a Cold War Correspondent.* Columbia:University of Missouri Press, 2008.

——.*Two Lives, One Russia.* Boston:Houghton Mifflin, 1988.

Davies, John Paton, Jr.*Dragon by the Tail:American, British, Japanese, and Russian Encounter with China and One Another.* New York:W.W.Norton, 1972.

Davies, Joseph E. *Mission to Moscow.* New York:Pocket Books, 1943.

Davis, Donald E., and Eugene P.Trani. *The First Cold War:The Legacy of Woodrow Wilson in U.S.-Soviet Relations.* Columbia:University of Missouri Press, 2002.

——."Roosevelt and the U.S.Role:Perception Makes Policy." In.*The Treaty of Portsmouth and Its Legacies,* ed.Steven Erickson and Allen Hockley, 62-74. Lebanon,N.H.: University Press of New England, 2008.

——. "A Tale of Two Kennans:American-Russian Relations in the Twen tieth Century." In *Presidents, Diplomats, and Other Mortals,* ed. Garry Clifford and Theodore A.Wilson, 31-55. Columbia:University of Missouri Press, 2007.

Davis, Jerome. "Capitalism and Communism." *Annals of the American Academy of Political and Social Science:Elements of a Foreign Policy* (July 1931).

——.*The Russian Immigrant.*New York:Macmillan, 1922.

Dean, Vera Michaels. *The United States and Russia.* Cambridge:Harvard University Press, 1948.

Dennett, Tyler. *John Hay:From Poetry to Politics.* New York:Dodd, Mead, 1933.

——. "President Roosevelt's Secret Pact with Japan." *Current History* 21 (October 1924-March 1925).

——.*Roosevelt and the Russo-Japanese War.* Gloucester, Mass.:Peter Smith, 1959.

Deutscher, Isaac.*The Prophet Armed:Trotsky,1879-1921.* Oxford:Oxford University Press, 1954.

Dewey, John. *Characters and Events:Popular Essays in Social and Political Philosophy.* Ed.Joseph Ratner.2 vols. New York:Henry Holt, 1929.

——.*The Correspondence of John Dewey.* Charlottesville, Va.:InteLex, 2001, 2005.

——.*Individualism Old and New.* New York:Capricorn Books, G.P.Putnam's Sons, 1962.

——.*John Dewey:Lectures in China,* Ed.Robert W.Clopton and Tsuin Chen Ou.Honolulu: University Press of Hawaii. 1973.

——.*Reconstruction in Philosophy and Essays, 1920:The Middle Works of John Dewey, 1899-1924.*Ed. Jo Ann Boydston and Bridget A.Walsh.Vol.12 of 27 vols. Carbondale: Southern Illinois University Press, 1988.

——.*Works.* Ed,Jo Ann Boydston et al.17 vols.Carbondale:Southern Illinois University Press, 198-1990,

Dewey, John, and Alice Chipman Dewey. *Letters from China and Japan.*Ed. Evelyn Dewey. New York:E.P.Dutton, 1920.

Dictionary of American Biography. New York:Charles Scribner's Sons, 1932.

Dilks, David,ed.*The Diaries of Sir Alexander Cadogan.* London:Cassell, 1971.

Documents diplomatique franqais. Paris, 1930-1959.

Doyle, Paul A. *Pearl S. Buck.* Boston:Twayne. 1965.

Durant, Will.*The Tragedy of Russia:Impressions from a Brief Visit*. New York:Simon and Schuster, 1933.

Duranty, Walter. *I Write as I Please*. New York:Simon and Schuster,1935.

Dykhuizen, George.*The Life and Mind of John Dewey*. Carbondale:Southern Illinois University Press, 1973.

E.G. "Sons." *Pacific Affairs* 6, nos.2-3 (February-March 1933).

Eden, Anthony. *The Reckoning*. Boston:Houghton Mifflin, 1965.

Edwards, John, Jack Kemp, et al.*Russia's Wrong Direction:What the United States Can and Should Do. Independent Task Force Report* no.57. New York:Council on Foreign Relations, 2006.

Edwards, Lee. *Missionary for Freedom:The Life and Times of Walter Judd*. New York: Paragon House, 1990.

Ehrman, John. *Grand Strategy*. London:Her Majesty's Stationery Office, 1956.

Eisenhower, Dwight D.*Mandate for Change*. Garden City, N.Y.:Doubleday, 1963.

Ellis, Ethan. *A Short History of American Diplomacy*. New York:Harper and Brothers, 1951.

Elson, Robert T. *The World of Time,* Inc.2 vols. New York:Atheneum, 1968-1973.

Esthus, Raymond A.*Double Eagle and Rising Sun:The Russians and Japanese at Portsmouth in 1905*. Durham:Duke University Press, 1988.

Fairbank, John K.*China Bound:A Fifty-Year Memoir*. New York:Harper and Row, 1982.

———.*The United States and China*. Cambridge:Harvard University Press, 1979.

———,ed. *The Missionary Enterprise in China and America*, Cambridge:Harvard University Press, 1974.

Farnsworth, Beatrice.*William C.Bullitt and the Soviet Union*, Bloomington:Indiana University Press, 1967.

Farnsworth, Robert M.,ed. *Edgar Snow's Journey South of the Clouds*. Columbia: University of Missouri Press, 1991.

Fausold, Martin L., ed, *The Hoover Presidency:A Reappraisal*. Albany:State University of New York Press, 1974.

Feis, Herbert. *The China Tangle:The American Effort in China from Pearl Harbor to the Marshall Mission*. Princeton: Princeton University Press, 1953.

———.*Churchill, Roosevelt, Stalin:The War They Waged and the Peace They Sought*. Princeton:Princeton University Press, 1957.

Ferrell, Robert H.*American Diplomacy:A History*. New York:W.W.Norton, 1959.

———.*Harry S.Truman:A Life*.Columbia:University of Missouri Press, 1994.

Feuerwerker, Albert. *The Foreign Establishment in China in the Early Twentieth Century*. Ann Arbor:University of Michigan Press, 1976.

Fifield, Russell H.*Woodrow Wilson and the Far East:The Diplomacy of the Shantung Question*. New York:Thomas Y.Crowell, 1952.

Filene, Peter.*Americans and the Soviet Experiment, 1917-1933*. Cambridge:Harvard University Press, 1967.

Fischer, Louis. *Why Recognize Russia? The Arguments for and against the Recognition of the Soviet Government by the United States*. New York:Jonathan Cape and Harrison Smith, 1931,

Fish, Hamilton. "The Menace of Communism." *Annals of the American Academy of Political and Social Science* 156 (July 1931).

Fisher, Harold H., ed.*American Research on Russia*. Bloomington:Indiana University Press, 1959.

Fitzgerald, Francis. *Way Out There in the Blue:Reagan, Star Wars, and the End of the Cold War*. New York:Touchstone, 2000.

Florinsky, Michael T.*The End of the Russian Empire*, New Haven:Yale University Press, 1931.

——.*Russia:A History and an Interpretation*.2 vols. New York:Macmillan, 1953.

——.*Toward an Understanding of the USSR:A Study in Government, Politics, and Economic Planning*, New York:Macmillan, 1939.

——. "World Revolution and Soviet Foreign Policy." *Political Science Quarterly* 47, no.2 (June 1932):204-33, 248-53.

Florovsky, Ant. "The Work of Russian migr's in History, 1921-27." *Slavonic Review* 7, no.19 (June 1928):216-19.

Foglesong, David.*The American Mission and the "Evil Empire":The Crusade for a "Free Russia" since 1881*. New York:Cambridge University Press, 2007.

"Forms 'Paul Reveres' to Fight School Reds." *New York Times*, April 9, 1933, 6.

Forrestal, James.*The Forrestal Diaries*. Ed. Walter Millis. New York:Viking Press, 1952.

Freidel, Frank.*Franklin D.Roosevelt:A Rendezvous with Destiny*. Boston:Little, Brown, 1990.

Gaddis, John Lewis. "NSC 68 and the Soviet Threat Reconsidered." International Security 4, no.4 (Spring 1980):164-70.

——.*Russia, the Soviet Union, and the United States:An Interpretive History*. New York: McGraw Hill,1978.

——.*The United States and the Origins of the Cold War,1941-1947*. New York:Columbia University Press, 1972.

——.*We Now Know:Rethinking Cold War History*. New York:CLarendon Press, Oxford, 1997.

Gallup, Alec M.*The Gallup Poll Cumulative Index:Public Opinion, 1935-1997* Wilmington, Del.:Scholarly Resources, 1999.

Gallup, George. "Public Softening Views on Russia." *Gallup Report*, March 8, 1967.

Gelfand, Lawrence, ed. Introduction to "Herbert Hoover and the Russian Revolution, 1917-20," by Eugene P.Trani. In *Herbert Hoover:The Great War and Its Aftermath, 1914-23*, ed. Lawrence E.Gelfand. Iowa city:University of Iowa Press, 1979.

Ginzberg, Benjamin. "Saence under Communism." *New Republic* 69 (January 6, 1932):209.

Glantz, Mary E.*FDR and the Soviet Union:The President's Battle over Foreign Policy*. Lawrence:University Press of Kansas, 2005.

Gooch, G.P., and Harold Temperley. *British Documents on the Origins of the War, 1898-1914*. London, 1926-1938.

Grant, Natalie. "The Russian Section: A Window on the Soviet Union." *Diplomatic History* 2, no.1 (January 1978):107-15.

Griffith, Thomas. *Harry and Teddy:The Turbulent Friendship of Press Lord Henry R.Luce and His Favorite Reporter, Theodore H.White.* New York:Random House, 1995.

Griswold, A.Whitney. *The Far Eastern Policy of the United States.* New Haven:Yale University Press, 1962.

"The Growing Figure of Russia in International Trade." *Christian Century* 49 (June 22. 1932):789.

Guild, Curtis. "Russia and Her Emperor." *Yale Review*, no.4(July 1915):712-22.

Gwynn, Stephen, ed. *The Letters and Friendships of Sir Cecil Spring Rice:A Record.*2 vols. New York:Houghton Mifflin, 1929.

Hahn, Emily. *China to Me.* Boston:Beacon Press, 1988.

Halberstam, David. *The Powers That Be.* New York:Alfred A.Knopf, 1979.

Hamby, Alonzo L.*Man of the People:A Life of Harry S.Truman.*Oxford: Oxford University Press, 1995.

Hamilton, John Maxwell. *Edgar Snow:A Biography.* Baton Rouge:Louisiana State University Press, 2003.

Harbaugh, William Henry. *Power and Responsibility:The Life and Times of Theodore Roosevelt.* New York:Farrar, Straus, and Cudahy, 1961.

Harcave, Sidney. *First Blood:The Russian Revolution of 1905.* New York: Macmillan, 1964.

Harlow, Giles D., and George C.Maerz, eds. *Measures Short of War:The George Kennan Lectures at the National War College, 1946-47.* Washington, D.C.:National Defense University Press, 1991.

Harper, Samuel N.*Civic Training in Soviet Russia.* Chicago:University of Chicago Press, 1929.

———. "Revolution in Russia." *Harper's Weekly,* February 1916, 132.

———.*The Russia I Believe In:The Memoirs of Samuel N.Harper, 1902-1941.* Ed. Paul V.Harper with the assistance of Ronald Thompson. Chicago:University of Chicago Press, 1945.

Harper, Samuel N., and Ronald Thompson. *The Government of the Soviet Union.* New York: D.Van Nostrand, 1949.

Harriman, W.Averell, and Elie Abel. *Special Envoy to Churchill and Stalin, 1941-1946.* New York:Random House, 1975.

Harrington, Daniel F. "Kennan, Bohlen, and the Riga Axioms." *Diplomatic History* 2, no.4 (Fall 1978),

Harris, Theodore F.*Pearl S.Buck:A Biography.* New York:John Day, 1969.

Hauser, E.O. "China Needs a Friendly Nudge." *Saturday Evening Post*, August 26, 1944, 28-29.

Heilbronner, Hans. "An Anti-Witte Diplomatic Conspiracy, 1905-1906:The Schwaneback Memorandum." *Jahrbucher fur Geschichte Osteuropas* 14 (September 1966).

Henderson, Loy W.*A Question of Trust:The Origins of U.S-Soviet Diplomatic Relations*; *The Memoirs of Loy W.Henderson.* Stanford:Hoover Institution Press, 1986.

Herzstein, Robert E.Henry R.Luce, *"Time," and the American Crusade in Asia.* Cambridge: Cambridge University Press, 2005.

Hills, Carla A., Dennis C.Blair, et al.*U.S.-China Relations:An Affirmative Agenda,a Responsible Course.Independent Task Force Report* no.59. New York:Council on Foreign Relations, 2007.

Hixson, Walter L. *George F.Kennan:Cold War Iconoclast*. New York:Columbia University Press, 1989.

——.*Parting the Curtain: Propaganda, Culture, and the Cold War, 1945-1961*. New York:St.Martin's Press, 1997.

Hoffmann,Joyce.*Theodore White and Journalism as Illusion*. Columbia:University of Missouri Press, 1995.

Hoff Wilson, Joan. "A Reevaluation of Herbert Hoover's Foreign Policy." In *The Hoover Presidency:A Reappraisal*, ed. Martin L.Fausold. Albany:State University of New York Press, 1974.

Hook, Sidney, *John Dewey:An Intellectual Portrait*. Amherst, N.Y.:Prometheus Books, 1983.

Hoover, Herbert. *The Ordeal of Woodrow Wilson*. New York:McGraw Hill, 1958.

Hoopes, Townsend, and Douglas Brinkley. *FDR and the Creation of the UN*.New Haven:Yale University Press, 1997.

Hopkirk, Peter.*Trespassers on the Roof of the World:The Secret Exploration of Tibet*. New York:Kodansha International, 1982.

Hough, Richard. *The Fleet That Had to Die*.New York:Viking, 1958.

Hovey, Graham. "Gov.Harriman:Salty Views on SALT, Etc." *New York Times.*October 9. 1977.

Howe, M.A.DeWolfe. *George von Lengerke Meyer*. New York, 1920.

Hull, Cordell.*The Memoirs of Cordett Hull*.2 vols. New York:Macmillan, 1948.

Hundley, Helen. "George Kennan and the Russian Empire:How America's Conscience Became an Enemy of Tsarism." http://www.wwics.si.edu/topics/pub/ACF2BO.pdf.

Ickes, Harold. *The Secret Diary of Harold Ickes*.3 vols. New York:Simon and Schuster, 1953-1954.

Isaacson,Walter. *Kissinger:A Biography*. New York:Simon and Schuster, 2005.

Isaacson, Walter, and Evan Thomas. *The Wise Men:Six Friends and the World They Made*. New York:Simon and Schuster, 1986.

Jensen, Kenneth M., ed. *Origins of the Cold War:The Novikov, Kennan, and Roberts "Long Telegrams" of 1946*. Washington, D.C.:United States Institute of Peace Press, 1993.

Jespersen, T.Christopher. *American Images of China, 1931-1939*. Stanford:Stanford University Press, 1996.

Jessup, John K., ed. *The Ideas of Henry Luce*. New York:Atheneum, 1969.

Johnson, Lyndon B. *The Vantage Point:Perspectives on the Presidency, 1963-1969*. New York:Holt, Rinehart, and Winston, 1971.

Johnson, Paul. *Modern Times:The World from the Twenties to the Nineties*. New York: Harper Perennial, 1992.

Johnson, William R. "The United States Sells China Down the Amur." *China Monthly* 8 (December 1947):412-15, 425-27.

Karpovich, Michael. *Imperial Russia, 1801-1917*. New York:Holt, 1932.

——.*Russia:A History and an Interpretation*, 2 vols, New York:Macmillan, 1953.

Keenan, Barry. *The Dewey Experiment in China:Educational Reform and Political Power in the Early Republic.* Cambridge:Harvard University Press, 1977.

Kennan, George [Siberian]. *Siberia and the Exile System.*2 vols. New York:Century, 1891.

——. "The Sword of Peace." *Outlook*, October 14, 1905.

Kennan, George F. "America and the Russian Future." *Foreign Affairs* 29, no.3 (April 1951):35-70, (Reprinted in American Diplomacy, 1900-1950. New York:Mentor, 1951.)

——.*American Diplomacy*, 1900-1950, New York:Mentor, 1951.

——.*Memoirs, 1925-1950.* Boston:Little, Brown, 1967.

——.*Memoirs, 1950-1963.* New York:Pantheon Books, 1972.

——.*Russia Leaves the War.* New York:W.W.Norton, 1958.

——. "The Sisson Documents," *Journal of Modern History* 27, no.2 (June 1956):130-54.

——.*Sketches from a Life.* New York:W.W.Norton, 1989.

——. "The Sources of Soviet Conduct." *Foreign Affairs* 25, no.4 (July 1947): 566-82. (Reprinted in his book American Diplomacy, 1900-1950. New York:Mentor, 1951.)

Kennedy, Paul. *The Rise and Fall of the Great Powers:Economic Change and Military Conflict from 1500 to 2000.* New York:Random House, 1987.

Kerney, James.*The Political Education of Woodrow Wilson.* New York:Century, 1926.

Keylor, William R. "Post-mortems on the American Century." *Diplomatic History* 25, no.2 (Spring 2001):317-27.

Kirkpatrick, David D. "Pulitzer Board Won't Void 32 Award to Times Writer." *New York Times*, November 22, 2003.

Kissinger, Henry.*Diplomacy.* New York:Simon and Schuster, 1994.

——.*White House Years.* Boston:Little, Brown, 1979.

——.*Years of Upheaval.* Boston:Little, Brown, 1982.

Koen, Ross Y.*The China Lobby in American Politics.* New York:Harper and Row, 1974.

Kohler, Foy D.,and Mose L.Harvey, eds.*The Soviet Union, Yesterday. Today, Tomorrow:A Colloquy of American Long Timers in Moscow.* Miami:University of Miami Press, 1975.

Krock, Arthur. "A Guide to Official Thinking about Russia." *New York Times*, July 8, 1947, 22.

Langer, John Daniel. "The 'Red General':Philip R.Faymonville and the Soviet Union,1917-52." *Prologue* 8, no.4 (Winter 1976):209-21.

Lansing, Robert. *War Memoirs of Robert Lansingi Secretary of State.* New York: Bobbs Merrill. 1935.

Larres, Klaus, and Kenneth Osgood, eds. *The Cold War after Stalin's Death:A Missed Opportunity for Peace?* Lanham, Md.:Rowman and Littlefield, 2006.

Lasch, Christopher.*The American Liberals and the Russian Revolution.* New York: Columbia University Press, 1962.

Laserson,Max M.*The American Impact on Russia:Diplomatic and Ideological, 1784-1917.* New York:Macmillan, 1950.

Latourette, Kenneth S. *Beyond the Ranges.* Grand Rapids:Erdman, 1967.

Leahy, William D. *I Was There*. New York:McGraw Hill, 1950.

Lee, Ivy. "Relationships to the Russian Problem." *Annals:Some Aspects of the Present International Situation* 138 (July 1928).

Leffler, Melvyn P. *For the Soul of Mankind:The United States, the Soviet Union, and the Cold War*. New York:Hill and Wang, 2007.

——.*A Preponderance of Power:National Security,the Truman Administration, and the Cold War*. Stanford:Stanford University Press. 1992.

——.*The Specter of Communism:The United States and the Origins of the Cold War, 1917-1953*. New York:Hill and Wang, 1994.

"Legion of Honor Urged for America." *New York Times*, April 13, 1933, 14.

Lensen, George Alexander.*The World beyond Europe:An Introduction to the History of Africa, India, Southeast Asia, and the Far East*. Boston:Houghton Mifflin, 1966.

Lepsius, J., et al., *Die Grosse Politik der Europaischen Kabinete, 1877-1914*.40 vols. Berlin, 1922-1927.

Leroux, Charles. "Bearing Witness." *New York Times,* June 25, 2003.

Levering, Ralph B. *American Opinion and the Russian Alliance, 1939- 1945*. Chapel Hill: University of North Carolina Press, 1976.

Levine, Isaac Don. *Eyewitness to History*. New York:Hawthorn Books, 1973.

Libbey, James K. *American-Russian Economic Relations, 1770's-1990's:A Survey of Issues and Literature*. Claremont, Calif.:Regina Books, 1989.

Link, Arthur. *Wilson:The New Freedom*. Princeton:Princeton University Press, 1956.

——.*Wilson:The Struggle for Neutrality, 1914-1915*. Princeton:Princeton University Press, 1960

——.*Wilson the Diplomatist:A Look at His Major Foreign Policies*. Baltimore：Johns Hopkins University Press, 1957

Link, Perry, and Andrew J.Nathan, eds. *The Tiananmen Papers*. Comp. Zhang Liang. New York: Public Affairs, 2002,

Lippmann, Walter. *The Cotd War:A Study in U.S.Foreign Policy*. New York:Harper and Row, 1972.

Lippmann, Walter, and Charles Merz. "Test of the News." *A supplement to New Republic* 23, pt.2, no.296 (August 4, 1920).

Lodwick, Kathleen. *The Chinese Recorder Index:A Guide to Christian Missions in China. 1867-1974*. Wilmington, Del.:Scholarly Resources, 1986.

Lubell, Samuel. "Is China Washed Up?" *Saturday Evening Post,* March 31, 1945, 20, 93-94.

——. "Vinegar Joe and the Reluctant Dragon." *Saturday Evening Post*. February 24, 1945, 9-11.

Lukacs, John, ed. *George F.Kennan and the Origins of Containment, 1944-1946:The Kennan-Lukacs Correspondence*.Columbia:University of Missouri Press, 1997.

Lyons, Eugene. *Assignment in Utopia*. New York:Harcourt, Brace, 1938.

——.*The Red Decade:The Classic Work on Communism in America during the Thirties*.2d ed. New York:Arlington House, 1970.

Maclean, Elizabeth Kimball. "Joseph E.Davies and Soviet-American Relations, 1937-41." *Diplomatic History* 4, no.4 (Fall 1980):73-94.

Maddux, Thomas R. "American Diplomats and the Soviet Experiment:The View from the Moscow Embassy, 1934-1939." *South Atlantic Quarterly* 74, no.4 (Autumn 1975):468-87.

Malia, Martin E. "Michael Karpovich, 1888-1959." *Russian Review* 19, no.1 (January 1960): 60-71.

———.*Russia under Western Eyes:From the Bronze Horseman to the Lenin Mausoleum.* Cambridge:Harvard University Press, Belknap Press, 1999.

Maltin, Leonard. *2006 Movie Guide.* New York:Signet Books, 2005.

Mandelbaum, Michael. *The Ideas That Conquered the World: Peace, Democracy, and Free Markets in the Twenty-first Century.* New York:Public Affairs, 2002.

Mann, James. *About Face:A History of America's Curious Relationship with China, from Nixon to Clinton.* New York:Vintage Books, 1998.

Martin, Jay. *The Education of John Dewey:A Biography.* New York:Columbia University Press, 2002.

Matlock, Jack F., Jr. *Reagan and Gorbachev:How the Cold War Ended.* New York:Random House ,2004.

Mayers, David. *The Ambassadors and America's Soviet Policy.* New York:Oxford University Press, 1995.

McCullough, David. *Truman.* New York:Touchstone, 1992.

McKinzie, Richard M., and Eugene P.Trani. "The Influence of Russian migr's on American Policy toward Russia and the USSR, 1900-1933, with Observations on AnYalogous Developments in Great Britain." *Coexistence:A Review of East-West and Development Issues* 28, no.2 (June 1991):215-51.

Meisner, Maurice. *Li Ta-Chao and the Origins of Chinese Marxism.* Cambridge:Harvard University Press, 1967.

Melvin, Shelia. "Pearl-Great Price." *Wilson Quarterly* (Spring 2006).

Mendel, Arthur P., ed. *Political Memoirs, 1905-1917*, by Paul Miliukov. Ann Arbor: University of Michigan Press, 1967.

Meyer, Mike. "Pearl of the Orient." *New York Times,* March 5, 2006, Book Review Section, 23.

Mills, Walter, ed. *The Forrestal Diaries.* New York:Viking Press, 1951.

Miscamble, Wilson D. *George F.Kennan and the Making of American Foreign Policy.1947-1950.*Princeton:Princeton University Press, 1992.

Montefiore, Simon Sebag.*Stalin:The Court of the Red Tsar.* New York:Alfred A.Knopf, 2004.

Morgenthau, Hans J. "Changes and Chances in American-Soviet Relation." *Foreign Affairs* 49, no.3 (April 1971):429-41.

Morgenthau, Henry. *Morgenthau Diary, China.* Vol.2. Washington, D.C.:GPO, 1965.

Morison, Elting E., et al.*The Letters of Theodore Roosevelt.* 8 vols. Cambridge:Harvard University Press, 1951.

Moritz, Charles,ed. *Current Biography Yearbook.* New York:H.H.Wilson, 1961.

Morris, Edmund.*Theodore Rex.* New York:Random House, 2001.

Mowry, George E. *The Era of Theodore Roosevelt and the Birth of Modern America, 1900-1912.* New York:Harper and Row, 1962.

Moyer, George S.*The Attitude of the United States towards the Recognition of Russia.* Philadelphia: University of Pennsylvarua, 1926.

Neils, Patricia C.China Images in the Life and Times of Henry Luce, Savage, Md.:Rowan and Littlefield, 1990.

———. "China in the Writings of Kenneth Scott Latourette and John King Fairbank." Ph.D.diss., University of Hawaii, 1980.

Nelson, Anna Kasten, et al. "A Roundtable Discussion of Melvyn Leffler's For the Soul of Mankind:The United States, the Soviet Union, and the Cold War." *Passport:The Newsletter of the Society for Historians of American Foreign Relations* 39, no.2 (September 2008):24-34.

Ninkovich, Frank. *The Wilsonian Century:U.S.Foreign Policy since 1900.* Chicago: University of Chicago Press, 1999.

Nitze, Paul H. "The Development of NSC 68." *International Security* 4, no.4 (Spring 1980):170-76.

———. "Limited Wars or Massive Retaliation?" *Reporter* 17, no.3 (September 5, 1957)

Nitze, Paul H. ,with Ann M.Smith and Steven L.Rearden. *From Hiroshima to Glasnost:At the Center of Decision,A Memoir*, New York:Grove Weidenfeld, 1989.

Nixon, Richard M. "Asia after Vietnam." *Foreign Affairs* 46, no.1 (October 1967):11-25.

———.*RN:The Memoirs of Richard Nixon.* New York:Simon and Schuster, 1978.

Notter, Harley. *The Origins of the Foreign Policy of Woodrow Wilson.* Baltimore:Johns Hopkins University Press, 1937.

———.*Postwar Foreign Policy Preparation, 1939-1945.* Publication 3580 Washington, D.C.:Department of State, 1949.

O'Connor, Joseph E. "Laurence A.Steinhardt and American Policy toward the Soviet Union, 1939-1941." Ph.D.diss., University of Virginia, 1968.

Osgood, Kenneth. "The Perils of Coexistence:Peace and Propaganda in Eisenhower's Foreign Policy." In *The Cold War after Stalin's Death.:A Missed Opportunity for Peace?* ed.Klaus Larres and Kenneth Osgood. Lanham, Md.:Rowman and Littlefield, 2006.

"Outlawing of Reds:A National Menace." *New York Times,* January 18, 1933, 1.

Parry, Albert. "Charles R.Crane, Friend of Russia." *Russian Review* 6, no.2 (Spring 1947):20-36.

Petro, Nicolai N. "Russia as Friend, Not Foe." Speaking Freely (Asia Times Online), 2007. http://www.atimes/CentraL_Asia/IB17Ag02.html.

Pringle, Henry F.*Theodore Roosevelt:A Biography.* New York:Harcourt, 1931,

"The Progress of the World." *American Monthly Review of Reviews* 32, no.4 (October 1905):390.

Propas, Frederic L. "Creating a Hard Line toward Russia:The Training of State Department Soviet Experts,1927-1937." *Diplomatic History* 8, no.3 (Summer 1984):209-26.

Pugach, Noel H. "Making the Open Door Work:Paul S.Reinsch in China, 1913-1919." *Pacific Historical Review* 39 (1970):157-75.

———.*Paul S.Reinsch:Open Door Diplomat in Action.* Milwood, N.Y.:KTO Press, 1979.

Rand, Peter.*China Hands:The Adventures and Ordeals of the American Journalists Who Joined Forces with the Creat Chinese Revolution.* New York:Simon and Schuster, 1995.

Ransdell, Hollace. "Mr.Fish Down South." *New Republic* 67 (May 20, 1931).

Reagan, Ronald. An American Life.New York:Pocket Books, 1990.

"Redmongers Go West." *New Republic* 64 (November 12, 1930):347.

Reed, James.*The Missionary Mind and American East Policy, 1911-1915*. Cambridge: Harvard University Press, 1983.

Reinsch, Paul'S. *An American Diplomat in China*. Garden City, N.Y.:Doubleday, Page, 1922.

Richman, John. *The United States and the Soviet Union:The Decision to Recognize*. Raleigh:Camberleigh Hall, 1980.

Rockefeller, Steven C.*John Dewey:Religious Faith and Democratic Humanism*. New York: Columbia University Press, 1991.

Rockhill, William Woodville.*Explorations in Mongolia and Tibet*. Washington, D.C.: Smithsonian Institution Press, 1893.

——.*The Land of the Lamas:Notes on a Journey through China, Mongolia, and Tibet*. London:Longmans, Green, 1891.

Romanus, Charles F., and Riley Sunderland. *Stilwell's Command Problems*. Washington, D.C.:U.S.Government Printing Office, 1956.

Roosevelt, Elliott. *As He Saw It*. New York:Duell, Sloan, and Pearce, 1946.

"Roosevelt Confers on Russian Policy." *New York Times,* July 8, 1932,1-2.

Rosen, Baron Roman R. *Forty Years of Diplomacy*. 2 vols. London:George Allen and Unwin, 1922.

Rozek, Edward J.,ed.*Walter H.Judd:Chronicles of a Statesman*. Denver:Grier, 1980.

"Russia and America Strike Hands." New Republic 77 (November 29, 1933):62.

Ryan, Alan. *John Dewey and the High Tide of American Liberalism*. New York:W. W.Norton, 1995.

Salisbury, Harrison E. *American in Russia*. New York:Harper and Brothers, 1955.

——.*Behind the Lines:Hanoi, December 23, 1966-January 7, 1967*. New York:Harper and Row, 1967

——.*The Long March:The Untold Story*. New York:Harper and Row, 1985.

——.*Moscow Journal:The End of Stalin*. Chicago:University of Chicago Press. 1961

——.*Orbit of China*. New York:Harper and Row, 1967.

——.*A Time of Change:A Reporter's Tale of Our Time*. New York:Harper and Row, 1988.

Salzman, Neil V.*Reform and Revolution:The Life and Times of Raymond Robins* Kent:Kent State University Press, 1991.

SauL Norman E. *Concord and Conflict:The United States and Russia, 1867-1914*. Lawrence: University Press of Kansas, 1996.

——.*Distant Friends:The United States and Russia, 1763-1867*. Lawrence:University Press of Kansas, 1991

——.*Friends or Foes? The United States and Russia, 1921-1941*. Lawrence:University Press of Kansas, 2006

——.*War and Revolution:The United States and Russia, 1914-1921*. Lawrence:University Press of Kansas, 2001

Schaller, Michael. *The United States and China in the Twentieth Century*. New York:Oxford University Press, 1979.

Scheuer, Steven H., ed. *Movies on TV and Videocassette, 1992-1993*. New York:Bantam Books, 1993.

Schlesinger, Arthur M., Jr. *The Cycles of American History.* Boston:Houghton Mifflin, 1986.

——.*A Thousand Days:John F.Kennedy in the White House.* Boston Houghton Mifflin, 1965.

Schulz, George P.*Turmoil and Triumph:My Years as Secretary of State.* New York:Charles Scribner's Sons, 1993.

Schuman, Frederick. *American Policy towards Russia since 1917:A Study of Diplomatic History, International Law, and Public Opinion.* New York:International Publishers, 1928.

Schurman, Franz, and Orville Schell. *Communist China:Revolutionary Reconstruction and International Confrontation, 1949 to the Present.* New York:Random House, 1966.

Seiler, Conrad. "The Redmongers Go West." *New Republic* 64 (November 12, 1930): 347.

Seymour, Charles. *The Intimate Papers of Colonel House.*4 vols. Boston:Houghton, Mifflin, 1926-1928.

Shackley, Theodore. *Spymaster:My Life in the CIA.* Dulles, Va.:Potomac Books, 2005.

Sherwood, Robert W. *Roosevelt and Hopkins:An Intimate History.* New York: Enigma Books, 2001.

Simes, Dmitri K. "Losing Russia:The Costs of Renewed Confrontation." *Foreign Affairs* 86. no.6 (November-December 2007):38-52.

Smith, Arthur H. *Chinese Characteristics.* Safety Harbor, Fla., 2001.(First published 1890).

Smith, Tony. *America's Mission:The United States and the Worldwide Struggl for Democracy in the Twentieth Century.* Princeton:Princeton University Press, 1994.

Snow, Edgar. *The Battle for Asia.* New York:Random House, 1941.

——*Journey to the Beginning.* New York:Random House, 1958.

——.*The Long Revolution.* New York:Vintage Books, 1973.

——.*The Other Side of the River:Red China Today.* New York:Random House, 196-1962

——.*The Pattern of Soviet Power.*New York:Random House, 1945.

——.*Red Star over China,* New York:Grove Press, 1968.

——. "Sixty Million Lost Allies." *Saturday Evening Post*, June 10, 1944, 12-13

——.*Stalin Must Have Peace.* New York:Random House, 1947.

Snow, Edgar, and Mark Gayn. "Must China Go Red?" *Saturday Evening Post*, May 12, 1945, 9-10.

Soule, George. "Hard Boiled Radicalism." *New Republic* 65 (January 21, 1931):261.

Spargo, John. *Russia as an American Problem.* New York:Harper and Brothers, 1920.

Spence, Jonathan A.*The Search for Modern China.* New York:W.W.Norton, 1990.

Stalin, Joseph. *Correspondence between Stalin, Roosevelt. Truman, Churchill, and Atlee during WWII.* Honolulu:University Press of the Pacific, 2001.

——.*Speeches Delivered at Meetings of Voters of the Stalin Electoral District, Moscow.* Moscow:Foreign Languages Publishing House, 1950.

Standley, William, and Arthur Ageton. *Admiral Ambassador to Russia.* Chicago:Regenery Press, 1955.

Stanley, Peter. "The Making of an American Sinologist:W.Rockhill and the Open Door." *Perspectives in American History* 2 (1977-1978):419-60.

Steffens, Lincoln. *The Autobiography of Lincoln Steffens.* New York:Harcourt, Brace, and World, 1958.

Steinberg, Stephen. *The Academic Melting Pot:Catholics and Jews in American Higher Education.* New York:McGraw Hill, 1974.

Stekol, Harry.*Through the Communist Looking Glass.* New York:Brewer, Warner, and Putnam, 1932.

Stettinius, Edward R., Jr.*Roosevelt and the Russians:The Yalta Conference.* Garden City, N.Y.:Doubleday, 1949.

Stilwell, Joseph, *The Stilwell Papers.* Ed. Theodore White.New York:William Sloane Associates, 1948.

Stoessinger, John G. *Nations in Darkness:China, Russia, and America*, New York: McGraw Hill, 1990.

Strakhovsky, Leonid I. *American Opinion about Russia, 1917-1920.* Toronto:University of Toronto Press, 1961.

Sulzberger, Cyrus L.*A Long Row of Candles:Memoirs and Diaries, 1934-1954.* New York: Macmillan, 1969.

Suny, Ronald Grigor. *The Soviet Experiment:Russia, the USSR, and the Successor States*, New York:Oxford University Press, 1998.

Talbot, Strobe. *The Master of the Game:Paul Nitze and the Nuclear Peace,* New York: Alfred A.Knopf, 1988.

Taylor, S.J. *Stalin's Apologist:Walter Duranty, the New York Times's Man in Moscow.* New York:Oxford University Press, 1990.

Tewksbury, Donald G. "Review of Thunder Out of China." *Far Eastern Survey* 16, no.5 (March 12,1947):58-59.

Thatcher, Margaret.*The Downing Street Years.* New York:Harper Collins, 1993.

Thayer, Charles. *Bear in the Caviar.* Philadelphia:Lippincott, 1950

———. "A West-Pointer Looks at Russia." *Forum* (May 5, 1934)

Thompson, Dody Weston. "Pearl Buck." In *American Winners of the Nobel Prize*, ed. Warren G.French and Walter E.Kidd.Norman:University of Oklahoma Press, 1968.

Thompson, Edward T., ed. *Theodore H.White at Large:The Best of His Magazine Writing. 1939-1986.*New York:Pantheon Books, 1992.

Thompson, Kenneth W., and Steven L.Rearden, eds, *Paul H.Nitze on Foreign Policy.* Lanham, Md.:University Press of America, 1989.

———.*Paul H.Nitze on National Security and Arms Control.* Lanham, Md.:University Press of America, 1990.

———.*Paul H.Nitze on the Future.* Lanham, Md.:University Press of America, 1991.

Thorson, William B. "American Public Opinion and the Portsmouth Peace Conference." *American Historical Review* 3, no.3 (April 1948):439 64.

Tien-yi Li. *Woodrow Wilson's China Policy, 1913-1917.* New York:Twayne, 1952.

Tompkins, Pauline. *American Relations in the Far East.* New York:Macmillan, 1949.

Trani, Eugene P. "Criticize, but Don't Exclude." *International Herald Tribune* (September 15, 2006):8.

———. "Herbert Hoover and the Russian Revolution." In *Herbert Hoover: The Great War and Its Aftermath, 1914-23*, ed, Lawrence Gelfand. Iowa City:University of Iowa Press, 1979.

——. "Russia in 1905:The View from the American Embassy," *Review of Politics* 31, no.1 (January 1969):48-65.

——.*The Treaty of Portsmouth:An Adventure in American Diplomacy.* Lexington: University Press of Kentucky, 1969.

Trani, Eugene P., and Donald E.Davis. *The First Cold War:The Legacy of Woodrow Wilson in U.S.-Soviet Relations.* Columbia:University of Missouri Press, 2002.

——. "Roosevelt and the U.S.Role:Perception Makes Policy." In *The Treaty of Portsmouth and Its Legacies,*ed. Steven Erickson and Allen Hockley, 62-74. Lebanon, N.H.:University Press of New England, 2008.

——. "A Tale of Two Kennans:American-Russian Relations in the Twentieth Century." In *Presidents, Diplomats, and Other Mortals,* ed.Garry Clifford and Theodore A.Wilson, 31-55. Columbia:University of Missouri Press, 2007.

Trani:Eugene P., and Richard D.McKinzie. "The Influence of Russian migr's on American Policy toward the USSR, 1900-1933, with Observations on Analogous Developments in Great Britain." *Coexistence:A Review of East-West and Development Issues* 28, no.2 (June 1991):215-51.

Trani, Eugene P.,and David L.Wilson. *The Presidency of Warren G.Harding.*Lawrence: Regents Press of Kansas, 1977.

Travis, Frederick F. *George Kennan and the American-Russian Relationship, 1865-1924.* Athens:Ohio University Press, 1990.

Trotsky, Leon. "Russia and World Revolution." *New Republic* 76 (November l, 1933): 328.

Truman, Harry S. *Memoirs.*2 vols. Garden City, N.Y.:Doubleday, 1955-1956.

Tuchman, Barbara.*Stilwell and the American Experience in China, 1911-45.* New York: Grove Press, 1985.

Tucker, Robert W. "An Inner Circle of One:Woodrow Wilson and His Advisors." *National Interest* 51 (Spring 1998): 3-26.

Uyehara, Cecil H. *Checklist of Archives in the Japanese Ministry of Foreign Affairs.* Tokyo, 1868-1945, and Washington, D.C.:GPO, 1954.

Ullman, Richard H. "The Davies Mission and United States-Soviet Relations, 1937-1941." *World Politics* 9, no.2 (January 1957):220-39.

U.S./USSR Textbook Study Project:Interim Report, June 1981. Howard D.Mehlinger, dir. Bloomington, Ind., 1981.

Utley, Freda. *China at War.* London:Faber and Faber, 1939.

Varg, Paul A. *Missionaries, Chinese, and Diplomats:The American Protestant Missionary Movement in China,1890-1932.* Princeton:Princeton University Press, 1958.

——.*Open Door Diplomat:The Life of W.W, Rockhill.*Urbana:Illinois Studies in the Social Sciences, Illinois University Press, 1952.

Vernadsky, George. *A History of Russia.* New York:Bantam Books, 1967.

Walder, David. *The Short Victorious War.* New York:Harper and Row, 1973.

Walsh, Fr.Edmund A., Jr. "Fr.Walsh on Russia." *Commonweal* (May 5, 1933).

Weil, Martin.*A Pretty Good Club:The Founding Fathers of the U.S. Foreign Service.* New York:W.W.Norton, 1978.

Wells, Samuel F. "Sounding the Tocsin:NSC 68 and the Soviet Threat." *International Security* 4, no.2 (Autumn 1979).

West, Philip. *Yenching University and Sino-Western Relations, 1916-1952.* Cambridge: Harvard University Press, 1976.

Westbrook, Robert B.*John Dewey and American Democracy.* Ithaca:Cornell University Press, 1991.

White, John Albert. *The Diplomacy of the Russo-Japanese War.* Princeton:Princeton University Press, 1964.

White, Theodore H. *In Search of History:A Personal Adventure,* New York:Harper and Row, 1978.

———. "Life Looks at China." *Life,* May l, 1944, 98-110.

———. "Inside Red China." *Life,* December 8, 1944, 39,40,42,44,46

White, Theodore H., and Annalee Jacoby.*Thunder Out of China.* New York:William Sloane Associates, 1946.

Williams, Oakley, trans.and ed.*Prince Billow and the Kaiser.* London:Thornton Butterworth, 1932.

Williams, William Appleman. *American-Russian Relations, 1781-1947.* New York: Rinehart, 1952.

Wilson, Edmund. "Foster and Fish." *New Republic* 65 (December 24, 1930):162.

Wilson, Joan Hoff. *Ideology and Economics:U.S.Relations with the Soviet Union, 1918-1933.* Columbia:University of Missouri Press, 1974.

Wilson, Woodrow. "A Draft of an Essay." In *The Papers of Woodrow Wilson,* ed.Arthur S.Link et al.69 vols. Princeton:Princeton University Press, 1966-1993.

———.*The Papers of Woodrow Wilson.* Ed. Arthur S.Link et al.69 vols Princeton:Princeton University Press, 1966-1993.

Worthington, Chauncey Ford, ed. *Letters of Henry Adams, 1892-1918.* Boston:Houghton Mifflin, 1938.

Wright, Arthur F. *Buddhism in Chinese History.* Stanford: Stanford University Press, 1959.

Wright, C.Ben. "George F.Kennan, Scholar-Diplomat, 1926-1946." Ph.D.diss., University of Wisconsin, 1972.

———. "Mr.'X' and Containment." *Slavic Review* 35, no.1 (March 1976).

Yarmolinsky, Abraham, trans.and ed., T*he Memoirs of Count Witte.* London:William Heinemann, 1921.

Yergin, Daniel. *Shattered Peace:The Origins of the Cold War and the National Security State.*Boston: Houghton Mifflin, 1977.

Zinn, Lucille S. "The Works of Pearl S.Buck:A Bibliography." *Bulletin of Bibliography* 36, no.4 (October-December 1979):194 208.

譯後記

　　本書是唐納德・戴維斯和尤金・特蘭尼兩人合作的著作第二次被翻譯成中文出版。他們兩人合著的《第一次冷戰》前些年由中國復旦大學徐以驊教授主持翻譯成中文在北京大學出版社出版，那本書對威爾遜總統時期美國與蘇聯的關係作了極為細緻的分析，提出了令人耳目一新的觀點，在學界引起了關注。大衛斯教授和特蘭尼教授是研究美蘇（俄）關係史的專家，近年他們的研究興趣也擴展至美國與中國交往的歷史。他們認為，對蘇聯（俄國）和中國的關係是20世紀美國對外關係中最為重要的部分，並對21世紀的美國對外關係和全球格局有著深遠的影響，由此他們產生了將20世紀的美蘇（俄）關係與美中關係放在一起進行研究的想法，於是就有了放在我們面前的這本書。

　　美國、俄國和中國的學術界有許許多多從不同的視角研究美蘇（俄）關係或中美關係的著作，但將美國對蘇（俄）關係和對華關係合在一起考察的著作卻並不太多。本書以老喬治・肯南和柔克義在1891年同時發表的兩本關於俄國和中國的書，作為美國對這兩個國家觀察的起點，講述20世紀一代又一代的美國政治家、外交官和新聞記者如何錯誤地解讀這兩個國家，扭曲了這兩個國家在美國人心目中的形象，從而影響了美國對這兩個國家的政策。與通常的關於對外關係的著作不同，兩位作者以平行的結構，通過美國對蘇（俄）關係和對華關係中一個個具有典型意義的歷史人物如威爾遜、杜威、賽珍珠、斯諾、羅斯福、哈里曼、喬治・肯南、基辛格，來展現20世紀美國人對這兩個國家的認識。也可以說，作者是以一種講故事的方式來敘述美國對蘇聯（俄國）和中國的認知史。

兩位作者是美蘇（俄）關係史專家，關於美蘇（俄）關係的部分自然基於長期扎實的研究。而關於美中關係的部分，作者也花了大量心血，使用了許多第一手的檔案資料，比如關於賽珍珠、詹森和白修德，都利用了未刊的私人文件。作為譯校者，我認為這是一部視角獨特、資料翔實、能給人啟迪的國際關係史著作。正因為如此，本書英文本出版不久，就有了俄文本和西班牙文本。

　　本書的英文名是*Distorted Mirrors*，直譯應是「扭曲的鏡像」。但考慮到原書的主旨，以及漢語的表達，我們推敲再三，最後譯為「誤讀異邦」。

　　關於本書作者之一的尤金・特蘭尼教授，我還想多介紹兩句。特蘭尼是一位歷史學家，也是美國對外關係委員會（Council on Foreign Relations）成員，並且從1990年到2009年擔任了19年維吉尼亞聯邦大學（Virginia Commonwealth University）的校長。在擔任校長期間，他積極推進國際化戰略，尤其注重與中國大學的交往和合作，先後與復旦大學和北京外國語大學建立了校際合作關係，為中美兩國高校的交流作出了貢獻。

　　本書翻譯的分工是：馬建標譯序、導言、第1-7章和結語；盧曉璐譯第11-14章；秦嶺譯第9-10章；金瑩譯第8章；金一諾譯跋。全書的校譯工作由我承擔。

　　在本書翻譯過程中，中國社會科學院近代史研究所黃慶華、欒景河、陳開科、杜繼東諸位研究員提供了許多幫助，尤其在俄文、法文的人名、地名等歷史名詞的翻譯方面，彌補了我們這方面知識的不足，在此深表謝意。感謝呂迅博士和趙中亞博士對譯稿的審讀，多虧他們的無私幫助，本書才得以順利出版。

金光耀

2010年5月於復旦園

Do觀點07　PF0141

誤讀異邦
——20世紀美國人與中國、俄國的關係

作　　者／唐納德・戴維斯（Donald E. Davis）、
　　　　　尤金・特蘭尼（Eugene P. Trani）
譯　　者／馬建標、金瑩、秦岭、盧曉璐
校　　閱／金光耀
主　　編／蔡登山
責任編輯／劉　璞
圖文排版／楊家齊
封面設計／陳佩蓉

發 行 人／宋政坤
出　　版／獨立作家
　　　　　地址：114 台北市內湖區瑞光路76巷65號1樓
　　　　　電話：+886-2-2796-3638　傳真：+886-2-2796-1377
　　　　　服務信箱：service@showwe.com.tw
　　　　　http://www.bodbooks.com.tw
印　　製／秀威資訊科技股份有限公司
　　　　　http://www.showwe.com.tw
展售門市／國家書店【松江門市】
　　　　　地址：104 台北市中山區松江路209號1樓
　　　　　電話：+886-2-2518-0207　傳真：+886-2-2518-0778
網路訂購／http://www.govbooks.com.tw
法律顧問／毛國樑　律師
總 經 銷／時報文化出版企業股份有限公司
　　　　　地址：333桃園縣龜山鄉萬壽路2段351號
　　　　　電話：+886-2-2306-6842

出版日期／2014年4月　BOD一版　定價／670元

|獨立|作家|
Independent Author

寫自己的故事，唱自己的歌

誤讀異邦：20世紀美國人與中國、俄國的關係 / 唐納德. 戴
維斯 (Donald E. Davis), 尤金. 特蘭尼 (Eugene P. Trani)
著；馬建標等譯. -- 一版. -- 臺北市：獨立作家,
2014.04
　　面；　公分. -- (Do觀點；PF0141)
BOD版
譯自 : Distorted mirrors : Americans and their relations
with Russia and China in the twentieth century
　ISBN　978-986-5729-06-6 (平裝)

1. 美國外交政策　2. 中美關係　3. 美俄關係

578.52　　　　　　　　　　　　　　　　103003031

國家圖書館出版品預行編目

讀者回函卡

感謝您購買本書，為提升服務品質，請填妥以下資料，將讀者回函卡直接寄回或傳真本公司，收到您的寶貴意見後，我們會收藏記錄及檢討，謝謝！如您需要了解本公司最新出版書目、購書優惠或企劃活動，歡迎您上網查詢或下載相關資料：http:// www.showwe.com.tw

您購買的書名：_____

出生日期：_____年_____月_____日

學歷：□高中 (含) 以下　　□大專　　□研究所 (含) 以上

職業：□製造業　□金融業　□資訊業　□軍警　□傳播業　□自由業

　　　□服務業　□公務員　□教職　　□學生　□家管　□其它_____

購書地點：□網路書店　□實體書店　□書展　□郵購　□贈閱　□其他

您從何得知本書的消息？

　□網路書店　□實體書店　□網路搜尋　□電子報　□書訊　□雜誌

　□傳播媒體　□親友推薦　□網站推薦　□部落格　□其他_____

您對本書的評價：(請填代號　1.非常滿意　2.滿意　3.尚可　4.再改進)

　封面設計____　版面編排____　內容____　文／譯筆____　價格____

讀完書後您覺得：

　□很有收穫　□有收穫　□收穫不多　□沒收穫

對我們的建議：_____

_____

_____

_____

11466
台北市內湖區瑞光路 76 巷 65 號 1 樓
獨立作家讀者服務部　　收

....

（請沿線對折寄回，謝謝！）

姓　　名：＿＿＿＿＿＿＿＿　年齡：＿＿＿＿　性別：□女　□男

郵遞區號：□□□□□

地　　址：＿＿＿＿＿＿＿＿＿＿＿＿＿＿＿＿＿＿＿＿＿

聯絡電話：(日) ＿＿＿＿＿＿＿＿＿＿　(夜) ＿＿＿＿＿＿＿＿＿＿

E-mail：＿＿＿＿＿＿＿＿＿＿＿＿＿＿＿＿＿＿＿＿＿